D1726283

Martin Claßen / Dieter Kern
HR Business Partner

Martin Claßen / Dieter Kern

HR Business Partner

Die Spielmacher des Personalmanagements

Luchterhand
eine Marke von Wolters Kluwer Deutschland

Bibliografische Information der Deutschen Nationalbibliothek
Die Deutsche Nationalbibliothek verzeichnet diese Publikation in der Deutschen
Nationalbibliografie; detaillierte bibliografische Daten sind im Internet über
http://dnb.d-nb.de abrufbar.

ISBN 978-3-472-07480-9

www.wolterskluwer.de
www.personalwirtschaft.de

Lektorat: Richard Kastl
Herstellung: Michael Dullau

Umschlaggestaltung: Konzeption & Design, Köln
Cover-Illustration: Ute Helmbold, Essen
Satz: RG-Datenservice, Darmstadt
Druck: Wilhelm & Adam OHG, Heusenstamm

Gedruckt auf säurefreiem, alterungsbeständigem und chlorfreiem Papier.

Vorwort von Thomas Sattelberger

Werte Leserinnen und Leser,

mit Sorgfalt und Bedacht habe ich dieses Vorwort zugesagt. Ich gebe mich nicht dafür her, Litfaß-Säule für eine Beratungsfirma zu spielen, zumal die Zahl der No-Sense- bzw. Nonsens-Berater auch in der HR-Disziplin über die Jahre beharrlich gewachsen ist. Aus den vielen Commodity-Studien dieser selbsternannten »HR-Praktiker« sind mir nur wenige im Gedächtnis geblieben. Anders verhält es sich mit der letzten großen HR-Business-Partner-Studie von Martin Claßen und Dieter Kern aus den Jahren 2005/2006, die ich mit hoher Aufmerksamkeit und gründlichem »Nachbrenner-Effekt« gelesen habe. Die Studie ist so ziemlich das Gehaltvollste, was ich zum Thema bisher im deutschsprachigen Raum gefunden habe. Das hier vorliegende Buch muss in die großen Fußstapfen der Vorgängerstudie treten. Ich bin gespannt, ob ihm das – auch in Ihren Augen – gelingt.

Aus meiner Sicht sind es drei Aspekte, an denen sich die Güte des Buches, aber damit auch die Güte der Inputgeber – also der HR-Praktiker – festmachen lässt:

1. Ist das Buch ein Plädoyer gegen Uniformierung und Gleichmacherei der HR-Business-Partnerschaft und damit für die Einzigartigkeit in der strategischen Ausformung und Wahrnehmung der Rolle?

2. Liefert es gehaltvolle Einblicke in Anforderungsprofil, Erst-Qualifizierung, Karrierepfade und Weiterqualifizierung des HR-Business-Partners? Kurzum gute Hinweise zur Personalentwicklung für HR?

3. Last but not least: Regt es an, sich kompetent und tiefschürfend mit der Zukunft der HR-Business-Partnerschaft zu beschäftigen? Hier erwarte ich weniger finale Antworten als Fragezeichen, die zu Diskurs und intellektueller Auseinandersetzung anregen.

HR zwischen mentaler Crash-Aufarbeitung und personalpolitischer Disziplinierung

Natürlich definiere ich nicht nur die Qualitätsstandards für die Studie, sondern gehe ebenso selbst in Vorlage und beziehe Position. Die öffentliche Debatte ist derzeit geprägt von Crash, Post-Crash-Moral und Verdammung des Managements als Sündenbock. Parallel ertönt der Ruf nach Normierung und normativer Regulierung jedweder Art, um künftig Fehlentwicklungen auf Teufel komm raus auszuschließen. Ein frommer Wunsch, der keine Aussicht auf Erfüllung hat. Selbstverständlich kann und will sich HR der öffentlichen Diskussion nicht entziehen. Das HR-Management wird zunehmend in seiner kulturbeeinflussenden Rolle wahrgenommen – was ich begrüße. Gleichzeitig wird unsere Zunft wegen ihrer Verantwortung für das Beschäftigungsmanagement politisch adressiert, was mich außerordentlich sensibel mit gelb-roter Warnleuchte reagieren lässt. Der Humanpotenzial-Index des Bundesministeriums für Arbeit und Soziales war und ist ein besonders symbolischer, aber auch manifester Ausdruck dafür, wie Personalfunktionen nicht nur formal diszipliniert, sondern auch mental getrimmt werden sollen. Augenscheinlich wird eine produktpolitische wie ideologische Gleichförmigkeit angestrebt, die weder gesund für die HR-Disziplin noch für Unternehmen insgesamt sein kann.

Die Personalarbeit muss sich wie jede andere betriebliche Funktion dadurch legitimieren, dass sie in einer einzigartigen, schwer kopierbaren Art und Weise zur positiven Unternehmensentwicklung beiträgt. Dieser Anspruch wird auf dem Altar der Forderung nach einer möglichst breiten, windschlüpfrigen, standardisierten Produktpalette im Kontext sogenannter »Guter Personalarbeit« geopfert. Zu allem Überfluss werden die marktwirtschaftlich ab und an unabdingbaren Restrukturierungen verdammt und in die Büßer-Ecke gestellt. Eine derart strategie-entleerte, politisch-konformistische HR-Philosophie schlägt voll auf die Rolle der HR-Business-Partner durch. Sie sind die Kreateure, Übermittler und Verständlichmacher der HR-Strategie. Auch die Competence Center bleiben davon nicht unberührt, sind sie doch die intellektuellen Werkbänke, die das Prozess- und Produktangebot fertigen. Der HR-Business-Partner wird zur Marionette, die eine generische, geschäftsunspezifische Personalstrategie zu »verkaufen« hat. Dagegen müssen die Competence Center in outgesourcten Fabriken geklonte, nicht marktgängige Produkte, also eine Produktpalette vergleichbar der amerikanischen Automobilwirtschaft, herstellen. Gleichzeitig sollte – zumindest bis zum Ausgang der Bundestagswahl 2009 – unter dem Deckmantel sogenannter »Guter Personalarbeit« die weitere Vergewerkschaftung des Personalwesens implizit erzwungen werden.

In den Zyklen der Marktwirtschaft entstehen unweigerlich personalwirtschaftliche Höhen und Tiefen, in denen das System »Arbeit« atmend reagieren muss. Dies wird gegenwärtig nicht nur negiert, sondern stattdessen eine Quasi-Planwirtschaft eingefordert, die auch Nicht- bzw. Unterbeschäftigung »durchfüttert«. Eine solche Politik ist nicht nur eine Büchse der Pandora für ein modernes HR-Design, da strategische Kreativität und Uniqueness verhindert wird, sondern auch für professionelle, unternehmerische Freiheit. Mich erfüllt mit großer Sorge, ja Enttäuschung, dass an der tragischen »HPI-Veranstaltung« auch HR-Vertreter renommierter Unternehmen als Totengräber der eigenen Funktion mitwirkten. Wenn es etwas zu stärken gilt, dann ist es die Fähigkeit des HR-Profis, die Geschäftsstrategie durch passgenaue HR-Beiträge zu unterstützen und die eigene generische Fachkompetenz in maßgeschneiderte strategische HR-Strategien zu überführen.

6

HR-Profession zwischen Nachwuchsschwäche und Weiterbildungswüste

Zum zweiten Prüfstein: Genauso wie für das Unternehmen als Gesamtheit gilt auch für die HR-Funktion, dass eine sich ständig erneuernde Talent-Pipeline das Nadelöhr des Fortschritts ist. Ich bin hier ein überzeugter Anhänger des T-Shape-Karrieremodells, jedoch mit zwei T's übereinander. Aus meiner Sicht sind zwei nicht-touristische, mehrjährige Aufgabenwechsel in operative Non-HR-Funktionen die ideale T-Erweiterung oberhalb der fachlichen Spezialisierung. Um dieses individuell geprägte Karrieremodell zum Standard für die Personalfunktion auszuformen, es also in die Massenproduktion zu überführen, bedarf es eines beständigen Zuflusses gut ausgebildeter junger HR-Pioniere sowie Nachwuchskräfte aus anderen Funktionen in den HR-Talent-Pool. Was die jüngeren HR-Pioniere betrifft, besteht eine große, dramatische Baustelle. Die Zahl der personalwirtschaftlichen Lehrstühle – oder neutraler gesagt: der Umfang personalwirtschaftlicher Kompetenz an deutschen Hochschulen – wird immer geringer. Ein mir bestens bekannter emeritierter Professor der Personalwirtschaftslehre drückte es drastisch aus und beklagte, dass die besten Personallehrstühle zunehmend »mikroökonomisiert« werden.

Um die wissenschaftliche Weiterbildung in der HR-Profession ist es kaum besser bestellt. Die berufsbegleitenden, ggf. interdisziplinären HR-Masterstudiengänge in Deutschland sind an der Hand abzulesen: ein Henne-Ei-Problem. Die Personalwirtschaftslehre verflacht und erodiert in der Welt der Betriebswirtschaft, die HR-Profis finden keine gute wissenschaftliche Weiterbildungsheimat, die Personalprofession in den Unternehmen verflacht und erodiert und engagierte Personalwissenschaftler finden unter den Personalern keine interessierte, zahlungskräftige Klientel für wissenschaftliche Weiterbildung. Die allergrößte Hürde besteht darin, dass Personalchefs und -chefinnen gerade die Entwicklungs- und Karrierepfade, die sie anderen weisen, in ihrem eigenen Ressort nicht oder nur restriktiv gehen. In meinem bisherigen Berufsleben habe ich seltenst eine professionelle Personalentwicklungs- und Karrierepolitik für Personalprofis vorgefunden. Hier muss gegengesteuert werden. Ich hoffe, dass dieses Buch auch hierzu Anregungen gibt.

HR-Business-Partner zwischen Zukunftstrends und professioneller Entwicklung

Die dritte Frage nach der Zukunft des HR-Business-Partners 2020/2030 ist meines Erachtens eine rhetorische, denn natürlich wird das sozio-technische System Unternehmen, das in immer komplexeren Umwelten operiert und selbst zunehmend komplexere Innenwelten generiert, die Professionalität von sachkundigen HR-Business-Partnern benötigen. Einige Trends, die dies verdeutlichen:

- Unternehmen werden immer gläserner. Die Außenwelt interpretiert und kommentiert, was im System abläuft. Nervenschnittstellen mit dem System Arbeit erlauben es externen Akteuren, das Innensystem zu beeinflussen, und ermöglichen es Innenakteuren, das herzustellen, was Dave Ulrich »market connectivity« nennt. Sofern wir kein darwinistisches Untergangsszenario für charaktervolle Unternehmen an die Wand malen wollen, brauchen wir Personalexperten einer ganz neuen Qualität: Sie müssen unternehmensinterne, mit der Außenwelt verwobene Transformationsprozesse interdisziplinär managen und intern wie extern glaubhaft kommunizieren. Sie werden gefordert, soziale Gemeinschaften und gemeinschaftliche Netzwerke über funktionale Silos hinweg zu fördern, Verwerfungen in differenzierten Arbeits -und Beschäftigungsstrukturen zu glätten, die Beziehung zu externen Stakeholdern am System Arbeit produktiv zu gestalten und das Reputationsmanagement nach innen und außen strategisch auszurichten.

- Eine zweite, eigentlich schon nicht mehr Trend zu nennende Herausforderung ist die ab und an sogar disruptive Transformation der Unternehmen und ihres Umfeldes. Das klassische Change Management oder, noch historischer, die Organisationsentwicklung haben in diesem Kontext längst an Bedeutung gewonnen: Es gilt nicht mehr nur inkrementale, nach innen gerichtete Changeprozesse, sondern kräftige, manchmal sprunghafte, ja diskontinuierliche Entwicklungen zu bewältigen. Transformationen werden verstärkt durch technologische Quantensprünge, destruktiven Wettbewerb oder massive Skill-Shifts hervorgerufen. Wer anders als ein HR-Business-Partner (wie dieser schließlich heißt, ist schnurzegal) kann hier, sei es nur als Spezifikateur, Hilfestellung geben.

- Letzter, keineswegs weniger bedeutender Trend ist der Talentengpass. John Boudreau hat zu Recht darauf verwiesen, dass sich das Talentmanagement zur Entscheidungsdisziplin für den Talentmarkt weiterentwickeln wird, so wie sich Finanzen und Marketing zu Entscheidern für Kapital- und Kundenmärkte entwickelt haben. Auch hier wird ein HR-Business-Partner, Trüffeljäger oder Talentscout, Talentattraktor und -retainer bzw. »Intellectual Property Manager« bestens nachgefragt sein, und zwar in allen demografischen Zeitaltern.

- Die Wirtschaftskrise hat aufgezeigt, dass in vielen Unternehmen ein moralisches Vakuum existiert. Es fehlt an einer moralischen Instanz, die nicht beim Moral predigen und moralisieren stehen bleibt, wie es der eine oder andere Personalist gerade tut. Wir brauchen unabhängige, moralisch integre Persönlichkeiten, die heiße Themen des Unternehmens und seiner Entwicklung thematisieren, Ombudsleute, also »Kontrollleuchten für die balancierte Unternehmensentwicklung« sowohl zwischen Organisation und Individuum wie zwischen Organisation und Stakeholdern. Hier könnte es eine Renaissance des konservativen Elements in der Personalarbeit, des Hüters der moralischen »Checks and Balances«, geben.

Die vier Trends liegen auf der Hand. Es wird weniger die Frage sein, ob man den HR-Business-Partner noch benötigt, sondern ob es noch genügend Profis gibt, die ausreichend Kompetenz und Erfahrung besitzen. Unternehmen werden weniger die eierlegenden HR-Wollmilchsäue nachfragen, sondern verstärkt die auf Transformation, Reputation, Talent spezialisierten Könner, je nachdem, welche Herausforderungen es zu bewältigen gilt.

Liebe Leserinnen und Leser,

Sie halten mich jetzt möglicherweise ob meiner Anfangsbemerkungen für einen unbeirrbaren Pessimisten. Tatsächlich sehe ich die vielen Herausforderungen aber vor allem als vortreffliche Chance für HR, sich auf lange Sicht einen gleichberechtigten Platz am Entscheidertisch zu sichern. Bevor wir allerdings jenseits aller Realitäten über die Zukunft von HR philosophieren, sollten wir uns über den Status Quo vergewissern. Das nachfolgende Buch zeigt auf, welche Denkansätze auf dem Tisch liegen und das Potenzial haben, die Entwicklung unserer Disziplin weiter zu beflügeln. Ich wünsche Ihnen viel Freude und Reflexion beim Lesen.

Bonn, im Februar 2010
Thomas Sattelberger

9

Inhalt

Zu diesem Buch

Kleine Zeitreise von 1951 über 1997 und 2006 nach 2010

Die Initialzündung

Vor nunmehr über einem Dutzend Jahren veröffentlichte Dave Ulrich sein »Human Resource Champions« (Ulrich 1997). Obgleich seine Botschaften und Aufträge an das Personalmanagement als betriebliche Unterstützungs- beziehungsweise Querschnittsfunktion nichts grundsätzlich Neues enthalten, sie lassen sich im Grunde bereits (wenn auch viel weniger eingängig und prägnant) bei Gutenberg (1951), Luhmann (1988) und vielen anderen finden, haben sie zwei wesentliche Anstöße gegeben: Erneut und immer wieder über die Ziele, Rollen und Strukturen des Personalmanagements nachzudenken sowie über dessen Themen, Prozesse und die erwarteten Ergebnisse. Am deutlichsten zeigt sich dies wahrscheinlich in der über die Zeitläufe veränderten Bezeichnung des Gegenstandes: Von der Personalwirtschaft über das Personalmanagement hin zum zwischenzeitlichen HR-Management (HRM) ist nunmehr immer häufiger von der »People«-Dimension die Rede.

Die Zeit war dafür beim Übergang in das dritte Jahrtausend und damit einer vermeintlich neuen Epoche einfach reif. Zumal sich das HRM in einer gewissen Stagnation befand und ob seiner immer auffälliger werdenden Image- und Standing-Probleme eine Sehnsucht nach Bahnbrechendem, Wegweisendem, Hervorragendem ausbreitete. Denn alleine der Wissenstransfer aus anderen Managementdisziplinen, seien es Marketing oder Controlling, sowie die Transfusionen aus verwandten Theorie- und Praxisfeldern, wie etwa Psychologie oder Soziologie, schienen nicht auszureichen. Als dann mit einem Male ein entsprechendes Angebot vorgelegt wurde, zumal noch ein sowohl normativ als auch konzeptionell vergleichsweise unangreifbares, wurde aus diesem sehnsüchtigen Verlangen vielerorts recht schnell ein konkretes Programm.

Zunächst im angloamerikanischen Raum, dann auch in mitteleuropäischen Unternehmen, vor allem den größeren und an Strukturthemen interessierten, hat das bereits auf einen kurzen Blick ziemlich einleuchtende Rollenverständnis und das daraus abgeleitete dreigliedrige »HR Service Delivery Model« aus Shared Service Center (SSC), Centers of Expertise (CoE) und dem vielbeschworenen HR-Business-Partner inzwischen fast den Charakter einer DIN-Norm für die HR-Funktion erhalten. Wobei sich Normenkontrollbeamte oft die Haare raufen würden, wenn sie sich manche jener Personaler ansähen, die mit einer entsprechenden Visitenkarte als HR-Business-Partner (oder ähnlich klingenden Titeln) die wertschöpfende Schnittstelle zwischen den Führungskräften im Business und dem Personalbereich bilden sollen. Beim Nachdenken über die eigenen Strukturen und der daraus abgeleiteten Governance sind mancherorts wieder schnell die Ziele der People-Dimension aus dem Blickfeld geraten. Oder man musste zu viele emotionale Befindlichkeiten, politische Abwägungen und tradierte Verkrampfungen berücksichtigen. Natürlich gibt es Personalbereiche am Puls der Zeit, gerade hinsichtlich des HR-Business-Partners, mit spür- und manchmal sogar messbarer Wertschöpfung für das Business. Von ihnen handelt dieses Buch.

Den Puls fühlen

Bereits 2006 hatten wir eine explorative Studie rund um den HR-Business-Partner veröffentlicht (Claßen/Kern 2006). Ziel dieser Analyse war es aufzuzeigen, wie Unternehmen im deutschsprachigen Raum das Konzept zum damaligen Zeitpunkt realisiert hatten, wo Lernfelder für Nachzügler lagen und welche Gestaltungsoptionen zur Weiterentwicklung bestanden. Dazu hatten wir Unternehmen ins Visier genommen, die den HR-Business-Partner schon damals bereits seit mehreren Jahren implementiert hatten oder deren Personalarbeit als fortschrittlich zu bezeichnen war. Insgesamt konnten wir 18 führende Unternehmen für eine Teilnahme gewinnen (Response-Rate: 40%). Dort interviewten wir den obersten Personaler oder den Gesamtverantwortlichen für die HR-Business-Partner in einem persönlichen Termin (im Jahre 2005). Deren Antworten – untermauert von Theorie zum Thema und unserer bis dahin aufgelaufenen Beratungserfahrung – bildeten die Grundlage zur damaligen Studie.

Diese erhielt eine erfreuliche Resonanz von drei Seiten: Seitens der Praxis in den Unternehmen wurden die Gestaltungshinweise entweder direkt aufgegriffen oder als Projektionsfläche für die eigene Evolution herangezogen. Von Seiten der Theorie an den Hochschulen erweiterte sie als »Praxisbezug« so manche Lehrveranstaltung, was die Anfrage nach Vorträgen oder der Wunsch nach Folien verrieten. Fast am erfreulichsten war die oftmalige Eins-zu-eins-Rezeption auf Seiten unserer Mitbewerber in der Beratung, was ja nicht nur als unschöpferisches Kopieren verstanden werden muss, sondern als branchenüblicher Zugang zum verfügbaren »state of the art«. Sei es drum, für uns gilt immer noch die Devise: Besser einmal oder sogar mehrfach selbst gemacht (und dabei gelernt) als einfach nur angelesen (und dabei erkannt).

Beim HR-Business-Partner haben sich unterdessen die Konzeption (etwas) und die Implementierung (deutlich mehr) weiterentwickelt. Wir können für dieses Buch – entstanden in den Jahren 2008 bis 2010 – mittlerweile auf zusätzliche Theorie von Forschern und Anwendern, die eigene Praxis aus weiteren Beratungsprojekten sowie empirische Analysen (wie etwa unserem »HR Barometer« im Zweijahreszyklus seit 2002 mit umfangreichen Fragen rund um den HR-Business-Partner) zurückgreifen. Auf dieser dreifachen Basis haben wir uns an dieses Buch gemacht, im heiteren Bewusstsein, dass die Grundidee von Ulrich auch im Jahr 2010 nach wie vor stabil trägt, wohl noch eine Weile sicher hält und schließlich zwei wesentliche Funktionen erfüllt: Erstens, die Wertschöpfung des Unternehmens aus der People-Dimension heraus zu erhöhen und zweitens, die

Rolle, den Stellenwert sowie die Gestaltungskraft der HR-Funktion durch diese Wertschöpfung zu verbessern.

Bedarf scheint gegeben

Im deutschsprachigen Markt ist die Liste der Bücher rund um den HR-Business-Partner recht kurz. Dies ist aufgrund der Prominenz des Themas überraschend. Die Rückmeldungen zu unserer ersten Studie bestätigen diesen Eindruck, da durch diese offenbar eine Lücke ansatzweise geschlossen wurde. Am ehesten wird der Bedarf nach theoretischem und praktischem Rüstzeug derzeit von der englischsprachigen Literatur aus der Feder von Ulrich »himself« und weiteren Autoren aus US/UK adressiert. Diese sind – vereinfacht gesprochen – durch eine vergleichsweise unkritische und stellenweise trotz des traditionellen Praxisbezugs aus angloamerikanischen Federn eher postulierende Auseinandersetzung mit dem Thema geprägt (man müsste, man sollte, man könnte).

Eine mitteleuropäische oder gar deutsche Perspektive auf das Thema sowie die Reflexion des aktuellen Entwicklungsstandes im hiesigen Personalmanagement fehlt naturgemäß in dieser Literatur. Sie stellt in ihren Beispielen fast ausschließlich auf amerikanisch geprägte Unternehmen und HR-Management-Verständnisse ab. Auch eine Kombination aus Theorie, qualitativen und quantitativen Studienergebnissen, praktischen Beispielen, Projekterfahrungen und einem kritischen Blick »von außen« auf die heutigen Unternehmensrealitäten im deutschsprachigen Bereich bleibt die Ausnahme. Zudem bietet alleine schon die Sprache, trotz der auch von uns immer wieder eingestreuten Anglizismen, dem einen oder anderen Leser einen besser greifbaren Zugang. Man mag nun die Frage stellen, ob eine regionale Perspektive heutzutage überhaupt noch angemessen ist. Beim Blick auf die historischen Bezüge und die situativen Anforderungen sollte sie zumindest nicht schaden.

Vor diesem Hintergrund dürfte dieses Buch für einen breiten Leserkreis ausreichend zusätzliche Erkenntnisse sowie eine ganz spezifische Sicht auf das Thema bieten. Denn es möchte zum Nachdenken und Mitmachen anregen, damit die Idee des HR-Business-Partners mit ihrem Grundgedanken von der Wertschöpfung aus der People-Dimension mehr und mehr zur Realität in den hiesigen Unternehmen wird. Das Einstreuen von pointierten Meinungen und Kommentaren der Autoren sowie der Erfahrungen von namhaften Vertretern aus der HR-Zunft (durch persönliche Interviews mit Praktikern) sollte dem Leser zudem Abwechslung bei der Lektüre liefern.

Allein in Deutschland gibt es rund vierzig Millionen Erwerbstätige. Bei einer (eher ambitionierten) Betreuungsquote von hundert zu eins dürften somit etwa 400.000 Arbeitnehmer in den Unternehmen mit der Verwaltung und Entwicklung von Führungskräften und Mitarbeitern sowie weiteren Aufgaben rund um die People-Dimension beschäftigt sein, noch ohne die externen Dienstleister in diesem Markt. Sicherlich nicht alle, aber ein erheblicher Teil von ihnen agieren im weitesten Sinne als HR-Business-Partner. Beim Schreiben dieses Buches haben wir besonders an fünf Zielgruppen gedacht:

- HR-Gesamtverantwortliche (Personalvorstände, Personalleiter, Personalmanager),

- HR-Business-Partner (inkl. aller verwandten Titel auf der Visitenkarte),

- Führungskräfte aus dem Business mit Interesse an der Wertschöpfung aus der People-Dimension (also die internen Kunden des HR-Business-Partners),

- Berater in der Hemisphäre des HRM mit Fokus auf die transformationalen Themenfelder,

- Lehrende und Studierende in den Fachbereichen Betriebswirtschaft, Personalwirtschaft sowie Arbeits-/Organisationspsychologie mit Interesse an aktuellen Entwicklungen in der HRM-Praxis.

Aufbau und Struktur des Buches im Überblick

Kapitel 1 – Rollensuche von HR

Um dem Leser den Aufbau und die Inhalte der nachfolgenden Kapitel zu erläutern und dem Wunsch nach zielgerichteter Auswahl einzelner Aspekte Rechnung zu tragen, wird an dieser Stelle die Struktur des Buches kurz erläutert. Wir schlagen Ihnen, lieber Leser, eine bestimmte thematische Reihenfolge beim Auskundschaften des HR-Business-Partners vor (vgl. Abb. 1 und 2). Zur ersten Orientierung stellen wir diese Logik in diesem Abschnitt kurz dar. Mit Gewinn kann dieses Buch freilich auch in einer individuell gewählten Sequenz gelesen werden. Bei Interesse an spezifischen Aspekten – wie etwa den Kompetenzen und Aufgaben eines HR-Business-Partners – können diese natürlich im Vordergrund stehen.

Dieses Buch über den HR-Business-Partner beginnt mit einem kurzen Blick zurück. Denn die Entwicklung hin zum HR-Business-Partner und seine Rationale werden erst aus einer Beschreibung von historischen Bezügen der Personalwirtschaft verständlich. Die verstärkte Hinwendung zur Wertschöpfung aus der People-Dimension im Unternehmen, darum geht es dem HR-Business-Partner, ist auch ein bewusstes auf Abstand gehen von einigen personalistischen Kraftfeldern der Vergangenheit. Dazu werden drei Generationen im HRM beschrieben, der unaufhörliche Zweikampf zwischen Kosten- und Nutzenorientierung im HRM aufgezeigt und das beständige Ringen um den Stellenwert des HRM dargestellt. In einem Exkurs werden aktuelle Ergebnisse zum Image der Personalfunktion beim Management erörtert.

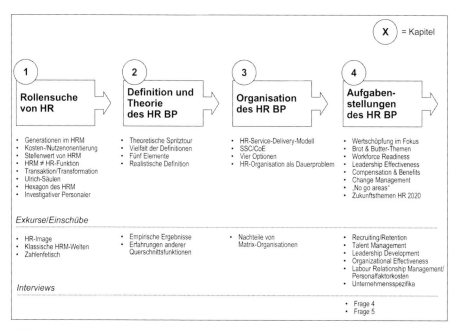

Abb. 1: Aufbau & Struktur (1/2)

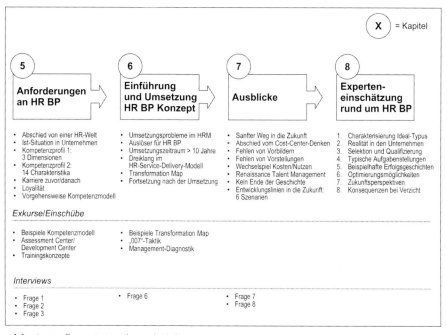

Abb. 2: Aufbau & Struktur (2/2)

Von Ulrich ist vor einem Dutzend Jahren mit dem HR-Business-Partner ein zwar inhaltlich nicht völlig neuartiges, in seiner Stringenz dann aber doch sehr kraftvolles Konzept zur Diskussion gestellt worden. Vom Gegenstand der Diskussion, der immer noch alternative Perspektiven zulässt, haben sich seine Überlegungen inzwischen zu einem allseits akzeptierten Paradigmenwechsel im HRM verfestigt. Fast schon ehrfürchtig schaut man heute auf den HR-Business-Partner. Eine Zeit danach scheint derzeit fast nicht vorstellbar, zumal sich gegenwärtig in den Diskussionen rund um HRM keinerlei neue Strukturen oder frische Themen abzeichnen. Ein modernes Kraftfeld ist entstanden und scheint auf Sicht nicht an Stärke zu verlieren.

Dieses Kraftfeld des HR-Business-Partners deckt allerdings nur einen Teil des HRM ab. So wichtig die Wertschöpfung aus der People-Dimension auch ist, bleiben zum einen die ebenfalls »nützlichen wie köstlichen« Themen in der administrativen beziehungsweise transaktionalen Hemisphäre weiterhin keine nebensächliche Banalität im HRM. Zum zweiten würde eine Beschränkung des HRM auf die drei inzwischen fast schon klassischen Ulrich-Säulen zu kurz greifen. Das gesamte HRM ist weitaus mehr als die gegenwärtige und zukünftige HR-Funktion; es gibt auch HRM-Akteure jenseits der Personalabteilung. Genau dies ist das »Learning« aus der Beeinflussung, Bearbeitung und Begleitung der beiden anderen zentralen Stakeholder eines Unternehmens: dem Kunden (in Form von Customer Relations) und dem Eigentümer (in Form von Investor Relations). Als Alternative zum Drei-Säulen-Klassiker wird daher das Hexagon des HRM vorgestellt. Mit ihm wird das HRM in sechs Aufgabenfelder aufgespreizt, unter denen der HR-Business-Partner ein zentrales Element darstellt; nicht weniger, aber auch nicht mehr.

Der HR-Business-Partner hat – diese These durchzieht das gesamte Buch – deutlich mehr von einem »Role Maker« als von einem »Role Taker«. HR Business Partnering ist im Grunde das, was jeder HR-Business-Partner aus seiner Rolle heraus macht. Wer mit Blick auf die Wertschöpfung aus der People-Dimension wartet, bis die relevanten Themen ganz sicher, total eindeutig und völlig offensichtlich vor ihm liegen, wird auf dem Weg zur Tat bereits im Hintertreffen sein. Der HR-Business-Partner ist quasi der investigative Personaler, der – mitten im Geschehen – die relevanten Themen bemerkt und in praktikable Lösungen umsetzt, zum Nutzen des Unternehmens und seiner internen Klientel.

Kapitel 2 – Definition und Theorie des HR-Business-Partners

In diesem Teil wird die erforderliche konzeptionelle Schärfung geleistet. Der HR-Business-Partner ist inzwischen zwar in aller Munde und hat sich zum eingängigen Schlagwort für (fast) alles und (fast) jeden entwickelt. Bei unserer theoretischen Spritztour durch die Literatur zeigt sich entsprechend eine Vielfalt an Definitionen. Diese Vielgestaltigkeit wird auf fünf Elemente konzentriert, die als realistische Definition des HR-Business-Partners beziehungsweise von der HR-Funktion als Business-Partner anzusehen sind. Empirische Ergebnisse aus unseren Studien zeigen die entsprechende Realität von Unternehmen im deutschsprachigen Raum. Vom konzeptionellen Ideal ist die Praxis noch ein gutes Stück entfernt.

Eine Querschnittsfunktion wie Personal, die traditionell nicht den Charakter des Avantgardistischen zugeschrieben bekommt, könnte sich bei der Ausfaltung neuer Entwicklungen aus fortschrittlicheren Bereichen im Unternehmen bedienen. Von daher lohnt sich der Blick über den Zaun zu anderen Querschnittsfunktionen und deren Antwort auf vergleichbare Problemstellungen. Auch andere Unterstützungsbereiche wie Finanzen/Rechnungswesen/Controlling, Informationstechnologie oder Einkauf/Beschaffung sollen sich – so die Erwartung aus dem Business – vermehrt mit aktiver Wertschöpfung und strategischem Mitdenken statt bloßer Administration und lästigen Hoheitsaufgaben profilieren. Diese Lernmöglichkeiten sind allerdings sehr beschränkt. Andere Querschnittsfunktionen liegen auf diesem Entwicklungspfad eher zurück, als dass sie zum Rollenmodel für das HRM taugen. Die Personaler müssen ihre eigene Rolle und Zukunft selber in die Hand nehmen und können sich nicht auf Vorbilder an anderen Stellen im Unternehmen berufen.

Dieses konzeptionelle Kapitel ist bewusst nicht allzu ausufernd angelegt. Denn es wird sich im Verlauf des Buches zeigen, dass die Grundidee des HR-Business-Partners ziemlich einfach ist: Wertschöpfung aus der People-Dimension. Weitaus wichtiger als das theoretische Konzept, dieses sollte in sich natürlich schon stimmig sein, sind die richtigen Akteure, die richtigen Themen und die richtigen Akzente. Daher wird in diesem Buch der Implementierung – also dem Weg vom Wort zur Tat – weitaus mehr Aufmerksamkeit geschenkt als theoretischen Basisüberlegungen. Dabei wird immer wieder deutlich werden, dass das Konzept stets der unternehmensindividuellen Übersetzung und der unternehmensspezifischen Anpassung bedarf.

Kapitel 3 – Organisation des HR-Business-Partners

Vor den inhaltlichen Aspekten steht in vielen Unternehmen die Organisation eines Themas. Üblicher Weise wird der HR-Business-Partner in das dreisäulige HR-Service-Delivery-Modell eingebettet, als wertschöpfendes Element neben dem Shared Service Center (SSC) und den Centers of Expertise (CoE). Diese Einbettung wird in diesem Teil kurz diskutiert, bevor die (mikro-)politische Justierung des HR-Business-Partners zum Thema gemacht wird. Die vier logischen Möglichkeiten seiner Verankerung – ganz in HR, überwiegend in HR, überwiegend im Business, ganz im Business – werden vorgestellt und gegeneinander abgewogen.

Letztlich zeigt sich in diesem knapp gehaltenen Kapitel, dass die HR-Organisation als ein Dauerproblem zu sehen ist, für das stets die bestmögliche Lösung gefunden werden muss, mit begrenzter zeitlicher Haltbarkeit. Ob die seit einiger Zeit immer populärer werdende Matrixorganisation den größten Hebel bietet, für den HR-Business-Partner oder andere mehrdimensionale Aufgabenstellungen, mag ob ihrer Nachteile dahingestellt bleiben. Übrigens: Mit organisatorischen Überlegungen sollte man sich bei der Implementierung des Konzepts nicht allzu lange aufhalten, denn in ihnen steckt keinerlei Wertschöpfung für die People-Dimension.

Kapitel 4 – Aufgabenstellungen des HR-Business-Partners

Dieser Teil ist – mit dem folgenden über das Kompetenzprofil des HR-Business-Partners – eines der beiden Schlüsselkapitel des Buches: Was macht er eigentlich und wie? Da der HR-Business-Partner, dies ist die Überschrift zu seinem ganzen Tun, für die Wertschöpfung aus der People-Dimension mitverantwortlich ist, steht zunächst die konkrete Beschreibung dieser zunächst doch eher abstrakten Wertschöpfung im Fokus.

Im Anschluss werden die Brot & Butter-Themen in eher knapper Form ausgefaltet. Zu ihnen gehören Recruiting/Retention, Talent Management, Leadership Development, Organizational Effectiveness, Labour Relationship Management/ Personalfaktorkosten sowie die jeweiligen Unternehmensspezifika. Zu jedem dieser Themen könnten unsere Ausführungen leicht einen ausschweifenden Charakter bekommen, ist jedes von ihnen in sich bereits breit wie tief. Wir konzentrieren uns in diesem Buch aber besser auf das jeweils Wesentliche und verweisen zur Verbreiterung und Vertiefung auf weitere Publikationen (aus fremder oder eigener Feder). Denn dieses Buch über den HR-Business-Partner geht stellenweise ohnehin weit über diesen hinaus und beleuchtet das gesamte HRM aus diversen Perspektiven. Eine umfassende Darstellung sämtlicher »hot spots« im transformationalen und transaktionalen Wirkungsspektrum des HRM würde den Rahmen in jedem Fall sprengen.

Vertiefen möchten wir hingegen vier Aufgabenfelder des HR-Business-Partners, bei denen unlängst in gewisser Weise eine Art von »Relaunch« stattgefunden hat. Diesen möchten wir in diesem Buch aufgreifen oder sogar weiter befruchten. Es handelt sich um Strategic Workforce Management, Leadership Effectiveness, Compensation & Benefits und Change Management. Diese vier Themenbereiche sind allesamt keine Erfindungen der jüngsten Vergangenheit und besitzen teilweise bereits eine jahrzehntelange Tradition; Paradigmenwechselhaftes ist kaum mehr zu erwarten. Immerhin sind kürzlich zu ihnen neue Denkanstöße und Konzeptentwürfe vorgelegt worden; diese möchten wir jeweils illustrieren und kommentieren.

Wenn von den Aufgabenstellungen des HR-Business-Partners die Rede ist, müssen abschließend zwei weitere Fragen beantwortet werden: Erstens, was macht er denn eigentlich nicht? Diese Frage wird im Abschnitt »No go areas« beantwortet. Zweitens, was könnte morgen an neuen Themenfeldern auf ihn zukommen?

Dieser Blick in das Morgen von HRM wird im Abschnitt »Zukunftsthemen HR 2020« gewagt.

Das Kapitel wird beschlossen mit einem Abschnitt über die internen Kunden des HR-Business-Partners: Top und Senior Management. Selbst von ihnen kann man vielerorts wenig Unterstützung bei den anstehenden Veränderungsprozessen erwarten; die Gründe hierfür werden beleuchtet. Nicht zuletzt liegt dies auch daran, dass im dreidimensionalen Spektrum von Rationalität, Emotionen und (Mikro-)Politik die ökonomischen Argumente ins Hintertreffen geraten.

Kapitel 5 – Anforderungen an HR-Business-Partner

In diesem zweiten Schlüsselkapitel dreht sich alles um das Kompetenzprofil des HR-Business-Partners. Dazu muss – unter der Überschrift »Abschied von der einen HR-Welt« – zunächst die Ausdifferenzierung von HRM-Rollen aufgezeigt werden. Zudem gilt es ganz nüchtern die Unternehmensrealität zu beschreiben, in der nur etwa jeder Dritte von den für die Rolle des HR-Business-Partners vorgesehenen Akteuren überhaupt in der Lage ist, diese adäquat auszufüllen.

Wie sieht dieses Kompetenzprofil überhaupt aus? Erster Ankerpunkt sind die drei Dimensionen »kennt das Business«, »beherrscht HR« und »ist Partner«. Als zweiter Ankerpunkt werden vierzehn Kriterien vorgestellt, die – in der Summe – einen Idealtypus im Sinne des »Wunderwuzzis« charakterisieren. Sie sind als Ziel zu verstehen, dem sich der HR-Business-Partner nähern sollte, ohne es jemals vollständig erreichen zu können. Neben der Grundsatzfrage, wodurch ein HR-Business-Partner sich kompetenzmäßig auszeichnet, interessieren unter Entwicklungs-Gesichtspunkten drei weitere Aspekte: Die Karriere zuvor (woher kommt er?), die Karriere danach (wohin geht er?) und seine politisch-emotionalen Bindungen im Sinne der Loyalität.

Die weiteren Teile dieses Kapitels besitzen einen praktischen Charakter. Zunächst wird kurz die generelle Vorgehensweise bei der Erstellung von Kompetenzmodellen für einen HR-Business-Partner beschrieben. Anschaulicher als generische Darstellungen sind freilich konkrete Beispiele, die einerseits typische Kompetenzmodelle aufzeigen als auch andererseits deren Vielfalt aufdecken. Übrigens: Kompetenzmodelle stellen lediglich eine Basis dar, zum einen für die Selektion des HR-Business-Partners wie auch zum zweiten für dessen Qualifizierung. Diesen beiden Themen widmen sich die Abschnitte über Assessment Center/Development Center (AC/DC) sowie Management-Diagnostik und zu den Trainingskonzepten. Denn mit der Qualität der eingesetzten Akteure steht und fällt die gesamte HR-Business-Partner-Idee.

Kapitel 6 – Einführung und Umsetzung HR-Business-Partner-Konzept

Dieses Kapitel beginnt mit einer Darstellung von typischen Umsetzungsproblemen im HRM, aus denen bei der Einführung des HR-Business-Partners erfolgskritische »Learnings« gezogen werden können. Wichtig ist es zudem, sich die Auslöser für dessen Implementierung im eigenen Unternehmen klarzumachen, einen Umsetzungszeitraum von mindestens zehn Jahren abzusichern sowie den stimmigen Dreiklang im HR-Service-Delivery-Modell sicherzustellen.

Für die eigentliche Umsetzung wird eine allgemeine »Transformation Map« aufgespannt sowie eine unternehmensspezifische Konkretisierung (als ein Beispiel von vielen) vorgestellt. Bei der Implementierung des HR-Business-Partners ist allerdings vorab die Frage zu beantworten, ob statt einer offiziellen und entsprechend aufsehenerregenden Einführungsstrategie nicht eine »undercover«-007-Taktik angebracht wäre. In jedem Fall stellt sich nach der gelungenen Einführung die Frage, wie nun weiter vorzugehen ist. Der HR-Business-Partner ist weder als generisches Konzept noch als konkreter Wertschöpfer jemals final abgeschlossen, so dass es immer auch einer Fortsetzung nach der Umsetzung bedarf. Zudem unterliegen die Themen des HR-Business-Partners einem permanenten Wertschöpfungs-Check.

Kapitel 7 – Ausblicke

Die Entwicklungen rund um die People-Dimension werden vermutlich eher stetig und ohne dramatische Brüche verlaufen, weshalb wir von einem sanften Weg in die Zukunft ausgehen. Mit Sicherheit ist der HR-Business-Partner – selbst wenn es derzeit so scheinen mag – kein finaler Zustand im HRM. Immerhin bietet er in ziemlich eindeutiger Weise die Abkehr von der reinen Fixierung auf Kosten, Kosten, Kosten einer Support-Funktion wie Personal. Was im HRM aus dieser Ausweitung heraus noch alles zu erwarten ist, bleibt derzeit offen. Dazu fehlen zum einen die tragfähigen Vorbilder (kein »best in class«) und zum zweiten die anschaulichen Vorstellungen (keine »next generation«).

Damit »bleibt alles anders« und das stete Wechselspiel zwischen Kosten- und Nutzenthemen im HRM wird weitergehen. In weniger guten Zeiten, den konjunkturellen und strukturellen Krisen, wird Wertschöpfung aus der People-Dimension primär (Personalfaktor-)Kosten-Management und damit eine harte Linie verlangen. In besseren Zeiten, bei denen sich Engpässe im Bereich von Qualität und Quantität der Führungskräfte und Mitarbeiter zeigen, wird Wertschöpfung aus der People-Dimension erneut Talent Management und verwandte nette Themen erfordern. In divisionalisierten Unternehmen, bei denen es dem einen Unternehmensbereich schlecht und dem anderen gut geht, geschehen diese Entwicklungen sogar parallel. Dem HR-Business-Partner geht auch künftig die Arbeit, so oder so, nicht aus.

In jedem Fall wird es im HRM kein Ende der Geschichte geben. Insgesamt sechs Entwicklungslinien in die Zukunft werden derzeit diskutiert. Sie alle besitzen in gewisser Weise einen wahren Kern. Dennoch glauben wir vor allem, dass HRM und damit der HR-Business-Partner sich kontinuierlich weiter steigern und daher peu á peu besser werden wird. Den allzu pessimistischen oder optimistischen Szenarien für ein künftiges HRM erteilen wir eine Abfuhr.

Kapitel 8 – Interviews mit »leading edge«-HR-Verantwortlichen

Immer noch bringen Einschätzungen von gestandenen Personalern, die in Unternehmen inzwischen über viele Jahre konkrete Erfahrungen sammeln konnten, besonders praxisrelevante Erkenntnisse. Dazu haben wir eine sehr kleine Gruppe von HR-Verantwortlichen in führenden Unternehmen angesprochen. Deren Resonanz war mit einer Zusage-Quote von über 80 Prozent sehr erfreulich (in alphabetischer Reihenfolge): ABB, BASF, Brose, Cisco, Credit Suisse, Deutsche Bank, Deutsche Post DHL, Deutsche Telekom, EON, Hilti, IBM, ING-DiBa, LBBW, Lufthansa, Microsoft, Novartis, SAP, Sick, Shell, Syngenta, Unilever, Vodafone.

Den HR-Vorständen beziehungsweise gesamtverantwortlichen HR-Business-Partnern aus diesen Unternehmen haben wir acht identische Fragen gestellt. Deren Antworten waren jedoch alles andere als identisch. Dies zeigt die Bandbreite bei der Interpretation, Konzeption und Implementierung der HR-Business-Partner-Grundidee. Wir haben diese Sichtweisen, anders als in der ersten Studie, nicht in den konzeptionellen Part des Buches eingestreut. Die von uns nicht kommentierten Antworten befinden sich gesamthaft und ungekürzt im abschließenden Kapitel. Das eine oder andere Statement mag dabei politisch korrekt sein beziehungsweise durch die Abstimmungsprozesse des jeweiligen Hauses einen entsprechenden Feinschliff erfahren haben. Im Grunde geben die 22 Interviews aber einen guten Überblick zum Status quo und den Perspektiven des HR-Business-Partners im mitteleuropäischen Raum.

Werkzeugkästen und Arbeitsgeräte

Bei Büchern wie diesem erwartet mancher Leser für sein Geld etwas »Toolboxiges«. Wir meinen allerdings, man müsse sich beim HR-Business-Partner davor hüten, viel zu schnell und all zu direkt bei den vermeintlich richtigen Instrumenten zu landen. Mancher HR-Verantwortliche definiert seine Aktivitäten sogar nur noch über den mechanischen Aspekt, ohne irgendeine theoretische oder zumindest empirische Basis und eine daraus abgeleitete Haltung; und auch ohne Gespür für den jeweiligen Kontext. Wir finden es gut, dass die »Tool-Mania« inzwischen wieder kritischer gesehen wird.

Daher ist unser Buch rund um den HR-Business-Partner und das HRM kein Kochbuch mit »man müsste, man sollte, man könnte«-Rezepten und bietet kein buntes Allerlei an klassischen bzw. innovativen Zutaten. Es will bewusst eine Checklisten-Mentalität bei der Wertschöpfung aus der People-Dimension vemeiden. Simple Handlungsanleitungen (To-do-Listen), die erworben, gelesen, verstanden oder geglaubt und schließlich nur noch angewandt werden müssen, mögen für andere Lebens- und Arbeitsbereiche hilfreich sein. Für die komplexen HRM-Welten wäre dies mit Sicherheit eine falsche Herangehensweise. Vielmehr will dieses Buch in gewisser Weise erobert werden. Ein Leser, der mit- und querdenkt, der nach- und vordenkt, wird dieses Buch nutzen, um seine bisherige Sichtweise zu hinterfragen und seine künftige Handlungsweise nachzuschärfen. Um genau diese Souveränität geht es beim HR-Business-Partner und nicht um das Kopieren von vermeintlichen oder tatsächlichen Erfolgsrezepten anderer.

Zahlreiche konkrete Muster, praktische Tipps, exemplarische Illustrationen und fast schon Checklistenartiges fehlen aber keineswegs. Alleine schon deshalb, damit aus der Beschäftigung mit dem HR-Business-Partner (beim Lesen) konkrete Ergebnisse vor Ort im Unternehmen (beim Arbeiten) entspringen. Die Eins-zu-eins-Kopie (»best practice«) wird aber meist nicht gelingen, das situative Adaptieren auf die konkrete Situation und Konstellation (»best fit«) bleibt ein Muss.

Reibung erzeugt Energie

Wir haben zur Schärfung unserer Argumentationslinien auf eine allzu große »political correctness« verzichtet. Durch das Aufgreifen heikler Themen wie etwa zur Metrics-Mania, das absichtliche Überzeichnen mancher Positionen sowie die bewusst nicht immer geschmeidige Wortwahl mag sich der ein oder andere Leser getroffen fühlen. Dies wäre dann nicht unsere Absicht gewesen. Vielmehr möchten wir einfach immer wieder zum Nachdenken über das Hier und Heute anregen. Dazu laden auch unsere Glossen (in den Kästen) ein, bei denen es um ein Schmunzeln und Irritieren geht. Denn der HR-Business-Partner ist nicht das, was sich Ulrich im Jahre 1997 ausgedacht hat, und auch nicht das, was wir für richtig halten. Der HR-Business-Partner ist das, was Sie, lieber Leser, in Ihrem Unternehmen und für Ihr Unternehmen daraus machen.

Wir sind nun schon einige Jahre – als Berater – im Terrain des HRM unterwegs. In dieser Zeit haben wir so manches gehört und gesehen, gefühlt und geschmeckt, gesagt und geschrieben. Dabei konnten wir unsere eigenen Vorstellungen entwickeln, nicht in Stein gemeißelt, aber dann doch mit einer gewissen Profiltiefe. Untereinander weisen wir beide zwar an vielen Stellen eine große Deckungsgleichheit auf, aber eben nicht überall. Diese Auffassungen möchten wir Ihnen in diesem Buch vorstellen. An manchen Stellen zeichnen wir ein eher sperriges Bild, ohne den inzwischen vielerorts üblichen positiven, konstruktiven, produktiven Grundtenor. Wir drücken damit unsere Meinung aus. Aber eigentlich sind dies keine Meinungen, sondern eine mögliche Auslegung unserer Beobachtungen aus dem Alltag von Unternehmen.

Im wahren Leben begegnet einem immer wieder der Begriff des Kraftfeldes. In den Natur- und Sozialwissenschaften stehen Kraftfelder für die Wechselwirkungspotenziale von unterschiedlich starken Objekten. So kreieren besonders einflussreiche Literaten ein Kraftfeld um sich herum, in dem sich ihre Epigonen und Leser gerne tummeln und auf das sie sich unablässig beziehen. Im literarischen Genre der Science Fiction wird mit der Hypothese von Kraftfeldern jongliert; derartige Energieschilder wirken als Barrieren, mit der bestimmte Bereiche gegen unerwünschtes Eindringen oder Angriffe geschützt werden können. In Sozialpsychologie, Organisationsentwicklung und Veränderungsmanagement werden jene sozialen und psychologischen Faktoren als Kraftfeld gesehen, die eine Person oder eine ganze Gruppe maßgeblich beeinflussen. Für die persönliche Biografie sind Kraftfelder oft jene Licht- und Schattenbereiche aus der Vergangenheit, in denen so mancher verhaftet scheint, zum Guten (»Erfolg gebiert Erfolg«) und weniger Guten (»Pech, das am Stiefel klebt«). Dave Ulrich, die Story vom HR-Business-Partner und die Wertschöpfung aus der People-Dimension sind solche Kraftfelder im HRM, die unser Buch von vorne bis hinten durchziehen. Es gelingt einem kaum mehr sich dem zu entwinden. Als Autoren eines Buches über das Kraftfeld HR-Business-Partner möchten wir mit unseren Gedanken und Argumenten sogar für eine möglichst hohe energetische Aufladung sorgen – aus Überzeugung und Erfahrung. Daher wählen wir immer wieder kräftige Worte.

Sie, lieber Leser, mögen an manchen Stellen eine unterschiedliche Sichtweise haben, unsere Wahrnehmungen nicht komplett teilen, aus ihrem Blickwinkel die Dinge ganz anders betrachten, mit unseren Ausführungen sogar gelegentlich hadern. So wird die eine oder der andere von Ihnen vermutlich verwundert den Kopf schütteln, wenn wir ein klein wenig gegen die um sich greifende Metrics-Orientierung im HRM wettern. Das macht nichts – im Gegenteil: Denn aus Reibung entsteht Energie. Mit Ihren dann noch festeren Überzeugungen oder Ihren dann doch erweiterten Einstellungen – denn ganz ohne »impact« möchten wir Sie nicht aus dem Lesen unseres Buches entlassen – können Sie ein noch besseres HRM für Ihren Wirkungsbereich umsetzen. Übrigens: Vor allem unsere Ansichten über die Wertschöpfung aus der People-Dimension sowie die Zukunft des Human Resource Management werden mit Sicherheit nicht allesamt eintreten und von jedem geteilt. Hätten wir auf diese Aussagen freilich verzichtet, wäre das Buch zwar unangreifbarer, aber auch langweiliger geworden.

Wir selbst sind übrigens keine Personaler, sondern, wie bereits gesagt, Berater. Damit kommen wir aus dem Business. Unsere Business-Themen sind in erster Linie das HRM und das Change Management in Unternehmen. Aus den vielen Jahren der engen Zusammenarbeit mit den Personal-Verantwortlichen unserer Kunden sowie mit vielen »gewöhnlichen« HR-Mitarbeitern – gerade auch in den Workshops zur Analyse, Verifizierung und Mobilisierung – denken wir dann doch die Perspektiven von Personalern kennengelernt zu haben. Wir sehen aber auch immer die Ziele und Nöte der Business-Verantwortlichen. Übrigens: Auch wir sind mit dem HRM in unserer eigenen Organisation nicht immer ein Herz und eine Seele.

Natürlich sind uns die Zielkonflikte und Sachzwänge sowie die unterschiedlichen Anforderungen aus unterschiedlichen Konstellationen bewusst. Selbstverständlich wissen wir um die Bedeutung von Meinungen, Vorlieben und Erfahrungen bei der Einschätzung von alternativen Handlungsoptionen. Zweifellos sehen wir das Spannungsfeld aus rationalen, emotionalen und politischen Aspekten in der alltäglichen Entscheidungs-Gemengelage von Unternehmen. Daher würden wir uns selbst auch als überzeugte Verfechter eines adaptiven und situativen Vorgehens bezeichnen. Denn die »best practice« beruht niemals auf der Kopie von etwas anderem, sondern immer auf einem »best fit«-Ansatz. Es soll sogar schon Beratungsprojekte gegeben haben, bei denen wir von den in diesem Buch vertretenen Auffassungen abgewichen sind und etwas ganz anders vorgeschlagen haben – wenn es denn anders besser passte. Deshalb legen wir großen Wert auf die Analyse der Ausgangssituation und die Entscheidung zur Zielsetzung. Die hierfür eingesetzte Zeit und Konzentration zahlt sich ziemlich schnell aus. Patentrezepte können und möchten wir nicht bieten. Wir glauben an so etwas nicht. In diesem Buch beleuchten wir deshalb den HR-Business-Partner mit Schweinwerfern von verschiedenen Seiten, damit Sie sich als Leser einen helleren und runderen Eindruck von ihm machen können. Wenn Ihnen einer dieser Blickwinkel nicht zusagen sollte, können Sie ja diesen Scheinwerfer ausknipsen und sich immer noch auf die anderen konzentrieren.

> **Der Brenner über Männer**
>
> Wenn wir in diesem Buch den »HR-Business-Partner« und andere Akteure nur in ihrer grammatikalisch männlichen Form verwenden, geschieht dies ausschließlich aus Gründen der Praktikabilität. Natürlich gibt es auch HR-Business-Partnerinnen. Oftmals sind diese sogar die besseren oder zumindest angenehmeren. »Weil alte Wahrheit, dass alles auf der Welt nur halb so lange brauchen würde, jede Arbeit ginge dreimal so schnell, wenn nicht immer ein Mann dabei wäre, der allen beweisen muss, dass er einer ist« (Haas 2009: 47–48).

Wer in diesem Buch das noch niemals Gedachte vermutet, das zu keiner Zeit Vorgeschlagene erwartet, das völlig Bahnbrechende ersehnt, wird enttäuscht werden. Dazu haben sich schon zu viele kluge und erfahrene Köpfe mit wertschöpfenden HRM-Themen auseinandergesetzt. Die Beschäftigung mit dem Sinn und Zweck des HRM hat allerdings auch nicht vor Irrwegen und Einseitigkeit geschützt. Dieses Buch möchte seinen Lesern zwei Dinge bieten: Zum einen wird es frische Überlegungen für den HR-Business-Partner ins Spiel bringen, damit sich die Wertschöpfung aus der People-Dimension mehr und mehr in konkreten Resultaten zeigt. Zum zweiten will es die Sackgassen der Vergangenheit auch als solche aufzeigen, damit der nächste Anlauf seiner Konzeption und Implementierung eine weitaus größere Erfolgswahrscheinlichkeit besitzt.

Nicht alle Texte in diesem Buch sind zum ersten Mal publiziert. An manchen Stellen wird auf frühere Veröffentlichungen der beiden Autoren – etwa die erste HR-Business-Partner-Studie (Claßen/Kern 2006), unsere vier HR Barometer (2002, 2004, 2007, 2009), die vier Change-Management-Studien (2003, 2005, 2008, 2010), ein Buch zum Thema Change Management (Claßen 2008) sowie diverse themenbezogene Artikel rund um HRM – zurückgegriffen. Im Sinne einer gesamthaften Darstellung fasst dieses Buch jedoch dieses Bisherige und viel Neuartiges zu einem runden Ganzen über den HR-Business-Partner zusammen.

Dankeschön

Dieses Buch kumuliert und interpretiert wieder vielerlei Ideen, Projekte, Gespräche, Erfahrungen, Beobachtungen, Ausarbeitungen und Misserfolge. Deren Übersetzung in die vorliegenden Texte und Grafiken ist dann erst der finale Schritt. Alleine vom Schreibtisch aus und fern des betrieblichen Alltags wäre das Buch niemals entstanden. Selbst wenn es aus einem bestimmten Arbeitsmilieu heraus entsprungen ist, bringt es keine offizielle Auffassung des dahinterstehenden Unternehmens zum Ausdruck. Es steht für die Sichtweisen der beiden Verfasser, die damit für sämtliche – durch die allmähliche Entwicklung besserer Erkenntnisse rund um den HR-Business-Partner auftretenden – Mängel sowie die bei so mancher pointierten Formulierung mögliche Fehleinschätzung verantwortlich zeichnen.

Unser Dankeschön geht an viele. Zunächst an die Kollegen und Ex-Kollegen aus der »People Practice« von Capgemini Consulting und dort besonders an Simone Böcker, Dr. Christian Gärtner, Katrin Köbele, Felicitas von Kyaw, Barbara Lambers, Nina Müller, Dr. Elke Timm, Stephan Wieneke für die Unterstützung bei dem einen oder anderen Aspekt. Überdies: Den Lesern und Rezensenten unserer 2006er Studie, deren positives Feedback uns bestärkt hat, die Mühen einer weiteren Vertiefung des Themas zwischen zwei Buchdeckeln auf uns zu nehmen. Herrn Jürgen Scholl von Wolters Kluwer zur Ermunterung für dieses Buch. Herrn Thomas Sattelberger, dem Personalverstand der Deutschen Telekom, für sein Vorwort. Herrn Richard Kastl, dem Lektor, für seine erneut wertvollen Hinweise. Allemal unseren Kunden für die vielen Entdeckungs- und Gestaltungsmöglichkeiten rund um ihre jeweiligen HR-Service-Delivery-Modelle und deren wertschöpfender Komponente, dem HR-Business-Partner.

Natürlich geht der Dank an die Landes- bzw. Staatsregierungen von Baden-Württemberg und Bayern, die uns während der Schul- und Studienjahre ein Ausbildungssystem zur Verfügung stellten, das nicht nur bloße Nützlichkeit im Blickpunkt hatte, sondern ein Hinterfragen und Durchdenken vermeintlicher Selbstverständlichkeiten ermöglichte, sowie den Blick über so manchen Horizont. So etwas schult. Wir haben dies damals natürlich nicht immer verstanden oder unseren Unmut in aufmüpfiger Weise gegen die gerade greifbaren Autoritäten eingesetzt. Mit Sicherheit fehlt uns auch heute noch bei so manchem der hier dargestellten Themen der volle Durchblick. Natürlich hoffen wir trotz allem »Bias« möglichst gut verstanden zu werden, von Ihnen, lieber Leser; zumindest bei mehr als nur flüchtigem Überfliegen der folgenden Seiten. Den möglicherweise entstehenden Widerspruch nehmen wir gerne entgegen, besonders wenn er in einen konstruktiven Dialog mündet. Auch dafür bereits jetzt ein Dankeschön.

Ein ganz großes Dankeschön geht an unsere Eltern und Freunde sowie besonders an Gabi und Vincent Claßen. Denn auch dieses Buch ist zwar aus der Arbeit heraus, aber außerhalb der Arbeitszeit entstanden. Dafür braucht es Verständnis und Freiräume; beides haben wir von unseren »significant others« erhalten.

Merci!

Februar 2010, in Freiburg-Ebnet und München-Untergiesing.

Martin Claßen und Dieter Kern

1 Rollensuche von HR

1.1 Kurzer Blick zurück

Illusion der Bewegung

»Die Situation des Personalleiters im Unternehmen ist seit Jahren zwiespältig. Eine Erweiterung seines Aufgabenbereichs sowie des dazugehörigen Instrumentariums und Expertenwissens eröffnen ihm einen relativ großen Einfluss auf das Entscheidungsverhalten im Unternehmen. Dabei gerät er leicht zwischen die Fronten alternativer Interessenbereiche. So muss er sich insbesondere bei Maßnahmen wie Personaleinstellung, -versetzung und -entlassung sowohl an den Leistungs- und Karrierezielen der ›Manager‹ als auch an arbeitsrechtlichen Vorschriften und Mitarbeiterinteressen (Betriebsrat) orientieren. Seine Arbeit scheint weniger durch eigene Zielvorstellungen als durch laufende Vermittlung zwischen unterschiedlichen fremden Zielvorstellungen geprägt. Welche und wessen Vorstellungen er dabei stärker vertritt, ist nicht allein eine Frage seiner persönlichen Überzeugung, sondern hängt entscheidend auch von den unternehmensinternen und -externen Macht- und Abhängigkeitsbeziehungen ab. (…) Die zukünftige Entwicklung des Personalwesens (…) wird besonders davon abhängen, in welchem Ausmaß die Unternehmen wirtschaftlich auf ihre Mitarbeiter bzw. auf Expertenwissen in der Personalarbeit angewiesen sind.« Dieses Zitat könnte fast aus diesen Tagen stammen. Doch es datiert aus einer Zeit, in der im Vorwort den »Fräuleins« noch für die Erstellung von Grafiken gedankt wurde, also vor nunmehr bereits drei Jahrzehnten (Remer/Wunderer 1979: 27–29).

Nichtsdestotrotz wird unter der Oberfläche eine erhebliche Bewegung ausgemacht. So holen etwa Wunderer/von Arx (2002) noch weiter aus. Sie sehen in den fünf Dekaden von 1950 bis zur Jahrtausendwende in jedem Jahrzehnt eine neue Phase, die auch als Entwicklung interpretiert wird: Von der Bürokratisierung über Institutionalisierung, Humanisierung, Ökonomisierung hin zum Intrapreneuring. Dass sich die Dekaden offenbar gut für eine Phasierung der HR-Historie eignen, meint auch Scholz (1999), bei dem die Abschnitte von der Personalverwaltung in den Fünfzigern bis zur sogenannten Personalkompetenzintegration im gerade abgelaufenen Jahrzehnt reichen. Dabei erkennt er auch eine Zunahme des strategischen, kundenorientierten und wertschöpfenden sowie damit transformationalen HR-Managements zu Lasten der transaktionalen HR-Administration. Was ist nun aber richtig: Stillstand oder allenfalls Schneckentempo versus wirklicher Fortschritt, bei dem der HR-Business-Partner den vorläufig letzten Schritt einer grundsätzlich erfreulichen Evolution darstellt (vgl. Leitl 2009)?

Das hehre Ziel ist eigentlich allen klar. HR muss besser werden, um (a) seinen Kunden – dem Management und nicht der Belegschaft – noch bessere Ergebnis-

se zu liefern und (b) seinen eigenen Stellenwert im Unternehmen durch eine un-
tadelige Effizienz nicht immer mit Kostendebatten zu belasten. In dieser Reihenfolge, denn weder PowerPoints, Konzepte noch Schwätzen, sondern nur Ergebnisse bringen Status. Wahrscheinlich ist das die wesentlichste Entwicklung der
letzten Jahre, wer im HRM überhaupt als Kunde verstanden wird. Etwas, das
vom HR-Business-Partner wohl am konsequentesten umgesetzt wird: »Shifting
the definition of the HR ›customer‹ from the traditional focus on the employee
to an almost total focus on the management« (Kates 2006: 23). Die Belegschaft
ist dabei vom Subjekt zum Objekt des HRM geworden. Dieser Wechsel von den
Mitarbeiterinteressen zur Managementperspektive ist natürlich bei den Personalisten alles andere als unumstritten (vgl. Francis/Keegan 2006).

»Ungleichzeitigkeit der Gleichzeitigen«

Ein derart sperriger Begriff kann eigentlich nur aus der Soziologie stammen; dabei liegen seine Wurzeln in der Kulturgeschichte (Wilhelm Pinder 1926) und der
Philosophie (Ernst Bloch 1935). Um was geht es denn überhaupt? Wir müssen
zur Beantwortung dieser ungeduldigen Frage etwas ausholen. Für die Analyse
und Prognose von menschlichen Entwicklungen kann die individuelle Disposition nicht auf die lebenszyklische Dimension, dem unvermeidlichen Älterwer-
den, reduziert werden, wie das etwa von der Entwicklungspsychologie propagiert wird. Zu diesem Lebenszyklus- bzw. Alterseffekt gibt es zweitens den Peri-
odeneffekt, dem in einer bestimmten Phase dominierenden Zeitgeist, und drittens den Kohorteneffekt, die Sozialisation in einem bestimmten historischen
Kontext. »As society changes, each new cohort encounters a unique of social and
environmental events. (…) Different cohorts age in different ways« (Riley 1973:
36).

Auch wenn sich – »panta rhei« – alles permanent und immer rasanter verändert,
gibt es doch Stabilität und Kontinuität im individuellen Fühlen, Denken und
Handeln. Jeder Mensch besitzt bestimmte Einstellungen und Verhaltensweisen,
die er weitgehend beibehält, selbst wenn sich ansonsten manches um ihn herum
grundlegend wandelt, weil die Erfahrung und Sozialisation in bestimmten Le-
bensabschnitten eine stärkere Wirkung ausüben als zu anderen Zeiten. Diese
prägende und »formative« Phase wird üblicherweise in der Adoleszenz festgemacht (vgl. Mannheim 1928/1970): »Dass die Jugend weitgehend ohne Erfahrung ist, bedeutet für diese eine Minderung des Ballastes, eine Erleichterung des
Weiterlebens. Alt ist man primär dadurch, dass man in einem spezifischen,
selbsterworbenen, präformierenden Erfahrungszusammenhang lebt, wodurch
jede neue mögliche Erfahrung ihre Gestalt und ihren Ort bis zu einem gewissen
Grade im vornhinein zugeteilt erhält« (ebd.: 534). Dieser Grundgedanke manifestiert sich beispielsweise in Begriffen wie »68er Generation«, »Generation
Golf«, »Generation X« bzw. »Millennials«, »Generation Y«. Diese Alterskohor-

ten unterscheiden sich, bei allen immanenten Unterschieden, jeweils fundamental von ihren Vorläufern und Nachfolgern.

Nehmen wir als Beispiel, ohne es politisch bewerten zu wollen, das wohl prägendste Ereignis der jüngeren Geschichte (vor nunmehr auch schon wieder zwei Dekaden): Den Fall der Mauer, die darauf folgende Wiedervereinigung Deutschlands und überhaupt die gesamte europäische Öffnung bis hin zur Integration Zentraleuropas. Für einen heute im Ruhestand befindlichen und damals am Ende des Berufslebens stehenden 85-Jährigen bedeutete dies in gewisser Weise die Rückkehr zur Normalität. Für einen heute am Ende und damals in der Mitte des Berufslebens stehenden 65-Jährigen ergab sich ein unvermittelter Paradigmenwechsel mit einer unübersehbaren Abkehr vom Gewohnten. Für einen heute in der Mitte und damals am Beginn des Berufslebens stehenden 45-Jährigen – gerade in seiner formativen Phase – stellte dies einen unverhofften Paradigmenwechsel mit einmaligen Chancen bei geringen Risiken dar. Für einen heute am Beginn des Berufslebens stehenden und damals im Kindergarten betreuten 25-Jährigen besagte dies erst einmal überhaupt nichts. Die Verhaltensweisen in den Folgejahren seit 1989 weisen daher trotz vieler interindividueller Unterschiede auch kohortenspezifische Gemeinsamkeiten auf, bis heute, zwanzig Jahre danach. Vergleichbare Unterschiede mit Verhaltensrelevanz zeigen sich natürlich auch im HRM, so beispielsweise in den präferierten Führungsstilen einer Multi-Generationen-Belegschaft (vgl. Abb. 3).

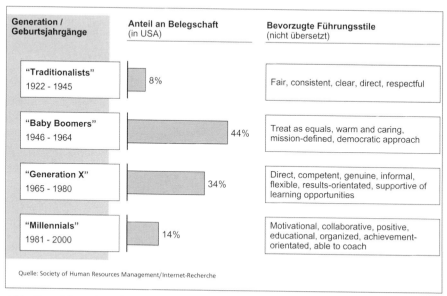

Abb. 3: Die Belegschaft differiert – abhängig von der jeweiligen Kohorte – in den präferierten Führungsstilen

Drei Generationen

Auch bei den Personalern selbst gibt es solche Kohorten, natürlich in aller Simplifikation, die so eine Schubladisierung immer aufweist (vgl. Abb. 4). Da ist zum einen die »Generation Mitbestimmung«, die in ihren formativen Jahren – den Siebzigern – durch politische Prozesse das Erstarken der Betriebsräte, zweistellige Tarifabschlüsse sowie eine zunehmend arbeitnehmerfreundliche Gesetzgebung und Rechtssprechung erlebte; sie möchte bis heute von einem tonangebenden Mitarbeiterbezug der Unternehmenspolitik nicht lassen. Nicht wenige der heute noch amtierenden oder sich gerade auf dem Rückzug befindlichen Personalvorstände großer deutscher (mitbestimmter) Konzerne haben in diesen Jahren ihre Prägung erhalten, vereinzelt auch in bewusster Opposition zum »Mainstream«. Außerdem rührt die Dominanz von Juristen in so manchem Personalbereich aus dieser Zeit.

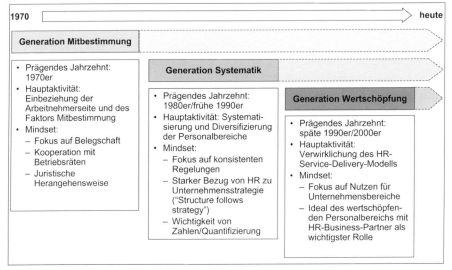

Abb. 4: Heute existieren in den HR-Bereichen drei Generationen von Personalern nebeneinander

Da gibt es zum zweiten die »Generation Systematik«, die in den achtziger und frühen neunziger Jahren des vorigen Jahrhunderts sozialisiert wurde. Damals war die Hochzeit systematischer Konzepte zur Unternehmensführung (vgl. Mintzberg 1999). Mit einer gewissen Verzögerung fanden Systematiken zur Unternehmensstrategie, -organisation und -entwicklung sowie zum Marketing, Controlling und der (Informations-)Technologie ihre Entsprechung im Personalbereich. Es begann die Hochzeit der Personalstrategie, -organisation und -entwicklung sowie von Personalmarketing, -controlling und -systemen. So erfuhren etwa die gegenwärtigen Protagonisten eines auf quantitativen Ergebnissen fußenden HRM in dieser Zeit die Grundlagen ihres heutigen Denkens und Argumentierens. Ihre heutigen Glaubenssätze wie die Devise von Chandler:

»structure follows strategy«, zum zweiten, die Personalstrategie leite sich aus der Unternehmensstrategie ab bzw. zum dritten, auch die HR-Funktion müsse endlich, um ernst genommen zu werden, die Argumentation mit Zahlen liefern, entstammen jener Phase. Aus dieser Diversifizierung in der personalwirtschaftlichen Profession resultierte auch die Einwanderung neuer Berufsgruppen, so beispielsweise Psychologen für die Personalentwicklung, Zahlenfreaks für das Personalcontrolling und später dann auch Informatikern für die Personalsysteme. Das »Mindset« der HR-Funktion spreizte sich und es entstanden erste Subkulturen mit wechselseitigen Verständnisproblemen. Noch gab es aber eine große Klammer, die Auseinandersetzung mit demselben Stakeholder: der Belegschaft und damit den Führungskräften und Mitarbeitern.

Zum dritten entwickelt sich seit einer guten Dekade die »Generation Wertschöpfung«, wobei man sie auch als »Generation Ulrich« bezeichnen könnte. Sie erlebt das Juristische am HRM lediglich noch in CoE-sierter Form, kennt alles Transaktionale in nichts anderem mehr als in Gestalt des SSC oder via HRIT/ESS/MSS und verortet das Transformationale beim Business-Partner. Wodurch sich für sie die einzig wirklich wertschöpfende Personalarbeit auf diese transformationale Dimension kapriziert. Wie die Apostel des HR-Effizienzspiels schwärmen sie derzeit aus, standardisieren, zentralisieren und automatisieren alle greifbaren HR-Transaktionen, gründen auf der ganzen Welt als Orte ihres Glaubens die Shared Service Center und verlagern diese – wenn es sich denn ziemt – »onshore«, »near-shore« bzw. »off-shore« zu Outsourcing-Anbietern. Als päpstliche Zentrale des Glaubens entstehen im »Corporate Center« die CoE, welche mit zeitgemäßen Enzykliken und Dogmen die »Policy«-Hoheit für sich in Anspruch nehmen und allenfalls die modernen Ordensbrüder – uns HRM-Berater – um Auskunft bitten. Damit die frische Luft des Business Partnering nicht durch die hohen Mauern von Routineaufgaben und die geschlossenen Fenster mit Uraltregelungsmuff aufgehalten wird. Für das Unternehmen und seine Stakeholder soll aus der People-Dimension heraus möglichst viel Wertschöpfung erzeugt werden (vgl. Abb. 5). Damit bewegt sich der HR-Business-Partner auch im Spannungsfeld der »großen« Strategie-Perspektiven wie der Investoren-Sicht (»value based view« á la Rappaport), der Kunden-Sicht (»market based view« á la Porter) und der People-Sicht (»resource based view« á la Hamel/Prahalad). Natürlich, dies ist eben das Wesen der People-Dimension als zentralem Ressourcenelement, bringt er dabei stärker eine »inside out«- denn eine »outside in«-Perspektive mit. Denn gerade bei der Strategieumsetzung kommt es auf die verfügbaren beziehungsweise mobilisierbaren Ressourcen an.

Wenn dann, wie heute immerzu und überall, irgendwer aus der »Generation Mitbestimmung« mit einem aus der »Generation Systematik« und jemandem aus der »Generation Wertschöpfung« zusammentrifft, entsteht – noch ohne die hierarchischen Beziehungen zu berücksichtigen – eine reizvolle Gemengelage: Die Ungleichzeitigkeit der Gleichzeitigen. Der erste denkt in erster Linie an die

Belegschaft, der zweite an die Konsistenz der Regelungen und der dritte an den Nutzen für die Unternehmensbereiche. Wirklich spannend.

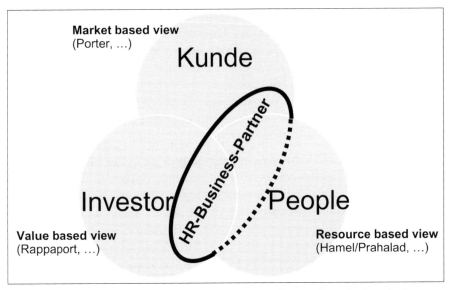

Abb. 5: Drei zentrale Stakeholder des Unternehmens begründen drei unterschiedliche Dimensionen, in denen sich der HR-Business-Partner bewegt

Wie Ebbe und Flut

Natürlich werden diese Kohorten von dem in periodischen Zyklen schwingenden Auf und Ab des konjunkturellen Zeitgeistes begleitet. Sie empfinden entweder Rücken- oder Gegenwind für ihre jeweiligen Anliegen. Phasen der zur Sicherung von Wettbewerbsfähigkeit unerlässlichen Kostensenkung (»bottom line orientation«) wechseln sich mit Phasen der zur Umsatzsteigerung erforderlichen Aufwandserhöhung (»top line orientation«) ab. Mal ist HRM ein unerträglicher Kostenblock und dann wieder eine unerlässliche Zukunftsinvestition, je nachdem. In Zeiten des Kostenbewusstseins tut man gut daran, die Gleichung zu verinnerlichen, Wettbewerbsfähigkeit bedeute Lohnverzicht, Budgetsperren sowie weitere Komfortentsagung. Basta! In Zeiten der Engpassbesorgnisse wird es demgegenüber plötzlich wieder möglich, zusätzliche Annehmlichkeiten auszuschütten und ergiebige Etatmittel anzuzapfen. Allemal!

Mit dem ersten »war for talents« im Zuge der Internet-Blase, also im Zeitraum 1998 bis 2001, sahen wir für den Personalbereich eine solche Aufwandspitze. Es folgten die bleiernen Jahre 2002 bis 2005 als bodenloses und beinhartes Kostenloch. Doch auch dieses wurde in den Jahren 2006 bis 2008 wieder gefüllt und von neuer Großzügigkeit infolge der Panikattacken zu Zeiten von »Demografiebombe« und »Talent Management 2.0« abgelöst. Das neue Kostenbewusstsein stand dann im Herbst 2008 urplötzlich vor der Tür, hat laut vernehmlich geklopft. Vielerorts hat man es auch sehr schnell hereingelassen. Der Zeitgeist huscht unerbittlich durch die Flure des Personalbereichs. Das zyklische Auf und Ab des Kostenthemas gehört zu den immerwährenden Konstanten im Wirtschaftsleben. Dies wird verschärft durch das Faktum, dass bei uns die HRM-Kosten unmittelbar als Aufwand in der G&V zu verbuchen sind und nicht – wie etwa Anlageinvestitionen – über einen längeren Zeitraum, in dem sie meist erst wirksam werden, abgeschrieben werden können. Die Zuversicht auf ein Ende des Kostenthemas (ein für allemal!) bleibt freilich eine der unerschütterlichen Hoffnungen in ziemlich vielen Personalbereichen. Vielleicht braucht es diese Hoffnung auch, um in schwierigen Zeiten wieder aufzustehen und weiterzumachen.

Zurück vom Perioden- zum Kohorteneffekt: Mannheim (1928/1970: 522 und 558) wies bereits vor acht Jahrzehnten auf die Bedeutung der Kohortenabfolge für sozioökonomische Veränderungen im Sinne eines »biologischen Rhythmus« bis hin zur »naturgesetzlichen Regelhaftigkeit« hin. Und dies trotz der innerhalb einer Generation durchaus »verschiedengearteten Versuche der Bewältigung desselben Schicksals und der dazugehörigen sozialen und geistigen Problematik«. Wieder übertragen auf die Personaler: Die »Generation Mitbestimmung« beginnt bereits, sich in den Ruhestand bzw. die staatlich geförderten Vorstufen zu verabschieden. Die »Generation Systematik« wird mal mit lauterer und mal mit leiserer Stimme das Konzeptionelle hochhalten, ihr ultimatives Fernziel »Operations Research« auch für personalwirtschaftliche Aufgabenstellungen dabei niemals aus dem Auge verlierend. Die Generation »Business-Partner« hat zwischenzeitlich angefangen, sich in den Unternehmen breit zu machen und das Heft in die Hand zu nehmen. Man darf gespannt sein, welche Generation als nächste an die Pforte des Personalbereichs klopfen wird. Denn bereits Mannheim (ebd.: 532) ahnt es: »Das Neueinsetzen neuer Menschen verschüttet zwar stets akkumulierte Güter, schafft aber die unbewusst nötige, neue Auswahl, Revision im Bereich des Vorhandenen, lehrt uns, nicht mehr Brauchbares zu vergessen, noch nicht Errungenes zu begehren.« Bislang ist nichts zu sehen oder zu hören, auch wenn unsere Augen und Ohren weit geöffnet sind. Oder doch?

Von Mitteln und Zwecken

Wie aber könnte HRM nun erstens über Ulrich und sein Wertschöpfungs-Dogma hinaus weitergedacht, zweitens auf eine noch ziemlich undurchsichtige und wie immer schwierige Zukunft vorbereitet sowie drittens wieder zu einem höheren Stellenwert gebracht werden? Viele der führenden HR-Verantwortlichen meinen sogar, dass, wenn kräftige Wertschöpfung endlich erreicht sei, so etwas wie ein finaler Zustand des HRM eintreten würde, fast wie im Paradies (vgl. 7.3).

Besonders die Sorge um den dritten Aspekt, den geringen Stellenwert, hat die Personaler in den vergangenen Jahren allerdings heftig umgetrieben. Vermeintliche Defizite in der Anerkennung können durchaus zum Motivator werden und in Leistung münden. Aber gerade darum muss es einem für die Zukunft nicht bange sein. Diese oftmals größte Gram kann mit leichter Hand genommen werden: »The demands on the human resources function have never been greater« (Kates 2006: 23). Zudem müsste erst einmal die Frage beantwortet werden, wann HRM denn in der Vergangenheit jemals eine schönere Situation gehabt hätte. Da sind die größten Zweifel angebracht. Selbst die immer wieder zitierten 70er Jahre waren doch eigentlich eine graue Zeit, an die sich auch kaum mehr einer der Heutigen erinnern kann. Jetzt aber möchten wir als Verführer alter Schule Ihnen, lieber Leser, einen kurzen Blick in unsere Briefmarkensammlung gestatten. Denn eigentlich geht es um nichts anderes als durch einen höheren Stellenwert mehr für die People-Dimension bewirken zu können (vgl. Abb. 6).

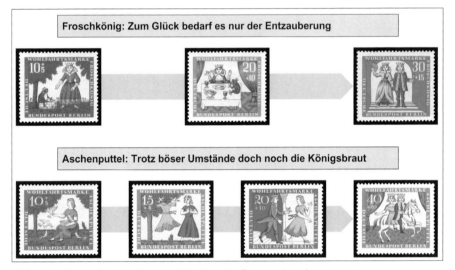

Abb. 6: Erste Sehnsucht von HR: Den Stellenwert steigern!

Vom Märchen zurück in die Realität: Die Aussagen vom Mitarbeiter als der wichtigsten Ressource sind natürlich schon lange geläufig. Manch einer echauffiert sich zwar über das Wort Ressource, das ja auch in die Kritik an »Humankapital« als Unwort des Jahres 2004 mündete, da es – so die Begründung – den Menschen nur noch zu ökonomisch interessanten Größen degradiere. Viel mehr könnte man sich jedoch darüber aufregen, dass diese burlesken Statements etwa aus dem Mund des Vorstandsvorsitzenden oftmals nicht mehr als Worthülsen und Lippenbekenntnisse zur richtigen Zeit, am richtigen Ort und zum richtigen Publikum sind. Morgen, beim Marketing-Event, sind dann die Kunden superwichtig und übermorgen, zur Investoren-Konferenz, die Anleger der Schlüssel zum Erfolg. Auch in einer Krise sind beim Blick auf die People-Dimension ganz plötzlich andere Argumentationslinien en vogue; aus den Humanressourcen werden Personalfaktorkosten (vgl. Claßen/Kern 2009: 52-54). Immer noch gilt auf breiter Front das Bonmot von Neuberger: »Der Mensch ist nicht Mittelpunkt – der Mensch ist Mittel, Punkt!« Wahrscheinlich beruht die ganze Diskussion freilich nur auf einem großen Missverständnis. Denn die einen meinen die begehrten, gesuchten und umkämpften »Talente« – oder in den etwas sperrigen Worten der Wissenschaft – »Humanvermögenskapitalisten«; die anderen beziehen sich auf die leichterdings ersetz- und austauschbaren »Humanvermögenspauperisten« (vgl. Abb. 7 – nach Bekker/Labucay 2008).

HUKAS (Humanvermögenskapitalisten)	HUPAS (Humanvermögenspauperisten)
• Mobile, unabhängige, kompetente, leistungs- und verhandlungsstarke Humanvermögensanbieter	• Tätigkeitsabhängige, verhandlungsschwache Anbieter von Peripheriekompetenzen
• Flexibel und mobilitätsbereit, jedoch nicht zur Mobilität gezwungen	• Wenig mobil und flexibel bei wachsendem Mobilitätsdruck
• Produzenten von Kernkompetenzen mit hohem Einkommen in Dauerarbeitsverhältnissen	• Zeitarbeitsverhältnisse und geringes Einkommen
• Personalentwicklung zur Erhaltung der Employability zahlt der Arbeitgeber	• Personalentwicklung zur Erhaltung der Employability zahlt der HUPA selbst
• Gute Chancen am Arbeitsmarkt, geringe Bindung an das Unternehmen	• Suche nach Sicherheit durch kollektive Macht

Quelle: Becker/Labucay (2008)

Abb. 7: Gewinner und Verlierer der Dynamisierung und Segmentierung in den Arbeitsmärkten

Der Mensch muss gar nicht unbedingt Mittelpunkt sein und deswegen zum (Selbst-)Zweck werden. Auch als Mittel lässt sich durchaus gut leben, insbesondere wenn diese Ressource als bedeutsames Vehikel zu einem als wichtig erachteten Zweck verstanden wird. In Unternehmen resultiert die Wertschätzung meistens doch aus Wertschöpfung. Denn der finale Zweck der Unternehmen in unserem sozio-ökonomischen System ist das Geldverdienen (Gutenberg 1951). Bei allen Lehren, die aus der Kapitalmarktkrise bereits gezogen wurden und künftig wohl noch abgeleitet werden, hat sich an diesem Ziel überhaupt nichts geändert. Nach wie vor klingt in den Analysen der Investmentbanker sehr deutlich und unvermindert das Verlangen nach »profitable growth« durch. Sicherlich, die ein oder andere Spielregel wird sich ändern, wobei sich diese nur indirekt auf das HRM auswirken, am ehesten wohl im Bereich der »Comp & Bens«.

Dass die Führungskräfte und Mitarbeiter – nicht alle, aber ziemlich viele – ein entscheidendes Mittel für diesen »profitable growth« sind, zeigt die selbst in diesen Krisenzeiten nicht abklingende Diskussion rund um den derzeitigen »Mega-Seller« der Personaler: Talent Management (z.B. Capelli 2008, Lawler 2008, Schiemann 2009). Es braucht also nicht einmal die humanistische Aufladung von HR-Themen, wenn die Klientel bereits ein zentrales Mittel für diesen Unternehmenszweck ist. Im Grunde gilt dies für alle transformationalen HR-Themen, da diese – so ist der Sinn der Business-Transformation mit Sicherheit angelegt – genau diesen Unternehmenszweck befördern und dazu wesentliche Wertschöpfung abliefern. Dafür braucht es eben, dies weiß man heute sicher, das exzellente

Wissen, Können, Wollen und Handeln der Führungskräfte und Mitarbeiter. Denn eines ist klar: Weil die Arbeit niemals ausgeht, bleibt uns auch die Arbeit zur Arbeit – HRM eben. Mit Blick auf die anspruchsvollere Klientel wird diese Beschäftigung mit der People-Dimension im Gleichklang ebenfalls anspruchsvoller.

Wenn dann noch, abgeleitet aus humanistischen Erwägungen, dem Personal mehr als nur Zweckdienlichkeit zugeschrieben wird, dann sollten sich die Angehörigen der Personalfunktion erst recht entspannt zurücklehnen. Natürlich nur mit Blick auf ihren Stellenwert und ohne in den Bemühungen um »Besseres für das Personal« (humanistisch) beziehungsweise um »besseres Personal« (systemtheoretisch) nachzulassen. Die humanistische Position möchten wir hier nicht vertiefen. Bei diesem normativen Aspekt muss jeder Manager und HR-Verantwortliche seine eigene Position, seine »Dos & Don'ts« finden. Also auf zur systemtheoretischen Begründung (z.B. Remer 1997): »Es folgt aber gerade eine zunehmende Bedeutung des Personals für die bestandssichernde Umweltorientierung des Systems Unternehmung. (…) Dort fungiert Personal als jenes Managementelement, das für die Aufnahme und Verarbeitung von Umweltkomplexität zuständig ist. (…) Soziale Systeme wie Unternehmungen werden zukünftig noch mehr Humanressourcen für die Generierung von bestandssichernden Strategien benötigen« (ebd.: 411–412).

Dies alles haben der »Manager des 20. Jahrhunderts«, Jack Welch, und einer der letzten großen Management-Denker, Peter Drucker, mit ihren Worten und in ihren Schriften ebenso postuliert. Beide haben den Stellenwert der Human Resources schon immer ziemlich weit oben angesiedelt. Erst unlängst hat Welch sogar das von ihm selbst über beinahe drei Dekaden propagierte Konzept des Shareholder Value – es steht für viele in Konkurrenz zur People-Dimension – von der Strategie zum Resultat degradiert: »Genau betrachtet ist dies die blödeste Idee der Welt. Shareholder Value ist das Ergebnis gemeinsamer Anstrengungen, vom Management bis zu normalen Angestellten, aber keine Strategie. Die wichtigsten Interessengruppen sind die eigenen Mitarbeiter und die eigenen Kunden« (zitiert nach Financial Times vom 12.03.2009). Für Welch und Drucker liefern die oftmals kritisierten ökonomischen Sachzwänge auch die besten Argumente für eine künftig wachsende Bedeutung der Human Resources und folglich aller mit diesem Themenkomplex beschäftigten Akteure und Rollen. Wenn nämlich Unternehmen profitabel wachsen wollen, und dies sollen sie nach wie vor, sagen ihre derzeitigen Eigentümer und potenzielle Investoren, dann brauchen sie Innovationen bei ihren Produkten und in der Produktion. Unabhängig davon, ob es sich um ein Dienstleistungsunternehmen, Industriebetrieb oder Finanzinstitut handelt, selbst – mit Verzögerung – in der öffentlichen Verwaltung, kommen diese Innovationen und ihre Implementierung von menschlichen Lebewesen, die gewonnen und gehalten, überzeugt und verändert, informiert und qualifiziert, motiviert und loyalisiert sein wollen: Für bessere Entscheidungen und bessere Handlungen.

Der für Unternehmen in der unaufhaltbaren Langfrist-Tendenz deutlich schwieriger werdende Werte- und Einstellungswandel von Führungskräften und Mitarbeitern sowie natürlich auch die demografischen Entwicklungen tun ihr Übriges dazu. Aus dem früher lohnabhängig Beschäftigten ist in vielen Fällen der selbstbewusste »Ego-Man« geworden, der für eine andersartige Beschäftigungskultur sorgen wird (vgl. Baker 2009, Claßen 2008: 168-181 bzw. Scholz 2003): In Krisen etwas zurückhaltender, bei »Hardlinern« in der Beletage etwas behutsamer, aber im Grunde dann doch. Kein vernünftiger Manager kann die Human Resources, zumindest in den Engpass-Bereichen, mehr als zweitrangig, drittklassig, viertwichtig, gar als fünftes Rad am Wagen betrachten. Aus Worthülsen und Lippenbekenntnissen werden durch den Engpass-Charakter von »True Performern« nun auch Überzeugungen. Mit dieser instrumentellen Argumentation – die allerdings lediglich für eine Teilpopulation der Führungskräfte/Mitarbeiter gilt – muss nicht einmal die normative Karte von der Eigenwertigkeit des Personals gezogen werden, und man kann auf die Hinzufügung von zusätzlichen Unternehmenszwecken verzichten. Um die Zukunftsfähigkeit und Relevanz der unternehmerischen Aufgabenstellung HRM – in ihrer transformationalen Ausprägung – muss einem deswegen überhaupt nicht bange sein. Man muss es halt nur einfach sehr gut machen.

Hingegen muss das transaktionale HRM einfach nur funktionieren, morgen besser und günstiger als heute und übermorgen, bitteschön, nochmals ein Quantensprung bei Effektivität und Effizienz. Eine moralisch-ethische Aufladung dieser HR-Themen bringt daher wenig. Die humanistische Weltsicht besitzt bei transaktionalen Themen wenig Ansatzpunkte. So ist etwa die »Payroll« nun einmal ein ziemlich poesieloser administrativer Akt. Die Lyrik steckt in der »Policy« und ihrer Verhaltensausrichtung; dies ist freilich schon nicht mehr transaktional. Die normative Bewertung von transaktionalen Themen setzt hingegen an der falschen Stelle an. Da sie ja Mittel zum Zweck sind, gilt es, dieses Ziel – also den Willen des Unternehmens zum Geldverdienen – zu bewerten. Darüber kann man nicht wirklich streiten. Natürlich kann dieser originäre Zweck mit anderen erfolgskritischen Zielsetzungen ergänzt werden. Dies wird bei Transformationen oft sogar sinnvoll sein, also sozusagen eine Optimierung mit Nebenbedingungen.

Kurzer Zwischenruf: Wie steht es eigentlich um das HR-Image?

Immer wieder ist vom geringen Stellenwert der HR-Funktion und ihrer Protagonisten, den Personalern, zu lesen, auch in unseren eigenen Publikationen (z.B. Claßen/Kern 2009). Bereits das Selbstbild sei nicht besonders stark. Das Fremdbild aus dem Business falle nochmals deutlich schwächer aus. Selbstbewusste Statements (z.B. Breitfelder/Dowling 2008) sind dagegen rar. Auch viele Gespräche mit führenden Vertretern der Zunft drehen sich um den geringen Stellenwert ihrer Profession, der sich in vergleichenden Untersuchungen der Berufsgruppen immer wieder bestätigt. Dabei hätten wir doch alle – mit einem der wichtigsten »Stakeholder« im Rücken – so gerne einen besseren Nimbus. Oft wird über die Personalisten einfach nur noch gelästert und gewitzelt. Kennen Sie etwa den? Personalchef zum Bewerber: »Wir suchen einen Mann mit Phantasie, einen Mann mit Tatkraft, Entschlossenheit und Feuer, einen Mann, der niemals aufgibt, einen Mann, der andere begeistern kann: kurz, einen Mann, der unsere Kegelmannschaft vom letzten Platz wegbringt!«

Die segensreichen Taten und augenscheinlichen Erfolge aus der HR-Funktion werden demgegenüber einfach ignoriert (oder anderen Ursachen zugeschrieben). Wenn es schon so weit ist, wird es um das Image nicht besonders gut bestellt sein. Spezielle Image-Studien gibt es für den deutschsprachigen Raum jedoch so gut wie keine; mit einer aktuellen Ausnahme (Beck u.a. 2009). Aus ihr möchten wir kurz berichten. Beim Blick auf die vier Ulrich-Rollen wird die Personalabteilung vor allem als administrativer Experte gesehen (61 Prozent Zustimmung) und weniger in den drei anderen Ausprägungen (jeweils nur um die 30 Prozent Zustimmung) (vgl. Abb. 8). Werden diverse HR-Themenfelder näher analysiert, wird der gute Gesamteindruck im transaktionalen Bereich deutlich, so etwa bei der eigentlich schon als Selbstverständlichkeit erachteten Personaldatenverwaltung (79 Prozent Zustimmung) und der Entgeltabrechnung (76%). Hingegen ist das Image bei den transformationalen Aufgaben des HR-Business-Partners deutlich schlechter: Personalbedarfsplanung (42%), Recruiting (44%) und Development (34%). »In der Gesamtauswertung ist besonders auffällig, dass das Aufgabenfeld ›Personal- und Organisationsentwicklung‹ als eine besondere Schwäche des HR Bereichs aus der Perspektive der internen Kunden bewertet wird« (ebd.: 17).

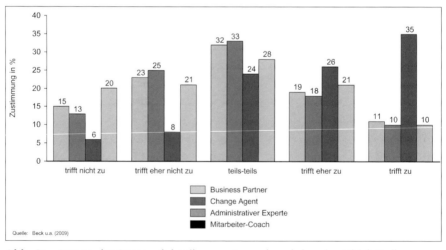

Abb. 8:   Image der Personalabteilung entsprechend der vier Ulrich-Rollen

Immerhin wird die HR-Funktion von ihren internen Kunden als bemüht und service-orientiert wahrgenommen, indem ihr Eigenschaften wie »gute Erreichbarkeit« (72 Prozent Zustimmung), »jederzeitige Verfügbarkeit« (65%), »zuverlässige Antworten« (58%) zugeschrieben werden. Bei der Kundenorientierung hapert es jedoch, so kennt nur etwa ein Drittel die Bedarfe der Bereiche (37%) bzw. die der Mitarbeiter (34%). Auch bei den weiteren Attributen zeigt sich, dass der typische Personaler zwar ein netter Kerl ist (hohe Werte bei »hilfsbereit«, »sympathisch« und »vertrauenswürdig«), durchaus auch »fleißig« und »schnell«, ohne dabei aber allzu ergebnisorientiert zu sein (geringe Werte bei »innovativ«, »strategisch«, »modern«, »flexibel« und »effizient«). Ausnahmen bestätigen die Regel.

Wenig überraschend sind dann auch die Meinungen zur generellen Zufriedenheit mit HR: Die eigenen konkreten Ansprechpartner im Ressort werden überwiegend als »o.k.« empfunden (61 Prozent Zustimmung), mehr jedenfalls als der »gute Ruf« der HR-Abteilung (43%) oder ihr Vergleich mit den Personalbereichen in anderen Unternehmen (47%). Unter dieser Verzerrung – die persönliche Kontaktperson erscheint besser als ihre Mannschaft – sind vermutlich auch die anderen Querschnittsfunktionen betroffen. Selbst wenn bei Imagestudien Spitzenwerte von 75 Prozent plus kaum zu erzielen sind, müssen die Werte unter der 50er Schwelle als Alarmsignal verstanden werden. Als Fazit dieser Imagestudie ist jedenfalls festzuhalten, dass das durchschnittliche HR-Ressort bei seinen transaktionalen Aktivitäten (im Bereich der Personaladministration) kaum Grund zur Klage bietet. Hingegen ist bei den, für den Anspruch eines HR-Business-Partners, wichtigen transformationalen Aufgabenstellungen signifikanter »room for improvement« festzustellen (vgl. Abb. 9). Dies sind – beim bloßen Blick auf die subjektive Wahrnehmung durch das Business – keine guten Voraussetzungen für die Umsetzung des Konzepts. Umso wichtiger ist es für dessen Erfolg, auf die richtigen Akteure zu setzen (die wirklich auch Wertschöpfung für das Business liefern können) und nicht jeden Personaler mit einem neuen Label zu versehen (vgl. 5.2).

1.2 Pontifikat 1997–20XX: Dave Ulrich

Ulrich gestern und Ulrich heute

Die Welt des Human Capital Management ist in der langen Tradition der deutschen Personalwirtschaft schon auf die unterschiedlichste Weise geordnet worden (vgl. Scholz 1999 bzw. Claßen/Kern 2006: 27–31). Als letzter Paradigmenwechsel mit nachhaltiger Relevanz ist sicherlich die nunmehr auch bereits vor einem Dutzend Jahren publizierte Rollenstrukturierung von Ulrich (1997) anzusehen. Das darin angelegte Grundmodell für die »HR Service Delivery« hat die Diskussionen und Anpassungen in den Unternehmen während der jüngeren Vergangenheit bestimmt (vgl. Abb. 10). Die aktuelle Diskussion ist immer noch von Ulrich geprägt. Immer mehr Unternehmen können – teilweise in sehr freier Lesart und selbstbestimmter Erledigung – Vollzug melden.

Wichtige Schwächen	Wichtige Stärken
• HR in der Rolle als Mitarbeiter-Coach	• HR in der Rolle als administrativer Experte
• HR in der Rolle als Business-Partner	• Gute Ansprechbarkeit und Flexibilität
• HR in der Rolle als Change Agent	• Leistungsfähigkeit von HR
• Kenntnis von Bedarf und Bedürfnissen	• Personalbeschaffung
• Personalentwicklung im Bereich der Nachhaltigkeitsthemen	• Gute Erreichbarkeit
• Personalbedarfsplanung	• Weiche Imagefaktoren: Kompetent, hilfsbereit, vertrauenswürdig, sympathisch, fleißig , aktiv, schnell und lösungsorientiert
• Informations- und Kommunikationsleistung	
• Transparenz über die Erfolge und Schwierigkeiten von HR	
• Weiche Imagefaktoren: Innovativ, strategisch, modern und effizient	

Quelle: Beck u.a. (2009)

Abb. 9:   Zusammenfassendes Stärken- und Schwächenportfolio von HR

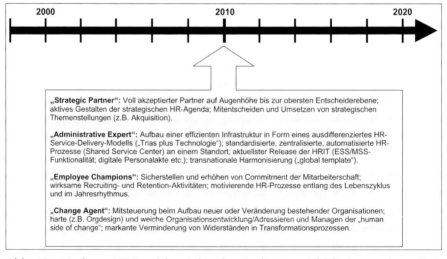

Abb. 10:   Moderne HR-Bereiche stehen heute dort, wo Ulrich sie vor einem Dutzend Jahren sehen wollte

Hin & Her/Forth & Back

Derartige grundlegende Aussagen haben in der globalen Welt nur noch dann eine Bedeutung, wenn sie im (amerikanischen) Englisch artikuliert werden. Dazu wurde der obige Abschnitt einfach mit einem automatischen Übersetzungsprogramm vom Deutschen ins Amerikanische übersetzt. Da dieses Ergebnis wegen sprachlicher Barrieren wiederum nicht jedem Leser zugänglich ist, haben wir es vom selben Programm wieder vom Amerikanischen ins Deutsche rückübersetzen lassen, wobei durch dieses Ping-Pong-Spiel erstaunlicherweise manche Aussage etwas geschärft wurde:

»*Die Welt des **Kapitalmanagements** wurde bereits in der langen Tradition der deutschen Personalverwaltung in der unterschiedlichsten Weise geordnet. Da zuletzt Paradigma mit dauerhafter Bedeutung jetzt auch bereits ändert, soll die Rolle Strukturierung von Ulrich, veröffentlicht vor Dutzend von Jahren, sicher betrachtet werden. Das grundlegende Modell für die **Stunde Service Anlieferung**, an darin gesetzt, stellte die Diskussionen und die **Justagen** in den Unternehmen während der neuen Vergangenheit fest. Die gegenwärtige Diskussion wird noch geprägt/geformt von Ulrich. Überhaupt können mehr Unternehmen - teils in der sehr freien gelesenen Art und sogar in bestimmter Beendigung - Durchführung verkünden*«.

Solche Übersetzungsprogramme reden erfreulicherweise Klartext. Etwa durch einfache Streichung des »Human« im »Human Capital Management«. Denn richtig, es geht in der Wirtschaft doch letztlich nur um Kapital und nicht um solche indirekten Aspekte wie »Human«, sei es in der Ausprägung Mensch/Mitarbeiter oder sogar mit einem moralischen Anspruch.

Aber auch die Auslegung von »HR Service Delivery« als »Stunde Service Anlieferung« ist vielsagend. Zum einen kann die Übersetzungs-Software so richtig schön nuscheln, wodurch offenbar aus HR die Stunde (HouR) wird. Zum zweiten zeigt sich die wahre Rolle von HR in der Anlieferung von Dienstleistungen in kürzester Zeit, also nichts vom Business-Partner auf Augenhöhe und anderem personalwirtschaftlichen Wunschdenken.

Schließlich hat das bislang unbekannte Wörtchen »Justage« beim ersten, raschen, hastigen Blick verwundert. Es geht dabei aber weder um Recht (»ius«) noch um Saft (»juice«), selbst wenn es in der deutschen Personalverwaltung nur so vor tagfüllenden Terminen beim Arbeitsgericht wimmelt bzw. mancherorts in der Kantine ein alkoholfreier Safttag eingeführt wurde. Nein, es geht um das Nomen von »justieren« und daher ist »Anpassung« aus der Ursprungsversion doch außerordentlich passend hin- und herübersetzt.

Ende der neunziger Jahre war hierzulande das Paradigmenwechselhafte zunächst gar nicht so richtig bemerkt worden. In den unmittelbaren Jahren nach
dem Erscheinen seines Hauptwerkes wurden seine Überlegungen diesseits des
großen Teiches allenfalls vereinzelt zur Kenntnis genommen, und wenn, dann
doch oft als etwas zu amerikanisch bzw. für mitteleuropäische HRM-Biotope als
unpassend abqualifiziert. Eine Infiltration erfolgte allenfalls im Kontext angloamerikanisch geprägter Unternehmen. Wenn sich nun bei dem einen oder anderen Leser Widerspruch regt (»aber ich habe doch schon 1998!«), so wird dies im
Einzelfall sicherlich stimmen, blieb im damaligen Zeitgeschehen aber eben auch
lediglich ein Solo und kein Chor (vgl. Abb. 11).

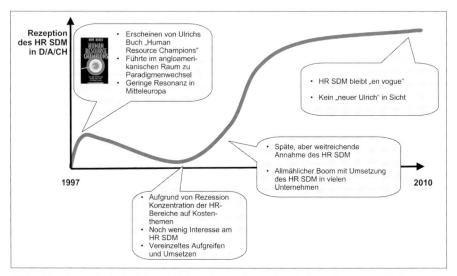

Abb. 11: Das dreigliedrige HR-Service-Delivery-Modell, mit dem HR-Business-
Partner, ist in den Unternehmen inzwischen angekommen

Danach kam – etwa zwischen 2001 und 2004 – ohnehin die erste bleierne Zeit
der kontinentalen Wirtschaft in diesem Jahrhundert, während der sich alles nur
noch um Personalfaktor- und Personalfunktionskosten drehte, und zwar weitgehend in den alten Strukturen. Jenen HRM-Akteuren, die gegenüber den neuartigen Überlegungen bereits damals aufgeschlossen gewesen sind, fiel es noch
schwer, die Aufmerksamkeit für einen Paradigmenwechsel zu erhalten. Erst so
etwa zur Mitte dieses Jahrzehnts konnte dann auf Konferenzen, mit Artikeln und
in der realen Welt wieder von dieser neuen Herangehensweise an die Personalwirtschaft gesprochen werden. Es gab freilich weiterhin mancherorts Zweifel,
Widerstände, Ablehnung oder schlicht und ergreifend Unverständnis. Aber es
fanden nun faktisch zahlreiche grundlegende Renovierungen von Personalbereichen im Geiste des HR-Service-Delivery-Modells statt, mit der vielfachen Einführung von Shared Service Centern (Standardisierung/Zentralisierung/Auto-
matisierung), der Herausbildung von Centers of Expertise (als Instanzen für die

»Policies«) sowie der Einrichtung des Business-Partners (z.B. Ulrich 2008, Sattelberger/Weckmüller 2008, Löffler/Claßen 2008).

Seither kann buchstäblich von einem Ulrich-Boom gesprochen werden. Er gilt laut dem britischen »HR Magazine« auch in 2009 (wie in den Jahren zuvor) als »the most influential person in HR«. Wenn man sich auf ihn beruft, so im Sinne »ich war bei *ihm* in Michigan« beziehungsweise »ich habe *ihn* dies gefragt«, gleicht das beinahe einer persönlichen Audienz im Vatikan. Immer wieder drehen sich die Expertendialoge des HRM um eine Ulrich-Exegese, so im Sinne »wie könnte *er* dies denn gemeint haben?«. Fast schon wie bei den scheinbar ewig währenden Konzepten, so etwa der Demokratie, ist eine Zeit »danach« – der nächste Paradigmenwechsel und Strukturbruch – gegenwärtig eigentlich gar nicht mehr vorstellbar. Der Status quo und die Zukunft scheinen Eins geworden zu sein. Diese Verschmelzung zeigt auch die Befragung der Personalvorstände führender Unternehmen (Claßen/Kern 2006: 74), bei der die Antwort auf die Frage nach einer anderen Zukunft des HRM im Unternehmen durchgängig in die ehrliche Antwort »ich weiß es auch nicht« mündete. An ein »Ulrich forever« mögen wir allein schon wegen der historischen Dynamik nicht so recht glauben.

Ulrich »forever«?

Die Unschärfen der Zukunft entfachen die zweite Sehnsucht vieler Personaler: Hoffentlich geht alles gut aus. Also nochmals ein kurzer Blick in unsere Briefmarkensammlung, ob nun in der Sterntaler-Variation (Himmelslohn als Dank) oder der Rotkäppchen-Variante (»und sie lebten glücklich und zufrieden bis ans Ende ihrer Tage«) (vgl. Abb. 12). Zurück also zu den ersten beiden Aspekten der weiter oben unter der Überschrift »Von Mitteln und Zwecken« gestellten Frage: Was kommt nach Ulrich und wie sieht überhaupt die Zukunft des HRM aus? Wir werden den Ausblick im Abschlusskapitel dieses Buches vertiefen (vgl. Kap. 8), möchten an dieser Stelle aber bereits einen ersten Anlauf wagen.

Abb. 12: Zweite Sehnsucht von HR: Alles soll gut werden!

Zum einen könnte man auf diese Frage mit großer Gelassenheit erwidern, dass die HR-Funktion zunächst einmal ihre Hausaufgaben erledigen solle (»fix the basics«), bevor an eine neue Welt überhaupt erst zu denken sei. Wir würden uns dann nämlich – dem ist kaum zu widersprechen – eigentlich immer noch in einer Pre-Ulrich-Phase befinden, so dass sich die Frage nach dem Post-Ulrich eigentlich gar nicht stelle. Dies ist für viele Unternehmen nach wie vor eine richtige Zustandsbeschreibung. Für sie besteht Zukunft zunächst einmal darin, den Rückstand umgehend aufzuholen, bevor sie sich noch weitreichenderen Entwicklungen stellen (vgl. Claßen/Kern 2009: 31-44). Das Angenehme an HR sei es doch, meinte dieser Tage ein durchaus szenebekannter Personaler, dass die Zukunft noch für lange Zeit die stetige und (hier nuschelte er) geruhsame Fortschreibung der Gegenwart wäre, wenig Neues, keinerlei Strukturbrüche und sicherlich kaum Überraschungseffekte. Es gehe, so fuhr er fort, um eine möglichst gute Umsetzung der bereits bekannten Konzepte.

Zum zweiten könnte man sich für die Erschließung der Zukunft den Vordenker von einst erneut ansehen, ob er mit den zwischenzeitlichen Erfahrungen und Eindrücken mittlerweile nochmals weitergedacht habe und es damit so etwas wie »Ulrich 2.0« gäbe. Bei ihm ist jedoch eher eine Vertiefung als eine Verschiebung festzustellen, die immerhin mit einem erfreulich starken Praxisbezug einhergeht (siehe Ulrich 2005, Ulrich/Brockbank 2005 bzw. Ulrich u.a. 2005 – vgl. auch Claßen/Kern 2006: 81-85). Zunehmend stellt er sich (mit Losey u.a. 2005) die Frage zur Zukunft der HR-Funktion im Generellen. Dabei löst er sich neuerdings von HR-Strukturthemen und wendet sich wieder HR-Inhaltsthemen zu, was ja eigentlich auch – »structure follows strategy« – der bessere Ansatz ist. Die Zukunft von HR sieht Ulrich derzeit in den gegenwärtig sehr trendigen (weil notwendigen) Themen rund um »Talent Management« (vgl. Ulrich/Smallwood 2007). Ein neuer Hype zeichnet sich – auch bei anderen – um das Themencluster »Leadership Effectiveness«/»Organizational Effectiveness« ab (z.B. Ulrich u.a. 2009, Ulrich u.a. 2008, Mohrman 2007, Kates/Galbraith 2007, Marsh u.a. 2009). Hat Ulrich damit sich und die HR-Welt nochmals weiterentwickelt? Sicherlich ja – an ihm führt derzeit kein Weg vorbei (einige deutsche Hochschullehrer sehen dies leider anders). Von ihm dürften durchaus auch in den kommenden Jahren noch Impulse zu erwarten sein. Dies liegt alleine schon an dem starken Input aus unterschiedlichsten Quellen, den er unterdessen auf sich zu leiten versteht und als Katalysator in Form von Output wieder an seine Leser und Zuhörer weitergibt. Man darf gespannt sein, welche strukturellen, inhaltlichen oder vielleicht sogar normativen Themen Ulrich in den nächsten Jahren noch aufschließt. Aber eigentlich, so hört man es immer wieder, war der 97er Ulrich der beste und klarste Ulrich. Denn bei der Ulrich'schen Evolution ist das Thema HR-Business-Partner unterwegs liegengeblieben.

Drittens ruft ein solcher Vordenker, von manchen bereits als Primadonna empfunden, natürlich immer auch Andersdenkende auf den Plan; sei es aus grundsätzlicher Opposition zum »Mainstream« oder der zur eigenen Positionierung und Abgrenzung oftmals hilfreichen Kritik an der führenden Denke. Diese erfolgt in Gestalt von Annahmenkritik, Perspektivwechsel, Defizitargument, Wertediskussion oder anderen diskursiven Kniffen, was für Aufmerksamkeit sorgt. Ganz prominent dabei sind Boudreau/Ramstad (2007) mit ihrem programmatischen Titel »Beyond HR«. Die HR-Funktion müsse sich aus einer Nabelschau und Selbstbeschäftigung in Richtung von Wertschöpfung für die gesamte Organisation mit ihren Business-Themen bewegen (wie etwa »Talent Management«). Sie zeigen damit, dass die Grundidee des HR-Business-Partners von ihnen richtig verstanden wurde. Immerhin vermeiden Boudreau/Ramstad eine zahlenfixierte HRM-Philosophie (»costs are so tangible and value is so intangible«), auch wenn man sie bei einem flüchtigen Lesen so interpretieren könnte. Eine fundamentale HR-Metrics-Orientierung wird nämlich von manchen Vordenkern nicht nur als Hilfsmittel sondern als Königsweg des künftigen HRM dargestellt. Überhaupt sind in der Literatur derzeit wirklich innovative Herangehensweisen nicht zu finden, und selbst die im Personalbereich nicht gerade raren Zyniker und Satiriker halten sich bei den Zukunftsthemen vornehm zurück. Wobei wir natürlich nicht behaupten, jede vorgetragene, geschriebene oder elektronische Äußerung überhaupt mitzubekommen.

Ein vierter Ansatzpunkt wäre der inhaltsgetriebene Blick in die Zukunft. Der in regelmäßigen Abständen populäre Ausflug ins Morgen hat inzwischen auch wieder die HR-Szene erfasst. Nachdem mit dem Jahrtausendwechsel (»HR 2000«) zunächst einmal der nächste Horizont (»HR 2010«) zu dicht erschien und dann die dunklen und bleiernen Jahre der Rezession begannen und allen Glauben an ein heiteres Morgen lähmten, lebten die Personaler im Sog der Konjunktur und getragen vom Talent Management wieder auf und machten sich über die Zukunft ihrer Zunft und sich selbst Gedanken. Was werden die »People«- bzw. HRM-Themen von morgen sein und wie werden folglich die transaktionale HR-Administration sowie das transformationale HR-Management auszusehen haben? Prognosen zur künftigen Personalwirtschaft sind wieder im Aufschwung. Da gibt es zum einen befragungsgestützte Untersuchungen wie etwa die »HR 2015 Studie« (Strack u.a. 2008), die »HR 2018 Studie« (Workforce Management/Internet-Recherche), den nunmehr vierten »HR Barometer« (Claßen/Kern 2009) und vergleichbare Analysen aus diversen Quellen oder die inhaltsanalytische Betrachtung mit dem Blick auf HR 2020 (Claßen/Kern 2007).

Es lassen sich bei Durchsicht aller dieser Trendstudien drei Ergebnisse festhalten: Erstens, es werden stets dieselben »wichtigen« HR-Themen ausgemacht; Unterscheide scheinen nur in Nuancen und im »Wording« auf, zumal diese Themen über die Zeit weiter wachsen und sich dabei modulieren. Zweitens, es wird auf Sicht keine neuen HR-Themen geben. Drittens, es geht nicht um das neu Finden sondern um das gut Machen dieser HR-Themen. Denn unabhängig vom zeitlichen Horizont und der Methodik zeigen sich in diesen Studien die heute bereits bekannten Herausforderungen wie etwa »Talent Management«, »Workforce Readiness«, »Performance Management«, »Leadership Effectiveness« und

»Change Management«, allesamt natürlich transformationale Themen. Sie müssen jetzt angegangen und bestmöglich gelöst werden. Natürlich, so hört man bereits den Einwand, könne sich niemand in dieser Gemütlichkeit unveränderter Themen einrichten; Überraschungen durch neuartige Herausforderungen könne es stets geben. Ja schon, aber lassen Sie uns erst einmal die gegenwärtigen und absehbaren Aufgabenstellungen beiseiteräumen. Dies wird die meisten von uns ein Berufsleben lang beschäftigen.

Keine Strukturbrüche

Vermutlich kann man sich das ganze Prognose-Gedöns auch ersparen und die Zukunft ganz einfach als weitgehend lineare Fortschreibung der Gegenwart aus der Vergangenheit heraus denken, wie dies etwa Bruckmann (1978: 47) fordert: »Vergangenheitsdaten spiegln ja nicht nur das Ergebnis der Einwirkung aller Einflussgrößen und deren Struktur, sondern auch die zeitliche Veränderung dieser Einwirkungen und der Struktur wider. Eine Trendextrapolation ist also dann zulässig, als Grund zur Annahme besteht, dass diese Veränderungen in etwa gleicher Weise wie bisher weitergehen werden. In diesem Sinne überträgt die Trendextrapolation die Erfahrungswerte der Vergangenheit nicht statisch, sondern dynamisch. Sie extrapoliert nicht den Zustand, sondern den Wandel und sie wird nur problematisch, wenn eine Änderung der Art des Wandels erwartet werden muss.« Wirkliche Strukturbrüche treten jedoch nicht in Jahrestaktung auf, und die gegenwärtig erlebte Krise zeigt für das HRM auch noch keine Anzeichen einer revolutionären Umwälzung.

Wenn man nicht dem permanenten Innovationsbedürfnis nachgibt, hat sich in der jüngeren Geschichte des HRM wenig getan an tektonischen Verschiebungen von personalwirtschaftlichen Themen. Ulrich (1997) wirkt nun bereits seit einem Dutzend Jahren, und es ist gut möglich, dass man in 2022 auf »25 Jahre Ulrich« zurückblicken wird (und selbst dann die künftigen Innovatoren noch wenig bekannt sein werden). Hohe Konstanz zeigt sich auch in Längsschnittanalysen, wie etwa den vier HR Barometern von Capgemini Consulting seit 2002: Die vorgestern für heute prognostizierten Themen unterscheiden sich allenfalls geringfügig von dem heute für übermorgen Vorhergesagten. Zudem ergibt ein Blick auf aktuelle Querschnittsanalysen keine Innovationssignale aus den als »Frontrunner« anzusehenden angloamerikanischen Ländern. So bezeichnen etwa Scholz/Böhm (2008) mit Blick auf HRM-Trends die USA als »pioneer«, das Vereinigte Königreich als »fast follower« und Deutschland mit »high catch up potential«. Selbstverständlich muss ein Unternehmen für Themen wie etwa »Diversity«, die digitale Personalakte oder »HR Business Process Outsourcing« jeweils eine gute Antwort, seine Lösung, parat haben. Deshalb werden solche Aufgabenstellungen auch für einige Jahre in Artikeln und Studien, bei Vorträgen und Konferenzen hoch gehandelt. Aber paradigmenwechselhaft ist so etwas nicht. Vor allem sind diese Trendthemen kein Indikator für eine grundlegende

Änderung für das, was als »gutes HRM« empfunden wird: Natürlich muss ein Unternehmen, um bei den drei Beispielen zu bleiben, einen Umgang mit der zunehmend heterogenen Belegschaft finden (und gesetzliche Anforderungen erfüllen). Natürlich muss die Möglichkeit zur Digitalisierung und Automatisierung in der Personaladministration unter Effizienzgesichtspunkten überprüft werden (irgendwann werden überall die händischen Personalakten in »bits and bytes« umgewandelt sein). Natürlich muss in regelmäßigen Abständen die bisherige »Sourcing«-Strategie (»make or buy«) kritisch hinterfragt werden.

Dies ist die Management-Komponente – das »M« – im HRM. Oder glaubt jemand im Ernst, die Unternehmen würden ihre Geschäftsmodelle über den Haufen werfen, um sich voll und ganz der Vielfalt ihrer Belegschaft zu widmen und deren Bedürfnisse großherzig zu umsorgen? Diese Abkehr von einer ökonomischen Vernunft kann nur jemand annehmen, der die entsprechenden Auswüchse in überzüchteten Unternehmen zu deren guten Jahren für Vorzeichen einer neuen Zeit hält. Am offenkundigsten waren die Verrenkungen beim Hype des urplötzlich zu Ende gegangenen Aufschwungs: Talent Management. Damals gab es vereinzelt bereits die Annahme, die Lehramts- und Pädagogik-Studenten würden über Nacht zum Ingenieurwesen umsatteln sowie obendrein ihr Examen in Rekordzeit hinlegen, um die Vakanzen im Maschinenbau zu füllen. Dieser Umschwung zu einer arbeitsmarktbezogenen Ausbildungsbiographie mag die verwegene Hoffnung in manchen Politikerreden sein, bleibt aber genauso unwahrscheinlich, als dass eine PH heute ihre Pforten schließt und morgen als TH wieder öffnet. Oder geht jemand wirklich von einem Gesetz aus, das die Altersgrenze für den Rentenbeginn auf 85 Jahre verschiebt, bei gleichzeitig neu entflammter Wertschätzung für alles Greisenhafte? Eine Renaissance der grauen bzw. wenigen Haare und die Abkehr vom Jugendkult hat zwar ansatzweise bereits begonnen, wobei allerdings die faktische Altersgrenze für den Berufsausstieg – nicht die rentenmathematisch erforderliche – weiterhin nach unten erodiert. Solche, das Talent Management revolutionierende, Strukturbrüche werden nicht kommen, andere zeichnen sich derzeit auch nicht ab. Es geht also weiterhin ganz einfach darum, die bereits bekannten HR-Aufgabenstellungen für sein Unternehmen sehr gut zu lösen als die bislang unentdeckten »Themen von morgen« aufzudecken und in PowerPoint zu gießen.

1.3 Hexagon des Human Resources Management

HR-Management ungleich HR-Funktion

Erst jüngst meinte der »Global Head HR« eines erfolgreichen Weltmarktführers, seit nunmehr über einer halben Dekade in dieser Funktion, zuvor aber aus dem »Business« kommend, in seiner Anfangszeit sei für ihn immer die Verwendung des Begriffes »HR« verwirrend gewesen. Die einen hätten damit die HR-Funktion im Unternehmen gemeint und die anderen die Gestaltung der gesamten People-Dimension. Im betrieblichen Alltag wird viel zu wenig zwischen dem HR-

Management und der HR-Funktion unterschieden. Denn längst nicht sämtliches HRM ist heute noch die Domäne der HR-Funktion und wird es morgen möglicherweise sogar noch weniger sein. Zudem sind viele der heutigen Aufgaben in der HR-Funktion kaum noch als Management zu bezeichnen, sondern pure Administration bzw. »Operations«, die effizient und effektiv erledigt werden müssen, wenn nicht »in house« dann prinzipiell sogar immer mit der Option »Outsourcing« versehen. Genau dies meinte Ulrich mit seiner »Administrative Excellence« oder wenn er von »transactional HR work« spricht.

Wenn dem so ist, und vieles spricht dafür, dann ist der HR-Business-Partner eigentlich gar nichts anderes als die Rückbesinnung auf das Unternehmerische in der Personalwirtschaft und die Loslösung von der Administration, dem Regulativen und Normativen, dem Justiziablen, also der bereits ausgereizte Beraterspruch vom »Verwalter zum Gestalter« oder »transformational HR work«. Dieses transformationale HRM entwächst allmählich der oftmals noch primär transaktionalen HR-Funktion, entfremdet sich sogar, entzweit sich mitunter. Denn das Business und dessen Ansprüche sind der transformationalen HR näher als die Formalismen, Bürokratien und Illusionen ihrer Verwandten aus der transaktionalen HR. Kürzlich hat das jemand in Englisch – deswegen ist diese Sprache auch so unnachahmlich – auf den schlichten Nenner gebracht: »Advising a business executive on his/her people needs« (vgl. Abb. 13).

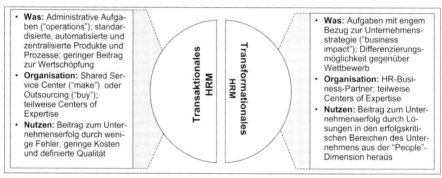

Abb. 13: Der HR-Business-Partner bewegt sich eindeutig in den transformationalen HRM-Welten

Flugs ist es nicht mehr weit, in vielen Unternehmen für die Zukunft zunächst eine mentale Spaltung und schließlich einen organisatorischen Bruch der bisher aus transaktionalen und transformationalen Elementen bestehenden HR-Funktion zu prophezeien. Wenn sich die grundsätzliche Denke, die wesentlichen Zielsetzungen, die hauptsächlichen Themen, die erforderlichen Kompetenzen und die angesprochenen Kunden der transaktionalen und transformationalen Hemisphäre unterscheiden, dann wird sich die derzeit noch verbindende Klammer lösen. »From an organization design perspective, it makes sense to separate them into distinct units, as it allows for focus and the development of deep skills«

(Kates 2006: 24). In den Unternehmen, bei denen wesentliche Elemente der HR-Administration bereits »nach draußen«, etwa an einen Outsourcer, verlagert wurden, ist diese Trennung quasi bereits vollzogen. Immer häufiger landen transaktionale HR-Prozesse, neben weiteren Querschnitts-Prozessen, zumindest in einem »Corporate Services« oder ähnlich genannten übergreifenden Unternehmensbereich (außerhalb der Verantwortung eines HRlers). Denn dieser traditionelle Zusammenhalt zwischen transaktionalen und transformationalen Aufgabenstellungen fällt auch in anderen Querschnitts-Funktionen immer schwerer; im Marketing-Ressort, im Finanz-Ressort und im IT-Bereich zeigen sich vergleichbare Dichotomien zwischen purer Administration und klarer Wertschöpfung. Dieses organisatorische Auseinanderdriften in zwei HR-Hemisphären wird derzeit noch von vielen als unwirklich, unmöglich oder unsinnig abgetan. Wie Yin und Yang biete die HR-Funktion auch weiterhin ein harmonisches Gleichgewicht für alles Personalwirtschaftliche mit einer eigenen Mitte. Eingeräumt wird allenfalls die Schwierigkeit einer solchen Verbindung: »The challenge, then – as in any organization with such disparate parts – is how to pull them back together in the eyes of the customer who perceives HR as one function and expects to receive seamless service« (ebd.). Aber erwartet das Business wirklich noch so etwas wie »one HR«, fragt es nicht viel eher nach »excellent HR« – egal woher? Der Bruch ist vielerorts bereits da und wird derzeit lediglich noch aus Tradition und mit Politik ausgehalten.

Mehr als Kästchen und Linien

Customer Relations und der Marketing-Bereich sind nur bei starken Kunden und deren Marktmacht angesagt. Investor Relations und das Finanz-Ressort spielen erst bei informierten Anlegern und knapper Kapitalisierung ihren Stellenwert aus. Die Herausbildung des HRM in den siebziger und achtziger Jahren war in erster Linie eine Antwort auf die Erstarkung der Arbeitnehmerseite, organisiert in Betriebsräten und Gewerkschaften sowie gestärkt durch Gesetzgebung und Arbeitsgerichte. Inzwischen stellt sich jedoch die Frage: Welche Rolle spielt dabei eine definierte und explizite HR-Funktion heute überhaupt noch und was wird von anderen im Unternehmen (mit-)gemacht? Jetzt, wo sich die »Employee Relations« vielerorts individualisieren und lediglich den Einen – also Leistungsträgern, »Top Performern« und »High Potentials« – das Gegengewicht durch Anrechte, Ansprüche und Anforderungen möglich ist, nicht aber den austauschbaren Müllers, Meiers, Schulzes. Wandern nicht gerade die transformationalen HR-Themen wieder zurück ins Business, zu den Führungskräften, zu den Mitarbeitern selbst? Verbleibt der HR-Funktion kaum mehr als die transaktionale HR-Administration sowie andernorts schwer unterzubringende CoE-Spezialthemen? Man könnte fast schon unken, der HR-Business-Partner sei so etwas wie ein letzter Versuch der Personalisten, diesen Dammbruch zu verhindern und einen halbwegs soliden Staudamm gegen den Abfluss von Einfluss zu errichten.

Nachdem es mit dem HR-Controlling und Humankapitalansätzen dann doch nicht geklappt hat eben die Wertschätzung durch Wertschöpfung.

Wo steht denn eigentlich geschrieben, dass es die sogenannte Unterstützungs-, Querschnitts- bzw. Betreuungsfunktion Personal denn überhaupt geben müsse? Die wenigen formal oder gesetzlich erforderlichen »musts« wie etwa in Deutschland den Arbeitsdirektor, den Arbeitsschutz und die Gleichstellung, neuerdings auch »Diversity«, »Health Management« und »Corporate Social Responsibility« lassen sich organisatorisch ziemlich problemlos auch andernorts anbinden. Organisationshistorisch würde dies sicherlich einen Bruch darstellen, organisationsrechtlich müsste man dies genauestens prüfen, organisationssoziologisch würde man dies indes leicht erklären können, organisationspsychologisch wundert einen inzwischen gar nichts mehr und organisationspolitisch bleiben Lücken ohnehin keine einzige Sekunde unbesetzt.

> ## Corporate Social Responsibility (CSR)
>
> In jüngerer Zeit taucht zunehmend eine Anforderung auf, die der externen Normierung von Unternehmen zuzurechnen ist: Corporate Social Responsibility (CSR). In den medialen Meinungsmärkten und auch aus der kritischen internen Öffentlichkeit werden inzwischen immer mehr Einschätzungen über das Verhalten des Unternehmens auf den Produkt- und Arbeitsmärkten gehandelt; für Großunternehmen oftmals sogar unter besonderer Beobachtung der vor- bzw. nachgelagerten Wertschöpfungsstufen: Emissionsreiche Produktion in Brasilien, fehlende Energieeffizienz des Zulieferers und manch anderes in der Produktion, aber auch Kinderarbeit in Vietnam, Lohndumping in Südafrika, Stellenabbau im Ruhrpott und ähnliche als Missstände empfundene Verhaltensweisen im Arbeitsbereich, ganz abgesehen von den offenkundigen Rechtsbrüchen wie Bestechung, Unterschlagung, Steuerhinterziehung und Lauschangriffe. Unternehmen können heute nicht mehr nur »Pfui!« sagen, nach der »schonungslosen Aufklärung« ein paar Köpfe austauschen, für die Zukunft »Besserung« geloben und in ihren CSR-Reports von Textern nette Sätze mit Wortspielen zu Nachhaltigkeit, Wertebasis, Zukunft sowie »wir alle« drucken. Erforderlich sind inzwischen eine Vielzahl von proaktiven Maßnahmen, auch in der ureigensten HRM-Domäne (vgl. Habisch u.a. 2007). Ob sich daraus eine Expansionsmöglichkeit für die Personalisten ergibt, bleibt allerdings dahingestellt. Der HR-Funktion bleibt bei diesen ethischen Themen eher die Rolle des Hinweisgebers, Aufmerksammachers und Regelungsformulierers. CSR wird in den meisten Unternehmen entweder von »ganz oben« getrieben, sei es aus persönlicher Überzeugung bzw. ökonomischem Langfristdenken, oder gar nicht. Die echte Bewährungsprobe stellt sich dann – wie bei allen Themen mit normativem Grundtenor – in schwierigen Zeiten.

Aufmerksame Leser ahnen inzwischen, worauf wir mit unserer Argumentation hinauswollen: Die HR-Funktion wird immer mehr zwischen dem Transfer in

Routinen und der Delegation an Akteure eingequetscht und gerät damit in die Gefahr, ausgedünnt zu werden (vgl. Abb. 14). Nur der HR-Business-Partner und das eine oder andere HR-Projekt können dann noch, so sie denn Wertschöpfung abliefern, die Fahne der HR-Funktion hochhalten. Aber auch dieser HR-Business-Partner und solche HR-Projekte wandern immer mehr aus der HR-Funktion heraus und zu den internen Kunden hinein (oder hinüber zur Zunft der Berater). Der Rest der bisherigen HR-Funktion könnte zum periphären Spezialistentum verkümmern, wie etwa die Immobilienverwaltung, oder zur ständig kostengedrückten Basisadministration, wie etwa der Hausmeister. Diese Rollen werden morgen nicht entfallen, man braucht sie weiterhin, sie werden aber marginalisiert, im Keller der Organisation, und wenn es logistisch geht an einem abgelegenen Standort oder gleich bei einem Outsourcer im Niedriglohnland. Mit ihren Worten haben Becker/Labucay (2008) dies als Spagat zwischen der individualisierten Personalarbeit (»HR-Manufaktur«/nach Maß geschneidert) und der industrialisierten Personalarbeit (»HR-Fabrik«/von der Stange geliefert) beschrieben (vgl. Abb. 15).

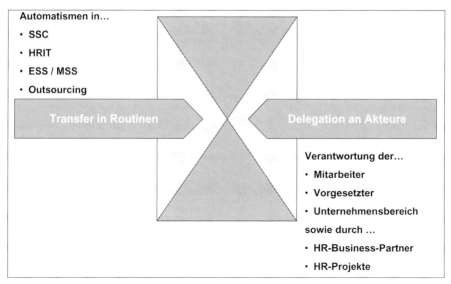

Abb. 14: HR-Bereiche geraten immer mehr in die Gefahr, im Kern ausgedünnt zu werden

Dieser Spagat folgt einem sehr simplen ökonomischen Kalkül. Dort wo die Märkte nach Vorsprung, Einmaligkeit und Alleinstellung verlangen, muss diese Differenzierung auch durch wertschöpfende Personalarbeit angestrebt werden (die nicht in die Hände von Outsourcern gelegt werden sollte). In allen anderen Bereichen, in denen als Antwort auf die Märkte ein »me too« ausreicht, kann die Personalarbeit an möglichst einfachen Standards ausgerichtet werden (die unter Umständen auch ein Outsourcer erledigen kann). Sowohl die Prozesse als auch die Instrumente müssen sich dann primär unter Effizienz- und Effektivitätsgesichtspunkten bewähren. Bei der »Payroll« leuchtet dies unmittelbar ein. Aber auch viele Prozesse und Instrumente in der immer wieder als Differenzierungsfaktor dargestellten Personalentwicklung können sehr einfach gestrickt sein, verlangen keinesfalls ein »Over-Engineering«. Erfolgskritisch ist die Qualität ihrer Anwendung im Business, und hier beginnt auch schon wieder das Terrain der Geschäftsbereichsverantwortlichen und ihrer HR-Business-Partner.

	Individualisierung	Industrialisierung
Gesellschaft	• Pluralisierung • Heterogenität • Vergesellschaftung	• Egalisierung • Homogenität • Vergemeinschaftung
	Arbeit in der Manufaktur	**Arbeit in der Fabrik**
Arbeit und Beschäftigung	• Segmentierung der Belegschaft • Patchwork-Biographien • Kern-Peripherie-Paradigma • Work-Life-Balance • Transformationale Führung	• Standardisierung Prozesse und Funktionen • Corporate Identity • Fusionen, Kooperationen und Allianzen • Transaktionale Führung
	Personalarbeit als Manufaktur	**Personalarbeit als Fabrik**
Personalwirtschaftliche Funktionen und Instrumente	• Maßgeschneiderte Personalarbeit für Schlüsselkräfte • Personalarbeit als Human Resources Diversity Management • Leistungsgerechte variable Entlohnung • Maßgeschneiderte Personalentwicklung für die Kernbelegschaft	• Standardprogramme für „Job Familien" in Stellenbündeln • Generalisierende Kulturarbeit zur Integration und Assimilation • Computergestützte Personalarbeit • Personalarbeit als Holdingkonzept

Quelle: Becker/Labucay (2008)

Abb. 15: Individualisierung und Industrialisierung der Personalarbeit

Im Grunde geht es für das Personalwesen nicht um eine nabelschauige Strukturierung der personalistischen Welt im Sinne eines »Was tun wir eigentlich gegenwärtig in unserem Personalbereich, was könnten wir morgen möglicherweise noch zusätzlich machen und wie ordnen wir dies alles in ein sinnvolles und wohl austariertes Kästchen-/Linien-Gefüge?« (und nennen dies dann »HR-Service-Delivery-Modell«). Wer solche Fragen stellt, setzt zur Verteidigung des Status quo an. Vielmehr muss sich ein Unternehmen damit auseinandersetzen, wie es an den Stakeholder Führungskraft/Mitarbeiter herangeht und mit dieser »People«-Dimension zum Wohle des Unternehmens und gleichzeitig im Sinne der Stakeholder-Interessen umgeht. Am besten unbeeinflusst von den eingefahrenen Routinen in einer Art »greenfield approach«. Zunächst auch einmal unabhängig davon, ob dieser Stakeholder nun den kritischen Engpassfaktor oder eine austauschbare Ressource darstellt. Sicherlich, manches muss sein, in Folge beispielsweise von gesetzlichen Anforderungen, vertraglichen Vereinbarungen oder historischen Festlegungen. Jeden Monat gibt es die Gehaltszahlung, Trainings müssen organisiert werden, Abmahnungen sind zu begründen. Natürlich kann und muss man dabei stets besser werden. Aber ein erheblicher Teil der heutigen Personalarbeit ist freiwillig und damit zumindest mittel- bis langfristig Manövriermasse. Die auch wieder geändert werden kann bis dahin, dass man sie ganz und gar bleiben lässt. Die auch von anderen erledigt werden kann bis dahin, dass sie vom »Business« oder den Führungskräften/Mitarbeitern selbst mitgemacht werden. Genauso wie das Unternehmen mit den beiden anderen zentralen Stakeholdern, den Kunden und den Anlegern, eine Form des Umgangs findet, diesen mittels Customer und Investor Relations inhaltlich ausgestaltet und entsprechend organisiert. Mal mehr, mal weniger, mal gar nicht. Mal so, mal aber anders. Mal zentral, mal lieber zentrifugal. Mal »make«, mal besser »buy«. In diesen Grundsatzentscheidungen liegen erhebliche Differenzierungsmöglichkeiten für ein Unternehmen.

Die drei Ulrich-Säulen

Doch nochmals einen Schritt zurück. Ulrich gilt als Begründer des Drei-Säulen-Modells für die HR-Funktion, dem derzeit wohl populärsten und in vielen großen Organisationen einstweilen etablierten Grundschema (vgl. 3.1):

- Die einen HRler seien ausgewiesene und beinahe schon exklusive Experten für HRM-Spezialthemen und daher in einem CoE besonders gut aufgehoben. Dies sind kleine und feine Bereiche, meist versehen mit einer Regelungskompetenz für ihre Domäne (»Policy«).

- Die zweiten (und meisten) HRler wären für transaktionale Massenprodukte zuständig und daher am besten in einem standardisierten, zentralisierten und automatisierten SSC (»Shared Service Center«) mit limitierendem Kostendeckel und definiertem Qualitätsversprechen angesiedelt. Alles, was sich dort durch technische Lösungen besser und/oder günstiger abbilden lässt, wird in HRIT überführt (auch wenn deren intuitives Handling wie überhaupt die gesamte Ergonomie der Systeme noch deutlichen Verbesserungsbedarf aufweist) (vgl. Mager/Gais 2009). Außerdem kann alles, was nicht strategisch bedeutsam oder intern umständlich ist, prinzipiell an einen Outsourcer ausgelagert werden.

- Die dritten HRler würden dem Unternehmen so etwas wie Wertschöpfung aus der »People«-Dimension ermöglichen und seien die Domäne des – in diesem Buch im Vordergrund stehenden – HR-Business-Partners. Dieser trägt damit auch fast die ganze Verantwortung für das transformationale HRM auf seinen Schultern. Zudem hat er etwas von einer Residualkategorie, in die alles das gepackt wird, was in den beiden anderen Säulen keinen Platz mehr findet oder dort nicht geleistet werden kann. Schließlich soll ihm – auch mit Wirkung auf die beiden anderen Säulen – der Befreiungsschlag in eine moderne und geliebte HR-Welt gelingen. Dies kann zu einer großen Last werden.

Dass es mit der Umsetzung mancherorts noch eklatant hapert, ist Fakt, den selbst der Urheber des Konzepts bestätigt (Ulrich 2008), wie es der Nestor der deutschen Personalwirtschaft selbstkritisch zum Ausdruck bringt (Sattelberger/

Weckmüller 2008) und was besonders deutlich in den ehrlichen Stellungnahmen rund um seine HR-Initiative (www.selbst-gmbh.de) offen angesprochen wird: Der HR-Business-Partner ist oftmals nicht mehr als ein verkappter Personalreferent, weiterhin beladen mit transaktionalem Ballast und ohne irgendeine Form von transformationalem »Business Impact«. Oftmals wird ihm sogar, weil zu jung, zu ideell, zu abstrakt der Zugang zum Business verwehrt. Auch in unserem HR Barometer zeigt sich seit Jahren die Diskrepanz zwischen Wunsch und Wirklichkeit (vgl. 5.2).

Wunsch und Wirklichkeit fallen auch bei den anderen beiden Säulen immer wieder auseinander. Das Shared Service Center existiert zwar in vielen Unternehmen inzwischen formell und das entsprechende Projekt kann offiziell Vollzug berichten. Aber die Standardisierung, Zentralisierung und Automatisierung ist oftmals nur um Zentimeter vorgerückt sowie der verwirklichte »Business Case« bei ehrlicher Kalkulation weit vom ursprünglichen Versprechen entfernt. In manchen Fällen ist das Nachher sogar noch kostspieliger als das Vorher (natürlich gibt es schon auch etablierte und effiziente HR SSC). Über die CoE in den Unternehmen lässt sich beim Blick von außen ohnehin wenig sagen. Sie führen meist ein Leben im Verborgenen und tauchen von dort nur gelegentlich auf. Es sei denn, der jeweils Verantwortliche ist mit dem Wunsch nach Außendarstellung – innerhalb seiner Organisation oder auf den externen Meinungsmärkten – ausgestattet.

Centers of Expertise (CoE)

Im HR-Service-Delivery-Modell sind die CoE – als »Centers of Expertise« beziehungsweise »Centers of Excellence« (das eine schließt das andere nicht aus) – für die Grundsätze der Strategie verantwortlich. In Deutschland kommen oft noch die gesetzlich erforderlichen Aufgaben eines Arbeitsdirektors wie etwa Gesundheitsmanagement, Arbeitssicherheit, Gleichstellung sowie ab und an vermeintlich naheliegende Aufgabenfelder wie beispielsweise Datenschutz hinzu. Manche Verantwortlichen für diese und weitere CoE-Themen neigen aus dem eigenen Verständnis (»business critical«) und dem gesetzlichen Auftrag (»corporate compliance«) heraus zur Einmischung bei jeder Management-Entscheidung aus ihrer jeweiligen Perspektive. Von ihnen handelt diese Glosse – nicht aber von den vielen pragmatischen und dennoch konsequenten CoE-lern.

In üppigen Konzernen – viel mehr als im schlanken Mittelstand – geraten Abstimmungsrunden immer wieder zum Langstreckenlauf, bei dem das Einläuten der letzten Runde ständig verschoben wird. Hingegen erwarten die eigentlich Verantwortlichen für diese Management-Entscheidung eine möglichst geringe Belastung mit diesen »single issues« und – falls dann doch – möglichst geringe Störungen durch einen Pragmatismus (»business sense«) des CoE. Erschwert wird dieser eher einseitige Dialog nicht selten dadurch, dass manche CoE in einer für die Allgemeinheit nicht besonders zugänglichen Denkweise argumentieren, mit ihrer Terminologie oft eine Promotion im jeweiligen Themenfeld unterstellen sowie bei ihren Lösungsszenarien häufig vom »worst case« ausgehen. Wenn dann noch gerade ein passender Skandal durch die Medienlandschaft gezogen wird oder die Regeln zur Managerhaftung verschärft wurden, erwarten diese CoE sogar Dankbarkeit für ihre Einwürfe.

Auch zeigt sich in der »Policy« immer wieder die unscharfe Grenze zwischen »Strategy« und »Operations« in den sogenannten Geschäftsverteilungsplänen (»governance«): Die Aspekte, bei denen dem CoE eine gestaltende Rolle zukommt, werden von einigen wesentlich weitreichender interpretiert als von den ausführenden Einheiten. In regelmäßigen Abständen sind solche sperrigen CoE allerdings gezwungen, sich in die gängige KPI-Logik des Unternehmens einzufügen. Wer dabei eine gewisse Häme aus dem Business vermutet, dürfte nicht ganz falsch liegen. Dann müssen diese CoE über Output/Input-Relationen ihre Wertschöpfung für das Unternehmen nachweisen, um eine Verschlankung des vermeintlichen Wasserkopfes abzuwehren. Die Einfälle für diese ökonomische Legitimation sind teils als kreativ, teils als grotesk zu bezeichnen und haben oft doch nur eine »hidden agenda«: Lasst uns doch mal in Ruhe.

Die Karrieren in einigen CoE sind durch ihre fachliche Prägung und Vereinzelung gar nicht selten als langjähriges Silo angelegt und laufbahntechnisch höchst selten durch Seitwärts- geschweige denn Aufwärtsbewegung gekennzeichnet. Der Weg aus solchen CoE hinaus und hinein ins Business – sei es auch »nur« als HR-Business-Partner – ist durch Fremdeln der potenziell aufnehmenden Einheiten versperrt. Daher sind die Ausweichbewegungen dieser »senior professionals« in den jeweiligen Expertenmarkt beinahe schon vorprogrammiert: Durch Teilhabe an fokussierten Netzwerken mit Gleichgesinnten, durch Schreiben von Artikeln und Halten von Vorträgen, durch gelegentlichen Stellen- aber nicht Rollenwechsel.

Bevor wir es uns nun aber mit sämtlichen CoE-affinen Lesern dieses Buches komplett verderben, möchten wir schlussendlich zum eigentlichen Plädoyer kommen: Liebe CoE-ler, der HR-Business-Partner und noch mehr das Business brauchen euch, ganz dringend sogar. Bitte betrachtet deshalb die Welt eures Unternehmens aber ein klein wenig mehr aus der Perspektive eurer Manager. Macht es nicht so wie es Dürrenmatt einen seiner Helden sagen lässt: »Wenn ich predige, schläft die Gemeinde ein.«

Das Drei-Säulen-Modell ist vielerorts also ein ziemlich wackliges Gebilde. Wenn in diesem Buch immer wieder die Finger in die Wunden der Konzeption des HR-Business-Partners und seiner Umsetzung gelegt werden, soll dies nicht Ausdruck einer wohlfeilen Kritik sein. Es geht uns auch nicht um Effekthascherei. Vielmehr sollen aus dieser Kritik Ansatzpunkte und Anregungen für eine verbessere Konzeption und Umsetzung aufgezeigt werden. Diese Lösungen sind aber selten prinzipieller Natur, sondern zumeist unternehmensindividuell zu suchen und zu finden. Denn daran liegt uns: über den HR-Business-Partner aus der »People«-Dimension heraus Wertschöpfung für das Unternehmen zu schaffen. Dabei den Stakeholder Führungskraft/Mitarbeiter fair und angemessen zu behandeln. Schließlich auch noch der HR-Funktion ein wenig mehr Anerkennung zukommen zu lassen. In dieser Reihenfolge.

Das Hexagon des Human Resources Management: Die ersten Drei

Doch HRM ist mehr als eine definierte Liste von HR-Prozessen (»HR Landscape«/»HR Template«), die auf eine der drei Säulen aufgeteilt werden könnten. Daher greift auch das HR-Service-Delivery-Modell, das auch uns seit seinem ersten Erscheinen während zahlreicher Projekte und bei dem einen oder anderen Artikel maßgeblich geprägt hat (z.B. Claßen/Kern 2006: 9–10), ein klein wenig zu kurz. Denn es adressiert doch lediglich die Organisation und Gestaltung von vorab definierten und damit der HR-Funktion quasi automatisch zugeschriebenen personalwirtschaftlichen Prozessen. Nicht alles, was sich um »das Personal« einer Organisation, ihre Führungskräfte/Mitarbeiter bzw. neudeutsch die »People«-Dimension dreht, ist freilich derzeit in der Personalfunktion abgebildet oder dort am besten aufgehoben. Und wenn heute vielleicht »schon noch«, dann morgen eventuell »nicht mehr«. In Stein gemeißelt ist das Terrain der Personalisten in keinem Fall. Mit Blick auf die vielfältige Kritik an der Personalfunktion aus dem »Business« möchte man fast schon sagen: »glücklicherweise!« Ist dies aber wirklich so?

Es gibt unseres Erachtens insgesamt sechs Aktionsfelder aus dem breiten Rund der HRM-Arena (vgl. Abb. 16), von denen nicht alle für den HR-Business-Partner relevant sind (vgl. Abb. 17). Diese Aktionsfelder unterscheiden sich hinsichtlich der wesentlichen Zielsetzung, den typischen Fragestellungen (am Morgen auf dem Weg zur Arbeit), den zentralen Akteuren und ihren wichtigen Schnittstellen sowie der »Messung« von Erfolg. Wie immer, wenn ein wenig greifbares »Ding« wie hier das HRM in einzelne Bestandteile zerlegt wird, sind diese Stücke natürlich nicht vollkommen überlappungsfrei (vgl. Abb. 18). In vielen Unternehmen hat man bei diesen Aktionsfeldern jedenfalls noch nicht die richtige Balance gefunden (vgl. Abb. 19).

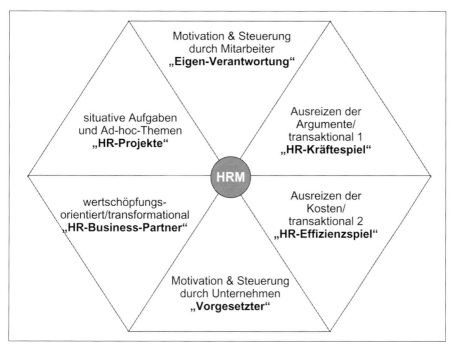

Abb. 16: Sechs Aktionsfelder der People-Dimension: Das Hexagon des Human Resources Management

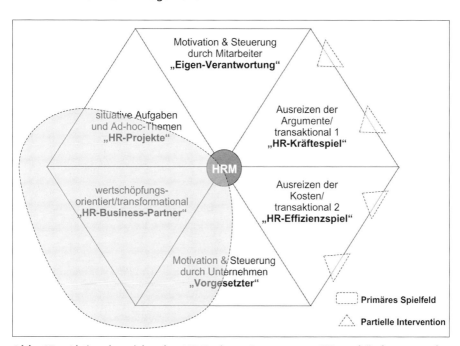

Abb. 17: Aktionsbereiche des HR-Business-Partners zur Wertschöpfung aus der People-Dimension

Dimension	Eigen-Verantwortung	Vorgesetzter	HR-Kräftespiel	HR-Effizienzspiel	HR-Business-Partner	HR-Projekte
Wesentliche Zielsetzungen	Ziele kennen, Ergebnisse liefern, Geld verdienen, Employability sichern	Ergebnisse liefern, gute (HR)-Regeln und -prozesse nutzen, teilweise Status	Möglichst günstige Regelungen in der People-Dimension schaffen	Möglichst günstige Strukturen in der People-Dimension schaffen	Mehrwert aus dem HRM durch bessere oder günstigere Mitarbeiter	Lösung einer drängenden und bedeutsamen HRM-Problemstellung
Typische Fragestellung	Was muss heute erledigt werden und was werde ich morgen machen?	Wie erreiche ich meine KPI und wie komme ich weiter?	Wie optimieren wir die „Policy"?	Wie optimieren wir die Kosten?	Wie schaffe ich aus der People-Dimension Wertschöpfung für das Business?	Wie schaffen wir dies „in time" und „in budget"?
Zentrale Akteure	Mitarbeiter	Führungskraft	Management CoE HR-Bereich Betriebsrat HR BP	Management HR SSC CoE HR-Bereich Betriebsrat	HR BP	Projekt-Gremien Projekt-Team
Wichtige Schnittstellen	Führungskraft HR SSC/ESS	Manager „above" Mitarbeiter HR SSC/MSS HR BP	Mitarbeiter HR SSC	Führungskräfte Mitarbeiter	Führungskräfte CoE HR-Bereich	HR BP Führungskräfte Mitarbeiter
„Messung" von Erfolg	Verwirklichung Ergebnisse Anerkennung Entwicklung W/L-Balance	Ergebnisse Karriere Bonus Macht	Regelung „besser" als zuvor	Kosten "günstiger" als zuvor	Bessere Business-Ergebnisse durch besseres HRM	Projekt erfolgreich umgesetzt sowie „in time" und „in budget"

Abb. 18:   HRM-Hexagon im Detail

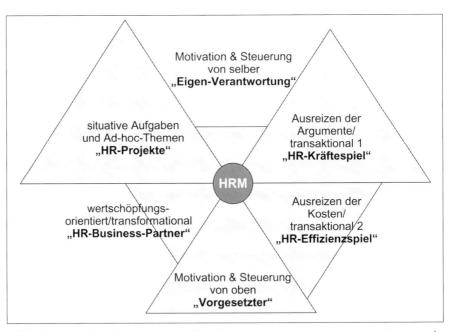

Abb. 19:   In vielen Unternehmen ist Human Resources Management zu wenig ausgewogen (schematische beispielhafte Abbildung)

Da ist – ganz bewusst an erster Stelle – die Eigen-Verantwortung jedes Einzelnen und damit die Motivation und Steuerung »von selbst«. HRM ist nicht nur etwas, das mit einem gemacht wird, sondern gerade auch das, was man aus sich selbst macht. So etwas gab es schon immer und ist gerade in diesen selbstbezogenen

Zeiten wieder in oder sogar der einzig mögliche Weg (z.B. Sprenger 2007). Heute kann sich jeder Postkunde seine individuelle Briefmarke gestalten, jeder Internetnutzer sich mit seiner eigenen Domain im weltweiten Netz präsentieren, jeder Dienstleister mit seiner Geschäftsidee die latent vermuteten Bedürfnisse im Markt aufwecken. Wenn »Employability« zur Spielregel im Arbeitsverhältnis und »Uniquability« zum Credo der Besten wird (Claßen 2008: 178), dann trägt das Unternehmen nur noch einen Hauch von Verantwortung und jeder ist sich selbst der Nächste, verantwortlich für die »Marke Ich« im Arbeitsmarkt. Diese Eigen-Verantwortung kann auch nicht als neo-liberal diffamiert werden. Die gute alte Solidarität ist nur noch eine Reminiszenz der Redner auf schlecht besuchten Gewerkschaftsveranstaltungen zum 1. Mai. Loyalität als Wechselwährung für Arbeitsplatzsicherheit hat sich ohnehin überlebt (Scholz 2003), was sich auch Jahr für Jahr wieder in den sehr niedrigen Werten des Engagement-Index zeigt (Gallup 2009). Dieses Aktionsfeld – die Eigen-Verantwortung – hat durch verstärkten Druck des Unternehmens auf der einen Seite und stärkere Autonomie vieler (längst nicht aller) Beschäftigter auf der anderen Seite deutlich an Bedeutung gewonnen. Bemutterung wird immer seltener gegeben, Bevormundung ist aber auch nicht mehr gewünscht. Gerade viele »High Performer« vermeiden inzwischen den Kontakt zur Personalabteilung und gehen bewusst ihren eigenen Weg. Die Personaladministration des Unternehmens bedeutet – als Bürokratie- und Hoheitsfunktion – ohnehin nur noch lästigen Verwaltungskram oder umständlichen »Employee Self Service«. Die Personalentwicklung ermöglicht – im Spagat zwischen Wohlfühlfunktion einerseits und Strategieumsetzungsanspruch andererseits – allenfalls die vorübergehende Aufhellung der Stimmung; schon bald ist das Meiste wieder beim Alten, das Wissen, Können und Wollen allenfalls geringfügig nach vorne bewegt. Die im Rahmen des »Talent Management« aus der Personalfunktion heraus lancierten Maßnahmen werden nicht selten als Anbiederung empfunden, die von der Zielgruppe eher aus momentaner Lust heraus mitgenommen werden und die in der Zukunft zu nichts verpflichten, zu gar nichts. Immerhin: Eine Personalabteilung, dies haben die Besten unter ihnen verstanden, besitzt im Grundsatz die Möglichkeit, sich als Arbeitgeber gegenüber dem Wettbewerb zu positionieren und differenzieren, damit das Gras jenseits des Zauns nicht grüner, saftiger und wohlschmeckender erscheint. Diese Möglichkeit haben die anderen Querschnittsfunktionen im Unternehmen wie Finance, Einkauf und IT jedenfalls nicht. Etwas Vergleichbares mit Schönheits-Potenzial weisen diese nicht auf, sie sind ebenfalls administrativ und formalistisch sowie oftmals noch autoritär dazu. Talent Management bleibt freilich ein Balanceakt: Mitarbeiter wollen als einzigartige Individuen mit ganz spezifischen Bedürfnissen behandelt werden, sind aber auf der anderen Seite lediglich ein Element in der unternehmerischen Wertschöpfung, bei der es primär um Kosten geht; ein echter Spagat (Capelli 2008).

Bei der Motivation und Steuerung »von oben« besitzt der direkte Vorgesetzte – zum zweiten – eine ganz wesentliche Rolle. Dies wird mit dem Konzept der Führung auf einen prägnanten Nenner gebracht (vgl. 4.2.2). Für die Loyalität und das Engagement von Mitarbeitern, deren Einsatz, Bindung und Gewinnung sowie die Leistungsmessung und Veränderungsbereitschaft sehen die meisten Theorien sowie empirische Studien ohnehin den direkten Vorgesetzten mit Abstand am wichtigsten an. Nur ein Beispiel: Laut Engagement-Index vermissen die Mitarbeiter vor allem Lob und Anerkennung, Unterstützung bei ihrer individuellen Entwicklung und das Interesse an ihnen als Mensch (Gallup 2009). Für dies alles ist der direkte Vorgesetzte natürlich nicht ganz unwichtig – oder sogar ausschlaggebend.

Die HR-Funktion sieht dies alles von der Seite und kann bestenfalls ein wenig mitmischen, am meisten wahrscheinlich noch durch exzellente Qualifizierung der Führungskräfte (wobei es hier natürliche Grenzen gibt). Schon bei der Identifikation von »schlechten« Führungskräften fehlt ihr dann die Durchsetzungskraft, gerade wenn sich deren Business-KPI im gewünschten Bereich bewegen. Inzwischen ist es zudem wieder modern geworden, mitarbeiterbezogene Aufgaben von der Personalabteilung an die Führungskräfte zurückzudelegieren, weil die HR-Funktion keine Ressourcen oder keine Ideen mehr besitzt. Wer alle diese HRM-Prozesse initiiert, konzipiert, organisiert und die Spielregeln dazu (wie Karrierepfade und Gehaltsbänder) aufstellt und überwacht, ist dabei sekundär. Oft gelten die »Process Owner« und »Policy Setter« sogar als Störenfriede, Quälgeister, Spielverderber.

Die Rolle der Führungskraft wird zwar vereinzelt bestritten (wieder z.B. Sprenger 2007). Doch wird der Vorgesetzte in vielen Unternehmen mit mitarbeiterbezogenen Aufgaben richtiggehend überfrachtet: Er soll fördern und fordern, geben und nehmen, befähigen und bestimmen, loslassen und feststellen, entgrenzen und begrenzen. Als Synonym für Führungskraft werden heute die Rollen des Coachs, Mentors, Beraters, Vorbilds, Partners und andere mehr herangezogen. Von wegen »Führung« und »Kraft«, dies ist schon längst passé. Als ob sie ansonsten – im »Business« als ihrer ursprünglichen Aufgabe und den vielfältigen Anforderungen wie etwa »Sales«, »Delivery« und »Compliance« – überhaupt nichts zu erledigen bzw. an Ergebnissen und Gutverhalten abzuliefern hätte. Gerade in dieser Überlastung liegt auch die Crux, die sich in vielfachen Rufen nach besseren oder verbesserten Führungskräften (»Change Management«) oder dem inzwischen zum Mega-Thema aufgestiegenen »Leadership Effectiveness« (vgl. 4.2.2) Luft verschafft.

Übrigens: Da Führung heute fast zu 100 Prozent aus Kommunikation besteht, sind Kommunikationsfehler der Quell vieler Führungsmängel: »Die kommunikative Auseinandersetzung mit dem Denken, Fühlen und Handeln der Mitarbeiter zum Zweck der Einbindung in eine gemeinsame Zielverfolgung ist die wichtigste Herausforderung der operativen Führung. (…) Denn die Effektivität der operativen Führung ist abhängig von der Qualität der Kommunikation in der Führungsfiguration, (…) bei der es darum geht, Menschen in die gemeinsame

Zielverfolgung einzubinden und diese Zielverfolgung zu managen« (Vaupel 2008: 250, 269). Hier bieten sich übrigens ganz wesentliche Ansatzpunkte für den HR-Business-Partner, etwa im Coaching der Führungskräfte.

Menschliches – Allzumenschliches

»Es gab Zeiten, da war H.S. (61) dürr wie – sagen wir mal – eine Taiga-Tanne. Aber seitdem sich der Chef von N.N. mit Osteuropa beschäftigt, stehen die Zeichen auch physisch auf Expansion. Rund 30 Kilogramm hat er zugelegt. › Es ist ein nervenaufreibendes Geschäft‹, sagt H.S. › Und Nerven brauchen nun mal eine große Hülle‹ .«

»Der Ton seiner Attacken, die C.H. (41) gewöhnlich mit einem Stakkato aus Briefen und E-Mails orchestriert, ist grob, bisweilen rotzig und rabiat. › Er agiert oft arrogant und mit einem Überschuss an Aggressivität‹, sagt ein Investmentbanker über ihn. › Seine demonstrative Gleichgültigkeit gegenüber Statussymbolen ist mehr als bloße Attitüde‹ .«

»J.S. (45) hört der Debatte schweigend zu. Er zählt zu den vier Schnurrbart- und drei Krawattenträgern der Gruppe. Sein Schlips ist gelb und prangt auf einem schwarzen Nadelstreifenhemd. Am Gürtel trägt er eine Handytasche, und der militärisch-kurze Haarschnitt erinnert noch immer an das erste Leben des Unternehmers.«

»Der 54-Jährige J.S. sitzt in der Lobby des Kempinski-Hotels am Münchner Flughafen. Er geht glatt durch als einer dieser heimlichen Weltmarktführer, die alles können außer Hochdeutsch. Jetzt, am Freitag, kommt er aus Zürich, ist auf dem Weg nach Prag. Dazwischen viele Telefonate und noch mehr Zigaretten.«

Dies alles sind Zitate aus einer Ausgabe des managermagazin im Herbst 2008, nur die Namen sind anonymisiert. Es mag auch an einem bestimmten journalistischen Stil liegen, heißt das Medium schließlich Manager Magazin und nicht Management Information. Diese Zitate zeigen aber auch, wie sehr es im Wirtschaftsleben nicht nur um Renditen, sondern auch um Menschen und Menschliches geht. Wenn da nicht genügend Aufgaben mit Wertschöpfung für das HRM drinstecken.

Drittens gibt es, dies wird im betrieblichen Geschehen zumeist übersehen oder leichterdings mit dem Alltag vermischt, situative Aufgaben und Ad-hoc-Themen in Form von additiven »Projekten« unter Einbeziehung der »People«-Dimension. »When you configure an organization from the strategic needs outward, it quickly becomes clear that the new HR organization is project based (…). Its key capability is how quickly it can assemble teams around needs and opportunities. Just as important is how well it can disassemble those teams and make its best performers available for new work« (Kates 2006: 28). HRM-Projekte werden – in den meisten Fällen einfach so – aber dann doch vielerorts auf die ohnehin bereits tagfüllende Grundlast der Basisaktivitäten gelegt. Diese zusätzlichen Aufgaben schleichen sich zum Tagesgeschäft dazu, ohne dass das »irgendwie« durch zusätzliche Kapazitäten, ergänzende Ressourcen oder anderweitige Reduktion kompensiert würde. Die gut gemeinte Motivation »Meier, das schaffen Sie schon!« wäre da immerhin noch eine eindringliche, wenn auch unmissverständliche Aufforderung, beides ordentlich abzuliefern (komme was wolle). Immer häufiger passiert nicht einmal mehr das, Additives ist eine Selbstverständlichkeit. Die den Arbeitgeber entlastende Passage im Arbeitsvertrag wird als Generalabsolution für ein weiteres Daraufpacken angesehen. Natürlich ist jedes Projekt »super wichtig« und deshalb unverzichtbar. Am Tagesgeschäft gibt es sowieso nichts zu deuteln, es geht weiterhin seinen steten Lauf und wird allenfalls nochmals enger getaktet. Auch hier bietet sich dem HR-Business-Partner natürlich unzählige Möglichkeiten für seine Wertschöpfung (vgl. 4.1).

Nummer Vier und Fünf

Bisher ist lediglich vom HRM im Allgemeinen und noch kaum von der Personal-Funktion im Besonderen die Rede gewesen. Bei den Nummern Vier und Fünf der HRM-Aktionsfelder wird zwischen dem »HR-Kräftespiel« und dem »HR-Effizienzspiel« unterschieden. Das sind die typischen und eigentlich schon klassischen Tummelplätze der Personal-Funktion. Beim HR-Kräftespiel geht es um die politische Dimension (Macht), in der für das Unternehmen möglichst günstige Entscheidungen – etwa im Bereich des sozialpartnerschaftlichen Labour Relationship Management (LRM) oder auch auf der gesetzlichen/gerichtlichen Bühne – erreicht werden sollen. Mit dem HR-Effizienzspiel wird die ökonomische Dimension (Markt) angesprochen, bei der für das Unternehmen möglichst günstige Verhältnisse – auf den Tummelplätzen der Arbeitsmärkte und in der Prozessgestaltung der HR-Funktion – verwirklicht werden sollen. Beide Spiele sind natürlich miteinander verwoben: Wenn ein Unternehmen Macht besitzt, wird es im Markt die besseren Karten oder sogar einen Trumpf besitzen. Wenn es im Markt ein günstiges Blatt vorzuweisen hat, kommt die Macht fast von ganz alleine. Der Begriff des Spiels mag zunächst etwas verwundern, doch lehnt er sich an die Steigerungslogik an, nach der es niemals eine Ankunft gibt (Schulze 2003). Denn etwas mehr – also noch günstigere HR-Entscheidungen und noch günstigere HR-Verhältnisse – geht bei den transaktionalen Themen doch eigentlich immer, denkt zumindest der eine oder andere CEO/CFO. Das HR-Effizienzspiel soll hier nicht weiter vertieft werden. Es ist im HR-Service-Delivery-Modell zur Genüge beschrieben und zeigt sich in Gestalt von SSC, HRIT und im Outsourcing. Übrigens: Inzwischen geben Unternehmen pro HR-Mitarbeiter im Durchschnitt knapp 10.000 Euro für die Leistungen externer HRM-Dienstleister aus. Deren Steuerung durch ein professionelles »Vendor Management« bzw. »HR Brokering« ist deswegen zunehmend wichtig geworden (Müller/Wieneke 2009).

Das HR-Kräftespiel findet unabhängig davon statt, auf was die zu überwindende »politische« Kraft beruht. Im einen, aus Perspektive des Unternehmens eher reaktiven Fall, stammt sie von unternehmensexternen Akteuren, wie etwa Gesetz-geber, Arbeitsgericht, Betriebsrat, Gewerkschaft oder Sozialversicherungsträger. In dieser Spielvariante geht es dann primär darum, eine für das Unternehmen möglichst günstige Normierung bzw. eine clevere Interpretation für die prakti-sche Handhabung zu finden. Als klassische Beispiele gelten Tarifvertragsver-handlungen und Betriebsvereinbarungen. Im anderen Fall werden die Normen (»Policy«/»Compliance«) durch das Unternehmen selbst auf eigene Initiative und nach eigenem Gusto – aber immer im möglichen Disput mit widerstreben-den Stakeholdern – festgelegt. Bei dieser Spielvariante gilt es den schmalen Grat zwischen Unternehmensinteressen und Leistungsparametern wie Motivation, Loyalität und Engagement zu finden. Beispiele sind »Performance Manage-ment«, »Travel Policy« und »Data Protection«.

Natürlich wird das HR-Kräftespiel besonders gerne vom Unternehmen gespielt, um sich für das nächste HR-Effizienzspiel den Joker zu sichern. Wie bei derarti-gen Spielen üblich, sollten die Züge nicht nur am kurzfristigen Vorteil ausgerich-tet sein, man sieht die meisten seiner Mitspieler in der nächsten Runde oft wie-der. Auch die menschlich durchaus verständlichen Triumphgefühle nach einer besonders gelungenen Runde sollten nicht allzu laut gefeiert werden. Gerade in der bilateralen wie auch öffentlichen Kommunikation unterlaufen beim HR-Kräftespiel allzu viele Leichtsinnsfehler. Die Devisen des klugen Unterhändlers gegenüber seinem »Counterpart« wie »den Mund halten«, »das Gesicht wah-ren«, »am Leben lassen«, »einen Goodie geben« und anderes mehr zahlen sich im langfristig angelegten HR-Kräftespiel aus. Die tradierte Personal-Funktion versteht sich in wesentlichen Teilen als unternehmensindividuell zu optimieren-de Reaktion auf die externe Normierung bzw. als bewusste Aktion im Vorfeld ge-gen ungünstige Normsetzungen durch unfreundliche Dritte. Daher ist eine sol-cherart interpretierte Personal-Funktion auch derzeit noch an vielen Stellen die Domäne von (Personal-)Juristen, die ohne jeden Zweifel einen ganzen Arbeits-tag auszufüllen vermag.

Wer heute einen Termin mit dem HR-Verantwortlichen eines Unternehmens vereinbaren möchte, gerade auf Vorstandslevel, muss sich gedulden. Die jeweili-ge Agenda, so lässt es die persönliche Assistenz als »Mauer des freundlichen Ab-wimmelns« wissen, ist auf Sicht belegt durch Termine: Erstens mit dem Sozial-partner, zur grundsätzlichen Pflege der Beziehungen, zweitens mit dem Be-triebsrat, zur Abstimmung von Tarifverträgen, Verhandlung von Betriebsverein-barungen, Absicherung von Betriebsübergängen und ähnlich grundlegend Bedeutsamem, drittens vor den Gerichten, als Vertreter der Anklage, des Ange-klagten oder einfach nur als Zeuge. Die deutsche wie europäische Arbeits- bzw. Sozialgesetzgebung und die für deren Ausgestaltung und Anwendung breitflä-chig genutzte Gerichtsbarkeit bestimmen das Alltagsgeschäft vieler HR-Mana-ger. Inzwischen hat sich dabei eine Art von Club herausgebildet, der in einer selbstreferenziellen Welt lebt, mit eigenen Themen, eigenen Begriffen, eigenen Medien, eigenen Treffen, eigenen Gurus.

Diese juristische und arbiträre Welt ist dem übrigen Unternehmen genauso wenig vermittelbar wie etwa die Absicherung von Wechselkursrisiken, die Just-in-time-Planungen der Logistiker oder die Prognosen der Marktforscher für die Ukraine. Der Rest der Organisation hofft und vertraut schlichtweg darauf, dass alle diese Experten schon das Richtige zum Wohle des Unternehmens machen. Wenn nun aber nicht? Die unvermeidbaren Fehler und gelegentlichen Unaufmerksamkeiten können ab und an fatale Konsequenzen haben. Übrigens: Fragen nach der Wirtschaftlichkeit des HR-Kräftespiels fallen fast schon in die Kategorie Beleidigung und Blasphemie. Wenn man aber etwa an die Myriaden von Betriebsvereinbarungen in manchen Konzernen denkt, die ja alle auch weiter bedient sein wollen und entsprechende Aufmerksamkeit erfordern, wünscht man sich manchmal – bei allem potenziellen Schaden durch diese Urgewalten – einen Tsunami und die Chance für einen klugen Wiederaufbau. Die Lust vieler Akteure zum HR-Kräftespiel kann über die Jahre das Unternehmen ganz schön viel Geld kosten.

Dieser Kräftespiel-Aspekt kommt im angloamerikanisch geprägten HR-Service-Delivery-Modell überhaupt nicht vor oder wird als CoE-Thema definiert. Wenn der Personalverantwortliche jedoch einen juristisch geprägten Hintergrund besitzt, das Austarieren von Interessen und Argumenten persönlich spannend findet und sich als Meister der Verhandlung entpuppt, können mit diesen Themen lange Tage vom frühen Morgen bis in den späten Abend hinein gefüllt werden. Die nächtlichen Tarifverhandlungen sind ohnehin Legende. Kein Außenstehender wird jemals auch nur erahnen, was genau bei den stundenlangen Sitzungen passiert. Am nächsten Morgen blicken dann alle Beteiligten müde und ob der erreichten Ergebnisse doch »irgendwie« zufrieden drein. Wertschöpfung für das Business durch die HR-Funktion rutscht dann bei derart ausufernden Tagen und Nächten auf der Prioritätenliste – »leider!« – nach hinten. Eine aus der Unternehmensstrategie abgeleitete HR-Strategie: ebenfalls Fehlanzeige. Doch genau davon lebt gute Personalarbeit, nicht von der Beantwortung aller über Nacht eingetrudelten Mailaufträge oder der Abarbeitung von sich am Tage ergebenden Aufgabenstellungen.

Stopp! Ist ein klug abgestimmter Tarifvertrag, eine geschickt verhandelte Betriebsvereinbarung, ein raffiniert abgesicherter Betriebsübergang nicht Wertschöpfung pur, vermeidet dem Unternehmen unnötige und unsinnige Kosten durch kostspielige Alternativlösungen oder langwierigen Dauerstreit (vgl. von Butler/Tretow 2009)? Führt bei vielen Auseinandersetzungen mit Arbeitnehmern und Betriebsräten der Weg zur Lösung eben nur über die Gerichtsbarkeit/ Schiedsstellen oder deren Vorstufen und Nachbrenner? Ist die langfristige Perspektive in der Beziehungspflege mit einer entsprechend persönlichen Note nicht der einzig praktikable Ansatz für einen tragfähigen Austausch mit der »Gegenseite«, regelmäßige symbolische Dissonanzen, abendliche Essenstermine und gelegentliche »Non«-Meetings inbegriffen? Die Personalfaktorkosten sind nun mal in vielen Unternehmen der größte Aufwandsblock und ihre Optimierung ist für das Business dann natürlich Wertschöpfung pur. Mit Sicherheit besitzen ein unter der Devise Mäßigung unterschriebener Tarifvertrag, eine mit klarer Kostenbegrenzung abgeschlossene Betriebsvereinbarung, ein die Mitarbeiterträume nach Bestandsschutz ad ultimo begrenzender Betriebsübergang einen unmittelbaren Effekt. Wohl aus diesem Grunde wurden einige Kräftespiel-Themen von einigen unserer Interviewpartner als eine wesentliche Aufgabe des HR-Business-Partners genannt (vgl. XX). Wobei sie diese Erfolge nur selten an die große Glocke hängen, sondern sich nach gelungener Aktion allenfalls im kleinen und vertrauten Kreis zuprosten. Übrigens: Beim Kräftespiel und damit dem Zugang beziehungsweise der Aufstellung bei diesen Themen sind nach wie vor erhebliche Unterschiede zwischen der deutschen und einer amerikanischen Unternehmenstraditionen augenfällig.

Die Optimierung – sprich das Senken – der Personalfaktor- und Personalfunktionskosten gehört also auch zum Alltagsgeschäft der meisten HR-Business-Partner. Wobei der Hebel bei den Personalfaktorkosten natürlich prinzipiell deutlich höher ist als bei den Personalfunktionskosten. Ein Prozent günstigere Personalfaktorkosten bringt mehr als zwanzig Prozent günstigere Personalfunktionskosten. Dass diese Herausforderung zeitlos sein dürfte, zeigt eindrücklich die folgende Stellungnahme eines Gesprächspartners unserer ersten Studie (aus einem stark mitarbeiterabhängigen Dienstleistungsunternehmen): »Meine Aufgabe ist, Personalkosten zu reduzieren ohne dass der Deckel vom Topf fliegt. Das Wunder lautet, unsere Mitarbeiter dem Unternehmen, ihrer Arbeit und dem Kunden gewogen zu halten und ihnen trotzdem letztendlich eine Verschlechterung ihrer persönlichen Situation zuzumuten. Diese Zumutung besteht entweder darin, am Ende nicht mehr so viel Geld zu verdienen wie bisher oder zumindest nicht mehr die gleichen gewohnten Zuwächse zu haben. Oder es bedeutet eine Produktivitätssteigerung – wie man das so schön nennt –, was nichts anderes heißt als mehr zu arbeiten. Oder effektiver zu arbeiten, sodass man letztendlich bisherige Freiräume aufgibt. Deshalb ist auch die Kommunikationsfrage so wichtig. Sie müssen mit Ihren Mitarbeitern darüber reden, weil der Grat auf dem Sie da wandeln sehr schmal ist. Belasten Sie die Mitarbeiter zu stark, sind Sie sozusagen zu rüde, dann kippt Ihnen die Motivation dieser Menschen. Belasten Sie sie aber nicht stark genug, dann haben Sie nicht mehr die Ertragskraft um das Unternehmen langfristig auf dem Erfolgspfad zu halten. Auf diesem schmalen Pfad müssen Sie laufen. Eine der vornehmsten Aufgaben der HR-Business-Partner ist es allen, dem Management aber auch den einzelnen Mitarbeitern, diesen Pfad jederzeit immer wieder klar zu machen. Zu zeigen, wo der eigentlich ist.«

Wobei viele »Deals« – dies sei an dieser Stelle auch einmal angemerkt – die nachfolgenden Kosten der transaktionalen Personaladministration und HRIT-Systeme durch aufwendige Extraschleifen und fortdauernde Parallelwelten, langjährige Übergangslösungen und festgeschriebene Besitzstände unnötig aufblähen (so gibt es DAX30-Unternehmen, die alleine in Deutschland eine Anzahl von Betriebsvereinbarungen im oberen dreistelligen Bereich zu managen haben).

Würde sich eine der beiden Parteien einmal die Mühe machen, diese Komplexitätskosten zu berechnen und durch simplere Lösungen zu ersetzen, es kämen oftmals erkleckliche Beträge zusammen, die der Arbeitnehmer, selbst wenn sie vom Arbeitgeber nur teilweise ausgeschüttet würden, lieber in seinem Geldbeutel von heute als in einem fiktiven Anrecht für morgen spüren würde. Die »Total Costs of Employee Relationship Management« spielen derzeit mangels Transparenz eine viel zu geringe Rolle.

Übrigens: In vielen Unternehmen gibt es sie, die Meister des BetrVG, zum § 613a BGB, für die HRM-Spezialthemen wie etwa TzBfG, EFZG, MuSchG, BetrAVG, KSchG und ziemlich neu dem AGG. Immerhin schaffen es Spezialisten in Unternehmen immer wieder, durch eine frische Sichtweise der Dinge und kreative Interpretation von Sachverhalten für ihr Unternehmen Günstiges zu erreichen und Schlimmes zu verhindern. Genauso wie der CFO die Möglichkeiten des Steuerrechts im Sinne seines Hauses und nicht der Finanzverwaltung nützen soll, ist sein Pendant im HR-Vorstandsressort aufgefordert, das Machbare machbar zu machen und, wenn es geht, sogar noch ein kleines bisschen mehr. Natürlich immer im legalen Rahmen, wobei sich dieser oft erst allmählich nach dem Prinzip »trial & error« entwickelt. Die einen Unternehmen mögen daher im Bereich des HR-Kräftespiels – man könnte ihn der Tradition halber auch »HR Klassik« nennen – besser sein, die anderen langsamer, umständlicher, aufreibender, leutseliger oder gutgläubiger. Das HR-Kräftespiel wird im Kanon der Aufgabenstellungen rund um die »People«-Dimension im Unternehmen zugunsten des HR-Business-Partners vermutlich an Gewicht verlieren. Über dieses sechste Aktionsfeld im HRM, den HR-Business-Partner mit seiner Wertschöpfungsorientierung bei transformationalen Aufgabenstellungen, möchten wir an dieser Stelle keine Worte verlieren, denn er ist Titel und Thema des gesamten Buches.

1.4 Königsweg moderner Personalarbeit

Zahlenfetisch

Wenn – wie in diesem Buch – der HR-Business-Partner immer wieder mit Wertschöpfung für das Business gleichgesetzt wird, ist die Forderung nach Messung dieser Wertschöpfung fast schon obligatorisch. Als Personaler kann man es eigentlich nicht mehr hören, bekommt es indes wieder und wieder gesagt: »You can't manage what you don't measure«. Wissenschaftler sagen dies, Finanzer sagen dies, Berater sagen dies. Unlängst war das einer der allerersten Sätze in einer »HR 2015«-Studie (Strack u.a. 2008: 10): »We believe very strongly that the HR function must be able to measure, count, and calculate the effectiveness of both its internal operations and the company's overall people strategies. One of the reasons that HR ranks lower on the corporate totem pole today than the finance department is that HR managers often cannot quantify their success.« Überhaupt – so eine weitere Schlussfolgerung dieser Studie – sei HR derzeit sowohl von der Unternehmensstrategie als auch von deren »Metrics« entkoppelt. In dieser Schlichtheit stimmt diese Aussage natürlich auch. Gerade im Bereich des HR Business Partnering stößt jede »harte« Messung indes an ihre Grenzen und es zählen weiterhin die »weichen« Eindrücke: »The measures of success in the new work are fuzzy. As a result, business partners focus on becoming indispensible and important in the eyes of their clients« (Kates 2006: 25).

Dass eine Forderung nun bereits seit längerem immer wieder erhoben wird, ist noch keine Gewähr dafür, dass sie auch in absehbarer Zeit eingelöst werden könnte. So gibt es im Bereich der Personalwirtschaft zahlreiche Anläufe von der Weiterbildungs-Erfolgskontrolle (inzwischen sogar seitens der Stiftung Warentest) über viele weitere HRM-Aufgabenstellungen (vgl. Süßmaier/Rowold 2007) bis hin zur Legitimation von Managementdiagnostik im Sinne eines »Return on Selection« (z.B. Kersting 2004). Dies alles klingt beinahe schon wie »Schwerter zu Pflugscharen«. Was soll man darauf überhaupt noch erwidern? Lassen wir in einem ersten Anlauf Sprenger (2008: 192–193) zu Wort kommen: »Davor salutieren alle, denn niemand will sich als verträumter Wolkenfänger outen. Also wird gemessen, was messbar ist, und das, was nicht messbar ist, wird irgendwie messbar gemacht. (…) Dabei kommt es zu abenteuerlichen Wirklichkeitskonstruktionen. (…) Was sich dennoch beharrlich der Metrisierung widersetzt, gerät umstandslos ins Abseits. So bemüht sich die Personalarbeit seit Jahren, durch die Quantifizierung ihres Leistungsausweises aus der qualitativen Diaspora auszubrechen. Sie merkt leider nicht, wie lächerlich sie sich dabei macht.« Als Meister des Bonmots resümiert er: »Wer viel misst, misst viel Mist« (ebd.: 195); dies ist zumindest nett ausgedrückt. Nun überzeugt ein Sprenger viele, aber längst nicht alle. Sagen Sie dies einmal Ihrem Controller oder einem zahlenfixierten Vorstand. Nun könnte man zur Verstärkung der Gegenargumentation noch die üblichen Autoritäten anführen, welche offenbar zu allen Dingen des Lebens etwas gesagt zu haben scheinen wie Konfuzius, Goethe oder Einstein (»Nicht alles, was zählt, kann gezählt werden. Und nicht alles, was gezählt werden kann, zählt«); wahrscheinlich hat selbst Churchill sich dazu geäußert (»no numbers«). Auch die letzte Finanzmarktkrise muss eigentlich als Krise der Zahlen und des falschen Zählens hochstilisiert werden.

Nun meinen ja auch nicht alle mit Zahlen und Zählen dasselbe. Die Diskussion ist fast schon ein Streit um des Kaisers Bart. Bereits im Mittelalter wurde darüber gestritten, ob nun Friedrich Barbarossa einen Bart getragen hätte oder eben nicht, wahrscheinlich war es halt ein Stoppelbart. Vorwärts zur HR-Realität am Beginn des zweiten Jahrzehnts. Der eine meint mit Zahlen und Zählen nun endlich überhaupt einmal seine FTE halbwegs richtig bestimmen zu können plus einige wenige Kennzahlen zum Output und zur Effizienz der Human Resources wie auch der HR-Funktion. So etwas muss natürlich sein. Der andere denkt an KPI-Systeme á la DuPont-Schema als Basis für eine fast schon ökonometrische Entscheidungsfindung. Da fängt das Träumen an: Die Zweifel an der praktischen

Machbarkeit eines derart verstandenen Zählens im Bereich des HRM sind richtig.

Trotz dieser Skepsis lässt einen jedoch das Gefühl nicht los, dass eine gute oder noch besser eine richtige Zahl mehr sagt als tausend Worte. Der Verstand und der Vorstand sagen einem dies ohnehin. Aber nun ist der Personaler erst recht im ausweglosen Dilemma. Messen muss im Unternehmen sein, ist aber ausgerechnet bei ihm nichts wert. Dann bekommt er oft auch noch vorgeworfen, dass sein Bauchgefühl bereits für genügend Bauchschmerzen im Unternehmen gesorgt hätte. Nun gibt es Unternehmen und deren Entscheider, bei denen nichts ohne einen soliden Business Case geht. Ohne plausibles Zahlenwerk braucht man sich gar nicht in das Vorstandszimmer oder den Lenkungsausschuss wagen. Natürlich gibt es unternehmenskulturelle Unterschiede zu dieser klaren Linie. In manchen Unternehmen wird man ohne die Weihe durch Zahlen bzw. den Segen durch Ziffern keine verbindliche Entscheidung erhalten, außer einem klaren Nein.

Nun gibt es in der HRM-Welt nur wenige Themenfelder, die zumindest halbwegs berechenbar sind. Die Personalfaktorkosten sind der wohl gängigste Aspekt, da sie permanent entweder als Streikanlass (»zu wenig!«) oder als Wettbewerbsfaktor (»zu viel!«) in den Medien präsent sind. Viele HR-Prozesse und bedingt noch die HRIT lassen sich in der Regel unter Effizienzgesichtspunkten betrachten. Deswegen ist auch das HR Shared Service Center eine solche – quantifizierbaren Kosten- und Nutzen-Überlegungen zugängliche – Materie. Bei intensivem Nachdenken fallen einem noch zwei, drei weitere Themenfelder ein: HR-Controlling und Benchmarking á la Saratoga greifen per Definition auf Kennzahlen zum Niveau und zur Struktur der HR-Funktion sowie der Führungskräfte/Mitarbeiter zurück. Wobei längst nicht alle quantitativen KPI eine für Management-Zwecke nützliche Qualität, Seriosität, Validität aufweisen. Selbst die am Anfang vieler »Rightsizing«-Überlegungen stehende Betreuungsquote macht, trotz aller Ungerechtigkeit, die mit jedem Benchmarking verbunden ist, als Ausgangspunkt für tiefer schürfende Analysen Sinn. Das ist es dann aber auch.

Natürlich hat das geschilderte Dilemma zu vielen Anstrengungen bei der Suche nach Auswegen geführt. So wird – dies ist moralisch und auf den ersten Blick fast schon finanzwirtschaftlich solide – der Wert des Humankapitals bestimmt (vgl. Wunderer/Jaritz 1999, Becker u.a. 2001, Wucknitz 2002, Strack 2002, Scholz u.a. 2004, Becker 2008; Breuer u.a. 2009). Zudem wird hier und da die Bedeutung der Personalfunktion errechnet, die Verbesserung der Personalprozesse ermittelt, der Einsatz der Personalsysteme bewertet und die Änderung der Personalorganisation bemessen. Mehr oder weniger seriös, oft auch kontrovers diskutiert wie etwa der Disput zwischen der »Saarbrücker Formel« und dem »Workonomics«-Ansatz, bei dem am Ende beide verloren haben. Die stärkste Nachfrage haben jedoch immer noch Nutzen/Kosten-Analysen: Was bringt's, was kostet's, lohnt es sich unter'm Strich? Wer freilich seinem Benefit Case (»ex ante«) dann bei der Umsetzung ein Benefit Tracking (»ex post«) folgen lässt, wird in vielen Fällen dessen Ergebnisse – je nach Mentalität vor Scham oder Vorsicht – besser nicht an die große Glocke hängen. Schließlich gibt es noch die Zusammenfassungen diverser Kennzahlen zu KPI-Systematiken im Sinne des Scorecard-Ansatzes (z.B. Kaplan/Norton 1992, Becker u.a. 2001, Huselid u.a. 2005), die – obwohl über längere Zeit populär – inzwischen durchaus kritisch gesehen werden (Stöger 2005, Vaupel 2008: 316).

Die neuen großen Themen von HRM (und die des HR-Business-Partners) wie etwa »Talent Management« und »Performance Management«, »Leadership Effectiveness« und »Change Management« sind ohnehin einer quantitativen Betrachtung nur sehr bedingt zugänglich (Claßen 2008: 277-286 bzw. Claßen 2009). Natürlich könnte man jeweils den Input messen, manchmal auch den Output, aber sinnvolle Wirkungsmechanismen (Kausalitäten) wären in den allermeisten Fällen vermessen. Wenn bei derartigen Analysen typischerweise herauskommt, dass die erfolgreichen Unternehmen sich bei diesen Themen besonders engagieren, dann kann dies zwei Gründe haben: Weil sie dies tun, sind sie erfolgreich – oder – weil sie erfolgreich sind, können sie dies tun. Publiziert wird immer nur der erste Grund, obwohl schlicht von Korrelationen auf Kausalitäten geschlossen wird.

Doch bringen derartige Überlegungen wirklich einen Erkenntnisfortschritt oder sind sie letztlich nur ein neuer Irrweg beim Vernünftigmachen – der Rationalisierung im doppelten Wortsinne – von immanent wenig fassbaren Entscheidungen rund um den Menschen und dessen Verwaltung und Entwicklung im Unternehmen? Die Nachfrage nach Zahlen aus dem HRM wird kontinuierlich anhalten, das Angebot an Zahlen mit vermutlich noch größerer Geschwindigkeit weiter steigen (gerade auch aus der HRIT). Sicherlich, Zahlen werden beispielsweise zeigen, dass sich im einen Fall die digitale Personalakte rechnet und im anderen nicht. Ob die Motivation, die Loyalität, das Engagement und letztlich die »Performance« von Bernd Schneider oder jedem beliebigen anderen Mitarbeiter eines Unternehmens durch das Projekt »Gloria«, das Instrument »MOVE« oder die Aktion »Go for it« gestiegen ist, das wissen gewiss nur die Götter (vgl. Abb. 20).

Der »homo oeconomicus« ist schon andernorts wegen seiner lebensfremden Annahmen an seine Grenzen gestoßen, selbst wenn sich beispielsweise die »ökonomische Theorie des Sterbens« oder die zur Partnerschaft ganz drollig lesen (McKenzie/Tullock 1984). Oder bewerten Sie etwa ihre derzeitige Beziehung (falls Sie sich nicht gerade für den Lebensentwurf des Solos entschieden haben) auch in erster Linie nach ökonomischen Prinzipien? Die über längere Zeit immer wieder versuchte Reduktion des Menschen auf nichts anderes als Rationalität hat sich als theoretischer Irrweg erwiesen; praktisch ist dies ohnehin immer irrelevant gewesen. Der »homo oeconomicus« ist eine heuristische Fiktion des rein zweckrationalen Handelns aus einer inzwischen überkommenen Theoriephase der Wirtschaftswissenschaften geblieben (z.B. Kirchgässner 1991, Clausen 2009). Es wäre so einfach gewesen: Wenn man davon ausgeht, dass der Mensch sich ausschließlich nach rein sachlogischen Aspekten ausrichtet, ließen sich alleine aus dieser Abwägung von den Kosten mit dem Nutzen zahlreiche »harte« Schlussfolgerungen für sein Verhalten auch außerhalb des reinen Wirtschaftslebens ableiten. Selbst der Rückgriff auf die Fiktion des »als ob« (Vaihinger 1927) stößt rasch an seine Grenzen, wo doch in der Realität viele »weiche« Faktoren existieren, die sich selbst mit einem hypothetischen Kosten/Nutzen-Verständnis nicht einfangen lassen.

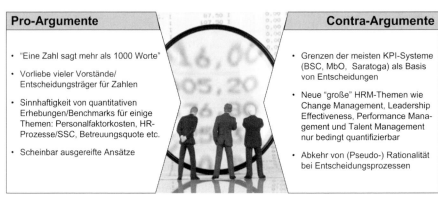

Abb. 20: HR-Metrics ersetzen nicht die echte Wertschöpfung durch den HR- Business-Partner

Dann kann man aber nicht die gesamte Betriebswirtschaft – v.a. aber nicht deren vom Grundsatz her mehr als nur rationale People-Dimension – in diese Logik zwingen und bei jedem HRM-Thema einen »Benefit Case« abverlangen. Neben der nüchternen, sachlichen, beherrschten, abwägenden, durchdenkenden Reaktion zeigen sich weitere menschliche Regungen. Diese sind nicht wichtiger oder richtiger, besser oder schlechter, stärker oder schwächer. Sie sind einfach gegenwärtig und entziehen sich indessen einer Kalkulation.

Für den HR-Business-Partner geht es bei seinen Themen in der People-Dimension ebenfalls um dieses »Mehr«, dem die schimärenhafte Welt der Zahlen und des Zählens keineswegs abschließend gerecht wird. Wenn den Manager »sein« HR-Business-Partner schlicht und einfach nervt, weil er diesen unsympathisch findet (oder dieser Mundgeruch und so eine komische blaue Krawatte hat) und ihn auf Abstand halten möchte, versandet sämtliche Wertschöpfung wie eine Sandburg nach der nächsten Flut. Ticken beide hingegen menschlich auf derselben Wellenlänge ist eine gute Basis für die Zusammenarbeit vorhanden. Denn durch Sympathie wird physische Präsenz erst möglich. Selbstverständlich muss sich der HR-Business-Partner auch fachlich beweisen und Wertschöpfung abliefern. Denn beides – Wertschöpfung und Sympathie – sorgt für ein positives Saldo unter dem (subjektiven) Strich des Managers. Doch messen, messen lässt sich dies nicht. Oder anders ausgedrückt: Wer sich mit Zahlen legitimieren muss, hat schon von vornherein verspielt.

HR-Business-Partner als investigativer Personaler

Für den HR-Business-Partner ist die Tür zur Wertschöpfung aus der People-Dimension in Reichweite. Er muss lediglich an die Klinke fassen, diese nach unten drücken, die Tür mit Schwung aufstoßen und schließlich hindurchschreiten. Von alleine passiert nichts: Lichtschranken für den Einlass mit automatischer Öffnung und Förderbänder zum gemütlichen Vorwärtskommen mag es anderswo geben. Manchmal klemmt und knarzt die Tür zum Business sogar. Das Business Partnering ist jedenfalls eine sehr zukunftsträchtige Rolle im HRM (aber damit noch längst nicht selbstverständlich auch Bestandteil der HR-Funktion). Es gibt dafür vier eng miteinander verwobene Begründungen – alle zusammen bedeuten Organisationsentwicklung (vgl. Abb. 21):

- Implementierung: Jede strategische (Neu-)Ausrichtung des Unternehmens erfordert auch veränderte oder zusätzliche Wertschöpfung aus der People-Dimension. Dies muss mit- oder sogar vorgedacht und dann in die Tat umgesetzt werden.

- Fortschritt: Bisherige Defizite bzw. zukünftige Engpässe des Unternehmens in der People-Dimension müssen bewältigt bzw. vermieden werden. Das Unternehmen erreicht seine Zielsetzungen besser, schneller und günstiger, wenn es keine Flaschenhälse oder vermeidbare Hindernisse gibt.

- HRM-(Ge)Wissen: Die People-Dimension verliert sich immer wieder im täglichen Stress des Business. Daher braucht es einen Mittler zwischen den geschäftlichen Anforderungen (und Möglichkeiten) aus den Produkt- bzw. Kapitalmärkten und den Aspekten eines ganzheitlich und wertschöpfend verstandenen HRM einschließlich seiner normativen und hoheitlichen Aspekte.

- Nachhaltigkeit: Neben der Entscheidungslogik eines Unternehmens (»profitable growth«) agiert dieses – im systemtheoretischen Sinne – nicht in einem Vakuum. Erwartungen, Ansprüche, Forderungen aus der People-Dimension, sei es faktisch oder normativ, müssen bedient werden. Auch dies generiert zumindest mittel- bis langfristige Wertschöpfung.

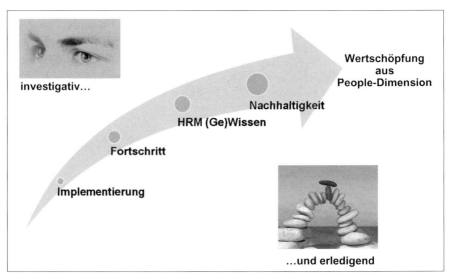

Abb. 21: Dem HR-Business-Partner geht es um Wertschöpfung aus der People-Dimension

Die Initiative für all dies kommt eher selten aus der HR-Funktion selbst, sondern wird von anderen aus der Organisation an diese herangetragen oder – im Selbstversuch des Business – »so nebenbei« erledigt. Es sei denn, ein cleverer HR-Business-Partner denkt mit und vor. Dies ist ja gerade die Erwartung an ihn, dass er, sobald er mit wachen Augen, offenen Ohren und eigentlich allen Sinnen am Puls des Geschehens ist, aufsieht, aufhorcht, aufmerkt, um die relevanten HRM-Themen mit der People-Lupe aus der Unternehmensentwicklung abzuleiten (reaktiv) oder sogar vorzubereiten (proaktiv). Die Rolle des HR-Business-Partner endet jedoch nicht mit dieser investigativen Enthüllung. Nach der Aufdeckung folgt selbstverständlich die (Mit-)Erledigung. Natürlich, das ist menschlich, mogelt sich trotz aller Ansinnen auf Wertschöpfung immer wieder das eine oder andere Lieblingsthema der Business-Verantwortlichen, angefangen beim Vorstand, durch dieses Kriterienraster. Dies muss dann halt auch ordentlich mitgemacht werden.

Das Leben bleibt hart

Sind diese vier Bedingungen nicht erfüllt, fallen viele HRM-Aktivitäten oder gleich die gesamte HR-Funktion durch mangelnde Wertschöpfung wieder in die wie ein automatischer Reflex greifenden Kostensenkungsübungen der Unternehmensführung zurück. Genau so geht das HR-Effizienzspiel: Sobald kein zusätzlicher Nutzen mehr erzeugt wird, stellt sich die Kostenfrage, im gar nicht so seltenen Extremfall sogar die Frage zur Existenzberechtigung von Themen sowie damit auch von Rollen und Personen. Die Zeiten der Ruhe und des Ruhens sind kurz geworden.

Eine essentielle Frage dabei ist, was von dieser Wertschöpfung aus der People-Dimension überhaupt noch die unbestrittene Domäne des Personalbereichs bleibt und was von anderen – zum Beispiel vom Business selbst oder dessen externen Dienstleistern – gemacht oder einfach nicht mehr gemacht wird? Denn es wird mancherorts noch zu sehr aus der Ist-Situation und den bestehenden Strukturen, Prozessen, Rollen heraus gedacht. Als ob es eine Garantie dafür gibt, dass es auf immer und ewig eine HR-Funktion geben wird und diese sowohl primären Anspruch als auch exklusives Anrecht auf alle Themen rund um die People-Dimension sowie die »solid line« zum HR-Business-Partner besitzt. Viele HRM-Aufgaben wurden von den Personalern ohnehin bereits an das Business zurückdelegiert, aus Gründen der Kapazität und der Kapabilität. Oder sie machen einen großen Bogen um die offenkundigen People-Themen dort.

Prognosen mit strukturellen Fixierungen haben sich immer schon als besonders gefährlich erwiesen. Artenschutz für die HR-Funktion kann auch ein modernes HR-Service-Delivery-Modell nicht garantieren; nahezu alle Rollen können auch immer an ganz anderer Stelle der Organisation angehängt oder ausgelagert werden. Die überall angestoßenen und manchmal sogar vorbildlichen Verbesserungen in der bisherigen Personalwirtschaft vieler Unternehmen haben eine Atempause für die HR-Funktion eingebracht, aber keine Besitzstandswahrung oder gar Bestandsgarantie geschaffen. Die Frage ist vielmehr die, wie Arbeit in Zukunft organisiert ist und wie das Unternehmen mit dem Stakeholder Führungskraft/Mitarbeiter, dem Spagat zwischen Unabkömmlichen und Austauschbaren sowie den immer zahlreicher werdenden virtuellen Zuarbeitern an den Nahtstellen und aus der Peripherie der Organisation morgen umgehen möchte; oder wegen wechselnder Marktmacht und stetem Kostendruck umgehen muss. Auf diese Fragen gilt es Antworten zu finden. Sicher ist, dass der HR-Business-Partner bei dieser Beantwortung ganz wesentlich mitwirkt.

Am besten mitten im Geschehen

Für den HR-Business-Partner ist die Etablierung von standardisierten Prozessen im Rahmen des HR-Effizienz- und des HR-Kräftespiels und seine eigene formelle Verankerung an deren Schlüsselstellen und Nadelöhren durchaus erfolgswirksam. Mittendrin dabei zu sein und dann auch noch konkreten Nutzen bei dem jeweiligen Anlass und für den jeweiligen Anfrager stiften, muss seine Ambition lauten. Besonders unverhohlen wurde dies von einem Gesprächspartner bei unserer ersten Studie ausgedrückt, weshalb seine Ausführungen weitgehend ungekürzt aufgeführt werden (vgl. Claßen/Kern 2006: 68-69). Zugegeben, er stammte aus einem damals (und heute immer noch) erfolgreichen Unternehmen. Da fällt das Setzen und Checken von Spielregeln etwas leichter; dafür ist aber dort auch das Selbstbewusstsein der potenziellen Foulspieler größer.

»Da kommt aber noch etwas dazu und das ist das Thema, ich nenne es auch ruhig mal so: Hüter der Ordnung oder Stifter von Ordnung. Da hat mal jemand zu mir gesagt: ›Aber Sie sind doch nicht die Unternehmenspolizei!‹ Und ich habe gesagt: ›Na, ja. Manchmal schon auch ein bisschen.‹ Das finde ich wichtig! Für mich hat HR auch die Funktion Regeln zu setzen. HR muss dafür sorgen, dass es Regeln im Unternehmen gibt. Denn ohne Regeln gibt es keine Gerechtigkeit, keine Balance und auch keine Abläufe. Wir haben die Prozesse so aufgesetzt, dass es ohne uns gar nicht geht. Da sind Filter und Trichter, sodass diese Prozesse automatisch über Personal laufen müssen. Wenn wir beispielsweise das Thema ›Hüter der Ordnung‹ nehmen und daraus das ›Setzen von Regeln‹. Das klingt ein bisschen martialisch; es ist aber nicht martialisch gemeint. Das ist mein Job, den ich sozusagen vom Vorstand habe, der dies wirklich auch so will. Wir sind vom Vorstand beauftragt dafür zu sorgen, dass es dies und das gibt und dass es dann auch gut läuft. Ein Tarifvertrag ist eine Regel, eine Betriebsvereinbarung ist eine Regel, ein Recruitingprozess ist eine Regel. Jeder kann sich überall bewerben. Das wäre auch eine Regel, aber keine die wir wollen.«

»Wie kommt man dann als HR-Business-Partner dazu ernst genommen oder überhaupt irgendwie in Anspruch genommen zu werden? Das zweite ist wichtiger: Überhaupt mal in die Lage zu kommen, dass man eine Gesprächskonstellation oder eine Lösungssituation kreiert. Damit dann auch noch ernst genommen zu werden ist schon der Folgeschritt. Wenn wir via Prozessautomatismen wirklich dafür sorgen, dass es keine Einstellung ohne Personal, keine Gehalts- und Vertragszusagen ohne Personal gibt, dann ist die Basis gelegt. Natürlich hilft der Betriebsrat auch dabei; bei vielen Dingen muss der Betriebsrat bekanntlich irgendwie zustimmen oder informiert werden. Auch das ist eine Regel: Betriebsrat nur über Personal. Der Schlüssel sind also Prozessautomatismen, weil man sonst nicht mehr Herr des Verfahrens ist. So kommen viele Manager mit ihren Themen – insbesondere wenn es um die Entscheidung geht – von selbst zu Dir. Weil es ohne Dich quasi nicht mehr geht.«

»Es geht aber noch weiter. Wie vermeidet man dieses vermieden werden? Wer sich wie gerade beschrieben in den Prozess einklinkt, so dass jeder quasi automatisch vorbeikommt, vorbeikommen soll, muss Mehrwert stiften. Wenn Du keinen Mehrwert stiftest, dann bist du nur so eine Behörde, so eine blöde Behörde, die irgendwo einen Stempel draufhauen muss. Dazu hat keiner mehr Lust. Du musst also Mehrwert stiften. Dazu brauchst du auch die Leute, richtig gute Mitarbeiter. Wenn du keinen Mehrwert stiftest, dann bist du lediglich eine Störgröße, dann bist du nur noch so ein Policy-Hüter und so eine Art Mini-Polizei. Wo man nicht gerne hingeht. Aber über die man sagt, sie sind mächtig, aber eigentlich will ich da nicht hin. Zudem braucht es natürlich auch bei den Kollegen, die gerne eine Abkürzung nehmen, den grundsätzlichen Support vom Vorstand. Es bedarf eines Vorstands, der deine Regeln unterstützt, weil es seine Regeln sind. Schließlich brauchst du ein bisschen Mut um deinen Kollegen zu sagen: ›Es gibt nun diese Regeln. Ich erwarte schon, dass wir die hier einhalten und Du bitteschön auch!‹.«

»Dazu ein konkretes Beispiel; wir haben dies ein paar Mal hier gehabt. Ein Manager, ein wichtiger dazu, versucht eine Abkürzung, Mitarbeiter einstellen, Headhunter beauftragen, Ausschreibung vermeiden, Gehaltserhöhung versprechen, Beförderung zusagen. Und so weiter, bequeme Abkürzungen statt definierter Prozesse. Darüber muss man diskutieren und auch streiten. Das haben wir gemacht: Gestritten und auch schon mal blockiert. Aber wenn sie dann beim zweiten Mal zu uns kommen, dann muss man auch dafür sorgen, dass sie eine gute Lösung bekommen. Also letzten Endes wollen Manager Nutzen sehen, und sie kommen zu dir, wenn du ihnen einen Nutzen versprichst. Eigentlich jeder Personaler muss erkannt werden als jemand mit Nutzen. ›Was kann ich kriegen?‹, lautet die Frage. Führungskräfte wollen immer etwas kriegen. Sie kommen dann von selbst, wenn sie etwas bekommen. Also müssen wir dafür sorgen, dass sie etwas Gutes bekommen. Nur wenn sie etwas Ordentliches bekommen und dann trotzdem nicht zu uns kommen, dann müssen wir mit ihnen diskutieren.«

Diese Argumentationslinie trifft den Kern des HR-Business-Partners, so meinen wir zumindest, richtig gut. Eine geregelte Einbindung in die HR-Prozesse des Unternehmens kann in vielfältiger Weise erfolgen. Eines von vielen Beispielen – an dieser Stelle zur reinen Illustration und aus einem anderen Unternehmen als dem des oben Zitierten – ist etwa die Budgetabstimmung zu den Leadership & Development-Aktivitäten zwischen dem »Business Man« und seinem HR-Business-Partner (vgl. Abb. 22 und 23).

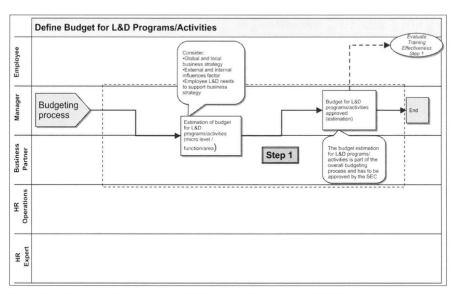

Abb. 22: Regeleinbindung des HR-Business-Partners in HRM-Prozesse: Beispiel (1/2) / Ausschnitt (Schritt 1)

Key Stage 1 – TNA & Define Macro Training Plan Step 1: Define Budget for L&D Activities	
Timing: The trigger point for this process is: • The budgeting process for L&D activities is part of the overall budgeting process, usually taking place in August/September	**Responsible:** • The Line Manager estimates the budget for L&D activities for next year with support from the Local Business Partner • As the budget for L&D activities is part of the overall budgeting process, it will be approved by the Sector Executive Committee (SEC)
Description: • There is no special budgeting process for L&D activities. The budget definition for L&D activities is part of the overall budgeting process • During the budgeting process, the Line Manager has to have in mind what kind of L&D programs/solutions will be necessary next year, considering the global/local strategy, market trends/influences, employee needs, etc. (prioritize the needs) • The Line Manager will need support from the Local Business Partner to identify the best options/programs/solutions for the area • The budget for L&D activities can be re-allocated, if necessary, according to the business needs, market changes, etc	
Inputs: What do you actually need to be able to carry out this step?	**Outputs: What is the outcome or result of this step?** • Estimation of the budget for L&D activities • Budget approved by the SEC

Delivery Agreements: What delivery timescales does HR commit to?		
What	**When**	**To Whom**
• Local Business Partner supports estimating the cost of programs/solutions	During the overall budgeting process – August/September	The Line Manager

Supporting practices
• None for this step

Abb. 23:   Regeleinbindung des HR-Business-Partners in HRM-Prozesse: Beispiel (2/2) / Ausschnitt (Schritt 1)

Bei all den vielen anderen Hauptsachen im Unternehmen bleibt die HR-Funktion mit ihren Anliegen für viele Manager lediglich eine Nebensächlichkeit, auch wenn ihr Thema – die People-Dimension – im Grundsatz einen hohen Stellenwert zugeschrieben bekommt. Da geht es ihr nicht groß anders als weiteren auf breiter gesellschaftlicher Basis akzeptierten Anliegen, so etwa dem Klimaschutz, Preisstabilität oder Vollbeschäftigung. So etwas wollen begreiflicherweise alle. In der Wahlforschung wird bei den Politik-Themen zwischen solchen »valence issues« und »position issues« unterschieden. Bei ersteren sind Wichtigkeit und Notwendigkeit als breiter Konsens unumstritten im Unterschied zu den Lösungsansätzen für ihre Zielerreichung; diskutiert wird daher nicht über solche Ziele, sondern über die möglichen Wege dorthin. Bei »position issues« bestehen die Unterschiede hingegen bereits in den Zielsetzungen. »Es wird in der Regel davon ausgegangen, dass position issues für die Wahlentscheidung von größerer Bedeutung sind als valance issues. Trotzdem werden position issues von den Parteien in Wahlkämpfen oft gemieden, weil die Risiken der Polarisierung (…) als sehr hoch eingeschätzt werden« (Roth 2008: 45). In den »Wahlkämpfen« des Unternehmens sind die konkreten Themen des HRM sicherlich meist »valence issues«. »Klar«, werden die meisten sagen, »brauchen wir ein Talent Management, Workforce Readiness, Performance Management, Leadership Effectiveness, Change Management und solche Sachen zur Differenzierung im Wettbewerb. Beim Disput über die jeweils besten Wege steht der HR-Business-Partner inmitten dieser Diskussionen. Er ist damit weit mehr als bloß ein »Mythos« (Jessl 2009).

Die neuen Status-Symbole

Manch einer mag es bedauern, andere hingegen begrüßen. Die aktuelle Finanz- und Wirtschaftskrise hat auch zu einer Renaissance der normativ geprägten Rangmerkmale geführt. Unlängst noch kannte der demonstrative Konsum keine Grenzen. Wer es sich leisten konnte, russische Magnaten, arabische Scheichs, schwäbische Mittelständler, zeigte – primär unter seinesgleichen – was er sich so leisten konnte: Den individuellen Airbus 380 und die schicke 150m-Privatyacht, den englischen Fußballclub und das pazifische Archipel, das Schloss am Comer See und den Loft am Central Park, die sündige 20-Jährige und die Besteigung des Mount Everest. Solche Sachen, sie kennen es. Dies alles ist jetzt weniger wert geworden, die wahren Werte zählen wieder mehr.

Kann gut sein, dass jetzt die Zeit anbricht, in der es zu einem Tuscheln an der Skyview-Bar des Burj al Arab in Dubai kommt, wenn ein gestandener Manager flüstert: »Ich habe einen wirklich guten HR-Business-Partner. Er macht einen tollen Job, der mir vieles abnimmt und wirklich weiterhilft.« »Sir, erzählen Sie mal bitte«, werden dann die nahestehenden Gäste fast instinktiv rufen und sich zu ihm umdrehen. Sie werden wohl auch fragen, wo dieser HR-Business-Partner gerade sei. Wenn sie dann als Antwort hören, er hätte gerade das Vertriebsproblem in Lateinamerika durch Leadership Development gelöst, wird ein anerkennendes Raunen zu hören sein.

2 Definition und Theorie des HR-Business-Partners

2.1 Theoretische Spritztour mit praktischen Abstechern

Theorie und Praxis

»Mit dem HR-Begriff Business-Partner irgendwo aufzutauchen, da würde ich wahrscheinlich eher Gelächter auslösen. Wenn ich darüber rede, ob ich einer bin, dann habe ich damit bewiesen, dass ich es nicht bin.« Deutet dieses Zitat eines Personalvorstandes auf eine mögliche Verfallsgeschichte des HR-Business-Partner-Begriffs hin? Immerhin ist ein Dutzend Jahre seit der »Entdeckung« des Begriffs durch Dave Ulrich ins Land gezogen – eigentlich eine Ewigkeit für die kurzlebigen Zyklen der »Management Theory Industry«. Trotz teilweise sehr skeptischer Bewertung des Begriffs von dem einen oder anderen Praktiker und Journalisten ist der Terminus Business-Partner weiterhin einer der prominentesten und produktivsten Schlagworte in der aktuellen theoretischen und praktischen HRM-Diskussion. Man könnte fast den Eindruck haben, es handelt sich um eine, wenn auch nicht ewige, so doch ganz schön penetrante »Wiederkehr des Gleichen«. Der mancherorts gefühlte Stillstand der HR-Funktion lässt sich ja auch mit Daten belegen (Claßen/Kern 2009: 12–14).

Es gibt noch einen weiteren Grund, warum sowohl in den letzten Jahren und wohl auch künftig, selbst im bisher thematisch richtungsweisenden angloamerikanischen HR-Markt, (Lehr-)Bücher erscheinen, die sich mit dem HR-Business-Partner auseinandersetzen (vgl. Hunter 2006, Gilmore/Williams 2009, Fitzenz 2009). Dies liegt an der Produktivität des Begriffs. Produktive Schlagworte wie etwa »soziale Marktwirtschaft« oder »Aufschwung« sind in aller Munde, aber nicht eindeutig und allgemein akzeptiert definiert. Unschärfe sichert Anschlussfähigkeit und zugleich Dauer in der fachlichen Diskussion des theoretischen und praktischen HR-Betriebs. Motto: Alle reden davon. Alle meinen zwar etwas anderes, aber eben auch »irgendwie« das Gleiche. In unserer Wahrnehmung trifft genau das für den theoretischen Diskurs und die praktischen Erfahrungsaustausche zum Thema »HR als Business-Partner« zu. Und gerade weil nicht klar ist, wovon gesprochen und geschrieben wird, kann zum Thema immer weiter lebhaft kommuniziert und publiziert werden. Dieses Buch ist gewissermaßen ein Beleg dafür. Wobei wir den Anspruch haben, über das ewig Gleiche hinauszugehen.

Sucht man nach einer Definition von HR-Business-Partner ist es sinnvoll, den Begriff Human Resources einmal auszublenden und zunächst zu fragen, was denn das sei, ein Business-Partner. Das Bemühen des Internets an einem Sonntagabend im Oktober 2009 bringt hier allerlei an die Oberfläche des Bildschirms – aber keine Definition. Ein Indiz, dass der Begriff offensichtlich gebräuchlich, aber nicht begrifflich festgelegt ist. Wer würde sich die Mühe machen, den deutschen Begriff Geschäftspartner zu definieren? Es wird implizit Begriffsklarheit vorausgesetzt. Lexika liefern solche Definitionen. Geschäftspartner sind demnach eine/mehrere »Person(en) oder Unternehmen, mit der (denen) eine Geschäftsbeziehung besteht oder geplant ist«. Das klingt zunächst einmal hilfreich generisch. Denn damit ist im Grunde alles zu machen – auch im HRM. Interessant ist nun, was Theoretiker und Praktiker aus dem zusammengesetzten Begriff Human-Resources-Business-Partner gemacht haben.

Kleiner theoretischer Ausflug

Dave Ulrich, wohl der Erfinder und sicher der maßgebliche Promoter des Begriffs, verstand unter dem HR-Business-Partner Ende der Neunziger zuerst die Summe von vier Rollen, welche die HR-Funktion erfüllen muss (Administrative Champion, Employee Champion, Strategic Partner und Change Agent), um als echter Partner des Geschäftes gelten zu können. Die Formel war seinerzeit einfach: »Today, a more dynamic, encompassing equation replaces the simple concept of business partner. Business Partner = Strategic Partner + Administrative Expert + Employee Champion + Change Agent. Business partner exist in all four roles defined in the multiple-role model, not just in the strategic role« (Ulrich 1997: 37–38). Dieses Verständnis und das Aufgaben- und Rollenportfolio, sozusagen »*das* Ulrich Model«, kann heute klassisch genannt werden (vgl. Abb. 24). Und wie es eben so ist mit den Klassikern, beziehen sich die Epigonen lebhaft auf den Klassiker, während der sein Modell verändert, fallenlässt oder sich anderen und neuen Dingen widmet. So irritierte Ulrich in einem 2001er Intermezzo seine Leser: Keine Partner mehr, dafür sechs Typen von »HR-Playern« (Ulrich/Beatty 2001: 293). Etwas Verwirrung entsteht ferner durch die begriffliche Verquickung von »Strategic Partner« und »Business Partner«. War Strategic Partner bei Ulrich zunächst *eine* Rolle im Business-Partner-Konzept, so ist 2005 der Strategische Partner *die* entscheidende Rolle. Damit wird dann auch der Business-Partner-Begriff aufgrund seiner Unschärfe, so Ulrich, von ihm zugunsten des Terminus Strategic Partner aufgegeben (Ulrich/Brockbank 2005: 212). Wir dagegen halten weiter an diesem Begriff fest. Unter anderem, weil der Begriff gerade in der Praxis nicht mehr wegzudenken ist. Die begriffliche Exegese besitzt ohnehin nur geringen praktischen Mehrwert. Die Rolle mit ihrer Wertschöpfungsidee ist präsent. Wahrscheinlich findet sich bald ein Doktorand, der die Begriffsgeschichte aufarbeitet und die Ulrich'sche Unschärfe als solche wissenschaftlich hieb- und stichfest nachweist.

Aus vier mach sechs

Im Jahre 2008 ist Ulrich dann einer der Autoren von »HR Competencies«. Dieses Buch basiert im Wesentlichen auf Forschungsergebnissen der Society for Human Resource Management (SHRM), der nach eigenem Bekunden weltgrößten Vereinigung für HR Professionals. Die Grundstruktur, in der die HR-Funktion dort vorgestellt und gedacht wird, besteht aus »Competencies«: Credible Activist, Operational Activist, Cultural and Change Steward, Talent Manager/Organization Designer, Strategy Architects, Operational Executors und Business Ally. Diese Kompetenzen lassen sich ohne weiteres als Rollen begreifen. Der HR-Business- oder Strategic-Business-Partner findet sich hierunter nicht mehr. Im Gegenteil: Der Bezug auf ein britisches Telekommunikationsunternehmen, in dem die HR-Business-Partner nicht mehr »Business Partner« sondern »Business People« genannt werden möchten, indiziert aus Sicht der Autoren die Entwicklung der HR-Funktion (vgl. Ulrich 2008: 163). So richtig sicher, ob die Personaler nun schon Business People sind, ist man sich aber wohl auch jenseits des Atlantiks nicht. Es könnte ja durchaus sein, dass auch dort die Entwicklung nur eine semantische geblieben und keine performative ist. Dies sagen uns zumindest manche unserer Ansprechpartner dort und zeigen die meisten unserer UK/US-Projekte. Letztlich zerfallen der Anspruch und die Rolle HR-Business-Partner im 2008er Competency-Model in sechs Anforderungen/Rollen. Eine inhaltliche und sprachlich dem Business-Partner nahe Rolle ist dabei die des »Business Ally«. Wörtlich übersetzt also der »Alliierte des Geschäfts«. Unser Sprachgefühl räumt dieser, im deutschen doch sehr sperrigen Bezeichnung wenig Chancen ein, den HR-Business-Partner-Begriff hierzulande abzulösen.

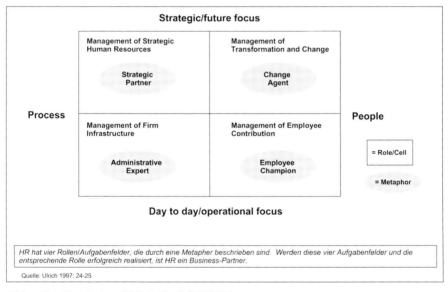

Abb. 24: Klassisches Ulrich-Modell (1997)

Überhaupt müssen, bei aller Anerkennung der Forschungsbemühungen und -ergebnisse, die Resultate US-amerikanischer Autoren mit einem kontinentaleuropäischen Blick geprüft werden. So ist einzig Irland das europäische Feigenblatt, welches in den Untersuchungen der SHRM zu den HR Competencies einbezogen wurde. Allerdings sind wiederum auch die europäischen Positionen derzeit weit davon entfernt, einen integrierenden Gesamtrahmen für das HRM aufzuspannen. Aktuelle wissenschaftliche Arbeiten zum Thema HRM in Europa verlieren sich in interessanten, realiter auch relevanten Differenzen der Personalarbeit zwischen Dänemark, Österreich, der Slowakei oder Schweden (vgl. Scholz/Böhm 2008 und Holt/Mayrhofer 2006). Jedoch vermisst man hier den Mut (oder die amerikanische Sorglosigkeit) zu einem europäisch motivierten und reflektierten integrierenden HRM Framework à la »Ulrich 1997« (»Business Partner«) oder »Ulrich 2008« (»HR Competencies« bzw. »Business Ally«). Dabei ist mit Blick in die Unternehmen durchaus zu beobachten, dass der in früheren Zeiten sehr deutlich wahrnehmbare konzeptionelle und praktische Entwicklungsvorsprung des amerikanischen und britischen HRM kaum mehr existiert. Wo man früher getrost auf das zeitverzögerte »Rüberschwappen« von konzeptionellem Nachschub und »best practices« vertrauen konnte, müssen sich heute HR-Manager hierzulande schon selbst um echte Innovation bemühen.

Anschluss- und Neudefinitionen

Der Erfinder des HR-Business-Partner-Begriffs hat sich über die Zeit zunehmend von dessen Gebrauch verabschiedet. Dies hat jedoch andere Autoren nicht davon abgehalten, Gegenteiliges zu unternehmen und eigene Definitionen vorzuschlagen. Linda Holbeche, Leiterin eines Forschungs- und Trainingsinstituts für Strategic Human Resources, definiert den HR-Business-Partner wie folgt: »A Business Partner is someone who works alongside senior management, providing the link between business and organizational strategies, providing support and challenge to the senior team and developing credible initiatives in a setting of ongoing cost reduction« (zitiert nach Kenton/Yarnall 2005: 6). Der US-amerikanische HR-Forscher Edmund Lawler unterscheidet im HRM zwischen Administrative Services, Business Partner Services und der Strategic-Partner-Rolle. In Lawlers Interpretation markiert der Begriff HR-Business-Partner den Personalgeneralisten an der Schnittstelle HR-Organisation/Unternehmensbereich, mit doppelter Berichtslinie zu Vorgesetzten innerhalb HR und Business (Lawler 2005: 168). Gaines Robinson und Robinson, mehr der Praxis denn der Theorie verpflichtet, mokieren sich über »esoterische, aber auch irgendwie reizvolle« Definitionen für den Business-Partner, legen aber direkt für ihren Begriff des Strategic Business Partner eine solche nach: »We describe Strategic Business Partners as people who work with management to define, align and implement people initatives to benefit the business« (Gaines Robinson/Robinson 2005: VIII).

Die Autoren des 2006 erschienenen »HR Business Partners« begreifen den Namen ihres Werkes als Rolle der HR-Funktion, die im klassischen Ulrich Model den Aufgabenfeldern Change Agent, Employee Champion und Strategic Partner, nicht jedoch dem Administrative Expert zugeordnet werden kann. In Abgrenzung zum altbewährten HR-Generalisten assoziieren sie mit der HR-Business-Partner-Rolle sowohl Herausforderungen, die es für deren erfolgreiche Gestaltung zu überwinden gilt (wie zum Beispiel Glaubwürdigkeit gegenüber dem Business, Change-Management-Fähigkeiten), wie auch limitierende Abhängigkeiten (vom Shared Service Center und dem Center of Excellence). Die Beschreibung der dafür notwendigen Fähigkeiten liefert die theoretisch erwartbaren und in der Praxis so schwer einzulösenden Kompetenzen eines HR-Business-Partners (Hunter/Saunders 2006: 13-15).

Offensichtlich werden zwei unterschiedliche Interpretationslinien: Aus HR als Business-Partner wird HR-Business-Partner. Der Begriff bezeichnet dann eine spezifische, klar abgrenzbare Rolle innerhalb der HR-Organisation. Interpretation zwei: HR als Business-Partner (und der mitgeführte Anspruch) gilt für die gesamte HR-Organisation. Auch der Mitarbeiter in der Lohnabrechnung sei Business-Partner. Eine solche Interpretation geht auf das klassische Modell zurück. In der Literatur, aber auch der Praxis, ist zunehmend die Interpretation und der Gebrauch als Rolle dominant. Andererseits werden Ambitionen, die mit dem HR-Business-Partner-Konzept verknüpft sind (Wertschöpfung, strategische Unterstützung des Business), nicht nur dieser Rolle zugeordnet, sondern auf die gesamte HR-Organisation übertragen. Das wirkt wenig systematisch – ist aber wahrscheinlich anders gar nicht zu haben (vgl. Abb. 25).

	Ulrich (1997)	Holbeche (1999)	Ulrich/ Brockbank (2005)	Lawler (2005)	Gaines Robinson/ Robinson (2005)	Hunter u.a. (2006)	Claßen/ Kern (2006)	Ulrich u.a. (2008)
Schlagwort	*Business Partner*	*Business Partner*	*Strategic Partner*	*Strategic Partner*	*Strategic Business Partner*	Business Partner	Business Partner	Business Ally
Adressiert	*HR-Funktion*	*Rolle*	*Rolle*	*Rolle*	*Rolle*	Rolle	HR-Funktion und Rolle	HR-Funktion
Erläuterung	Um Business Partner **zu sein, muss HR vier Rollen erfolgreich einnehmen:** • Strategic Partner • Administrative Expert • Employee Champion • Change Agent	**Business Partner** arbeiten mit dem Senior Management an Business- und Organisationsstrategien. Sie entwickeln akzeptierte Initiativen in einem Umfeld des kontinuierlichen Kostendrucks	Die Rollen von HR sind: •Human Capital Developer •**Strategic Partner** •Functional Expert •Employee Advocate •HR Leader	Als **Strategic Partner** ist HR an der Formulierung der Unternehmens-strategie beteiligt und passt in einem zweiten Schritt die HR-Aktivitäten an die Unternehmens-strategie an	Ein **Strategic Business Partner** definiert und implementiert in Zusammenarbeit mit der Linie HR-Aktivitäten, die förderlich für das Unternehmen sind	**HR Business Partner** als Rolle der HR-Funktion, die den Ulrich-Aufgabenfeldern Change Agent und Employee Champion und Strategic Partner, nicht jedoch dem Administrative Expert zugeordnet werden	Inwieweit HR die **Business-Partner**-Rolle ausfüllt, kann an fünf Kriterien beobachtet werden: •Einfluss/ Macht •Akzeptanz •Organisation •Aufgaben •Wertbeitrag	Framework aus sechs HR-Kompetenzen/ Rollen: •**Business Ally** •Talent Manager/ Org Designer •Culture & Change Steward •Strategy Architect •Credible Activist •Operational Executor

Abb. 25: Varianten und Entwicklung des HR-Business-Partner-Begriffs

Was nutzt es?

Ein Element der theoretischen Definitionen ist die meist explizit, ansonsten implizit mitgeführte Nutzenbehauptung. Das prinzipiell unterhalb seinen Möglichkeiten agierende HRM soll durch den jeweiligen Vorschlag der HR Business Partnership aufgebessert werden. Die auf Überwindung des Defizits abstellende Nutzenargumentation ist mit korrespondierenden Forderungen verknüpft, die in den unterschiedlichen Modellen und theoretisch-konzeptionellen Überlegungen mit artikuliert werden (Ulrich 1997; Ulrich/Brockbank 2005; Lawler 2005). Forderung eins ist die nach »mehr Nähe«. HR muss sowohl im Sinne von Know-how als auch örtlich am Geschäft »dran« sein, um einen Wertbeitrag leisten zu können. Diese Forderung ist durchaus auch organisatorisch zu lesen. Dafür gibt es entsprechend die Rollen HR Business Partner, Strategic Partner oder »embedded HR« (Ulrich/Brockbank 2005: 192). Forderung zwei stellt auf die Vorteile der »Übersetzertätigkeit« ab. Businesspläne und -prioritäten werden in HR-Strategien, HR-Prioritäten, HR-Konzepte und HR-Instrumente überführt. Ergebnisse dieser Dolmetschertätigkeit funktionieren als »strategic differentiators« für das Unternehmen und liefern den Wertbeitrag von HR. Forderung Nummer drei: HR als Business-Partner liefert neben exzellenten und kostengünstigen administrativen Prozessen einen echten Wertbeitrag. Nachweisbar – so die Ambition. Königsdisziplinen, in denen »value add« zu erbringen ist, sind mit den Schlagworten Organisational Effectiveness, Change Management, Compensation & Benefits sowie Strategic Workforce Planning beschrieben. Gemein ist allen Forderungen ein normativer und nicht empirischer Charakter.

Der Versuch, kausale Zusammenhänge zwischen Qualität der HR-Arbeit und Unternehmenserfolg aufzuspüren, wird versuchsweise geführt. Als Beispiel sei hier eine Untersuchung an 2.800 amerikanischen Unternehmen aus dem Jahre 2001 genannt (Becker u.a. 2001). Die Qualität des HRM wird anhand von Werten und Kriterien in den Dimensionen »HR Practices« und »HR Outcomes« bestimmt. Die so ermittelte HRM-Qualität im Unternehmen (Obere 10% ist »gutes HRM« versus Untere 10% »nicht ganz so gutes HRM«) wird mit den Kennzahlen »Sales per Employee« und »Market to Book value ratio« korreliert (vgl. Abb. 26). Es lässt sich zeigen, dass Unternehmen mit einem »Top HRM« deutlich bessere Werte in den Kennzahlen vorzuweisen haben. Dieser (Kurz-)Schluss liest sich vordergründig plausibel und schmeichelt ja zudem dem verantwortlichen Personaler. Fragen lässt sich jedoch – wie bei allen Studien mit vergleichbarem Design – inwieweit hier Korrelation mit Kausalität gleichgeschaltet oder gar verwechselt werden. Es könnte auch andersrum ein Schuh draus werden. Gute Business-Kennzahlen ermöglichen erst ein solides HRM. Allein, empirisch sauber und stabil erforscht sind positive Korrelationen eines den Anspruch des HR-Business-Partner-Konzepts einlösenden HRM mit der Unternehmensperformance jedoch nicht. Es gibt starke Argumente für die Annahme, dass dieser Nachweis wissenschaftlich auch nur schwerlich zu erbringen ist, da zu viele weitere intervenierende Variable zum Tragen kommen (vgl. Roehling u.a. 2005). Von Seiten der Praktiker wird die theoretische Nutzeneinschätzung allerdings durchaus bestätigt (Claßen/Kern 2006: 23-25). Die andere Seite der Medaille, sprich die Kosten des HRM und des HR-Business-Partner-Konzepts, kommt freilich in der Praxis und in Projekten häufiger zur Sprache als in Büchern.

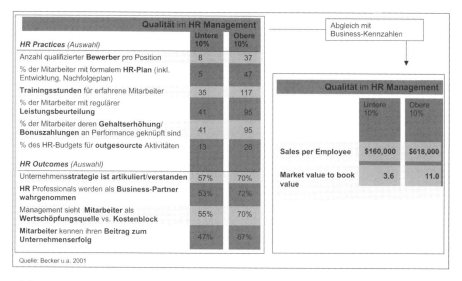

Qualität im HR Management		
HR Practices *(Auswahl)*	Untere 10%	Obere 10%
Anzahl qualifizierter **Bewerber** pro Position	8	37
% der Mitarbeiter mit formalem **HR-Plan** (inkl. Entwicklung, Nachfolgeplan)	5	47
Trainingsstunden für erfahrene Mitarbeiter	35	117
% der Mitarbeiter mit regulärer **Leistungsbeurteilung**	41	95
% der Mitarbeiter deren **Gehaltserhöhung/ Bonuszahlungen** an Performance geknüpft sind	41	95
% des HR-Budgets für **outgesourcte** Aktivitäten	13	26
HR Outcomes *(Auswahl)*		
Unternehmens**strategie** ist artikuliert/verstanden	57%	70%
HR Professionals werden als **Business-Partner** wahrgenommen	53%	72%
Management sieht **Mitarbeiter** als **Wertschöpfungsquelle** vs. **Kostenblock**	55%	70%
Mitarbeiter kennen ihren **Beitrag** zum Unternehmenserfolg	47%	67%

Abgleich mit Business-Kennzahlen

Qualität im HR Management		
	Untere 10%	Obere 10%
Sales per Employee	$160,000	$618,000
Market value to book value	3.6	11.0

Quelle: Becker u.a. 2001

Abb. 26: 2.800 Unternehmen wurden hinsichtlich ihres HR-Managements und dessen Einfluss auf den Unternehmenserfolg verglichen

Raison d'être

Die Nutzenargumentation funktioniert natürlich analog als Legitimation für den eigenen literarischen Beitrag zum Projekt »Weiterentwicklung der HR-Funktion«. Um diese Entwicklung zu fördern braucht es eben eine Veröffentlichung zum Thema. Wer würde schon ein Buch oder einen Artikel schreiben, wenn er nicht an die unbedingte Zweckdienlichkeit des HR-Business-Partner-Konzepts für die dringend notwendige Weiterentwicklung der HR-Funktion glaubt und diese voranbringen möchte? Als Schreiberling veröffentlicht man ja ausschließlich um der guten Sache willen. Seien Sie versichert, liebe Leser, andere, weniger edle Motive haben selbstredend bei den beiden Autoren dieses Buches überhaupt keine Rolle gespielt.

Praktische Definitionen – Häretiker, Dogmatiker und Pragmatiker

Natürlich sind die theoretischen Konzepte und Begrifflichkeiten inzwischen großflächig in die Praxis der Personalarbeit diffundiert. Es findet sich kaum mehr ein deutschsprachiger Personaler, der sich nicht auf das Ulrich-Modell bestätigend oder abgrenzend bezieht. In HR-Strategien und Selbstverständnissen, in Stellenausschreibungen und Kompetenzmodellen für Jobs im HRM, in Vorträgen von Professoren, Praktikern und Beratern – überall finden sich in unterschiedlichen Dosierungen die oben genannten theoretischen Sedimente (vgl. 3.1).

Das Privileg der Praxis ist es, sich nicht mit theoretischen Anstrengungen herumärgern zu müssen, sondern Theorie, wenn es eben passt und nutzt – und eben auch nur dann – einsetzen zu können. Praxis ist naturgemäß von einer (er-kenntnis-)theoretisch motivierten Begriffsdefinition weit entfernt. Was im un-ternehmerischen Alltag zählt und wichtig ist sind nicht begriffliche Tiefenschär-fe und Präzision, sondern praktische Anwendbarkeit und Umsetzung sowie po-sitive Ergebnisse. Konsequenterweise sollte man die Praxis dann auch nicht auf einen HR-Business-Partner-Begriff hin befragen, sondern vielmehr Praktiker fragen, woran diese HR (als) Business-Partner im Unternehmen erkennen. Die Auskünfte auf genau diese Frage lassen sich zu drei Antworttypen verdichten (Claßen/Kern 2006: 21). Typ eins, der »Häretiker«, bezweifelt grundsätzlich die Güte des Begriffs/Konzeptes und letztlich auch die Einlösbarkeit des damit ver-bundenen Anspruchs an die Personalbereiche. Die Begriffsdefinition sei zu un-klar, der HR-Business-Partner bestenfalls ein Modebegriff. Die zweite Schule der »Dogmatiker« folgt der ersten Ulrich'schen Definition und fasst HR als Funktion unter diesen Begriff. Die »Pragmatiker« als dritter Typus markieren den Begriff als Rolle. HR-Business-Partner ist dann der Personaler für einen Unternehmens-bereich. Die Unterschiede innerhalb dieser Denkrichtung differieren dann nur noch in der Charakteristik der Rolle. Mehr Key Account Manager, mehr HR-Ge-neralist oder mehr HR Consultant. Die Grundaussage »HR-Business-Partner = Generalistenrolle im HR-Bereich mit Bezug zu einem Unternehmensbereich« bleibt dabei stabil.

Auf der theoretischen, aber vor allem empirischen Basis haben wir 2006 den Ver-such einer Eingrenzung des Begriffs gewagt. Es freut uns, dass die seinerzeit vor-geschlagenen Begrifflichkeiten und Kriterien bereits fruchtbaren Eingang in HR-Strategien und Kompetenzmodelle von Unternehmen gefunden haben – in den von uns beratenen wie auch in einigen anderen. Auch die anlässlich dieses Bu-ches geführten Interviews mit Vertretern führender Unternehmen haben die sei-nerzeit vorgelegte Begriffsbestimmung im Kern bestätigt.

Fünf Dimensionen für den HR-Business-Partner

Trotz unterschiedlicher Auslegungen des Begriffs in der Theorie sind die in der Praxis grundsätzlich genannten Kriterien, die einen HR-Business-Partner oder die HR-Funktion als Business-Partner charakterisieren, auffallend einheitlich und lassen sich in fünf Dimensionen zusammenfassen (Claßen/Kern 2006: 21) (vgl. Abb. 27).

- Dimension *Einfluss/Macht*:
  An der Einbindung von HR in zentrale Entscheidungsprozesse (bis hin zum Vetorecht) erkennbar, die sich in der Teilnahme/Nichtteilnahme, Frequenz und Stimmberechtigung an/in Management-Meetings äußert.

- Dimension *Akzeptanz*:
  An der Anerkennung von HR und dem den HR-Akteuren entgegengebrach-ten Vertrauen erkennbar, das sich an Gesprächsthemen und -frequenz (wel-

che, wann und wie) festmachen lässt, die von Führungskräften an ihren HR Counterpart herangetragen werden. Höchste Weihe sind dabei die persönlichen Führungs- und Karriereproblematiken, zu denen der HR-Business-Partner in einem Vier-Augen-Gespräch um Rat gebeten wird.

- Dimension *Organisation*:
  An der organisatorischen, physischen und thematischen Verankerung in einem Geschäftsbereich (bis hin zur doppelten Berichtslinie) erkennbar, die sich in Organigramm, Bürositz und businessseitig anerkannten Wortbeiträgen von HR außerhalb der personalwirtschaftlichen Komfortzone manifestiert.

- Dimension *Aufgaben*:
  An der Realisierung von anspruchsvollen, wertschöpfenden und strategischen Personalthemen erkennbar, die sich weniger in den Aufgabenbeschreibungen von HR-Business-Partnern und mehr in der Ausübung der konkreten Funktion wiederfinden (vgl. 4).

- Dimension *Wertbeitrag/Wertschöpfung*:
  Ist erfüllt, wenn ein direkter oder indirekter Beitrag von HR zum Unternehmenserfolg oder zumindest die erfolgreiche Mitgestaltung bei der Umsetzung der Unternehmensstrategie (zum Beispiel Merger/De-Merger, Restrukturierungen, Eintritt in neue Märkte) nachgewiesen werden kann. Diese kann abgelesen werden an der konkreten HR-Strategie, der Agenda des Personalbereichs, in Kundenbefragungen und am HR-Controlling.

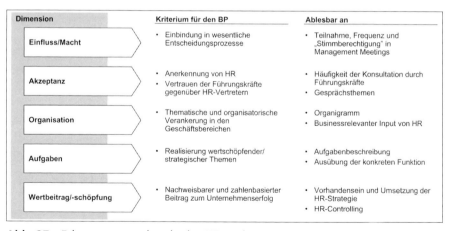

Abb. 27: Erkennungsmerkmale des HR-Business-Partners

Die fünf Dimensionen haben sich inzwischen in zwei weiteren Studien (vgl. Claßen/Kern 2007 und Claßen/Kern 2009) und in der praktischen Beratungstätigkeit als robust erwiesen. Einzig um das Thema Wertschöpfung gibt es bereits seit Jahren eine lebhafte Diskussion. Im Kern geht es dabei um die Frage der Messbarkeit des Wertbeitrags von HR. Seitens Berater oder Universität gibt es seit Ende der neunziger Jahre Vorschläge in Form von Konzepten und Formeln, wie dies aussehen könnte (vgl. Scholz 2004). Aber Professoren und Berater sind keine Praktiker. Sie können nur zeigen, wie es geht, bestenfalls bei der Umsetzung helfen. Machen müssen dies die Unternehmen schon selbst. Und da ist der Haken. Es müsste eben viel »gemacht« werden, um wirklich diesen Beitrag valide messbar zu machen. Sollte es denn dann überhaupt gemacht werden, lohnt es sich? Im Prinzip gibt es beim Thema Wertbeitragscontrolling zwei Optionen für die HR-Funktion. Entweder sie vertraut auf die positive Anmutung und Einstellung zur HR-Funktion, die von Führungskräften aufgrund von mehrwertigen Services alltäglich und über die Zeit als HR-Business-Partner erlebt und nicht hinterfragt wird. Oder, das ist die defensive Variante, sie legitimiert sich über ein Zahlenwerk. In der Praxis finden sich natürlich Synthesen beider Optionen in unterschiedlichen Mischungsverhältnissen. Besonnene Personaler investieren wohldosiert in die Erbringung zahlenbasierter Nachweise zum Unternehmenserfolg.

Mit diesen Kriterien hat man ein Raster, mittels dem nun überprüft werden kann, ob und in welchem Maße HR als Business-Partner im Unternehmen stattfindet. Man mag uns möglicherweise unterstellen, bei der Formulierung der fünf Beobachtungskriterien eine unausgesprochene Begriffs- und Konzeptentscheidung getroffen zu haben, die zugunsten der pragmatischen Schule ausgefallen sei. Dieser Einwand ist aus zweierlei Gründen nicht zutreffend. Erstens: Eine frei schwebende Rolle HR-Business-Partner würde, skalierte man die fünf Dimensionen, kaum hohe Werte in mehreren der Dimensionen erreichen können und damit dem Anspruch HR als Business-Partner nicht gerecht werden. Eine professionelle HR-Organisation im Rücken ist grundlegende Vorraussetzung, um sich überhaupt der Anforderung HR-Business-Partner stellen zu können. Zweitens: Mit den fünf Dimensionen ließe sich auch ein Profil der gesamten HR-Organisation skizzieren. Sie lassen sich, je nach Untersuchungsgegenstand, sowohl auf HR als Ganzes als auch auf eine konkrete Rolle applizieren.

Definitionen selbst machen

Bieten wir Ihnen also hier eine praktikable HR-Business-Partner-Definition an? Akademisch formuliert dienen die fünf Kriterien in unserem Verständnis als Grundelemente einer für den Begriff adäquaten Realdefinition. Wir bezweifeln jedoch die Sinnhaftigkeit und den Nutzwert einer allgemeingültigen, idealtypischen Definition, die zwangsläufig ins Normative kippt und damit keinen deskriptiven Charakter mehr aufweist. Die Wirklichkeit in den Unternehmen hat gezeigt, dass es *das* HR als Business-Partner oder *den* HR-Business-Partner nicht gibt, sondern nur Variationen von Antworten auf ähnlich gelagerte Anforderungen. Wir sind überzeugt, dass es deshalb auch kein »one fits all« geben kann, sondern nur ein »best fit«-Vorgehen. Produktiv und praktisch relevant werden theoretisch-normative Vorgaben nur dann, wenn sie gegen die tatsächlich existierende, historisch gewachsene Situation im jeweiligen HR-Bereich gestellt werden. Deshalb erscheint es uns für die Praxis sinnvoller, die fünf Dimensionen als Bestandteile einer unternehmens- und situationsspezifischen Ausgestaltung des HR-Selbstverständnisses zu nutzen. Die unternehmensindividuell formulierte Ausprägung (Skalierung) der Dimension hat dabei zwei Funktionen: Zum einen artikuliert sie den Anspruch und das Ziel für Personalbereiche, zum anderen ist sie Maßstab für die Einlösung des HR-Business-Partner-Anspruchs. Und diesen gilt es in allen Dimensionen zu erreichen, im Besonderen in der Wertschöpfung.

Natürlich ist dies mit Blick auf die Umsetzung des HR-Business-Partner-Modells nicht überall der Fall. In einigen Bereichen ist man gut, teilweise schon richtig gut, aber dem Gesamtanspruch wird eben noch nicht »voll und ganz« entsprochen. Hier ist es nun aber wie im Zehnkampf oder – fast besser passend – dem modernen Fünfkampf. Nur wer in allen Disziplinen vorne dabei ist und zudem noch in seinen Spezialdisziplinen ganz vorne steht kommt auch aufs Treppchen. Zehn- und moderne Fünfkämpfer wissen um die immense Schwierigkeit, allen Bereichen entsprechende Aufmerksamkeit und Trainingseifer zu widmen; es sind ja auch Disziplinen dabei, die man nicht wirklich mag oder einfach schwer in den Griff bekommt. Denen, die (noch) eifrig auf das Ziel HR-Business-Partner hin trainieren, sind gute Coaches, Durchhaltevermögen und viel Erfolg bei ihrem Training und Wettkampf zu wünschen. Diejenigen, die schon richtig gut sind, die als Favoriten im Wettkampf stehen, brauchen vor allem gute Nerven und Beständigkeit, um diese Favoritenrolle auf Dauer stehen zu können.

Podiumsgeflüster

Ein Dienstag im September, Messe Köln. Südeingang. Viele Frauen unter den Besuchern der Messe Zukunft Personal. Dazu einige mittelalte und noch mehr junge Männer. Der Autor wird an der Garderobe zwar als solcher angesprochen – »Na junger Mann, kann Ihnen geholfen werden« – fällt aber eigentlich nicht mehr so ganz in diese Kategorie. Die Besucher sind ja teilweise deutlich jünger. Der Autor beginnt deshalb etwas an dem Slogan der Messe – »Top Entscheider Veranstaltung« zu zweifeln. Das ist allemal einfacher und angenehmer als über das eigene Alter und bis anhin Erreichtes zu sinnieren. Dann funktioniert der Eincheckprozess nicht, Schlangen bilden sich – wieder mal ein IT-Problem. Der Geschäftsführer eines IT-Unternehmens (prämierter bester Arbeitgeber europaweit, Kategorie Mittelstand) und der Autor werden auch nicht wie verabredet von der Journalistin und Moderatorin der Eröffnungs-Podiumsdiskussion abgeholt. Man macht sich dann halt selbst auf den Weg in Halle 3.2. Neben circa 150 Zuhörern und dem Autor, der als Berater auftreten soll, finden sich dann noch ein: Der renommierteste HR-Professor Deutschlands, ein Dax30-HR-Vorstand und eine weitere Dame. Um 10:15 Uhr stehen sie dann alle gemeinsam auf dem von der Süddeutschen Zeitung organisierten Podium und versuchen – angestoßen durch die vorher mit der Journalistin abgesprochenen Fragen – möglichst Schlaues von sich zu geben. Der Professor darf natürlich anfangen. Er provoziert ein wenig und schäkert elegant mit dem Publikum. Der IT-Geschäftsführer spricht gleich darauf über IT, seine 180 Mitarbeiter und die wichtige offene Diskussionskultur. Die Dame rechts vom Autor sagt, dass HR-Communications wichtig ist und sie dafür Expertin sei. Der Vorstand ist beleidigt, weil die Journalistin ihm eine nicht abgesprochene Frage stellt. Endlich an der Reihe monologisiert er dann zur Strafe gleiche mehrere Minuten lang. Themen: Eine vergleichsweise exotische Ulrich-Exegese, komplexe Rollenkonstellationen im HR-Bereich und die immense Wichtigkeit der Verwaltung. Dabei wirkt er irgendwie genervt. Der Berater (= Autor) lauscht interessiert, sagt erst mal nichts (könnte ja mal ein Kunde werden) und wartet, bis er gefragt wird. Was dann auch passiert. Die Frage ist zwar so auch nicht abgesprochen – aber man hat ja lange genug Christiansen und Will geguckt, um zu wissen, wie man reagiert. Die Frage? Völlig wurscht. Wichtig ist, seine vorbereitete Antwort zu bringen. In diesem Fall die Erfolgsfaktoren für HR als Business-Partner. Um die Rolle des Beraters auch glaubhaft zu geben (eingangs wurden Attribute wie Kostensenkung, Analyse usw. damit in Verbindung gebracht) werden ein paar Zahlen hinter die Aussagen geklemmt. Kommt ja meistens gut. Dann darf wieder der Professor was sagen, und das ist eigentlich interessant, weil er sagt, wir werden in 15 Jahren hier immer noch über das Gleiche reden – nur anders. Der HR-Vorstand signalisiert Empörung (für Manager muss es ja immer weiter und vorwärts gehen). Dann teilt er eine Medienschelte aus und möchte am liebsten gleich die Bühne verlassen, als die Moderatorin den Personalleitern und HR-Vorständen ein Egoproblem andiagnostizieren will. Aber irgendwie ist die Art und Weise, wie er auf diesen Vorwurf antwortet, trotz diametral gegenläufiger Argumentation ein Stück weit ein Indiz dafür, dass an dieser gemeinen Unterstellung vielleicht doch was dran ist. Naja – vielleicht war er auch nur sauer, dass er den Außenplatz auf dem Podium bekommen hat und sich das Mikro mit dem IT-Geschäftsführer teilen muss. Irgendwann erinnert sich die moderierende Journalistin an die Anwesenheit des Beraters/Autors – möglich, dass dessen Getuschel mit dem Professor sie nervt. Nun gut, man will ja nicht umsonst angereist sein – etwas zusätzliche »air time« nimmt man also gerne mit. Die Frage ist dann aber doch eher diffus und hat nichts mit dem Titel der Veranstaltung zu tun – egal. Die Ansprache wird genutzt, um mit ein paar Mythen endlich aufzuräumen. Man produziert Aussagen in der Art wie: HR Outsourcing – überbewertet, kein Markt. Die Moderatorin schaut daraufhin etwas irritiert zum Berater, dann auf die Uhr und dankt den Teilnehmern auf der Bühne und ganz besonders den Zuhörern – interessanterweise sind nur zwei während der Veranstaltung abgewandert. Nach der Diskussion kommen zum Glück auch Zuhörer auf den Berater zu, um ihn in ein typisches Nach-Podiumsdiskussion-/Messegespräch zu verwickeln. Zunächst ein kooperationswütiger Vertriebler für Talent Management Software. Der lässt sicherheitshalber gleich zwei seiner Visitenkarten in der Brusttasche des Beraters verschwinden und wird glücklicherweise durch einen etwas zurückhaltenderen Wissenschaftler abgelöst, der die zitierten Studien haben möchte. HR-Vorstand und HR-Communications-Dame sind inzwischen schon über alle Berge. Vielleicht bekommt der Vorstand ein erstes HR Communications Coaching. Soll ja wichtig sein.

2.2 Empirische Ergebnisse

Acht Jahre währende Beobachtungen

Seit nunmehr fast zehn Jahren beobachten, analysieren und interpretieren wir mittels dem (von Capgemini Consulting aufgelegten) HR Barometer die Situation der Personalbereiche in mitteleuropäischen Unternehmen. Die seit 2002 viermal durchgeführte Untersuchung basiert auf einer anspruchsvollen Befragung von jeweils rund 100 HR-Entscheidern. Im Blickpunkt stehen Strategie und Organisation der HR-Funktion sowie Trends, Themen und der Stellenwert des HRM in der Wahrnehmung von HR-Verantwortlichen. Als ein Analyseraster verwenden wir seit der 2007er HR-Barometer-Studie unsere HR-Business-Partner-Charakteristik. Die fünf Dimensionen und deren Realisierung in den deutschsprachigen Personalbereichen (aufsteigend skaliert in »noch gar nicht«, »noch nicht ausreichend«, »ausreichend« und »voll und ganz«) werden im Folgenden kurz vorgestellt (vgl. Abb. 28). Aus den Längsschnittergebnissen der Studie kann die Entwicklung der HR-Funktion zum HR-Business-Partner nachverfolgt werden (vgl. Abb. 29).

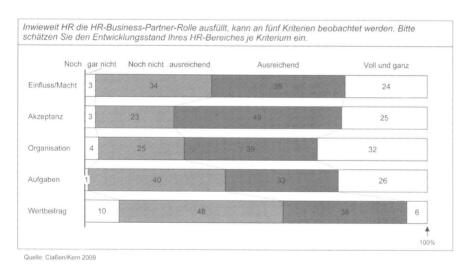

Quelle: Claßen/Kern 2009

Abb. 28: Der Wertbeitrag der HR-Bereiche zum Unternehmenserfolg ist noch gering – andere HR-Business-Partner-Charakteristika sind gut ausgeprägt

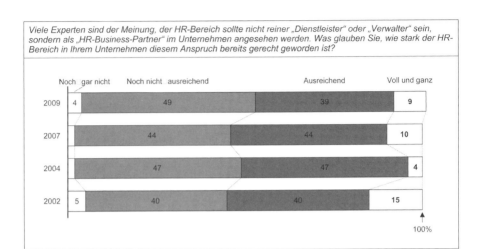

Quelle: Claßen/Kern 2009

Abb. 29: Nur sehr wenige HR-Ressorts sehen sich als echte »HR-Business-Partner« für die Unternehmensbereiche

Überraschend mächtig

Die Dimension Einfluss/Macht ist an der Einbindung von HR in zentrale Entscheidungsprozesse (bis hin zum Vetorecht) erkennbar, die sich in der Teilnah-
me/Nichtteilnahme, Frequenz und Stimmberechtigung an/in Management-
Meetings äußert. Es geht hier also um die organisatorisch festgeschriebene Rolle
von HR-Vertretern bei der formalen Entscheidungsfindung. Aber ebenfalls um
den Einfluss in den häufig auf ungeschriebenen Regeln basierenden subtilen Ab-
stimmungs-, Meinungsbildungs- und Beeinflussungsprozessen im Vorfeld von
Gremien oder »Decision Meetings«. Häufig stehen Entscheidungen fest, bevor
der entsprechende Diskussionspunkt auf der Agenda erscheint, oder werden
später, nach dem Meeting, im kleinen Kreis entschieden. Immerhin fast zwei
Drittel der im HR Barometer Befragten sieht sich hier ausreichend (39 Prozent)
beziehungsweise voll und ganz (24 Prozent) gut aufgestellt. Indes sind es nicht
immer nur Entscheidungen von unternehmensweiter Reichweite, bei denen der
HR-Business-Partner gefragt ist. Entscheidungen über die Einordnung von Mitarbeitern in Gehaltsbänder, Beförderungen oder die richtige Wahl einer arbeitsrechtlichen und unternehmensadäquaten Sanktion von nicht angemessenem
Mitarbeiterverhalten gehören auch zum Aufgabenkreis des HR-Business-Partners. Immerhin bleibt noch ein gutes Drittel der Unternehmen hinter dem HR-
Business-Partner-Anspruch bezogen auf das Kriterium »Einfluss/Macht« zurück.

Einfluss und Macht einer Funktion lässt sich auch am Organigramm ablesen. 54
Prozent der befragten Unternehmen besaßen im jüngsten HR Barometer einen
Vertreter für HR-Management auf der ersten Ebene (Vorstand beziehungsweise

Geschäftsführung), der ausschließlich für Personalthemen verantwortlich ist. Oft ist dies der gesetzlich vorgesehene Arbeitsdirektor. Bei 46 Prozent der Unternehmen gibt es keine alleinige Vertretung von HR in den obersten Entscheidungsgremien. Aus naheliegenden Gründen besitzen gerade die großen Unternehmen (mit mehr als 30.000 Mitarbeitern) in fast drei von vier Fällen einen Personaler in ihrem höchsten Entscheidungsgremium. Mit der Größe des Unternehmens nimmt auch die Anzahl der Personaler ab, die einen Platz in der Unternehmensführung innehaben. Eine organisatorisch abgesicherte positive Machtkonstellation ist in Unternehmen ohne HR-Vertreter im Vorstand für die Personalfunktion faktisch deutlich schwieriger zu realisieren.

Spitzenwert bei Akzeptanz

In dieser Dimension kann durchaus vom Erreichen von Spitzenwerten gesprochen werden. Ein Viertel der Befragten sieht die Anerkennung von HR durch die Führungskräfte und das den HR-Vertretern entgegengebrachte Vertrauen als »voll und ganz« gegeben an. Weitere 49 Prozent sehen dieses in ihrem Unternehmen immerhin »ausreichend« verwirklicht. Nur 23 Prozent haben ein Akzeptanzproblem bzw. Nachholbedarf (»noch nicht ausreichend«), und nur drei Prozent sind hier »noch gar nicht« positioniert. Interessant wäre es natürlich, dieses Ergebnis mit der spiegelbildlichen Wahrnehmung aus der Linie zu kontrastieren. Die latente Selbstüberschätzung der HR-Bereiche im Vergleich mit dem Fremdbild aus der Linie ist seit längerem auch wissenschaftlich recht gut untersucht (vgl. Wright u.a. 2001).

Dennoch ergeben diese Werte kein Zerrbild, welches unserer praktischen Erfahrung widersprechen würde. Die Mitarbeiter von HR gelten häufig schon qua Zugehörigkeit zu diesem Bereich als besonders vertrauenswürdig. Und Führungskräfte haben ja häufiger etwas am HR-Bereich »als solchem« und dessen bürokratischen Prozessen, unverständlichen Policies und unzureichenden Systemen auszusetzen, denn an ihrem persönlichen Gegenüber. Untersuchungen zum Image, das an der HR-Funktion klebt und ihr von außen zugeschrieben wird, weisen in die gleiche Richtung (vgl. 1.1). Es ist eben nun mal leichter, über »die Organisation«, »den Prozess« oder »das System« zu räsonieren, als über den geschätzten und langjährigen Kollegen aus der Personalabteilung, mit dem man noch eine ganze Weile auskommen und zusammenarbeiten will oder muss.

Gesteigerte Akzeptanz – der »Wow«-Faktor

Mit Blick auf die für dieses Buch geführten Interviews (vgl. 8) fällt auf, dass neben Themen wie Recruiting und Entwicklung von Mitarbeitern/Führungskräften gerade die professionelle Begleitung von Reorganisationen und Change-Management-Aktivitäten für Akzeptanz sorgen – bis hin zu einem »Wow«-Effekt. Wir hatten in den Interviews diese Frage gestellt: »Beschreiben Sie eine Situation, nach der das Business zu seinem Partner aus HR gesagt hat: »Wow – das war wirklich gut!« Hier einige ausgewählte Antworten:

- »Bei uns gab es kürzlich eine Reorganisation, bei der die Steuerung der Auslandsaktivitäten neu geordnet wurde. Der dafür zuständige HR-Business-Partner (...) hat maßgeblich zur Entwicklung des neuen Bereiches beigetragen. Angefangen beim Teambuilding, aber auch beim ›Sourcing‹ und beim ›Sizing‹. Zudem hat er für eine gemeinsame Agenda und die Kommunikations-Roadmap gesorgt. Für die Führungskräfte ging dies deutlich über die klassisch erwarteten Leistungen von Personal hinaus. Es war Organisationsentwicklung und Aufbauarbeit in einem.«

- »Das ›Wow‹ gibt es am häufigsten, wenn die Führung/Begleitung des HR-Business-Partners bei wichtigen Veränderungsprozessen zum Erfolg geführt hat. Das bezieht sich auf das Prozessmanagement, die interne Kommunikation, das Betriebsrat-Handling. Wenn personelle Probleme/Konflikte gut gelöst worden sind.«

- »Zu Beginn einer anstehenden Restrukturierung hat das Senior Management eines Bereiches mit dem HR-Business-Partner überlegt, wie man diese trotz der Einschränkungen durch rechtliche Parameter möglichst im Interesse aller Stakeholder (Firma, Mitarbeiter, Gesellschaft, Shareholder) zeitnah umsetzen könnte. Auf Initiative der Business-Partner wurde parallel zu den laufenden Verhandlungen mit den Arbeitnehmergremien ein Change-Management-Konzept entwickelt und ein flächendeckendes Employability- und Veränderungstraining für alle Führungskräfte bzw. Mitarbeiter der betroffenen Geschäftseinheit durchgeführt. Dies hat dazu geführt, dass die Ziele der Restrukturierung inhaltlich und zeitlich bei weitem übertroffen wurden und dieser Bereich u.a. an internationalem Profil gewonnen hat.«

- »Ein Beispiel ist die proaktive Unterstützung bereits in der Vorphase einer möglichen Organisationsveränderung. Dabei konnten wir – mittels einer Change- und Orgadesign-Beratung – frühzeitig Alternativen, einen vernünftigen Zeitplan und letztendlich auch einen Weg für die möglichst einfache und zügige Umsetzung dieser Veränderung aufzeigen. Nach Abschluss dieser Reorganisation kam der sogenannte ›Wow-Effekt‹.«

Bei allen akzeptanzsteigernden »Wow«-Effekten sollte nicht in den Hintergrund treten, was einer der Interview-Partner trefflich formuliert: »Mir ist im Zusammenhang mit den »Wow«-Effekten noch wichtig zu betonen, dass wir nicht versuchen, kurzfristige »Wow's« zu generieren, sondern dass es uns darum geht, eine nachhaltige, vertrauensvolle Beziehung zwischen Manager und HR-Business-Partner aufzubauen, die die Basis für eine gelungene strategische Zusammenarbeit ist.« Die Akzeptanz verdienen – und sichern.

Organisatorische und inhaltliche Nähe

Entwicklungen und Kundenbedarfe antizipieren gehört zum Alltagsgeschäft von Account-Managern. Einige Unternehmen betiteln und organisieren ihre HR-Business-Partner als HR Key Account Manager für die jeweilige Business Unit. Ob der HR-Business-Partner denn nun ein Vertriebler sein kann oder soll, darüber lässt sich trefflich streiten. Allein, die Anforderung, physisch und inhaltich nahe am Kunden dran zu sein, ist Voraussetzung, die es seitens HR einzulösen gilt – egal, welcher Titel die Visitenkarte ziert. Auch hier zeigen sich die befragten Unternehmen noch vergleichsweise selbstsicher. Fast drei Viertel sehen sich hier im grünen Bereich. Ein Drittel sieht dieses Business-Partner-Kriterium für sich »voll und ganz« erfüllt (32 Prozent). Weitere 39 Prozent sehen sich hier »ausreichend« verankert. Eine Weiterentwicklung kann also in erster Line im Sinne einer Verbesserung von bereits guten zu noch besseren HR-Bereichen festgestellt werden. Aus unserer praktischen Erfahrung in Unternehmen vermuten wir vor allem fehlendes Wissen über »das Geschäft« als Ursache für mangelnde Nähe. Ambitionierte HR-Manager gehen heute sogar so weit, HR nicht mehr nur als HR-Business-Partner zu sehen, sondern gar als »Business Player« – was logischerweise neben den HR-Kompetenzen noch weitere ausgeprägte Business Skills erfordern würde. Wir teilen diesen Anspruch nicht, halten aber ein profundes Wissen über Markt, Kunden, Werttreiber und die Stellhebel im Unternehmen für unerlässlich. Zudem muss der HR-Business-Partner wissen, was seine Gegenüber bewegt, wo sie der Schuh drückt und welche Anforderungen sie an HR haben: In Summe ein hoher Anspruch.

Entwicklungsbedarf bei den Mehrwertthemen

Der HR-Business-Partner sollte sich vor allem um die wertschöpfenden Themen kümmern. Auch wenn der Begriff der wertschöpfenden Personalarbeit dem einen oder anderen schon allein aufgrund seiner inflationären Penetranz auf die Nerven geht: Es sind Themen wie Change Management, Talent Management, Personal- und Organisationsentwicklung oder Coaching der Führungskräfte, die den qualitativen Unterschied machen und Mehrwert für das Business liefern könnten (vgl. 4.1). An der Realisierung dieser anspruchsvollen Aufgaben ist erkennbar, wie weit HR-Bereiche diesem Business-Partner-Kriterium gerecht werden. Inzwischen ist immerhin jedes vierte Unternehmen der Meinung, diese Themen bereits »voll und ganz« zu bedienen. Ein Drittel sieht die Realisierung der wertschöpfenden/strategischen Themen »ausreichend« umgesetzt. Aber immer noch 41 Prozent sehen heute Entwicklungsbedarf für sich (40 Prozent »noch nicht ausreichend«, ein Prozent »noch gar nicht«). Das ist ein fast schon erschreckend hoher Wert, wird hier doch die Legitimation von HR im Kern berührt. Würde man diese Resultate mit einer Befragung der Kunden von HR kontrastieren, was Berater übrigens häufig und gerne in Projekten machen, wäre die Dramatik noch augenfälliger.

Nur Spurenelemente von Wertbeitrag

Als das anspruchsvollste Kriterium kann der nachweisbare und zahlenbasierte Beitrag der Personalfunktion zum Unternehmenserfolg gelten. Es bleibt weiterhin wenig überraschend, dass bei dieser Frage die Werte im Vergleich zu den anderen vier Dimensionen deutlich abfallen. Nur eine Handvoll der Unternehmen (sechs Prozent) sehen diesen Anspruch »voll und ganz«, etwas über ein Drittel (36 Prozent) immerhin ausreichend erfüllt. Wie in der Vorstudie ist in jedem zweiten Unternehmen der Beitrag von HR zum Unternehmenserfolg »noch nicht ausreichend« nachweisbar und in jedem zehnten Unternehmen »noch gar nicht«. Dort kann der konkrete und überprüfbare Wertbeitrag zum Unternehmensergebnis nicht geliefert werden. Es gibt drei mögliche Gründe für eher zurückhaltende Werte in dieser Disziplin. Erstens: »No smoke without a fire.« Unternehmen, die noch keine wertschöpfenden, mehrwertbildenden HR-Themen realisieren, können auch keinen so verstandenen HR-Wertbeitrag leisten. Eine Messung ist hier überflüssig. Weiterhin: »First things first.« In unserer Wahrnehmung arbeiten noch mindestens ein gutes Drittel der HR-Bereiche an der Umsetzung des HR-Business-Partner-Konzepts. Sie realisieren bereits diese Themen oder beginnen gerade diese zu realisieren. Mit der Aufgabe »Wertbeitragsnachweis«, die in der Regel den Abschluss einer HR-Transformation bildet, sind diese Unternehmen aber noch nicht durch. Diese Aufgabe treibt zurzeit noch viele Personalvorstände um. Drittens: »You can't always get what you want.« Supportfunktionen wie HR werden niemals in die Profit & Loss-Liga aufsteigen. Gerade die Effekte des HR-Business-Partners sind nur selektiv in den üblichen monetär-quantitativen Key Performance Indicators zu messen (vgl. 1).

Rück- statt Fortschritte – in Summe abgefallen

Als Gesamtbeurteilung haben wir auch im HR Barometer 2009 wieder die Frage gestellt: »Was glauben Sie – grundsätzlich betrachtet – wie stark der HR-Bereich dem Anspruch HR-Business-Partner bereits gerecht geworden ist?« Als Antwortmöglichkeit war die gleiche Skala wie bei den fünf Kriterien des HR-Business-Partners (»noch gar nicht«, »noch nicht ausreichend«, »ausreichend« und »voll und ganz«) vorgegeben. Bei dieser Gretchenfrage der Personaler (»Sag, wie hältst du es mit der Business Partnership?«) antworten die Befragten meist konservativer und weniger selbstbewusst als in den fünf Einzelkriterien. Schließlich geht es – und das ist ja der Sinn der Frage – um's Ganze. Und auf das Ganze gesehen sieht es nicht gut aus.

Der Längsschnittvergleich für deutsche Unternehmen zeigte von 2004 und 2007 noch einen Fortschritt. Die Selbsteinschätzung als »voller und ganzer« HR-Business-Partner stieg seinerzeit von mageren vier Prozentpünktchen auf zehn Prozent – ohne jedoch den Spitzenwert aus 2002 (15 Prozent) zu erreichen. Die tendenziell zurückhaltende (und realistische) Einschätzung der Personaler aus den vorangegangenen HR Barometern hat sich im Übergang von 2007 nach 2009 aber noch verstärkt. Nur noch neun Prozent der befragten HR-Bereiche sahen sich »voll und ganz« als HR-Business-Partner, in 39 Prozent der Unternehmen füllte HR diese Rolle in der Selbsteinschätzung »ausreichend« aus. In fast genau der Hälfte der Unternehmen (49 Prozent) charakterisierte sich HR allerdings als »nicht ausreichender« HR-Business-Partner; in vier Prozent sogar als »noch gar nicht«. Diese Daten erhärten den Eindruck, dass nur die wenigsten Unternehmen es schon in einer stabilen und hinreichenden Breite geschafft haben, HR als Business-Partner zu etablieren. In Summe bleibt für 2009 das schlechteste Ergebnis seit 2004. Ein wenn nicht frustrierendes, so auf alle Fälle alarmierendes Ergebnis, weil als ausgemacht gelten kann, dass nahezu alle HR-Funktionen die HR-Business-Partner-Ambition haben. Zurzeit denkt von den Befragten niemand daran, dieses Konzept fallen zu lassen (Claßen/Kern 2009: 23).

2.3 Erfahrungen anderer Querschnittsfunktionen

Null zu Zwei

HRM ist nicht die einzige sogenannte Unterstützungs-, Querschnitts- bzw. Betreuungsfunktion im Unternehmen, die eine Form des Umgangs mit dem »Business« finden muss. Selbst die Finanzfunktion soll das, auch wenn deren Drohgebärden wesentlich markanter sein können und in vielfältige »Push-backs« münden: Die ungünstig dargestellten Kennzahlen für Widerstandsnester, der Hinweis auf mögliche Rechtswidrigkeiten aus Sicht des Gesetzgebers bzw. der Finanzverwaltung, das inzwischen routiniert eingesetzte Killerargument vom Sarbanes-Oxley Act, die Andeutung über einen möglichen Verstoß gegen selbst auferlegte Compliance-Regeln. Mit dem Argument »ein braves Kind gehorcht geschwind« und den unschönen Alternativen – vom Verlust der Tantieme bis hin zum Freiheitsentzug in der Vollzugsanstalt – ist sogar von selbstbewussten Business-Verantwortlichen ein Wohlverhalten zu erhalten. Die beiden anderen großen »Support Functions«, die IT sowie der Einkauf, können sich nicht ganz so martialisch aufführen. Sie lieben es eher, ihre Kritiker aus dem Business durch andere Klippen auszubremsen, so etwa unverständliche Prozesse, lästige Formalismen, neue Releases, solche Sachen. Ganz so schrecklich ist es aber dann doch in den wenigsten Unternehmen. Man soll nicht immer gleich vom schlimmstmöglichen Verhalten ausgehen.

In einer matrixartigen Organisationsstruktur, bei der die »Support Functions« quer zu den »Business Functions« liegen, haben letztere dennoch einen grundsätzlichen Vorteil. Denn erst durch ihren Absatz und ihre Produktion kommt das Geld ins Unternehmen hinein. Die Support-Funktionen – so die gängige Argumentation gegenüber dem Wasserkopf – geben genau dieses Geld wieder aus. Dies macht stark: Eins zu Null für das Business also. Für den Ausgleich – zum Eins zu Eins – oder das, was man als gleiche Augenhöhe bezeichnen könnte, müssen sich die Support-Funktionen etwas einfallen lassen. Deren Drohgebärden sind bereits genannt worden; doch gäbe es andererseits auch etwas Positives: Wertschöpfung. Als Partner für das Business, als Business-Partner eben.

Die Support-Funktionen müssen dafür einen klaren Mehrwert anbieten und diese Wertschöpfung auch überzeugend abliefern. Dies wird niemals bei transaktionalen und operativen Tätigkeiten möglich sein, diese unterliegen stets einer Kosten-Doktrin. Business Partnering ist stets im Bereich der transformationalen und strategischen Aktivitäten angesiedelt, bei allen Support-Funktionen. Sowohl im Finanzbereich, beim Einkauf und der IT wird unterdessen die Idee des Business-Partners diskutiert und als Ausweg für den immerwährenden Kostensenkungssog und die unaufhörlichen Qualitätsnörgeleien empfunden. Die eher kleineren »Querschnitte« wie »Real Estate«, »Facility« und »Legal« haben das Potenzial dieser Argumentationslinie noch nicht erkannt. Eine enge Verknüpfung der jeweiligen Funktionsstrategie mit der – vorgelagerten – Unternehmensstrategie, dem Geschäftsmodell und überhaupt den wirtschaftlichen Anforderungen aus den marktorientierten Unternehmensbereichen sollte deswegen, trotz vieler Übersetzungsschwierigkeiten, eine Selbstverständlichkeit geworden sein. Viele Support-Funktionen haben allzu lange ein Eigenleben geführt, ihre Eigendynamik entwickelt und daher Eigentore geschossen: Zwei zu Null für das Business. Diesen Rückstand und den entsprechenden Nachholbedarf zeigen beispielsweise die aktuellen Studien von Capgemini Consulting wie das HR Barometer 2009 (Claßen/Kern 2009), die CFO-Studie 2008 sowie die IT-Trendstudie 2009.

Von anderen lernen

Kann nun die HR-Funktion die Erfahrungen von anderen Support-Funktionen nutzen? Bereits beim Shared Service Center ist dies doch möglich gewesen, läuft Finance im Regelfall um zwei bis fünf Jahre vorneweg und die »second generation SSC« wird, zaghaft zwar, aber immerhin, dort bereits diskutiert, während hier, bei HR, schon die erste Generation ein Kraftakt darstellt und man sich eine Weiterentwicklung noch gar nicht vorstellen mag. Auch bei der Internationalität sind Finance, Einkauf und IT meistens viel weiter als HR, was natürlich auch an deren strukturellen Nachteilen, wie etwa der weiterhin stark national geprägten Arbeits- und Sozialgesetzgebung liegt. In der Europäischen Union ist die Banane bereits normiert, bald auch das Handyladegerät, nicht aber die Arbeits- und Sozialgesetzgebung. Ist HR also auch beim Business-Partner im Hintertreffen, was immerhin den Vorteil bringen würde, von anderen lernen zu können?

Nein, diesmal nicht. Zum einen wird Business-Partner nur für die HR-Funktion in doppelter Weise verwendet, als Denkweise des Bereiches insgesamt und als definierte Rolle. Die Position des Business-Partners im Sinne des SPOC (»single point of contact«) gibt es bei Finance, Einkauf und IT zunehmend auch. Dort geht es primär um eine grundsätzlich business-bezogene Denke und um exzellente Antworten auf die essentiellen Fragen der Unternehmensbereiche: »Wie profitabel wachsen?«, »Wie innovativ werden?«, »Wie wettbewerbsfähig bleiben?«, »Wie kostenseitig glänzen?«, »Wie wirksam transformieren?«. Natürlich wohnt in allen Support-Funktionen bei ihren Beiträgen auf diese Fragen der starke Wunsch inne, mitreden und besser noch mitentscheiden zu können. Beispielsweise entwickelt sich die Finanzfunktion von der verstaubten Buchhalter-Mentalität (früher), über die steuernde Controlling-Attitüde (derzeit) hin zur Business-Partner-Vision (morgen), mit Parolen wie Wertschöpfung, flexibel und adaptiv, maßgeschneidert, individuell, interaktiv und integriert. Die Schlagworte der Modernität haben sich inzwischen herumgesprochen. IT möchte fortan zum »Strategy Enabler« werden, gestützt auf ein wie geschmiert funktionierendes SSC (»Transaction Factory«) – so zumindest das Zukunftsbild. Aus dem Einkauf ist bereits Ähnliches zu vernehmen, es war ja auch nur eine Frage der Zeit.

Mit Blick auf konkrete Personen wird allenfalls noch, dies aber eher vereinzelt, der CFO (Chief Financial Officer), CPO (Chief Procurement Officer) bzw. der CIO (Chief Information Officer) höchstselbst als Partner des Business tituliert, nicht aber dedizierte Mitarbeiter seines jeweiligen Bereiches. Rollenbeschreibungen, Einführungsprozesse, Ausgestaltungshinweise oder andere »lessons learned« können somit nicht von außen in die HR-Funktion importiert werden. Ob andere hingegen von HR lernen können, möchten wir an dieser Stelle nicht weiter verfolgen. Außer einem guten Gefühl – HR als Avantgarde – ist dies für die originäre Wertschöpfung der HR-Funktion auch einerlei.

Wie übrigens auch in HR – hier ist es der »Strategic Partner« (Lawler/Mohrmann 2003) – schießen bei den übrigen Support-Funktionen vereinzelt bereits die Träume und eigene Allmachtphantasien über das Ziel hinaus: Man sieht seine Leistungen bereits potenziell als maßgeblich an, nennt dies »business shaping«, glaubt an »strategic impact«, spricht von »IT driven business« und Ähnlichem. Wenn dies mal nicht maßlos ist. Statt vom Abschlusstreffer zum Eins zu Zwei oder unseretwegen sogar vom Ausgleichstreffer zum Zwei zu Zwei flugs vom Führungstreffer und einem Drei-zu-Zwei-Sieg zu träumen, ist eher peinlich.

Nebenbei bemerkt sind auch die häufig brisanten Beziehungen der Support-Funktionen untereinander eine spannende Materie: Wenn etwa IT dem »Business« bzw. der »Fachseite« HR seine Produkte (die HRIT) liefert; wenn Finance von HR ein maßgeschneidertes Führungskräfteprogramm entwickelt haben möchte; wenn der Finanzbereich seine Bestellwünsche beim Einkauf vorbringt; wenn der Einkauf für die Beschaffung der IT verantwortlich ist. Dies ist die eine Richtung der Beziehung interner Dienstleister zum internen Kunden. Auch die umgekehrte Richtung findet regelmäßig statt: Die HR-Funktion rekrutiert für den IT-Bereich; die IT stellt dem Einkauf einen neuen Release zur Verfügung; vom Einkauf erhält Finance dessen Budgetanmeldung; die Finanzfunktion erstellt Kennzahlen für HR. Dabei lässt sich die gesamte Bandbreite menschlichen

Verhaltens – von einer »win/win«-Mentalität, über das bewährte »do ut des« bis hin zum Revanchefoul – beobachten.

Partner

Laut Wikipedia ist »ein Partner eine Person, die zu einer anderen Person in einer familiären, beruflichen oder sozialen Beziehung steht und gemeinsame Ziele verfolgt oder gemeinsam eine Tätigkeit ausübt«. Beim Blick in den Duden wird sogar deutlich, dass es sich wieder um eines dieser von manchen als unangenehm empfundenen Anglizismen handelt, abgeleitet aus »part« (= Teil), natürlich ursprünglich aus dem Lateinischen (»pars«). Surft man dann auch noch in Google, dann tauchen an oberster Stelle der 75 Millionen Hits mit Herkunft aus Deutschland (zumindest an einem Freitag im Juli 2008) nicht ganz unerwartet die »Traumpartner« auf, wobei damit wohl eher die Lebensabschnitts- als die Ehepartner gemeint sind. Aber auch der »Partner Hund«, des Menschen bester Freund, ist sehr weit oben vertreten.

Bei allen diesen Partnern im Alltag, vom morgendlichen Bäcker als Brezelpartner, der allgegenwärtigen Politesse als Knöllchenpartner und dem hilfreichen Schlüsseldienst als Aufsperrpartner, möchte sich in unserer zunehmend von gefragten und ungefragten Dienstleistungen geprägten Welt nun also auch der HR-Business-Partner im Bewusstsein seiner Kunden etablieren. Diese stammen – nomen est omen – aus dem Business des Unternehmens, sollen also unmittelbar zum Geschäftserfolg des Unternehmens beitragen. Manchen von diesen dürfte es wie – dem Wirtschaftsleben durchaus aufgeschlossenen – Schriftsteller Burkhard Spinnen ergehen: »Ich kann mich vor lauter Partnern gar nicht mehr retten. (...) Was ich beklage, das ist der nachgerade inflationäre Gebrauch von Partner im alltäglichen Geschäfts- und Dienstleistungsleben. Dabei ist die gute Absicht klar. Wenn das Verhältnis zwischen Anbieter und Kunde als Verhältnis zwischen Partnern bezeichnet wird, dann drückt sich darin die vollkommen richtige Tendenz aus, allen Beteiligten gleichen Rang und Status zukommen zu lassen« (Spinnen 2008: 31–32).

Wer möchte als Dienstleister denn lediglich ein Erfüllungsgehilfe sein, etwa der vom weitaus wichtigeren Business? Gleiche Augenhöhe soll es dann schon bitteschön sein. Für viele Partner ist dies aber nicht der Fall: Bei den Kletterpartnern steigt einer vor und der andere hinterher, bei den Tanzpartnern führt der eine und der andere wird geführt, selbst bei den meisten Gesprächspartnern sind die Redezeiten höchst ungleich verteilt. »Doch wenn ich es recht verstehe, wurde Geschäftspartner (also der Business Partner) bislang im täglichen Sprachgebrauch als eine Auszeichnung für die etwas besonderen unter den vielen nicht so sehr besonderen Geschäftsverbindungen verwendet. (...) Einen Partner zu haben ist schön und äußerst wünschenswert, im Leben wie im Geschäft. Aber mit fünf Partnern pro Tag wird es auch im Geschäftsleben eher nervig« (ebd.: 32).

Wenn der HR-Business-Partner also über seinen Wertschöpfungsbeitrag zu den heute anstehenden und/oder morgen bedeutsamen HR-Problemstellungen, also den »Engpässen«, die sich hinter Schlagworten wie etwa »Performance Management«, »Talent Management« und »Change Management« verbergen, dem Business als nützlich erweist, dann wird ihn das auch in dessen Wahrnehmung und Zweckdienlichkeit nach oben befördern. Mehr als Nützlichkeit darf man im Geschäftsleben nicht erwarten, auch wenn Personaler bei ihren Counterparts immer gleich zu geschätzten Freunden aufsteigen möchten. Ob es jemals ganz zum Partner reichen wird, mag dahingestellt sein und auch von der individuellen Erwartungshaltung bzw. Leidensfähigkeit hinsichtlich Partnerschaft abhängen. Ist dies gegebenenfalls zu kompliziert ausgedrückt? Behilflich, förderlich, dienlich sein sind andere Adjektive, die zwar dem Anspruch gleicher Augenhöhe nicht ganz entsprechen. Aber gerade beim bereits erwähnten Kletterpartner wird der Vorsteiger vom Sichernden vor einem gefährlichen Absturz bewahrt. Auch im Business sind Alleingänge bedenklich. Da kommt ein Partner gerade recht. Oben, am Gipfel, und in den Medien wird dann aber in erster Linie der Vorsteiger zum Held. Wenn dieser fair ist, wird er den Beitrag seines Partners jedoch zumindest im Binnenverhältnis zu schätzen wissen. Für unfaire Heroen macht es ohnehin keine Freude, den Partner zu mimen.

3 Organisation des HR-Business-Partners

3.1 Einbindung in HR-Service-Delivery-Modell

Hundert Jahre und (k)ein Ende?

Auch wenn die Quellenlage nicht eindeutig ist, kann man davon ausgehen, dass es seit etwas über 100 Jahren eine eigens eingerichtete Funktion in Unternehmen gibt, die sich um alle Fragen rund um »das Personal« kümmert (Jamrog/Overholt 2004: 53). Es finden sich bei Recherchen im WWW zwar Hinweise auf noch frühere Personalabteilungen, diese sind jedoch nicht in Unternehmen, sondern in militärischen oder staatlichen Organisationen beheimatet gewesen. Seit hundert Jahren machen sich also Personalchefs Gedanken, wie sie die Personalfunktion in ihrem Unternehmen am besten strukturieren und organisieren. Die Frage nach der idealen Organisation des HRM wird freilich immer in Bezug auf historische Kontexte beantwortet. Wirtschaftliche, gesellschaftliche, politische, wissenschaftliche oder technologische Entwicklungen und nicht zuletzt veränderte Selbstverständnisse der Personaler zeitigen unterschiedliche Organisationsmodelle. Wir haben nun in diesem Buch keinesfalls den Anspruch, die jeweils dominierenden Strukturvorschläge in den vorgestellten Phasen der Personalarbeit (vgl. 1.1) erschöpfend nachzuzeichnen. Uns reicht ein Blick auf die prominentesten Schlagworte und Konzepte der letzten 20 Jahre, um mit diesen sowohl Genese als auch Struktur des heute dominierenden HR-Organisationsmodells nachzuzeichnen.

Wertschöpfungs-Center und Service Center, Personalreferentensystem, virtuelle Personalabteilung

Etwa Anfang der Neunziger Jahre des letzten Jahrhunderts vollzieht sich in der Diskussion um die HR-Organisation ein Paradigmenwechsel. Es findet eine Abkehr von der bis dahin weitestgehend präferierten funktional organisierten Personalabteilung (Planung, Beschaffung, Verwaltung, Entwicklung, Abrechnung, Arbeitsrecht, Sozialwesen – mit Werksbücherei) statt, wie sie vor allem bis in die Achtziger und teilweise noch bis in die späten Neunziger Jahre gelehrt und in der Praxis gelebt wurde (vgl. Abb. 30).

Dies hat sich zwischenzeitlich geändert. Neue Strukturen sollen Mitarbeiternähe, Flexibilität, schnellere Problemlösung oder sogar Erlöse aus der Personalarbeit sicherstellen. Begriffe wie »Personalabteilung als Profit Center« oder »Wertschöpfungs-Center Personal« sind in der Diskussion (vgl. Scherm 1992, Wunderer 1992). Konzeptionell und praktisch weiter ist man seinerzeit noch in den USA. Hier ist der Begriff des Service-Delivery-Modells bereits eingeführt und in der Praxis amerikanischer Unternehmen bereits konsequent umgesetzt – zumindest in den Augen von Ulrich. Dabei ist vor allem für die »exzellente Ausführung« der Rolle Administrative Expert der »Delivery Channel« des Shared Service Center von zentraler Bedeutung (Ulrich 1997: 83-121). Dieser erlaubt die standardisierte, professionelle und effiziente Abwicklung von Transaktionen, so die seinerzeit und auch noch heute gehörte, gültige und prinzipielle »Pro-SSC«-Argumentation.

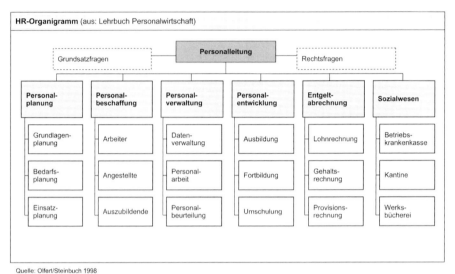

Quelle: Olfert/Steinbuch 1998

Abb. 30: Traditionelle HR-Organisation

Allerdings sollte in den großen Unternehmen im deutschsprachigen Raum zunächst noch eine Divisionalisierung der Personalarbeit durch das Organisationsmodell des Personalreferentensystems dominierend werden, quasi ein Zwischenschritt. Hierzulande dauerte es etwa ein weiteres Jahrzehnt, bis sich das Service-Delivery-Modell als Vorlage für das HR-Organisationsdesign flächendeckend etablierte. Gemein ist dabei sowohl dem Service-Center-Personal, dem SSC oder auch dem Personalreferentenmodell das Versprechen einer erhöhten Kunden- und Dienstleistungsorientierung, die Abkehr von der reinen Verwaltungstätigkeit zugunsten mehrwertiger Services sowie der Anspruch, eine stärkere Strategieorientierung der Personalarbeit sicherzustellen. Ansprüche, die bis heute und auf Sicht erhalten geblieben sind und quasi als Standardlegitimation für jedwedes HR-Organisationsmodell mitgeführt werden. Ebenfalls bis heute erhalten ist das prinzipielle Strukturelement eines HR-Generalisten, der sich gezielt um einen Unternehmensbereich kümmert.

Das Ende des Vereinigungsbooms bedeutet für die (westdeutsche) Wirtschaft das Aufziehen einer Rezession mit tiefgreifenden Veränderungen. In den Unternehmen führte dies zu einer Intensivierung des Rationalisierungsprozesses und zu einem signifikanten Wandel der Arbeits- und Produktionssysteme. Es ist die Zeit des Lean Management und Business Process Reengineering. Die zunehmende Internationalisierung und Dynamisierung der Organisationsformen zwingt zum Überdenken und Verändern traditioneller Strukturen. So wird Mitte der neunziger Jahre denn auch wieder einmal die Personalarbeit und deren Organisationsmodell hinterfragt. Mit dem Begriff der »virtuellen Personalabteilung« wird zeitgleich aus dem akademischen Umfeld ein neuer, fast schon radikal zu nennender Strukturvorschlag in die Diskussion eingeführt (vgl. Scholz 1995), der sich schnell zu einer artikelproduzierenden Kontroverse fortschreibt. Nun ging es bei dem Virtualisierungsvorschlag aber nicht darum, wie seinerzeit vielerorts befürchtet, die Personalabteilung gleich ganz abzuschaffen. Wobei dies im Grunde auch immer eine Option bleibt (vgl. 7.1). Vielmehr wird deren Funktionalität und Aufgabenspektrum erhalten, aber in einen deutlich veränderten (= virtuellen) Aggregatzustand überführt. Mit einer kleinen Zahl von Kernkompetenz- und Vollzeitpersonalern soll diese stark dezentralisierte Organisation eine professionellere, kompetentere, serviceorientiertere, konfliktlösende, strategischere, effizienzoptimierte, also einfach bessere Personalarbeit ermöglichen (Scholz 1996: 1081). Trotz medialer Aufmerksamkeit reüssierte das Modell im Feld der praktischen Gestaltung von HR-Organisationen nur verhalten. Zumindest nicht unter dem Schlagwort »virtuelle Personalabteilung«. Übersehen sollte man deshalb jedoch nicht, dass konzeptionelle Überlegungen und Elemente dieses Organisationsvorschlages für die aktuelle Diskussion relevant und strukturgebend in der Praxis sind.

Da ist zum ersten das Bewusstmachen der Verdrängung. Virtualisierung beschreibt mit der Zergliederung der Personalabteilung auch den Transfer von Personalaufgaben auf Mitarbeiter und Führungskräfte (»jeder Manager ist ein Personal-Manager«) und bewertet dies positiv (Scholz 1996: 1085).

Zweitens wird explizit auf externe Dienstleister verwiesen, die es beim virtuellen Arbeiten in Dienstleistungsnetzwerken zu integrieren gilt. Mitte der Neunziger beginnt entsprechend das Vergeben von HR-Services »nach draußen« auch hierzulande an Fahrt zu gewinnen. In den USA/UK war man seinerzeit (natürlich) schon weiter. Heute ist das Auslagern an die »Third Parties« selbst hierzulande ebenfalls bereits unspektakuläres Alltagsgeschäft, und das »Vendor Management« in den HR-Bereichen großer Unternehmen professionalisiert sich (Wieneke/Müller 2009). Für Gesprächsstoff in der Szene sorgt höchstens noch das vermehrt auftretende In-sourcing (eigentlich müsste man ja von Back-Sourcing sprechen).

Drittens wird der Technologie die im Konzept der Virtualisierung zwingend notwendige integrative Klammerfunktion zugeschrieben; die »multimediale Informationstechnologie« spielt im Organisationsmodell der virtuellen Personalabteilung eine Schlüsselrolle (Scholz 1996: 1082). Zu dieser Zeit bis weit in die gerade abgelaufene Dekade sind freilich die meisten Unternehmen noch zu sehr mit der anstrengenden Einführung von HR-ERP-Systemen beschäftigt gewesen. Mulitmedia in der Personalabteilung war dann doch für viele Unternehmen zu visionär, zu weit weg von dem, was im eigenen Bereich möglich erschien. Dies ist heute deutlich anders. Und HR-Organisation wird heute automatisch mit Automatisierung bei hohem IT-Durchdringungsgrad gedacht und realisiert.

»Alles da« – Auf dem Weg in die Matrix

Zum Beginn des neuen Jahrtausends sind die wesentlichen Komponenten zur Gestaltung von HR-Organisationen theoretisch eingeführt, beschrieben sowie ersten praktischen Testläufen unterzogen. Expertenrollen (Centers of Excellence, aus der funktionalen Tradition kommend), Generalisten (Personalreferentensystem, Business-Partner, HR Account Manager), zentralisierte Einheiten (Shared Service Center), Technologie (HRIS, e-HR) und externe Dienstleister (Outsourcing, Third Party Management) sind nunmehr für Personaler auch praktisch gesehen die möglichen Bausteine ihrer Organisation. 2002 organisieren sich ein Großteil (41 Prozent) der deutschen Personalbereiche dennoch eher traditionell. Und das heißt zunächst einmal funktional (Claßen/Kern 2002: 23). Matrixorganisationen sind mit 20 Prozent deutlich in der Unterzahl. Ein Verhältnis, welches sich über die folgenden Jahre drehen wird.

Aus der Theorie kommen zunächst einmal keine weiteren revolutionären neuen Vorschläge. Die eingeführten Komponenten werden in ihren konzeptionellen Grundzügen eigentlich nur marginal weiterentwickelt oder semantisch verschoben. So wird beispielsweise aus der Personalfunktion im Business auch mal ein »Embedded HR« (Ulrich 2005: 192). Weiterentwicklung ist auch nicht notwendig, denn es ist ja »alles da« und muss nun erst einmal richtig umgesetzt werden. Die verfügbaren Bausteine für die HR-Organisation werden in der Praxis zu vielfältigen HR-Häusern zusammengesetzt. Im Jahr 2004, inzwischen sind 28 Prozent der deutschsprachigen Personalbereiche als Matrixorganisation aufgestellt, wurde dieses Organisations-Potpourri von uns einmal blitzlichtartig abgebildet. Die Bestandsaufnahme in Form der Kombination von zehn HR-Organisationsbausteinen (Head HR, HR-Experten, Shared Service Center, Betreuungsfunktion) mit vier typischen Unternehmensbereichen (Corporate, Regionen, Länder und Divisionen/Business Units) zeigt zum einen deutlich die sich zwangsläufig ergebende Matrixform von HR-Organisationen, zum anderen, wie sehr die lokale Dimension der Personalarbeit, besonders in den Themen Arbeitsrecht, Compensation & Benefits oder Betreuung, in der HR-Organisation reflektiert wird (Claßen/Kern 2004: 33–34) (vgl. Abb. 31).

Im jüngsten HR Barometer hat fast die Hälfte der Unternehmen (46 Prozent) ihre HR-Funktion als Matrixorganisation aufgestellt. Mehr als jedes vierte (27 Prozent) in der wohl kompliziertesten Form als dreidimensional gekreuzte Organisation aus Funktion, Unternehmensbereich und Geographie, weitere 15 Prozent als Mischung aus Geographie und Funktion und vier Prozent als Matrix aus Geographie und Unternehmensbereich (Claßen/Kern 2009: 50).

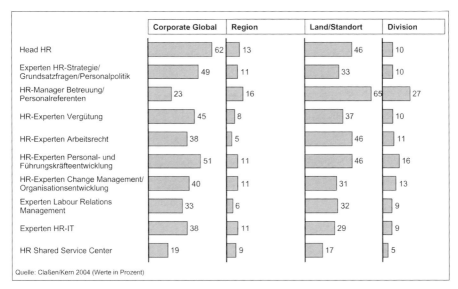

	Corporate Global	Region	Land/Standort	Division
Head HR	62	13	46	10
Experten HR-Strategie/ Grundsatzfragen/Personalpolitik	49	11	33	10
HR-Manager Betreuung/ Personalreferenten	23	16	65	27
HR-Experten Vergütung	45	8	37	10
HR-Experten Arbeitsrecht	38	5	46	11
HR-Experten Personal- und Führungskräfteentwicklung	51	11	46	16
HR-Experten Change Management/ Organisationsentwicklung	40	11	31	13
Experten Labour Relations Management	33	6	32	9
Experten HR-IT	38	11	29	9
HR Shared Service Center	19	9	17	5

Quelle: Claßen/Kern 2004 (Werte in Prozent)

Abb. 31: Vertretung der HR-Funktionen in den Bereichen des Unternehmens

Dies ist nun aus zwei Gründen keine Überraschung. Erstens: Die zunehmende Internationalisierung von Unternehmensorganisationen erfordert oftmals Matrixstrukturen im Business und in der HR-Funktion. Zweitens gibt es inzwischen ein breit akzeptiertes HR-Organisationsmodell, das nahezu zwangsläufig zu einem Leben in der Matrix führt. Diese Blaupause für die Organisation der Personalfunktion ist heute das Modell »Trias plus Technologie«, in der die moderne HR Service Delivery abgebildet werden soll (vgl. Abb. 32). Im Prinzip gibt es vier wesentliche Komponenten (drei Säulen/Organisationsmodule plus Technologie), die in Summe die gesamte HR-Organisation aufbauen: HR-Business-Partner als Schnittstelle zwischen Business und HR-Organisation, HR Shared Services, die kostengünstig und möglichst standardisiert sowie automatisiert HR-Dienstleistungen für die gesamte Organisation erbringen sowie die Centers of Expertise mit ihrer Experten- und Richtlinienkompetenz. Abgerundet wird dieses HR-Service-Delivery-Modell durch eine vierte, technologische Komponente, bestehend aus automatisierten Services im Internet oder Intranet und ESS (Employee Self Service) bzw. MSS (Managers Self Service).

Das Ganze wird zusammengehalten durch die HR Governance. Das sind die Komponenten, die in Abstimmung auf organisatorische Reichweite – global, kontinental, regional und lokal – variiert werden und das konkrete Design der HR-Organisationen ergeben. Dieses Modell ist seit einigen Jahren und fürderhin die breit akzeptierte und strukturgebende Folie für eine Diskussion um die HR-Organisation in fast allen großen Unternehmen diesseits und jenseits des Atlantiks (vgl. u.a. Ulrich 1997, Lawler/Mohrmann 2003, Ulrich/Brockbank 2005, Kenton/Yarnall 2005, Hunter 2006).

111

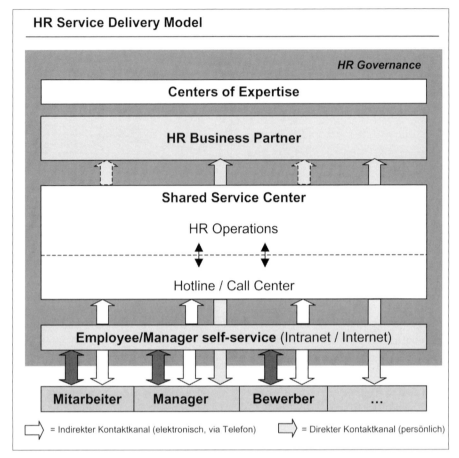

Abb. 32: Das moderne HR-Service-Delivery-Modell (»Trias plus Technologie«)

Verstoß gegen Reinheitsgebot notwendig

Eine annähernd flächendeckende und branchenübergreifende Anwendung des Trias- plus Technologie-Modells in Unternehmen mit Mitarbeiterzahlen über der Tausendermarke ist im deutschsprachigen Raum Mitte der ersten Dekade des neuen Jahrtausends zu konstatieren (Claßen/Kern 2006: 44). Was beim Bier das Wasser, der Hopfen und das Malz sind, sind im Service-Delivery-Modell die Center of Excellence, die HR-Business-Partner und das Service Center. Nun verfahren nicht alle Unternehmen mit dem Service-Delivery-Reinheitsgebot ebenso streng, wie Bierbrauer, die etwas auf sich halten und konsequent das 1516 in Ingolstadt durch Herzog Wilhelm IV erlassene Reinheitsgebot umsetzen. Und das ist auch in Ordnung. Denn so benötigen beispielsweise Flächenorganisationen und produzierende Unternehmen mit Werksorganisationen nicht selten ein weiteres organisatorisches Element, um HR-Services zu erbringen. Wo nicht jedem Mitarbeiter ein PC für Employee Self Services zur Verfügung steht und kein

Business Case für ein Kiosksystem vorhanden ist, braucht es eine Funktion vor Ort, bei der administrative und operative Personalprozesse wie Einsatz- oder Urlaubsplanung auflaufen können. Die Deutsche Post DHL hat beispielsweise betriebliche Einsatzstellen an den Produktionsstätten ihrer Organisation, die dem Geschäftsbereich und den operativen Einheiten zugeordnet sind, aber eben auch HR-Prozessarbeit verrichtet. Weitere Komponente dieses unternehmensspezifischen Delivery-Modells sind regionale Personalabteilungen, die weitestgehend die Rolle des HR-Business-Partners wahrnehmen, zentralisierte Services und natürlich Centers of Excellence. Hier wurde das klassische HR-Service-Delivery-Modell quasi mit einer weiteren Zutat gestreckt.

Aber es geht auch andersherum. Trotz aller Reinheitsgebote müssen kleinere Unternehmen, die nur mehr ein paar Handvoll Personal zu organisieren haben, nämlich fast zwangsläufig panschen. Da wird das Center of Excellence mit dem Shared-Service-Center-Element verbunden oder dem Business-Partner eine zusätzliche Spezialisten-Rolle umgehängt. Eine Trennung von Personalentwicklungskonzepten (Transformation) und der Organisation der Trainingsdurchführung (Transaktion) macht ja beim insgesamt drei Köpfe starken PE-Team (Leiter, Mitarbeiter, Trainee) wenig Sinn. Da arbeitet man Transformation und Transaktion in einem Team oder sogar in einer Person ab und verzichtet auf komplizierte Verkünstelungen.

In solchen praktischen Ausgestaltungen des HR-Service-Delivery- und HR-Business-Partner-Modells, in der eigentlichen Definition einer HR-Organisation liegt ja die reizvolle Knacknuss, die Spannung produziert und garantiert. Dann, wenn firmenindividuell die Komponenten und damit die HR-Business-Partner-Rolle in »boxes and wires« sowie Kapazitäten übersetzt werden. Und dieser Transfer vom Modell zur Organisation (oft auch zeitgleich mit dem Übergang von PowerPoint ins Organigramm) produziert die Differenzen in den HR-Organisationen verschiedener Branchen und Unternehmen. Vielleicht ist hier sogar eine weitere Parallele zum Bier zu bemerken. Wie beim Bierbrauprozess des Braumeisters, bei dem im Prinzip immer die gleichen Ingredienzien (Wasser, Hopfen, Malz) verwendet werden, kommt es auch beim Organisationsdesign schon darauf an, was der Organisationsentwickler aus den Zutaten HR-Business-Partner, Center of Excellence und Shared Service Center macht. Und weil es auf das konkrete Machen und daneben ein bisschen auch auf den persönlichen Geschmack ankommt, können bei Bier und Personalorganisation die Produkte von Brauerei zu Brauerei und von Unternehmen zu Unternehmen eben disparat ausfallen.

Unterschiede gibt es bei der Form der Darreichung (Glas, Flasche, Dose, Matrix, funktionale Organisation), beim Inhalt (Light-Produkte, Starkbier, Mischgetränke, hoher Outsourcinggrad, Business-Partner im HR-Bereich, HR in cross-funktionalem SSC) und Präsentation des Ergebnisses (Etikettenschwindel, Kick-off-Veranstaltung) sowie bei den Konsumationsauswirkungen. Wobei der Rückmeldemechanismus zum Konsum von Bier (Kater) beziehungsweise HR-Organisation (Feedback aus dem Business) dann normalerweise, wenn auch nicht immer in Ergebnis und Impression, so doch in der zeitlichen Dimension etwas auseinanderfällt. Übrigens: Ein »zu viel« an Organisation bereitet Kopfschmerzen. Das ist Ihnen, lieber Leser, vieleicht aus eigener Erfahrung bekannt – selbst wenn Sie einen guten Roten dem Gerstensaft vorziehen.

Beispiele von HR-Organisationen

Als Personaler ist man nicht frei, sich einfach eine »beste« HR-Organisation auf der Basis von idealen Modellen zu definieren, sondern muss ja vor allem den Grundstrukturen der Business-Organisation folgen. Zudem hat man von Binsenweisheiten des Managements wie »structure follows strategy« gehört. Schließlich hat man es – gerade in der HR-Funktion – mit eigensinnigen und eigenwilligen Akteuren zu tun. All dies hat einen erheblichen Einfluss, und den gilt es zu berücksichtigen. Schließlich organisiert man HRM, um Mehrwert für das Business zu schaffen und Services bereitzustellen. Wie sehen solche HR-Organisationen heute nun konkret aus? Anbei ein paar exemplarische Muster.

Beispiel eins zeigt die Lösung für ein rein national produzierendes Unternehmen aus dem Anlagenbau mit eher mittelständischen Strukturen und circa 3.000 Mitarbeitern (vgl. Abb. 33). In den HR Services sind Experten/CoE und administrative Dienstleistungen gebündelt. HR ist an den wichtigsten und größten Standorten mit HR-Business-Partnern und deren kleinen Teams vertreten. Diese bearbeiten mit Unterstützung der zentralen HR-Stellen Personalplanung, -auswahl und -entwicklung etc. Die HR-Business-Partner berichten disziplinarisch in das Business und werden fachlich vom Senior Vice President HR gesteuert.

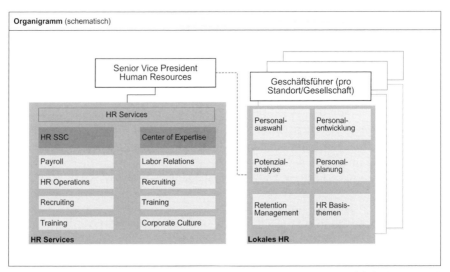

Abb. 33: HR-Organisation Beispiel 1 – zentrale HR Services und lokale HR-Business-Partner

Beispiel zwei zeigt die Variante eines Unternehmens in der Bauindustrie mit Konzernstrukturen und etwa 7.000 Mitarbeitern. Die internationalen Aktivtäten sind im Aufbau begriffen (vgl. Abb. 34). Die Personalfunktion ist Teil des Corporate Centers und wird »strong line« geführt. Ein Trennung ist zwischen den Transaktionstätigkeiten und der HR-Business-Partner-Funktion hergestellt. Letztere ist thematisch vergleichsweise breit aufgestellt.

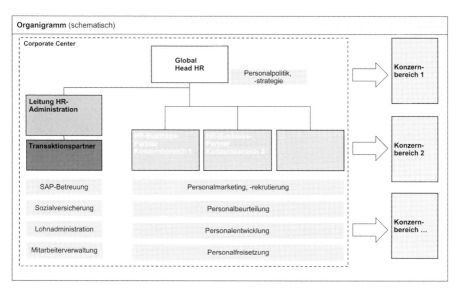

Abb. 34: HR-Organisation Beispiel 2 – starkes Corporate Center

Beispiel drei (circa 20.000 Mitarbeiter) ist vergleichsweise nahe an der Blaupause »Trias plus Technologie« gebaut (vgl. Abb. 35). Bei genauer Betrachtung wird man das Shared Service Center vermissen. Hier gilt allerdings: Was outgesourced ist taucht zwar in den Kosten, nicht jedoch im Organigramm auf. Die Outsourcingrate ist bei diesem international aufgestellten Unternehmen aus der Chemiebranche historisch bedingt hoch. Die HR-Business-Partner sind entlang der (globalen) Business Units aufgestellt und haben entsprechend eine globale Verantwortung. Die HR-Organisation in Deutschland nimmt die globalen Strukturen in ihren Set-up auf, kommt aber auch den »Business Requirements« der größten Landesgesellschaft durch entsprechende lokale Funktionen nach.

Beispiel vier – ein Unternehmen mit knapp 35.000 Mitarbeitern – ist nun nahezu lehrbuchmäßig am Service-Delivery-Modell ausgerichtet. Drei Typen von HR-Business-Partnern (global, regional, lokal) braucht es, um den globalen Business-Strukturen dieses Konzerns gerecht zu werden. Die Transaktionstätigkeiten sind in die global organisierten HR Operations (gleichwohl regional lokalisiert) verlagert, während sich die CoEs um die Themen Talent Management, Compensation and Benefits, Organizational Development und HRIT kümmern (vgl. Abb. 36).

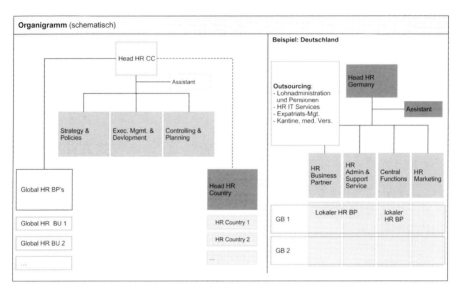

Abb. 35: HR-Organisation Beispiel 3 – hohe Outsourcing-Rate

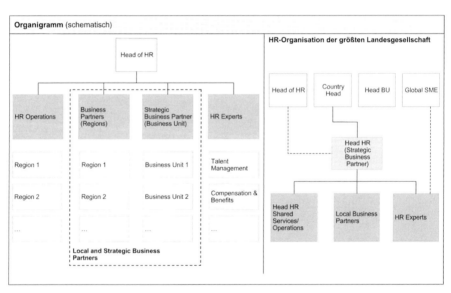

Abb. 36: HR-Organisation Beispiel 4 – nahe am HR-Service-Delivery-Modell gebaut

So und so ähnlich sehen nun heute viele Organigramme der HR-Organisationen großer Unternehmen aus. Dabei ist im Gegensatz zu den neunziger Jahren kein Unterschied mehr zwischen US-amerikanischen, britischen oder deutschen Unternehmen festzustellen. In dieser Hinsicht ist die Welt »flat« geworden. Dennoch ist ein einfaches »copy/paste« von Organisationsstrukturen weder sinnvoll, erfolgsversprechend noch möglich. (HR-)Organisationsdesign ist, wir werden weiter unten noch darauf zu sprechen kommen, ein Handwerk, das mit Vorlagen und Benchmarks arbeiten kann und soll. Darin erschöpft sich dieses Handwerk aber bei weitem nicht (vgl. 3.3).

Kapazitäten der HR-Organisation

Apropos Benchmark: Der berühmt und gleichzeitig berüchtigtste KPI im Personalbereich ist die Betreuungsquote. Sie drückt die Anzahl von Mitarbeitern eines Unternehmens aus, die auf einen HR-Mitarbeiter in dieser Organisation kommen. Mittels dieser Kennzahl kann der von uns bislang rein strukturell vorgenommene Zugriff auf die HR-Organisationen um die Kapazitätsdimension ergänzt werden. Dabei kann als ganz grobe Daumenregel gelten: Werte der Betreuungsquote unter 100 sind nicht wirklich gut. Zumindest muss man mit völlig berechtigten kritischen Fragen rechnen (und diese oftmals auch sehr konkret beantworten). Selbstverständlich muss man sich die Realität hinter der Kennzahl ansehen. So reicht der Umfang von HR und damit Mitarbeiterbestand der Personalfunktion vom einen Extrem, bei dem sogar noch der Bademeister des Schwimmbads im Schulungszentrum als Personaler gilt und die Betreuungsquote nach unten zieht (hoffentlich aber nicht seine ertrinkenden Badegäste), bis zur gertenschlanken HR-Miniatur, die alles Transaktionale bereits outgesourct und damit aus der Kennzahl in die Sachkosten verschoben hat.

Die im HR Barometer seit 2002 erhobene Betreuungsquote der Unternehmen im deutschsprachigen Raum streut auch in der jüngsten Ausgabe erheblich (vgl. Abb. 37). Die Extremwerte interessieren dabei weniger, schwanken sie doch zwischen unbeschreiblich fett und unvorstellbar knochig. Der Median, also der mittlere Wert, liegt um die 80. Eine Erhöhung der Betreuungsquote seit 2002 – also eine Rechtsverschiebung der Verteilung in der Grafik – über die Zeit ist nicht eingetreten. Verglichen mit den Vorstudien hat sich trotz des stellenweise massiven Kostendrucks auf die HR-Bereiche »im Durchschnitt« eigentlich nichts geändert. In mehr als einem Viertel der Unternehmen muss die Personalfunktion auch im Jahre 2008 noch als fett bezeichnet werden (Claßen/Kern 2009: 46–49). Es ist schwer nachvollziehbar, wie sich solche HR-Bereiche heute noch erfolgreich legitimieren lassen. Es mag sicher auch an unserer – als Berater – selektiven Wahrnehmung in Folge einer Befassung mit kostenorientiert motivierten Transformationen im HR-Bereich liegen. Dennoch: Wir sind felsenfest davon überzeugt, dass derartig geringe Werte der Betreuungsquote inzwischen nicht mehr angemessen sind.

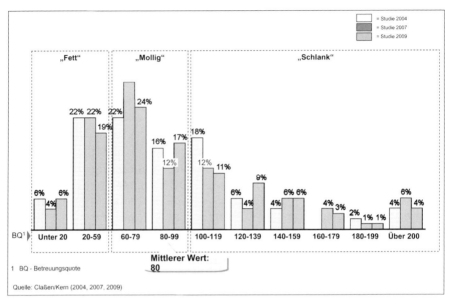

Abb. 37: Entgegen vieler Vermutungen hat sich die Betreuungsquote über die Zeit nicht erhöht

Zwei von fünf Unternehmen verfügen über einen mehr oder weniger molligen Personalbereich. Es mag dafür jeweils gute Gründe und ausreichend Rückhalt geben. Mit Blick auf die Kennzahl Betreuungsquote besitzt derzeit nur jedes dritte Unternehmen eine schlanke HR-Organisation. Ob Personalbereiche mit Werten deutlich jenseits von 150 nicht bereits als Twiggies auf den Catwalks des Managements bezeichnet werden müssen, muss in jedem Einzelfall beurteilt werden. Es gibt keinen absoluten »Benchmark« bzw. »Best-in-class«-Wert für die Betreuungsquote und die Kapazität von HR-Organisationen. Viel ist nicht immer richtig und wenig nicht jedes Mal schlecht. Von Fettleibigkeit ist jedoch in jedem Fall abzuraten. Wie bei anderen Kostenthemen ist es klug, sich selbst regelmäßig kritisch zu hinterfragen und damit nicht vom Treiber zum Getriebenen zu werden. Beim Blick über den Tellerrand des eigenen Unternehmens dürfen gerade bei der Betreuungsquote die spezifischen Differenzen nicht übersehen werden; dies darf freilich nicht zu Betriebsblindheit und Selbstverliebtheit führen. Eine Optimierung der Kapazitäten sollte von den Aufgaben und der Qualität der Ergebnisse her angegangen werden, nicht aber vom bloßen Blick auf den »zu hohen Headcount in HR«.

Quo vadis, Orga?

Neuere, revolutionäre Ansätze zum HR-Organisationsdesign haben wir bis in den Herbst 2009 hinein nicht beobachten können. Auch die unter dem Anspruch des Re-Designs antretenden Überlegungen sind bei näherer Betrachtung letztlich nur Mutation des bekannten HR-Service-Delivery-Modells (vgl. Kates

2006) oder stellen stärker auf das »Wie« ab und setzen für das »Was« inhaltlich auf Bekanntem auf (Ulrich 2008: 181, Ulrich 2009: 55-78). Was sich an organisationalen Konsequenzen aus der Dichotomie Transaktion versus Transformation bzw. Maschine versus Handarbeit, die ihre Entsprechung in den Organisationsbildern »Fabrik« und »Manufaktur« findet, organisatorisch machen lässt, ist ebenfalls im HR-Service-Delivery-Modell bereits prinzipiell angelegt (vgl. 1.1).

Viel HR-Organisation für wenig Geld

Mal ehrlich: Es ist ja doch ein rechtes Kreuz mit der HR-Organisation. Heute muss man schon eine Trippel-Matrix-Organisation aufbauen, und dennoch ist das Business nicht zufrieden, schimpft weiter über mangelnde Qualität, schlechten Service und zu hohe Kosten. Aber eigentlich bräuchte man ja noch viel mehr Headcount, um die Kollegen da mal ruhigzustellen. Nun ist der CFO partout nicht bereit, von seiner Vorgabe »Kostenreduktion in allen Supportbereichen um 30 Prozent innerhalb der nächsten sechs Monate bei gleichbleibendem Service-Level« abzurücken. Was tun? Outsourcen? Dauert zu lange und ist am Ende doch wieder teurer. Zentralisieren und Personal freisetzen? Unmöglich, gerade eine gute Beziehung zum Betriebsrat aufgebaut. Lieferanten knebeln? Hm, möglich, da gehen immer 10 Prozent, aber das reicht noch nicht. Vielleicht noch ein paar Personaler in die Business-Organisation verschieben? Klappt eigentlich immer ganz gut. Und wenn sowieso kein Budget da ist, werden bestimmt auch keine Berater eingekauft, die mit ihren neunmalklugen Analysen das mühselig Versteckte wieder ans Tageslicht zerren und für richtig Ärger sorgen. Trotzdem, das ist doch alles aufwendig, riskant, nervig, und ein paar Wochen später muss man es doch wieder anders machen. Geht das mit der billigen HR-Organisation nicht einfacher?

Na klar! Nur mal bei Google an einem verregneten Sonntagnachmittag im November 2009 das Stichwort »HR Organisation« eingeben. Zack! Schon erscheint in der rechten Leiste (dort wo immer die nette und informative Werbung platziert ist) eine super Offerte. Zwar kannte man den dort inserierenden Internetanbieter vor Jahren vor allem für sein Angebot aus Büchern und Musik, aber inzwischen hat der ja auch Parfum, Kleider, Elektronik, Babyartikel, Spielzeug, Uhren, Schmuck und sogar Baumarktartikel im Sortiment. Alles was man eben so braucht. Und offensichtlich wurde dort kürzlich die Not der Personaler erkannt und mit einem ganz und gar unwiderstehlichen Angebot reagiert. Denn da prangt es gänzlich unüberlesbar: »HR ORGANISATION. RIESEN-AUSWAHL ZU TOP-PREISEN, ab 20 Euro.« Klasse! Und sogar portofrei. Wahnsinn! Da sollte man gleich fünf davon bestellen – bei den Reorganisationszyklen im Unternehmen. Eine davon (die, die halt oben liegt) sofort implementieren, die andern vier Organisationen auf Vorrat in die Schreibtischschublade und bei Bedarf wieder rausholen. Macht hundert Euro für ein halbes Jahr Ruhe. Das sollte es Ihnen doch Wert sein!

3.2   HR-Business-Partner-Organisation

Drei Fragestellungen

HR-Business-Partner bekommen einen präkonfigurierten und exponierten Platz in HR-Service-Delivery-Modell und HR-Organisation zugewiesen. Es gibt starke Argumente, mit denen sich reklamieren und zeigen lässt, dass für den HR-Business-Partner sogar der prominenteste Platz im »HR House« reserviert ist. Die Technologie sorgt ja »nur« für die Verlagerung von administrativer Personalarbeit in die Maschine oder die Linie. Die Shared Service Center räumen die noch verbleibenden administrativen Angelegenheiten weg, die sich leider nicht wegdrücken oder automatisieren lassen. Und die Centers of Excellence? Sie liefern doch letztlich dem Business-Partner zu. Was für HR-Business-Partner schmeichelhaft klingen mag, mutiert jedoch oft genug zu einem Problem. Wenn die Komponenten nicht eingespielt sind oder eine von ihnen nicht funktioniert, schlägt das Problem bei aller Separierung von transformationeller und transaktionaler Personalarbeit voll bei den HR-Business-Partnern durch. Und dies ist immerhin in jeden fünften Unternehmen der Fall (Claßen/Kern 2009: 21). Ein Grund mehr, sich in der eigentlichen HR-Business-Partner-Organisation gut aufzustellen.

In diesem Abschnitt konzentrieren wir uns auf die Ausgestaltung des HR-Business-Partner-Elements einer Personalorganisation. Dabei sind drei Fragen von Interesse. Erstens die Frage nach der Allokation und dem Reporting der HR-Business-Partner. Zweitens die Frage der grundsätzlichen Ausrichtung der HR-Business-Partner-Organisation – nach einer Line of Business (LoB) oder einer geographischen Dimension. Und drittens interessiert natürlich die kapazitative Ausstattung der HR-Business-Partner-Funktion.

Deutsche Frage nach der Berichtslinie

Zunächst die Frage, zu welcher Organisation der HR-Business-Partner denn nun »mehr« oder »eigentlich« gehört. Zur Business-Organisation oder zur HR-Organisation? Diese Frage hatte ein Personalvorstand seinerzeit als »typisch deutsch« desavouiert (Claßen/Kern 2006: 45). Trotzdem: Werfen wir einen Blick auf die vier theoretisch denkbaren, prinzipiellen und aber eben auch in der Praxis angewandten Reporting-Varianten. (vgl. Abb. 38).

1. HR-Business-Partner im HR-Bereich: In dieser Berichtslinienvariante materialisiert sich zumindest auf dem Papier eine durchgriffsstarke HR-Funktion. Der HR-Business-Partner berichtet exklusiv in den HR-Bereich. Er bekommt Ziele vom Personalvorstand, dem Geschäftsführer Personal, einem Global Head HR oder einem Global Head HR Business Partner, der wiederum an den Personalvorstand berichtet; ein Modell, das in Organisationen mit einer signifikant großen HR-Business-Partner-Organisation durchaus üblich ist.

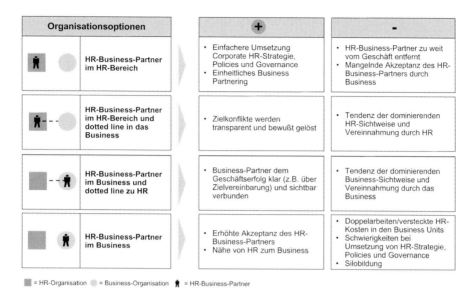

Organisationsoptionen		+	-
	HR-Business-Partner im HR-Bereich	• Einfachere Umsetzung Corporate HR-Strategie, Policies und Governance • Einheitliches Business Partnering	• HR-Business-Partner zu weit vom Geschäft entfernt • Mangelnde Akzeptanz des HR-Business-Partners durch Business
	HR-Business-Partner im HR-Bereich und dotted line in das Business	• Zielkonflikte werden transparent und bewußt gelöst	• Tendenz der dominierenden HR-Sichtweise und Vereinnahmung durch HR
	HR-Business-Partner im Business und dotted line zu HR	• Business-Partner dem Geschäftserfolg klar (z.B. über Zielvereinbarung) und sichtbar verbunden	• Tendenz der dominierenden Business-Sichtweise und Vereinnahmung durch das Business
	HR-Business-Partner im Business	• Erhöhte Akzeptanz des HR-Business-Partners • Nähe von HR zum Business	• Doppelarbeiten/versteckte HR-Kosten in den Business Units • Schwierigkeiten bei Umsetzung von HR-Strategie, Policies und Governance • Silobildung

■ = HR-Organisation ● = Business-Organisation 👤 = HR-Business-Partner

Abb. 38: Grundsätzlich gibt es vier Optionen für die organisatorische Anbindung des Business-Partners

2. Dotted Line zum Kunden: Der HR-Business-Partner berichtet disziplinarisch in die HR-Funktion, hat aber eine zweite Berichtslinie zu seinem Gegenüber im Geschäft. In dieser Variante ist das Business eben nicht nur Kunde, sondern wird in die Führung eingebunden. Bis hin zur Gleichberechtigung der beiden Führungskräfte in HR und Business, was praktisch über eine ergänzende Festlegung und/oder Bewertung der Zielerreichung des HR-Business-Partners durch den Counterpart im Business realisiert wird. In modernen Industrien, wie beispielsweise der IT-Branche, heißt dieser Zielbewertungsvorgang »additional appraisal« und wird in diesen Unternehmen wie selbstverständlich realisiert und ebenso in den Personalsystemen abgebildet.

3. Solid Line in das Business: Der HR-Business-Partner berichtet disziplinarisch in den Bereich, den er betreut. Die fachliche Steuerung aus HR erfolgt über eine Dotted Line. Hier gilt spiegelbildlich-analog das zu Modell zwei Gesagte. Übrigens: Manche Personalchefs versuchen dennoch eine starke Rolle zu spielen und sprechen von einer »strong dotted line«; wobei so etwas auch nach hinten losgehen kann.

4. HR-Business-Partner im Business: Der HR-Business-Partner berichtet exklusiv an das Business und wird nur aus diesem heraus gesteuert. Diese Form dominiert vor allem in stark dezentral organisierten Unternehmen. Eine HR-Konzernfunktion in einer wenig operativ eingreifenden oder reinen Finanz-Holding hat weder Interesse noch aufgrund der unternehmensweiten Governance die notwendige Management-Traktion, um die HR-Busi-

ness-Partner in den operativen Einheiten zu steuern. Konzernweit gültige Regelungen (beispielsweise zum Vergütungsmodell) und das Zugehörig-keits- und Verpflichtungsgefühl einer HR Community gegenüber, bringen dann so etwas wie eine ganz softe Dotted Line in dieses vierte Reporting-Modell hinein. Mittels der Einführung eines standardisierten HR-Systems kann diese aber recht schnell durchaus robuster und spürbar werden.

Es gibt keine eindeutige Präferenz für die Allokation der HR-Business-Partner zur HR- oder Business-Organisation. Die Vorteile der einen Lösung sind die Nachteile der anderen und vice versa. Dennoch sind die Variationen (strong/dotted/einfach/doppelt) deshalb nicht als reine Sprachspiele ohne performative Relevanz abzuqualifizieren. Evident wird dies in Diskussionen, in denen Berichtslinien ver- und ausgehandelt werden. Denn über die Benennung und Bezeichnung von Zugehörigkeit wird erwünschtes Verhalten im Grundsatz gesteuert, über Zielvereinbarungen und operative Führung zusätzlich abgesichert. Nun lassen sich diese Reporting- und Allokations-Diskussionen kaum mehr mit einer simplen »one fits all«-Regel beenden. Will man HR-Prozesse standardisieren, braucht es eine starke Berichtslinie, um die inhärenten aber intendierten Zentrifugalkräfte der HR-Business-Partner-Funktion zu domestizieren. »Dedicated Resources« sind sie dann, die HR-Business-Partner. Organisatorisch im HR-Bereich angebunden und für Prozessdisziplin verantwortlich, aber auch zu hundert Prozent ihrer Arbeitszeit der Wertschöpfung für das Business verpflichtet.

Ein DAX30-Personalvorstand etablierte aber die HR-Business-Partner zunächst einmal organisatorisch im Business, um so die Akzeptanzwahrscheinlichkeit für diese ehedem neue Rolle zu erhöhen. Durch einen angenehmen Nebeneffekt werden so übrigens gleichzeitig die Kosten aus dem HR-Budget herausgeschoben. So etwas funktioniert natürlich auch andersherum. Mit Blick auf Implementierung und zeitliche Dimension der Organisation kann aus taktischen Gründen zudem ein Wechsel in der disziplinarischen und/oder fachlichen Führung zweckmäßig sein. Worauf jedoch unabhängig von der Berichtslinie zu achten ist: Das Anspruchs- und Aufgabenspektrum des HR-Business-Partners. Dies sollte nicht verhandelt werden.

Ob mit oder ohne formale Berichtslinie, der HR-Business-Partner hat immer Verpflichtungen gegenüber der HR und der Business-Organisation, soviel ist sicher. Diesen Spagat kann er durch ausgleichendes Handeln und eine wohltemperierte Persönlichkeit nur bedingt selbst aushalten. Konfliktlösung ist ihm am Ende der Diskussionen oft nur eingeschränkt möglich. Es gibt Divergenzen, die keine optimale oder beide Seiten gleich zufriedenstellende Lösung zulassen; Entscheidungsfälle eben. Diese kristallisieren ja zuerst an der Rolle des HR-Business-Partners.

In einfachen Fällen reicht wohl die Entscheidung des HR-Business-Partners, mit welchem seiner Vorgesetzten oder Gegenüber er welches Problem bespricht. Die schweren Fälle müssen auf Managementebene debattiert werden. Deshalb wird die formale HR-Business-Partner-Reporting-Struktur durch entsprechende Gremien, wie zum Beispiel ein HR-Leadership-Team, deren Entscheidungsreichweite und -befugnisse in der HR Governance festgelegt sind, ergänzt.

Ausrichtung der HR-Business-Partner-Organisation – nach LoB oder Geographie?

In einem Unternehmen jenseits der 50.000 Mitarbeiter-Marke ist die HR Business Partner Community leicht über 200 Mitarbeiter stark. Das verlangt ein Organisieren einer Organisation in der Organisation; konkret: Das Festlegen einer HR-Business-Partner-Organisation in der HR/Business-Organisation. Dabei ist die wesentliche Frage, die vor allem die großen und internationalen Unternehmen umtreibt, die nach der prinzipiellen Ausrichtung der HR-Business-Partner-Organisation. Hierfür gibt es zwei generelle Möglichkeiten.

Option eins ist die, welche in den vergangenen Jahren am häufigsten zu beobachten war: Die HR-Business-Partner-Organisation wird an den (globalen/internationalen) Business Units/Lines of Business (LoB) ausgerichtet. Ein globaler HR-Business-Partner kümmert sich um seinen Management Counterpart im Business und dessen Belange in der People-Dimension – und zwar mit Blick und Fokus auf dessen Line of Business und mit entsprechender regionen- und länderübergreifender Reichweite. Um dies sicherzustellen sind weitere HR-Business-Partner in den Regionen und Ländern dieser Line of Business zugeordnet, so dass einem HR-Business-Partner Durchgriff entlang der Business-Logik möglich wird (vgl. Abb. 39).

Das Praxisproblem entsteht nun in den Regionen und Lokationen, in denen mehrere Lines of Business vertreten sind, dies aber nur mit einer unter-kritischen Manager/Mitarbeiter-Anzahl. Dedizierte (= hundert Prozent) LoB-HR-Business-Partner sind dann nicht mehr notwendig, geschweige denn legitimierbar. Konkret bedeutet dies oft, dass in einem einzigen HR-Business-Partner, also in einer Person, die Verantwortung für mehrere LoB verankert wird. Zielkonflikte sind vorprogrammiert. Die Stringenz der Business-Unit-Ausrichtung einer HR-Business-Partner-Organisation wird zwangsläufig aufgeweicht. Berichten die lokalen HR-Business-Partner nun noch exklusiv an einen Local Head HR, der wiederum ausschließlich an einen Business Country Head berichtet, verliert die HR Governance und eine an der Business-Unit-Struktur ausgerichtete HR-Organisation dann schon sehr deutlich an Traktion. Da Durchgriffsverluste aufgrund der strukturellen Gegebenheiten der Business-Organisation und den Effizienzerfordernissen einer HR-Organisation aber praktisch kaum vermeidbar sind, braucht es – unabhängig von der konkreten organisatorischen Lösung – zur Minimierung dieses Mankos klare Verantwortlichkeiten (zum Beispiel DEBI).

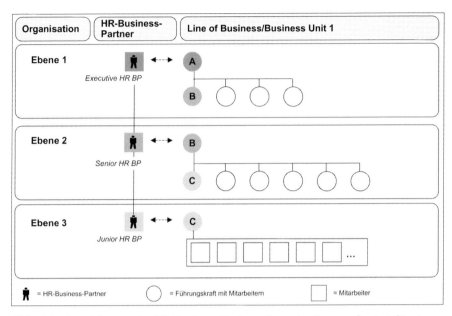

Abb. 39: Ausrichtung der HR-Business-Partner-Organisation an der LoB/Business Unit – prinzipielle Darstellung

Eine organisatorische Ausweichbewegung, die einige Unternehmen bereits unternommen haben, ist das Drehen der ersten organisatorischen Dimension von LoB auf Geographie (vgl. Abb. 40). Die Führung der HR-Business-Partner (Teams) liegt bei einem Regional Head HR. Als Resultat entsteht eine »Plattform-Lösung«. Will heißen, die HR-Business-Partner sind nicht exklusiv nur für einen Geschäftsbereich zuständig, sondern betreuen bereits auf globaler, häufiger aber auf regionaler und lokaler Ebene die Führungskräfte aus verschiedenen Business Units. Dies ist ein aus ökonomischen Gründen fast zwingendes Modell für Unternehmen, in deren »Multi-Business-Ländern« die Belegschaft unter 500 Mitarbeitern liegt. Nun ist auch so eine Lösung nicht allseligmachend. Die Nachteile dieses Modells sind die Spiegelbilder der Defizite einer Ausrichtung entlang von Business Units. Eine aufbauorganisatorische Struktur allein kann dies auch nicht lösen. Deshalb brauchen sowohl die geographischen als auch die an der LoB ausgerichteten HR-Business-Partner verbindliche Engagement-Modelle, die ihre Zuständigkeiten, Kompetenzen und Aufgaben regeln.

Ausstattungsfragen

Die organisatorische Interpretation der HR-Business-Partner-Rolle streut meist in Abhängigkeit von der Unternehmensgröße zwischen reinen »Ein-Mann-Veranstaltungen« und größeren HR-Business-Partner-Teams mit über 25 Mitarbeitern für eine Business Unit. Nun, liebe Leser, müssen wir sie enttäuschen. Es gibt leider noch nicht die passende Refa-Methode, ein konvenables Multimomentaufnahmeinstrument oder eine adaptierte Rosenkranz/Duschek-Formel, mit der man den Bedarf an HR-Business-Partnern für jedes Unternehmen exakt berechnen und zweifelsfrei bestimmen könnte. Wenn nicht schlicht und ergreifend durch Vorgaben gedeckt, lässt sich jedoch die kapazitative Ausstattung der HR-Business-Partner-Funktion immerhin anhand von drei Faktoren bestimmen. Zu Prüffragen gewendet, können diese Faktoren für die Ausstattungsdiskussion instrumentalisiert werden (vgl. Abb. 41).

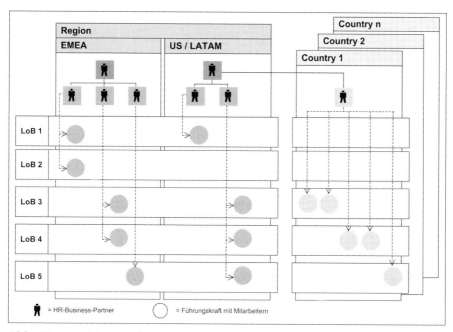

Abb. 40: Ausrichtung der HR-Business-Partner-Organisation an der geographischen Dimension – prinzipielle Darstellung

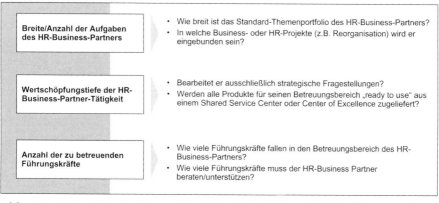

Abb. 41: Anhand dreier Fragen lässt sich die Soll-Kapazität für die HR-Business-Partner bestimmen

Zunächst ist da die Breite von Themen, die ein Business-Partner abdecken muss. Das klassische Themen-Portfolio haben wir in unserer 2006er-Studie bereits beschrieben (Claßen/Kern 2006: 63–70) und in diesem Buch nun aktualisiert (vgl. 4). Auch wenn jedes Unternehmen letztlich einen spezifischen HR-Business-Partner-Themenkanon definieren muss, ist dieser im Ergebnis eher breit als schmal bemessen. Konkret bedeutet dies nicht nur einen bunten, sondern sogar ziemlich großen Strauß an Aufgaben für den HR-Business-Partner. Wenn thematische Breite, nachgerade das Wesen der Rolle, gegeben und nicht verhandelbar ist, wird mit Blick auf Kapazität die Frage nach der zu leistenden Wertschöpfungstiefe umso wichtiger. Sollte der HR-Business-Partner Stellenanzeigen selbst schalten, die Bewerbungsunterlagen vorselektieren, Termine vereinbaren und den Vertrag dem aussichtsreichsten Kandidaten selbst nach Hause schicken müssen – dann wird man ihm schon mindestens eine Assistenzfunktion zugestehen. Kommt er aber nur noch zu den vom Recruiting Center oder dem externen Dienstleister vorbereiteten Gesprächen mit den drei aussichtsreichsten Kandidaten, gibt sein wohlüberlegtes »Ja/Nein«-Votum und überlässt dann die nachgelagerten administrativen Arbeiten wieder anderen, dann entspricht dieses Vorgehen nicht nur seiner eigentlichen Rolle, sondern bedarf auch ein Weniger an Kapazität in seinem direkten Umfeld und Zugriff.

Das dritte Kapazitätskriterium von Interesse ist die Anzahl der Führungskräfte (und deren Mitarbeiter), für die ein HR-Business-Partner verantwortlich zeichnet. Der HR-Business-Partner hat sein Gegenüber im Business, dessen direkte Mitarbeiter mit Führungsfunktion sind wiederum ebenfalls Ansprechpartner und Kunden für diesen HR-Business-Partner. Bei entsprechender Größe einer Organisation kaskadiert sich das Modell mit weiteren HR-Business-Partnern über die organisatorischen Ebenen nach unten. Dieses Modell schreibt sich dann ebenfalls in den entsprechenden Leveln von HR-Business-Partnern fort. Beispielsweise in der Ausprägung Junior, Senior oder Executive HR Business Partner. Es zeigt sich in der Praxis, dass ein HR-Business-Partner, der strategische Aufgaben wahrnimmt und in Business-Projekte involviert ist, nicht mehr als zehn bis zwölf Manager sinnvoll betreuen kann. Liegt die Managerbetreuungsquote dauerhaft darüber, wird es – unabhängig von der thematischen Breite – zum Problem, jedem Manager und Bereich gerecht zu werden.

Quantitative HR-Business-Partner-Benchmarks sind – merkwürdig genug – derzeit noch nur sehr bedingt zu finden, immerhin liegen erste Anläufe dazu vor. In der Diskussion mit Praktikern und mit Blick auf das eine oder andere projektinduzierte interne Benchmarking von Unternehmen ist der Vorschlag für eine Drittelung der HR-Ressourcen entlang der drei konstitutiven HR-Service-Delivery-Säulen zwar immer noch reichlich krude, findet aber doch generelle Zustimmung. So würden circa 25 bis 35 Prozent der HR-Ressourcen einer HR-Business-Partner-Organisation zugeschlagen.

126

Als quantitativ-indikativer Steigbügel für den heißen Ritt einer Ressourcendiskussion kann zudem eine – zugegebenermaßen etwas gewagte – Modellüberlegung dienen. Der Median für die Betreuungsquote bei zentraleuropäischen Unternehmen liegt ungefähr bei 1:80. Je nach Ambition eines Unternehmens ist dieser Wert bereits heute höher oder wird als Sollvorgabe in einem HR-Transformationsprojekt nach oben gesetzt. Geht man mit einem modernen HR-Verständnis davon aus, dass mindestens die Hälfte der HR-Funktion wertschöpfend als Experte oder Generalist tätig sein sollte und aus diesen fünfzig Prozent wiederum die Hälfte der Personaler eine »Client-facing«-Rolle wahrnehmen sollte, das heißt, HR-Business-Partner-Aufgaben wahrnimmt, kommt man auf ein Verhältnis von HR-Business-Partner zu Mitarbeitern von 1:320. Aus diesem wahrscheinlich gar nicht so ambitionierten Verhältnis ließe sich eine Gesamtkapazität für die HR-Business-Partner-Funktion pro Unternehmen ableiten. Derartige Kennzahlen sind, wie bereits gesagt, krude. Sie hängen in der Praxis von vielen Faktoren ab, angefangen bei der Führungsphilosophie und Steuerungserfordernissen (z.B. Produktionsunternehmen versus Wissensunternehmen).

Letztlich ist neben aller formalen, strukturellen und kapazitativen Stringenz und Diskussion die Festlegung der HR-Business-Partner-Organisation immer auch eine politische Veranstaltung, in der der unternehmerische Kontext nicht nur zu beachten ist, sondern dominieren muss. Dabei gilt es, das Machbare zu berücksichtigen sowie auch einen prüfenden Blick auf die personellen Situationen und Konstellationen zu richten (vgl. 5.2). Bei aller »One-fits-all-Aversion« unsererseits: Wir reden hier nicht der Beliebigkeit das Wort, und schon gar nicht fordern wir den permanenten Wandel. Zu vermeiden ist bei der HR-Business-Partner-Organisation ein halbjährliches »rein in die Kartoffeln, raus aus den Kartoffeln«. Neben Beraterhonoraren, Zeit und Nerven kostet dies nämlich Glaubwürdigkeit beim Business.

Intelligentes Leben, irgendwo da draußen

Bisher haben die Astronomen in der Milchstraße 350 erdähnliche Planeten gefunden. Bislang! Denn in den etwa 100 Milliarden anderen Galaxien in dem von uns derzeit beobachtbaren Universum (und wohl auch jenseits dieses »Horizonts«) könnte es noch ein paar weitere geben. Auf einigen dieser Welten wird intelligentes Leben vermutet. Der zurzeit erdähnlichste aller bekannten Planeten ist zwar 450 Lichtjahre entfernt. Dies ist nicht gerade um die Ecke. Für den Weg dorthin bräuchte man 24 Millionen Jahre und selbst mit dem gegenwärtig noch visionären Photonenantrieb immerhin noch 350.000 Jahre. Aber spinnen wir doch einfach mal herum und stellen uns vor, ein Besucher von dort würde auf unsere Erde kommen und – der Zufall will es so – geradewegs in einer Personalabteilung landen. Nicht in irgendeiner, sondern in einer aus einem dieser überzüchteten Unternehmen, die sich in den guten Jahren vor der Krise merklich und auf breiter Linie verkündet modernisiert hat. Dies auch noch an einem »casual« Freitag, an dem die Wochenendstimmung schon greifbar ist.

Wir wissen nun nicht, ob dieser extraterrestrische Besucher Augen und Ohren hätte. Aber beide wären weit offen. Im Workshop nämlich, den er aus seiner heimlichen Ecke beobachtet, sitzt ein knappes Dutzend Menschen um einen Tisch herum. Einer steht vorne und erzählt etwas, das sich offenbar auf die bunten Bildchen und wenigen Wörtchen hinter ihm an der Wand bezieht. Die anderen schauen ihn nicht an, sondern starren offen in ihre Klappmaschine auf dem Tisch vor ihnen oder blicken etwas verstohlen auf ein handtellergroßes Gerät in der einen Hand, während sie mit dem Daumen der anderen daran herumtapsen. Einer der Sitzenden, er schaut sehr wichtig drein, steht gerade auf, mit einem noch kleineren Ding, das gerade eine eigenartige Melodie spielt, und verlässt den Raum.

Irgendwie steigt die Unruhe, alle rutschen auf ihren Stühlen herum. Der vorne Stehende hält auf einmal inne und ruft in den Raum: »Und nun – was meint ihr?« Alle reden jetzt durcheinander: »Klaus, das kann doch nicht dein Ernst sein.« »Ich bin mit Renate auch der Meinung, dass..« »Das habe ich euch doch schon im März gesagt.« »Wir sollten unbedingt noch Karin einbeziehen.« »Bernd, das stimmt doch hinten und vorne nicht.« »OK, wann setzen wir uns wieder zusammen?« »Nein, das geht nicht, da bin ich im Urlaub.« Auf einmal Stille, alle gucken auf die Geräte vor ihnen und verlassen flugs den Raum. Als letzter auch unser extraterrestrischer Besucher. Der ist heilfroh, endlich wieder auf sein Raumschiff zu können, wo ihm sein Commander sagt, wie es nun weitergeht.

3.3 HR-Organisation als Dauerproblem

3.3.1 Von der Organisationstheorie betroffen

Doppelt betroffen

Wäre man systemisch mehr als nur angehaucht, würde der Einstieg in ein solches Kapitel mit einem wenig kantigen, dafür aber »irritierenden« Statement erfolgen. Wie zum Beispiel: »Das Problem der Organisation ist die Organisation« oder »Wer eine Lösung für seine Organisationsfrage sucht, hat ein Problem«. Nun ist es aber so, dass in Unternehmen um Aufmerksamkeit für das Thema Organisation nicht extra geworben werden muss. Sie ist ja sowieso ständig Thema, immer präsent und in unaufhörlicher Diskussion. Ernsthafte Organisations-Diskussionen und »Organizational Gossip« gehören zum Alltag einer jeden Unternehmung. Und trotz ihrer Popularität ist die Organisation ein Phänomen, welches weder begrifflich noch theoretisch oder in ihrer methodischen Bearbeitung eindeutig geschweige denn gelöst wäre. Das hat die Organisation mit Alltagsphänomenen wie der Ehe, dem Fußball oder dem Klimawandel gemeinsam. Deshalb müssen übrigens Versuche zwangsläufig fehlgehen, die mit einem »Unerklärten« (also zum Beispiel Fußball) das andere noch nicht Erklärte (zum Beispiel erfolgreiche Organisation etc.) durch Übertragung von Erfolgsfaktoren oder Analogiebildung nicht nur anregen, sondern sogar beraten wollen.

Unternehmen, vor allem die großen unter ihnen, richten für alles, was noch nicht gelöst ist, sich nicht lösen lässt oder immer wieder gelöst werden sollte, eine Abteilung ein. Da die Organisation geradezu ein Paradebeispiel für ein solches Dauerproblem darstellt, existieren allenthalben Organisationsabteilungen. Mit der sich ein HR-Business-Partner übrigens gut stellen sollte, da sie zum einen Schnittstellenpartner bei vielen seiner Themen ist und zum zweiten auch über sein Wohl und Wehe befinden könnte. Nun ist die Existenz der klassischen Organisationsabteilung heute, ohne dass dies uneingeschränkt zu begrüßen wäre, durch Verschlankungen der Verwaltungsfunktionen in den meisten Unternehmen so ausgedünnt, dass von der Abteilung nur mehr wenig übrig ist. Man bedient sich dann – denn das Organisationsproblem hat sich nicht zeitgleich verschlankt, sondern meistens potenziert – eher der Hilfe von Externen (Dorst u.a. 2009). Zwar haben sich in deutschsprachigen Unternehmen früher nicht alle Experten für Organisation im Personalbereich befunden. Trotzdem ist in manchem Personalbereich, einer Tradition folgend (Personal = Organisation), die Hoheit für das Thema Organisation verblieben. Zudem werden in letzter Zeit erneut Stimmen aus Theorie und Praxis hörbar, die »die Organisation« und deren Entwicklung zu einem Top-Thema, stellenweise sogar zu *dem* Thema für die HR-Funktion und den HR-Business-Partner im Besonderen ausrufen (vgl. Mohrmann 2007, Ulrich/Brockbank 2008, Craig 2009). Dabei ist gerade das Thema Organisationsentwicklung mit seiner unscharfen Abgrenzung zu personalwirtschaftlichen Herausforderungen als Aufgabenstellung für HR keineswegs brandneu (vgl. Ruona/Gibson 2004).

Angezeigt ist also eine doppelte Betroffenheit der HR Funktion durch die Organisation. Zum einen gilt es eine an der Business-Organisation ausgerichtete und mit Blick auf ein modernes HR-Service-Delivery-Modell effiziente und performante HR-Organisation einzurichten und zu bewirtschaften (vgl. 3.1). Zum anderen soll der Personalbereich einen Organisations-Service für das Unternehmen erbringen. Nun finden sich in der Praxis freilich unterschiedliche Organisations-Dienstleistungen: Von der reinen Administration von Organigrammen und Köpfen (also etwa »Master Data Management« und »Organisationsmanagement«) bis hin zu einem sehr anspruchsvollen Organisationsdesign und Development Service (OD&D). Der HR-Business-Partner wird mit den anspruchsvollen Aufgaben Organisationsdesign und Development, weniger mit der Verwaltung von Organigrammen und Köpfen oder dem Erstellen von unternehmensweiten Organisationsregeln, befasst sein.

Im Folgenden werden wir drei Inhalte entfalten. Zunächst wird es mit Blick auf die Organisationstheorie darum gehen kurz auszuloten, warum in Unternehmen so etwas wie ein »(Dauer-)Problem Organisation« überhaupt besteht. Dann werden wir einen (von mehreren denkbaren) Vorschlägen für den Organisations-Service der HR-Funktion vorstellen und diesen methodisch vertiefen. Abschließend sehen wir uns die Veränderungsfähigkeit von Organisationen an. Denn (fast) jedem Organisationsdesign folgt zumindest der Versuch zur Implementierung und damit eine Veränderung der Organisation. Das organisationale Potenzial für solch eine Veränderung (Changeability) hat erheblichen Einfluss auf den Ausgang der Veränderungsbestrebungen. Und damit auch auf das Einlösen von Nutzenargumenten, die bei der Definition der Organisation entscheidungslegitimierend eingesetzt werden. Verkürzt könne man sagen: In der Implementierung steht auch die Legitimität des Designs auf dem Spiel. Auch hier ist der HR-Business-Partner gefragt.

Theoretische Vielfalt

War die Diskussion um den Begriff HR-Business-Partner (vgl. 2) von sprachlichen Wirrungen und kommunikativen Unschärfen durchsetzt, ist man beim Thema Organisation schon deutlich weiter. Hier macht sich schon niemand mehr die Mühe – so erscheint es zumindest – einen umfassenden, widerspruchsfreien Begriff zu entfalten. Vielmehr stellt sich ein jeder die Organisation begrifflich so auf, wie es eben für die jeweilige Perspektive, die es zu entfalten gilt, gerade gebraucht wird. Nun ist in solchen Fällen, wenn der Begriff schon völlig zugestellt ist und man den Wald vor lauter Bäumen nicht mehr sieht, der Rückgriff auf den Erkenntnisspeicher Sprache ein beliebter Kniff. Und siehe da: Langenscheidt online bietet eine ganz neue Perspektive an. Umgangssprachlich bedeutet Organisation dann »Unterweltvereinigung«. Allerdings ist dies erst die letzte von vier möglichen Bedeutungen. Ein etymologischer Rekurs bringt immerhin die Erkenntnis, dass das griechische »organon« die Bedeutung Gerät, Instrument, Werkzeug trägt. Und die Interpretation, dass Organisation ein Werkzeug zur Erreichung eines bestimmten Zwecks ist, liegt nahe. Das griechische Suffix »ion« drückt die Handlung oder das Resultat der Handlung des zugrunde liegenden Wortes aus. Auf diese Weise ist bereits eine grundsätzliche Unterscheidung eingeführt, die sich ebenfalls durch die theoretischen Überlegungen zieht: »Wenn wir ‚Organisation‘ sagen operieren wir mit einer fundamentalen Zweideutigkeit. Gemeint sein kann der Prozess des Organisierens oder aber dessen Resultat, die ‚Organisiertheit‘ sozialen Handelns und sodann ein System organisationalen Handelns« (Ortmann u.a. 1997: 315). So kann man Organisation dynamisch verstehen, also als ein Tun oder einen Prozess. So wie dies beispielsweise im Titel der deutschen Übersetzung des 1969 erschienenen »The social psychology of organizing« von Weick zum Ausdruck kommt (Weick 1985). Die zweite Interpretationslinie ist strukturell orientiert und stellt auf das Ergebnis, das Produkt, das organisierte Gebilde ab. Also das, was man unter einem Organigramm mit Kästchen sowie »solid lines« und »dotted lines« bestens kennt.

Landkarten

Prozess und Struktur – auch in der Organisationstheorie führen diese beiden Pfade in das Feld der Organisationstheorien. Dieses grenzenlose Feld beinhaltet jedoch weit mehr Linien und Parzellen als diese beiden. Manch einer, der dieses weite Feld über viele Jahre beackert hat, bezeichnet es inzwischen als unbestellbar (Kieser/Walgenbach 2007: 1). Vom HR-Business-Partner und noch viel mehr von den OD-Spezialisten wird dennoch erwartet, dass sie sich in diesem Themengebiet orientieren und bewegen können. Dieses Feld hier nur ansatzweise beschreiben zu wollen führt deutlich zu weit. Dafür gibt es andernorts geeignete Landkarten, die bei der Orientierung wichtige Hinweise liefern können. Zum Beispiel die im deutschsprachigen Raum prominente und wohl für die hiesige Betriebswirtschaftslehre führende Einteilung der Organisationstheorien. Diese unterscheidet, beginnend mit Max Webers Bürokratieanalyse und dem Taylorismus, die Human-Relations und organisationspsychologische Theorien, verhaltenswissenschaftliche Entscheidungstheorien, den situativen Ansatz, institutionenökonomische Theorien, evolutionstheoretische Ansätze, neoinstitutionalistische Konzepte, die Strukturationstheorie und schließlich die Systemtheorie Luhmann'scher Prägung (vgl. Kieser/Ebers 2006). Allein die letztgenannte Richtung ist ja inzwischen zu einer raumgreifenden theoretischen Bewegung angewachsen; mit entsprechenden Derivaten in Management- und Beratungspraxis (z.B. Baecker 2003, Simon 2007).

Fast alle Management-Gurus, vornehmlich aus den USA, haben natürlich ebenfalls etwas zum Thema Organisation beigetragen. Freilich mit deutlich höherem Praxisinteresse und Methodenanspruch. Man könnte also als in Mitteleuropa ausgebildeter Akademiker sagen, dass diese Organisations-Konzepte theoretisch eine Anspruchsetage tiefer angesiedelt sind. Der eigentliche theoretische Überbau ist dabei gar nicht so sehr von Interesse. Vielmehr sucht man in der Praxis nach erfolgreichen Unternehmen, untersucht deren Organisationen und versucht hieraus Erfolgsfaktoren zu destillieren. Besonders produktiv sind hierbei die Modelle, mit deren Hilfe Organisation nicht nur begreif- sonder auch bearbeitbar gemacht wird. So zum Beispiel das »Congruence Model« von Nadler und Tushman, das Mitte der siebziger Jahre des letzten Jahrhunderts entwickelt wurde, das »7S-Model« von Peters und Waterman oder das inzwischen sogar mit einem Trademark versehene »Star Model« von Gailbraith. Natürlich haben auch Mintzberg, Drucker, Hamel und andere ihre Vorstellungen, Modelle und Empfehlungen zur Organisation abgegeben (vgl. Nadler u.a. 1997, Peters/Waterman 1982, Mintzberg 1992, Hamel 2000, Drucker 2005, Gailbraith 2007).

Randbereiche

Abseits vom Mainstream finden sich neben Theoretikern und Management-Gurus noch Unmengen von Tiefenbohrungen im weiten Feld der Organisation. An der Schnittstelle von Management und Sozial-/Geisteswissenschaften werden vielfältige Erklärungsversuche für das Phänomen Organisation oder spezielle Fragestellungen rund um die Organisation produziert. Die direkte Praxisrelevanz im Sinne der Bedeutung für ein OD-Vorhaben ist dabei oftmals nur von nachgeordneter Bedeutung. Es sei denn man anerkennt ein nicht zwingend in

Handlung mündendes Nachdenken außerhalb des Wissenschaftsbetriebs bereits als praktische Tätigkeit. Das ist im Unternehmen aber eher selten der Fall. Ob Organisationslogiken mit Anleihen beim Derrida'schen Dekonstruktivismus und der gesamten Diskussion um die Postmoderne (z.B. Ortmann 2003) in absehbarer Zeit praktisch bedeutsam für den HR-Business-Partner-werden, möchten wir bezweifeln. Oder ob er seine internen Kunden im Management mit Untersuchungen im Lichte der Lacan'schen Psychoanalyse und ihrem Verhältnis von Subjektivität, Performance und Kreativität in Organisationen wachrütteln kann (z.B. Hoedemaekers 2007, Driver 2008)? Man sollte hier jedoch nicht zu voreilig abschlägig urteilen. Immerhin schaffen es einige dieser Publikationen in die High-end-Journale wie die Organisationsentwicklung, Brand Eins und Harvard Business Manager.

Es geht uns jedoch weniger darum, am HR-Business-Partner interessierte Leser auf die weniger begangenen Pfade der Organisationstheorie zu locken, als vielmehr mit diesen Beispielen ein Indiz für die bunte und große Welt der Organisationstheorie anzuführen. Und es ist ja durchaus nicht so, dass Organisationstheorien sich nur auf Koordinations-, Loyalitäts- oder Motivationsprobleme beschränken müssten, sich ausschließlich mit Ablauf- und Aufbauorganisation oder Entscheidungsfindung in einer Organisation beschäftigen. Dies sind zwar wahrscheinlich für die betriebliche Praxis weiterhin die wesentlichen Themen – doch ist die Organisation immer auch mehr.

Theory locked in?

Organisationen sind hochkomplexe Gebilde, in denen etliche Fragestellungen auftreten. Man denke nur an Themen wie Macht und Mikropolitik, Verhältnis der einzelnen Person zum Ganzen einer Organisation, die Beziehung eines Unternehmens zum Markt oder zu Konkurrenten; vom Wandel der Organisation ganz zu schweigen. Moderne Organisationen sind nicht einfach klar greifbare, einfach gegebene Entitäten, mit eindeutigen Grenzen und Zielen, sondern entstehen durch soziales Handeln und Zusammenwirken sowie Rückkopplungen. Sie verkörpern und ermöglichen dieses – und das macht es äußerst schwierig sie zu beschreiben und zu verstehen. Und noch viel schwieriger ist es, den Erfolg von bestimmten Organisationsformen und -praktiken zu prognostizieren. Dieser Gemengelage muss sich ein HR-Business-Partner bewusst sein, wenn er sich organisatorischen Themenstellungen nähert. Trotz dieser Schwierigkeiten wird es ihm aber auch kaum gelingen, die Fragestellungen rund um Organisationsentwicklung zu vermeiden. Er muss diskussions- und beratungsfähig sein.

Eine Anfrage an die Theorie, diese möge dem HR-Business-Partner seine Organisation umfassend erklären und Hilfestellung für deren Design und Entwicklung an die Hand geben, muss aber zwingend ins Leere laufen. Dies, die umfassende theoretische Beschreibung von Organisationen in Form einer Supertheorie, erachten selbst Wissenschaftler inzwischen als etwas, was »zunehmend unerfüllbar ist« (Scherer 2006: 20). Business-Manager braucht dies erst einmal wenig zu kümmern. Sie verändern Organisationen »einfach«, um dann mit dieser veränderten Organisation besser ihre Ziele zu erreichen oder einfach, um mal wieder »Schwung in den Laden« zu bringen.

3.3.2 Lösungen und Methoden in der Praxis

Keine Theorie, aber vier mögliche Services

An späterer Stelle werden wir noch auf die Rolle des HR-Business-Partners bei Organisationsthemen hinweisen. Wir möchten bereits hier vorgreifen und Hinweise geben, wie die HR-Organisation einen Service für das Business, also für »den Rest der Organisation« anbieten kann, bei dem es um deren Organisation geht. Diese Services werden aufgrund ihres Anspruchs und Umfangs kaum vom HR-Business-Partner allein geliefert werden können. Dazu braucht es zusätzliche »hauptamtliche« Organisations-Experten, für deren Allokation in der Personalfunktion, zum Beispiel in den CoE, es durchaus gute Gründe gibt. Das Metaargument pro HR-Funktion liegt in einem integrierten Verständnis von hartem Organisationsdesign (»Struktur«) und weicher Organisationsentwicklung (»Prozess«).

Grundlage für jeden Service ist die Definition dessen, was als Dienstleistung angeboten wird. In diesem Fall ein einheitliches Verständnis von Organisation. Uns ist bewusst, dass jede Definition von Organisation letztlich eine Entscheidung mit Präferenzcharakter darstellt. Allein, in der Praxis geht es aus praktischen Gründen gar nicht anders. Möchte man sich aus der HR-Funktion heraus in die häufig vom Business dominierten Themen Organisationsdesign und -entwicklung kommunikativ einmischen, dann muss man (als HR-Business-Partner) einmal damit beginnen. Und damit Einigung hergestellt werden kann über was dann gesprochen wird, muss sich im Unternehmen darauf verständigt werden, was unter »Organisation« zu verstehen ist, die es zu designen und zu entwickeln gilt. Die Skizze der theoretischen Ansätze hat ja unter anderem zu zeigen versucht, wie viele unterschiedliche Verständnisse und »Draufsichten« es gibt.

Einer von mehreren im Markt befindlichen, uns sehr geläufiger Vorschlag (Gouillart/Kelly 1995) begreift Organisationsdesign als Gestaltung der Organisationsstruktur, Definition der Prozesse, der notwendigen Fähigkeiten, Systeme und Governance zur Erreichung langfristiger Unternehmensziele. Dabei ist die Strukturdimension mit Blick auf die betriebliche Praxis bewusst als die dominierende gekennzeichnet (vgl. Abb. 42). Ein so begriffenes Organisationsdesign ist weder kontextfrei noch situationsunabhängig denk- und durchführbar. Unternehmensstrategie und -kultur sind mit der Organisation wechselseitig ermöglichend und gleichzeitig limitierend verknüpft. »Structure follows strategy« mit einer vermeintlich zeitlichen Abfolge ist zwar heute ein noch weitgehend widerspruchsfrei einsetzbares Statement. So richtige Begeisterung löst es jedoch kaum mehr aus. Denn aus keiner Strategie lässt sich ein Organigramm logisch präzise ableiten. Im Gegenteil: Selbst Vertreter aus der Strategieschule räumen die Vorgängigkeit der Organisation sowie ihrer Kultur und die Abhängigkeit der Strategie von dieser Organisation mitsamt der kulturellen Komponente ein (Mintzberg 1999: 63–97, Remer 2004: 42–55, Doz/Kosonen 2008: 183–196). Ist ja auch irgendwie logisch. Denn ohne Organisation keine Strategie. Problematisch wird es nur, wenn defizitäre Organisationen obendrein noch schlechte Strategien produzieren.

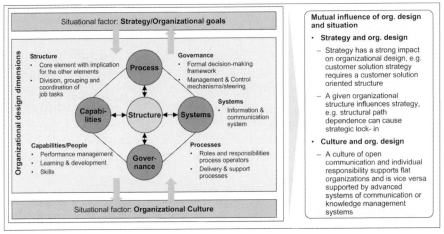

Abb. 42: Organisationsdesign geschieht nicht kontextfrei; deshalb gibt es auch keine »one fits all«-Organisation

Ein Organisationsservice der HR-Funktion kann typischerweise bei vier Themen ansetzen (vgl. Abb. 43). Erstens: Ein Governance-»Service«, sprich das Definieren und Anpassen von Organisationsgestaltungsregeln. Hierbei gilt es die sinnvollen, erlaubten und möglichen Führungsspannen festzulegen, formale Führungsprinzipien (fachlich versus disziplinarisch) zu regeln, die zulässige Anzahl und Bezeichnung von Hierarchieebenen festzuschreiben, Struktur und Inhalt von Stellenbeschreibungen zu klären. Das üblicherweise in HR-Hoheit befindliche »Grading« von Funktionen kann ebenfalls in diese beispielhafte Aufzählung eingereiht werden. Basiert diese »Organization Policy« auf dem Primat der Effizienz und Effektivität, was im Grunde in allen profitorientierten Organisationen der Fall sein muss, ist der zweite Service naheliegend und fast schon zwingend (vgl. Abb. 44): Ein Kontrollmechanismus, der die Einhaltung der vom Governance-Service festgelegten Organisationsgestaltungsregeln überprüft. Turnusmäßige Überprüfungen der festgeschriebenen Verfügungen, ein Review oder gar Audit auf Effektivität der Organisationsstrukturen werden heute jedoch nur selten von den Personalbereichen oder dem HR-Business-Partner praktiziert. Dies überlässt man lieber externen Beratern oder wartet die nächste Effizienzsteigerungs- oder Restrukturierungsmaßnahme ab, die ohnehin in regelmäßigen Zyklen kommt. Dabei wäre dies aufgrund des privilegierten Zugriffs der HR-Funktion auf Strukturdaten wie Führungsspannen und Managementebenen mit durchaus vertretbarem Aufwand zu realisieren. Durch die Kombination mit Daten aus Mitarbeiterbefragung und Führungskräftebeurteilung sowie dem Performance Management lässt sich zudem hypothesenbasiert eine vergleichsweise aussagekräftige Organisationsdiagnose erstellen, mit der das Business produktiv-konstruktiv konfrontiert werden kann.

Organizational Design & Development Services

Service 1: OD Governance

- Define and adjust organization policy (SoC[1], Layer, Grading…)

Service 3: Minor organizational alignment

- Optimization of single units
- Ensuring compliance with Org Effectiveness structural factors
- Monitoring of optimization execution of business (follow up of optimization needs)

Service 2: OD&D review

- Annual review of Org Effectiveness data set
- Identification of irregularities regarding the Org Effectiveness structural factors

Service 4: OD&D guidance

- Facilitation of OD&D process and alignment with structural factors
- Fact-based guidance and hypotheses generation for Org Effectiveness discussion with business
- Potential part: "Best of peer" – evaluation of org unit structure and internal benchmarking

[1] SoC – span of control

Abb. 43: OD&D Services der HR-Funktion – Beispiel

Objective	Review structural factors of organization on regular basis

Key activities	Stakeholder
- Download data for analyses based on template from HR system - Consolidate data regarding SoC[1] per manager - Analyse number of management layers - Prepare analyses results in charts, outline teams which diverge from guidelines in charts - Based on analyses results and org charts generate initial hypotheses - Conduct deep dive analyses - Prepare and list hypotheses for discussion and discuss with business - Validate or falsify hypotheses - Derive concrete optimization measures - Track status of implementation of structural optimizations	Direct interfaces: - BU leadership team - BU org unit managers - HR - M&A - Global HR CoE - HR SSC (Data interface)

Mode / trigger	Critical success factors
- Annual review (Q1) - If necessary and requested by leadership team or unit managers before and after reorganization	- Ability to discuss results with business - Business considers results as valid basis for org discussion - Monitoring of review to ensure progress and comparability over years

[1] SoC – span of control

Abb. 44: Service 2: OD&D review

Wenig alltäglich ist heute noch eine beratende und begleitende Rolle des Personalbereichs beim Design und Implementieren dieser Veränderungen. Im hier verwendeten Beispiel unterscheidet die HR-Funktion zwischen den beiden Services »minor organizational alignment« und »OD&D guidance«. Das sind, neben »Policy« und »Review«, die Themen drei und vier, bei denen HR ansetzen kann. Im Fall »minor organizational alignment« ist die Rolle des OD-Experten, dies wird oft der HR-Business-Partner sein, die eines fachlichen Coachs, der seiner Führungskraft Vorschläge und Empfehlungen liefert, sowie den Prozess zur Lösungsfindung moderiert (vgl. Abb. 45). Großformatige Transformationen einer Organisation, wie beispielsweise die Integration von Unternehmen, ein Carve-out, die Restrukturierung oder komplette Neuausrichtung eines Unternehmens, erfordern mehr als nur den reinen Organisations-Service von HR. In der Regel werden diese großformatigen Projekte mit Beteiligung von internen Spezialisten, Inhouse Consultants oder externen Beratern durchgeführt. Trotzdem kann die Rolle von HR in solchen Fällen anspruchsvoll sein, wie die Aufzählung ambitionierter Aufgaben in dem ausgewählten Beispiel verdeutlicht (vgl. Abb. 46). Neben Optimierungsvorschlägen gilt es »best practices«-, »industry benchmarks«- und »state of the art theory«-Know-how in die Diskussion rund um die beste Organisation einzubringen.

Objective	Enable business to design and implement minor organizational alignments

Key activities	Stakeholder
· Understand need for change (org alignment): OD&D review results, meeting with unit manager to understand idea generation process regarding Org Development · Validate adjustment necessities in unit in regard of structural factors (especially SoC[1], number of management layers and role inconsistencies) and develop target picture · Derive recommendations for optimization in alignment with structural factors from the hypotheses · Facilitate discussion about optimization measures with managers of respective org unit based on best practices · Define action plan together with business · Track execution of alignment measures	Direct interfaces: · BU leadership team · BU org unit managers

Scope	Critical success factors
· Minor org alignment covers single units without changing of legal structures · Change management/communication conducted by managers of respective units; no additional program needed	· Empowerment of OD&D advisors/ability to discuss with management · Involvement of OD&D at an early stage

[1] SoC – span of control

Abb. 45: Service 3: Minor organization alignment

Objective	Support business and provide objective advisory to transform organization	

Key activities	Stakeholder
• Understand need for reorganization: OD&D review results, meeting with leadership team and/or M&A team • Generate hypotheses regarding SoC[1], management layers, structural duplications/exceptions, role inconsistencies and level parity • Present and validate optimization hypotheses with board • Contribute OD&D best practices and state-of-the-art theory to facilitate org structure discussion with business • Define action plan of reorganization and give guidance for way forward • Handover planning to HR to trigger implementation (e.g. further alignment with workers council, necessary FICO adjustments) • Review and monitor execution of action plan and give status feedback to leadership team	Direct interfaces: • BU leadership team • BU org unit managers • HR COE • Legal • M&A • Inhouse Consulting

Scope	Critical success factors
• Triggered through significant irregularities revealed in OD&D review • On-demand; early involvement by business in Post Merger and companywide reorganization projects (due to external or internal changes) • Changing of legal structures possible • Support of reorganization through Change management/communication program is required	• Empowerment of OD&D advisors/ability to discuss with management • Involvement of OD&D at an early stage

[1] SoC – span of control

Abb. 46: Service 4 : OD&D guidance

Zunehmend in den Blick kommen beim Thema Organisation die weichen Faktoren und deren Bedeutung bei der Umsetzung und oft auch bereits im Entscheidungsprozess (vgl. z.B. Claßen 2008, Roghé u.a 2009). Nun ist aber sicher nicht von einem hundertprozentig deckungsgleichen Verständnis von weichen Faktoren auszugehen. Für den einen ist Gold ein Weichmetall und für einen anderen hingegen harte Währung. So auch im Business: Für die einen ist Projektmanagement ein weicher Faktor, für andere genau das Gegenteil. Dennoch ist in der Praxis dieser »mind shift« zu mehr »softness« beim Thema Organisation zu beobachten. Diese Themen korrelieren hoch mit Organisationsentwicklung und dem fast schon siamesisch verwandten Change Management (vgl. 4.2.4).

Über sechs Stufen muss man gehen

Für Organisationsberatung braucht es eine Methode. Und sei diese noch so offen was Vorgehen und Ergebnis betrifft. Eine sinnvolle Sequenz an Aktivitäten und entsprechender Resultate hilft sowohl dem beratenden HR-Business-Partner als auch seinen Kunden im Management. Gerade in den emotionalen und politischen Veranstaltungen zum Organisationsdesign bringt das geordnete Vorgehen, eine für die Beteiligten und Betroffenen transparente Methode die erforderliche Prozesssicherheit. Zusätzlich liefert ein solches Vorgehen Inhalte für die Kommunikation zur Reorganisation, wenn es eigentlich noch nichts Substantielles zum Kommunizieren gibt und lediglich über den Prozess gesprochen werden darf. Wenn man noch nicht sagen kann oder will, wie die Organisation in Zukunft aussehen wird und wer in welchem Kästchen sitzt, kann zumindest über das Vorgehen, den Zeitplan und die Meilensteine gesprochen werden.

137

In unserer Beraterpraxis praktizieren wir ein robustes, sechsstufiges Vorgehen (vgl. Abb. 47), das auch für den HR-Business-Partner empfohlen werden kann. Wie sollte dies anders beginnen als mit der Ist-Analyse, der Aufnahme des Bestehenden? Die Untersuchung von »situational factors« in der Umwelt (Wirtschaft, Politik, Gesellschaft etc.), der Unternehmensstrategie und der Unternehmenskultur wird man vor allem im Falle einer großformatigen Organisationsveränderung, die das gesamte Unternehmen oder eine signifikante Geschäftseinheit betrifft, vornehmen. Ein Blick auf die aktuelle Organisationsstruktur, deren Effizienz und Effektivität ist selten falsch investierte Zeit; allein angesichts der Notwendigkeit einer faktenbasierten Legitimation des Neuen aufgrund der Missstände und Schwachpunkte des Alten. Weitere wesentliche Ergebnisse einer ersten Phase sind die Leitplanken für das Organisationsdesign. Mit diesen werden der mögliche und zugelassene Lösungsraum definiert und damit prinzipielle Organisationsmodelle ein- oder ausgeschlossen.

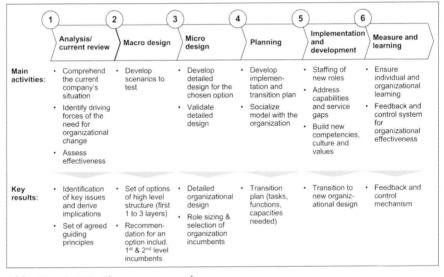

Abb. 47: OD&D: Six step approach

Im Makro-Design, dem zweiten Schritt, wird die grundsätzliche Ausrichtung der Organisation bestimmt (zum Beispiel zentral versus dezentral, funktional versus Business Unit versus geographisch). Organisationsszenarien – quasi die bereits diskussionsfähige Vorstufe zu Organigrammen – werden entwickelt und die entsprechenden Organisationsoptionen mittels zuvor festgelegter Entscheidungsaspekte evaluiert. Typischerweise bestimmt man den »Fit« der Organisationsszenarien mit den zuvor festgelegten Organisationsprinzipien und -kriterien. Die Bewertung der Implementierbarkeit der jeweiligen Option ist dabei ein wesentlicher Entscheidungsaspekt und sollte ganzheitlich – einschließlich emotionaler und politischer Kosten – erfolgen.

Im Mikro-Design – Schritt Nummer drei – wird das ausgewählte Organisationsmodell detailliert. Von der Allokation von Ressourcen über das Festlegen der Governance bis hin zu den Organisationshandbüchern, Verantwortlichkeitsmatrizen und Tätigkeitsbeschreibungen wird in diesem Schritt alles für die Umsetzung vorbereitet. In vielen Unternehmen lässt sich allerdings eine zunehmende Unschärfe beim Festschreiben dieser Geschäftsverteilungspläne und von Verantwortungsbereichen feststellen, sind diese doch entweder bereits während des Schreibens wieder überholt oder würden in den heutigen Matrixwelten allzu viele Relativierungen und Unschärfen beinhalten. Organisation ist heute eben auch ein beständiges Ausprobieren, was gerade eben noch so geht.

Meist parallel passiert als vierter und fünfter Schritt das Planen und Vorbereiten der Implementierung (»Planning« sowie »Implementation and Development«). Spätestens in dieser Phase sind traditionell die HR-Funktion und der HR-Business-Partner involviert. Dann etwa, wenn es darum geht Betriebsvereinbarungen zu schließen, Mitarbeitertransfers zu organisieren, Stellen auszuschreiben und neu zu besetzen, Trainings zu organisieren oder die organisatorischen Veränderungen zu kommunizieren. HR-Business-Partner mit Anspruch sollten freilich bereits wesentlich früher in den Prozess eingebunden sein und einen aktiven Part anstreben. Es ist interessant zu beobachten, wie unterschiedlich Unternehmen auf den beraterseitigen Vorschlag reagieren, ihren eigenen Personaler von Anfang an in den hier vorgestellten Prozess zu integrieren.

Der letzte und sechste Schritt (»Measure and Learning«) liegt bereits außerhalb des eigentlichen Organisationsdesign- und Implementierungsprozesses und stellt den Kontroll- und Rückkopplungs-Mechanismus dar. Turnusmäßiges oder anlassgetriebenes Monitoren und Überwachen von Effizienz und Effektivität der Organisation lässt sich beispielsweise in Form des oben geschilderten Beispiels eines Organisational Reviews realisieren.

Übrigens: Laut der eigenen Standesorganisation ist die Hälfte aller deutschen Unternehmen unzufrieden mit der Personalorganisation (DGFP 2006: 29). Durchschnittlich werden deshalb auch 80 Prozent der HR-Bereiche mindestens einmal im Zeitraum von fünf Jahren reorganisiert. Das hier beschriebene Vorgehen eignet sich selbstverständlich auch, um eine HR-Organisation zu definieren. Probieren Sie es doch einfach einmal aus. Da könnte dann der HR-Business-Partner für die HR-Funktion ins Spiel kommen, den es allerdings noch viel zu selten gibt.

3.3.3 Nachteile von Matrixorganisationen

Matrixorganisation

Der HR-Business-Partner agiert unweigerlich in einer Matrixorganisation. Entweder kommt er aus der Personalfunktion und wirkt in das Business hinein; oder er steht im Business und interagiert mit der Personalfunktion (vgl. 3.3.3).

Damit wird er zum Diener zweier Herren, deren Zielsysteme und deshalb Bewertungslogiken bzw. Entscheidungspräferenzen nicht immer identisch sind. Selbst wenn unter dem Strich natürlich für alle das Wohl des gesamten Unternehmens im Vordergrund steht. Aus dieser Zwischen-den-Stühlen-Situation ergeben sich für den HR-Business-Partner gewisse Anforderungen, die er im betrieblichen Alltag beachten muss.

Nun gilt – in der Organisationstheorie – die Matrix als dernier cri, sozusagen als zeitgemäße Antwort auf die noch immer zunehmende Komplexität in den Umwelten eines Unternehmens. Simple Aufbauorganisationen mit eindimensionalen, rein hierarchischen Führungsstrukturen werden heute oft als nicht mehr zweckmäßig empfunden. Mancherorts möchte man einfach auch mal etwas anderes ausprobieren. Matrixorganisationen wird eine erhöhte Wirklichkeitsorientierung im Sinne der Problemlösungsfähigkeit in der komplexen, dynamischen, volatilen und deshalb ambiguen Gegenwart zugeschrieben.

Die heutige Organisationsrealität wird immer mehr in zwei- oder manchmal sogar dreidimensionale Konstruktionen übersetzt, mit gleichwertigen Gestaltungselementen wie etwa Produkten, Regionen und Funktionen. Die beiden ersten gelten dabei als »Business« (bzw. im Sinne der Systemtheorie als Umwelt), da sie ihre Finger in den Märkten haben. HR fungiert als Querschnitts- bzw. Unterstützungsfunktion. Damit sei – so der wesentliche Vorteil der Matrix – eine verbreiterte Problemsicht und verbesserte Ökonomie durch parallele Berücksichtigung mehrerer Entscheidungsdimensionen möglich. In der Praxis bedeutet dies, dass bei einer konkreten Aufgabenstellung mindestens zwei, manchmal sogar mehr Akteure mitmischen, oft ohne Klarheit darüber, wer letztendlich das Sagen hat. Der durch die Matrix bewusst vorgesehene Zwang zur Abstimmung verschiedener Perspektiven kann Entscheidungen und das weitere Vorgehen aber auch lähmen.

Kosten der Matrixorganisation

Als Vorteile der Matrix werden meist ihre effiziente Ressourcenauslastung, effektive Informationsverarbeitung und dezentrale Führungsphilosophie genannt. Immer wieder wird die Matrix auch mit den schicken Begriffen der Moderne wie Flexibilität, Adaptivität und Akzeleration gleichgesetzt. So weit zu den Vorteilen. Dabei wird aber – von der Theorie – häufig übersehen, dass die Matrixorganisation allenfalls konzeptionell eine grundsätzlich höhere Problemlösungsfähigkeit besitzt. Denn – in der Praxis – steckt in allen diesen Vorteilen, wie immer bei Übertreibungen, auch der Nachteil von Lähmungen, etwa wenn die effiziente Ressourcenauslastung durch Überlastung einer Matrixdimension paralysiert wird.

Der Sehnsucht vieler Führungskräfte nach Klarheit wird die Matrix mit Sicherheit nicht gerecht. Denn die moderne Organisation erfordert auch den modernen Manager, für den Ambiguitätstoleranz kein Fremdwort ist, sondern das Salz in der Suppe. Am stärksten wiegen wohl Unklarheiten in der »Governance«, durch die Vorzüge einer Matrix teilweise konterkariert oder sogar vollständig eliminiert werden. Organisationsprinzipien wie »solid line«, »dotted line«, mancherorts auch die »solid dotted line« (was immer dies an Entscheidungsbefugnissen bedeuten mag) sowie – in altdeutschen Worten – die Trennung von disziplinarischer und fachlicher Führung resultieren dann oft in erheblichen Friktionen, die man auch als Kosten der Matrixorganisation bezeichnen kann.

Nun soll an dieser Stelle die Matrixorganisation nicht grundsätzlich verdammt werden. Dies würde ihr bestimmt nicht gerecht, zumal sämtliche Alternativen des »Organisation Design« ebenfalls mit beträchtlichen Nachteilen versehen sind. Am besten ist wohl immer noch der regelmäßige Wechsel von Aufbau- und Ablauforganisation, um zähen Staub wegzublasen und frischen Wind zuzulassen. Übrigens: Beim Aufdecken des richtigen Zeitpunkts dafür und der Umstellungsbegleitung kann der HR-Business-Partner eine wichtige Rolle wahrnehmen, anstatt sich über die Unzulänglichkeiten des Status quo zu echauffieren.

Zudem ist für den HR-Business-Partner die Matrixorganisation ein unvermeidliches Faktum, dem er sich nicht entziehen kann. Daher sollen ihre Nachteile kurz beleuchtet werden. Wobei auch klar wird, dass diese nicht aufgehoben, sondern allenfalls abgemildert werden können. Die Darstellung der Kosten von Matrixorganisationen basiert auf einer explorativen Studie von Capgemini Consulting in Zusammenarbeit mit dem Organisationslehrstuhl der Universität Bayreuth (Rettenmeier 2006), deren zentrale Ergebnisse kurz vorgestellt werden.

Wahrscheinlich die größten Kosten entstehen aus der oft unvermeidlichen Entscheidungsverzögerung als Resultat von zahllosen Abstimmungsrunden und erhöhtem Koordinationsaufwand mit den diversen Instanzen. Dies gilt bereits für die rationale Dimension der Entscheidung: Sachfragen sind abzuklären, Vernetzungen aufzudecken, Analysen abzustimmen. Kommen dann noch, wie üblich, politische und emotionale Aspekte hinzu, sind weitere Verzögerungen vorprogrammiert. Glücklicherweise wurde deshalb der – von der Idee her hierarchielose und daher für die Matrix geeignete – »Workshop« erfunden. Entscheidungsprozesse in Matrixorganisationen sind nicht selten die Aneinanderkettung von Workshop-Serien, bis dann in einem iterativen Annäherungsprozess aller tatsächlichen sowie vermeintlich Beteiligten eine von allen getragene Lösung gefunden wird. Dies kann dauern.

Weitere Kosten entstehen aus Konflikten, sei es um Kompetenzen, knappe Ressourcen wie Zeit und Geld, Menschliches wie Beachtung, Zustimmung und Wertschätzung. In der Matrix werden derartige Kontroversen (im Sinne des »wir« gegen »die«) tendenziell eher verstärkt als entkrampft. Aus der explorativen Studie, mit konkreten Analysen von neun Großunternehmen, sowie unserer eigenen Projekterfahrung könnte man diesbezüglich die wundersamsten »Stories« erzählen (natürlich streng vertraulich!). Aber Sie, lieber Leser, können dies sicher auch. Dies ist auch deshalb nicht verwunderlich, da die Spielregeln und Sanktionsmechanismen in der Matrix meistens lau sind. Entscheidungen gehören dann auch oft zur Kategorie »fauler Kompromiss« bzw. »kleinster gemeinsamer Nenner«. Damit kommt das Unternehmen dann oft nicht entscheidend weiter.

Ein dritter Kostenblock entsteht durch Doppelarbeiten bzw. Parallelfunktionen. Gerade für die nicht wertschöpfenden Querschnittsbereiche, zu denen auch HR zählt, möchte die komplementäre Matrixdimension, das »Business«, diese Kompetenz auch »im eigenen Beritt haben«. Dies weniger für die transaktionalen Themen, aber mit ziemlicher Sicherheit für die transformationalen Themen, die ja auch die Domäne des HR-Business-Partners sind. Es ist methodisch nicht einfach, die Anzahl der Stellen vor und nach Einführung einer Matrixorganisation zu vergleichen. Die erwähnte explorative Studie hat dies in den betrachteten Unternehmen untersucht. In jedem Fall kann freilich festgehalten werden, dass die FTE in der Matrix (nach deren Einschwungphase) niemals kleiner waren verglichen mit dem Zustand davor. Hinzu kommt die in der Matrix tendenziell höhere Wertigkeit und deshalb Vergütung der Stellen sowie eine allfällige Qualifizierung bzw. Rekrutierung auf die neuen Funktionen.

Das Leben in der Matrix

Im Grundsatz empfiehlt es sich, den diversen Funktionsträgern in einer Matrixorganisation für die anfallenden Entscheidungen klare Rollen und Verantwortlichkeiten zuzuweisen. Als Systematik hat sich die teilweise auch aus den Geschäftsverteilungsplänen der Unternehmen bekannte DEBI-Methodik (englisch »RACI«) bewährt (vgl. Claßen 2008: 160–163).

- D steht dabei für die *Durchführung*; wer das D hat, ist für die Erledigung einer Aufgabe zuständig. Um diese Ausführung nicht zu verwässern, sollte für sie nur ein Rollenträger letztverantwortlich sein.

- E steht für die *Entscheidung*; wer das E hat, gibt den Rahmen vor, kann letztlich entscheiden, hat das Sagen und soll das Ergebnis abnehmen. Für eine Aufgabe sollte es nur einen einzigen Entscheider (dies kann auch ein Gremium sein) geben.

- B steht für *Beraten*; wer das B hat, wird konsultierend hinzugezogen, wirkt aber weder an der Entscheidung noch gestaltend an der Durchführung mit.

- I steht schließlich für *informiert* werden; wer das I hat, erfährt von den Veränderungen, erhält also Kenntnis von der Entscheidung und ihrer Ausführung.

Die meisten der uns bekannten HR-Business-Partner-Realitäten finden allerdings keine formale Abbildung in derartigen Geschäftsverteilungen. Wenn dem doch so wäre, dann steht der HR-Business-Partner am ehesten für das D, manchmal auch für das deutlich weniger zugkräftige B; mit dem I würde er an die Peripherie des Geschehens verwiesen. Das E ist originäre Verantwortung des Business, da dies auch letztlich die Konsequenzen von Entscheidungen zu verantworten hat.

Es ist aber eigentlich ganz gut, dass der HR-Business-Partner noch selten Verankerung in formalen Geschäftsverteilungsplänen gefunden hat. Denn diese starren Mechanismen bieten oft nicht das geeignete Vorgehens- und Entscheidungsinstrumentarium bei den wabernden Aufgabenstellungen der Gegenwart. Damit kann und muss der HR-Business-Partner situationsgerecht – was auch immer dies im konkreten Moment bedeutet (das ist die Kunst!) – agieren. Die Matrixorganisation stellt für den HR-Business-Partner eine Herausforderung dar, freilich eine, der er mit einer geeigneten Mischung aus Standfestigkeit, Anpassungsfähigkeit und Geistesgegenwart durchaus begegnen kann. Die wirklich guten HR-Business-Partner bewegen sich zunehmend sicher auf dem schmalen und sich immer wieder verschiebenden Grat zwischen Business und HR. Dafür gibt es keine generellen Spielregeln. Das kann man oder man kann es nicht.

3.3.4 Organisatorische Veränderungsfähigkeit (»Changeability«)

Erfolg generiert Erfolg

Um dauerhaft erfolgreich zu sein (oder zumindest als Überlebensstrategie), so heißt es nicht nur bei Darwin, ist eine schnelle und stimmige Anpassung an neuartige Anforderungen unerlässlich. Denn wenn sich das Äußere (von Organisationen) ändert, dann muss sich das Innere (der Organisation) entsprechend wandeln; die Grenzen verfließen ohnehin immer mehr. Dies gilt inzwischen als ausgemachte Binsenweisheit.

Sitzfleisch ist zäh

Veränderung geschieht nicht immer linear (überwiegend auf- oder abwärts) beziehungsweise diskontinuierlich (ab und an in überraschenden Sprüngen/Brüchen), sondern auch im steten Wechselspiel, so beispielsweise dem Lauf der Jahreszeiten. Dann könnte man, so ein cleverer Gedanke, einfach etwas für warme und für kalte Zeiten parat halten und Veränderungsfähigkeit wäre ein Kinderspiel. Oder man könnte die Überlegung anstellen, bei zyklischen Entwicklungen, wie etwa den oszillierenden Bewegungen zwischen Zentralität und Dezentralität, einfach eine Welle auszulassen und die Wiederkehr des gerade Vergehenden abzuwarten (Prinzip des Aussitzens). Doch so etwas erweist sich in der Praxis als wenig klug, denn die Phasen der Überbrückung dauern dann doch zu lange. Die Beweglichen kommen zwar irgendwann garantiert wieder zurück, aber sie wirken irgendwie gereifter. Zudem gibt es ja immer noch das aktuell Modische, mit dem selbst die guten alten Dinge ihren zeitgeistigen Touch annehmen. Spätestens dann gilt man im alten Outfit als ewig Gestriger

> und darf nicht mehr mitreden. Veränderungsfähigkeit ist also nicht bloß ein Buzz Word für den kleinen Small Talk zwischendurch, sondern die Eintrittskarte, um beim Konzert der Erfolgreichen mitzuspielen.

Wird Veränderung als unternehmerische Chance verstanden, so ist die Fähigkeit zur Veränderung eine ganz wesentliche Voraussetzung, diese Gelegenheit tatsächlich zu nutzen. Es gibt nur sehr wenige Unternehmen, die – und selbst das nur für einen begrenzten Zeitraum – ihrer Umwelt die Taktung vorgeben können, wahrscheinlich gehören Marktführer wie Google, Apple und Cisco derzeit zu dieser exquisiten, aber sehr überschaubaren Gruppe. Frühere Taktgeber und mächtige Dynastien, so etwa Grundig, Quelle und AEG, gingen durch ihre zu geringe Veränderungsfähigkeit in den volatiler werdenden Zeiten indessen zu Grunde. Die Monopolisten in den geschützten Reservaten sind eine zunehmend rarer werdende Spezies, bei denen sich Veränderung in verzögerten Schüben einstellt oder – siehe die netzgebundenen Dienstleister – mindestens zwei Dekaden dauert. Bei vielen Unternehmen verringern Erstarrung, Versteifung, Blindheit, Unnachgiebigkeit unmittelbar die Beweglichkeit. Das gilt sowohl für die Veränderungsfähigkeit der Akteure im Einzelfall (vgl. 4.2.2) als auch für die Veränderungsfähigkeit des Systems im Ganzen (organisatorisches Potenzial). Natürlich – hier verwässern wir unsere eigene Argumentation übrigens keineswegs – ist Veränderungsfähigkeit nicht im Sinne eines grenzenlosen Steigerungsspiels (vgl. Schulze 2003) zu verstehen. Ein Plus bei Changeability muss nicht zwangsweise in einem Mehr an Veränderung resultieren. Veränderungsfähigkeit ist die Tauglichkeit zur Veränderung und nicht die Unvermeidlichkeit von Change. Zur Changeability gehört eben auch eine Beharrungsfähigkeit und damit eine Begabung, allzu leichtfertigen Rufen nach dem »Wandel, aber jetzt sofort!« mit Bedacht zu begegnen und mit guten Argumenten widerstehen zu können.

Annäherung an einen Begriff

Die organisatorische Veränderungsfähigkeit möchten wir an dieser Stelle betrachten, selbst wenn sie konzeptionell schwer zu greifen ist und terminologisch in zahlreichen Facetten daherkommt. Wir verwenden hier den Begriff »Changeability«; andernorts sind auch Bezeichnungen wie »Agility«, »Flexibility«, »Adaptiveness«, »Responsiveness« und sicherlich noch weitere gebräuchlich. Übrigens: Nicht alle diese Etiketten sind ausschließlich positiv belegt. Schon ein bisschen zu viel von der »not«-wendigen Anpassung kann zur »hals«-wendigen Beliebigkeit führen. Auch so etwas kennt man aus Unternehmen. Manch einer versucht gerade damit erfolgreich zu sein oder als Manager sein Überleben zu sichern. So kann man die organisatorische Veränderungsfähigkeit auch überdrehen. So manches Unternehmen hätte sich in 2001 – zum Ende des Internet-Hypes – besser etwas mehr von der »old economy« bewahrt. Und auch in 2008 –

mit dem Beginn der Finanzmarktkrise – erinnerte sich manches Unternehmen mit Wehmut an die Grundsätze des redlichen Kaufmanns.

Wir müssen es allerdings gleich sagen: Changeability gibt es »an sich« gar nicht. Dies ist, wie so vieles in den Sozialwissenschaften, ein gedankliches Konstrukt. Und doch gibt es Annäherungen an ein Phänomen, das Theorie und Praxis gleichermaßen beschäftigt (z.B. Bruch/Ghoshal 2003, Morgan 2005, Karp 2006, Remer/Lux 2009): Wieso gibt es manche Unternehmen, die besser mit Veränderungen umgehen als andere, sich von Zeit zu Zeit sogar komplett neu erfinden (wie etwa Nokia, das vom Gummistiefel-Fabrikanten zum Handy-Produzenten wurde und nun zum Mini-Computer-Hersteller mutiert)? Antworten auf diese Frage führten eine Zeit lang Begriffe wie lernende oder innovative Organisation an, in letzter Zeit wird unter Strategieforschern diese organisatorische Fähigkeit eher als »dynamic capability« diskutiert (vgl. Brown/Eisenhardt 1997, Lawson/Samson 2001, Bennebroek Gravenhorst u.a. 2003, Schreyögg/Kliesch 2006, Teece 2007, Helfat u.a. 2007). Begriffe kommen und gehen, die Anforderung jedenfalls bleibt. Intuitiv plausibel ist die ganze Angelegenheit immerhin: In Zeiten der Veränderung lebt es sich deutlich leichter, als Mensch und als Unternehmen, wenn man sich die Fähigkeit zur Veränderung bewahrt hat. Klingt logisch!

Übrigens: Zu den zentralen Elementen der Changeability wird das Vertrauen in die Kompetenz anderer Organisationsmitglieder gezählt: »Entscheidungsleistungen Dritter (müssen) ›blind‹ akzeptiert und übernommen werden« (Remer/Lux 2009: 71). Ansonsten sei das Durchsetzen von Richtungsentscheidungen nicht möglich. Ein derartiges »vertrauen können« (zum Veränderer) und »vertrauen wollen« (der Veränderten) findet in vielen Unternehmen keine Basis mehr. Zudem gibt es zahlreiche Beispiele aus der Geschichte, bei denen gerade dieses Vertrauen in mutmaßliche Autoritäten zum entscheidenden Fehler wurde. Und schon sind wir nicht mehr bei der Changeability (also dem Arbeiten an der Fähigkeit zur Veränderung), sondern inmitten des Change Management (also dem Arbeiten an der Vermeidung von Unfähigkeit zur Veränderung) (vgl. 4.2.4).

Tautologie

Das Gemeinsame der erwähnten Ansätze ist eine Auffassung, die man als organisationale Eigenschaftstheorie bezeichnen könnte. Analog zur langen Tradition eigenschaftstheoretischer Konzeptionen auf der Ebene des Individuums – eine Person (z.B. die Führungskraft) braucht die Eigenschaften A, B, C, etc., um erfolgreich zu sein – oder von Teams/Gruppen werden nun Eigenschaften der gesamten Organisation – ein Unternehmen ist flexibel, lernend oder eben veränderungsfähig – postuliert. Diese Eigenschaften werden dann als erstrebenswerter Soll-Zustand dargestellt. Dazu drei Beispiele; zunächst eines aus einer anderen Lebenswelt. Ein Rennfahrer gilt dann als erfolgreich, wenn er durch seine Aggressivität bei vielen Autorennen der Schnellste ist. Also ist Michael Schumacher, als siebenfacher Weltmeister in der Formel Eins, ein erfolgreicher Rennfahrer. Als zweites ein Beispiel auf der Individual-Ebene: Eine Führungskraft besitzt dann die Voraussetzung für Erfolg, wenn sie beispielsweise eine natürliche Autorität besitzt. Also kann »Mayer«, der über diese Eigenschaft verfügt, sich zu einer erfolgreichen Führungskraft entwickeln. Als drittes nun ein Beispiel auf der Organisations-Ebene: Ein Unternehmen gilt dann als erfolgreich, wenn es beispielsweise veränderungsfähig bleibt. Also ist Nokia, das bislang über diese Eigenschaft verfügt, ein erfolgreiches Unternehmen.

Dabei schleicht sich eine Tautologie in die Empfehlungen und Konzepte ein. Zunächst wird nach Eigenschaften gesucht, die als Garanten für Erfolg gelten. Dazu sieht man sich erfolgreiche Unternehmen an, um dann hinterher zu konstatieren, dass nun wirklich eine erfolgreiche Organisation vorliegen müsse, weil sie ja eben jene bestimmten, erfolgversprechenden Eigenschaften aufweise. Man sucht die Ostereier, die man vorher versteckt hat. Hernach sind wir weder schlauer, noch lässt sich damit wirklich prüfen, ob nun ein Fabergé-Ei oder doch nur ein Landei aus einer Legebatterie versteckt und wiedergefunden worden ist.

Dennoch ist die Beschäftigung mit organisationaler Veränderungsfähigkeit sinnvoll: Eine Funktion von Tautologien – die in der Managementliteratur keineswegs selten sind – ist, sich die scheinbaren Selbstverständlichkeiten doch mal näher anzusehen (vgl. Nicolai 2003). Im Grunde ist auch der HR-Business-Partner eine Tautologie: Wenn man jemand hat, der sich um die Wertschöpfung aus der People-Dimension kümmert steigt die Wahrscheinlichkeit, dass es eben diese Wertschöpfung aus der People-Dimension gibt. Sogar das ganze Business Management hat tautologische Züge: Die eigenen Strategien, Produkte, Prozesse und eben Fähigkeiten (»capabilities«/»abilities«) rechtzeitig immer wieder neu und besser zu erfinden ist zwar ein Allgemeinplatz der Managementtheorie, aber dennoch sind dies alles wichtige Komponenten zur Führung eines erfolgreichen Unternehmens. Dabei beruft man sich gerne auf die »Kraft zur schöpferischen Zerstörung« (Schumpeter).

Lassen wir aber mal ab von diesen wissenschaftstheoretischen Spitzfindigkeiten. Wir möchten mit diesem Diskussionsstrang unter dem Begriff »Changeability« – als sprachlicher Verbindung von »Change« und »Ability« (also so etwas wie der Kraft zum Wandel) – oder seiner Übersetzung »organisatorische Veränderungsfähigkeit« nicht nur ein weiteres Schlagwort aus der Managementtheorie-Fabrik (»Consultant's Buzz Word Machinery«) hinzufügen. Vielmehr wollen wir das Thema mit ein paar ergänzenden und klärenden Aspekten greifbarer (und damit auch angreifbarer) machen.

Drei Elemente

Die Changeability setzt sich – in unserem Verständnis – aus drei Dimensionen zusammen: Veränderungsbereitschaft, Veränderungskompetenz und Veränderungsmöglichkeit. Letztere umfasst den organisatorischen Handlungsrahmen sowie die entsprechenden Umfeldbedingungen. Die beiden ersten resultieren aus der Übersetzung von individuellen Eigenschaften, dem Wollen und Können, auf die gesamte Organisation. Damit verstehen wir das Unternehmen quasi als Organismus, der sich verändern will (Veränderungsbereitschaft), kann (Veränderungskompetenz) und darf (Veränderungsmöglichkeit). Natürlich nicht als Selbstzweck, sondern durch die schiere Veränderungsnotwendigkeit in Folge anderer externer Umstände (vgl. Claßen/von Kyaw 2010). Manche Unternehmen können es sich sogar erlauben, ihr Umfeld zu gestalten und glauben so ihren Vorsprung aufrechterhalten zu können.

Im Unterschied zur individuellen Veränderungsfähigkeit werden bei der Changeability die Eigenschaften der gesamten Organisation betrachtet, die sich aus der Summe personeller Dispositionen (z.B. Verteilungskurve der »Offenheit für Wandel«), der aus einer Interaktion von Akteuren entstehenden Tendenzen (z.B. positive oder negative Synergien) sowie den aus zunächst singulären Events, Aktionen oder Statements resultierenden Verstärkereffekten (z.B. konstruktive oder fatale Äußerungen von Führungskräften) ergibt. Neben diesen situativen Komponenten weisen generelle Eigenschaften wie Werte, Regeln und Historie einer Organisation sowie ihre Aufbau- und Ablauforganisation (strukturelle Konstitution) einen erheblichen Einfluss auf ihre Changeability auf (vgl. Abb. 48).

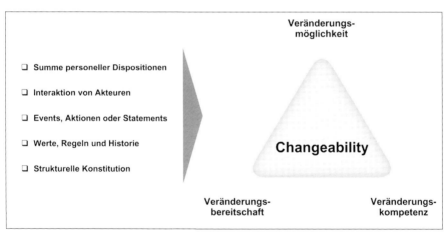

Abb. 48: Die Changeability (organisatorische Veränderungsfähigkeit) setzt sich aus drei konstituierenden Elementen zusammen

Die Veränderungsbereitschaft, als ihre erste Komponente, bezeichnet die Einstellung einer Organisation zu Veränderungen, also so eine Art organisatorisches Wollen. Natürlich weist eine Organisation per se keine Einstellung auf. Im Grunde ist deshalb die Veränderungsbereitschaft eines Unternehmens die Aufsummierung von Veränderungsbereitschaften ihrer Führungskräfte und Mitarbeiter, deren Neugier und Kühnheit, Langeweile und Überdruss, Einfallsreichtum und Gestaltungskraft. Diese individuellen Veränderungsbereitschaften sind, wie wir an anderer Stelle gezeigt haben (Claßen 2008: 95–105), meist normalverteilt, mal etwas links- und dann wieder rechtslastiger. Zwei Unterschiede zur bloßen Addition von individuellen Dispositionen gibt es doch (womit wir den organisations- und systemtheoretischen Einwänden – im Sinne der Emergenz – gegen unsere vereinfachende Sichtweise ein wenig entgegenkommen möchten). Erstens wird sich die Veränderungsbereitschaft von zentralen Stakeholdern/Meinungsführern potenzieren und in die Organisation diffundieren. Zweitens besitzt jede Organisation ganz spezielle Mechanismen, wie sich die Gemengelage einzelner Sichtweisen zu einem großen Mainstream zusammenzieht. Schließlich möchte man mittels Change Management auf die organisatorische Veränderungsbereitschaft Einfluss nehmen und hält sie damit für gestaltbar. Typische Leitfragen zu ihr lauten etwa: Wie aufgeschlossen sind die Unternehmensangehörigen gegenüber Neuerungen? Was sind die »burning platform« bzw. die »attractive vision«? Wie groß ist das Beharrungsvermögen? Wie gut kann das Management – angefangen vom Vorstand bis zum »Middle Management« – Gründe und Ziele des Umbruchs vermitteln? Wann ist der persönliche Dialog als Kommunikationskanal unverzichtbar? Wie glaubwürdig sind – aus dem Erleben früherer Erfahrungen – die Entscheider und Umsetzer beim Entscheiden und Umsetzen? Wie steuern die Bonus- und Malussysteme, werden sie überhaupt genutzt? Sowie die zigfachen Antworten auf den Klassiker: »What's in it for me?«

In analoger Weise bezeichnet die Veränderungskompetenz, als zweite Komponente der Changeability, ein organisatorisches Können. Dies ist wieder eine Analogie vom Individuum auf das Aggregat. Eine Organisation kann gar nichts – ihre Mitglieder können oder können eben nicht. Wobei dies so nicht stimmt: Organisationen besitzen intelligente Prozesse und Systeme, die von sich aus etwas können, nachdem man ihnen zuvor eingetrichtet hat, was sie können sollen. Da aber bei Veränderungen dieses Eintrichtern zu dann besseren Prozessen und Systemen wieder von Neuem beginnt und durch Menschen geschieht, tragen die Prozesse und Systeme nichts zur Veränderungskompetenz einer Organisation bei (sieht man einmal von den selbstlernenden Prozessen und Systemen ab). Daher bemisst sich die Veränderungskompetenz aus dem Abgleich zwischen dem, was eine Organisation (und ihre Führungskräfte wie Mitarbeiter) künftig können müssen (Ziel-Kompetenz), und dem, was sie derzeit können (Ist-Kompetenz). So etwas kann vor Veränderungsprozessen gemessen werden (was auch ansatzweise immer wieder geschieht). Man analysiert, was morgen in der neuen Welt an Kenntnissen bzw. Fähigkeiten erforderlich ist und vergleicht es mit dem, was die Menschen einer Organisation heute in der alten Welt an Können aufweisen. An dem sich üblicherweise ergebenden Delta kann man natürlich ebenfalls arbeiten, etwa durch Training. Wobei neues Können oft auch anderes Denken erfordert, und dann muss man tiefer ansetzen. In jedem Fall ist ein kleines Delta besser als ein großes. Dies wäre der Fall, wenn entweder die Ist-Kompetenz bereits nahe am Angestrebten liegt oder die Ziel-Kompetenz nur marginale Änderungen gegenüber dem Gegenwärtigen erfordert. Die typischen Leitfragen zur organisatorischen Veränderungskompetenz sind: Was müssen wir morgen können, was wir heute noch nicht an Kenntnissen und Fähigkeiten besitzen? Wie können wir möglichst schnell, möglichst günstig und möglichst nachhaltig diese Wissenslücke auffüllen? Welche basalen Dispositionen von Führungskräften und Mitarbeitern, also so etwas wie die vielbeschworenen »basic beliefs«, stehen der Anpassung von Fertigkeiten entgegen? Wie viel Zeit müssen wir der Organisation zum Lernen geben? Auf welches Wissen können wir morgen problemlos verzichten? Was muss bewusst entlernt werden? Manche Organisationen sind bekanntlich schneller im Lernen als andere. So gibt es kurzgetaktete, hochfrequente, ziemlich hektische Branchen und beständigere, eher geruhsame Industrien. In dieser Feststellung steckt keine Wertung, solange die Taktung von Unternehmen und Umwelt nicht zu sehr auseinanderdriften. Diese andersgearteten Organisationen ziehen nicht nur unterschiedliche Typen an, sie erfordern auch andersartige Lernstrategien. Schwierig wird es dann, wenn sich ein hurtiges Unternehmen zur Stabilisierung verlangsamen und ein gemächliches Unternehmen zur Dynamisierung beschleunigen muss.

Das dritte Element der Changeability ist die Veränderungsmöglichkeit, also der organisatorische Handlungsrahmen. Beim Transfer der Eigenschaften vom Individuum auf die Organisation entspricht dies nach dem Wollen und Können nun dem Dürfen und Ermöglichen. Natürlich darf eine Organisation zunächst einmal alles, wenn sie sich im gesetzlichen Rahmen bewegt (z.B. Compliance), die selbstauferlegten Spielregeln einhält (z.B. Unternehmenswerte) und die Erwartungen ihrer diversen Stakeholder trifft (z.B. »profitable growth«, preiswürdige Produktangebote, reizvolle Arbeitsplätze). Übrigens: Die Geschichte und die Medien zeigen in steter Regelmäßigkeit, dass sich Organisationen immer wieder gerade dann und ganz anders als geplant verändern, wenn sie sich nicht an diese Rahmensetzungen halten, ihre eigene Veränderungsmöglichkeit überschätzen, die vermeintlichen Spielräume ihrer Umwelten auszureizen versuchen und dann – nach dem Fall durch diesen Hochmut – grundlegend aufräumen müssen. Insgesamt ist der organisatorische Handlungsrahmen sowohl bei den »soft limits« als auch bei den »hard limits« eng abgesteckt: Der Tarifvertrag ist falsch, die Standorte sind falsch, die Technologie ist falsch, die Führungskräfte sind falsch, die Steuergesetze sind falsch. Mancher CEO hätte sich vor dem Beginn einer großformatigen Transformation eine »tabula rasa« gewünscht und am liebsten auf der grünen Wiese wieder ganz neu angefangen. Es stellen sich deswegen erwartungsgemäß bestimmte Leitfragen zur Veränderungsmöglichkeit: Wo bestehen die größten Umsetzungsbarrieren? Was muss zunächst gelöst werden, bevor man mit der Veränderung starten kann? Welche Ressourcenausstattung – Personal, Zeit, Budget, Information, Technologie – müssen für den Wandel gewährleistet sein? Was für eine Fehlertoleranz kann gerade noch erlaubt werden? Welche Flexibilität besteht bei Personen, Prozessen und Systemen? Was wird gemacht, wenn die Veränderung wegen fehlender Voraussetzungen zu scheitern droht? Zur Veränderungsmöglichkeit sind die Beispiele offensichtlich: Ein dynamisches Start-up wird sie in hohem Maße besitzen und – im Gegenteil – sich eher einige Stabilisatoren zulegen müssen. Hingegen ist in vielen traditionellen Konzernen der organisatorische Handlungsrahmen durch die Entscheidungen in den letzten hundert Jahren – durch die sogenannte Pfadabhängigkeit (North 1992) – deutlich eingeschränkt, weswegen der Ruf nach »Entrepreneurship« ertönt.

Homo changeabilis

Der Vorfahr aller Unternehmensbewohner – homo oeconomicus – ist bereits seit langem nahezu ausgestorben. Es waren für ihn einfache und doch schwere Zeiten, damals. Einfach deswegen, da er lediglich seine Kosten mit seinem Nutzen vergleichen musste, und schon war klar, worin seine bestmögliche Handlung bestehen würde. Aber schwer gerade deshalb, weil er nie so richtig wusste, was nun eben diese Kosten waren und worin sein Nutzen bestand. Er konnte doch nicht immer an alles und jeden denken. So ernährte er sich vom Benefit Case, und da dieser mit der Zeit immer weniger nahrhaft wurde, zog er sich in seine Ursprungsgebiete zurück. Heute ist er lediglich noch in FI/CO-Schutzgebieten und in Bra(n)chen anzutreffen, in denen eine Zahl noch das ist was zählt. In der HR-Habitat gilt er als ausgestorben, die Ansiedlungsversuche der letzten Jahrzehnte müssen als gescheitert angesehen werden.

Dort hat sich eine andere Spezies breitgemacht, gefüttert von den Pädagogen, Soziologen und Psychologen. Stets mit mehr als nur einem offenen Ohr für den dernier cri in den Verhaltenswissenschaften haben Biologen, Neurologen, Pathologen und weitere Logen den homo sapiens seziert und aufregende Ursachen für dessen Verhalten gefunden: Die Gene sind es, meinen die einen, in den Gehirnströmen liegt die Wahrheit, äußern andere, die Hormone machen den Unterschied, mischen sich Dritte ein. Es wird gemessen auf Teufel komm heraus, um genau das Gegenteil von dem herauszufinden, was man gerade macht: Dass es keinen Teufel gibt, aber dies war eh klar, und dass der Mensch nicht Kosten und Nutzen misst. Vielmehr sei er geleitet von Veranlagung, von Instinkten, von Routinen, von Erziehung, von Erfahrung, also alles Dingen, für die er eher weniger als mehr kann. Da ergeben sich dann überraschende Ergebnisse, nämlich dass der homo sapiens Gefühle hätte, Gerechtigkeit möchte, Fairness erwarte, aber immer wieder auch Neid besitze und wichtige Informationen ausblende.

Ein Forscher von der Hebrew University, Salomon Israel, hat etwa herausgefunden, wie eine genetische Struktur namens Oxytocin-Rezeptor (Sie, lieber Leser, kennen dies wahrscheinlich eher unter der Abkürzung OXTR), deren Informationen auf Chromosom Nummer Drei liegen, das altruistische Verhalten begünstigt. Den HR-Business-Partner überrascht dies nicht. Aus der Beobachtung des eigenen Ich kennt er dies alles schon lange. Warum sollten andere Hominiden anders sein als er oder sie? Dieses Hormon wird jedenfalls vor allem bei Partnersuche oder Mutterliebe ausgeschüttet (FAZ 09.11.2009). Irgendwie verstehen wir die Ergebnisse nicht so ganz: Wird nun das Hormon bei Mutterliebe ausgeschüttet oder erzeugt die Mutterliebe das Hormon? Und wie funktioniert dies bei Männern? Ist ja auch egal, wenn man sich das Experiment eines Schweizer Professors, Ernst Fehr, ansieht. Der verabreichte seinen Probanden dieses Oxytocin und bei denen wuchs das Vertrauen zu ihren Mitmenschen (ebd.). Nun könnten wir eigentlich froh sein, dass solche Forschung nicht vom deutschen Steuerzahler bezahlt wird, vermutlich wird hierzulande aber ebenfalls an solchen Dingen geforscht. Nutzen können wir die Ergebnisse in jedem Fall. Der homo changeabilis bekommt morgens seine Ration von diesem Wunderhormon und schon glaubt er allem, was aus der Führungsetage kommt. Keine aufwendigen Mobilisierungs- und Informationsmaßnahmen mehr, einfach dieses Wunderzeugs und die Mitarbeiter wollen wie sie sollen.

Ein Arbeitsökonom vom Dartmouth College, David Blanchflower, fand etwas ebenfalls enorm Spannendes heraus (ebd.), er bezeichnet sich übrigens als Glücksforscher (als Arbeitsökonom?). Die Ergebnisse müssen einfach stimmen, liegt doch die Datengrundlage bei 100.000 Briten. Bei ihnen maß er Pulsfrequenz und Blutdruck und befragte sie zu ihrem Glücksempfinden. Was er herausfand klingt überzeugend: Menschen die sich als glücklich bezeichnen, haben einen langsamen Herzschlag, einen niedrigen Blutdruck sowie, das hat er auch noch befragt, ein höheres Einkommen. Wenn jetzt noch der Professor aus Zürich herausfindet, dass dies alles am Oxytocin-Rezeptor liegt, dann steigen wir in die Pharmabranche ein und verkaufen keine Beratung mehr, sondern diese Hormone. Mit dem Vertrieb der Hormone steigt dann zumindest unser Einkommen. Hallo! Bitte nun nicht nervös werden, das wäre schlecht für Ihre Pulsfrequenz, den Blutdruck, das Glücksempfinden und den Geldbeutel.

Empirische Ergebnisse

Von der – noch eher rudimentären – Theorie kommen wir nun zur Empirie und der Wahrnehmung von organisatorischer Veränderungsfähigkeit durch die von uns befragten Change-Management-Experten. Dazu möchten wir zunächst auf die drei konstituierenden Dimensionen schauen (vgl. Claßen/von Kyaw 2010).

Nur in ganz wenigen Unternehmen (3 Prozent) zeigt sich eine sehr hohe Veränderungsbereitschaft der gesamten Organisation, in jedem vierten Unternehmen (25 Prozent) ist sie immerhin hoch. Jedes zweite Unternehmen (52 Prozent) verfügt über eine mittlere Veränderungsbereitschaft, bei einem von fünf ist sie gering (19 Prozent). Man kann damit in vielen Organisationen durchaus eine nicht zu vernachlässigende Veränderungsmüdigkeit (»change fatigue«) feststellen (vgl. Morgan 2005, Karp 2006), wenn die »mittlere Veränderungsbereitschaft« bereits als Indiz hierfür gewertet wird.

Mit der organisatorischen Veränderungskompetenz sieht es in der Gesamtschau aller Unternehmen ein klein wenig freundlicher aus. Zwei von fünf Unternehmen besitzen eine hohe Veränderungskompetenz (38 Prozent), bei der Hälfte wird sie als mittel gesehen (51 Prozent) und nur in jedem elften Unternehmen (9 Prozent) sei sie gering, so die Meinung der Befragten.

Am besten scheint jedoch die organisatorische Veränderungsmöglichkeit zu sein. Die institutionellen Rahmenbedingungen stellen demnach die geringste Limitation für den Wandel eines Unternehmens dar, wenn dieses denn wollte und könnte. Zwar hat nur eines von fünfundzwanzig Unternehmen eine sehr hohe Veränderungsmöglichkeit (4 Prozent). In jedem zweiten wird sie aber immerhin als hoch (51 Prozent) und in jedem dritten immerhin noch als mittel (35 Prozent) bezeichnet. Lediglich zehn Prozent der Unternehmen verfügen demnach über eine geringe (7 Prozent) oder sogar sehr geringe (3 Prozent) organisatorische Veränderungsmöglichkeit. Zwischen »Veränderung können«, »Veränderung wollen« und »Veränderung dürfen« gibt es demnach sowohl bei den Individuen als auch in den Organisationen einen wichtigen Unterschied. Karl Valentin scheint mit seinem »Mögen hätte ich schon wollen, aber dürfen hab ich mich nicht getraut« keineswegs recht gehabt zu haben. Oder wissen viele Organisationsmitglieder einfach nur nicht, dass sie eigentlich verändern dürften?

In der Zusammenfassung aller drei Dimensionen – unserer vierten Frage in der Studie zum Thema Changeability – wird diese allenfalls mittlere organisatorische Veränderungsfähigkeit vieler Unternehmen deutlich. Gerade mal jedes dritte Unternehmen besitzt sie in einem hohen Ausmaß (34 Prozent). Deutlich mehr als die Hälfte von Unternehmen geht mit der Bürde einer mittleren Veränderungsfähigkeit in die Zukunft (55 Prozent). Bei jedem zehnten wird die Gestaltung des Wandels sogar durch eine geringe organisatorische Veränderungsfähigkeit erschwert (9 Prozent). In der Praxis stellt dies oftmals einen erheblichen Malus dar (vgl. Abb. 49). An diesem kann der HR-Business-Partner arbeiten.

Messung von Changeability

Wenn ein Phänomen wie die organisatorische Veränderungsfähigkeit als wichtig erachtet wird, ist es nicht mehr weit – auch das ist inzwischen ein Reflex –, seine Messbarkeit und Messung einzufordern. Nicht nur von der Theorie, auch in der Praxis ist dieser Anspruch in der jüngeren Vergangenheit immer wieder artikuliert worden. Die Realität in den Unternehmen ist jedoch noch längst nicht so weit. Lediglich jedes achte Unternehmen (12 Prozent) antwortet auf die Frage »Messen Sie die Changeability Ihrer Organisation?« mit einem Ja (Claßen/von Kyaw 2010).

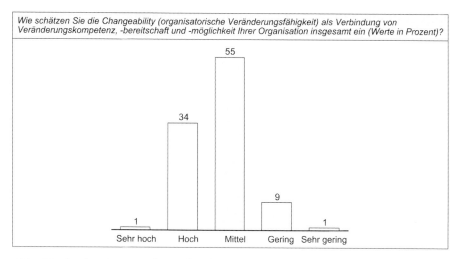

Wie schätzen Sie die Changeability (organisatorische Veränderungsfähigkeit) als Verbindung von Veränderungskompetenz, -bereitschaft und -möglichkeit Ihrer Organisation insgesamt ein (Werte in Prozent)?

Abb. 49: In der Gesamtschau aller drei Dimensionen wird die allenfalls mittlere organisatorische Veränderungsfähigkeit vieler Unternehmen deutlich

Wir sind nicht bei der Frage stehen geblieben, ob die organisatorische Veränderungsfähigkeit überhaupt gemessen wird. In einem zweiten Schritt wollten wir mit einer offenen Fragestellung wissen, welche Methodik eingesetzt wird, falls ein Unternehmen sich die Messung der Changeability zur Aufgabe gemacht hat. Zunächst fällt auf, dass bei der weit überwiegenden Zahl von Antworten auf breiter angelegte Mitarbeiterumfragen verwiesen wird, in einigen wenigen Fällen auch auf Kulturanalysen. Bis auf eine Ausnahme, in der ein eigenes Change-Readiness-Barometer genannt wurde, wird die Frage nach der Changeability in den jeweiligen Gesamtfragebogen des »Employee Survey« bzw. der »Cultural Diagnosis« integriert; oder es werden aus diesen Instrumenten implizit Schlussfolgerungen abgeleitet. Deutlich wird jedenfalls, dass die organisatorische Veränderungsfähigkeit eines Unternehmens, wenn sie denn überhaupt gemessen wird, in ein übergreifendes Instrumentarium eingebettet ist (indirekte Messung) und dessen Ergebnisse auch unter dem Aspekt Changeability ausgewertet werden. Die uns bekannten Anläufe in den Unternehmen zur Messung von organisatorischer Veränderungsfähigkeit stecken jedenfalls noch in einer Experimentier- bzw. Initialisierungsphase. Übrigens: Von einer – durchaus sinnvollen – Verknüpfung mit den MbO-Systemen und damit einer Bonusrelevanz von Changeability kann derzeit unseres Wissens noch nirgends gesprochen werden.

Dies mindert jedoch nicht die Relevanz des Themas. Die Schaffung einer grundsätzlich veränderungsfähigen Organisation – und nicht nur die konkrete Gestaltung des Wandels in einer spezifischen Situation – bleibt eine Herausforderung für viele Unternehmen und damit auch für den HR-Business-Partner. Changeability als organisatorisches Potenzial wird in einer Zeit des weiter zunehmenden Wandels die erfolgreichen Unternehmen von den weniger veränderungsfähigen unterscheiden.

4 Aufgabenstellungen des HR-Business-Partners

4.1 Unternehmensindividueller Themen-Kanon

4.1.1 Wertschöpfung im Fokus

HR-Business-Partner soll Werte schöpfen

Wenn der HR-Business-Partner für die Wertschöpfung aus der People-Dimension seines Unternehmens (mit-)verantwortlich zeichnet, und dies soll er in erster Linie, dann kümmert er sich – so einfach ist das – um die Wertschöpfungsthemen des HRM. Da diese jedoch von Unternehmen zu Unternehmen und im Zeitverlauf unterschiedlich sein können, bedient er in erster Linie die jeweils vorhandenen oder wahrgenommenen Engpässe für den »profitable growth« (vgl. Abb. 50). Übrigens: Bei den Bezeichnungen bedienen wir uns an dieser Stelle der angloamerikanischen Begrifflichkeit, da diese inzwischen weitgehend Eingang in die personalwirtschaftliche Sprache gefunden hat. Dabei stehen die Begriffe aber kaum für grundsätzlich neuartige Theoriekonzepte und Problemlösungen.

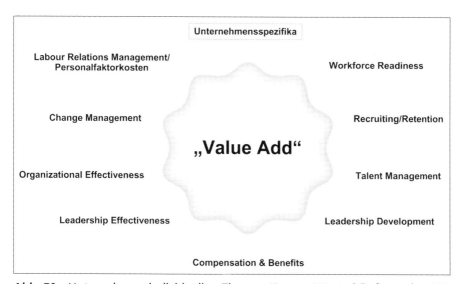

Abb. 50: Unternehmensindividueller Themen-Kanon: Wertschöpfung des HR-Business-Partners rund um die People-Dimension

Aus diesem Grunde werden in der Folge auch nur wenige dieser Themenfelder exemplarisch vertieft und auf den HR-Business-Partner bezogen. Die theoretischen, empirischen und praktischen Aufarbeitungen zu jedem dieser Themenfelder füllen inzwischen Bücherregale, Seminarkataloge beziehungsweise Webpages und würden den Rahmen dieses Buches bei weitem sprengen. Zudem besitzen bei der Übersetzung von Themen in HRM-Prozesse die anderen Elemente des HR-Service-Delivery-Modells sowie der verantwortliche Manager ebenfalls wichtige Rollen; der HR-Business-Partner ist selten solo unterwegs. Ein Beispiel: Beim Recruiting legt das entsprechende COE die grundsätzlichen Spielregeln fest, das hoffentlich eingespielte SSC übernimmt die standardisierbaren Prozessschritte und die verantwortliche Führungskraft trifft die letztendliche Entscheidung. Damit bleibt für den HR-Business-Partner nur noch bedingt Platz für echte Wertschöpfung im Recruiting. Immer wieder versteht er sich deswegen als Lückenfüller für anderweitig suboptimale Erledigung, was aber keinesfalls zur Dauerlösung werden sollte (vgl. 4.1.3).

Fokussierte Darstellung

Bei der Vertiefung von Aktionsfeldern des HR-Business-Partners haben wir uns auf einige wenige Themen konzentriert, die derzeit eine Art von »Relaunch« erleben wie etwa Workforce Readiness und Compensation & Benefits bzw. die gegenwärtig mit neuen konzeptionellen Akzenten befruchtet zu werden scheinen wie etwa Leadership Effectiveness und Change Management. Sie als Leser mögen uns bei dieser beispielhaften Selektion eine gewisse Einseitigkeit unterstellen und sich die Vertiefung bei ganz anderen Themen gewünscht haben: Einverstanden! Doch gibt es für alle diese anderen Themenstellungen inzwischen umfassende Literatur, die eine weiterführende Auseinandersetzung ermöglichen. Übrigens: Gerade in unserer Projektarbeit als Berater beschäftigen wir uns primär mit den hier hintenan gestellten Themen wie etwa Recruiting/Retention, Talent Management und Leadership Development oder aber Organizational Effectiveness, die wir hier jedoch nur kurz streifen.

Beim Blick auf die Ergebnisse unserer explorativen Interviews in der ersten Studie (Claßen/Kern 2006: 63–70) wie auch der systematischen Interviews im Vorfeld dieser Veröffentlichung wird die Kontextbezogenheit bei den Aufgabenstellungen des HR-Business-Partners deutlich. Damit wird seine wesentliche analytische Aufgabenstellung im Vorfeld deutlich. Er muss sich auf die Suche nach den »hot spots« für den »value add« aus der People-Dimension in seinem Unternehmen – und noch genauer: in seinem jeweiligen Verantwortungsbereich – machen. Dies kann im einen Fall – etwa in einer Wachstumssituation– das Themenfeld Recruiting/Retention sein. Im entgegengesetzten Fall – einer Konsolidierungssituation – können hingegen die Personalfaktorkosten und das mit ihnen auf das Engste verbundene Labour Relations Management zu den hauptsächlichen Themenfeldern werden. In diversifizierten Konzernen mit unterschiedlichen Herausforderungen für die einzelnen Divisionen werden deshalb die jeweiligen HR-Business-Partner zeitgleich an verschiedenartigen Aufgabenstellungen arbeiten. Beim Blick über Unternehmensgrenzen hinweg gibt es zwar typische HR-Business-Partner-Themen. Wir scheuen uns aber, diese in Muss- und Kann-Themen zu clustern, da es wieder einmal von der konkreten Situation abhängt.

Mehr als nur Fußnoten

Erstens: Bei vielen Themenfeldern des HR-Business-Partners sind die Verschiebungen in der Verantwortung zwischen dem Personalbereich und dem Vorgesetzten – als Führungskraft – in den vergangenen Jahren offenkundig geworden. Bei Aufgaben wie etwa Recruiting/Retention, Talent Management und Performance Management ist unterdessen in erster Linie der jeweilige »Boss« gefordert. Denn »seine Leute« kommen, bleiben und entwickeln sich primär wegen seiner Leadership-Fähigkeiten (oder eben auch nicht) und kaum als Resultat von Antworten aus der HR-Funktion. Hinzu kommen für ihn noch die HRM-Aufgabenstellungen aus den mit SSC-Blickwinkel optimierten Personalprozessen sowie die Funktionalitäten aus dem »Manager Self Service«. Beides zusammen beansprucht die durchschnittliche Führungskraft mit etwa zehn Prozent ihrer Arbeitszeit, wie projektbezogene Analysen belegen. Inzwischen ist es modern geworden, mitarbeiterbezogene Aufgaben von der Personalabteilung an die Führungskräfte zurückzudelegieren, auch weil die HR-Funktion keine Leute oder keine Ideen mehr besitzt oder eben weil der Vorgesetzte ohnehin der am besten geeignete Akteur für »seinen Beritt« ist. Einer der Gesprächspartner brachte diese revitalisierte Denke auf den Punkt: »Verantwortlich für die Mitarbeiter ist immer die Führungskraft; der Personalbereich unterstützt nur noch die Führungskraft. Früher war es oft anders, der Personalbereich hat sich schwerpunktmäßig mit dem Mitarbeiter beschäftigt. Heute macht HR die Führungskräfte erfolgreich bei deren Wahrnehmung der Personalaufgabe.« Dies ist zwar unseres Erachtens im Grundsatz richtig. Einer umfassenden Rückverschiebung von Verantwortung, Entscheidung und Durchführung an die Führungskräfte und ein Wirken von HR aus dem Hintergrund und als bloßer »Enabler« stimmen wir aber bestimmt nicht zu. Gerade der HR-Business-Partner wird auch in Zukunft seine Themen aktiv gestalten und nicht nur Probezeitformulare, Kostenstelleninfos oder Geburtstagslisten als »Reminder« an die zuständigen Führungskräfte mailen. Die Umsetzung von Ideen führt über erstklassige Konzepte, das »Enabling« der Führungskräfte und eine unterstützende HR-Funktion, zu der neben dem HR-Business-Partner auch die beiden anderen Elemente des HR-Service-Delivery-Modells. Natürlich verbleibt die letztliche Verantwortung und Entscheidung bei der Führungskraft. Jeder HR-Business-Partner muss erkennen, wann ein weiteres »Pushen« nur noch vergebene Liebesmüh wäre.

Zweitens: Weiter unten werden die Themen isoliert dargestellt. Dieses »stand alone« soll aber keinesfalls den Eindruck erwecken, als ob sie vom HR-Business-Partner auch verbindungslos und damit fein säuberlich getrennt behandelt werden könnten, ob nun nebeneinander (parallel) oder hintereinander (sukzessive). Allerdings wird durch die COE- sowie Projekt-Strukturen vor allem in größeren Unternehmen diese Solodenke befördert (im Mittelstand ist dies wesentlich schwächer ausgeprägt). Jedes HRM-Thema hat seine eigene organisatorische oder zumindest projektartige Ausprägung (»single issue«). Beispiel gefällig? Da gibt es erstens eine Initiative des Vorstandsvorsitzenden zu Talent Management, da dies ja für die Zukunftsentwicklung ganz entscheidend sei. Zum zweiten wird vom Personalvorstand gerade ein Arbeitsauftrag zur strategischen Personalplanung erteilt, nicht nur wegen der Qualität des Personalkörpers als künftigem Erfolgsfaktor, sondern weil er sich über dieses Thema beim Business positionieren möchte. Nur lose verbunden gibt es drittens ein Projekt zur Demografie und viertens eine Abteilung für Diversity, die ihre beiden Fokusthemen mit prägnanten Auftritten der Verantwortlichen ganz nach vorne stellen. Nicht zu übersehen ist fünftens die Abteilung für Recruiting, die sich einerseits um das Arbeitgeberimage und andererseits um Prozesskonformität für diesen entscheidenden Schritt gleich am Beginn des Lebenszyklus kümmert; dafür legt sie sogar einen Business Case vor. Im Rahmen von hitzigen Diskussionen rund um Leadership Development wird vom zuständigen Bereich laut vernehmbar festgestellt, dass bei den Führungskräften hinsichtlich Retention Management, Change Management und Performance Management nicht alles so läuft, wie es eigentlich sein sollte (wobei man für dieses »eigentlich« noch keine klare Vorstellung habe). Daher werden sechstens, siebtens und achtens entsprechende Programm-Relaunchs zunächst analysiert, dann konzipiert und schließlich implementiert. Zum neunten hat die Abteilung für Comp & Ben eine Überarbeitung der Führungskräftevergütung angemeldet, da man zum einen an vielen Stellen nicht marktadäquat bezahle und desweiteren die anhaltende Diskussion um Managergehälter eine stärkere Berücksichtigung des Risikogedankens sowie der Langfristigkeit erfordere. Hinzu kommt dann noch zusätzliche Komplexität von links (z.B. neuartige HRIT-Systeme) und rechts (z.B. Post-Merger-Integration). Diese Beschreibung ist übrigens ein reales Beispiel; wir haben aus Platzgründen noch mancherlei weggelassen. Die Aufzählung ließe sich unschwer fortsetzen. Doch für unser Argument mag sie an dieser Stelle genügen. Bei allen wichtigen und richtigen Themen rund um die People-Dimension ist vielerorts der rote Faden und der Überblick verloren gegangen. Eine souveräne Integration von Themen fehlt. Von den COE ist sie keinesfalls zu erwarten, da bei ihnen das jeweilige Partikularinteresse im Vordergrund steht. Bleibt also nur die Gesamtkoordination über den HR-Gesamtverantwortlichen im Unternehmen (durch dessen Projekt- und Themensteuerung) oder eben das »big picture« durch den HR-Business-Partner. Ansonsten kommt beim Business zu viel Ungereimtes, Unausgegorenes, Unabgestimmtes an und die HR-Funktion verheddert sich in sich selbst.

Drittens: In der Folge verweisen wir bei der kurzen Darstellung von HR-Business-Partner-Themen auch immer wieder auf weiterführende Literatur. Wobei wir uns der Subjektivität dieser Auswahl bewusst sind. Ab und an möchten wir dabei auch an ältere Werke erinnern. Denn die Entwicklung bei allen diesen Themen ist weitgehend evolutionär und dies in kleinen Schritten. Ihre Spuren lassen sich meist bis Gutenberg (1951) und Aufspreizungen in der Folgezeit verfolgen (wobei wir natürlich in unserer eigenen Sozialisation längst nicht alles kennenlernen durften). Manche der »alten Schinken« sind jedenfalls den Werken mit einer Jahreszahl 2000 plus nicht unbedingt unterlegen, auch wenn diese in einer für das heutige Empfinden frischeren Formsprache daherkommen, von der Eloquenz amerikanischer Autoren mal ganz abgesehen. Wie überhaupt der stete Ruf nach Neuerung, Fortschrittlichem, Nochniedagewesenem im Bereich der People-Dimension manchmal befremdlich wirkt. Innovationen, wie etwa bei Produkten, sind dann doch eher die Ausnahme. Manche der »Youngtimer« aus den siebziger, achtziger und neunziger Jahren, vielleicht sogar aus den Fünfzigern und Sechzigern – doch so weit geht unser Blick biologisch bedingt nicht zurück – besitzen eine zeitlose Eleganz, oftmals auch mehr inhaltliche Klarheit und sprachlichen Wohlklang.

Die nächste Generation

Wer in einer dieser für den Spezialisten gedachten Computer-Zeitschriften blättert, versteht zwar nichts mehr. Er merkt jedoch sehr schnell, dass diese Welt weiterhin enorm in Bewegung ist. Neue Prozessoren, neue Anwendungen und neue Betriebssysteme bestimmen die Expertendiskussion. Wenn etwa von DDR 4 die Rede ist – dies soll so ungefähr in 2012 kommen – ist nicht ein Wiederaufbau der Mauer und die Abkehr vom Soli gemeint, sondern die nächste Generation von Hauptspeichern. Auch für die Zukunft des Internets zeichnen sich völlig neue Entwicklungen ab, um die Privacy, Usability, Scalability, Efficiency, Performance und vieles Wünschenswerte mehr signifikant zu verbessern. Es ist ein professioneller Hintergrund entstanden, der den normalen »User« gar nicht mehr interessieren muss. Er schaltet sein Gerät an, authorisiert sich über die Benutzerkennung, aktiviet die von ihm gerade gewünschte Anwendung und legt los, binnen Sekunden. Dies funktioniert dann meistens auch perfekt. Die nächste Generation entsteht hinter der Kulisse und ist dann irgendwann verfügbar. Mit etwas Hintergrundwissen weiß der Normalo-Anwender immerhin, dass sich die Leistungsfähigkeit der ihm zur Verfügung stehenden Maschine entsprechend zu Moore's Law alle anderthalb Jahre verdoppeln wird. Nun sagt eben dieser Moore zwar auch, dass sein Gesetz nur noch bis etwa 2020 hält. Pat Gelsinger, Chefentwickler von Intel, prognostiziert hingegen, dass eine Verdoppelung noch bis 2030 zu erwarten sei. Bis dahin sind viele unserer Leser vermutlich bereits in Pension oder diese ist in greifbarer Nähe, wir auch.

Im HRM ist dies völlig anders. Uns wird bei der Vorstellung des jeweils aktuellen HR Barometers oft die Frage gestellt, was es denn diesmal Neues gäbe. Nichts!, antworten wir darauf stolz. Groß Neues hätte sich nicht ergeben. Man müsse die bekannten Aufgaben nur einfach endlich gut machen. Beim HR-Business-Partner gibt es keine im Hintergrund verborgene Mechanik/Elektronik, die sich kontinuierlich weiterentwickelt, mit einer noch bedienerfreundlichen Benutzeroberfläche für die Enduser im Business. Er ist in erster Linie Vordergrund und bringt seinen Hintergrund in persona selber mit. Innovationen lassen da auf sich warten. Sie kommen entweder aus der Person über die Inhalte oder durch bessere Personen. Der stete Ruf nach einer nächsten HRM-Generation mag allenfalls im Bereich von »high tech« (HR-IT) seine Berechtigung besitzen, doch selbst

---

dort nähert man sich einer gewissen Sättigung. Im Bereich von »high touch« muss man nehmen, was man hat und dies dann voranbringen. Gut möglich, dass dabei ebenfalls Quantensprünge in der Wertschöpfung aus der People-Dimension möglich sind: Mit den richtigen Akteuren an den richtigen Themen.

4.1.2 Brot & Butter-Themen im Schnelldurchlauf

Recruiting/Retention

Die Aufgabenstellungen des HR-Business-Partners beginnen ganz vorne im beruflichen Lebenszyklus von Führungskräften (und Mitarbeitern): »Gute Leute ranschaffen, gutes Geld zahlen und die Welt ist perfekt«, fasste einer der Befragten in unserer ersten Studie die Erwartungshaltung an ihn zusammen. Ein zweiter äußerte sich ähnlich: »Ich habe die Themen Ressourcenbereitstellung und Nachfolgeplanung. Das sind beides Themen, wo Sie sehr dicht am Business sein müssen.« Zentrale Aufgabe ist dann die Unterstützung bei der quantitativen und qualitativen Personalplanung (vgl. 4.2.1). Die Entwicklung und Umsetzung von Ideen rund ums Personalmarketing sowie die Initiierung und Gestaltung von konkreten Recruiting-Events wie etwa Bewerbermessen und Universitätsnetzwerke gehören nicht dazu. Zudem ist der HR-Business-Partner bei der konkreten Bewerberauswahl gefordert, von der Einleitung über die Organisation und Durchführung bis hin zu einem vernünftigen Abschluss (natürlich in enger Abstimmung mit dem zuständigen COE sowie dem SSC). Sowohl in individuellen Gesprächen als auch bei Assessment/Development-Centern kann dem Urteil des HR-Business-Partners im Diskurs mit den ebenfalls beteiligten Führungskräften – bei denen freilich die Entscheidung verbleibt – eine zentrale Funktion zukommen, wenn er auf die vereinbarten Maßstäbe des Unternehmens verweist, wenn er den Faktor Sympathie in die richtige Relation setzt, wenn er die »technischen« Aspekte im Gespräch wie Kündigungsfrist, Konkurrenzangebote, Wettbewerbsklauseln, Gehaltsvorstellungen, Nebenleistungen nicht vergisst.

Im Anschluss an das Recruiting ergibt sich oft nahtlos die fast noch wichtigere Aufgabe des Onboarding, also eine effiziente Integration des neuen Mitarbeiters ins Unternehmen, die in den Interviews jedoch allenfalls vereinzelt angesprochen wurde. Da die ersten einhundert Tage (und oft sogar die Zeit vor der eigentlichen Arbeitsaufnahme) über Erfolg oder Scheitern einer neuen Führungskraft entscheiden, sollte der HR-Business-Partner in enger Abstimmung mit dem verantwortlichen Vorgesetzten und gegebenenfalls einem Mentor über den Einführungsprozess eine klare Vorstellung entwickeln und diese dann umsetzen.

Der HR-Business-Partner dreht an einer weiteren wichtigen Stellschraube für die Qualität des Personalkörpers mit: Retention Management (Mitarbeiterbindung). Für den künftigen Erfolg des Unternehmens, die Innovation bei Produkten und deren Produktion, ist es oftmals noch wichtiger, die vorhandenen guten

Leute im Unternehmen zu halten als »frisches Blut von außen« zuzuführen. Denn die etablierten Akteure sind bereits eingespielt und passen (meistens) in die bestehende Struktur und Kultur. Zudem ist – um ein Bild aus der Welt des Fußballs zu wählen – nicht jeder Verein mit den scheinbar unermesslichen Spielräumen von Spitzenclubs wie etwa Real Madrid ausgestattet und kann die vermeintlich Besten zu sich ziehen. Durch gezielte Nachwuchsförderung, attraktive Spieleinsätze und das Aufzeigen von interessanten Perspektiven können auch die sogenannten Ausbildungsvereine ihre guten Leute an sich binden. Ein wesentlicher Unterschied besteht allerdings zwischen Unternehmen und dem Fußballbetrieb. In einer Mannschaft kommen, einschließlich der Auswechselspieler, während eines Spiels allenfalls vierzehn Spieler zum Einsatz. Ein Unternehmen in einer Wachstumssituation benötigt hingegen zusätzliche Spitzenkräfte. Der HR-Business-Partner kann jedenfalls das Themenfeld Retention Management mit einem Wertschöpfungs-Kick versehen: Indem er es systematisch und nicht bloß in Schönwetterphasen bei den Entscheidern im seinem Bereich verankert. Indem er beim Aufdecken von Akteuren in Schlüsselpositionen den Prozess zu einem konkreten Ergebnis führt (im Sinne von »Mayer ja und Meier nein«). Indem er beim Aufspüren von deren individueller Motivation für das Bleiben – so beispielsweise Aufgabenstellung, Freiheitsgrad, Entwicklungsmöglichkeit, Führungspraxis, Kollegenumfeld, Kinderbetreuung sowie natürlich auch die monetären Rahmenbedingungen (jeder »tickt« hier anders) – mitwirkt. Indem er auf mögliche Zielkonflikte und Ungleichgewichte im Unternehmen – das Stichwort lautet hier interpersonelle Fairness – verweist (im Sinne von »wenn Mayer dann auch Schmidt«). Indem er zur Zusammenstellung eines individuellen »Retention Packages« anhält und auf die Einlösung dieses Versprechens des Unternehmens an seine Schlüsselkräfte – auch in weniger guten Zeiten – drängt.

Die Mitwirkung des HR-Business-Partners beim »Employer Branding« (Arbeitgeberimage) ist in der Praxis wohl eher gering; hierfür gibt es meistens die Spezialisten im COE Personalmarketing sowie den Reputation-Transfer aus dem überwölbenden Unternehmensimage. Natürlich muss er bei den oft heiklen Diskussionen mit seinem Management die Wirkungen von internen Entscheidungen und Maßnahmen in die Außenwelt anschneiden sowie die Möglichkeiten seines Unternehmens für Positionierung bzw. Differenzierung im Stimmungswettbewerb der potenziellen Kandidaten aufzeigen. Gerade in den Wachstumsregionen mit ihren heiß gelaufenen Arbeitsmärkten sowie einer individuellen Karriere-/Gehaltsoptimierung und der Konsequenz zum »Job Hopping« bleibt dies ein Dauerbrenner. Ein Befragter unserer ersten Studie – sein Unternehmen ist in der Triade aktiv und leidet außerhalb Europas unter einem geringen Bekanntheits- und Beliebtheitsgrad – meinte dazu etwa: »Asien, es sind zu viele Firmen und zu wenig Talente. An den Guten ist ständig irgendjemand dran. Wer sind die Talente und was müssen wir bei ihnen machen? Schnell machen! Oder auch sein lassen. In jedem Fall müssen Analyse und Lösung rasch zur Verfügung stehen. Dies kann man schlecht aus dem europäischen Vakuum heraus machen, man muss vor Ort präsent sein, muss die Leute kennen, muss die Umstände kennen.« Zur Vertiefung des Themas kann sich der HR-Business-Partner inzwischen einer umfangreichen praxisorientierten Literatur bedienen (z.B. Beck 2008, Maier 2008, Weick 2008).

Talent Management

Deutlich abgerutscht – vom Platz Eins nunmehr an die vierte Stelle – ist Talent Management in unserem HR Barometer 2009 (von 51 auf 32 Prozent) (Claßen/ Kern 2009: 31-39). Nach allen Medienberichten, Konferenzangeboten und Literaturbeiträgen – aus der Zeit vor dem »Downturn« – hätte man durch den Hype eigentlich sogar Werte von annähernd 100 Prozent erwarten können. Auch die beiden eng verbundenen Themen »War for Talents/Talent Attraction & Recruiting« (18 Prozent) sowie »Talent Retention« (12 Prozent) haben merklich schlechter als zuvor abgeschnitten. Dabei wurde unsere Erhebung sogar noch vor der eigentlichen Krise durchgeführt; inzwischen sind die Werte sicherlich erheblich stärker eingebrochen. Derzeit wird vielerorts versucht, unter der Devise »Talent Management in der Krise« zu retten was zu retten ist und muss dennoch eine Sollbruchstelle nach der anderen aufgeben. Vielleicht liegt dies auch daran, dass die Konzepte aus der guten Zeit einfach nur mit dem Appendix »in der Krise« versehen werden. Dabei ist »in der Krise« ein dreifacher Fokus angesagt: Auf die tatsächlichen Engpässe, auf die wirklichen Talente und auf die unabdingbaren Hebel. Doch da die demografische Entwicklung unerbittlich fortschreitet und die nächste Wachstumsphase lediglich eine Frage des Zeitpunktes ist (»wann wieder umschalten?«), wird Talent Management mit Gewissheit erneut eines der Themen im HRM-Olymp werden, gerade für den HR-Business-Partner. In manchen Unternehmen und Märkten ist es schon wieder so weit.

Insgesamt ist die Situation für »normale« – weil ersetzbare – Mitarbeiter weiterhin in vielen Unternehmen aber eher ungünstig. Dies wird auch durch Eindrücke aus Medienberichten und Belegschaftsbefragungen eher bestätigt als durch euphorische Beiträge und erfreuliche Ergebnisse widerlegt. Es gibt ziemlich viele Unternehmen, in denen der Kunde zum König wird, der Aktionär als Kaiser gilt und die Mitarbeiter froh sein dürfen, deren Diener zu sein. Aber es gibt auch die aus der People-Dimension heraus erfreulichen Gegenbeispiele und solche Unternehmen mit einem ausgewogenen Verhältnis der drei wichtigsten Stakeholder (auch wenn dies »in der Krise« besonders schwerfällt). Die Priorität bei Unternehmensentscheidungen ist zudem immer auch eine Reaktion auf knappe Ressourcen, und hier zeigen sich aus einer langfristigen Perspektive durchaus zyklische Bewegungen. Gegenwärtig und auf Sicht sind die Mitarbeiter in der Gesamtschau sicherlich nicht »en vogue«. Einige Mitarbeitergruppen wie etwa erstklassige Spezialisten in bestimmten Ballungsräumen und die vielbeschworenen »High Potentials« sind jedoch wieder »total in« (oder werden es zumindest bald wieder sein). Wir erleben in der Wertschätzung damit eine Individualisierung, die sich an der persönlichen Wertschöpfung festmacht. Wertschätzung ist eben in vielen Fällen nur noch durch eigenständige Wertschöpfung zu erlangen. Das ist der Deal! Also nicht nur für den HR-Business-Partner, sondern eigentlich für jedermann im Unternehmen. Diese Wertschöpfung bemisst sich wiederum an der individuellen Leistung (vielleicht auch noch dem Potenzial) sowie der persönlichen Unentbehrlichkeit, vermindert um die spezifische Betreuungsintensität durch Vorgesetzte und Unternehmen. Es gilt quasi die Formel:

$$\text{Wertschätzung} = \text{Wertschöpfung} =$$
$$= \text{Leistung} \times \text{Unersetzlichkeit} - \text{Betreuungsaufwand}$$

Eine neue normative Revolution zu Gunsten der Mitarbeiter ist – abseits von persönlichen Wunschvorstellungen und den ganz seltenen Unternehmensbeispielen – derzeit nicht einmal am Horizont absehbar. Eigentlich bestätigen diese Ergebnisse nur die zunehmende Polarisierung in der Arbeitswelt (vgl. 1.1). Meier, Müller, Schulz sind nicht wichtig, solange sie recht problemlos durch andere Meier, Müller, Schulz ersetzt werden können, weil sie nichts Besonderes zu bieten haben. Mayer wird aber dann »super wichtig« und seine Leistung gilt als »wunderbar«, wenn er unersetzlich erscheint und ohne seinen Beitrag der »profitable growth« gefährdet wird. Spätestens dann, besser noch im Vorfeld, muss sich das Unternehmen um ihn kümmern. Es geht diesem also weniger um den »Stakeholder« Meier, sondern eigentlich nur um den »Bottleneck« Mayer. Dieser muss bei Laune und am Laufen gehalten werden.

Talent Management ist kein Elite- sondern ein Engpass-Thema. Daher wird es sich auch nach der Krise nur noch auf bestimmte Zielgruppen von »begehrten« Führungskräften und »knappen« Mitarbeitern konzentrieren und keineswegs mehr als Breitband-Therapeutikum für jeden genutzt werden. Denn nicht jeder ist ein Talent (oder wird dafür gehalten). Das Talent Management fokussiert sich auf diese eher Wenigen, für die allerdings sehr viel und manchmal zu viel gemacht wird. Die anderen, oftmals ebenfalls guten Mitarbeiter, fallen inzwischen durch die Raster. Bezeichnend ist etwa, nur um ein praktisches Beispiel zu nennen, dass derzeit viele richtig gute junge Führungskräfte aus DAX30-Konzernen – mit ausgezeichneten Talent-Management-Programmen (auf PowerPoint) – nach erstklassigen Beiträgen zur Wertschöpfung für ihr Unternehmen hinsichtlich des nächsten Karriereschrittes völlig im Unklaren gelassen oder aber im Ausland geparkt werden. Manchmal sogar, weil keiner etwas mit ihnen anzufangen weiß und die Perspektive perdu ist. Im heute praktizierten Talent Management (inklusive der Nachfolgeplanung) gilt noch allzu oft die alte Karriereweisheit, zur richtigen Zeit am richtigen Ort zu sein, oder eben den richtigen Mentor gefunden zu haben (solange sich dieser noch im Aufwärtssog befindet). Talent Management endet derzeit viel zu häufig in der harten Realität von Karrierebrüchen und -pausen. Im Gegenteil, die vollmundigen und kaum einzulösenden Versprechen an tatsächliche bzw. vermeintliche Talente fallen immer wieder auf die Unternehmen zurück. Bei der praktischen Implementierung des Talent Management, weniger bei der abstrakten Konzeption, wird es für den HR-Business-Partner auch in Zukunft viel zu tun geben. Dazu kann er – als weitere Vertiefung des Themas – inzwischen eine schier unübersichtliche Fülle an Literatur zu Rate ziehen (z.B. Michaels u.a. 2001, Lawler 2008, Erickson u.a. 2008, Jäger/Lukasczyk 2009, Claßen/Timm 2010).

Übrigens: Einzelne HR-Business-Partner verstehen sich beim Talent Management als Advocatus Diaboli in ihrer Organisation: »Ich schaue, in welchen Bereichen wir welche kritischen Entwicklungen haben. Beispiel: Wo haben wir eine hohe Fluktuation und woran liegt das? Hier machen wir Leaver-Interviews, suchen zusätzliche Mitarbeiter-Informationen, analysieren mögliche Management-Probleme. Diese Ergebnisse nutze ich natürlich als Plattform, um diese Sachen zu adressieren und effizient anzugehen«, meinte einer der Befragten in unserer ersten Studie und ergänzte: »Laufen wir in die richtige Richtung, gibt es Probleme, was ist richtig und was ist falsch, wo müssen wir nochmals justieren? Die hierfür erforderliche Vielzahl an Informationen kann man sich eigentlich nur selber vor Ort besorgen.«

Es gab bei unseren Interviews in 2005 und 2009 auch solche Themen, die zwar als Aufgabenstellungen genannt wurden, die bei uns allerdings – mit Verlaub – nicht den Eindruck großer Ernsthaftigkeit hinterließen. Die Beschäftigung mit dem demografischen Wandel ist so ein Beispiel. Dieses Thema ist so etwas wie der siamesische Zwilling zum Talent Management. Dem durchaus vorhandenen Problembewusstsein in Unternehmen, denn die Zeitbombe tickt inzwischen unüberhörbar, folgen derzeit noch zu selten konkrete Taten. Ein exemplarisches Statement mag dies belegen: »Demografischer Wandel: Alle wissen, dass wir in diese Problematik hineinlaufen. Uns trifft dieses Problem, das die deutsche Wirtschaft gesamthaft trifft, erst vier bis fünf Jahre später.« Es ist ja auch nichts Verwerfliches dabei, bei bestimmten Themen den Reifegrad, den Zeitpunkt, den Fortschritt abzuwarten und doch bereits heute darüber zu sprechen. Richtige Lösungen sind ohnehin nicht vor morgen, oft erst übermorgen gefragt und dies auch nur in Unternehmen, Branchen bzw. Regionen, um deren Attraktivität es nicht zum Besten gestellt ist. Der Rest kann sich entspannt zurücklehnen; es wird freilich ein kleiner Rest sein.

... und was ist mit Sandy?

Augen zu und schnell mal ins Jahr 2020 gebeamt. Faktisch zwar unmöglich, bleiben solche Zeitsprünge immer eine nette Fingerübung, um aus der fiktiven Zukunft Rückschlüsse auf das reale Jetzt zu ziehen. Von vielen bereits 1998/2001 erstmals prophezeit und 2005/2008 erneut prognostiziert ist der »Talentekrieg« – wenn auch nicht ganz so martialisch und offen, sondern mehr in Form eines Untergrundkampfes – spätestens dann im vollen Gange (vgl. Dohmen 2007). Die Unternehmen werden sich derweil ein ansehnliches Arsenal an Maßnahmen aufgebaut haben, angefangen vom »Employer Branding«, über attraktive Vehikel für »Recruiting« und »Retention«, bis hin zum pfleglichen und wertschätzenden Umgang der Vorgesetzten mit ihren vom Selbstbewusstsein mindestens auf Augenhöhe agierenden Mitarbeitern. Gerade Letzteres erweist sich meist am allerwichtigsten. Aber jetzt mal konkret ins Jahr 2020 vorgesprungen.

Yasmin Kilic ist genervt von ihrem Agenten und überhaupt. Beim letzten Arbeitgeber hatte er sie zwar mit Bravour herausgeholt, ohne irgendwelche Scherereien, vor allem unter Verzicht auf die eigentlich fällige Ablösesumme. Aber die hätte ohnehin der neue »Employer« gezahlt; dieses Geld wäre natürlich von ihrem Handgeld abgegangen. Die clever verhandelte Altersversorgung konnte sie natürlich mitnehmen, was anfangs gar nicht so gut aussah. Am Ende war sogar das ursprüngliche Wettbewerbsverbot Schall und Rauch. Nur ein geringer Teil der Aktienoptionen war perdu, steuerlich waren die aber wegen der anhaltenden Neiddebatte ohnehin ziemlich wertlos. Alles in allem ein ordentlicher Job von ihm. Sie zahlt ihrem Agenten aber auch keine schlechte Provision. Do ut des!

Selbst den »Yasmin Kilic Monitoringtag« (YKM®) an ihrem Zweitwohnsitz in Nizza hatte ihr Agent in zwei Wochen von heute eigentlich ganz gut organisiert. Das »Incentive Recruiting« der Unternehmen an den schönen Plätzen der Welt ist sie inzwischen nämlich total satt. Zu viel enervierende HighPots und penetrante Unternehmensvertreter wie damals in Acapulco. Einmal und nie wieder: Das muss sie sich nicht nochmals antun. Die fünf handverlesenen Unternehmen, welche er für ihren persönlichen Monitoringtag eingeladen hatte (aus einem Kreis von anfänglich 37 interessierten Firmen), wollen Yasmin allesamt unbedingt haben. Sie waren auch bereit, die Antrittsgebühr für das YKM zu zahlen. Die Fünf haben durchaus einiges zu bieten, an Rollen, Verdienst und Aufgaben. Nichts aufregend Besonderes, keine wirkliche Herausforderung, alles »easy« machbar also, denkt Yasmin. Wäre auch einmal fein. Ihr Agent hatte es sogar geschafft, die allzu aufdringlichen Unterhändler dieser süddeutschen Fahrzeugschmiede vom YKM fernzuhalten. Die verbliebenen Unternehmen hatte diese garantierte Exklusivität natürlich nochmals ein zusätzliches Sümmchen gekostet. Eins zu Fünf ist auch viel attraktiver für sie als etwa Eins zu Zehn. Nur ihr Mentor von der führenden Strategieberatung, der sie, als sie noch in Salem war, richtig nett betreute, besser jedenfalls als der von diesem langweiligen Maschinenbauer zu Mittelstufenzeiten in Königstein, lies nicht locker. Also kommen die noch als sechste dazu. Hier bin ich fair, findet Yasmin und lächelt.

Auf einen Kniff der Unternehmen ist sie übrigens nicht hereingeflogen; davor hatte ihr Agent sie gewarnt. Denn eine Gruppe von Firmen aus dem Stuttgarter Raum mit einer nicht ganz so exzellenten »Employer Brand« hatte sich einen geschickten »Work Around« einfallen lassen. Es ist ja auch irgendwie grotesk, findet Yasmin, dass alle sich nun zum Marktführer proklamieren, ihr Headquarter von der Provinz in eine Metropole verlegen und inflationär vom »Great Place to Work« Gebrauch machen. Vor Jahren hatten diese schwäbischen Cleverles eine sexy Bude unter der Ägide von zwei beliebten und bekannten Ikonen der Szene gegründet, sich eine »Workstyle Idea« einfallen lassen, diese als kultig vermarktet und dann doch nur die auf diesen Trick hereingefallenen HighPots wie Leiharbeiter bzw. Berater ganz im Sinne eines »Body Lease« zu den Unternehmen im Hintergrund geschickt. »Potemkin Labeling« nannte die Wissenschaft dieses Instrument inzwischen. Bislang schien sich dies zu rechnen.

Schon in Salem sowie später an den Unis von St. Gallen und Boston wurden ihr – wegen der ausgezeichneten Noten und generellen Anmutung – als Frau mit Migrationshintergrund (welch blödes Wort, dachte Yasmin damals) wahre Wunderkräfte zugeschrieben. Von einer Promo hatte ihr früherer Karrierecoach abgeraten, würde sich langfristig nicht rechnen, aber exzellente Praktika hatte er ihr vermittelt. Übrigens: Ihr genetisches Profil weist sie mit 98 prozentiger Sicherheit als Topkraft bis ins hohe Alter aus; auch dies weitaus besser als die Allermeisten. Es war Yasmin damals nur etwas seltsam vorgekommen, diese doch eher private Information in ihrem Individualprofil öffentlich zu machen. Ein hoher Preis – den muss man freilich in Kauf nehmen. Die halbjährlichen Laktat- und Sonstwie-Tests seither haben ihre physische und mentale Stärke mit schöner Regelmäßigkeit bestätigt. Außerdem sieht sie immer noch verdammt gut aus, sagt sogar ihre Mutter. Deren Generation hatte mit Botox und solchem harten Zeugs gegen die Falten gekämpft sowie später dann gegen dessen Nebenwirkungen. Die Sachen heute sind definitiv besser.

Ein Wechsel des Arbeitgebers wäre für Yasmin auch emotional kein Problem. Die Bindung zum derzeitigen Unternehmen ist ohnehin eher mäßig, eine Zweckbeziehung eben. Ihr derzeitiges Projekt wäre in den nächsten Wochen mit Erfolg abgeschlossen, die anstehenden Aufgaben keine echte »Challenge«. Einzig zum 68-jährigen Bernd Schneider hat Yasmin eine persönliche Beziehung aufgebaut. Sie als jung-dynamische Führungskraft soll ihn – man nennt dies neuerdings »reversed mentoring« – beim allmählichen Ausgleiten in den Ruhestand begleiten und mit frischen Ideen von der Innovationsbörse versorgen. Wenn sie ehrlich zu sich selbst ist, profitiert sie jedoch mehr von seiner Erfahrung als er von ihrer Dynamik. Er duzt sie übrigens nicht und nennt Yasmin immer »Fräulein Kilic«; sie findet das ulkig.

Die ganzen Nebenleistungen für Leute wie sie sind inzwischen Standard. Montags der Mental-Coach, mittwochs der Content-Coach und freitags der Leisure-Coach. Selbst der Flug zu Yasmin's Lebensgefährten in Moskau – oder sonstwohin (das hatte sie sich ausbedungen) – zweimal im Monat wäre im Basispaket enthalten. Natürlich steht dabei kein konkreter Namen im Vertragsentwurf, nicht nur im Job muss man heute flexibel bleiben. Für den Fall der Fälle, bei mir eher unwahrscheinlich, erkennt Yasmin still für sich, gibt es die Kinderbetreuung. Aber warum eigentlich nicht doch? Ohnehin hatten zwischenzeitlich die Unternehmen alle guten Erzieherinnen aus den staatlichen Kindergärten abgeworben. Natürlich läuft die Betreuung rund um die Uhr, in den Ferienzeiten sowieso und auch am Samstag (zum Shoppen in Ruhe); dies nützt ihr in Nizza oder Moskau allerdings leider nichts. Bei allen diesen netten Selbstverständlichkeiten unterscheiden sich die Unternehmen kaum noch. Ihr Agent hat für seine Klienten sogar einen wasserdichten Vertragstext für solche Sachen in der Tasche. Interessant wären nur noch zusätzliche »Goodies«, sie fände zum Beispiel den kostenlosen Zugriff auf das Modelabel Hendrixx (sowie andere) nicht übel. Bei Kundenterminen hätte der Arbeitgeber von ihrem adretten Aussehen sogar etwas, meint ihr Agent. Und natürlich können sich die Unternehmen in der steuerlichen Dimension noch differenzieren. Einige Firmen, sagt er zu ihr immer, hätten eindeutig bessere Lösungen, den geldwerten Vorteil von der Steuer wegzudrücken, total legal und sogar ziemlich neidsicher. Die Niederländischen Antillen mit ihrer lächerlich geringen Flat Tax gelten diesbezüglich derzeit als top. Zweimal im Jahr müsste man zwar dort sein. Aber es gibt Schlimmeres, kann man doch auf diesen Karibikinseln das Angenehme mit dem Nützlichen verbinden. Direktflüge gibt es auch, es scheint genügend Klientel mit ähnlicher Steuerberatung zu geben.

Yasmin ist immer noch genervt. Nein, nicht die fehlende Wertschätzung ihres derzeitigen Arbeitgebers, denn sie hatte sich angewöhnt, gut darauf verzichten zu können; irgendwann wird angelernte Wertschätzung von Vorgesetzten ohnehin fad. Lieber ein »super« weniger im Ohr und dafür tausend Euro mehr im Portemonnaie. Sie nervt etwas ganz anderes. Yasmin hat nämlich schon einen heimlichen Favoriten unter den fünf, jetzt sechs Kandidatenunternehmen des YKM (ohne sich irgendetwas anmerken zu lassen). Aber ausgerechnet der will nicht für die Betreuung ihres Hündchens Sandy bezahlen. Dies sei steuerlich schwierig und würde vor allem nicht zur CSR, der EVP und überhaupt zu den »Corporate Values« der Firma passen. Die sprechen, berichtet ihr Agent, vom »Primat der Humanitas« beim Blick auf das immer noch grassierende Elend in der Welt. Was hat denn dies mit ihrer Sandy zu tun, denkt Yasmin. »Blöde Prinzipienreiter«, sagt sie zu ihrem Agenten und meint ihn gleich mit. Der entgegnet nur, in diesem Punkt sei leider nichts zu machen, er könne aber gerne noch zwei Tausender im Monat zusätzlich rausholen. Aber wer würde denn auf Sandy aufpassen, wenn sie ein Meeting hätte? Sicherlich, an den drei Tagen Home Office wäre dies kein Problem. Sogar das Gassigehen wäre möglich, denn ihren Multimobilizer von AmazingZone kann sie überall mit hinnehmen. Sie möchte aber ohnehin mal wieder den Agenten wechseln. Neue Besen kehren besser. Von einem Freund aus ihrem exklusiven »AAA Network« hatte sie einen Tipp bekommen. Soll sich der Neue doch mal kräftig anstrengen. Jetzt geht sie am besten erst einmal mit Sandy an der Promenade von Nizza zur bewussten Erholung, so nennt dies ihr Leisure-Coach, spazieren. Die frische Meeresbrise und die mediterrane Sonne tun uns beiden sicher gut.

Leadership Development

Weiterentwicklung von Führungskräften ist eines der ganz großen Themen im HRM und damit natürlich auch für den HR-Business-Partner, der vor Ort oft deren erster Ansprechpartner »von Personal« ist. Für sich genommen sorgt Leadership Development natürlich noch keineswegs für tatsächliche Wertschöpfung. Wie bei vielen anderen »weichen« Themen unterliegt dies einer Annahme. In diesem Fall, dass bessere Führungskräfte auch bessere Entscheidungen treffen und diese dann wiederum zu besserer Wertschöpfung führen. Der »harte« Nachweis für diese intuitiv plausible aber halt auch indirekte Logik fällt, wenn auch oftmals versucht, schwer. Trotzdem wird vielerorts eine große Erwartung in Leadership Development gesetzt. Denn wenn die Strategien, Strukturen und Systeme ausgereizt sind, die kulturelle Transformation ein zu abstraktes Thema bleibt, das »Change Management« nur sehr bedingt zu einem »better Management« führt, dann sind es doch wieder die einzelnen Akteure und unter ihnen natürlich in erster Linie die vorhandenen Manager, die für neue Ideen bei Produkten und Produktion sorgen können. Dafür brauchen sie – jetzt sind wir beim Kern von Leadership Development – neues Futter in Form von Information und Reflexion.

Dies ist die primäre Rationale, mit der auch gleichzeitig eine große Verantwortung der Führungskräfte für den Unternehmens-Fortschritt verbunden wird. Damit besitzt Leadership Development eine strategiegestaltende oder zumindest strategieumsetzende Funktion (Stiefel 1996). Es gibt noch einige zusätzliche Begründungen, wie etwa die weiter oben erwähnte Talent-Management-Logik, die oft damit verbundene Incentive- und Infotainment-Funktion von Weiterbildung sowie der generelle Eindruck beim Blick nach links und rechts, dass man für seine Führungskräfte »auch mal wieder etwas Vernünftiges« tun sollte. Zudem ist der immense Markt, der sich rund um Leadership Development entwickelt hat, zumindest in besseren Zeiten ein Anbietermarkt, der sich seine Nachfrage sehr gut selbst besorgt.

Zum Themenfeld Leadership Development soll an dieser Stelle nicht viel mehr gesagt werden; hingegen möchten wir in diesem Buch das verwandte Thema »Leadership Effectiveness« vertiefen (vgl. 4.2.2). Die Weiterentwicklung von Führungskräften ist bereits in vielfältiger Weise andernorts aufgefaltet worden. So ist es beinahe schon als Arbeit zu bezeichnen, sich alljährlich durch die zumeist lesenswerten Beiträge, Verweise und Studien im »Jahrbuch Personalentwicklung« (zuletzt Schwuchow/Gutmann 2008, Schwuchow/Gutmann 2009) zu mühen. Selbstverständlich ist von den angloamerikanischen Gurus viel Anregendes gekommen (unter vielen etwa Mezirow u.a. 1990, Argyris 1993, Vaill 1996, Carter u.a. 2005). Dabei gilt es allemal, die theoretischen und praktischen Hinweise aus der »Action Learning«-Schule zu beachten (z.B. Revans 1982, McCall u.a. 1995, Donnenberg 1999). Schließlich können die stets anregenden und aufregenden Perspektiven aus der »MAO-Denke« (Stiefel 1996 bzw. Stiefel 2010) keinesfalls übergangen werden.

Warum aber spielt das Themenfeld Leadership Development für den HR-Business-Partner überhaupt eine Rolle? »Das ganze Thema Lernen, Entwicklung, Veränderung, dies ist für mich die hohe Schule; inklusive Leadership Development. Große Kunst weil, da Du hier nicht soviel mit Regeln operieren kannst«, beschrieb einer der Gesprächspartner in unserer ersten Studie den Stellenwert des Themas in seinem Unternehmen. Dabei sollte sich ein HR-Business-Partner »in der Master Class bewegen statt sich in Plattitüden zu verlieren«, konkrete Ideen für seine Zielgruppen entwickeln und diese dann auch umsetzen. Er hat in der Tendenz eher eine gestaltende und weniger eine ausführende Rolle: »Wir haben für die interne Ausbildung zwei Funktionen. Einmal bei der Erstellung dieser Programme, dass wir das richtige Curriculum haben. Aber auch bei der Auswahl von den entsprechenden Trainern. Wir stellen uns eigentlich nicht vorne hin. Da werden wir vielleicht mal als Gasttrainer hereingeholt. Aber die Zeit, ein Training selber zu machen, haben wir einfach nicht«.

Viele seiner Aufgaben rund um Leadership Development haben aber durchaus operativen Charakter. Auch für den HR-Business-Partner ist neben Konzeptarbeit und PowerPointfolie immer wieder Kärnerarbeit und Flipchartmoderation angesagt. Er kann sich nicht ausschließlich in großen Entwürfen, starken Formulierungen und brillanten Diskussionsbeiträgen verlieren. »Es ist ja nicht alles strategisch«, bemerkte einer unserer befragten Personalvorstände.

Organizational Effectiveness

Beim Stichwort Organizational Effectiveness denken viele sofort an die Optimierung der Aufbau- und Ablauforganisation, Restrukturierungs- und Kostensenkungsprogramme unter dem Stichwort »Lean Management« oder – etwas mehr »bottom-up« und partizipativer – die unterschiedlichen Formate an kontinuierlichen Verbesserungsprozessen (vgl. Scheuss 2008). Im Grunde ist Organizational Effectiveness das systemische Pendant zum eher individuellen Ansatz der Leadership Effectiveness (vgl. 4.2.2). Während dieser nach einer Optimierung von Führungskräften strebt, bezweckt das andere die Verbesserung des Systems Organisation durch das bestmögliche Organisations-Design. Denn diese Sorge treibt jeden Verantwortlichen um, dass die Output/Input-Relation in seiner Domäne immer noch weiter verbessert werden kann. Meist findet diese Sorge in entsprechenden Zielvorgaben von noch weiter oben (z.B. Aufsichtsrat) ihren Ausdruck.

Mit Organizational Effectiveness (oder ähnlich klingenden Begriffen) möchten Unternehmen ihre aktuelle Situation hinsichtlich einer ganzheitlichen sowie nachhaltigen Zielsetzung verbessern. Dies erfolgt entlang von Dimensionen (»building blocks«) wie Strategien, Strukturen, Prozesse, Systeme, Schnittstellen, Informationen, Fähigkeiten, Verantwortung bzw. Entscheidungen wie auch unter Beachtung von kontextuellen Nebenbedingungen, so etwa Akteure, Kultur, Historie und Umwelt. Die entsprechenden Ansatzpunkte – in jeder einzelnen Dimension und in deren koordiniertem wechselseitigen Zusammenwirken – sind entsprechend mannigfaltig und münden in vielgestaltige Verbesserungsvorschläge zum »Organisation Design« (vgl. 3.3.2). Natürlich berühren diese Vorschläge immer auch das Herz der People-Dimension, denn jede Organisation ist mehr als nur Kästchen und Linien. Dadurch kommt der HR-Business-Partner ins Spiel.

Es geht dabei auch um Antworten auf die großen Diskussionslinien der Wirtschaft wie etwa Kundenorientierung/Funktionsorientierung/Geografieorientierung, Zentralisierung/Dezentralisierung, Autorität/Subsidiarität, Zentripetal/Zentrifugal, Fokussierung/Diversifikation, Spezialisierung/Synergetisierung, Standardisierung/Varianzmanagement, Integration/Separation, Insourcing/Outsourcing. Damit wird Organizational Effectiveness natürlich zur Spielwiese für die »grand pictures« im Management, für die auf die entsprechende Literatur verwiesen wird (unter vielen etwa Hamel 2000, Low/Kalafut 2002, Remer 2004, Drucker 2005, Doz/Kosonen 2008). Wir selbst praktizieren etwa einen sechsstufigen Ansatz für das Organisations-Design. Wobei uns bewusst ist, dass jede Auswahl an Literatur oder die exemplarische Darstellung einzelner Ansätze bereits eine Nuancierung des Themas darstellt. Jedem HR-Business-Partner ist jedenfalls zu empfehlen, die engeren Grenzen seiner ursprünglichen Profession zu sprengen und sich mit einigen der Klassiker rund um Management, Strategie und Organisation zu befassen. Bei dieser Beschäftigung sollte es natürlich nicht nur um sprachliche Eloquenz und die Möglichkeit zum »name dropping« gehen, sondern auch inhaltliche Kompetenz erworben werden.

> ### »Name dropping«
>
> Im Sommer 2009, während einer ICE-Fahrt, sprach eine vom Äußeren eher unscheinbare männliche Person, etwa Mitte fünfzig, lichtes Haar, in ihr Mobiltelefon: »Das mit Porsche besprichst du mit der Kanzlerin. Ich berede mit ihr dann Opel, treffe aber vorher noch Putin deswegen.« Nachdem die Gegenseite offenbar das Gespräch beendet hatte (wahrscheinlich ein Anruf von Barak) lehnte sich der Fahrgast zwei Reihen weiter vorne in seinen Sitz zurück und widmete sich wieder dem Video auf seinem Laptop.

Dabei bleibt die Messbarkeit von Organizational Effectiveness nach wie vor ein schwieriges Unterfangen. Denn sie beinhaltet nicht nur die »effectiveness« im Sinne von Leistungsfähigkeit, sondern auch die »efficacy« im Sinne der grundsätzlichen Wirksamkeit und die »efficiency« im Sinne der Wirtschaftlichkeit. Drei typische Fragestellungen: Wie optimal trifft eine Organisationsstruktur die Anforderungen aus der Unternehmensstrategie? Wann werden Aufgaben – infolge ihrer Ähnlichkeit – zusammengelegt und wann werden sie – wegen ihrer

Unterschiede – auseinandergezogen? Oder – noch eine der leichtesten Fragen – was ist die optimale Führungsspanne? Das Themenfeld unterliegt, neben ökonomischen und deswegen eher rationalen Erwägungen, auch politischen sowie emotionalen Betrachtungsweisen und reiht sich damit in die lange Liste schwer zu messender Managementbereiche. Auch wenn immer wieder der verständliche Wunsch nach »best practice« – dem Lernen durch »Benchmarks« von den vermeintlich Besten – geäußert wird, geht es doch eher um einen »best fit« und damit eine bestmögliche Allokation und Koordination der verfügbaren Ressourcen in der jeweiligen Situation. Immer häufiger werden inzwischen Zweifel an der grundsätzlichen Gestaltbarkeit von Organisationen geäußert. Wobei trotz solcher Bedenken und einer zunehmenden Komplexität nicht übersehen werden darf, dass Organisationen nach wie vor gestaltet werden wollen.

Das Aufrütteln einer Organisation in regelmäßigen Abständen wird inzwischen als eine der gängigsten Management-Regeln postuliert, da ansonsten verkrustete Strukturen eher über kurz als über lang eine Verschlechterung der Wettbewerbsfähigkeit brächten. Damit zeigt sich natürlich auch, dass zwischen Organizational Effectiveness und Leadership Effectiveness ein nicht zu unterschätzender Zielkonflikt entstanden ist. Dieser ist in der jüngeren Vergangenheit zu Gunsten der Organisation und zu Lasten der Führungskräfte entschieden worden (vgl. Abb. 51). Man benötigt nur wenig Phantasie um zu ahnen, dass in den kommenden Jahren ein Umdenken stattfinden wird, weshalb wir an dieser Stelle auch die Vertiefung im Bereich der Leadership Effectiveness gewählt haben (vgl. 4.2.2). Denn der HR-Business-Partner wird eher dort als hier weitere Möglichkeiten für Wertschöpfung finden. So sehen zumindest wir das.

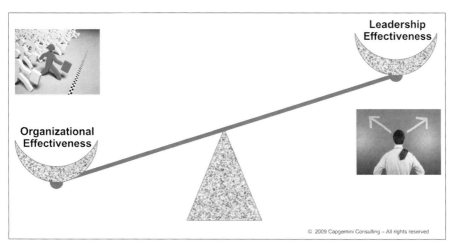

Abb. 51: Zwischen Organizational Effectiveness und Leadership Effectiveness muss in jedem Unternehmen die Balance gefunden werden

Labour Relations Management/Personalfaktorkosten

Das breite Feld des Labour Relations Management (LRM) liegt ein gutes Stück außerhalb unserer eigenen professionellen Domäne. LRM kann aber durchaus – dies zeigen die Interviews (vgl. Anhang 1) – zum wichtigsten Stellhebel für Wertschöpfung aus der People-Dimension werden. Denn in den Personalfaktorkosten und ihren konstituierenden Parametern, welche in vielen Unternehmen im sozialpartnerschaftlichen Dialog (CoE/Betriebsrat) verhandelt werden, steckt ein Großteil der betrieblichen Aufwendungen und damit der Wettbewerbsfähigkeit. Zudem wirken sich die Betriebsvereinbarungen und Tarifverträge nicht nur auf die Kosten-, sondern auch über kurz oder lang auf die Qualitätsseite der »Workforce« aus.

In vielen Unternehmen wird oft der oberste Verhandlungsführer für dieses »Bargaining«, meist der Arbeitsdirektor höchstselbst, deshalb auch zum zentralen Akteur; zumindest in der entscheidenden Endphase von Gesprächen. Denn die Personalfaktorkosten – um sie dreht sich das LRM – sind in vielen Unternehmen der Kostenfaktor Nummer Eins und deshalb auch der Kostenhebel Nummer Eins. Deren Senkung wird vom Business als Wertschöpfung empfunden und der oberste Personaler bis hin zum Vorstand wird dabei zum HR-Business-Partner Nummer Eins.

Der Disput zwischen dem Arbeitgeber, zumeist vertreten durch den Personalbereich und – falls vorhanden – das zuständige CoE, und den Arbeitnehmern, vielerorts kollektiv organisiert über den Betriebsrat, ist mit zahlreichen Mythen und Rhythmen belegt. Nur allzu gerne würden wir hierbei einmal Mäuschen spielen. Dabei ist uns als Beratern (wie vielen anderen auch) der Zugang in diese exklusiven Runden mit ihren vor- und nachbereitenden Abendessen und Non-Terminen verwehrt. Wenn wir dann doch einmal in den sozialpartnerschaftlichen Dialog eingebunden wurden, konnte es passieren, dass tradierte Reflexe greifen und wir als »Stamokap« beschimpft wurden, einem der altbewährten Begriffe aus der Zeit des Klassenkampfes. Sei es drum. In jedem Fall gehören Consultants, von vereinzelten Ausnahmen abgesehen, nicht zu den LRM-Experten. Selbst wenn das Thema zwischenzeitlich durchaus in der Literatur aufbereitet worden ist (z.B. Heise/Stegen 2006, Müller 2005, Völker 2004) bleibt es gegenwärtig und wohl auch zukünftig die Domäne von gewieften Taktikern und ausgebufften Verhandlungsprofis. Sie, lieber Leser, kennen diese in Ihrem Unternehmen mit Sicherheit oder sind gar selbst einer.

Natürlich erleben wir immer wieder im Rahmen großformatiger »Business Transformations« von Unternehmen zwei Dinge: Zum einen, wie sich die beiden Sozialpartner ineinander verhakt haben, meist durch ungeschickte Kommunikation, unvereinbare Positionen sowie unverträgliche Protagonisten in einer Art Hahnenkampf aufgerieben sind. Zum zweiten, wie sich Dutzende von Betriebsräten und Myriaden von Betriebsvereinbarungen sowohl hinsichtlich ihrer materiellen Komponenten (insbesondere Besitzstände und Schutzklauseln) als auch ihrer schieren Komplexität zu hohen »Costs of LRM« auftürmen. Dieser gordische Knoten verhindert viele Transformationsvorhaben, verzögert zumindest die Umsetzung oder verringert die Vorteile. Falls hierbei dem HR-Business-Partner ein geschickter Durchbruch gelingen sollte, eher im Hinter- als im Vordergrund der offiziellen Termine, stünden ihm viel Ruhm und große Ehre zu. Die Gefahr sich zu verbrennen kann allerdings ebenfalls nicht verschwiegen werden.

Viele LRM-Themen brechen sich herunter auf zahlreiche Einzelfallproblematiken. Daher ist belastbares Know-how gefragt. Einer unserer Gesprächspartner in der ersten Studie meinte: »Unsere HR-Business-Partner haben alle eine solide arbeitsrechtliche Basis, so dass sie Sachverhalte schon gut beurteilen können und sogar einfachere Probleme selbst lösen. Wenn es allerdings hart auf hart kommt, dann braucht man einen stärkeren Backup, das Center of Expertise.« Immer wieder geraten auch ganze Geschäftsbereiche in die Krise, ein umfassender Personalabbau erscheint oft als einziger Ausweg, allenfalls behindert durch den in besseren Zeiten verabredeten Kündigungsschutz. Da greifen dann der CEO, der CFO und der COO gerne wortgewaltig auf die Argumentationsmuster längere Arbeitszeit, geringere Entlohnung oder sogar am besten beides zurück und begründen dies mit Sicherstellung der Wettbewerbsfähigkeit. Als kürzlich der Vorstandsvorsitzende eines DAX30-Unternehmens mit dieser Logik um die Ecke bog, erwiderte eine der führenden Wirtschaftszeitungen ganz nüchtern: »Gleichwohl käme es einer Kapitulationsstrategie gleich, würde sich seine Zukunftsstrategie darin erschöpfen, die Arbeitnehmer unter dem Druck der akuten Krise zu Zugeständnissen zu zwingen.« Bei der Erarbeitung von dann erforderlichen Kompromiss-Lösungen kann der HR-Business-Partner dann zeigen, was er draufhat.

Intelligentere Lösungen sind gefragt. Beispielhaft hierfür ist die folgende Schilderung aus den Interviews: »Wir hatten vor drei Jahren in unserem XYZ-Bereich die Situation, dass wir einen Auftragseinbruch in der Größenordnung von 50 bis 60 Prozent hatten. Wir diskutierten dann, welche Maßnahmen zu ergreifen wären. Es gab unterschiedliche Alternativen und Perspektiven, abgeleitet aus der Geschäftseinschätzung, aus der erwarteten Businessentwicklung. Greifen wir sofort zu Entlassungen oder versuchen wir, weil der nächste Aufschwung bevorsteht, eine Abpufferung durch personalpolitische Instrumente vorzunehmen? Da sind ganz wesentliche Gestaltungshinweise vom HR-Business-Partner gekommen. Im Ergebnis haben wir für eine Phase von einem dreiviertel Jahr die Arbeitszeit auf 28 Stunden abgesenkt; ohne Lohnausgleich. Wir mussten dann dennoch – das war eben traurig – die Personalanpassung vornehmen. Abweichend von der Projektion der Businessseite ist der Markt eben nicht zurückgekommen. Gerade aber hier sehe ich den Punkt, wie man auch in Krisenzeiten durch proaktive Gestaltungshinweise und Vorgehensweisen einen Beitrag leisten kann.«

Unternehmensspezifika

Zudem gibt es bei den Themen eine Art Residualkategorie; wir haben sie »Unternehmensspezifika« genannt und in der Abbildung ganz nach oben gestellt. Dies soll andeuten, dass der HR-Business-Partner oft auch bei der Entwicklung bereichsspezifischer HRM-Strategien mitwirken wird, kurzfristig anfallende HRM-Problemstellungen (»Ad-hoc-Themen«) lösen muss oder sich um ganz spezielle HRM-Aufgabenstellungen im Unternehmen kümmern soll. Auch dies ist in den Interviews mit den HR-Verantwortlichen führender Unternehmen deutlich geworden. Vor Überraschungen und einem kurzfristigen Umdisponieren seiner Themenfelder ist der HR-Business-Partner nicht gefeit. Er hat sich – ohne Opportunismus – dem Zeitgeist zu stellen, dessen Fährte aufzuspüren und ihm besser noch den Weg bahnen.

4.1.3 »No go areas«

Von Hobbythemen und Steckenpferden

»Reduce to the max« hieß die Werbekampagne bei der Einführung des damals völlig neuartigen Automobils Smart (übrigens im gleichen Jahr wie Ulrich sein »HR Champions« veröffentlichte). Nun kann man dieses Kleinfahrzeug bislang – ganz im Gegensatz zum HR-Business-Partner – noch nicht als bahnbrechenden Erfolg bezeichnen und wahrscheinlich deswegen haben sich dessen Slogans inzwischen mehrfach gewandelt. Anfangs ging es jedoch um die Konzentration auf das Wesentliche und die Ausblendung von Unwesentlichem. Dies ist an sich eine faszinierende Leitidee. Daher möchten wir auch ganz bewusst auf einige wesentliche Tabuzonen (»no go areas«) des HR-Business-Partners verweisen, damit sich dieser nicht verläuft und bei seiner Suche nach Auswegen aus dem HR-Labyrinth die Wertschöpfung unterwegs liegen lässt.

Bei unseren Reviews in Unternehmen zum Aufgaben-Portfolio des HR-Business-Partners ist man immer wieder überrascht, für welche Themen trotz aller Zeitnot dann doch noch genügend Muße vorhanden zu sein scheint: Ein buntes Allerlei aus der großen weiten Welt der Personalentwicklung; die fünfundachtzigste »Toolbox« zu einem primär von Erfahrungswissen geprägten Themenfeld; die Hinzuziehung von externen Experten mehr zur persönlichen Besserstellung als zu der des Unternehmens. Solche Sachen machen keinen Sinn. In manchen Unternehmen gibt es nach wie vor eine gewisse Wünsch-Dir-Was-Mentalität und weiterhin nicht unerkleckliche Budget-Spielräume. Die größte Anstrengung wird dann darauf verwendet, wie Wertschöpfung begründet und nicht wie sie geschaffen werden kann; dies mag auch eine ganz wesentliche Ursache für den steten Bedarf an HR Metrics sein.

Am besten fragt sich allerdings der HR-Business-Partner vor dem Angang von nicht eindeutigen Themen, welche Argumente er seinem Vorgesetzten oder einem budgetgebenden Stakeholder vorbringen würde, falls ihn dieser zur Sinnhaftigkeit ansprechen sollte. Oder er fragt sich noch besser selbst, ob es sich lohne, Zeit und Geld in dieses Thema zu investieren, wenn es denn sein eigenes Unternehmen wäre. Dies sind die zulässigen Filterfragen und nicht die, ob eine bestimmte Aktion »an sich eine lohnenswerte Sache, für das Unternehmen, seine Mitarbeiter und überhaupt« sei. Auch die beliebte Argumentation, dass andere etwas bereits seit langem machen würden, ist für das eigene Unternehmen noch lange kein Indiz für konkrete Wertschöpfung.

Natürlich gibt es da und dort niemanden, der einen HR-Business-Partner von bestimmten Aufgabenstellungen abhalten könnte. Gute Gründe lassen sich selbst für erkennbar fruchtlose Aktivitäten allemal finden, zumindest auf den ersten Blick. Möglicherweise bedeutet es sogar Wertschöpfung pur für das Unternehmen, wenn der HR-Business-Partner mit dem Filius eines wichtigen Hauptabteilungsleiters die schulischen Hausaufgaben durchgeht, damit sich der Vater ohne Ablenkung einer strategisch bedeutsamen Akquisition widmen kann. In diesem Abschnitt möchten wir allerdings auf solche Aufgabenstellungen hinweisen, die üblicherweise nicht zum wertschöpfenden Themen-Repertoire eines HR-Business-Partners gehören (vgl. Abb. 52).

Abb. 52: »Out-of-scope« für den HR-Business-Partner: Aufgaben der Führungskräfte sowie Kernaktivitäten der restlichen HR-Service-Delivery-Bereiche

Selbst ein bisschen Business spielen

Für einen vorzüglichen HR-Business-Partner ist es natürlich eine Versuchung – besonders bei einem schwächelnden Vis-á-Vis im Business – selbst die Kerngeschäftsprozesse zu gestalten. Wir möchten nicht ausschließen, dass dies dem ei-

175

nen oder der anderen qua »business sense« sogar möglich wäre. Solche All-
machtsphantasien von Personalern werden immer wieder geschürt; sie besitzen
ihren Reiz. Zudem wird in manchem Unternehmen inzwischen verlangt, dass
HR sich als Business versteht und im eigenen Haus vermarkten muss, so etwas
übt. Eine Ausdehnung von der Fokussierung auf die People-Dimension auf weitere Geschäfts-Aspekte mag im Einzelfall sogar machbar sein. Natürlich kann die
People-Dimension bei bestimmten Engpässen zum dominierenden Aspekt werden und Aspekte aus der Kunden- und Finanzsphäre überlagern (vgl. 1). Natürlich stehen dem HR-Business-Partner für seine Karriere danach durchaus ex-
pansive Optionen jenseits des Zaunes zu (vgl. 5.1.3). Doch der althergebrachte
Spruch »Schuster bleibe bei Deinen Leisten« sollte auch die Richtschnur für den
HR-Business-Partner bilden.

Der umgekehrte Fall ist freilich viel wahrscheinlicher: Selbstsichere, selbstwirk-
same und selbstbewusste Linienmanager und ein um »diese verdammte Augenhöhe« kämpfender HR-Business-Partner. Dieser gerät bei seiner Suche nach
Wirkung, Anerkennung und manchmal auch nur noch bei der Bitte um Gehör
allzuleicht in eine dienende Rolle. Denn eine Dienstleistungsorientierung
kommt heutzutage immer gut (vgl. 5.2.1). Die eine Verhaltensweise könnte sein,
dass ein HR-Business-Partner der Führungskraft deren HRM-Aufgaben als Führungskraft abnimmt (»Advokat«). Eine zweite – noch extremere – wäre es, zum
getreuen Helfer der Führungskraft bei operativen People-Themen zu werden
(»Adlatus«). Dies beides – Sachwalter und »PeHi« (personalwirtschaftliche
Hilfskraft) – kann es definitiv nicht sein, wie es einer der von uns befragten HR-
Verantwortlichen klar ausdrückte: »Mit Sicherheit nicht: Die Übernahme der jeweiligen Linienverantwortung zum Beispiel für Mitarbeitergespräche allgemein,
persönliche Leistungsbeurteilungs- und Weiterentwicklungsgespräche im Besonderen. Natürlich auch nicht das ›Abtippen‹ oder ›ins Reine schreiben‹ eventueller Handnotizen in Personalformulare oder Datenbanken.« Ein anderer Personalvorstand brachte es noch prägnanter auf den Punkt: »HR BPs are not just
there to make the line manager happy per se.« Doch gerade dies ist derzeit eine
vielerorts noch zu beobachtende Attitüde.

Die beiden anderen HRM-Säulen

Nach unserem Eindruck sind HR-Business-Partner in genau solchen Unternehmen am erfolgreichsten, die eine klare Rollenklärung und -trennung in ihrem
HR-Service-Delivery-Modell vollzogen haben oder zumindest kurz davor stehen. Dorthin ist es ein langer Weg, von dem die Unternehmen, die dazu (fast)
schon Vollzug melden können, im Rückblick sagen, dass »so etwas gut und gerne
zehn Jahre gedauert hätte, eigentlich sogar länger«. Erst wenn er sich von den
HRM-Transaktionen (das ist SSC-Domäne) sowie den HRM-Richtlinien (das
ist COE-Domäne) komplett fernhält und auch nicht den permanenten Drang
entwickelt, für tatsächliche oder angebliche Defizite in der Personalverwaltung

sowie den »Policies« eine rasche Lösung für sein Business zu suchen (»by pass« bzw. »work around«), emanzipiert sich der HR-Business-Partner in seiner neuen Rolle an der Schnittstelle zwischen »dem G'schäft« und Personal. Gerade der Rückzug auf administrative Tätigkeiten dient in der Praxis derzeit noch allzu oft als Notausgang bei fehlenden Ideen zur Wertschöpfung oder mangelnde Einbeziehung durch das Business bei deren Lösungssuche rund um die People-Dimension. Das mag nun alles ein wenig überzogen klingen, trifft aber ziemlich genau die Erfahrung der von uns befragten HR-Professionals von führenden Unternehmen (vgl. Anhang 1): »Erforderlich um Luft für derartige HR-Arbeit zu haben, sind funktionierende Basisprozesse – automatisierte Self-Service-Mechanismen in der HRIT-Infrastruktur oder HR Shared Service Center für sich wiederholende, einfache Transaktionen im Mitarbeiterumfeld.«

Von einer Rollentrennung ist es im Leben nicht weit bis zu überheblichen Vorwürfen an die leidliche Performance der anderen, nunmehr ja getrennten und somit fast schon vogelfreien anderen Säulen im HR-Service-Delivery-Modell. Leicht werden sie, mit guten Argumenten oder aber einfach so, zum Buhmann einer rückständigen, angestaubten, eingerosteten Personalwirtschaft. Auch wenn wir – in der Tendenz – eine bipolare HR-Struktur für die Zukunft vermuten (Jessl/Claßen 2009), darf die schöne, neue Welt rund um den wertschöpfenden HR-Business-Partner nicht auf die klassischen HRM-Aufgabenbereiche herabsehen, die oftmals einen professionellen Job verrichten und für das gute Image der Personalbereiche stehen (vgl. Anhang 1). Einer der befragten HR-Vorstände hat in den Interviews explizit Stellung bezogen: »Twofold HR structure – with equal weights and equal status: 1. HR centers covering all transactional processes (…). 2. HR Business Partners. A management career within HR builds on both tracks. I want HR BPs to have a history in the HR centers along their career path, and I don't want them to look down on our HR admin staff. I would also like to raise self confidence of the HR function. This is only possible in a one tier system, not a two class system.« Dies ist auch uns ein ganz wichtiges persönliches Anliegen. In der Praxis bedeutet dies die Wanderung auf einem schmalen Grat.

Dass dies in der Praxis nicht einfach ist, zeigt ein anderer Kommentar aus einem Weltkonzern: »Ich stimme zu, dass wir keine Zweiklassengesellschaft in HR brauchen, aber der Ansatz integrierter Karrierewege (erst Admin-Arbeit im SSC und später HR-Business-Partner) ist meines Erachtens veraltet und schlichtweg nicht mehr praktikabel, wenn die SSCs in Low Cost Countries sind. Es würde dem Kosteneffizienzbestreben widersprechen, zukünftige HR BP als Expats in diese entfernten SSCs zu schickt. Wie man nun der zerstückelten HR-Funktion aus SSCs und vielleicht sogar outgesourcten Bereichen, CoE, HR BP eine gemeinsame Identität gibt, bleibt eine interessante Fragestellung für die Zukunft.«

Kein Zahlenfetisch

Ein weiteres – anfänglich von uns noch erwartetes – Thema ist von kaum einem der befragten HR-Professionals angesprochen worden (weder in 2005 noch in 2009): Die quantitative Legitimierung der HR-Funktion bzw. von HRM generell durch ein substanzielles HR-Controlling oder die Etablierung von Konzepten aus dem Setzkasten der Humankapitalmodelle. HR Metrics wäre an und für sich der zweite Königsweg oder Haltepunkt für HR – in Ergänzung zum Business-Partner – auf der Suche nach Rolle und Status. Durch überzeugende Zahlen die gewünschte Achtung erhalten. Die Befragten wollen ihren Nutzen lieber in der Wahrnehmung ihrer Kunden als in den Zahlenkolonnen von »Spreadsheets« verankern und liegen damit unseres Erachtens richtig. Wirklich ist was wirkt. Supportfunktionen wie HR werden niemals in die Profit & Loss-Liga aufsteigen.

Übrigens: Gerade die Effekte des HR-Business-Partners sind auch kaum in den üblichen MbO-Jahreszyklen und auf der Basis monetär-quantitativer KPI zu messen.»Man müsste eigentlich ein verzögertes Bonussystem haben. Man sieht die Effekte von Talent Management oder Talent Recruiting meistens erst in zwei, drei Jahren. Deshalb sind auch zu wenige wirklich darauf konzentriert etwas Nachhaltiges zu leisten, hier und jetzt. Meistens geht es doch darum, eine Stelle so schnell wie möglich zu besetzen. Aber man denkt nicht darüber nach, was in zwei, drei Jahren sein wird mit diesem Kandidaten oder mit dieser Position und welcher Effekt am Ende dann noch übrig bleibt«, meinte ein HR-Vorstand.

4.2 Vertiefung ausgewählter Aufgabenstellungen

4.2.1 Strategic Workforce Management

Treiber für Strategic Workforce Management

Die zur Selbstverständlichkeit mutierte und selbst in Rezessionen strapazierfähige Unternehmensrhetorik der Mitarbeiterwertschätzung wird zunehmend mit dem Motiv»Engpassfaktor Mitarbeiter« angereichert. Wachstumsstrategien und »Growth-Versprechen« müssen heute mit plausiblen Erklärungen, wie die Wachstumsrisiken der Mitarbeiterquantität und -qualität vermieden werden können, ergänzt werden. Nun verhält es sich mit diesen Risiken leider nicht wie mit Währungsrisiken, die von der Finanzfunktion mit dem Mittel des Hedgens verhältnismäßig standardisiert und routiniert ausgeglichen werden können. Das HRM kann nicht auf vergleichbare Instrumente zurückgreifen, will es die Fährnisse einer quantitativ und qualitativ unzureichenden Belegschaft minimieren. Unternehmen beginnen deshalb Strategic Workforce Management zu etablieren. Als Metakonzept ist es zugleich Grundlage und Legitimation für Talent Management. Im Folgenden stellen wir das Konzept grundsätzlich vor, um auf dieser Basis dann die Rolle des HR-Business-Partners in diesem ernsten Planspiel um Talente und Kapazitäten zu skizzieren.

Die Notwendigkeit eines solchen Metakonzeptes für Workforce Management im Unternehmen ist eigentlich unbestritten. Mit wenigen Schlagworten lassen sich denn auch die relevanten Makroentwicklungen und -trends als Hintergrundfolie aufspannen. Ihnen, liebe Leser, sind diese Schlagworte bis zur Penetranz vertraut und bedürfen deshalb keiner ausführlichen Erläuterung. Als Legitimationszusammenhang dient uns zudem ein Verweis auf entsprechende Veröffentlichungen (Kern/Reis 2009; Böhm 2007, Claßen/Kern 2007, Corporate Leadership Council 2006, Claßen/Kern 2005) (vgl. Abb. 53).

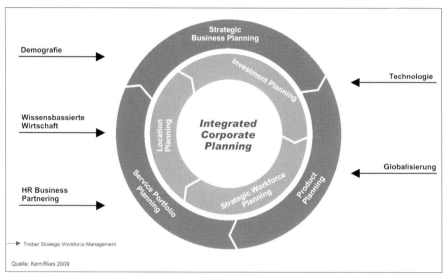

Abb. 53: Strategic Workforce Planning als integraler Bestandteil der Unternehmensplanung

Treiber eins – Demografie: Das Durchschnittsalter der deutschen Bevölkerung nimmt kontinuierlich zu. Der Bevölkerung im Erwerbsalter werden künftig immer mehr Senioren gegenüberstehen. Im Jahr 2005 entfielen auf 100 Personen im Erwerbsalter (20 bis unter 65 Jahre) 32 Ältere (65 oder mehr Jahre). Im Jahr 2030 wird dieser Altenquotient bei 50 beziehungsweise 52 und im Jahr 2050 bei 60 beziehungsweise 64 liegen (Statistisches Bundesamt 2006: 6). Die Verfügbarkeit von Arbeitnehmern – und das ist kein rein deutsches Phänomen – ist schon heute in einigen Segmenten (Ingenieure, IT) stark eingeschränkt. Mit Blick auf die demografische Entwicklung ist eine Verschärfung dieses Umstands mit entsprechender Breitenwirkung in den Unternehmen sicher. Begriffe wie War for Talents, High Potential Recruiting und Retention sowie Talent Management dominieren die Fachdiskussionen. Dabei fällt auf, dass manche Unternehmen teilweise noch seltsam entspannt die feststehende demografische Entwicklung betrachten (Dawidowicz/Süßmuth 2007: 21). Es stellt sich freilich für vorausschauende Unternehmen die Frage, wie der Bedarf an Mitarbeitern unter diesen Vorzeichen noch erfüllt werden kann.

Treiber zwei – Know-how: In einem zunehmend wissensbasierten Wirtschafts-system ist »Nicht-Wissen« oder »Noch-nicht-Wissen« das Problem. Zunehmen-de Komplexität und Akzeleration verschärfen es. Der immense Wissensum-schlag, rudimentäre Wissensmanagementsysteme, mancherorts versehentlich entlassene Wissensträger und die sich beharrlich erneuernden Technologien in Unternehmen erzeugen den beruflichen Lernbedarf auf Mitarbeiterseite. Das Wissen von heute wird nicht ausreichen, um langfristige Zielstellungen zu erfül-len. Der unternehmerischen Entwicklung abträglich wäre es, diesen Lernbedarf nicht zu adressieren und auszugleichen. Die Frage nach den baldig benötigten organisationalen und individuellen Kompetenzen zur Erreichung der Unterneh-menziele treibt eben auch das Thema Strategic Workforce Management.

Treiber drei – Globalisierung: Die Verlagerung von Produktionsstandorten, das Outsourcen von Unterstützungsfunktionen nach Osteuropa oder Asien ist in vielen Branchen bereits Alltagsgeschäft. Zunehmend werden Kernprozesse oder Produktion kundennah near-shore oder off-shore verlegt. Globalisierung der Unternehmen hat zwangsläufig die Internationalisierung der Belegschaft zur Folge. Der Blick wird entsprechend auf lokale Arbeitsmärkte und Qualifizie-rungsstandards gelenkt. Die rein ökonomische Betrachtung im Sinne einer simplen Niedriglohnlandstrategie reicht schon lange nicht mehr aus. Hohe Fluktuationsraten in Shared-Service-Centern in Osteuropa oder in den IT-Bal-lungszentren Indiens (der »IT-Abteilung der Weltwirtschaft«) sind hierfür be-reits schmerzhafte Belege für Unternehmen. Hochfliegende Wachstums- oder Aufbauphantasien werden durch die individuell realisierbaren ökonomischen Interessen und Entwicklungsmotive der Mitarbeiter, um die westliche Konzer-nen konkurrieren, rasch geerdet. Die quantitative Dimension der Personalpla-nung und damit die Geschäftsplanung wird in Folge empfindlich irritiert. Auch die qualitative Dimension spielt eine Rolle: (westlich normierte) Ansprüche an das Serviceverhalten von Call-Centern-Agenten sind noch vergleichsweise ein-fach vor Ort trainierbar. Doch die Verlagerung von Kernprozessen, die spezifi-schere Kompetenzen erfordern, zeitigt bereits deutliche höhere Anforderungen an Mitarbeiter, die nicht in jedem Niedriglohnland als gegeben vorausgesetzt werden können. Die angemessene Besetzung von Managementfunktion in die-sen Ländern ist eine weitere Schwierigkeit, der sich Unternehmen heute ausge-setzt sehen.

Treiber vier – Technologie: Die ERP-Implementierungswelle im HR-Bereich kann als abgeschlossen gelten (vgl. Claßen/Kern 2009). HR-Systeme in den Unterneh-men bilden die administrativen Personalprozesse weitestgehend ab. Anbieter von Standardsoftware oder »Best of Breed«-Lösungen werben nun mit Erfolg für die nächste Generation von HR-Systemen. Talent Management, Nachfolgepla-nung oder Kompetenzmanagement sind Applikationen, mit deren Einführung Unternehmen nun beschäftigt sind. Hinzu kommen die Innovationen im Be-reich der Business-Warehouse-Systeme, die es zumindest theoretisch einfacher machen, Daten zu modellieren oder zukünftige Entwicklungen zu simulieren.

Ganz ambitionierte Lösungen versuchen unternehmensexterne Daten zu Arbeitsmarktentwicklung, Demografie und ähnliche relevante Parameter in diese Simulationen zu integrieren. Gängige Praxis oder Standard ist dies jedoch bei weitem noch nicht. Festzuhalten ist, dass die grundlegenden technologischen Möglichkeiten für Strategic Workforce Management vorhanden sind.

Treiber fünf – Stellenwert von HR: Die HR-Funktion sucht weiterhin Möglichkeiten und Themen, um sich aus der ungeliebten Verwalter- und Supportecke herauszuspielen. Qualitative und quantitative strategische Personalplanung verschafft den Personalern dazu eine zusätzliche Chance. Im Gegensatz zu dem eher weichen und qualitativ motivierten Talent Management bietet das Thema indes deutlich größere Chancen, weil es an elementare Geschäftserfordernisse andockt und eine zahlengetriebene Komponente enthält, die im unternehmerischen Kontext prinzipiell akzeptanzfördernd wirkt. Zudem wird gewissermaßen en passent der datengetriebene Nachweis für die Notwendigkeit von Talent-Management-Aktivitäten erbracht. Innovative oder als innovativ gelten wollende HR-Bereiche besetzen das Thema und treiben es voran.

Definition Strategic Workforce Management

Wollte man es sich einfach machen, dann ist Strategic Workforce Management nichts anderes als eine mit einem chic klingenden Anglizismus camouflierte qualitative und quantitative Personalplanung. Ein modernes und ambitionierteres Verständnis wird jedoch diese Basisdefinition erweitern, um die Abgrenzung zu traditionellen Ansätzen zu verdeutlichen. Wir sprechen deshalb nur dann von Strategic Workforce Management, wenn folgende Kriterien erfüllt sind:

- enge Verknüpfung der HR-Workforce-Planungsprozesse mit Business- und Finanz-(Planungs-)Prozessen,

- Fokus liegt auf Mittel- und Langfristplanung (zwei bis fünf Jahre),

- Szenarien/Simulationen werden als Entscheidungsgrundlage herangezogen,

- (HR-)Aktivitäten werden auf Basis der Szenarien abgeleitet, geplant und deren Umsetzung kontinuierlich überprüft,

- kein einmaliger oder Ad-hoc-Prozess, sondern rollierende Durchführung.

Behält man diese Kriterien im Blick, hilft eine funktionale Definition weiter. Strategic Workforce Management leistet in diesem Verständnis das Folgende: die daten- und analysengetriebene Entscheidungsgrundlage zur Planung und Umsetzung von Maßnahmen zur quantitativen und qualitativen Veränderung des Personalkörpers, die zur Erreichung der mittel- und langfristigen strategischen Geschäftsziele notwendig sind. Als weiteres Definitionsmerkmal – mit nahezu normativem Charakter – könnte die Schließung der Lücke zwischen HR- und Geschäftsstrategie angeführt werden (vgl. Conference Board 2006). Nur ist dieses Argument im Kontext der Legitimationsdiskussion um HR bereits ziemlich abgegriffen und vielfach instrumentalisiert.

Modell Strategic Workforce Management

Das hinreichende Verständnis der Business-Strategie ist sowohl Vorrausetzung als auch Startpunkt des Prozesses. Damit HR aber etwas verstehen kann, muss dies natürlich erst einmal entsprechend vom Business erarbeitet, vorgehalten und zur Weiterverwendung aufbereitet sein. Durch entsprechende Strategiedokumente und -pläne muss dies sichergestellt sein. Dabei muss der HR-Business-Partner in die strategischen Planungsprozesse eingebunden sein – dies kann realiter aber auch heute noch nicht überall vorausgesetzt werden (Claßen/Kern 2009) (vgl. Abb. 54).

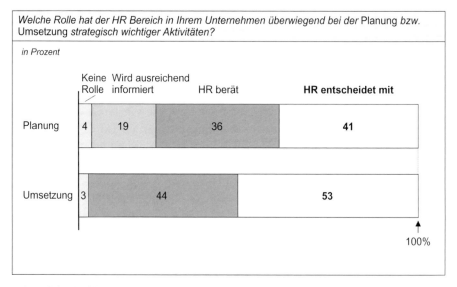

Quelle: Claßen/Kern 2009

Abb. 54: Nicht in allen Unternehmen ist HR in die Planung von strategisch wichtigen Aktivitäten ausreichend eingebunden

In der ersten Sequenz wird die Ist-Situation bezüglich der »Workforce Supply« mit Blick auf die strategischen Anforderungen transparent aufgearbeitet (vgl. Abb. 55). Hierzu zählen typischerweise strukturelle Aussagen zum Personalkörper (wie Mitarbeiterzahl, Alterspyramide, Verteilung der Belegschaft auf Standorte), Dynamik der Belegschaft (zum Beispiel Stehzeiten, Fluktuation, Einstellungsquote). Die Leistungsfähigkeit der Mitarbeiter lässt sich über die Ergebnisse von Mitarbeiterjahresgesprächen, dem Performance Management, verstehen. Essentiell ist die Erfassung der vorhandenen Kompetenzen im Abgleich mit den aktuell gültigen Kompetenzanforderungen. Anhand dieser Kennzahlen gewinnt man die notwendige Klarheit über die Ausgangslage. Hätte man all dies, wäre das bereits viel. Was einfach klingt ist für viele Firmen bereits eine Herausforderung, wenn diese Daten unternehmensweit gezogen und einheitlich aufbereitet werden sollen. Oft sind schon definitorische Unterschiede für Kennzahlen wie Fluktuation oder uneinheitliche Funktions- oder Kompetenzbezeichnungen nicklige Hürden, die erhebliche Abstimmungs- oder Datenbereinigungsaufwände produzieren. Elaborierte Konzepte integrieren Indizes wie »Organizational Health«, »Organizational Effectiveness« oder einen »People Attention Index«. In der gegenwärtigen Praxis beginnen Unternehmen jedoch sinnvollerweise nur mit einem Subset dieser Daten. Aufgrund der oft mangelhaften Datenlage, die ein Anzeigen der qualitativen und quantitativen Kennzahlen auf Knopfdruck blockiert, empfiehlt sich alternativ das Durcharbeiten eines vorgestanzten Analyserasters. Dabei sind dann allerdings manuelle Arbeiten unvermeidlich.

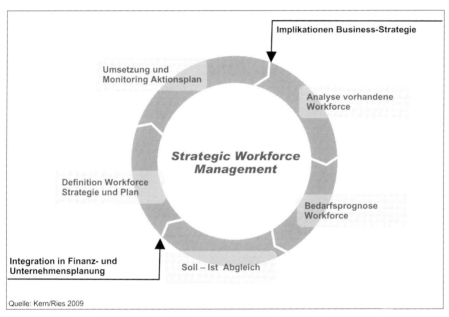

Quelle: Kern/Ries 2009

Abb. 55: Strategic Workforce Management Wheel – Kernaktivitäten im Strategic Workforce Management

Die aus den Geschäftsplanungsprozessen resultierende »Demand«-Seite, also der Bedarf an zukünftigen organisationalen und letztlich individuellen Kompetenzen, kann durchaus auch bereits parallel zur Ist-Aufnahme durchgeführt werden. Hierbei wird die Geschäftsplanung unter den Perspektiven Kunden (neues Kundensegment, neue Regionen/Länder), Finanzen (Profitabilitäts- und Budgetplanung, Personalkosten) und Operations (Prozesse, Organisation) betrachtet. Aus diesen Planzielen werden die quantitativen, qualitativen (zum Beispiel Ingenieure), geographischen und finanziellen (100 davon in Deutschland, 50 davon in Polen, 50 davon in Indien) Workforce-Erfordernisse abgeleitet. Um überbordende und nicht mehr handhabbare Komplexität zu vermeiden, sollte dabei auf die erfolgskritischen Funktionen und Kompetenzen fokussiert werden. Am Ende der Prozedur steht ein Workforce Readiness Report, der Transparenz über die gegenwärtige »Supply«-Situation im Lichte der zukünftigen Bedarfe liefert.

Die zukünftig vorhandenen Human-Ressourcen werden in einem dritten Schritt gegen die definierten zukünftigen Bedarfe gefahren. Dabei wird nicht nur die aktuelle Beschaffenheit des Personalkörpers gegen den prognostizierten Bedarf gestellt, sondern der erwartete Ist-Zustand, der ohne steuernde Eingriffe zu einem zukünftigen Zeitpunkt wahrscheinlich ist. Vergleichsweise stabile Entwicklungen im Unternehmen wie Verrentung der Belegschaft, Fluktuationsraten, Recruitingrate, Beförderungen und natürliche Weiterentwicklung von Kompetenzen werden extrapoliert, um den antizipierten Ist-Zustand zu simulieren. Ein Soll-Ist-Abgleich (»Supply-Demand«) macht die Lücken in den Dimensionen Qualität, Quantität und Lokalität bei Wachstumsstrategien beziehungsweise Überkapazitäten für die Konsolidierungsstrategien von Unternehmen sichtbar. Dieses ist die einfachste Variante. Ambitionierte Systeme variieren die Parameter und kommen so zu verschiedenen Szenarien. Was passiert, wenn der Arbeitsmarkt enger wird und nicht mehr so einfach nachrekrutiert werden kann? Was, wenn die Fluktuationsrate in den Niedriglohnländern sich auf ein Normalmaß reduziert? Gleiches lässt sich durch Variation der Soll-Parameter erreichen: Was würde ein Verlagerung von Standorten bedeuten, was der Aufbau einer neuen Produktlinie oder die Erweiterung der Servicepalette, die Entwicklung oder Einführung neuer Technologien? Der Raum der Möglichkeiten zur Entfaltung von Szenarien, der prinzipiell ja unendlich ist, sollte jedoch begrenzt werden. Hierfür sind die gesellschaftlichen, ökonomischen und technologischen Makrotrends trotz des Risikos von Wildcards (unerwartete Ereignisse, mit geringer Eintrittswahrscheinlichkeit aber signifikanten Auswirkungen) als stabiler Rahmen vergleichsweise gut geeignet. Der Sinn von Szenarien ist es ja, eine plausible (nicht etwa eine hundertprozentig richtige) Prognose zur künftigen Entwicklung zu formulieren und diese anschließend zu prüfen. Wer mag, darf sich damit trösten, dass jede Prognose eine Wette auf ein Morgen ist, das durch die Prognose bereits beeinflusst wird. Dies bedeutet: Wer mit der Zukunft in Form von Vorhersagen spielt und handelnd Zukunft gestaltet, erhöht seine Chancen, richtig zu liegen (vgl. Saffo 2007, Johanson 2007).

Es bleibt immer eine quantitative und/oder qualitative Lücke zwischen Soll und Ist, die es zu schließen gilt. Dies ist im Fokus der beiden letzten Schritte – der Definition von Maßnahmen und deren Ausführung und Überwachung. Um ein adäquates Maßnahmenportfolio zu definieren kann beispielsweise in den Dimensionen »Grow«, »Hire«, »Buy« oder »Rent« strukturiert gedacht, diskutiert und geplant werden. »Grow« bedeutet dann anhand der vorhandenen HR-Instrumente wie Personalentwicklung, Training oder Job-Rotation die Belegschaft quasi sanft und natürlich zu verändern. »Hire« steht für intensiviertes Recruiting, um beispielsweise neue Fähigkeiten am Arbeitsmarkt zu beschaffen oder frisches universitäres Know-how zuzukaufen, das sich im Unternehmen materialisieren kann. »Grow« und »Hire« sind die Aktivitäten, die ein breit gefasster Talent-Management-Begriff vereinigen würde. »Buy« geht über diesen hinaus. Hier bewegt sich der Personaler aus seinem angestammten Gebiet. Um Personalrisiken zu minimieren, kann auch der Zukauf von ganzen Teams oder Unternehmen eine Resultante von Strategic Workforce Management sein. Dieses ist in Branchen wie Investmentbanking, Unternehmensberatung aber auch der IT-Industrie ein alltägliches Vorgehen. Jedoch nicht immer so erfolgreich abgewickelt wie geplant. Die Abwanderungsraten während eines Mergers im »People Business« werden in den entscheidungslegitimierenden Business Cases wenn überhaupt, dann oft zu optimistisch prognostiziert. »Rent« wäre der Zusatz von »Third Party«-Mitarbeitern, um benötigte Kompetenzen oder schiere Arbeitskraft nicht dauerhaft, aber kurzfristig und flexibel einsetzbar für das Unternehmen zu beziehen. Die Zeitarbeitsbranche reagiert auf die Flexibilisierung der Personalbestände mit dem Aufbau von höherwertigen Services, was die Qualität und das Leistungsspektrum von Leiharbeitnehmern betrifft. Zudem ist zu beobachten, dass immer mehr Unternehmensberatungen vom typischen Projektgeschäft abweichend auf Anfragen ihrer Kunden mit »Body-Leasing-Modellen« reagieren. Natürlich kann der Soll-Ist-Abgleich auch eine Überdeckung, ein Überhang also ein Zuviel an Kapazität ergeben. »Dismiss« ist dann die ungeliebte, aber eben notwendige Maßnahme.

Status Strategic Workforce Management in der Praxis

Theoretisch ist das Modell relativ einfach, nachvollziehbar und einleuchtend. Die Vorteile liegen auf der Hand und es spricht eigentlich – theoretisch – nichts dagegen, es zu tun. Heute und morgen sind Themen wie Talent Management, War for Talents, Demografie und Employer Branding die Top-Themen für HR-Entscheidungsträger. Diese Einschätzungen indizieren die Realität des Problems »Engpassfaktor Mitarbeiter«. Strategic Workforce Management, die strategische und steuernde Integration dieser Themen, hat heute noch nicht den Stellenwert der prominenten Einzelthemen. Gerade für etwas mehr als fünf Prozent der befragten Unternehmen ist es derzeit ein Top-Thema. Mit Blick auf die Zukunft – und das ist das eigentlich Bemerkenswerte – erfährt dieses Thema jedoch einen Bedeutungszuwachs wie kaum ein anderes. Zwölf Prozent der HR-Manager (also mehr als doppelt so viel wie in der Gegenwart) sehen Strategic Workforce Management in der Zukunftsprognose als Top-Thema (Claßen/Kern 2009: 62–66). Bislang führt allerdings nur ein Fünftel (21 Prozent) der Unternehmen Strategic Workforce Management unternehmensweit durch. Fast die Hälfte hat jedoch bereits regionale oder geschäftsbereichsspezifische Lösungen implementiert. Für etwas über 20 Prozent der Unternehmen ist Strategic Workforce Management ein klar definierter periodischer Prozess. Während für zwei Drittel der Firmen ein eher zufälliges Umgehen mit dem Thema konstatiert werden muss. Auch von Standardisierung bei den Auswertungen kann bei weitem nicht gesprochen werden. Vielmehr passieren diese eher unsystematisch oder ad hoc (31 Prozent) oder nur »halbwegs systematisch« (60 Prozent). Offensichtlich sind nur einige Unternehmen im deutschsprachigen Raum heute trotz steigender Bedeutung in der Lage, Strategic Workforce Management standardisiert und unternehmensweit umzusetzen.

Und nun – was tun?

Strategic Workforce Management gerät sehr leicht in den Verdacht, »just another management theory« zu sein. Die theoretischen oder von Beratern lancierten Veröffentlichungen zum Thema lassen sich unschwer als »Management Theory Industry«-Rhetorik dekonstruieren. Neue Management-Konzepte postulieren radikal neue Anforderungen, die mit Unausweichlichkeitsaussagen gekoppelt werden. Sie verweisen auf Spitzenleistungen des Konzeptes in der Praxisanwendung. Die Abfassungen sind in der Regel leicht verdaulich und durch eine Mischung aus Einfachheit und Mehrdeutigkeit gekennzeichnet, die Anschlussfähigkeit simuliert. Gezeigt wird eine zwar herausfordernde, aber im Ergebnis lohnende Implementierung des neuen Ansatzes. All das trifft auch auf Strategic Workforce Management zu. Und natürlich auf das bis hierher von uns dazu Geschriebene.

Ist die strategische Personalplanung deshalb nichts weiter als ein Papiertiger? Oder eine weitere »Erfolgsmeldung« der Personaler, nun endlich den heiligen Gral mit Anbindung an die Unternehmensstrategie gefunden zu haben? Vielleicht auch nur der Versuch der Beraterindustrie, ein neues Produkt in den Markt zu drücken? Sicherlich befördern diese Motivationen die Diskussion. Allein, das Problem, für welches das Konzept eine Lösung anbietet, ist real. Wie damit umzugehen ist, bleibt Aufgabe eines jeden Unternehmens und wird im Ergebnis unterschiedlich sein. Bislang gibt es jedoch keine anderen grundlegenden Lösungsvorschläge als den skizzierten (vgl. Young 2006, CLC 2006b, Young 2009, Sattelberger Strack 2009). Bleibt der Generalverdacht, dass es sich eben nur um ein theoretisches Konzept handelt, das intellektuell nachvollziehbar und schlüssig ist, aber in der Unternehmenspraxis mit ihren Budgetrestriktionen, politischen Verwerfungen, unzureichenden IT-Systemen, mangelnden Ressourcen und Fähigkeiten der (HR-)Mitarbeiter nicht erfolgreich eingeführt werden kann oder bereits an der Übersetzung der Corporate-Strategien in eine People-Strategie scheitert. Nun, spricht das alles aber gegen das Konzept – oder doch nur gegen die derzeit gängige Praxis?

Rolle des HR-Business-Partners

Strategic Workforce Management ist ein ressourcenintensives Geschäft, das am besten von Experten ausgeübt wird. Es gehört prinzipiell von einem HR Center of Excellence betrieben, das Prozesse, Methodiken und Tools sowie die notwendigen Kompetenzen vorhält. Hier werden die Analysedesigns entwickelt, die Auswertungen gefahren, Interpretationen versucht und Maßnahmen vorgeschlagen. Dem HR-Business-Partner fehlt für solche Tiefenbohrungen schlicht und ergreifend die Zeit. Da sollte er sich sehr bewusst raushalten, denn aus den vertrackten Datensümpfen ist schon so mancher nur mit sehr viel Mühe wieder aufgetaucht – nachdem er wochenlang darin umhergeirrt ist. Wofür sich der HR-Business-Partner ein Zeitkontingent reservieren muss, ist jedoch die unerlässliche Schnittstellenarbeit zwischen HR-Experten und Business. Der HR-Business-Partner weiss um die strategischen Ziele seines Business, er kennt die Strukturdaten seiner Belegschaft, ihm sind die Key Positions seines Bereichs ebenso vertraut wie die Lücken in den kritischen Kompetenzdimensionen. Deshalb ist er zu Recht immer der erste Ansprechpartner für die Workforce-Planer aus dem CoE. Wenn es darum geht, die Ergebnisse der Analysen festzulegen und Maßnahmen daraus abzuleiten, hat der HR-Business-Partner ein gehöriges Mitspracherecht. Allzu theoretische und generische Vorschläge für seinen Bereich wird er zurückweisen oder anpassen. Um dann seinem Business einen maßgeschneiderten Workforce-Management-Plan vorzustellen. Dieser ist dann fakten- und datenbasiert, abgestimmt mit der Workforce-Planung der gesamten Unternehmung und doch bereichsspezifisch. Diese Vermittlungsarbeit zwischen »Global HR« und (Bereichs-)Businessinteressen macht ja einen großen Anteil an der HR-Business-Partner-Arbeit aus. Und das trifft eben auch bei dem Thema Strategic Workforce Management zu.

4.2.2 Leadership Effectiveness

Schneller, höher, weiter

Texte entstehen immer in einem zeithistorischen Kontext, das Schreiben dieses Abschnitts wurde während der Olympischen Spiele in Peking begonnen. Dort ging es beim Wettbewerb der Weltbesten um Siege, die Vermeidung von Unregelmäßigkeiten (kein Dopingtuning) und die Konzentration auf das Hauptsächliche (statt Menschenrechte); natürlich auch um Fairness. Jahrelange Vorbereitung kumulierte in dem einen Moment, manchmal nur wenige Sekunden lang. Während der Fußball-Europameisterschaft wenige Wochen zuvor mussten die besten Spieler des Kontinents auf die Sekunde genau ihre Leistung »abrufen«. Nicht nur im Sport, auch im kulturellen Leben gibt es weltumspannende Höhepunkte. Bei den Live-Events der Künste, ob Bayreuth, Salzburg oder Venedig, muss der Augenblick ebenfalls passen. In der Kunst gibt es wenigstens – abseits der Live-Events – die Möglichkeit zum neuen Anlauf: Ein Lied nochmals neu aufnehmen; eine Sequenz nochmals neu verfilmen, einen Absatz nochmals neu formulieren. Damit es noch besser wird.

In der Wirtschaft gibt es eigentlich jeden Tag diese Momente, manchmal sogar mehrmals täglich: Dauerläufe mit hohem Tempo, ohne Atempause zum Luftholen, oftmals erschwert durch abrupte Richtungswechsel. Selbst der Feierabend, das Wochenende und der Urlaub sind durch Mobiltelefon, Blackberry & Co. zu einer »always-on« Aktionsbereitschaft geworden (24/7/365-Mentalität). Die Wachstumsphilosophie der Börsen und Märkte fordert eben ihren kräftemäßigen Tribut von jedem Einzelnen. Diese Arbeitsverdichtung ist zumindest die individuelle Wahrnehmung und zumeist auch die persönliche Wirklichkeit: Nicht nur für das Vorstandslevel, sondern auch bei den »Transmissionären« im oberen und mittleren Management sowie weit hinunter zu den operativen Führungsebenen. Gerade die Reihen der Führungskräfte sind im Zuge der Restrukturierungen in den letzten Jahren unter dem Stichwort »Organizational Efficiency« nicht unerheblich gelichtet worden. Dies spart auf einen ersten Blick zwar Kosten durch die Ausdünnung oder sogar Beseitigung von Hierarchiestufen sowie die Verbreiterung der Führungsspannen. An anderer Stelle steigen jedoch oft die Kosten, etwa durch eingeschränkte Handlungsmöglichkeiten des Unternehmens im Talent Management (vertikale Karriere) und insbesondere durch die aus einer höheren Arbeitsbelastung der Übriggebliebenen resultierenden negativen Effekte. Denn das obere und mittlere Management ist nicht bloß ersetzbarer Durchreicher, sondern oftmals das entscheidende Verbindungsglied zwischen »Oben« und »Unten« (auch im Sandwich steckt der Geschmack nicht in den Brotscheiben, sondern im Gehalt der Füllung dazwischen) (vgl. Freimuth u.a. 2003, Philippeit 2009 – vgl. Abb. 56). Gerade in Veränderungsprozessen gerät dies leicht zur Farce, weil die Organisation bereits am Anschlag agiert und nun nochmals einen Gang höher schalten soll: »Eines der häufig nicht gesehenen Problemfelder ergibt sich aus einer Fehleinschätzung des Energieaufwandes. (…) Der zusätzliche Zeitbedarf liegt erfahrungsgemäß bei 20–30 Prozent draufgesattelt auf das Tagesgeschäft, das in solchen Umbauphasen ja auch nicht leiden soll. (…) Das Management unterstellt vielfach, dass die Organisation schon irgendwie mitzieht. (…) Genau dies ist eine illusionäre Annahme« (Wimmer 2009: 6).

Abb. 56: Das mittlere Management befindet sich im Spannungsfeld zwischen den Erwartungen des Top-Managements und denen der Mitarbeiter

Die internen Kunden des HR-Business-Partners sind oftmals Getriebene, in Sachzwängen und Zielkonflikten Aufgeriebene, unter Ergebnis-, Kosten- und Zeitdruck Stehende, das Mögliche Machende und dennoch oftmals mit deutlichem Abstand zum selbstgewählten Anspruch oder den auferlegten Zielsetzungen. Sie stehen gehörig unter Strom, weil es einfach oft (zu) viel ist. Dabei bewegt sich die Führungskraft stets im Management-Regelkreis des Plan-Do-Review, dessen Unterschritte in der Unternehmenspraxis oft bis ins Detail verfeinert und ausgeweitet sind. Anbei eine – sicherlich unvollständige – Liste jener Anforderungen, die von einer Führungskraft, neben der natürlich selbstverständlichen Exzellenz in ihrer fachlichen Sphäre, erwartet werden:

- Kapitalverzinsung über dem Durchschnitt erzielen,
- Kennzahlen auf bzw. über der Zielvereinbarung abliefern,
- Kundenbedürfnisse hochwertig und/oder kostengünstig erfüllen,
- Marktveränderungen unmittelbar erkennen und rechtzeitig aufnehmen,
- Innovationen erschließen und geschickt einführen,
- Wachstum »bis über den Anschlag« sicherstellen,
- in harten Zeiten auch hartes Kostenmanagement betreiben,
- rechtzeitig vom einen Modus in den anderen umschalten,
- sämtliche Mitarbeiter fördern und fordern,
- besonders die Talente auf ihrem Weg unterstützen,
- die Rolle bei den mannigfaltigen HRM-Prozessen ausfüllen,
- Interessen weiterer Stakeholder erkennen und befriedigen,
- Spielregeln zur externen und internen »Compliance« einhalten,
- bei den Unternehmenswerten zum Rollenmodell werden,
- kommunizieren, kommunizieren, kommunizieren,
- sichtbar, zum Anfassen und dabei »ein Mensch« sein,
- sich selbst weiterentwickeln und entsprechend positionieren,
- seine persönliche Work-Life-Balance bewahren
- sowie sicherlich noch manch anderes mehr.

Collins (2001: 21) hat das einmal so ausgedrückt: »The ›Leadership is the answer to everything‹ perspective is the modern equivalent of the ›God is the answer to everything perspective‹.« Wenn einem aber alles dann doch zu viel wird, ist es nur menschlich, dass man sich auf das zurückzieht, was man kann und was man will, und nicht auf das, was aus Unternehmensperspektive eigentlich erforderlich wäre (vgl. Finkelstein/Hambrick 1996).

Aus dieser Liste von Aufgaben wäre es nun ein Leichtes, die Liste von Erfolgsfaktoren für exzellentes Leadership abzuleiten. Diese zweite Aufzählung wäre ziemlich lange und wird mit fast jeder Publikation zum Thema noch länger (z.B. Ulrich u.a. 2008), weshalb wir an dieser Stelle auf sie verzichten, um nicht ein allzu großes Erschrecken hervorzurufen oder gar Defizitgefühle aufkommen zu lassen. Auch eine Kondensation dieser Eigenschaften einer idealen Führungskraft zu performancerelevanten Mindsets im Sinne der Habitustheorie (z.B. Vaupel 2008: 144-193) zeigt letztlich nur, wie anspruchsvoll es ist, als Manager im Bereich der Führung zu punkten.

Die Krise an den Finanz- und Realmärkten sorgte eher noch für ein Mehr als für ein Weniger an Belastung. Eine Erleichterung beim Aufschwung ist zudem ziemlich unwahrscheinlich. Überhaupt scheint die Wettbewerbsfähigkeit von Jahr zu Jahr noch schwieriger geworden zu sein. Eigentlich müsste man die Anforderungen an die Führungskraft wieder auf ein menschliches Maß zurechtstutzen. Doch wer – um Himmels willen – ist denn dieser »man«?

Moderne Führungstheorien

Bevor nun das Thema Leadership Effectiveness vertieft wird, soll zunächst noch kurz das Thema Leadership aufgerollt werden. Eine Grundkenntnis über moderne Führungstheorien kann bei den Lesern sicherlich vorausgesetzt werden (z.B. Mintzberg 1980, Rosenstiel u.a. 1993, Neuberger 2002, Wunderer 2008, Malik 2006, Ulrich u.a. 2008, Vaupel 2008, Pfläging 2009). Es hat – gegenüber tradierten Vorstellungen von Management – eine Abkehr vom »Great Man«-Mythos gegeben. Inzwischen sollte man auch kaum mehr gute Führungskräfte namentlich benennen, da sie binnen kurzer Frist über ein ökonomisches oder normatives Problem gestolpert sein könnten. Dennoch hat die Führungstheorie einiges an belastbaren Aussagen ermittelt:

- Man weiß inzwischen, dass es kein bestes Führungsmodell gibt, sondern Führung stets situativ anzuwenden ist. Das, was sich unter den einen Bedingungen als richtig erwiesen hat, kann in einer anderen Konstellation das Falsche sein (Hersey/Blanchard 1987).

- Man weiß inzwischen, dass die Führungskräfte mit ihren »basic assumptions« (Schein 2004), »mental models« (Foster/Kaplan 2001) und überhaupt ihren Menschenbildern und daraus abgeleiteten Haltungen (z.B. McGregor 1960) möglicherweise fernab der Wirklichkeit gefangen sind und deswegen diesen »cultural lock-in« immer wieder aufbrechen müssen.

- Man weiß inzwischen, dass sich die Legitimation von Führung von physischen, ökonomischen, positionalen Machtquellen hin zu wissensmäßigen und noch mehr zu affektiven Machtquellen – charismatischer Einfluss plus inspirative Motivation plus intellektuelle Stimulation plus individuelle Behandlung – verlagert hat (Bass 1985). Denn der traditionelle Deal zwischen Arbeitgeber und Arbeitnehmer – Beschäftigung gegen Anstrengung – wird von beiden Parteien nicht mehr gelebt (Scholz 2003). In der Konsequenz sind »Führungskräfte heute operativ verstärkt damit beschäftigt, das

Spannungsverhältnis zu den Mitarbeitern psychologisch auszutarieren« (Vaupel 2008: 84).

- Man weiß inzwischen, dass sich menschliche Einstellungen und Verhaltensweisen in den wissensbasierten Organisationen der Gegenwart gegenüber früher wesentlich verändert haben und deswegen die Erwartungen der Arbeitnehmer an den Arbeitgeber – personell vertreten zumeist durch die jeweilige Führungskraft (und selten nur durch die HR-Funktion oder den HR-Business-Partner) – heute ganz andere sind. Der Mitarbeiter von heute will von seiner Führungskraft und dem Unternehmen im Hintergrund als Mensch wahrgenommen werden, sich weiterentwickeln können, dafür die Möglichkeiten und Rückmeldungen erhalten und manch anderes mehr (Claßen 2008: 168–181). Führung wird zwar durch einen gemeinsamen Grundnutzen der Beteiligten erleichtert, aber emergente Faktoren wie Respekt, Sympathie und Vertrauen verbessern dieses Zusammenspiel deutlich (Graen/Cashman 1975 bzw. Laufer 2007).

- Man weiß inzwischen, dass die Unternehmen unter den Stichworten Selbstmanagement, Führung der eigenen Person sowie Verantwortung für die eigene Karriere ihre vermeintliche Verantwortung wieder in einer gehörigen Portion an die Mitarbeiter zurückdelegiert haben. Übrigens, die daraus entstandene Ratlosigkeit der Ent-Entmündigten führte inzwischen zu einer langen Liste von Ratgebern rund um Selbstführung, die – so der Untertitel eines dieser Bücher – Wege zu einem erfolgreichen und erfüllten Berufs- und Arbeitsleben aufzeigen.

- Man weiß inzwischen allerdings noch immer nicht, wie sich nun gute Führung des Vorgesetzten in gute Ergebnisse des Geführten übersetzt; dazu fehlen noch die auf breiter Front akzeptierten Theorien (Pfläging 2009). »Andererseits ist im Alltag jeder Organisation erlebbar, dass das Leistungsniveau entscheidend durch die Stärken und Schwächen der Führungskräfte geprägt wird« (Vaupel 2008: 123).

- Man weiß ebenfalls noch immer nicht, ob und wie sich Investments in Führung »unter dem Strich« auszahlen, weil Leadership – wie viele weitere »weiche« Management-Themen – sich einer ernsthaften monetären Betrachtung verschließt (Claßen 2009). Viele glauben und denken aber nichtsdestotrotz, dass es durch gute Führung einen signifikanten »payoff« für das Unternehmen gibt.

Wenn – wie dies etwa in den Studien des Gallup-Instituts regelmäßig aufgezeigt wird (Buckingham/Coffman 2001) – die Mitarbeiter eine neue Form der Führung erwarten, in der ihnen die Leistungserwartungen verbindlich erläutert werden, sie mit einer leistungsförderlichen Ausstattung versehen sind, sie ihre Stärken einsetzen können, sie ein regelmäßiges Feedback zu ihrer Leistung erhalten, sie vom Vorgesetzten als Mensch wahrgenommen und behandelt werden und das Unternehmen sich um ihre Entwicklung am Arbeitsplatz kümmert, dann ist das Führungsverhalten so mancher Vorgesetzten nicht mehr so ganz zeitgemäß. Zum IQ und der fachlichen Kompetenz sind in jedem Fall der EQ und die soziale Kompetenz hinzugekommen.

Andererseits vernimmt man wieder häufiger – vermutlich als Reflex auf den »Overstretch« im beruflichen Alltag – die schlichte lateinische Forderung »sapere aude«: Habe Mut, dich deines Verstandes zu bedienen. Viele der heutigen Entscheidungslogiken sind nur noch durch die Rast-, Plan-, Sorg- und Mutlosigkeit der Verantwortlichen entschuldbar. Das Innehalten und Nach-, Mit- wie Vordenken als Basis des Handelns würde manchen Unsinn mit Sicherheit vermeiden. Das Leben als moderner Leader ist eben ganz schön anspruchsvoll.

Grenzen des Möglichen

Immer wieder werden im Bereich der Führung – gerade aus der Praxis und in der Empirie – deutliche Grenzen des Menschen-Möglichen festgestellt. Wir möchten an dieser Stelle die Adjektive der Schwierigkeit wie etwa global, komplex, virtuell, dynamisch und ambig gar nicht weiter bemühen. Diesem asymptotischen Denken wird dann aus der Theorie sowie vom einen oder anderen ambitionierten Unternehmensverantwortlichen entgegengehalten, dass etwas mehr immer ginge. Also frei nach dem österreichischen Poet André Heller, der einst schrieb: »Die wahren Abenteuer sind im Kopf, in meinem Kopf, und sind sie nicht in meinem Kopf, dann sind sie nirgendwo.« Oder wie es der amerikanische Filmemacher Woody Allen einmal formulierte: »Alles in allem wird deutlich, dass die Zukunft große Chancen bereithält; sie enthält aber auch Fallstricke. Der Trick ist, den Fallstricken aus dem Weg zu gehen, die Chancen zu ergreifen und bis sechs Uhr wieder zu Hause zu sein.« Der Zukunftsforscher aus demselben Land der unbegrenzten Möglichkeiten, John Naisbitt, ergänzt diesen Optimismus: »In stabilen Zeiten hat alles seinen festen Namen und festen Platz, deshalb lässt sich da nirgendwo ein Hebel ansetzen. Doch in den sogenannten Zwischenzeiten bieten sich schier unabsehbare Möglichkeiten. Mein Gott, in welch phantastischer Zeit wir doch leben!«

Doch zahlreiche nicht zu verleugnende Fakten sprechen eine etwas andere Sprache: Für viele Führungskräfte sind ihre individuellen Grenzen bei Arbeitszeit, Arbeitsdichte und Arbeitsvolumen längst erreicht oder sie agieren bereits sogar jenseits ihrer Möglichkeiten. Man könnte nun das Peter-Prinzip zitieren, diese Führungskräfte bei Leistungsabfall anzählen und bei Versagen durch bessere ersetzen. Doch diese Besseren werden immer rarer, und Knappheit besitzt ihren Preis. Die Möglichkeiten des »change Management«, also eines Austauschs des ausgereizten Herrn Meier durch den vermeintlich noch brennenden Herrn Mayer, sind vielerorts weitgehend ausgereizt. Oder sie bringen keine besseren Ergebnisse mehr, da die Neuen »in the long run« zumeist auch nicht besser als die Alten operieren. Volkswirtschaftlich ist dies – ohne den grenzüberschreitenden

Import von »High Flyern« – ohnehin ein Nullsummenspiel. Die aus der »profitable growth«-Idee abgeleiteten Ziele werden, trotz des routinierten und eher symbolischen Klagens der Akteure, allerdings Jahr für Jahr höher gehängt. Damit geht die Schere zwischen dem Versprochenen und dem Machbaren immer weiter auf. Der Druck auf die individuelle Führungskraft nimmt in einer solchen Situation weiter zu.

In den unterschiedlichsten Studien zeigen sich die Fakten an Grenzerfahrungen; an dieser Stelle lediglich eine kleine Auswahl an empirischen Belegen. Damit wird das Ganze vom Einzel-Schicksal zum Massen-Phänomen:

- 85 Prozent der Manager erkennen eine deutliche Zunahme der persönlichen Arbeitsbelastung in den vergangenen fünf Jahren.

- 50 Prozent der sogenannten Besserverdienenden (> € 200.000 Jahresgehalt) arbeiten 60 bis 70 Stunden in der Woche.

- 96 Prozent der Manager arbeiten am Wochenende; bei einem Drittel der Besserverdienenden summiert sich dies zu 10 bis 20 Stunden.

- 75 Prozent der Führungskräfte arbeiten im Urlaub; 39 Prozent richten sich sogar am Ferienort einen Hilfsarbeitsplatz ein.

- 88 Prozent der Führungskräfte berichten, dass Arbeit die erste Quelle für ihren persönlichen Stress sei.

- 56 Prozent der Führungskräfte geben zu, dass sie mit ihrem Arbeitspensum nicht zurechtkommen und zu wenig Zeit für Erholung besitzen.

Zitiert u.a. aus Robert Bosch Stiftung Studie (2006), Kienbaum Work-Life-Balance Studie (2007), Darmstädter Work-Life-Balance Studie (2007) sowie der Haufe Führungskräfte-Studie (2009). Die Quellen für diese Fakten sind fast schon egal, da beinahe täglich eine derartige Schreckensmeldung durch die Medien gezerrt wird. Der Lektor hat uns gebeten, diese Aufzählung aus Platzgründen auch nicht weiter auszuführen.

Als Stressor Nummer Eins zeigt sich die ständige Erreichbarkeit (21 Prozent) und damit die »always-on«-Mentalität der meisten Manager (Stock-Homburg/ Bauer 2007). Kaum weniger belastend sind die Zeitausdehnung und das Themenspektrum der Arbeit (jeweils 18 Prozent) sowie die wachsende Internationalität mit der Folge erhöhter Reisetätigkeit (16 Prozent). Der Druck im Unternehmen (12 Prozent) und der generelle Zeitdruck (11 Prozent) sind »lediglich« die Stressoren Nummer Fünf und Sechs. In der Summe der Faktoren haben drei von fünf männlichen Führungskräften eine schlechte Work-Life-Balance (Stock-Homburg/Bauer 2008 – vgl. Abb. 57). Die langfristig hohe Arbeitsbelastung ohne ausreichenden Ausgleich kann eindeutig negative Konsequenzen wie Krankheiten, Burn-out, Süchte oder Verlust des sozialen Umfeldes zur Folge haben, wie diverse Studien zeigen (vgl. Abb. 58). Dies alles ist für den HR-Business-

Partner nicht nur deshalb bedeutsam, da er sich selbst immer wieder hierzu reflektieren sollte. Auch seine internen Kunden – die sich im Wesentlichen aus dem Kreis der sehr angespannten Führungskräfte rekrutieren – sind potenziell von diesen Stressoren und ihren Effekten betroffen. Dies erfordert einen behutsamen – im doppelten Wortsinn (bedächtig und vorsichtig) – Umgang mit ihnen.

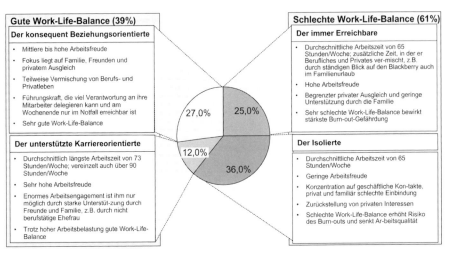

Abb. 57: Auf die Zeitknappheit im Arbeitsleben reagieren Manager mit vier Verhaltensmustern, die ihre Work-Life-Balance beeinflussen

	Krankheiten	Burn-out	Süchte	Soziales Umfeld
Erklärung	• Entwicklung chronischer Krankheiten • Herz-Kreislauferkrankungen • Nervenzusammenbrüche bzw. sonstige psychische Erkrankungen	• Symptome: Erschöpfung, Niedergeschlagenheit, körperliche Symptome • Ursachen: Frustration, Überforderung, Nicht-Erreichen von Zielen, hohe persönliche Erwartungen	• Exzessives Arbeiten (Arbeitssucht) • Regelmäßige Einnahme von Alkohol, Drogen oder Medikamenten • Realitätsverluste	• Zurückstellung von privaten Interessen, Familie und Freunden • Soziale Kontakte beschränken sich auf Kontakte aus dem Arbeitsumfeld
Verbreitung	• Zunahme der stressbedingten Krankheitstage von 22% (2005) auf 60% (2008) • Psychische Krankheitsfälle zwischen 1997 und 2004 um 70% gestiegen	• 13% der Manager leiden unter Burn-out (2008) • Die Hälfte der Unternehmer (46%) sagt, dass sich diese Problematik in den letzten fünf Jahren verstärkt habe	• 30% der Manager zeigen Symptome von Arbeitssucht (2008) • Ca. 10- 15% aller Manager sind Alkohol-, Drogen- oder Medikamentenabhängig	• 40% der Manager haben ein Problem mit ihrer Work-Life-Balance • 50% der deutschen Top-Manager sind sich bewusst, zu wenig Zeit mit ihrem Partner zu verbringen
Folgen	• Arbeitsunfähigkeit • Einschränkung der Lebensqualität • Lebensbedrohliche Erkrankungen	• Sinkendes Engagement • Psychische Erkrankungen, z.B. Depressionen bzw. Suchterkrankungen als Folge	Folgen der Alkoholsucht: • 51% der Manager stagnierten in ihrer Position, • 42% der Führungskräfte steigen ab oder verlieren ihren Job • Erhöhtes Unfall- und Fehlerrisiko	• Gescheiterte Beziehungen • Einschränkung des Freundeskreises • Mangelnder Rückhalt durch Familie und nicht diversifiziertes Netzwerk sind Karrierehemmer

Abb. 58: Die langfristig hohe Arbeitsbelastung ohne ausreichenden Ausgleich kann eindeutig negative Konsequenzen zur Folge haben

Die Reparaturkosten bei allfälligen Schäden sind volkswirtschaftlich und einzelbetrieblich immer wieder quantifiziert worden. Im ersten Fall kommen dabei für eine Ökonomie wie Deutschland leichterdings dreistellige Milliardenbeträge zusammen. Für das einzelne Unternehmen hängen diese Beträge von der Betriebsgröße sowie den Multiplikatorwirkungen und Ausstrahlungseffekten bei Leistungs- und Ergebnisabfällen seiner Manager ab. Die in regelmäßigen Abständen publizierten Werte aus mehr oder weniger seriösen Analysen sollen hier nicht wiedergegeben werden; weit von den Effekten aus der Finanzkrise sind sie jedoch in den meisten Fällen nicht entfernt. Meist breitet sich darüber – aus Gründen des Schutzes einzelner Akteure – der Mantel des Schweigens. Den meisten Beobachtern und Betroffenen fehlt zudem der Mut, das Fehlverhalten und dessen negative Konsequenzen konkret beim Namen zu nennen. Die zur Vertuschung verwendeten Kostenstellen kommen dann oftmals ganz unschuldig daher (z.B. Wertberichtigung auf Anlagevermögen).

»Leadership Bubble« und »Leadership Effectiveness«

Man mag dies alles als ein Faktum der modernen Zeit hinnehmen, die Parole »survival of the fittest« ausgeben und zudem für sich selbst hoffen, länger als die anderen durchzuhalten. Doch dies wäre sowohl hämisch als auch unbedacht. Denn zum einen werden oftmals durchaus exzellente Führungskräfte verheizt. Und zum anderen werden die Entscheidungen von Führungskräften unter Druck bei gleichzeitiger Anspannung sowie körperlicher und psychischer Beeinträchtigung nicht unbedingt besser (Stock-Homburg/Bauer 2007). Wir sind fast schon geneigt, diese Verschlechterung der Entscheidungsqualität mit ihren Effekten auf den Unternehmenserfolg als »Leadership Bubble« zu bezeichnen, auch wenn sich die Spuren des Zerplatzens – anders als die der anderen Blasen in der jüngeren Vergangenheit – noch eher individuell als systemisch zeigen. Denn »systemrelevant« ist keine Führungskraft. Zudem sind die Quantifizierungen dieser Effekte mit Vorsicht zu genießen. Es reizt zum einen hierfür als Beleg reale Beispiele aus der nahen Welt der mitteleuropäischen Wirtschaft aufzuzählen; andererseits erzeugt man mit einer Konkretisierung immer auch eine Widerrede. Daher an dieser Stelle lediglich eine »ferne« Illustration: James Kayne, von 1993 bis 2008 Vorstandsvorsitzender der inzwischen an einen Wettbewerber verkauften Investmentbank Bear Stearns, war dem Vorwurf aus Missmanagement, Realitätsverlust und Spielsucht ausgesetzt, dieses sind allesamt keine netten Dinge. Dennoch kehrte er trotz lebensbedrohlicher Blutvergiftung wieder sehr schnell an die Spitze seines Unternehmens zurück. Als die Bank dann zunehmend in Liquiditätsschwierigkeiten geriet und der Börsenkurs erodierte (von $ 171 auf $ 10), nahm er an Bridgemeisterschaften teil, schaltete sich nicht oder verspätet in Krisentelefonkonferenzen ein und war phasenweise überhaupt nicht erreichbar. Es gäbe – auf allen Ebenen – durchaus auch »nähere« Beispiele, die sich mit ihren Effekten von der Management- auf die Mitarbeiterebene multiplizieren. Übrigens: Bitte verzeihen Sie uns, falls wir Ihnen mit diesen vermeintlich pessimistischen und fast schon apokalyptisch anmutenden Ausführungen einen ansonsten eher sonnigen Tag ein wenig versauern.

Nun ist »Leadership Effectiveness« noch kein Begriff, der sich bislang einer gro-ßen Bekanntheit erfreut und der in unseren Breiten – als Anglizismus – natürlich auch die reflexartigen Abwehrreaktionen auslöst. Beim Googeln (an einem Donnerstag im September 2009) ließen sich dann auch »nur« 380.000 Einträge finden. Inzwischen ist aber auch das »Bingen« (die Microsoft-Alternative in ei-ner Beta-Version) möglich und siehe da, dort ist der Begriff mit 39,2 Millionen Einträgen geführt. Immerhin zeigt sich das mit »Leadership Effectiveness« auf das Engste verwandte Thema »Führungskräfteentwicklung/Führungs- und Ma-nagementqualität« in unserem HR Barometer 2009 als das mit Abstand wich-tigste Strategiethema aus Sicht der befragten HR-Entscheider (Claßen/Kern 2009: 32-33). Wenn man zudem in Gesprächen und bei Vorträgen das Grundthema von Leadership Effectiveness adressiert, erntet man dann auch recht schnell erhebliche Aufmerksamkeit bei seinen Zuhörern aus dem Manage-ment. Dies liegt wohl zum einen an der persönlichen Betroffenheit und der bis-lang eher individuellen Suche nach Lösungsansätzen. Daneben empfinden viele Führungskräfte auch eine Verantwortung für ihre »direct reports« und oft sogar einen unmittelbaren Problemdruck bei Einzelfällen.

Der Begriff stammt – vermutlich – von Fiedler (1967) bzw. Argyris (1976), wird auch von aktuellen Management-Autoren immer wieder gerne aufgegriffen (z.B. Collins 2001, Kehoe 2007) und von der Ratgeber-Sparte lebensbejahend bedient (z.B. Rinke 2004, McGarvie 2005). Von den bekannten Gurus sind entspre-chende Statements überliefert: »The leaders who work most effectively, it seems to me, never say 'I'. And that's not because they have trained themselves not to say 'I'. They don't think 'I'. They think 'we'; they think 'team'. They understand their job to make the team function. They accept responsibility and don't side-step it, but 'we' gets the credit (…) This is what creates trust, what enables you to get the task done« (Peter Drucker) bzw. »Effective leaders help others to under-stand the necessity of change and to accept a common vision of the desired out-come« (John Kotter). Natürlich sind solche eindimensionalen Statements in ih-rer jeweiligen Grundaussage nicht falsch. Aber den singulären Schlüssel zur Ver-besserung von Leadership Effectiveness gibt es eben auch nicht.

Derartige Publikationen und Statements mögen freilich als weiteres Indiz dafür dienen, dass es sich nicht um eine momentane Befindlichkeitsstörung, sondern um eine dauerhafte Managementproblematik handelt; denn solche Bücher und Zitate wollen Antworten auf empfundene Schwierigkeiten bieten. Eine allseits akzeptierte Definition hat sich daraus noch nicht herauskristallisiert. Leadership Effectiveness ist aber so etwas wie die individuelle Fähigkeit einer Führungskraft, die ambitionierten aber realistischen Ziele einer Organisation in einer definier-ten Zeit und mit minimalem Aufwand zu erreichen, ohne dabei gegen Gesetze, Regeln und individuelle Belastungsgrenzen zu verstoßen und ohne die nachhal-tige Entwicklung der Organisation und ihrer Mitglieder und Umwelten zu be-grenzen.

Damit wird deutlich, dass Leadership Effectiveness zunächst in der individuellen Verantwortung der Führungskräfte selbst liegt (individuelle Lösungsansätze). Natürlich kann sich auch die Organisation nicht aus ihrer systemischen Optimierungsverantwortung – sowie dem aus dem Endergebnis abgeleiteten Gesamtinteresse – verabschieden (organisationale Lösungsansätze). Schließlich gibt es, zumindest in ersten Ansätzen, auch noch die gesamtgesellschaftliche Verantwortung (soziale/politische Lösungsansätze). Diese drei Verantwortungsfelder werden in der Folge ausgefaltet.

Individuelle Lösungsansätze

Immer wieder werden die Eigenschaften besonderer Leader mit Vorbild-Wirkung aufgezählt, so etwa Energielevel, Stresstoleranz, Selbstwirksamkeit sowie zahlreiche weitere Wunderwuzzi-Charakteristika. Die gesamte Literatur zur Führung kreist um genau diese Frage: Was macht einen exzellenten und deshalb effektiven Leader aus? Und beim Surfen im Internet (www.intanbk.intan.my/...) findet man so erhellende Sätze eines Prof. Moneim El-Meligi wie »You have to be similar enough to be understood and different enough to justify your position«. Dies bietet dann doch eher grobe Anhaltspunkte. Natürlich gibt es Persönlichkeiten mit einer deutlicher positiven Disposition hinsichtlich Leadership Effectiveness. Dies sollte jedoch nicht als unabwendbares Schicksal hingenommen werden: Sowohl in der individuellen Konstellation – das Stichwort lautet hier Willensfreiheit – als auch im organisationalen Kontext – unter dem Stichwort Rahmenbedingungen – können persönliche Wirksamkeitsgrade herauf- oder herabgesetzt werden. Auf dem Weg zu mehr Leadership Effectiveness sind allerdings die natürlichen Limitationen bei individuellen Veränderungsprozessen zu bedenken. Denn durch die Anlage (genetische Disposition) sowie die Vergangenheit (bisherige Sozialisation) werden viele Eigenschaften bzw. Mindsets von Führungskräften erheblich determiniert, manche meinen auch zementiert. Gerade Führungskräfte haben meist sehr ausgeprägte Profile, von denen sie ungern lassen, denn bislang sind sie damit durchaus erfolgreich gewesen. Eine entsprechend Führunskräfteentwicklung bleibt deswegen in ihrer Wirkung begrenzt. Vermutlich gibt es eben doch »natural born leaders«.

Zentraler Ansatzpunkt einer Führungskraft beim Umgang mit Stress ist das effiziente Management des persönlichen Ressourcen- und Energie-Haushalts. Dass dies kein Thema des dritten Jahrtausends ist, zeigen frühe Publikationen (z.B. Hirth u.a. 1981) sowie populäre Referenten mit Angeboten wie »Die Führungskraft im Spannungsfeld von Unternehmen, Familie und Selbst«. Der Verfasser erinnert sich beispielsweise – in den frühen neunziger Jahren – an einen Guru aus Spanien mit INSEAD-Biographie, selbst weder in einem Unternehmen noch familiär gebunden noch persönlich ausgeglichen, der jedoch seine Zuhörer, allesamt obere Führungskräfte, durch empathische Statements an den Grundfesten des Ichs packte und teilweise sogar zu einem intensiven Nachdenken über sich selbst, ihr menschliches Dasein und die eigene Work-Life-Balance brachte.

Im Berufsleben helfen bei Stress laut einer aktuellen Studie besonders »Coping«-Strategien wie Aufgabendelegation, Prioritätensetzung, Mitarbeiterkommunikation, Selbstreflexion und das Neinsagen. Im Privatleben bewähren sich hauptsächlich die körperliche Bewegung (Sport) und die bewusste Trennung vom Berufsleben (Stock-Homburg/Bauer 2007). In der Diskussion um den Spagat zwischen den Zielen des Unternehmens und dem »Flow« des Individuums sind in der »Life Styling«-Diskussion zahlreiche weitere Aspekte identifiziert und publiziert worden (vgl. Stiefel 2001). Inwieweit mehr oder weniger bewusste Gegenakzente, wie etwa Auszeiten zur Besinnung (Sabbatical, »Seitenwechsel« etc.) oder extremer Leistungssport (hohe Berge, lange Läufe etc.) für Entlastung sorgen, ist umstritten. Zusammenfassend besitzt die Führungskraft eine Verantwortung für sich selbst, die sich in unserem Verständnis an sechs Aspekten festmachen lässt (vgl. Abb. 59). Diese sprechen für sich selbst und sollen hier nicht weiter ausgefaltet werden, denn diese Publikation ist weder ein Ratgeber zur richtigen Ernährung noch einer für die Organisation des Arbeitsplatzes.

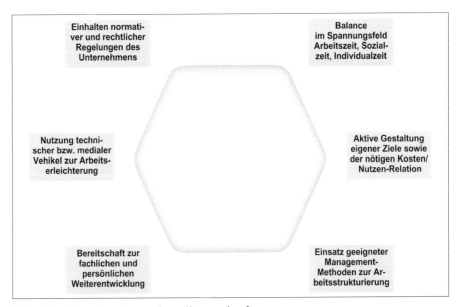

Abb. 59: Verantwortung der Führungskraft...

Wichtig bei alledem ist, bevor es an diese Lösungen geht, zunächst einmal die blinden Flecken sowie Stärken und Schwächen der Führungskräfte zu identifizieren. Die »Tools« dazu – wie etwa 360°-Feedback, Test-Verfahren (z.B. MBTI), Assessment/Development Center, Management-Diagnostik, Coaching, persönliches Interview – sind bekannt. Die Frage, die sich jeder HR-Business-Partner stellen muss, lautet, wie sehr er sich bei »seinen« Führungskräften hierbei engagiert. Dazu gibt es keine pauschale Antwort. Die Art und Weise ist ganz erheblich von den Umständen abhängig, von der eigenen Courage, von der Offenheit seines Gegenübers, von der Möglichkeit zum Auditing, Coaching bzw. Training durch Dritte. Letztlich bleibt eine Führungskraft für sich selbst verantwortlich.

Organisationale Lösungsansätze

Bislang ist das Thema Leadership Effectiveness in vielen Unternehmen noch nicht wirklich angekommen oder wurde – wegen dieser individuellen Verantwortung von Führungskräften für »my Survival« – nicht als organisationales Thema gesehen. Formell haben Unternehmen auf den ersten Blick auch ein zu vernachlässigendes Risiko. Maximal € 10.000 Bußgeld etwa bei Verstößen gegen das Arbeitszeitgesetz und dies auch nur im Wiederholungsfall sowie bei einer Beweisschuld des Arbeitnehmers für gesundheitsschädliche Folgen von Überstunden.

Da die individuellen Belastungen aus der Unternehmensrealität für viele inzwischen ein menschliches Maß verloren haben und zur persönlichen Strapaze geworden sind, zeigen sich aber mehr und mehr mannigfaltige Effekte aus diesen Anspannungen:

- Kurzfristigkeits-Denken (keine längere, nachhaltige Perspektive sowie Entscheiden und Handeln, als ob es kein Morgen gäbe),

- Nicht-Entscheiden/Aussitzen/Prinzip Vorsicht (als Vermeiden von Exposition und Risiko durch vermeintliche politische Fallstricke),

- Schnellschüsse (als voreiliges Festlegen auf einen naheliegenden Lösungsweg ohne vorheriges Durchdenken von Konsequenzen und Alternativen),

- Stakeholder-Bias (durch Orientierung an einer Dimension – z.B. Shareholder – unter Vernachlässigung anderer wie die der Kunden und Mitarbeiter),

- KPI-Betrug (bewusstes Fälschen von wichtigen Kennzahlen zur Sicherstellung der Zielerreichung in den MbO-Leistungsmessungen),

- Compliance-Verstöße (bewusster Verstoß gegen gesetzliche Normen bzw. interne Spielregeln),

- »change Management« (im Sinne des Austauschs von schlechten durch vermeintlich bessere Führungskräfte),

- »Corporate Value«-Irrelevanz (vernachlässigbare Wirkung der Regeln »richtigen« Verhaltens im Unternehmen).

Diese Phänomene treten Tag für Tag in vielen Unternehmen auf. Oft stellen sie nicht einmal mehr die Ausnahme, sondern den Regelfall dar. Gerade der letzte Sachverhalt zeigt sich vielerorts in einer erschreckenden Diskrepanz zwischen Wunsch und Wirklichkeit. Mit der Anmeldung an der Rezeption betritt man in vielen Unternehmen scheinbar heilige Hallen: Gleich am Eingang, anschließend im Aufzug oder spätestens auf den langen Fluren oder im großen Sitzungszimmer, begegnen einem auf Stelen, auf Flaggen oder auf Plakaten die jeweiligen Unternehmenswerte oder eine schicke »Employee Value Proposition«. Inhaltlich überraschen sie selten, adressieren sie doch vor allem anständiges, menschliches Verhalten und beziehen sich auf die berechtigten Anforderungen der wichtigsten Stakeholder. Gestalterisch sind sie eng an das Corporate Design gelehnt. Meist ist noch eine Kommunikationsagentur zum sprachlichen Feinschliff darüber gegangen. Zu einer Steigerung der Leadership Effectiveness tragen die Corporate Values nicht bei. Die Defizite der Unternehmenskultur sowie die Diskrepanz von Leitbildern mit der »gelebten Realität« werden in Workshops und Meetings, mehr noch in bilateralen Gesprächen, angesprochen – oder auch nicht. Jeder denkt sich aber seinen Teil dazu. Inzwischen gehen die ersten Unternehmen bereits dazu über, ihre langen Werte-Kataloge im Sinne von »lean values« auf das Wesentliche zu reduzieren. Der HR-Business-Partner kann – im geeigneten Augenblick (nämlich wenn es nicht nervt und ein Nachdenken zu erwarten ist) – auch den Finger heben und auf das vom Unternehmen erwartete Entscheiden und Handeln verweisen. Ein stichhaltiges »Tool« sind für ihn die Corporate Values jedoch nicht.

Natürlich müsste jede Führungskraft und eigentlich jeder Mitarbeiter eine eigene normative Sicht auf diese Dinge finden und dann im Sinne einer Verantwortungsethik auch konsequent anwenden. Die inzwischen weit verbreitete und auf einen ersten Blick ziemlich faire Zielvereinbarungs-Logik (»management by objectives«) ist diesbezüglich alles andere als hilfreich. Denn sie definiert seitens des Unternehmens lediglich noch das Was und überlässt das Wie der Verantwortung ihrer Mitarbeiter. Offiziell bleibt das Unternehmen dabei sauber, ist doch das Wie durch rechtssichere »Policies« und verbindliche »Compliance« zu allen nur denkbaren Stolperfallen von allen Seiten eingekesselt. Oft wird dies sogar durch die Unterschrift von Mitarbeitern unter die Compliance-Spielregeln justitiabel gemacht (also die Compliance-Compliance). Verstöße werden dann zu Fehlverhalten des Individuums und liegen nicht mehr in der Verantwortung der Organisation. Der umsetzungs- und ergebnisverantwortliche Manager – als »Entrepreneur« zum Handeln aufgefordert – ist von dieser fast schon perfiden Logik oftmals überfordert.

Vor kurzem schilderte uns eine Führungskraft aus der dritten Ebene, keiner von den gewohnheitsmäßigen Nörglern, seine Situation. Er verglich sich mit einem Taxifahrer, dem sein Fahrgast auf dem Weg zum Bahnhof Freitagnachmittag in der Rushhour sowie bei Regen sagt, sein Zug ginge in 10 Minuten (bei einer üblichen Fahrzeit für die Strecke von dem Doppelten), und wenn er ihn noch erreichen würde, bekäme der Taxifahrer ein großzügiges Trinkgeld. Auf der Strecke gäbe es viele Ampeln, die nicht in einer grünen Welle verbunden seien.

Auch der Austausch von Führungskräften (»change Management«) ist ein schwaches »Tool«. In manchen Unternehmen gewinnt man bei Gesprächen mit den Gesamtverantwortlichen den Eindruck, dass mindestens die Hälfte der Manager (manchmal sogar fast alle) besser heute als morgen auszutauschen sei. Auch Sprenger meint (Interview mit FAZ vom 14.12.2003) dass »40 Prozent aller Top-Manager in den DAX-Unternehmen fehl am Platz« seien und »bei den 100 wichtigsten Unternehmen in Amerika dürften es an die 70 Prozent sein«. Ganz abgesehen davon, dass deren Austausch nicht nur teuer wäre und sehr lange dauern würde. Es stellt sich zudem die Frage, woher denn dieser große Schwung besserer Führungskräfte überhaupt kommen solle, wo doch andernorts in ähnlicher Weise lamentiert wird. Auch im Fußball sind die Top-Stars lediglich von Vereinen wie Real Madrid, Manchester United oder vielleicht noch Bayern München bezahlbar und besitzen für die Spitzenkräfte entsprechende Anziehungskräfte. In der Wirtschaft gibt es mehrheitlich Unternehmen, die von der Besetzung allenfalls in der dritten und vierten Liga spielen wie im Fußball etwa SV Sandhausen, ZFC Meuselwitz oder SC Pfullendorf, von den unterklassigen Vereinen ganz zu schweigen. Der HR-Business-Partner sollte grundsätzlich vom Bestand der Mannschaft ausgehen, nicht von teuren Zukäufen reden oder gar in Träumereien nach Superstars verfallen und deshalb nicht von alternativen Lösungsansätzen für eine bessere »Leadership Effectiveness« ablassen. Auch im Fußball zeigt sich immer wieder, dass ein gutes Team mit einem guten Trainer bei entsprechendem Einsatz und Spielfreude den Sieg erringen kann. Die konsequente Weiterentwicklung des Status quo ist zwar mühsam, aber oft die einzige Alternative.

Über Compliance-Verstöße ist, ohne hier konkrete Beispiele hervorzuheben, in den vergangenen Jahren viel zu lesen und noch mehr zu hören gewesen: Bestechungs-, Ausforschungs-, Manipulations- und weitere Skandale mit ihren teilweise dramatischen Wirkungen auf Ansehen und Ergebnis des dahinter stehenden Unternehmens. Auch der eher individuelle KPI-Betrug – also die geschönte Darstellung von Leistungs-Kennzahlen – ist markant angestiegen, selbst wenn der Nachweis dafür sehr schwierig zu führen ist. Derartige Übertretungen von eigentlich verständlichen Grenzen geschehen dann mit deutlich höherer Wahrscheinlichkeit, wenn die individuellen Möglichkeiten zur Leistung den organisatorischen Erwartungen an Leistung nicht mehr gerecht werden. Auch hierbei ist die Rolle des HR-Business-Partner alles andere als einfach, gilt es doch für allfällige Interventionen – diese können systemischen oder individuellen Charakter haben – den richtigen Moment abzupassen. Die Möglichkeiten für ihn, sich »dabei die Finger zu verbrennen« oder es gar »auf immer und ewig zu verderben«, sind realiter vorhanden. Der HR-Business-Partner als Aufpasser und Tugendwächter ist – trotz des hehren Ziels von Leadership Effectiveness – vom Business, gerade dem potenziell gefährdeten Teil, meist unerwünscht. Am ehesten wird der Einwurf des HR-Business-Partners dann noch zählen, wenn er sich bei seinen eigentlichen Aufgaben bereits auf Augenhöhe hinaufgearbeitet hat und damit eine grundsätzliche Anerkennung besitzt. Dann kann er es sich auch ab und an erlauben, bei den weiteren Effekten wie Kurzfristigkeits-Denken, Nicht-Entscheiden/Aussitzen/Prinzip Vorsicht, Schnellschüssen oder Stakeholder-Bias die Akteure sanft auf den »room for improvement« hinzuweisen.

Natürlich ist eine Organisation hinsichtlich ihrer Leadership Effectiveness nicht hilflos. Als mögliche Ansatzpunkte werden – ohne den Anspruch auf Vollständigkeit und ohne die weitere Vertiefung an dieser Stelle – zahlreiche Aspekte grundsätzlicher oder konkreter Natur genannt, die in der Hauptsache auch durchaus noch andere Funktionen als bloß Leadership Effectiveness erfüllen können:

1. Organisationsentwicklung:
    - Strategie- und Visionsentwicklung,
    - Reorganisation/Restrukturierung (insb. Aufbauorganisation),
    - Klärung von Schnittstellen und Verantwortlichkeiten (z.B. RACI),
    - Prozessoptimierungen (insb. Ablauforganisation).

2. Personalentwicklung:
    - Leadership Development,
    - Teamentwicklung (z.B. High Performance Teams),
    - On/Reboarding-Programme bei Stellenwechseln,
    - Mentoring/Coaching,
    - Work-Life-Balance-Maßnahmen,
    - Etablierung von positiven Rollenmodellen (z.B. für kurzes statt langes Arbeiten),
    - Management-Diagnostik (z.B. Audit bzw. AC/DC),
    - Monitoring (z.B. Performance Measurement).

3. Weitere Ansatzpunkte:
    - Incentivierung bzw. Sanktionierung von Verantwortlichkeiten (z.B. Bonus und Malus),
    - unternehmenskulturelle Interventionen (z.B. Führungs-Leitbilder),
    - Spielregeln für Meeting- bzw. Mailing-Disziplin,
    - ernsthafte Kontrolle gesetzlicher Limitationen (z.B. Arbeitszeitgesetz),
    - Employee-Assistance-Programme (z.B. www.corrente.de).

Aus dieser Themenliste kann sich der HR-Business-Partner entsprechend bedienen, wenn er die Leadership Effectiveness als einen wichtigen Hebel zur Wertschöpfung aus der People-Dimension heraus erkannt hat. Im Grunde sind die Lösungsansätze einer Organisation für Leadership Effectiveness das Spiegelbild der als individuelle Verantwortung genannten sechs Aspekte (vgl. Abb. 60).

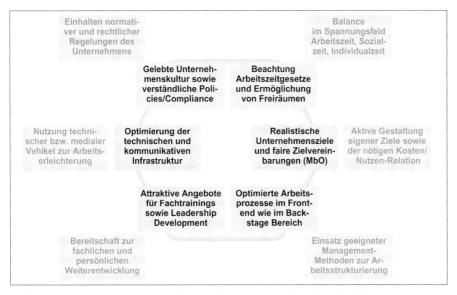

Abb. 60: … und der Organisation im Rahmen von Leadership Effectiveness

Sozial-politische Lösungsansätze

Bislang waren die Anforderungen des Gesetzgebers hinsichtlich Arbeitsschutz und Gesundheitsmanagement – im Bereich des Managements – für die Unternehmen eher einfach zu erfüllen. Dies könnte sich in naher Zukunft ändern. So brachte etwa der zuständige EU-Kommissar, beim Schreiben dieser Zeilen, einen Richtlinienentwurf mit erheblichen Auflagen für die Arbeitgeber ein. Dieser würde Unternehmen zu einer detaillierten Risikoanalyse ihrer Arbeitsplätze zwingen. In den sich daraus ergebenden Risikobereichen (nach definierten Kriterien) soll jeder Arbeitnehmer eine Gesundheitsakte bekommen, die seine individuelle Befindlichkeit dokumentiert. Der Fokus dieser Richtlinie bezieht sich zunächst auf ein limitiertes Set an Gesundheitsrisiken. Zudem weiß man derzeit noch nicht, welche parlamentarischen, bürokratischen und lobbyistischen Schleifen dieses Vorhaben in und um Brüssel noch drehen wird. Der Gesetzgeber und die Sozialversicherungsträger scheinen aber immer weniger bereit, die Sozialisierung von Folgekosten gesundheitlicher Risiken verdichteter und belasteter Arbeitsplätze hinzunehmen und die Unternehmen aus ihrer (Teil-)Verantwortung zu entlassen.

Zeitgleich entstehen immer mehr individuelle und soziale Bewegungen zu einer Verlangsamung und Verstetigung des Lebens. Diese rücken zunehmend von den fernen Rändern des Geschehens in die Sichtweite der Zentren. Zu nennen sind etwa die veränderten Einstellungen der jüngeren Kohorten hinsichtlich ihrer Work-Life-Balance sowie Verlangsamungsinitiativen (z.B. »Slow City«, »EntschleunigungsWerkstatt«, Aussteigerszene). Andererseits ist auch der Staat in vielen Ländern dabei, für gewisse Friktionen des Alltags eine partielle Erleichterung sicherzustellen (z.B. Kinderbetreuung, Steuervorteile, Weiterbildungsangebote). Schließlich erfüllen als Entlastung gedachte technologische Innovationen – etwa im Bereich der Kommunikationstechnologien – ihre Erleichterungs-Funktion (z.B. Videokonferenz statt Meetingtourismus), auch wenn Technologie oft die Freizeit wieder nimmt, die sie vermeintlich zu ermöglichen scheint.

Doch dies liegt ganz entscheidend an den betrieblichen Routinen und dem individuellen Verhalten. Das Management der eigenen Zeit und Kraft wird in Zukunft jedenfalls nicht nur in der individuellen und organisatorischen Dimension auf Antworten durchforstet. Dies könnte künftig auch ein potenzielles Aktionsfeld für den einen oder anderen HR-Business-Partner werden. Daneben werden auch gesellschaftliche Entwicklungen sowie die vielbeschworenen Rahmenbedingungen ihren Teil zur Erleichterung beziehungsweise Beschwerung von Leadership Effectiveness beitragen.

Warum denn überhaupt noch?

»Führung ist nun einmal per se ein recht einsamer Job. Hier wissen wir aus der Führungs- und Motivforschung, dass es gut wäre, nur solche Personen mit Führungsaufgaben zu betrauen, die ein recht niedriges Anschlussmotiv haben, gepaart mit einem hochgradig sozialisierten Machtmotiv«, meint der holländische Respektforscher Quaquebeke in einem Interview (weder die Wissenschaftsnische noch der Name sind übrigens erfunden). Müller-Stewens, Management-Professor aus St. Gallen, ergänzt als Antwort auf die Frage nach Veränderungen in der Führung: »Manager werden künftig weniger über Macht und Hierarchie führen können. Stattdessen müssen sie ihre Netzwerkkollegen überzeugen können, bei einem neuen Projekt mitzumachen. Dazu gehört auch der langfristig ausgerichtete Aufbau von Vertrauen. Sie können auch nur begrenzt etwas vortäuschen.«

Ähnliches vernimmt man inzwischen allerorten. Die Zeiten haben sich grundsätzlich geändert. Wenn man sich dann auch noch die Erwartungen an die Führungskraft der Zukunft ansieht, wie sie etwa in einer aktuellen empirischen Studie aufgespreizt worden sind (Kern 2009), dann ist kaum mehr zu verstehen, warum sich überhaupt noch genügend Menschen für Führungsaufgaben finden lassen. Der in der heutigen Wirklichkeit vermeintlich »Geführte« hat der Führung die Kraft genommen. Und die angebliche Führungskraft ist der Zampano der Gegenwart, mal Vorbild, mal Coach, mal Trainer, mal Experte, mal Macher, mal Entscheider, mal Integrierer, mal Freund, mal Kumpel, mal Ventil und oftmals einfach nur hilflos. Spaß macht Führung eigentlich nur noch dann, wenn man auf den Gehaltszettel oder die Visitenkarte sieht, da Karriere immer noch primär über eine Führungslaufbahn angelegt ist. Es sei denn, die Führungskraft zieht ihre Lust aus der Last, setzt Führen mit Dienen gleich und betrachtet ihr Salär als Schmerzensgeld.

Doch schauen wir uns erst einmal die Erwartungen an die Führungskraft der Zukunft näher an. Wunsch Nummer eins laut dieser Studie ist die Delegationsfähigkeit, also mehr Verantwortung sowie Entscheidungs- und Handlungsspielräume für die Mitarbeiter. Am besten führt also offenbar derjenige, der sämtliche Macht, die er besitzt, an seine Untergebenen abgibt. Wunsch Nummer zwei ist das Talent und Performance Management, also die Führungskraft als Förderer und Motivator mit hoher Sozialkompetenz. Gewünscht werden empathische Anregungen, was die Mitarbeiter denn bitteschön beim nächsten Mal besser machen könnten, wenn es denn gerade passt. Wunsch Nummer drei, schon mit einigem Abstand, ist das Management by Objectives, also das Führen über klare und messbare Ziele. Dass dies – bis auf den Vertrieb und einige wenige ebenfalls quantifizierbare Arbeitsfelder – heute kaum mehr geht oder morgen bereits von der dann relevanten Wirklichkeit überholt ist, steht auf einem anderen Blatt. Führung ist damit nur in solchen Fällen gefragt, bei denen das gewünschte Ergebnis missverständnisfrei erläutert werden kann; beim Weg dorthin – das ist ja beim MbO das vermeintlich Charmante für die Mitarbeiter – hat der Vorgesetzte ohnehin nichts mehr zu melden. Wunsch Nummer vier ist Leadership-Kompetenz, in der zitierten Studie stark vereinfachend als Fähigkeit zum Führen von heterogenen, inkonstanten, virtuellen Teams interpretiert. Führung wird damit als Momentaufnahme entlarvt, in der lediglich noch diejenigen gesteuert werden, die gerade physisch greifbar sind, und die entfleuchten Anderen »free floating« agieren können. Die Führungskraft wird also immer mehr zum Fahnder nach den zu Führenden bzw. zum Sucher nach geeigneten Techniken bei der Führung in einer diversen, volatilen, virtuellen, globalen Welt.

Wunsch Nummer fünf, nun bereits mit deutlich geringeren Werten, ist die Vorbildfunktion, definiert als Kommunikationsstärke, Transparenz, Vertrauen und Verbindlichkeit. Gerade bei einer derartigen Definition zeigt sich eindrucksvoll, wie sehr Führung sich inzwischen vom Nehmen zum Geben gedreht hat. Beim Wunsch Nummer sechs, Retention Management, also der Bindung von erfolgskritischen Mitarbeitern, äußert sich derselbe Paradigmenwechsel. Die richtigen und wichtigen Mitarbeiter wollen vom Vorgesetzten in den schweren Zeiten »gepämpert« werden (in den guten Zeiten übrigens ebenso, wenn nicht noch stärker). Wer aber fragt nach dessen Gemütszustand, etwa der Vorgesetzte des Vorgesetzten? Wunsch Nummer sieben ist schließlich der nach Werten und Wertschätzung, in der Studie verstanden als Anerkennung persönlicher Leistungen bzw. individueller Motivation. Diesen Aspekt hätte man sich durchaus deutlich weiter oben in der Liste vorstellen können. Erneut wird das Asynchrone im neuen Führungsverständnis offensichtlich. Selbst wenn ein Mitarbeiter seinen Chef »unfähig sowie meist unausstehlich« findet (was sich bekanntlich in anderen Studien immer wieder zeigt), hat ihm dieser mit Einfühlung und Verständnis, Achtung und Respekt, Beifall und Lob zu begegnen.

Der Autor zieht ein Fazit: »Unternehmen messen der sozialen Kompetenz und den Leadership-Qualitäten ihrer Führungskräfte eine wesentlich größere Bedeutung bei als ihrem fachlichen Know-how. (...) Führung wird künftig keine Nebenbeschäftigung mehr, sondern Hauptaufgabe sein« (Kern 2009: 44). Dies ist natürlich die inzwischen gängige und fast schon unwidersprochene Mainstream-Argumentation. Aber hat sich jemand bereits mal Gedanken darüber gemacht, ob derart mutierte Führungspositionen, bei denen der eigene Erfolg über den Erfolg von Dritten definiert wird, überhaupt noch attraktiv sind? Oder für die keine Leader interessant sind, sondern eine bestimmte – sich selbst in den Hintergrund stellende – Klientel, also gerade solche Typen, die man landläufig als das totale Gegenteil von Alpha-Tieren charakterisiert? Das Leben als ein solch moderner Leader mag zwar durchaus bewegt sein, bewegen lässt sich in diesen Rollen aber wenig. Den Ruhm der Ergebnisse bekommen ohnehin Andere.

Der einzig wirkungsvolle Machtaspekt liegt inzwischen bei der Vorzimmerdame einer Führungskraft oder wie es heute oft heißt »Personal Assistant«. Denn Zeit ist der letztlich verbliebene limitierende Faktor für Aufmerksamkeit. Hier funktioniert das Goretex-Prinzip weiterhin: Das Unangenehme aus dem Chefzimmer kann verdampfen, das Unerwünschte aus den Großraumbüros wird ausgefiltert. Diese Semipermeabilität gilt bei einem direkten Kontakt Vorgesetzter/Mitarbeiter nicht mehr als zeitgemäß. Es wird wohl deshalb auch an kaum einer anderen Stelle im Unternehmen so mit der Wahrheit jongliert: »ist auf Reisen«, »ist in Besprechung«, »ist beim Vorstand«. An dieser Schnittstelle wird auch heute noch von unten nach oben gedient und gebuckelt, geschmeichelt und scharwenzelt, um Zeitfenster zu erheischen.

Denn ausgerechnet dann ist der Chef immer gerade nicht greifbar, wenn man mit den eigenen Themen an Grenzen stößt und etwas spitz auf Knopf steht, also Alarm »mission critical«. Er ist einfach weg und damit fehlt seine Erfahrung und »seniority«, seine Gelassenheit und »patience«, seine Ratschläge und »guidance«. So was aber auch. Da besinnt man sich doch am besten auf modernes Leadership, zu dem auch ein modernes Employeeship gehört. Wenn Delegationsfähigkeit die Erwartung an die Führungskraft der Zukunft ist, dann macht man am besten sich selbst zu seinem Delegierten.

Rolle des HR-Business-Partners

Der Druck zur Leadership Effectiveness kann ein HR-Business-Partner seinem Gegenüber nur sehr bedingt abnehmen. Aber er kann dabei helfen, diesen zu mildern und für die Führungskräfte – im Sinne eines Coachs – über Fokussierung, Priorisierung, Selektion sowie all die anderen Instrumente zur Erleichterung etwas mehr Klarheit und etwas weniger Ballast aus der People-Dimension zu schaffen. Führung als Entscheidung für eine bestimmte Handlungsalternative und eine damit verbundene Festlegung zur Ressourcenallokation trotz Zielkonflikten, Unwägbarkeiten, Informationsdefiziten verbleibt freilich stets bei der Führungskraft selber. Der HR-Business-Partner hat – als Berater – bei der Entscheidung kein Mitspracherecht, wohl aber bei deren Vorbereitung.

Immer wichtiger wird das »reflexive« sowie »aktionsorientierte« Mindset einer Führungskraft: »Ein wichtiger Grund für die heute häufig beklagten Umsetzungsdefizite liegt darin, dass die Entscheidung nicht klar als Umsetzungsvorbereitung mit Konsequenzen für die Ressourcenverteilung im Unternehmen gesehen wird, sondern lediglich als Beitrag in einem Abwägungsprozess. (…) Um Handlungsalternativen besonders in kritischen Führungs- und Unternehmenssituationen sachgerecht prüfen zu können, sollte das reflexive Mindset so weit geübt sein, dass die Führungskräfte sich aus (krisenhaften) Einbindungen lösen und die längerfristigen Konsequenzen abschätzen können. (…) Die andere Seite der Performanceklammer verkörpert das aktionsorientierte Mindset. Erst wenn das reflexive und das aktionsorientierte Mindset ihre unterschiedlichen Leistungen erbringen, dann sind die grundlegenden persönlichen Voraussetzungen gegeben. (…) Die Umsetzung des aktionsorientierten Mindsets bemisst sich folglich daran, inwiefern eine Führungskraft – über den kognitiven Teil der Entscheidung hinaus – dazu in der Lage ist, sich selbst, die Ressourcen und besonders die Mitarbeiter im Sinn der Entscheidung auszurichten. Erst wenn die Führungskraft dies leistet, ist der Entscheidungsprozess wirksam abgeschlossen und für die Marktbearbeitung relevant« (Vaupel 2008: 186, 152 bzw. 183–184, 309). Mintzberg (2004: 282) ergänzt: »Everything an effective manager does is sandwiched between action on the ground and reflection in the mind. Reflection without action is passive; action without reflection is thoughtless. Effective managers thus function at the interface of these two mindsets: where reflective thinking meets practical doing.«

Eine Führungskraft könnte nun versuchen, diese Reflexion und ihre Entscheidungen zum Handeln ganz alleine, völlig eigenständig und komplett auf sich gestellt bewältigen zu wollen. Sie kann sich freilich auch Beiständen, Beratern, Ratgebern bedienen. Für die People-Dimension steht der Führungskraft ihr HR-Business-Partner mit Rat und gegebenenfalls auch Tat zur Seite. Ansonsten passieren die klassischen Managementfehler: »Die wegen ihrer einfachen Menschenbilder und Erklärungsmodelle beliebten Theorien im Führungsalltag führen regelmäßig auf den ›Parkplatz der langsamen Einsicht‹. Dort reift in der Endphase von strategischen Initiativen oder größeren Projekten in der Regel die kostenintensive Erkenntnis, dass man sich rechtzeitig und professionell auf die kommunikative Arbeit mit den Menschen hätte einstellen und einlassen müssen« (Vaupel 2008: 247).

Dies alles sind natürlich sehr grundsätzliche Statements. Ein Großteil der täglichen Tätigkeit des HR-Business-Partners bewegt sich – ganz praktisch – entlang der Entwicklungsphasen von Führungskraft und Mitarbeitern im Unternehmen, startend mit dem Einstellungsprozess und damit dem Recruiting und endend mit dem Freisetzungsprozess und damit der Disposition (»from hire to fire«). Gerade dies sind die typischen HR-Themen seiner Auftraggeber im Business (vgl. 4.1.2). In den »atmenden« Organisationen der Gegenwart haben sie entweder zu wenige, zu viele oder die falschen Führungskräfte und Mitarbeiter. Auch über diese praktische »Mit-Wirkung« kann der HR-Business-Partner für eine spürbare Erleichterung im Business sorgen. Dabei bewegt er sich ständig auf dem schmalen Grat von Coaching und Beratung, bei dem auf der einen Seite die ungebührliche Anmaßung lauert (HR-Business-Partner entscheidet selber für die Führungskraft mit) und auf der anderen Seite die unterlassene Wertschöpfung steht (HR-Business-Partner delegiert alles an die Führungskraft zurück). Manchmal sind es aber auch die ganz praktischen Dinge im Leben, bei denen der HR-Business-Partner für Erleichterung sorgen kann (vgl. Abb. 61).

Abb. 61: Manchmal sind es die ganz praktischen Dinge im Leben

---

Der Provider ist verantwortlich, führt durch, stellt sicher

Gegen die »generelle Linie« eines Unternehmens ist freilich auch der HR-Business-Partner auf verlorenem Posten. Wenn beispielweise ein großes DAX-Unternehmen jahraus jahrein stets jede dritte obere Führungskraft auswechselt (weil die KPI in unerreichbare Sphären angehoben wurden). Wenn ein zweites DAX-Unternehmen die Reduktion der Belegschaft nicht weit von einer fünfstelligen Anzahl verkündet (weil keine Innovationen in den Produktmärkten platziert werden konnten). Wenn ein drittes DAX-Unternehmen konstant die interessantesten Führungspositionen von außen besetzt (weil es angeblich keinen guten Nachwuchs besitzt). Dann wird auch ein HR-Business-Partner gegen das resultierende Stimmungstief kaum Vorschläge entwickeln können. Da ist es dann nur konsequent, wenn die Unternehmen solche »periphären« Probleme komplett outsourcen (siehe hierzu die Anforderungen an Beratungsunterstützung in einer aktuellen Ausschreibung/DAX-Unternehmen): »2.12 – Der Provider ist für die Transformation der bestehenden Unternehmenskultur verantwortlich. 2.16 – Der Provider führt die Change Kommunikation inkl. Kommunikation mit dem Betriebsrat unter Einbindung des Personalwesens durch. 2.18 – Der Provider führt das Change Coaching der Führungskräfte in der Linienorganisation durch. 2.23 – Der Provider stellt das Commitment und die Nachhaltigkeit sicher«. Nichts leichter als das.

4.2.3 Compensation & Benefits

Geld besitzt die höchste Liquiditätsprämie

Schon immer, ebenso gegenwärtig und wohl auch künftig, ist die Vergütung – sowohl hinsichtlich Niveau als auch Struktur – einer der Kristallisationspunkte unternehmensinterner Diskussionen. Keine Mitarbeiterbefragung dieser Welt wird bei diesem Thema jemals hohe Zufriedenheit konstatieren können, als Erfolg gelten bei Experten bereits Akzeptanzraten von vierzig Prozent. Zudem ist Vergütung die Messlatte für Anerkennung, Entwicklung, Leistung und damit für all die Aspekte, bei denen objektive Messung und subjektiver Vergleich an ihre menschlichen Grenzen stoßen. Gehaltsdiskussionen sind also ein klassisches Aufregerthema.

»Wenn es ums Geld geht, gibt es nur ein Schlagwort: Mehr!«, meinte André Kostolany, einem auch für seine Börsenweisheiten bekannten Finanzexperten aus dem 20. Jahrhundert. Nach der wahrscheinlich unschlagbaren Liebe ist Geld der wohl zweitmeist begehrte Lebensgedanke, noch vor Gesundheit und Konsorten. Aber wir sollten an dieser Stelle nicht lange philosophieren oder zu weit abschweifen. Immerhin: Geld spielt auch für den HR-Business-Partner eine ganz entscheidende Rolle. Natürlich hätte er für sich gerne noch eine Schippe mehr. Darum geht es hier ebenfalls nicht.

Das Thema Compensation & Benefits entstammt einer ganz anderen Argumentationskette. (1) Unternehmen wollen »profitable growth« (unzweifelhaft gibt es auch dafür einen vorgelagerten Grund, doch wollen wir diesen der Einfachheit halber ausblenden, selbst wenn er gleichfalls monetär begründet ist). (2) Dazu brauchen die Unternehmen erstklassige Leute, die sie teilweise bereits haben und teilweise noch nicht. (3) Diese guten Leute wollen, damit sie bleiben oder kommen, neben manch anderem Motivator selbstverständlich auch Geld, am besten deutlich mehr Geld als bisher. (4) Daher muss sich das Management darüber Gedanken machen, wie viel Geld es jemanden geben möchte und wo so etwas wie die Schmerzgrenze liegt (denn dieses Geld bedeutet für das Unternehmen Kosten). (5) An dieser Stelle kann nun der HR-Business-Partner auf die Bühne treten und bei der unternehmensinternen Diskussion (Wer? Warum? Wieviel?) einen wesentlichen Beitrag leisten.

Dass sich diese Argumentationskette derzeit durch die Finanzmarktkrise und Realmarktrezession von »profitable growth« hin zu »sustainable growth« und teilweise sogar ganz simpel zu »short term survival« verlagert hat, stimmt zwar. Am großen Stellenwert von Vergütungsthemen wird dies nichts ändern. Wir möchten an dieser Stelle nicht die Millionenzahlungen an die bekannten Protagonisten aus der Welt des Sports, der Kultur und auch der Wirtschaft aufzählen (da würde einem möglicherweise flau im Magen, wenn etwa ein gewisser Káká, seines Zeichens Fußballer, pro Jahr 15 Millionen erhalten soll). Diese oft exorbitanten Summen können kaum mehr mit der allerdings auch nicht zu verneinenden Tatsache legitimiert werden, sie seien lediglich eine Marktreaktion von Angebot und Nachfrage.

Nun ist zum Dauerbrenner-Thema Geld schon vieles gesagt und geschrieben worden. Im politischen Raum ist derzeit etwa die Diskussion um Gehaltsgerechtigkeit, Neiddebatten sowie den Mindest- und den Höchstlohn brandaktuell. Psychologen sehen in der Gehaltsverbesserung ein allenfalls kurzfristig wirkendes Motivationsinstrument, weitaus weniger effektiv jedenfalls als andere und meist kostengünstigere »Incentives«. Glücksforscher haben herausgefunden, dass ein Mehr an Geld ab einem gewissen Niveau der materiellen Befriedigung nicht mehr mit einem Mehr an Glück einhergeht; die Volkswirte nennen so etwas einen abnehmenden Grenznutzen. Im Gegensatz zum Individuum kann unser Wirtschaftssystem mit Währungen wie Wertschätzung und ähnlich subjektiven Glücksmomenten allerdings wenig anfangen. Nach wie vor ist Geld die mit Abstand wichtigste Währung von Unternehmen. Geld besitzt die höchste Liquiditätsprämie. Zudem wird von vielen Geld geradewegs als Ausdruck von Wertschätzung empfunden und mehr Geld eben als mehr Wertschätzung. Am Geld – in Form fixer und variabler Vergütung sowie »weiterer Gehaltsbestandteile« – führt im Unternehmen eben nichts vorbei.

Das Thema Vergütung ist eigentlich nur eines für die sogenannt abhängig Beschäftigten, bis hinauf zum Vorstandsvorsitzenden. Kein Selbstständiger erhält eine Vergütung; dieser verdient – vereinfacht gesprochen – an der Differenz zwischen Umsatz und Kosten; ein ziemlich einfaches aber auch vorbildhaftes Modell. Dies führt dazu, dass immer mehr Vergütungsmodelle das Unternehmerische (»Entrepreneurship«) als zentrales Steuerungselement aufnehmen. Vergütungskonzepte werden zunehmend mit der Unternehmensstrategie und ihrer Wirkung auf die »Bottom Line« verknüpft; »Compensation & Benefits« als Steuerungsfunktion. Bekannt sind dabei die immer höhere Bedeutung variabler Vergütungsbestandteile und deren Ableitung aus einer Zielvereinbarungslogik. Auch die an anderer Stelle ausgeführte »Workforce Readiness«-Logik führt immer stärker zu Schwerpunkten in der Vergütung – auch im fixen Gehaltsbestandteil – bei besonders begehrten Teilpopulationen. Damit kommt der Vergütung eine Vergleichsfunktion zu, die durchaus kompetitive Züge annehmen kann. Individuelle Beiträge und Leistungen müssen vergleichbar gemacht werden sowie in die unternehmensspezifische Verteilungsarithmetik und Budgetlimitationen passen.

Das Grundgehalt spiegelt heute üblicherweise drei Dimensionen wider: Die interne Wertigkeit, die strategische Bedeutung und die erwartete Wertschöpfung.

Diese Aspekte werden über »Grading«-Systeme in monetäre Größen übersetzt, oftmals wenig präzise fixiert in breiten Gehaltsbändern. Im Grunde ist das Basissalär damit auch der Marktpreis einer bestimmten Person in einer bestimmten Situation. Die Zusatzleistungen beruhen ebenfalls ganz wesentlich auf dem Marktüblichen. Es gibt zwischenzeitlich dafür einen sehr großen Baukasten. Würde die Vergütung bei Grundgehalt und Zusatzleistungen enden, wären wir immer noch sehr nahe an den aus der Beamtenschaft bekannten anreizarmen Strukturen. Anreizsysteme, ob kurz- oder langfristiger Natur, sollen zudem die Leistung anspornen. Bis auf bestimmte Bereiche des Vertriebs und der Produktion ist Leistung alles andere als einfach zu messen. Um einiges schwerer wird es dann noch, wenn Leistung bzw. Ergebnisse zwischen selbstbewussten Angestellten vergleichbar gemacht werden sollen. Fairness also, damit Gerechtigkeit und dies sowohl im Querschnitt (»inter peer«) als auch im Längsschnitt (»intra peer«) wird ein hohes Gut und hehres Ziel bleiben. Hier ist »Compensation & Benefits« ganz entscheidend vom »Performance Management« abhängig.

»Es war der ungute Einfluss der Angelsachsen«

In einem Interview aus dem Januar 2009 weist Klaus-Peter Müller, seines Zeichens damals Aufsichtsratschef der Commerzbank, Präsident des Bankenverbandes und Vorsitzender der Corporate-Governance-Kommission, auf die Fehlentwicklungen im Vergütungsbereich hin: »Es gibt Vergütungsstrukturen, die einem sehr kurzfristigen Denken Vorschub geleistet haben. Das führte dazu, dass das Ziel, schnell Gewinn zu machen, manchmal wichtiger war als die langfristige Entwicklung des Unternehmens. Das war sicherlich auch der ungute Einfluss des angelsächsischen Systems auf die Gehaltsstruktur, gegen den wir uns offenbar nicht durchsetzen konnten.« Seine Schlussfolgerung lautet: »Wir müssen mehr Anreize für langfristig unternehmerisches Handeln schaffen.« Zudem muss das »downside potential« ebenfalls größer werden: »In schlechten Jahren muss es klar weniger sein, was im Portemonnaie ankommt. Klar ist das ein Malus, da man bei Nichterreichen der Ziele und in schlechten Zeiten weniger bekommt, als in normalen Jahren. Wichtig ist, dass die Vergütung wirklich atmet. Es könnte (aber) auch sein, dass die alte Weisheit, hohes variables Gehalt und kleines Fixum, aus der Balance geraten ist und wir eine Neubalancierung brauchen. Dann ist das Denken und Trachten der Leute nicht nur darauf gerichtet, Risiken einzugehen, um noch mehr Geld zu verdienen.« Welch archaisches Wortspiel: »Denken und Trachten der Leute«. Als ob dies heute in den Zeiten von Diversity noch so einfach ginge.

Das derzeitige Problem primär am falschen Vorbild – den Angelsachsen – festzumachen, ist übrigens historisch nicht richtig. In US/UK wurden die geringe Risikoorientierung und die ausgeprägte Kurzfristigkeit zwar zuerst populär; erst später dann auch auf dem europäischen Kontinent. Bei den Angelsachsen fand aber bereits vor Jahren – trotz oder wegen Skandalen wie Enron und Worldcom

– eine Umbesinnung statt. Deutsche Unternehmen sind diesen angloamerikanischen Vergütungstrends dann nicht mehr gefolgt.

Aber jetzt! Die besonders krisengeschüttelte UBS stellte bereits Ende 2008 als erste internationale Großbank die Entlohnung ihrer Spitzenmanager komplett auf ein Bonus/Malus-System um. Konzeptionell ist dies nichts Neues. Das Prinzip des Bonus ist bekannt und der Malus funktioniert einfach andersherum: Schlechte Geschäftsergebnisse reduzieren bereits früher gezahlte Boni. Um steuerliche und weitere Nachteile abzuwenden, wird lediglich ein Drittel der variablen Vergütung ausbezahlt und die anderen zwei Drittel gehen für eine gewisse Zeit auf ein Sperrkonto. Als Maßstab für den unternehmerischen Erfolg dienen nicht mehr die Erträge, sondern der operative Gewinn. Auch Aktienoptionen werden mit dreijähriger Verzögerung zugeteilt und zusätzlich mit zweijähriger Haltefrist belegt. Ab 2009 können die Aktionäre sogar in einer Konsultativabstimmung über die Gehaltsstruktur der UBS abstimmen.

Trends im Vergütungsbereich

Diese Umbesinnung im Vergütungsbereich ist eigentlich ein originäres Thema für das HRM. Kommen wir deshalb wieder zum HR-Business-Partner zurück und dessen möglicher Rolle beim Thema Compensation & Benefits. Wir Autoren haben uns in der Beratungstätigkeit zwar nicht intensiv mit Projekten zu diesem Themenfeld beschäftigt, wie dies etwa Spezialisten aus einigen HR-Beratungen bzw. den »Big Four« tagtäglich und ausschließlich machen. Die wesentlichen Entwicklungslinien und Eckpunkte mit Relevanz für den HR-Business-Partner sind uns freilich nicht verborgen geblieben. Folgende Trends sind gegenwärtig im Vergütungsbereich zu konstatieren:

Beim Blick auf die Vergütungs-Struktur scheinen die beiden klassischen Elemente Grundgehalt und Zusatzleistungen methodisch weitgehend ausgereizt. Konzeptionelle Weiterentwicklungen sind weder bei kurzfristigen Anreizen (z.B. Bonus) noch bei langfristigen Anreizen (z.B. Aktienoptionen) zu erwarten. Die Ansätze der entsprechenden Anbieter von Vergütungs-Produkten unterscheiden sich daher allenfalls geringfügig. Deren »total reward«-Modelle dienen dann auch eher dazu, sich selbst über die Expansion vom Tangiblen auf das Intangible die Kompetenz für Modebegriffe von »Talent Management« über »Performance Management« bis hin zu »Leadership Effectiveness« zuzuschreiben. Marketing also.

Von »Compensation & Benefits« bewegt sich die Praxis immer stärker in Richtung einer gesamthaften Betrachtung von Unternehmensleistungen an seine Führungskräfte und Mitarbeiter (»total rewards«). Dazu zählen dann auch nicht-pekuniäre Leistungen wie Karriereplanung, Weiterbildung sowie das ganze Themenfeld Work-Life-Balance inklusive Gesundheitsmanagement. Da nicht alle Leistungsempfänger dieselben Bedürfnisse haben, werden die (übrigens bereits seit drei Dekaden bekannten) »Cafeteria«-Konzepte für die Unternehmen immer differenzierter, komplexer und deshalb aufwendiger. Dabei wird die steuerliche Dimension – gerade für Akteure mit globalem Wirkungskreis – nochmals anspruchsvoller. Einerseits ergeben sich daraus für Unternehmen und Angestellte neuartige Optimierungsmöglichkeiten. Andererseits wird der Bedarf an rechtlicher Klärung und Absicherung dringlicher.

Die zeitliche Dimension spielt – bei Arbeitsbiographien von durchschnittlich vier Jahrzehnten – ebenfalls eine zentrale Rolle. Diese wird zunehmend von der persönlichen Disposition geprägt und damit zum individualisierten Thema. Der eine zieht etwa die kurzfristige Optimierung vor, der andere die langfristige Stabilität. Hinzu kommen lebenszyklische Aspekte, die in bestimmten Lebensphasen mehr Flexibilität ermöglichen und in anderen mehr Garantien verlangen. Damit geht es nicht mehr nur um das Niveau der Vergütung, sondern auch um dessen Struktur. Das Unternehmen bietet eine breite Palette an Vergütungselementen: Geld, aber auch Alters- und Gesundheitsvorsorge, Versicherungselemente, Zeit in Form von Urlaub, Flexibilität, Sabbaticals, Wohnorts- und Arbeitswegzuschüsse, technische Spielzeuge wie Auto, Laptop und Handy. Dies alles und mehr existiert nebeneinander, ist zumindest teilweise konvertibel und austauschbar. Die Entscheidung des Unternehmens ist es, welchem Mitarbeiter es wieviel Vergütung und welche Elemente zu welchen Konditionen anbietet. Die Entscheidung des Mitarbeiters ist es, in welcher Währung seine Vergütung für ihn persönlich und zu einem bestimmten Zeitpunkt am wertvollsten ist.

Inzwischen wurde in der harten Welt der Vergütung auch die weiche Welt der Wahrnehmung entdeckt. Oder anders ausgedrückt: Wenn es nichts mehr zu verteilen gibt bzw. die Erwartungen am Jahresende größer sind als die Budgettöpfe des Unternehmens, wird ein Griff in die Psycho-Kiste empfohlen. Die Kommunikation des Unternehmens gegenüber ihren Angestellten referenziert immer stärker auf zusätzliche Leistungen. Im Gehaltsbrief (der dann zum »total reward statement« mutiert) steht also nicht mehr nur eine Summe, sondern das gesamte »Package«. Dass das Ganze dann zur Vermeidung rechtlicher Bindungswirkung wieder relativiert wird, steht auf einem anderen Blatt. Aber es stimmt schon: Datev-Abrechnungen & Co. sind nicht gerade sexy.

Als Erweiterung zu den schon länger bewährten »Short Term Incentives« dienen die »Long Term Incentives«. Die ersten sollen für eine verstärkte Leistungsorientierung sorgen, was – jede Arbeitsbiographie ist eher ein Langstreckenlauf als ein Kurzsprint – Jahr für Jahr aufs Neue dann doch schwerfällt. Anfänglich basierten die »Long Term Incentives« primär auf einfachen Aktienoptionen. Deren Nutzung geht aus vielfältigen Gründen wieder zurück. Den neben der aktuellen Leistung zusätzlichen Zielen wie Bindung der Mitarbeiter und deren Entrepreneurship werden andere Langläufer-Instrumente vermutlich eher gerecht. Der Trend geht zu »Restricted Stocks« bzw. »Performance Shares«, die nach einer gewissen Bindungsfrist wahlweise als Aktien oder Geld ausgezahlt werden.

Die Markttransparenz von Gehaltsdaten ist allerdings nach wie vor vielerorts asynchron. Während sich spezialisierte Vergütungsberater zunehmend sehr differenzierte Datenbanken aufbauen, die Werte etwa nach Thema, Funktion, Level, Branche, Region aufschlüsseln, besitzen viele Manager und Wechselkandidaten allenfalls eine ungefähre Vorstellung (sowie das Gefühl »gegenwärtig zu wenig zu verdienen«). Die in öffentlich zugänglichen Medien dargestellten Informationen bewegen sich nicht selten fern der jeweiligen Realität.

Rolle des HR-Business-Partners

Bei »Comp & Bens« mischt der HR-Business-Partner oftmals kräftig mit, selbst wenn es in den meisten großen Unternehmen dafür ein COE gibt oder der für die oberen Führungskräfte Verantwortliche zum Hüter der Management-Gehälter ernannt wurde. Ein Interviewpartner aus 2005 beschrieb sein Selbstverständnis, das sich weniger am Gehaltsniveau als an den materiellen und immateriellen Motivatoren festmachte: »Wie bezahlen wir verglichen zum Markt, ist dies ausreichend oder nicht? Wie viel Bonus müssen wir zur Verfügung stellen? Performance Management ist das Thema. Wie können wir sicherstellen, dass wir eine Performance-Kultur haben?« Bei diesen Themen wird er von seinen Führungskräften gefragt. Wenn diese nicht zum HR-Business-Partner kommen, dann fragt er eben bei ihnen nach. Ähnliche Kommentare waren von einigen anderen Studienteilnehmern zu vernehmen sowie auch bei den diesmaligen Interviews (vgl. Anhang 1).

Was ist dem HR-Business-Partner daher beim Thema Compensation & Benefits anzuraten? Drei Dinge: Erstens, er sollte sich beim Konzeptionellen des Themas – insbesondere den konkreten Ausgestaltungsformen seines Unternehmens – fachlich gut auskennen. Zweitens, er sollte bei Umkurvungsversuchen aus dem Business (»bei Becker muss aber mehr drin sein, sonst wird das nichts«) zum starken Wächter der Unternehmens-Policy werden und Verwässerungen möglichst gute Argumente entgegenhalten. Drittens, er sollte die Vergütung seiner Klientel möglichst emotionslos sehen – andere verdienen teilweise nun mal mehr als er selbst. Bei diesen drei Punkten werden die beiden Seiten der Medaille deutlich: Die Brisanz des Themas Gehalt und der Reiz, daran mitwirken zu können.

4.2.4 Change Management

Fokus auf die Haltung

Jedes Unternehmen steckt heute in zahlreichen Transformationsprojekten. Bei diesen seriellen, oftmals sogar parallelen und multiplen, nur selten ausgereiften oder fehlerfreien Veränderungen kann dem HR-Business-Partner eine wesentliche Aufgabe zukommen. In vielen Unternehmen erhält er von den Gesamtverantwortlichen die Rolle des »Change Agent«, bei dem die Fäden der Veränderrung – zumindest die der People-Dimension – zusammenlaufen. Oder er befördert sich selbst in diese Rolle. Denn der HR-Business-Partner ist immer dann besonders gefragt, wenn sich sein Bereich in grundsätzlicher Weise verändert, sei es eine Markterweiterung oder ein neues Geschäftsmodell, die Einführung einer technischen Errungenschaft, eine Restrukturierung oder Reorganisation, eine Akquisition oder ein »Carve-out«; viele weitere Veränderungsanlässe sind denkbar. »Wir haben ja eine ständige Anpassung unserer Organisation, da ist auch der HR-Business-Partner gefragt«, meinte einer der Interviewten in unserer ersten Studie: »Er unterstützt Designfragen, er moderiert Entscheidungsworkshops, er realisiert Trainingsmaßnahmen. Das ist sicherlich noch zunehmend.«

Gerade Mergers & Acquisitions bieten sich dem HR-Business-Partner als dankbares und vielschichtiges Themenfeld an. Überhaupt ist dies im Empfinden vieler Personaler das unangefochtene »Formel Eins«-Thema. Wer hier richtig mitmischen kann, hat es als HR-Business-Partner geschafft; er sollte allerdings auf der richtigen Seite des Tisches, der Käuferseite, sitzen. Die Forderung der Befragten geht bis hin zur maßgeblichen Mitwirkung in der »Due Diligence« durch »HR Manuals«, »HR Checks« und »HR Reviews«. Die Realität – so ein weiterer Befragter – sieht hingegen anders aus: »Das ist finanzgetrieben wie schon immer!« Auch gegenwärtig hat sich daran nichts Wesentliches geändert. Nur in sehr wenigen Situationen wird der People-Dimension bereits in der »Pre-Merger-Situation« ein größerer Stellenwert zugestanden. Nach dem »Closing«, während der »Post-Merger-Integration«, beginnt das Spiel aber fast wieder von vorne und der HR-Business-Partner wird mit Sicherheit gefragt, insbesondere dann, wenn sich die versprochenen Synergien wegen zwischenmenschlicher Querelen, personalwirtschaftlicher Probleme und tarifvertraglicher Dispute nicht wie erhofft einstellen.

Auch wir halten Change Management für eine der zentralen Aufgaben und schlüssigen Themen, mit denen sich der HR-Business-Partner in das Unternehmen einbringen, wo er Mehrwert entwickeln, mit dem er Führungskräfte überzeugen kann. Da gerade erst unlängst von einem der beiden Autoren ein Buch rund um Change Management erschienen ist (Claßen 2008), möchten wir das Thema mit seinen Handlungsfeldern hier allerdings nicht vertiefen, sondern uns eher auf Grundsätzliches – die Haltung des HR-Business-Partners bei Veränderungsprozessen – konzentrieren. Der HR-Business-Partner versteht sich ganz wesentlich als interner Berater. Das in der Folge dargestellte Ringen um die richtige Perspektive findet derzeit überwiegend in der externen Beratung statt, weshalb die dortigen Diskussionslinien zur Veranschaulichung immer wieder aufgegriffen werden. Für die Haltung eines internen Beraters sollte diese Auseinandersetzung dennoch von Interesse sein.

Suche nach der richtigen Perspektive

Change Management hat es sich zur Aufgabe gemacht, das »Wie« der Veränderung – den Veränderungsprozess – zu gestalten und bewegt sich damit im widersprüchlichen, konfliktbehafteten, nicht nur rationalen, sondern auch emotions- wie politikgeladenen Terrain der Menschen und des Menschlichen. Natürlich kann diese Prozess-Dimension (Wie?) nicht völlig losgelöst von der Strategie-Dimension (Warum? Wohin? Wozu?) und der Inhalt-Dimension (Was?) angegangen werden (Claßen 2008: 31–38). Daher muss sich auch der HR-Business-Partner als Veränderungsmanager die Frage stellen, ob und wie er diese drei Dimensionen – die dann doch »am Ende des Tages« wieder zu einem abgestimmten Ganzen zusammenkommen sollten – am besten bedient.

Am leichtesten verhält es sich wohl noch mit der Strategie-Dimension, denn diese ist, was ziemlich unbestritten ist, die essentielle Domäne des Business. Was aber inzwischen auch nicht mehr so ganz stimmt, denn vielen eleganten Strategien fehlt unterdessen die Bodenhaftung, was sich spätestens bei ihrer Implementierung zeigt. Zahlreiche dieser Engpässe und Hindernisse bei der Strategieumsetzung haben ihre Wurzeln in der People-Dimension, zeigen sich etwa im Mangel an Innovationen und dem Fehlen von Innovatoren, ganz zu schweigen von den Defiziten beim Wissen, Können, Wollen und Handeln der Akteure. Denn wer anders als die Führungskräfte und Mitarbeiter soll denn neue Ideen für Produkte und Produktion haben und diese dann zum Laufen bringen? Gerade auch deshalb ist Fortschritt mittlerweile nicht nur bei der Strategieentwicklung, sondern für die Strategieumsetzung erforderlich (Mintzberg 1999, Pfeffer/Sutton 1999 bzw. Stiefel 2008: 64–66).

Bei der Umsetzung sind das Was und das Wie zwei Seiten derselben Medaille. Deren Auseinanderdeklinieren ist lediglich der altbewährte Kunstgriff, durch Zerlegung zunächst etwas mehr Übersichtlichkeit für verwobene Sachverhalte zu bekommen. Dies darf jedoch nicht dazu führen, die Einzelteile fortan nur noch isoliert zu betrachten. Es braucht die »Antwort auf die einfache, aber elementare Frage: Wie kann nach der Zerlegung in Aktivitäten das Zusammenwirken derselben gesichert werden?« (Vaupel 2008: 160). Jede Trennung in der unternehmerischen Praxis wäre künstlich und mag allenfalls noch akademisch-intellektuell gelingen, wenn überhaupt. Nun ist eine Destruktion sicherlich deutlich einfacher als die anschließende Konstruktion. Dies zeigt sich schon beim Spielen fünfjähriger Knaben mit komplizierten Lego-Modellen. Dennoch bringt Schritt eins – das Zerlegen in Einzelteile – wenig praktikable Erkenntnisgewinne ohne Schritt zwei – die spätere Zusammenfügung dieser Einzelteile (Gomez/Probst 1999 – vgl. Abb. 62). Bei aller Mechanik, die in diesem Argument steckt und die bereits für den einen oder die andere abschreckend wirken mag, darf auch bei der Gestaltung des Wandels nicht vergessen werden, dass mit den Einzelteilen, jeweils für sich genommen, wenig anzufangen ist. Ansonsten wird Change Management leicht zur l'art pour l'art.

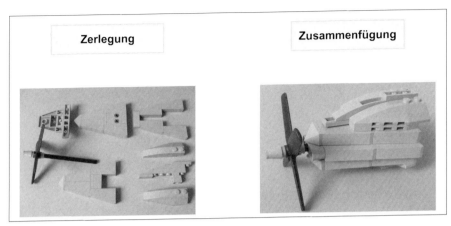

Abb. 62: Nach der Zerlegung müssen die Einzelteile wieder zu einem Ganzen zusammengefügt werden, um Antrieb zu erzeugen

Die bewusste Separierung des Wie von dem Was aus Gründen des Marketing und zur Positionierung eigener Dienstleistungsangebote im Rahmen des Veränderungsmanagements mag natürlich ein weiterer Beweggrund sein. Vermutlich gerade wegen der aktiven Besetzung von Standpunkten hat sich in der Praxis des Veränderungsmanagements eine Dualität bis hin zum wechselseitigen Unverständnis herausgebildet: Auf der einen Seite die Inhaltsberatung, von manchen auch Fach- bzw. Expertenberatung genannt, versus – ihr gegenüber – die Prozessberatung, die sich mittlerweile, zumindest im deutschsprachigen Raum, am markantesten und populärsten in der Gestalt des systemischen Ansatzes zeigt. Natürlich ist die Prozessberatung auch eine Form der Fach- bzw. Expertenberatung, die – so ist zu erwarten – von Könnern ihres Fachs, also Experten, zu guten Ergebnissen für das Unternehmen führt. »Fachberatung setzt auf den Nutzen von vorhandenem inhaltlichem Vorwissen für anstehende Problemlagen und ist bezahlte Auskunftserteilung auf hohem Niveau. Prozessberatung setzt auf intensivierte Wahrnehmung von Funktionsmustern und deren konstruktive Verstörung durch das Einspeisen von Beobachtungen zweiter Ordnung« (Looss in Organisationsentwicklung 2009: 99).

Viel schwieriger sind die Merkmale des in der Prozessberatung inzwischen recht populären systemischen Ansatzes zu greifen (vgl. Königswieser u.a. 2006, Häfele 2007, Claßen 2008, Doppler 2009). Sie zeigen sich etwa beim Selbstverständnis und Menschenbild, in der Haltung und dem Denken, bei Rollen, Methoden und Interventionen; also bei den normativen Positionen, den mentalen Modellen und den aus ihnen abgeleiteten Aktivitäten. Ausgangspunkt ist jedenfalls die »naturwüchsige Selbststeuerung« von Organisationen, die durch »(ver)störende Steuerung stimuliert« werden soll, um einen ihrer Protagonisten (Exner) zu zitieren. Grosso modo zeigt sich der systemische Ansatz in unterschiedlichen Variationen und zahlreichen Spielarten. Ganz wesentlich ist in jedem Fall das ergebnisoffene Erkunden im Sinne von Leitfragen in einem Moment des Innehaltens: Wohin wollen wir eigentlich und wo stehen wir derzeit? Wo liegen unsere Probleme bei der Umsetzung? Was können wir daraus lernen und von nun an anders machen? Wer müsste denn eigentlich etwas tun, damit sich etwas ändert? Wer würde am ehesten bestreiten, dass es sich überhaupt um ein Problem handelt? Solche und weitere Fragen bieten richtig kräftige Analysehebel. Gelöst sind die erkannten Schwierigkeiten aber dann noch lange nicht. Problembewusstsein ist immerhin ein großer Schritt auf dem Weg zur Problemlösung. Hinzu kommen weitere Grundüberzeugungen der Systemiker wie etwa die Selbstregulation, der Konstruktivismus oder die Ressourcenorientierung.

Plädoyer gegen die Monokultur

»Irgendwann« und »irgendwie« sollten beide Seiten, die Inhalts-Dimension und die Prozess-Dimension, natürlich wieder zusammenkommen, allerspätestens in der Wirklichkeit einer konkreten Umsetzung. Nun könnte diese Realität per se als subjektiv relativiert werden, und wir alle wissen, dass Perzeption keinesfalls objektivierbar ist. Die Realität könnte zudem einen grundsätzlich individuellen und situativen Charakter zugeschrieben bekommen, der, was wir ebenfalls alle wissen, ganz spezifische Lösungen bei den »soft facts« benötigt. Die Realität könnte schließlich das Zusammenbringen der unterschiedlichen Lebenswahrheiten von verschiedenartigen Akteuren verlangen, was, wie wir alle genauso wissen, in der Bearbeitung der Prozess-Dimension am besten aufgehoben ist. Dies alles ist richtig und wichtig! Dem ist heute nur noch bei glasklaren Fakten mit eindeutigem Schwerpunkt auf der Inhalts-Dimension zu widersprechen; aber solche lupenreinen »hard facts« sind bei Veränderungsprozessen ganz, ganz selten. Nur darf sich – so sehen zumindest wir dies – die Prozess-Dimension mit solchen Argumenten aber auch nicht von einer ganzheitlichen Herangehensweise mit einer Rückbesinnung auf die Inhalts-Dimension verabschieden.

Es bringt zudem gar nichts, die eine der beiden Seiten als wichtiger und richtiger zu deklarieren. Sie mag einem attraktiver und sympathischer erscheinen; man mag sie auch besser verstehen und beherrschen. Überlegen ist sie deswegen noch lange nicht. Kritisch wird es besonders dann, wenn sich eine der beiden Seiten durch allerlei diskursive Kniffe die normative, ethische, moralische Hoheit zu sichern versucht. Vielmehr geht es um das konstruktive Ringen zwischen den Anforderungen aus der Inhalts-Dimension und denen der Prozess-Dimension. Wobei dieses Ringen nicht unbedingt zwischen Menschen mit unterschiedlichen Haltungen und Identitäten stattfinden muss. Das Ringen kann auch in einer Person erfolgen, wenn diese nämlich sowohl die fachliche als auch die prozessuale Dimension jeweils für sich begreift und dann zu verbinden versteht. Übrigens: Manche dieser zweidimensionalen Manager leiden persönlich durch ihr tägliches Streiten um die richtigen Inhalte und richtigen Prozesse.

Beratung ist nicht mehr als eine Option

Allzu schnell sind viele auch dabei, als Konsequenz dieser Dualität und überhaupt als Folge der Globalität, Komplexität und Dynamik heutiger Veränderungsvorhaben gleich nach Beratung für die verantwortlichen Manager zu rufen, sei es durch Unterstützung von außen oder intern etwa durch den HR-Business-Partner. Sicherlich ist Beratung auch die Befriedigung manifester oder latenter Bedürfnisse eines konkreten Kunden. Ob dessen Bedürfnisse immer im Sinne des Unternehmens sind, mag jedoch dahingestellt sein (dies gilt übrigens sowohl für die Inhalts-Dimension als auch für die Prozess-Dimension). Wer von Beratung spricht, unterstellt im gleichen Atemzug, dass es die verantwortlichen Manager nicht alleine hinbekommen: Weil ihnen bereits die Einsicht und Erfahrung abgeht, weil es mit dem Nach-, Mit- und Vordenken hapert, weil es an Kapabilität und Kapazität mangelt, weil sie gar nicht an alles denken, geschweige denn berücksichtigen können, weil ihnen auf dem Weg zur Tat ansonsten ganz Wesentliches und Erfolgsbringendes verloren ginge, weil es ohne externe Reflexion und Intervention einfach gar nicht laufen kann. An diesem Punkt muss sich jeder Berater immer wieder selbst hinterfragen. Ob er wirklich für Wertschöpfung oder eher für Überheblichkeit und Windmacherei, Anmaßung und Zumutung steht. Objektiv lässt sich so etwas eigentlich gar nicht entscheiden, wissen tut man es ohnehin meist erst hinterher. Eine gehörige Portion des Unprätentiösen schadet dem Berater in jedem Fall nicht. Doch das ist nicht nur eine persönliche Stilsache, sondern oft eine Frage der Lebensmaxime und Beratungsphilosophie eines »Consultant« sowie dem Bedarf seiner Kunden an »Support«.

An diesem Punkt muss an die Diskussion erinnert werden, die in den Sozialwissenschaften bis hinein in den therapeutischen Bereich seit langem schon mehr oder weniger unentschieden steht, keinen Fortschritt zu erzielen vermag und deswegen zur Lagerbildung führt: Wie viel Intervention darf es denn bitteschön sein, wie viel soll es eigentlich sein, wie viel kann es überhaupt sein? Das Spektrum an Sichtweisen spannt sich von der Haltung, dass bereits die bloße Interaktion eine Intervention darstelle und sämtliche Verhaltensänderungen prinzipiell nur aus dem Klienten selbst herauskommen, niemals aber von außen auferlegt werden könne; selbst das »herausmoderieren« sei bereits des Guten zu viel. Andernorts gibt es den Standpunkt, ein Kunde würde dafür zahlen, dass man ihm sagt, was er tunlichst zu machen hätte; klare Ansagen seien deswegen manchmal unumgänglich und der beste Weg zur Beglückung. Viele Manager haben – ob in der Rolle des Empfängers oder des Senders – trotz aller situativen Führung ihre Meinung auf diesem Spektrum von »no intervention« bis zu »clear directive« entwickelt. Diese Grundsicht seines Gegenübers muss der HR-Business-Partner berücksichtigen. Über den letzten Satz lässt sich wahrscheinlich noch am ehesten Einhelligkeit erzielen, aber schon nicht mehr darüber, was er eigentlich bedeutet: Sich im Sinne der Empathie an den Bedürfnissen des Managers ausrichten oder sich im Sinne der »gesamten Sache« über dessen Bedürfnisse ab und an hinwegsetzen? Bitte, lieber Leser, entscheiden Sie nun selbst. Denn an diesem Punkt fängt die Verantwortung des HR-Business-Partners an.

Noch eine Bemerkung an dieser Stelle: Beratung scheint vermeintlich nicht weit von Qualifizierung entfernt. Viele Inhalts- wie auch Prozessberater greifen deshalb – im Nebenamt oder zur Akquise für ihr Kernprodukt Consulting – auch als Trainer in das Marktgeschehen ein. Ganz abgesehen davon, dass ein guter Berater eher selten auch ein guter Trainer ist et vice versa, sollte man beides im Marktauftritt klar getrennt halten. Denn die beiden Geschäftsmodelle sind, nicht nur wegen der unterschiedlichen Kompetenzprofile, besser getrennt zu praktizieren, wie dies auch andernorts in anderen Kontexten – so etwa im Banking – immer wieder gefordert wird. Denn ein gutes Training sollte einen Trainings-Kunden vom Bedarf nach Beratung weitgehend entledigen; ansonsten war es kein wirklich gutes Training. Und eine gute Beratung sollte bei einem Kunden keine Nachfrage nach Training aufkommen lassen; ansonsten war es keine wirklich gute Beratung. Natürlich wissen wir, dass es gerade zu diesem Punkt auch andere Selbstverständnisse, Kundenbetrachtungen und Anbietersichten gibt.

Inhalt und Prozess

Zurück zum Kern dieser auch für den HR-Business-Partner interessanten Diskussionslinie: Welche Kombinationsmöglichkeiten von »Content« (der Inhaltsdimension) und »Process« (Prozessdimension) gibt es denn überhaupt? Dass hierzu gegenwärtig wieder eine Phase des aktiven Nachdenkens stattfindet, zeigt etwa die Diskussion in der Zeitschrift Organisationsentwicklung (Königswieser u.a. 2009). An dieser Debatte beteiligen sich viele kluge Denker, seniore Praktiker und belesene Theoretiker, deren Meinungsbreite und -tiefe wir sicherlich niemals vollständig abdecken können (z.B. Organisationsentwicklung 2009). Interessant ist bereits die Frage, warum diese Diskussion und Beschäftigung mit sich selbst – sie ist ein Phänomen der deutschsprachigen OE-Szene – gerade jetzt stattfindet? Fatzer (in Organisationsentwicklung 2009: 92) vermutet »eine spannende ethnotainende Emergenz der systemischen Professional Community: Sumo-Kämpfe der dritten kybernetischen Dimension mit eingestreuten Verwirrungsmanövern«. Böning (ebd.: 94) erkennt »gar nichts Neues«, sondern ein »fast schon gemurmeltes Allgemeingut der Beraterbrache«. Heitger (ebd.: 93) sieht es primär als eine Frage künftiger »Geschäfts- und Organisationsmodelle« in der »systemischen Welt meist gruppenorientierter Expertenunternehmen nach dem Prinzip gleichwertiger Partner«. Häfele (ebd.: 93) interpretiert es als »marketingmäßig gut aufgemachtes Beratungsangebot« und Wimmer (in Königswieser u.a. 2009: 48) noch pointierter als »marketingwirksame Beruhigungspille«.

Eine Erklärung könnte somit sein, dass unilaterale Theorie- und Beratungsmodelle, sowohl auf Seiten der Inhalts- als auch auf Seiten der Prozessberatung – zunehmend an ihre Grenzen gestoßen sind und die eindimensionale Steigerung keine überzeugenden Lösungen mehr einbringt. Damit werden – vorwiegend durch (Re-)Integration der jeweils anderen Dimension und zweidimensionale Steigerung – Verbesserungen gegenüber den bisherigen Erkenntnissen erwartet (vgl. Abb. 63). Dieses Schaubild und auch die Legobildchen in der Abbildung zuvor möchten übrigens keinen mechanistischen Eindruck erwecken, sondern einzig und alleine die Argumentation veranschaulichen.

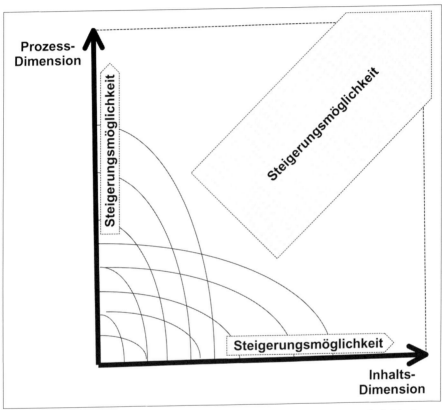

Abb. 63: Inhalts-Dimension und Prozess-Dimension: Steigerungsmöglichkeiten

Es wäre jedenfalls vermessen, von vornherein zwischen überlegenen und minderwertigen Beratungsansätzen auszugehen. Der systemische Ansatz sei – so Wenzel (Organisationsentwicklung 2009: 94) – nicht der selbstverständliche Königsweg in der Prozessberatung, geschweige denn bei einem zweidimensionalen Verständnis (»Inhalt plus Prozess«). Das ist wahrscheinlich auch der Grund dafür, dass beim Ringen um neue Wege keiner der Diskutanten aus den Strategie- und Managementberatungen – die beide Dimensionen mehr oder weniger gut zu verbinden versuchen – überhaupt die graduellen Unterschiede als Weiterentwicklung wahrnimmt; zumindest jene nicht, die sich mit dieser Diskussion auseinandersetzen (z.B. Henkel, Schlaepfer, Bixner, Schultz-Wirth bzw. Schweiker in Organisationsentwicklung 2009). Ihnen sei – so Böning (ebd.: 94) – eine Weiterentwicklung der implementierungsorientierten Organisationsentwicklung ohnehin effizienter zuzutrauen.

Desweiteren muss man sich höllisch davor hüten, im Falle des Scheiterns bzw. Stolperns von Veränderungsvorhaben einer der beiden Perspektiven sowie ihren Ansätzen die Schuld zu geben und entweder dem Inhalt oder dem Prozess die Sündenbockrolle zuzuschreiben. Das Was und das Wie misslingen immer gemeinsam. Wer eine der beiden Dimensionen ausblendet oder gering achtet ist nun einmal anfällig für »Was-Fehler« bzw. »Wie-Fehler« (vgl. Vaupel 2008: 294). Die Zeiten einer Abwertung der jeweils anderen Dimension oder von spezifischen Beratungsansätzen sollten somit vorbei sein, da sie keinerlei professionellen Erkenntnisgewinn bringt. Schließlich geht es nicht um ein Entweder/Oder, eher um das Sowohl/Als auch, also dem fruchtbaren Miteinander von Inhalts-Dimension und Prozess-Dimension. Die einen mögen entlang der einen Achse ihren Beitrag verorten und weiter verbessern, die anderen auf der zweiten. Wer heute noch von »uns« beim Prozess und »denen« beim Inhalt spricht (oder umgekehrt) hat die unauflösliche Verbundenheit beider Dimensionen nicht akzeptiert, geschweige denn verstanden. Wirklicher Fortschritt, so meinen inzwischen ziemlich viele (und wir auch), ist nicht mehr durch Ausblenden, sondern durch Verbinden in der unternehmerischen Realität zu erzielen. Dies aber wird zum Wettstreit der Theorien und Ansätze.

Sieben Kombinationsmöglichkeiten

Blickt man nun auf die logisch denkbaren Kombinationsmöglichkeiten von Inhaltsdimension (I – »Kasten«) und Prozess-Dimension (P – »Wolke«), existieren sieben Variationen (vgl. Abb. 64). Da ist zum ersten und zum zweiten das jeweils komplette Ausblenden der anderen Dimension: »Ignoranz P« und »Ignoranz I«. Beides ist eine Illusion an zwei Extrempositionen der Beraterszene. Dass uns diese kategorische Eindimensionalität nicht zweckdienlich erscheint, dürfte aus den bisherigen Ausführungen deutlich geworden sein und bedarf hier keiner weiteren Vertiefung. Es gibt freilich aus Perspektive der Prozess-Dimension solche dogmatischen Positionen, die bereits das Einlassen auf die Inhalts-Dimension als verwerflich ansehen und mit drastischen Formulierungen eine bewusste Abgrenzung einfordern. Man gäbe damit die Identität, Proprietät und Wirksamkeit auf (z.B. Giebeler in Organisationsentwicklung 2009: 94). Natürlich ist auf Seiten der Inhalts-Dimension ebenfalls immer wieder eine rein fachliche Perspektive und damit die Ignoranz der Prozess-Dimension festzustellen; manchmal wird der Prozess wegen der Fülle von Inhalten einfach nur ohne bösen Willen »vergessen«. Auch die dritte Option – der beständige »Konflikt« beider Dimensionen (und ihrer jeweiligen Protagonisten) – sollte ein Kapitel aus der Vergangenheit sein. Mehrwert schafft ein permanenter Disput zwischen dem Was und dem Wie ebenfalls nicht – im Gegenteil. Allerdings ist dieser unfruchtbare Disput gegenwärtig immer noch an vielen Orten zu beobachten.

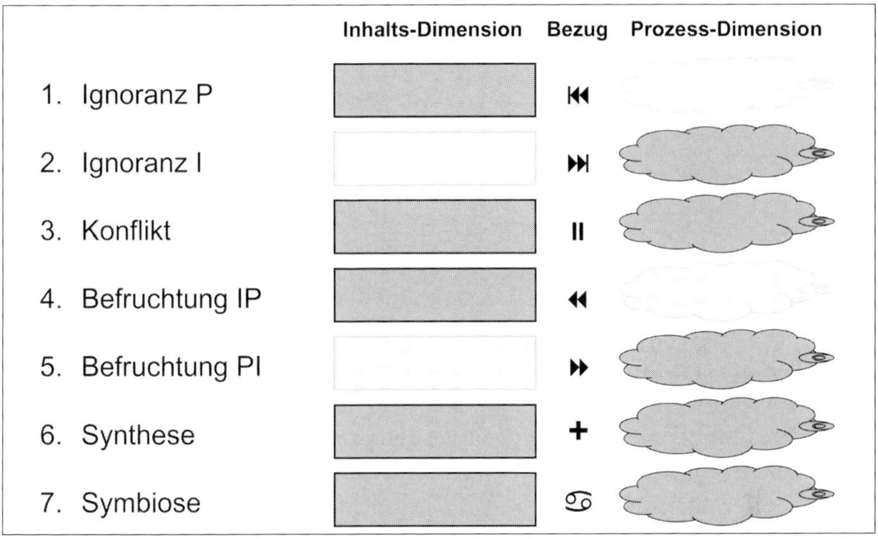

	Inhalts-Dimension	Bezug	Prozess-Dimension
1. Ignoranz P	▰	◄◄	
2. Ignoranz I	▱	►►	
3. Konflikt	▰	II	
4. Befruchtung IP	▰	◄◄	
5. Befruchtung PI	▱	►►	
6. Synthese	▰	+	
7. Symbiose	▰	♋	

Abb. 64: Verknüpfung von inhaltlicher und prozessualer Dimension: sieben Optionen

Die Optionen vier bis sieben versuchen, mit unterschiedlichen Startpunkten und Gewichtungen, beiden Dimensionen zu ihrem berechtigten Anspruch zu verhelfen. Bei der »Befruchtung IP« kommen die Entscheider von der Inhaltsdimension, blenden jedoch Aspekte der Prozessdimension nicht vollständig aus (auch wenn diese eher sekundäre Bedeutung besitzen). Bei der »Befruchtung PI« – einem in der Praxis nicht allzu häufigen Fall – verhält es sich gerade umgekehrt. Diese beiden Optionen zielen durchaus in die richtige Richtung, sind für ein gutes Ergebnis von Veränderungsvorhaben durch ihre Unausgewogenheit aber immer noch zu einseitig. Die sechste Option möchte – im Sinne einer »Synthese« – das Beste aus beiden Dimensionen herausholen und dadurch einen spürbaren oder sogar messbaren Mehrwert schaffen. Schließlich könnte als siebte Option nicht nur eine Synthese, sondern sogar eine »Symbiose« möglich sein. Diese Optionen sechs und sieben werden nun etwas ausgefaltet.

Synthese

Die Aufhebung einer bewussten Trennung von Inhalts- und Prozessdimension besitzt eine längere Tradition. So haben bereits vor dem Jahr 2000 immer wieder durchaus erfolgreiche Konzepte der Ganzheitlichkeit ihren »Markt« gefunden. Ziemlich früh dabei waren Blake/Mouton (1976 nach Stiefel 2009) mit ihrem sogar dreidimensionalen »Consulcube«. Dies zeigt sich auch bei Gouillart/Kelly (1995), Büttner (2007) und Claßen (2008) mit ihrem Konzept der »Business Transformation« oder bei Böning/Fritschle (1997) mit der vermutlich erstmaligen Verwendung des Komplementär-Begriffes. Eigentlich war schon damals alles klar: Das Eine geht nicht ohne das Andere.

Neuerdings flammt diese Diskussion unter der Begrifflichkeit »Komplementärberatung« (Königswieser u.a. 2006, Königswieser/Lang 2008, Königswieser/Königswieser 2009) wieder auf. Manche vermuten dabei primär einen Marketingkniff und Positionierungskick (vgl. Organisationsentwicklung 2009). Von den Protagonisten des vermeintlich Neuen werden »eigene Grenzerfahrungen mit dem systemischen Ansatz« (Königswieser u.a. 2009: 47) als Beweggrund für ihre Öffnung und Weitung genannt. Blickt man auf diesen Relaunch des Konzepts ist es die konsequente Annäherung an die duale Realität beider Dimensionen aus der »Ignoranz I« über die »Befruchtung PI« nun zur »Synthese«. Übrigens: Für unseren Geschmack ist verbal zu rasch von »Beratung« die Rede. Lieber wäre uns der Begriff »Komplementärmanagement«, das dann gegebenenfalls auf Beratung zurückgreifen kann.

Dieses Komplementärmanagement verlangt vom Change Management – und seinen Akteuren – einerseits, dass es sich nicht völlig inhaltsfrei (und damit auch fachlich ignorant) ausschließlich in der Prozessdimension tummelt, und andererseits, dass es sich nicht rundweg prozessfern (und damit auch wirkungsignorant) auf die Inhaltsdimension beschränkt. Mit diesem Konzept wird als übergeordnetes Ziel die Sicherstellung der Zukunftsfähigkeit eines Unternehmens (»profitable growth«) anerkannt, was beileibe nicht von jedem prozessorientierten Veränderungsmanager bedenkenlos so unterschrieben wird und derzeit auch wieder stärker in die Diskussion gekommen ist. Dass andererseits dieses Ziel nicht in Stein gemeißelt ist und sich auf dem Weg von der Idee zur Tat ändern kann und oftmals auch situativ interpretiert wird, sollte heute ebenfalls »common sense« sein.

Bushido-Management

Kurze und nicht ganz ernstgemeinte Zwischenbemerkung: Statt »komplementär«, das ja im Sinne von ergänzend (vgl. Duden) immer noch den Ursprung in einer Dimension und die Vervollkommnung aus der zweiten Dimension heraus meint, könnte man sich auch andere Begrifflichkeiten für die Synthese einfallen lassen: so etwa Bushido-Management. Der Rapper gleichen Namens hat mit seinem Rivalen aus alten Tagen, EkoFresh, unlängst einen gemeinsamen Auftritt hingelegt und im Wechselspiel getextet: »Das Game ist over. Gegensätze ziehen sich an. Sie glauben es nicht. Sie sehen jetzt ihn und mich zusammen.«

Dem HR-Business-Partner dürfte diese Synthese durch die oftmalige Nähe von HR- und CM-Themen eher leicht fallen. Doch Nähe bedeutet immer wieder auch Last. Die auch für ihn entscheidende Frage lautet nun: Kann und muss »am Ende des Tages« die Inhalts- und Prozess-Dimension »intra-individuell« in einer einzigen Person (der des Managers bzw. Beraters) ausgehalten und ausgetragen werden, um somit die bestmögliche Lösung zu erzielen? Oder wäre es viel besser, eine Diskussion zwischen Vertretern der einen mit Vertretern der anderen Perspektive zu erzeugen und damit das »inter-individuelle« Ringen um eine synergetische Lösung im Sinne einer Synthese? Oder wie Königswieser/Lang (2008) für sich in Anspruch nehmen: Eins und eins ist mehr als zwei. Diese Komplementärberatung war aus deren eigener Erfahrung so lange wenig erfolgreich, als die Berater für die unterschiedlichen Perspektiven aus unterschiedlichen Häusern kamen. Die stets aufflackernde Konkurrenz bei zwei »Consultancies« und eine eher geringe Wertschätzung für die jeweils andere Perspektive, das andere mentale Modell (und eine dadurch fehlende gemeinsame Haltung), das andere vorschnelle Fazit (und ein deswegen Überhören von Argumenten) standen einem guten gemeinsamen Ergebnis im Wege. Dieser Dissens könne nur durch »Consultants« aus einem Hause aufgehoben werden. Das Geschäftsmodell einer solchen Komplementärberatung versucht mittlerweile, seine Kunden zu einem »one-stop-shopping« zu bewegen. Dieser Ansatz ist sicherlich ein Fortschritt gegenüber einer rein prozessdimensionalen Perspektive; sein Innovations-Charakter im Vergleich mit anderen Angeboten im Markt ist jedoch nicht so eindeutig. Deshalb möchten wir sechs Einsprüche in die Diskussion einbringen. Da es sich selbstredend um keine gerichtliche Berufungsverhandlung handelt, bleibt jedem Leser (s)ein eigenes Urteil überlassen.

Sechs Einsprüche

Da ist *zum Ersten* die Festlegung auf eine systemische Haltung, die zudem auch noch schwer zu greifen ist, als Kernvoraussetzung und Ausgangspunkt, welche es unbedingt zu verinnerlichen gelte. Ist eine derartige normative bzw. im Grunde genommen sogar ideologische Setzung nicht geradezu unsystemisch? Können nicht auch andere »Haltungen« die Doppelperspektive aus Inhalt und Prozess ebenfalls befruchten? Nicht gerade nett, eigentlich fast schon gemein und auch keineswegs richtig finden wir – das ist ein ganz bewusst persönliches Statement –, wenn der Inhaltsberatung als Lebensanschauung unterstellt wird, dass die Welt letztlich wie eine Maschine und damit ohne Zweck und Sinn funktioniere und daher der Mensch als primär rationales Wesen in einer effizienz- und effektivitätsvernarrten Welt verstanden würde (so Königswieser u.a. 2006). Die »unfreezing/moving/refreezing«-Mechanik von Lewin (1951) ist, wenn sie denn überhaupt jemals so stocksteif gemeint war, auch von anderen Haltungen überwunden worden. Wir haben nun lange genug gehört, gelernt und gelesen, dass systemisch die bestmögliche und daher zu wählende Perspektive sei, da sie mit Menschlichem, Zielkonflikten und Widersprüchen am besten umgehen könne. Mit Freude bemerken wir daher die Relativierung der eigenen Wurzeln bei einigen – nicht allen – der systemischen Protagonisten: »Es ist auch eine Herausforderung, von der Hybris der reinen Systemiker herunterzusteigen, die im Kern die vermessene Haltung haben ›Wir sind eh die Besten, wir haben die systemische Metatheorie und deshalb übernehmen wir die Führung, weil wir ja die Reflektierten sind‹ (…) Mich stört an manchen Ausprägungen des systemischen Ansatzes die Hybris bezüglich des eigenen Wahrheitsanspruchs« (Königswieser in

Königswieser u.a. 2009: 49–50). Denn im Veränderungsmanagement sind auch andere Zugänge alles andere als impotent. Wenn einer der zentralen systemischen Glaubenssätze gilt – »wirklich ist was wirkt« – und zudem absolute Wahrheitsansprüche selbstredend abgelehnt werden, dann spielt die Haltung und damit eine vermeintlich überlegene normative Begründung eine zu vernachlässigende Rolle. Denn im Management wird nicht der Zugang zum Geschehen bewertet, sondern der Ausgang des Geschehens. Dass eine derartig instrumentelle Argumentation nicht als Einfallstor für normativ grenzwertige Handlungen herangezogen werden kann, liegt letztlich ebenfalls in der Verantwortung des Managers (und nicht in der seines Beraters).

Da ist *zum Zweiten* in den Publikationen rund um die Komplementärberatung das Diktum vom »Interventionsraum« als situativem »Oszillieren«, permanenter »Synchronität« und integrierender »Komplementarität« zwischen dem Was (Inhalt) und dem Wie (Prozess). Hört sich kompliziert an, ist aber ziemlich einfach: Mal ist die eine Perspektive wichtiger, dann wieder die andere, je nachdem eben. Wie beim Bundesverfassungsgericht sind sogar Minderheitsgutachten möglich (durch »Splitting« im »Reflecting Team«). Ergebnis können dann etwa »konstruktive Irritationen«, »deblockierte Energien« und »freigesetzte Potenziale« zur »Selbstentwicklung« sein. Mit Sprachgewalt wird eine Exklusivität bei den im konkreten Fall eingesetzten Interventionen vermittelt. Dabei geschehen in der konkreten Praxis eigentlich keine anderen Dinge, die nicht auch in anderen modernen Change-Management-Architekturen inzwischen zum üblichen Repertoire gehören. Das zeitgemäße Handwerk des Veränderungsmanagements bedient sich inzwischen aus einer ziemlich ähnlichen »Toolbox«. Differenzierungen über die Instrumente sind heute kaum mehr möglich. Zur Unterscheidung eine andere Denke und vermeintlich überlegene Begründungszusammenhänge heranzuziehen, kann man gerne machen, bringt aber bei aufmerksamen Kunden keinen Vorsprung mehr.

Da ist *zum Dritten* die mitunter fehlende Bereitschaft zum Tiefgang in beiden Dimensionen. »Mit dem Anspruch der Nachhaltigkeit von Entwicklungsprozessen rücken wir immer mehr davon ab, Fachberatung mit unendlicher Tiefe zu verbinden. Wir sagen, wir brauchen ein Fach-Know-how auf Vorstandsebene« (Lang in Königswieser u.a. 2009: 47). Es ist gewiss, dass die Helikopter-Perspektive – ob vom Vorstand oder vom Berater – die für das reflexive Mindset erforderliche Distanzierung und Antizipation fördern kann (Vaupel 2008: 155). Bekanntlich kann der Teufel aber auch im Detail stecken und den Überflieger mit seinen großen Entwürfen ziemlich schnell abstürzen lassen. Ja – Abstand und Überblick helfen zweifelsohne immer wieder (man kennt das »vom Wald vor lauter Bäumen nicht sehen«). Nein – der Verzicht auf inhaltliche Bestandteile und Zusammenhänge kann durchaus auch auf Irrwege leiten (man kennt auch das »vom Wald aus dem es so schallt wie man in ihn hineinruft«).

Da ist *zum Vierten* die unabdingbare Abstimmung der beiden zunächst noch ge-trennten Perspektiven, die – es menschelt überall – ganz wesentlich von den be-teiligten Personen, ihrer Qualifizierung und Sozialisation, überhaupt ihrer Per-sönlichkeit abhängt. Sicherlich, gemeinsames Reflektieren mit diversen Sicht-weisen in einem konstruktiven Setting bringt oftmals neue Eindrücke, Einblicke, Einsichten und aus ihnen auch bessere Lösungen. Aber manchmal verplaudert oder verläuft man sich einfach nur und merkt es durch das Selbstreferentielle des Beratungssystems nicht einmal. Auch wird sich der Kunde diese Abstimmung seiner Berater nicht immer und überall als »billable« Zeit aufbürden lassen. Zu-dem sind es immer noch Ein-Sichten: »Die professionellen Identitäten (…) eig-nen sich nicht für ein kooperatives Miteinander. (…) Die Professionalisierungs-pfade (…) ziehen ganz bestimmte Persönlichkeiten an. Wie soll hier ein produk-tives Miteinander (…) möglich sein?« (Wimmer 2008). Das was als »weniger Konkurrenz und mehr Synergie« (Königswieser/Königswieser 2009) beschrie-ben wird, ist in der Praxis oft ein »permanentes Ringen um die jeweiligen Vor-herrschaften in der Arbeit mit dem Kunden (…) mit gewaltigem Abstimmungs-und Konfliktbearbeitungsaufwand zwischen den beteiligten Beratern, die auch das Kundensystem mit nicht unbedingt wertschöpfenden Aktivitäten in Be-schlag nehmen« (Wimmer 2008). Selbst wenn einige Segmente im Markt die in-terne Abstimmung der Berater gegenwärtig noch goutieren, muss dies bei knap-peren Budgets auf Dauer nicht so bleiben.

Da ist *zum Fünften* die konsequente Verwendung des Wortes »Klient« statt »Kunde«. Es mag aus einer anderen sprachlichen Sozialisation herrühren. Aber Klient klingt deutlich mehr nach Unsicherheit und Unvermögen, fast schon nach Schützling und Patient, also einem zu Beaufsichtigenden und zu Behan-delnden, nicht auf Augenhöhe eben. Da stößt die Wertschätzung an ihre sprach-liche Grenze. Wer sich dann noch als Trainer und Coach, Experte und Anwalt ti-tuliert, hat den Vorsprung qua Durchblick bei sich bereits eingebaut. Der Kunde hingegen ist König, trotz seiner vermeintlichen und tatsächlichen Defizite. Selbst wenn er in diesen Zeiten seine Bedürfnisse alles andere als deutlich formuliert, oft das Unmögliche und dies auch noch subito erwartet, stete Innovation und nun – aus seiner jahrelangen Auseinandersetzung mit früheren Veränderungen – das Nochniedagewesene an Inspiration, Entflammen und Energetik für den an-stehenden Wandel einfordert. Entscheidend sind die Fragen: Was verlangt der Kunde (und nicht: was meint man, dass er brauchen könnte) und wie schafft die Beratung spürbare oder sogar messbare Wertschöpfung? Denn zuallererst fragt sich ein Manager: Wie manage ich und kreiere damit Wertschöpfung für mein Unternehmen? Welche Inhalte und welche Prozesse benötige ich dafür? Und dann erst: Welche Art der Beratung kann mich dabei – um noch besser zu sein – unterstützen?

Da ist *zum Sechsten* und letzten die Frage zur Identität, also wo sich ein exzellen-ter Inhalts-Experte bzw. Prozess-Experte besser aufgehoben fühlt (v.a. die »Kön-ner von draußen« mit Blick auf die Beratungslandschaft)? Bei einer »Consultancy« mit inhaltlichem bzw. mit prozessualem Herkommen und Schwerpunkt oder einer mit bereits etablierter Balance zwischen beiden Dimensionen? Wohin wenden sich eigentlich die Besten – oder ergibt weiß und schwarz lediglich ein fades grau? Diese Fragen gelten selbstverständlich umso mehr für die Kunden im Management, denn diese müssen von der »Philosophie« überzeugt sein, von der Passung für ihr Unternehmen und der Eignung für ihre Angelegenheit. Vermutlich geht es deshalb weniger um das Eins plus Eins bzw. das »Wir« und »Ihr«, aus dem sich dann eine gemeinsame Sicht auf das Geschehen ergibt. Gefragt werden mehr und mehr die Alleskönner sein, im Management wie in der Beratung. Dieser Anspruch auf zweidimensionale Exzellenz sollte auch unseren HR-Business-Partner in seinem steten Bemühen um Fortschritt nicht ruhen lassen. Vorwärtskommen ist viel eher in der intra-personellen Zweidimensionalität als in der inter-personellen Zweidimensionalität zu finden.

Symbiose

Experten für die Inhalts-Dimension und solche für die Prozess-Dimension müssten eigentlich schon ein extrem gut eingespieltes Team sein; wie einst in den glorreichen Fußball-Siebzigern Franz Beckenbauer und »Katsche« Schwarzenbeck oder Günter Netzer und »Hacki« Wimmer. Warum denn nicht gleich, wie im modernen Fußball immer mehr Usus, die »Doppelsechs«, also die Rollen des Spielmachers und Aufräumers in einer Person vereint und dann noch doppelt besetzt? Von der Synthese muss man also noch einen Schritt weitergehen in Richtung einer Symbiose, also des Einklangs von Inhalts- und Prozessdimension: »Die Alternative ist die Entwicklung eines dritten Modus der Beratung, der sich von diesen tradierten Selbstverständnissen radikal entfernt. Es braucht ein neues Beratungsverständnis, das die unterschiedlichen Sinndimensionen von Organisationen gleichzeitig bearbeitbar macht, ohne in den klassischen Identitätskonzepten zu wurzeln« (Wimmer 2008: 19). Wimmer (in Königswieser u.a. 2009: 51) ergänzt: »Wenn Führungspersönlichkeiten einen gewissen persönlichen Entwicklungsstand erreicht haben (…) werden sie sich ein Vis-á-vis suchen, das Sparring-Partner in allen relevanten Problemdimensionen ist. Reflektierte Manager sehen heute, dass sie das zusammen bringen müssen und dass dies die zentrale Führungsherausforderung ist.« Wichtig an diesem Zitat erscheint uns nicht nur ihre Aussage, sondern auch ihr Subjekt. In der Verantwortung für die Symbiose ist die Führungskraft und nicht der Berater. Hierzu liegen bereits erste Ideen auf dem Tisch; »man« ist aber noch auf der Suche.

Immerhin: Der HR-Business-Partner kann diesem Ideal durchaus ziemlich nahe kommen. Als Kenner der Inhalts-Themen in dem von ihm betreuten Business, als Könner für HR-Fachthemen (und Wissen um schnelle Aktivierung weiterer Expertise für Tiefenbohrungen) sowie als Profi für Veränderungsprozesse in seinem Verantwortungsbereich (und Steuerung allfälliger externer Prozess-Beratung). Nun mag diese Doppel-Perspektive für den HR-Business-Partner noch eher einfach sein. HR Management (Inhalt-Dimension) und Change Management (Prozess-Dimension) liegen oftmals nicht allzu weit auseinander, werden meistens als sich ähnelnd und ergänzend angesehen. Sozusagen als die beiden DNA-Stränge einer Doppelhelix. Die grundsätzliche Argumentation kann sich aber nicht in Abhängigkeit vom Inhalt ändern und bei prozessfernem »Content« diesen wegen des großen Abstands als zu großen Spagat abtun. Sollte es auch einmal in der Finanz-Funktion einen Business-Partner geben, dann muss dieser ebenfalls beide Perspektiven zugleich einnehmen. Weil dies alles andere als einfach ist, gibt es den Finance-Business-Partner auch noch so selten oder er ist – weil er einen guten Job macht – sehr begehrt.

Blicken wir nun abschließend kurz auf die Angebote aus der Beratungslandschaft, die sich vor dem Hintergrund dieser veränderten Anforderungen mit ihrer immer stärker werdenden Umsetzungsorientierung neu erfinden müssen. Die Behauptung einer Einseitigkeit der Inhalts-Dimension rührt ganz wesentlich daher, dass ihnen die Vertreter der Prozess-Dimension ein standardisiertes Problemlösungswissen unterstellen. Sicherlich denken viele der primär am inhaltlichen Interessierten zunächst an ihr »Produkt«, sei es etwa eine neue Unternehmensstrategie, Marketingkonzeption, Logistikoptimierung, Finanzinnovation, Personalarbeit, und dann an den Prozess für deren Umsetzung. Auch bleibt gerade bei so mancher »Consultancy« die eigentliche Beratung zugunsten eines (Standard-)Produktes auf der Strecke. Wenn sich das Geschäftsmodell der inhaltlich geprägten Beratung auf vorgefertigte Produkte stützt, die beim Ausrollen allenfalls noch an den Rändern verändert werden und damit den unterschiedlichen wie wechselnden Anforderungen der Prozess-Dimension nicht gerecht werden, dann ist das sicherlich zu wenig.

Wenn sich jedoch die Beratung – lediglich in den Grundzügen vorgerastert – beim Finden der bestmöglichen Lösung für die Implementierung anpassungsfähig (»adaptive«) und mit den Kunden zusammenwirkend (»collaborative«) zeigt, dann wird das daraus resultierende Change Management in die Organisationsentwicklung eingebettet (»embedded«) sein. In jedem Fall ist die unbestreitbare Kompetenz des Beraters in (s)einer Person für beide Dimensionen unerlässlich, also bei den jeweils angesprochenen Inhalten und für die angemessenen Prozesse. Die beiden Dimensionen sind dabei nicht etwas Auseinanderdividiertes, das wieder möglichst gut addiert werden muss. Sondern sie werden von vornherein als gleich wichtige Bestandteile einer guten Lösung verstanden, wobei diese die rationalen, die emotionalen und die politischen Aspekte mit einbezieht. Zu diesem fast übermenschlichen Idealbild, wenn es denn überhaupt geteilt wird, hat man für die praktische Anwendung in der Beratungslandschaft vielerorts noch ein gutes Stück Weg zurückzulegen. Am besten wäre es aber, um den Traum weiterzuspinnen, wenn es dann allenfalls noch punktuell einer Beratung von außen bedarf, sondern das Ganze vom Management und seinem HR-Business-Partner selber gemacht wird; nur noch ab und an extern unterstützt, freilich immer weniger und seltener. Der HR-Business-Partner als Change Manager hat hier als »Doppelsechs« ein großes Spielfeld vor sich, ein interessantes dazu.

4.3 Zukunftsthemen HR 2020

Abschied von der Inselglückseligkeit

Es müssen damals goldene Zeiten für Personaler gewesen sein, die siebziger und teilweise auch noch die achtziger Jahre. Die Tarifabschlüsse kratzten an der Zehnprozentschwelle. Die positiven Themen für Mitarbeiter wie etwa Personalentwicklung und -marketing wurden gerade entdeckt und peu-á-peu in voller Breite entfaltet. Aus dem Wandel der Gesellschaft und ihrer Werte folgte eine Veränderung in der Führungsphilosophie. Die Arbeitsbedingungen für große Teile der »Workforce« erlebten eine markante Verbesserung. Es herrschte annähernd Vollbeschäftigung. Adieu! Mit der Entdeckung der Kunden durch das Marketing und der Aufwertung der Aktionäre durch die Finanzwelt nahm die relative Bedeutung markant ab. Das Ende dieser bleiernen Zeit für Personaler schien bis vor kurzem durch die neuen Engpässe für »profitable growth« greifbar. Mit den Stichworten wie »Demografic Timebomb«, »Workforce Readiness« und »Talent Management« konnte der HR-Bereich nicht nur Lösungsansätze präsentieren, sondern man hörte von interessierter Business-Seite sogar wieder zu (vgl. 4.1.1).

Dann kam die Krise mit Urgewalt. Für die Personaler, gerade wieder im Aufstehen begriffen, ist sie ein Schlag ins Kontor. Gegenwärtig sind die Humanressourcen im Quervergleich sicherlich nicht die A-Priorität und der auf sie konzentrierte Unternehmensbereich – als Querschnittsfunktion sowieso mit dem Makel des Kostentreibers und nicht des Nutzenbringers stigmatisiert – gilt für viele weiterhin als peripher, sekundär, manche meinen sogar überflüssig (vgl. 1.1). Derzeit kann der HR-Business-Partner in vielen Unternehmen allenfalls bei der gemeinsamen Kraftanstrengung mithelfen, die bei den momentanen Umsätzen viel zu hohen Personalfaktorkosten wieder in den Griff zu bekommen (vgl. Abb. 65). Die Zukunftsschau ist daher, wenn sie überhaupt noch interessiert, oftmals in erster Linie die Suche nach Wegen aus der Krise, um zumindest der weiteren Marginalisierung einen Riegel vorzuschieben. Wenn selbst das Controlling inzwischen ein besseres Image besitzt, dann ist es höchste Zeit für einen Kurswechsel, sonst ziehen sogar noch Rechnungswesen, Revision und Recht an HR vorbei. Den meisten Personalern tut dies in der Seele weh, wenn Zahlenwerke und Paragrafen wichtiger als Menschen werden. Allein dies schon müsste Motivation zum Gegensteuern sein.

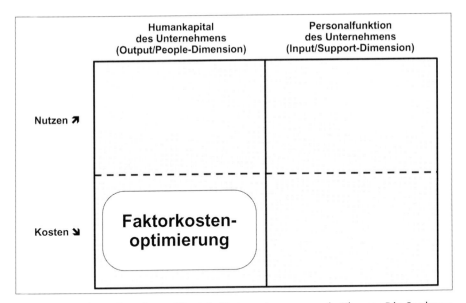

| Humankapital des Unternehmens (Output/People-Dimension) | Personalfunktion des Unternehmens (Input/Support-Dimension) |

Nutzen ↗

Kosten ↘ **Faktorkosten-optimierung**

Abb. 65: In der Krise gibt es für viele Unternehmen nur ein Thema: Die Senkung der Personalfaktorkosten

Die Selbsteinschätzung sollte in jedem Fall ehrlich sein, zumindest zu sich selbst, wenn schon nicht zu anderen. Dies scheint nicht immer ganz der Fall zu sein: Wenn etwa die meisten Befragten in so mancher Studie sich offenbar bereits weitgehend als HR-Business-Partner verstehen (z.B. Böhm u.a. 2007), so mag dies vermutlich auch daran liegen, dass sie ihre auf PowerPoint dargestellten Absichten bereits als »Mission erfüllt« werten. Es geht aber nicht um solche »inselglückseligen« Personalabteilungen. Zukunft haben nicht derart selbstverliebte HR-Bereiche, sondern jene, die sich Wertschätzung durch Wertschöpfung auf die Fahnen geschrieben haben, die Implementierung nicht mit »Impression Management« durcheinanderbringen und für die Zukunft immer wieder ein noch ungeschriebenes Buch bedeutet.

Auf der Suche nach dem Neuen in der Zukunft

Wer sich mit der Zukunft beschäftigt, steht vor Herausforderungen. Und wer dies nicht tut, hat – zumindest in Unternehmen – ein gewisses Problem, lebt doch die Wirtschaft nicht nur im Hier und Heute, sondern auch in den Gefilden von Prognosen, Annahmen und Erwartungen. Unabhängig vom methodischen Ansatz bleibt die prinzipielle Unvorhersagbarkeit des Morgen natürlich bestehen; verschärft durch das Faktum von »wild cards«, den Ereignissen mit allseits als gering eingeschätzter Eintrittswahrscheinlichkeit aber immensen Auswirkungen, wie etwa im Herbst 1989 der Fall der Mauer, im Frühjahr 2001 das Platzen der Internetblase oder im Herbst 2008 das Einknicken des Weltfinanzsystems. Andererseits ist, so Ernest Hemingway, das Merkwürdige an der Zukunft wohl die Vorstellung, dass man unsere Zeit einmal die gute alte Zeit nennen wird; etwas, das man sich derzeit nur sehr schwer vorstellen kann. Da halten wir es doch lieber mit Wilhelm Busch und sind Pessimisten für die Gegenwart, aber Optimisten für die Zukunft. Deren prinzipielle Unsicherheit gekoppelt mit dem Diktum, sie trotzdem in den Blick nehmen zu müssen, ist für professionelle Zukunftsforscher das Betriebsgeheimnis einer dauernden Beschäftigungssicherung. Für alle anderen ist es paradoxe Sisyphusarbeit, deren Sinn in einem »trotzdem und immer wieder« liegt. Oder für unser Thema etwas tiefer gelegt: Der Sinn von HR-Prognostik liegt im aufrichtigen Versuch und anschließenden Prüfen und nicht im Erreichen einer hundertprozentig richtigen Prognose. Wer mag, darf sich damit trösten, dass schon jede Prognose eine Provokation der Zukunft ist (und manchmal auch eine Zumutung für die Gegenwart). Im Sinne einer Wette auf ein Morgen, welches durch die Prognose bereits beeinflusst wird. Dies bedeutet: Wer mit der Zukunft in Form von Vorhersagen spielt, erhöht seine Chancen richtig zu liegen. Nur wer auf eine unbestimmte Zukunft setzt, sollte zumindest wissen, wie die Karten im Hier und Heute liegen.

Nebenbei bemerkt: Viele Optimierungen in den HRM-Sphären hatten und haben durchaus den Charakter von Quantensprüngen. Die Einführung von HRIT vor einigen Jahren war ein solcher. Die Etablierung des dreisäuligen HR-Service-Delivery-Modells in jüngerer Vergangenheit stellte einen dar. Die globale Harmonisierung der HR-Prozesse, HR-Systeme und HR-Organisation (»OneHR«) in der Gegenwart ist – wenn im Einzelfall überhaupt in diesem kolossalen Maßstab sinnvoll – ein ebensolcher. Die Umstellung auf eine flexible HR-Welt (»HR Adaptiveness«) könnte einer sein, wenn bei Akquisitionen und Umorganisationen nicht mehr jeder HR-Prozess, jede HR-Technologie, jede Betriebsvereinbarung quasi in händischer Einzelfertigung angefasst und umgestellt werden muss. Die ernstgemeinte Aussage des CEO »unser Personalbereich hilft uns bei den anstehenden Veränderungen weit mehr als sämtliche Berater und Technologien zusammen« wäre – wenn er dies denn mal äußern würde – auch ein Paradigmenwechsel. Die meisten Verbesserungen der Zukunft werden aber eher den Charakter von kontinuierlichen Verbesserungen im Sinne einer nächsten »S-Kurve« aufweisen. Dazu nochmals ein Zitat, endlich eines von Goethe: Wer sichere Schritte tun will, muss sie langsam tun. Dies haben viele Personalisten verinnerlicht.

Wie aber könnte man sich der Zukunft nun annähern? Beliebt ist besonders die Befragung der obersten HR-Verantwortlichen im Sinne eines Experten-Panels. Wenn jedoch selbst Vorstände – diese werden zur Zukunft regelmäßig von uns und von anderen interviewt – keine neuen Themen für das HRM der kommenden Zeit erkennen und »lediglich« die bereits bekannten Herausforderungen benennen (vgl. Anhang 1), müssen alternative Routen in die Zukunft erschlossen werden. Eine weitere Suchoption ist das breitflächige Durchforsten einschlägiger »Knowledge Bases«, wie wir es selber Jahr für Jahr mit unseren internen »HR 2020«-Analysen durchführen. Vielleicht schlummert in irgendeinem verborgenen Eck, in einem nicht entdeckten Buch, in einer kaum geklickten Web-Page der Durchbruch zu einem völlig anderen, viel besseren HRM der Zukunft. Hätte sein können – war aber bislang nicht; auch wenn wir natürlich längst nicht alles weltweite Wissen berücksichtigen. Mit dieser klitzekleinen Unsicherheit heißt es Fehlanzeige für den »neuen Ulrich« und dessen alternative Ansätze – oder er hat sich sehr gut versteckt. Was ja nicht zu erwarten ist. Die wesentlichen HR-Themen der nächsten fünf, zehn und vielleicht sogar noch mehr Jahre sind heute bereits bekannt und mit Zielbildern beschrieben, unter ihnen durchaus prominent der HR-Business-Partner (vgl. 1.2). Die in der Zukunftsforschung beliebte Aufbröselung unterschiedlicher Szenarienräume bringt nicht wirklich etwas, denn es sind schon die richtigen und wichtigen Themen, keines ist zu vernachlässigen. Es gibt aber auch so noch genügend zu tun, die zum jetzigen Zeitpunkt bereits bekannten Herausforderungen mit gutem Ergebnis im eigenen Unternehmen aufzugreifen und umzusetzen. Statt Finden geht es spätestens jetzt ans Machen. Da ist es sogar günstig, dass gegenwärtig nicht schon wieder neue Themenstellungen am Horizont auftauchen und für eine Ablenkung vom Wichtigen sorgen. Selbstverständlich ist zu vermuten, dass im Supermarkt des HRM auch in den kommenden Jahren immer wieder vermeintlich neue Produkte sowie Marken auftauchen und heftig beworben werden. Bitte schauen Sie dann aber nicht auf die Verpackung, sondern achten Sie auf den Inhalt und seinen Geschmack.

HR Barometer 2009

Eine Konstante in unserem HR Barometer (Claßen/Kern 2009: 31-45) ist die Frage nach den relevanten Themen modernen Personalmanagements. »Was sind gegenwärtig und zukünftig die zentralen Personalthemen in Ihrem Unternehmen?« lautet eine der klassischen Fragen des HR Barometers. Sie wurde bereits 2002 gestellt und kürzlich zum dritten Male wiederholt. Es bleibt weiterhin spannend, ob bisherige Klassiker an Bedeutung verlieren und taufrische Themen auf der Agenda auftauchen. Für eine Hitliste der Personalthemen wurden dreißig Aufgabenfelder analysiert. Die Befragten konnten jeweils fünf Aufgabenfelder nennen, die »heute« (2008) und »morgen« (2010) am wichtigsten sind. Für die meisten strategischen HR-Aufgaben konnte zudem der Vergleich mit den Einschätzungen früherer HR Barometer gezogen werden. Eine nicht unwesentliche Einschränkung müssen wir an dieser Stelle machen: Die Einschätzungen stammten aus der Zeit vor der Krise, die Erhebung fand im Frühsommer 2008 statt, und damit aus einem schöneren konjunkturellen Umfeld. Der HR Barometer 2011 – dessen Erhebung für den Sommer 2010 geplant ist – wird vermutlich ein anderes, deutlich kostenbewussteres Bild zeichnen.

»Ziemlich viel ist sehr wichtig – das meiste bleibt irgendwie bedeutsam!« scheint die Devise für den Personalbereich zu sein. Als ob es kein eindeutiges Profil an dominanten Personalthemen mehr gäbe, die von früher gewohnten drei, vier, fünf Hauptthemen für den Personalmanager von einem breiten und schwer priorisierbaren Aufgabenspektrum abgelöst worden seien. Ein buntes Set aus Entwicklungs-, Organisations-, Wirtschaftlichkeits- und Veränderungsthemen bestimmt heute die Agenda der HR-Verantwortlichen. Bei dieser wachsenden Breite in den Aufgaben kann HR kaum mehr ein Thema ohne nachteilige Konsequenzen ausblenden. Die Personalbereiche werden sich zukünftig um mehrere Themen gleichzeitig kümmern müssen. Die Gesamtverantwortlichen müssen »multi tasking«-fähig werden, im Galopp vom einen auf den anderen Agendapunkt umsatteln, dabei Widersprüche und Unzulänglichkeiten aushalten. Ambiguitätstoleranz und Portfolio-Management sind gefragt.

Die Top-Themen der näheren Zukunft kommen – wie bei den drei früheren HR Barometern – aus der schönen Welt der Personalentwicklung (vgl. Abb. 66). Es wird laut Prognose der befragten HR-Verantwortlichen in der näheren Zukunft jedoch eine allenfalls geringfügige Verschiebung ihrer Aufgabenstellungen geben. Die nochmals erwartete weitere Steigerung in der Engpass-Qualität exzellenter Mitarbeiter zeigt sich in der neuen Nummer Eins – Demografie Management/Alternde Workforce (58 Prozent) – und der Nummer Fünf – War for Talents/Talent Attraction and Recruiting (32 Prozent). Die bisherigen »Top Drei« bleiben aber weiter auf Spitzenplätzen: Führungskräfteentwicklung/Führungs- und Managementqualität (51 Prozent), Employer Branding (37 Prozent) und Change Management (32 Prozent). Der HR-Business-Partner landet – als Thema, nicht als Rolle – auf einem Mittelplatz (11 Prozent).

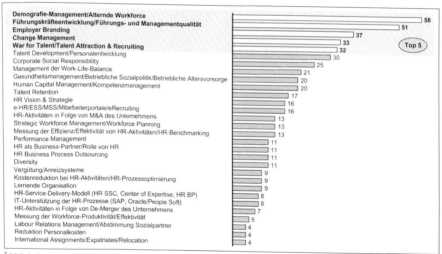

[1] Mehrfachnennungen (maximal fünf) möglich/Angaben in Prozent

Abb. 66: Bis 2010 wird es in den Top 5 keine großen Verschiebungen geben – das Thema Demografie gewinnt jedoch weiterhin an Bedeutung[1]

Überhaupt: Den »netten« – weil auf einen ersten Blick positiven – Themen wird ein weiterer und teils sogar erheblicher Bedeutungszuwachs vorhergesagt. Corporate Social Responsibility (25 Prozent) und Management der Work-Life-Balance (21 Prozent) rutschen auf der Aufgabenliste weit nach oben. Einen großen Sprung nach vorne machen auch das konzeptionelle Thema Strategic Workforce Management/Workforce Planning (13 Prozent) und das damit eng verbundene Thema Human Capital Management/Kompetenzmanagement (20 Prozent). Ebenso gilt dies für die Messung der Effizienz/Effektivität von HR-Aktivitäten/ HR Benchmarking (13 Prozent), für die man sich wohl – endlich mal – den konzeptionellen Durchbruch und weniger Dissens der Theoretiker erwartet.

Ob der erwartete erdrutschartige Rückgang von Performance Management (11 Prozent) und Vergütung/Anreizsysteme (9 Prozent) wirklich so eintritt, ist aus unserer Sicht genauso unwahrscheinlich wie das fast völlige »Aussterben« von Kostenthemen: Reduktion Personalkosten (4 Prozent) bzw. Kostenreduktion bei HR-Aktivitäten/HR Prozessoptimierung (9 Prozent). Dass man unter solchen Vorzeichen auch glaubt, auf Labour Relationship Management/Abstimmung Sozialpartner (4 Prozent) verzichten zu können, ist naheliegend, aber ebenfalls sehr zweifelhaft. Hier drückt sich lediglich die in den früheren HR Barometern immer wieder zu beobachtende Hoffnung der Befragten aus, die »weniger netten« – weil auf einen ersten Blick negativen – Themen endlich auf die rote Liste der bedrohten Personal-Themen zu befördern und dann in abgelegene Naturschutzreservate zu verabschieden; am besten ein für allemal. Die Zukunft wird es weisen. Es wäre bestimmt nicht klug, sich alleine auf die eigenen Prognosen von heute zu verlassen. Ein waches Auge und offenes Ohr bleiben weiterhin wichtig. Die Hoffnung auf ausschließlich »nette« Themen ist bislang jedesmal enttäuscht worden. Die Krise lehrt uns alle dies gerade wieder. Gerade Kostenthemen erfreuen sich nach wie vor bester Gesundheit und weiter Verbreitung. Denn die »netten« Themen stehen im Unternehmen stets unter einem Effizienz- und Finanzierungs-Vorbehalt. Die Budgets bleiben, wenn sie nicht durch einen stringenten Business Case gestützt werden, was schwierig ist, weiterhin Glaubenssache. In der Wirtschaft zählt Glauben allerdings weniger als Wissen, besonders wenn die Zeiten mal wieder rauer sind wie in diesen Tagen und Wochen, Monaten und wohl auch Jahren. Das ist wahrscheinlich das wesentliche »Learning« aus der Krise: »Gute Zeiten – schlechte Zeiten« ist nicht nur der Titel einer TV-Soap, sondern das wahre Leben.

Zukunft ist das, was in der Gegenwart gesehen wird

Wir können uns nur wiederholen: Im Grunde kann man Aussagen in Studien wie unserem HR Barometer über die Zukunft von HR getrost vergessen. Dennoch ist es für jeden Marktteilnehmer spannend zu besichtigen, was die Personaler-Szene über das Morgen gerade so denkt. Es kommt ohnehin alles anders, oder genauer: Es bleibt vermutlich auch künftig weitgehend so, wie es heute ist. Tatsächliche Strukturbrüche sind selten. Allenfalls die zyklischen Bewegungen des ökonomischen Auf und Ab verändern die Gewichte im Themen-Portfolio. Insbesondere die in schöner Regelmäßigkeit artikulierte Erwartung der Personalverantwortlichen nach Rückgang der Kostenthemen ist stets betrogen worden. Eigentlich sollte deswegen das »Prinzip Hoffnung« inzwischen zumindest auf der Entscheiderebene im HR-Bereich von einem pragmatischen Realismus abgelöst werden, denn die nächste Kostensenkungswelle kommt bestimmt. Wenn man in Hintergrundgesprächen – abseits von derartigen Studien – mit den Personalvorständen spricht, sind die meisten auch alles andere als blauäugig. Linear zukunftsgläubig sind allenfalls die jüngeren Kohorten, die das Zurückfallen auf die bleiernen Kostenthemen noch niemals erlebt haben. Derzeit findet dieses Erleben allerdings statt.

Wenn man ehrlich ist, ganz ehrlich, bieten Kostenthemen dem HRM sogar die besseren Erfolgsbedingungen. Kostensenkungen sind niemals »nett« und manchmal auch ganz schön brutal. Aber wenn man die ganze Kostensenkungsübung richtig angeht, wird sie zumindest klare Ergebnisse liefern. Keine schönen, denn sie sind meistens mit Personalfreisetzungen verbunden. Aber die richtigen, denn umständliche HR-Prozesse werden besser und günstiger. Da sind die »netten« Themen aus der schönen Welt der Personalentwicklung, der Recruiting/Retention-Arena und der »HighPots«-Wünsch-dir-was-Domäne zwar auf einen schnellen, oberflächlichen Blick vermutlich angenehmer. Aber liefern Sie hier Ihrem Business einmal überzeugende Ergebnisse ab. Meier ist nicht wegen HR ins Unternehmen gekommen, sondern weil der Geschäftsbereichsleiter ein so treffliches Einstellungsgespräch geführt hat. Müller ist nicht wegen HR im Unternehmen geblieben, sondern weil sein Vorgesetzter sich mit ihm mal »von Mann zu Mann« zusammengesetzt hat. Schulz ist nicht wegen HR deutlich besser geworden, sondern weil sich der Vorstand als Mentor zur Verfügung gestellt hat. Das Business kann so subjektiv sein. Bitte nennen Sie es aber nicht ungerecht.

Von hohen Bergen und kleinen Hügeln

Alle diese Zukunftsthemen sind bereits, jedes für sich, ein gewaltiger Berg an Arbeit. Ihre Bezwingung gleicht der Besteigung eines Achttausenders. In der Summe werden sie zu einem Gebirge wie dem Himalaya mit zahlreichen anspruchsvollen Anstiegen und so manchen Gefahren. Jeder schnell dahingeworfene Begriff als zusätzliche Herausforderung für die People-Dimension enthält in sich viele kleine Herausforderungen für das HRM und meist auch den HR-Business-Partner. Dies sei am Beispiel Talent Management – einem der HR-Themen mit dem wohl augenfälligsten Veränderungspotenzial im Unternehmen (vgl. 4.1.2) – dargestellt: Wie die anderen Zukunftsthemen auch ist Talent Management ein großartiges Thema, mit zahlreichen Facetten, vielfältigen Ansätzen und mannigfachen Theorien. Millionen von Hits in Google, erste Haltepunkte in Wikipedia und weitere Aufbohrung in zahlreichen Publikationen ist selbstverständlich. Ein Vortrag zum Thema reiht sich an den nächsten, Konferenzen nutzen den Begriff als Lockmittel, Bücher und Artikel rund um den Gegenstand haben Konjunktur. Viele HRM- und HRIT-Anbieter haben unter diesem Begriff ihre ganze Zukunftswelt für das Personalwesen zusammengefasst. Selbst im Fernsehen wurden bereits Reportagen ausgestrahlt. Und es wird weitergehen. Dafür sorgt alleine schon die Unschärfe des Talent-Management-Begriffs. Darin liegt das Aufmerksamkeits- und Diskussionspotenzial, freilich zunächst ohne praktische Auswirkung im Unternehmen. Für die einen ist Talent Management der integrierende Rahmen für fast alle HR-Prozesse entlang des Lebenszyklus von Mitarbeitern im Sinne eines neuen Meta-Konzeptes. Angefangen beim Employer Branding über Retention und Diversity Management bis hin zum Leaver Management – inklusive dem Managen der Demografie, der Kultur, des Wissens und des Lernens versteht sich. Für andere ist es »nur« das Identifizieren und Fördern von guten Nachwuchskräften. Von den Grautönen dazwischen ganz zu schweigen.

Unübersehbar aber ist, dass Talent Management derzeit von den schreibenden Personalverantwortlichen, aufklärenden Managementberatern und werbenden Produktanbietern als Sammelbecken für Vieles und edelste Aufgabe von HR aufgebaut wird. Unterbelichtet bleibt dabei, dass alleine durch Nennung eines Themas und des damit einhergehenden Defizits noch gar nichts erreicht wird, außer dass man sich selbst zum Kreis der Problemkenner zählen kann. Aus einem Problemkenner wird aber noch lange kein Problemlöser, gerade auch weil die unter dem Dach Talent Management mitgeführten HR-Themen in den Unternehmen vielerorts noch ungelöst oder gar nicht angegangen sind. Der Sturm auf den Mount Everest ist medial eröffnet, ohne dass sportlich bereits anspruchsvolle Aufgaben in der Nähe wie die Zugspitze (bei der man mit der Seilbahn, also Technik, noch mogeln kann), der Ortler (fast schon ein Viertausender mit dünner Luft), der Montblanc (als höchster Alpenberg mit strengen Winden) oder ein nur auf dem Papier »leichter« Achttausender (wie etwa der Manaslu) schon vorbereitend erledigt wären (vgl. Abb. 67). Wie die anderen wichtigen HR-Meta-Themen ist Talent Management vielleicht sogar ein zu großer Monolith, der wie ein Mount Everest vor einem steht. Anders als dieser Bergriese kann Talent Management aber in kleine Portionen zerlegt werden. Natürlich ohne den Blick für das große Ganze zu verlieren. Wenn Talent Management im Unternehmen als Thema angegangen wird, empfiehlt sich dies sogar. Das Gesamtprogramm der Veränderung von HR für die nächsten Jahre (»HR Roadmap 201X«) ist in jedem Fall vorgezeichnet. Langeweile dürfte nicht aufkommen. Die für Talent Management angeregte Portionierung, daher dieser kleine Exkurs, empfiehlt sich für die anderen HR-Aufgabenstellungen wegen deren Vielgestaltigkeit, Vielschichtigkeit und Vielfältigkeit ebenfalls.

Gelingt es dann dem Personal-Bereich und dem HR-Business-Partner tatsächlich, durch seine Aktivitäten echten Mehrwert für das Unternehmen zu stiften, kann lediglich noch Undankbarkeit des Managements – und dies bleibt eine bedauerlicherweise nicht zu verändernde persönliche Eigenschaft – den Respekt für HR aufhalten. Wer dem Management größere und kleinere Steine aus dem Weg räumt, auf mögliche Schwierigkeiten aufmerksam macht und gleichzeitig eine gute Lösung anbietet, bei den vielen Aktivitäten im Alltag das eine oder andere abnimmt oder entscheidungsreif vorbereitet, bei wirklich kritischen Themen auch mal hartnäckig bleibt und mit veritablen Argumenten dagegenhält sowie bei alledem auch noch eher ein Lächeln auf den Lippen als einen finsteren Blick besitzt oder zynische Kommentare abgibt, der wird bei seinen internen Kunden Bestätigung für die eigenen Themen sowie die eigene Person erhalten. Also so etwas sein wie der Sherpa bei der Besteigung des Mount Everest.

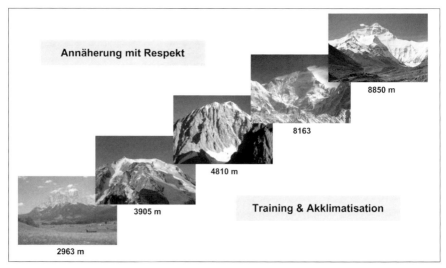

Abb. 67: Der Sturm auf den Mount Everest ist medial eröffnet, ohne dass sportlich auch anspruchsvolle Aufgaben schon vorbereitend erledigt wären

4.4 Sonderaufgabe mit Alltagscharakter

4.4.1 Situation von Führungskräften bei Veränderungsprozessen

Empirische Ergebnisse

Neben vielen anderen Aufgabenstellungen muss eine Führungskraft gerade auch während Veränderungsprozessen ihre Leadership-Rolle konkret ausfüllen. Als wesentliche Aufgaben in dieser anspruchsvollen Umbruchsituation haben wir in unserer jüngsten Change-Management-Studie zehn Aufgabenfelder identifiziert (vgl. Claßen/von Kyaw 2010). Bei diesen konnten die Befragten auf die Frage »Wie schätzen Sie die Bedeutung folgender Aufgaben von Führungskräften bei Veränderungsprojekten ein?« zwischen fünf Abstufungen von »sehr wichtig« über »wichtig«, »neutral«, »weniger wichtig« bis hin zu »unwichtig« auswählen. Um es gleich vorweg zu sagen: weniger wichtig oder sogar unwichtig ist keine der Aufgabenstellungen für Führungskräfte. Die Varianz spielte sich hauptsächlich in den Abstufungen zwischen »sehr wichtig«, »wichtig« und »neutral« ab (vgl. Abb. 68).

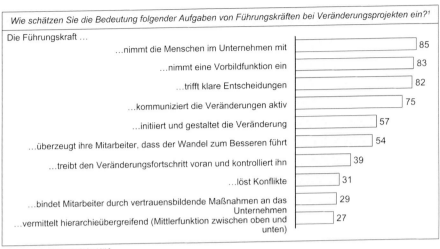

Wie schätzen Sie die Bedeutung folgender Aufgaben von Führungskräften bei Veränderungsprojekten ein?[1]

Die Führungskraft ...

...nimmt die Menschen im Unternehmen mit — 85

...nimmt eine Vorbildfunktion ein — 83

...trifft klare Entscheidungen — 82

...kommuniziert die Veränderungen aktiv — 75

...initiiert und gestaltet die Veränderung — 57

...überzeugt ihre Mitarbeiter, dass der Wandel zum Besseren führt — 54

...treibt den Veränderungsfortschritt voran und kontrolliert ihn — 39

...löst Konflikte — 31

...bindet Mitarbeiter durch vertrauensbildende Maßnahmen an das Unternehmen — 29

...vermittelt hierarchieübergreifend (Mittlerfunktion zwischen oben und unten) — 27

[1] Prozentwert entspricht Aussage "sehr wichtig"
Quelle: Claßen/von Kyaw 2010

Abb. 68: Von der Führungskraft wird in Veränderungsprozessen sehr viel erwartet

An der Spitze der Aufgabenstellungen steht – mit vernachlässigbaren Unterschieden – das klassische Trio: zum Ersten die Mobilisierungsfunktion (»... nimmt die Menschen im Unternehmen mit« mit 85 Prozent); zum Zweiten die Vorbildfunktion (»... nimmt eine Vorbildfunktion ein« mit 83 Prozent); zum Dritten die Entscheidungsfunktion (»... trifft klare Entscheidungen« mit 82 Prozent). Mit diesen »top three« wird bereits die enorme Erwartungshaltung an Führungskräfte im Rahmen des Change Management deutlich. Um diese drei Aufgaben zufriedenstellend erfüllen zu können, müssten Führungskräfte eigentlich selbst bereits längst in der neuen Welt angekommen und von dieser vollständig überzeugt sein. Dies ist freilich ein Zustand, der oftmals bei weitem nicht erfüllt ist.

An vierter Stelle steht die Kommunikationsfunktion (»... kommuniziert die Veränderungen aktiv« mit 75 Prozent). Der etwas geringere Wert im Vergleich mit der eng verbundenen Mobilisierungsfunktion liegt vermutlich darin begründet, dass bei Veränderungsprozessen für die Mobilisierung neben der Führungskraft meist noch weitere Kommunikationskanäle zur Verfügung stehen. Wobei, dies kann gleichzeitig herausgelesen werden, die direkte und persönliche Kommunikation durch die eigene Führungskraft nach wie vor als die deutlich wichtigste Alternative gesehen wird. Wie leicht wird eine wichtige Information in einem Newsletter oder im Intranet übersehen oder falsch interpretiert. Seinem Vorgesetzten hört man aber genau zu und kann bei Zweifeln und zur Konkretisierung direkt nachfragen. Als »Blutsverwandter« der Mobilisierungs- und Kommunikationsfunktion könnte auch eine weitere Aufgabe angesehen werden: Die Meinungs(macher)funktion (»... überzeugt ihre Mitarbeiter, dass der Wandel zum Besseren führt« mit 54 Prozent). Dieser Wert fällt etwas ab (bei immerhin noch 34 Prozent »wichtig«). Über die Gründe lässt sich an dieser Stelle nur spekulieren, gut möglich aber, dass Führungskräften immer wieder wegen einer gewissen Sprachlosigkeit und fehlenden Argumenten das entscheidende Fünkchen an Überzeugungskraft für den Wandel abgeht.

Neben diesen – bis auf die Entscheidungsfunktion – primär mitarbeiterbezogenen Rollen der Führungskraft fallen ihre auf das eigentliche Voranbringen der Veränderung bezogenen Rollen etwas ab: Die Gestaltungsfunktion (»… initiiert und gestaltet die Veränderung« mit 57 Prozent »sehr wichtig« und 40 Prozent »wichtig«) bzw. die Steuerungsfunktion (»… treibt den Veränderungsfortschritt voran und kontrolliert ihn« mit 39 Prozent »sehr wichtig« und 50 Prozent »wichtig«). In der Summe der sieben wichtigsten Funktionen einer Führungskraft bei Veränderungsprozessen bedeutet dies: Klar, sie muss natürlich den angestrebten Wandel durch Management voranbringen. Aber noch klarer ist es, dass sie dabei ihren Bereich durch Leadership mit ins Boot holen muss.

Die Aufgabenstellungen Nummer acht bis zehn werden insgesamt als eher zweitrangig gesehen, alle bei Werten von etwa 30 Prozent »sehr wichtig«, etwa 50 Prozent »wichtig« und etwa 20 Prozent »neutral«. Dazu gehören die Deeskalationsfunktion (»… löst Konflikte« mit 31 Prozent), die Vermittlungsfunktion (»… vermittelt hierarchieübergreifend (Mittlerfunktion zwischen oben und unten)« mit 27 Prozent) sowie die Retentionfunktion (»… bindet Mitarbeiter durch vertrauensbildende Maßnahmen an das Unternehmen« mit 29 Prozent). Im Grunde gehört dies alles zu den ureigensten Aufgaben von Führungskräften. Die Organisation kann hierfür allenfalls günstige Rahmenbedingungen bereitstellen. Die Umsetzung muss immer noch vor Ort von den verantwortlichen Führungskräften in die Tat umgesetzt werden (oft sogar gegen ungünstige Rahmenbedingungen). Denn die Deeskalations-, Vermittlungs- und Retention-Maschinen sind noch nicht erfunden wurden, auch wenn derartige Innovationen manches Unternehmen ein großes Stück voranbringen würden.

Wenn die Führungskräfte an erster Stelle diese mitarbeiterbezogene Rolle wahrnehmen sollen, dann muss ihnen im Rahmen des Change Management dafür die entsprechende Unterstützung zur individuellen Disposition gestellt werden. So etwas könnte ein entsprechendes Set von prozessualen »Tools« zur Mobilisierung, für die Vorbildsfunktion, die Kommunikation, die Meinungsfunktion, zur Deeskalation, die Vermittlung, für die Retention leisten. Diese Instrumente sind, wenn überhaupt bereits entwickelt, vielfach noch zu wenig bekannt und zu selten eingeübt. Daher müssten die Führungskräfte professionelle Qualifizierung, individuelles Coaching, situatives Sparring in Anspruch nehmen können (und wollen). Zudem brauchen sie dafür einfach nur viel mehr Zeit für diese Aufgabenstellungen; Zeit, die ihnen für andere wichtige Themen wie etwa Kunden und Märkte oder vermeintlich Nebensächliches wie etwa Mikro-Politik dann nicht mehr zur Verfügung steht. Doch dies ist oft nicht möglich oder nicht gewollt. Also bleibt die Erfüllung dieser prozessualen Aufgabenstellungen von Führungskräften im Verlauf von Veränderungsprozessen oft im Argen. Die Veränderung kommt dann erfahrungsgemäß nicht so richtig voran.

Veränderungskompetenz und Veränderungsbereitschaft

In unseren ersten beiden Change-Management-Studien hatten wir fast naturgesetzliche Stimmungslagen in der gesamten Belegschaft festgestellt, die an sich auch wenig überraschend sind, weshalb wir diesen Aspekt in der Folge nicht mehr aufgegriffen haben (vgl. Claßen 2008: 95–105):

- Bei Veränderungsprozessen gibt es erhebliche Unterschiede in der Einstellung zum (»position«), dem Einfluss bei (»relevance«) und der Betroffenheit durch (»salience«) den Wandel. Unterschiede sind besonders beim Blick auf die Hierarchieebenen im Unternehmen, angefangen bei Vorstand/Geschäftsführung (»Top Management«) über »Senior Management«, »Middle Management« und »Lower Management« bis hin zur Mitarbeiterebene offensichtlich. Während die Einstellung »von oben nach unten« deutlich vom Positiven ins Negative abfällt und der Einfluss »von oben nach unten« merklich abnimmt, steigt die Betroffenheit »von oben nach unten« erheblich an. Die vom Wandel tatsächlich Betroffenen besitzen also oftmals eine kritische Einstellung und einen geringen Einfluss. Aus dieser »skeptischen Statistenrolle«, die immer wieder weit oberhalb der Belegschaft beginnt, entstehen vielfältige Widerstände und Konflikte.

- In der Ausgangssituation vor dem Wandel zeigt sich über das gesamte Unternehmen eine – leicht rechtslastige – Normalverteilung bei den Einstellungen zur Veränderung: wenig Begeisterte (5–10 Prozent), eine eher geringe Anzahl von leicht positiv Gestimmten (20–25 Prozent), die große Gruppe der Neutralen (30–40 Prozent), ein nicht zu vernachlässigender Anteil von Skeptikern (25–30 Prozent) sowie ein harter Kern an Ablehnenden (10–15 Prozent).

Wenn dem so ist – in der Praxis von Veränderungsprojekten zeigen sich derartige Verteilungen mit steter Regelmäßigkeit – dann müssen aus dieser unbefriedigenden Ausgangssituation eigentlich stabile Mehrheiten pro Veränderung geschaffen werden. Ganz entscheidend werden dabei die Führungskräfte, die wir in dieser Change-Management-Studie näher betrachtet haben, unterschieden in erste Führungsebene (also Vorstand/Geschäftsführung/»Top Management«) und zweite Führungsebene (also das »Senior Management« darunter). Insgesamt zeigt sich bereits zwischen diesen beiden Ebenen, dass es einen erheblichen Abfall in der individuellen Veränderungskompetenz und Veränderungsbereitschaft gibt. Beides geht von der ersten zur zweiten Führungsebene markant zurück; mit den erwartbaren Auswirkungen auf den Umsetzungserfolg. Wenn es dem Top Management des Unternehmens schon nicht gelingt, seine »direct reports« zum Aufbruch in neue Welten zu bewegen, dann ist im mittleren und unteren Management sowie in der Belegschaft erst recht keine Bewegung zu erwarten. Es ist – bildlich gesprochen – wie ein Wasserfall, der bereits an der ersten Kaskade trotz der erwarteten Schwerkraft ins Stocken gerät. Dieser »obere Zustimmungs-Abbruch« ist in vielen Unternehmen zu beobachten und eine der Hauptbarrieren bei den anstehenden Veränderungsprozessen. Vielerorts gibt es zudem noch einen »unteren Zustimmungs-Abbruch« zwischen dem Senior Management und den tieferen Management- und Mitarbeiterebenen (vgl. Abb. 69 und 70). Dies kann durchaus als das »Doppelklippen-Phänomen« im Veränderungsmanagement bezeichnet werden. In dieser Studie konzentrieren wir uns auf die obere Klippe. Veränderungen versanden bereits immer wieder auf der Ebene unter dem Vorstand bzw. der Geschäftsführung (vgl. Claßen/von Kyaw 2009).

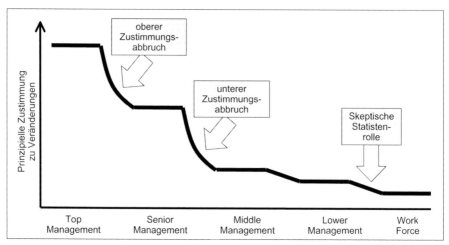

Abb. 69: Die Zustimmung zu Aufforderungen wie »it´s time for change« fällt über die Hierarchieebenen dramatisch ab

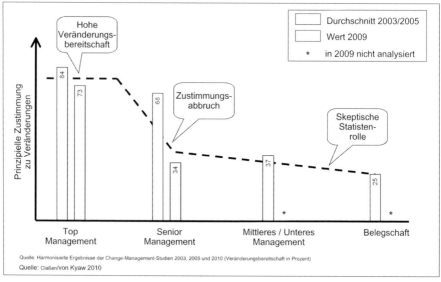

Abb. 70: Die Veränderungsbereitschaft des Senior Management ist in der jüngeren Vergangenheit deutlich gesunken

Geologische Exkursion

Lehm ist ein auf der Erde weit verbreitetes Verwitterungsprodukt aus ursprünglich noch festem, manchmal auch bereits lockerem Gestein. Er besteht aus Ton, Schluff und Sand – je nach Körnung. Mit Blick auf den Prozess und die Lokation seiner Entstehung unterscheidet man etwa Geschiebelehm (beim Druck der abwärts fließenden Gletscher) und Auenlehm (bei Ablagerung in den Sedimenten von Talböden). Manchmal entsteht aber einfach nur ein unsortierter Bodensatz.

Lehm ist, anders als Ton, nicht völlig wasserundurchlässig. In feuchtem Zustand ist er durchaus plastisch formbar, in trockenem Zustand hingegen ziemlich fest und spröde. Bei Wasserzugabe quillt Lehm, beim Trocknen schrumpft er. Wärme kann er recht gut speichern. Wegen dieser Eigenschaften wird Lehm bereits seit alters her als Baumaterial eingesetzt und dient in der Naturheilkunde immer wieder als reinigende und sogar entgiftende Medizin.

In der Sprache des Top-Managements dient Lehm zur Beschreibung der oftmals zähen mittleren Führungsebene, die bei Veränderungsprozessen eine Durchlässigkeit von ganz oben nach weiter unten zu behindern scheint. So begründete ein frisch gebackener CEO im Sommer 2008 den Abbau von sehr vielen Stellen in der Verwaltung mit den Worten: »Es kann nicht sein, dass wir nur bei den Arbeitern Opfer einfordern. Es geht uns jetzt um die Lehmschicht – vor allem das obere und das mittlere Management.«

Damit hatte er öffentlich ausgesprochen, was seine Kollegen vielerorts schon länger beobachten. Die ursprünglich zunächst nur im mittleren Management wahrgenommene Lehmschicht hat sich durch zähe Ablagerungen im oberen Management bis hin zu den »direct reports« der Vorstände auf der zweiten Führungsebene ausgebreitet. Solche Verwitterungsprozesse geschehen in Unternehmen bedeutend schneller als in der Geologie, manchmal scheint ein einziger Tag dafür auszureichen. Übrigens: In leichter grammatikalischer Variation wird immer wieder auch von Lähmschicht gesprochen.

In geologischen Formationen liegen oberhalb von Lehmschichten nicht immer nur die Goldadern. Dazu drei Beobachtungen aus der jüngeren Vergangenheit: (1) Da stolpert in einem Unternehmen fast die gesamte Führungsriege über die seltsamen – aus einer eindimensionalen Ausrichtung auf den Shareholder resultierenden – Machenschaften gegenüber Kunden und Mitarbeitern, die sich auch durch Bauernopfer auf den Ebenen darunter nicht mehr aus der öffentlichen Diskussion bringen lassen. (2) Da veranlasst die Vorstandsriege im Rahmen des grundlegenden Veränderungsprozesses in einem zweiten Unternehmen eine Serie von Workshops für seine zweite und dritte Führungsebene mit externer Moderation, um für die Sprachlosigkeit zwischen oben und ganz oben überhaupt noch eine Übersetzung zu finden. (3) Da beklagt das Top-Management eines dritten Unternehmens die mangelnde Transformationsfähigkeit sei-

> ner Nachgeordneten, die mit den überaus ambitionierten und eher allge-
> meinen Zielsetzungen zum »top line growth« nicht mehr mithalten könn-
> ten und keine Ideen zu neuen Produkten und besserer Produktion mehr
> hätten.

Während die Veränderungskompetenz (»Können«) der ersten Führungsebene
von den Befragten in eindeutig über der Hälfte an Fällen hoch oder sogar sehr
hoch eingeschätzt wird, liegt der entsprechende Wert für die zweite Führungsebene mit weniger als einem Drittel deutlich darunter. Von wenigen Ausnahmen
abgesehen hat die erste Führungsebene zumindest noch eine mittlere Veränderungskompetenz. Aus der zweiten Führungsebene besitzen über fünfzig Prozent
der Manager eine lediglich mittlere Veränderungskompetenz und bei jedem
Siebten ist sie sogar gering (vgl. Abb. 71).

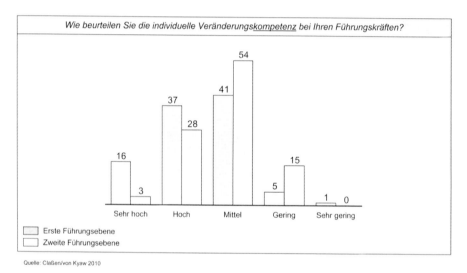

Quelle: Claßen/von Kyaw 2010

Abb. 71: Bei der Veränderungskompetenz (»Können«) zwischen erster und
zweiter Führungsebene klaffen Welten...

Bei der Veränderungsbereitschaft (»Wollen«) ist dieser Abbruch von der ersten
zur zweiten Führungsebene noch markanter. Fünf von sieben Top-Managern
verfügen aus Sicht der befragten Change-Management-Experten über eine hohe
oder sogar sehr hohe Veränderungsbereitschaft, lediglich bei einem knappen
Viertel liegt sie auf einem mittleren Niveau. Natürlich gibt es auch bei Vorstän-
den und Geschäftsführern einige wenige – jeder Zwanzigste – dem eine unter-
durchschnittliche Bereitschaft zur Veränderung zugeschrieben wird. Im Senior
Management besitzt nur jeder Dritte eine hohe oder sogar sehr hohe Veränderungsbereitschaft. Genau die Hälfte dieser immerhin noch in erheblich verant-
wortlicher Position befindlichen Manager hat eine mittlere Veränderungsbereitschaft, bei jedem Sechsten ist diese sogar gering (vgl. Abb. 72).

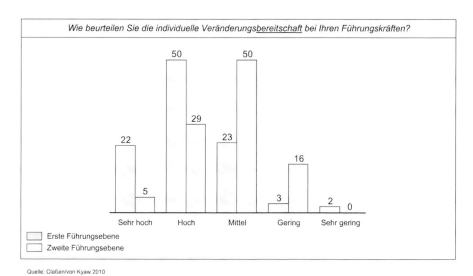

Quelle: Claßen/von Kyaw 2010

Abb. 72: ...die bei der Veränderungsbereitschaft (»Wollen«) sogar noch deutlich ausgeprägter sind

Defizite in der Veränderungsbereitschaft im Top/Senior Management

Was sind nun die wesentlichen Gründe für diese mangelnde Veränderungsbereitschaft an der Unternehmensspitze (die Veränderungskompetenz wurde nicht weiter analysiert)? Aus Theorie, Empirie sowie unserer Projekterfahrung haben wir acht mögliche Ursachen herausdestilliert und in den Pretests für den Fragebogen verifiziert. Da lediglich bei neun Prozent der Antworten von der Kategorie »Sonstiges« Gebrauch gemacht worden ist, decken die acht Antwortalternativen die Hauptgründe für mangelnde Veränderungsbereitschaft im Top und Senior Management weitgehend ab. Die Befragten konnten jeweils bis zu drei Aspekte ankreuzen (was nicht von jedem ausgeschöpft wurde), womit der Erwartungswert bei 33 Prozent liegt. Werte darüber sind überdurchschnittlich und können als Primärgründe interpretiert werden, Werte um den Erwartungswert sind durchschnittlich und stellen Sekundärgründe dar, Werte darunter sind unterdurchschnittlich und werden als Tertiärgründe bezeichnet (vgl. Abb. 73).

Die drei Hauptgründe für die mangelnde Veränderungsbereitschaft liegen im Fehlen der Einsicht, der Angst vor Entscheidungen und dem Verlust an Einfluss. Wenn eine Führungskraft also nicht weiß, warum, nicht weiß, wie und sich dazu noch zu den Verlierern der Veränderung zählt, ist die individuelle Reaktanz vorprogrammiert. Aber auch weitere Hürden limitieren die Offenheit für erforderliche Veränderungsmaßnahmen, so die auf das Engste mit dem Verlust an Einfluss verbundene Angst vor Statusverlust. Weitere Sekundärgründe – bei etwa jeder dritten Führungskraft – sind mangelnde Flexibilität und fehlende Kompetenz, also zwei Aspekte, die auf das landläufig als Peter-Prinzip bekannte

Phänomen hinweisen: »In einer Hierarchie neigt jeder Beschäftigte dazu, bis zu seiner Stufe der Unfähigkeit aufzusteigen.« Weitere Aspekte der persönlichen Disposition – etwa eine frustrierende Vergangenheit oder sogar ausgeprägter Egoismus – stellen eher tertiäre Gründe dar.

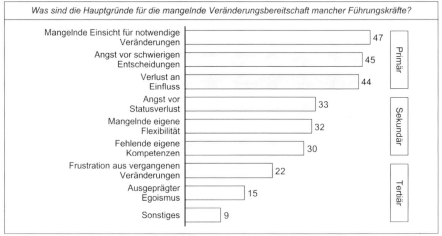

Quelle: Claßen/von Kyaw 2010

Abb. 73: Hauptgründe für mangelnde Veränderungsbereitschaft liegen im Fehlen der Einsicht, der Angst vor Entscheidungen und dem Verlust an Einfluss

Sehen wir uns die drei Hauptgründe, jeder für sich in fast jedem zweiten Fall die Ursache für mangelnde Veränderungsbereitschaft von Führungskräften im Top und Senior Management, näher an. In der Theorie – bei der Hindernisse einfach nur überwunden werden müssen und die Welt ist wieder schön – wäre es ein Leichtes, mittels Change Management hier anzusetzen. Versuchen wir es also einfach einmal:

- *Erster Hauptgrund* ist die mangelnde Einsicht in die Notwendigkeit von Veränderungen. Folglich muss diese Einsicht erhöht werden, etwa durch intensivierte und optimierte (Überzeugungs-)Kommunikation. So etwas sollte zwischen erster und zweiter Ebene möglich sein. Dies erfordert freilich viel Zeit und gute Argumente. Viele der ins Feld geführten Vorteile erhalten aber durch sprachliche Raffinesse und verbale Routinen überhaupt erst einen positiven Tenor, der bereits beim ersten Nachfragen zerbröselt. Ein mehr und besser an Kommunikation greift aber dann zu kurz, wenn bereits das zu Kommunizierende schwächelt. Oftmals gibt es keine wirklich überzeugenden Gründe für die Veränderung. Dann aber kann man miteinander plaudern so lange man will. Man sollte es besser beim Status quo lassen.

- *Zweiter Hauptgrund* ist die Angst vor schwierigen Entscheidungen. Folglich muss diese Angst genommen werden, etwa durch sorgfältige Planungsanstrengung, höhere Fehlertoleranz, mildere Folgewirkungen. Denn oftmals ist eine Veränderung auch mit Wirkungen auf der Schattenseite (»Downsizing«) verbunden und nicht für jedermann auf den ersten Blick (und oft auch nicht bei den zweiten und dritten) ein Zugewinn. Dies verlangt aber Zeit und Kraft für ein Durchdenken der Folgewirkungen einer Veränderung sowie eine entsprechende Unternehmenskultur, die falsche Entscheidungen nicht grundsätzlich sanktioniert oder harte Entscheidungen nicht rücksichtslos exekutiert. Derartigen kulturellen Entwicklungen muss man Zeit geben.

- *Dritter Hauptgrund* ist die Angst vor Verlust an Einfluss, eng verbunden mit der Angst vor Statusverlust als dem viertwichtigsten Motiv. Folglich sollten auch diese Ängste genommen werden, etwa durch Aufklärung über die unberechtigten Sorgen oder das Aufzeigen der nachteiligen Entwicklungen von alternativen Szenarien. Dies mag in manchen Fällen – den tatsächlichen »Nicht-Verlierern« – nützen. Die absehbaren Verlierer besitzen aber einen feinen Sinn für die abträglichen Folgewirkungen und werden alles versuchen, Schaden von sich persönlich abzuwenden. Auch dies ist übrigens ökonomische Rationalität. Für den Einfallsreichtum scheint es in der Praxis keine Grenzen zu geben. Mit derartigen Ängsten und den von ihnen Betroffenen im Verlauf von Veränderungsprozessen umzugehen ist eine der schwierigsten Übungen des Change Management und sprengt eigentlich sogar dessen durchaus flexiblen Rahmen. Gefragt ist weniger Change Management als »Business Management«. Gefordert sind in jedem Fall ein individueller Ansatz und zur Not auch sanktionierende Maßnahmen bis hin zur Entlassung. Für solche Sachen ist das Top Management höchstselbst verantwortlich, womit wir wieder beim zweiten Hauptgrund, der Angst vor schwierigen Entscheidungen, wären. Delegierbar an ein Projekt und dessen Change Management sind diese Dinge keinesfalls. Doch die Versuchung zum Weiterreichen des Problems bleibt groß.

In jedem Fall sind diese Hauptgründe für eine mangelnde Veränderungsbereitschaft von Führungskräften im Top und Senior Management wie auch deren sekundären und tertiären Motive für Widerstand nicht auf die leichte Schulter zu nehmen. Oft entscheidet sich bereits hier – beim »oberen Zustimmungsabbruch« – der Erfolg einer Veränderung. Denn es sind nicht immer nur die Widerstände vom mittleren Management abwärts – der »untere Zustimmungsabbruch« bzw. die »skeptische Statistenrolle«, die den Prozess des Wandels vielerorts so mühsam machen. Die Thesen von einer Lehmschicht des »Middle Management« sowie der im alten Denken verhafteten Belegschaft sind sicherlich keine unbegründete Mär. Aber der Gegendruck zum beabsichtigten Wandel beginnt oft bereits weit oben in der Hierarchie, dem Senior Management sowie manchmal sogar im Top Management und deren nicht immer vorhandene Veränderungskompetenz und Veränderungsbereitschaft.

Vom »Stretch« zum »Overstretch«

Gegen das allmähliche Nachlassen in der Anstrengung, dies gilt bei vielen als Merkmal der menschlichen Natur, wird in der Führungstheorie zu einem entsprechenden »Stretch« geraten. Die Aufgabenstellungen sollen gerade noch machbar sein, es könne aber durchaus auch ein klein wenig anspruchsvoller sein und etwas über der Machbarkeit auf einen ersten Blick liegen. Klagen gehört dann zum Handwerk, lautet ein flotter Spruch, der ausdrücken möchte, dass vielfach recht schnell die schwierigen Umstände, die steigenden Belastungen, die sichtbaren Widersprüche als Entschuldigung für erwartete Unpässlichkeiten und Unzulänglichkeiten herhalten müssen. Man kennt dies etwa aus den jährlichen Budgetrunden, bei denen das Mehr durch »top down« und das Weniger durch »bottom up« immer wieder zu intensiven Debatten bis hin zur finalen Kalibrierung führen. Eine Spielregel ist dabei meist ohnehin klar: Das kommende Jahr soll im Ergebnis um X Prozent über der aktuellen Periode liegen. Bei Veränderungsprozessen muss es entsprechend schneller (»before time«) und günstiger (»below budget«) gehen.

Dies alles ist nichts Neues. Beim Blick in so manches Transformationsprojekt können wir uns aber nicht mehr des Eindrucks erwehren, dass dort statt von einem »Stretch« von einem »Overstretch« gesprochen werden muss. Die Leistungsfähigkeit der Führungskräfte sowie das Anforderungsniveau der internen und externen Stakeholder fallen immer weiter auseinander, nicht nur im finanzwirtschaftlichen Bereich (vgl. Abb. 74). In dem – zugegebenermaßen eher mechanistischen – Schaubild nimmt im Zeitverlauf das Anforderungsniveau schneller zu als die Leistungsfähigkeit. Das Anforderungsniveau an Manager wird aus den vielfältigen Erwartungen rund um »profitable growth« als permanentem Steigerungsspiel (Schulze 2003) gespeist. Die Leistungsfähigkeit einer Führungscrew könnte durch bessere Manager (Leadership Recruiting) oder verbesserte Manager (Leadership Development) ebenfalls gesteigert werden. In der Unternehmensrealität sind dagegen teilweise eher asymptotische Entwicklungen hin zu einem hohen, aber kaum mehr steigerungsfähigen Niveau zu konstatieren. Oder sogar wieder rückläufige Entwicklungen, wie sie unter dem Stichwort »Leadership Effectiveness« diskutiert werden (vgl. 4.2.2).

In jedem Fall ist in vielen Unternehmen der Zeitpunkt t in der Abbildung – ab dem die Leistungsfähigkeit der Ziele-Erreicher mit dem Anforderungsniveau der Ziele-Setzer nicht mehr mithält – bereits gegenwärtig oder sogar schon längst überschritten. Der Ehrgeiz läuft den Möglichkeiten zur Bewerkstelligung einfach so davon. Man kann dann aber nicht immer nur über eine Verbesserung bei den Möglichkeiten der Zielerreichung nachdenken und falls dies – erwartungsgemäß – nicht funktioniert nach besseren Managern rufen. Vielleicht stimmt auch etwas mit manchen Ambitionen grundsätzlich nicht mehr, haben sie doch oft bereits das menschliche Maß verloren oder basieren auf Erwartungen aus nicht wiederkehrenden »windows of opportunity«. Die Zielsetzung und die Zielerreichung müssen sich wieder annähern, die erste von oben und die zweite von unten. Vermutlich wird dann auch der obere Zustimmungsabbruch wieder reduziert werden können.

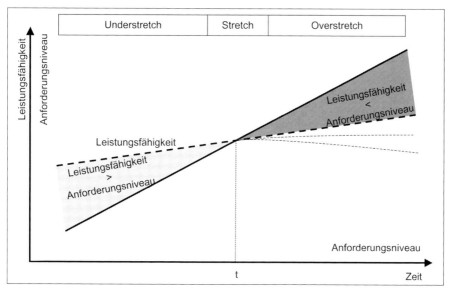

Abb. 74: Die Leistungsfähigkeit der Akteure und das Anforderungsniveau der Stakeholder fallen immer weiter auseinander

4.4.2 Rationalität, Emotion und Politik

Eindimensionales Menschenbild als Sackgasse

Bei alledem gibt es – nicht nur bei Führungskräften, aber gerade auch bei ihnen – das menschliche Spannungsfeld aus Rationalität, Emotion und Politik (vgl. Abb. 75); also einer Trias und keinesfalls einem eindimensionalen Menschenbild. Die in den Wirtschaftswissenschaften mit schöner Regelmäßigkeit propagierte Reduktion des Menschen auf Rationalität hat sich als falsche Fährte erwiesen. Im Change Management hat dieser »homo oeconomicus« ohnehin niemals richtig Fuß gefasst. Gerade in Veränderungssituationen existieren viele »weiche« Faktoren rund um das Wissen, Können, Wollen und Dürfen, die sich selbst mit einem überdehnten Kosten/Nutzen-Verständnis nicht einfangen lassen. Neben der reinen Vernunft schimmern immer wieder zwei weitere Facetten der menschlichen Natur durch: Der Makrokosmos von Emotionen und die Lebensrealität von (Mikro-)Politik (vgl. Claßen 2008: 142–166). Neben einem primär an die Vernunft adressierten Vorgehen bedarf es der Identifizierung emotionaler Barrieren und politischer Blockaden. Veränderung bleibt nicht nur das mechanistische Ausführen der vorteilhaftesten Lösung im allerbesten deutschen Ingenieursinne (natürlich ohne diese wichtige Profession an dieser Stelle desavouieren zu wollen). Es geht – auf der Individualebene der Führungskräfte und Mitarbeiter – um die Berücksichtigung der menschlichen Willensfreiheit und – auf der Aggregatebene des sozialen Systems Organisation – um die Schaffung eines zwischenmenschlichen Konsensus.

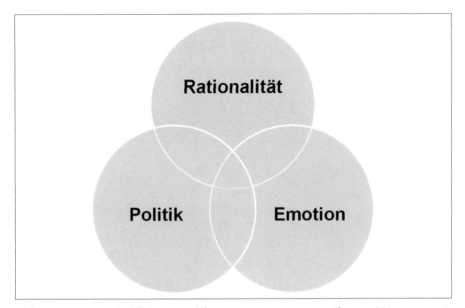

Abb. 75: Ein ganzheitlich ausgerichteter, ausgewogener Change-Management-Ansatz adressiert alle drei relevanten Dimensionen einer Veränderung

Empirische Ergebnisse

In unseren HR Barometern (zuletzt Claßen/Kern 2009: 52–54) stellen wir den befragten HR-Verantwortlichen die Frage, wie denn das jeweilige Top Management im Unternehmen die Bedeutung der drei Stakeholder Mitarbeiter, Aktionär und Kunde bewertet. Um die knappen Ressourcen zu simulieren, können insgesamt maximal 100 Prioritätspunkte verteilt werden. Eine identische Verteilung bedeutete damit einen vergleichbaren Stellenwert. Eine ungleiche Verteilung mit Schwerpunkt auf einem der drei Stakeholder weist auf dessen Dominanz bei Unternehmensentscheidungen hin. In analoger Weise haben wir diesmal die befragten Change-Management-Experten um ihre Sicht zur Trias Rationalität, Politik und Emotion gebeten: »Veränderungen berühren die emotionale, politische und rationale Dimension. Gewichten Sie diese drei Dimensionen zueinander durch Verteilung von 100 Prozentpunkten.«

Die Ergebnisse streuen immens: Rationalität zwischen 3 und 70 Punkten, Politik sogar zwischen 0 und 90 Punkten sowie Emotion immerhin zwischen 7 und 75 Punkten (vgl. Abb. 76). Dies zeigt nicht nur die unterschiedlichen Realitäten in den Unternehmen, sondern wohl auch deren subjektive Wahrnehmung durch die Befragten. Die Aussagen mit Werten weit entfernt vom Erwartungswert (33

Punkte) – also Werten unter 20 und über 50 Punkten – dürfte in vielen Fällen auf fast schon traumatischen Erfahrungen mit einer der drei Dimensionen beruhen. Beispielsweise basieren Werte, noch nicht einmal das jeweilige Extrem, von 70 bei Emotion, 60 bei Politik und 10 bei Rationalität mit Sicherheit auf einer sehr speziellen Erfahrung (oder individuellen Perzeption?) von bestimmten Veränderungsprozessen im eigenen Haus.

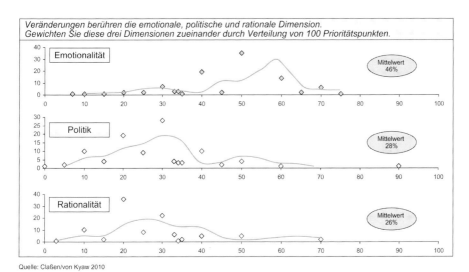

Quelle: Claßen/von Kyaw 2010

Abb. 76: Beim Blick auf die Trias Rationalität/Politik/Emotion zeigen sich die unterschiedlichen Realitäten in den Unternehmen

Die Durchschnittswerte über alle Befragten geben jedoch einen guten Eindruck über den prinzipiellen Stellenwert der drei Dimensionen (vgl. Abb. 77). Bei Veränderungsprozessen sind – dies erstaunt den erfahrenen Praktiker keineswegs – die Emotionen am wichtigsten (46 Punkte). Die (Mikro-)Politik liegt mit ziemlichem Abstand an zweiter Stelle (28 Punkte), die Rationalität nochmals ein Stück dahinter (26 Punkte). Mit dieser Erkenntnis müssen nun nicht die Lehrbücher zur Gestaltung des Wandels umgeschrieben werden. Aber das angewandte Change Management bedarf vielerorts einer zweidimensionalen Erweiterung. Denn es ist nicht nur die Kognition, auf die es ankommt. Aber dies haben Sie, lieber Leser, vermutlich schon längst gewusst, würden Sie sich doch ansonsten auch nicht für diese Publikation interessieren. Aber nun haben wir es eben nochmals schwarz auf weiß.

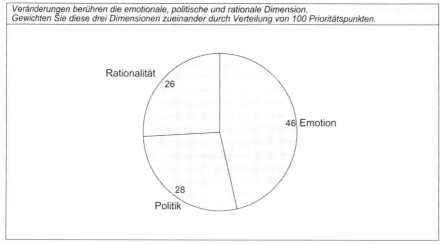

Quelle: Claßen/von Kyaw 2010

Abb. 77: Bei Veränderungsprozessen sind die Emotionen am wichtigsten;
die (Mikro-)Politik liegt mit ziemlichem Abstand an zweiter Stelle

5 Anforderungen an den HR-Business-Partner

5.1 Entwicklung von Kompetenzen

5.1.1 Abschied von der einen HR-Welt

Der Spagat wird größer

Spätestens seit dem Rollenmodell von Ulrich (1997) ist klar, dass sich das erforderliche Kompetenzspektrum in HR deutlich verbreitert hat. Kaum jemand dürfte heute mehr in der Lage sein, den Spagat von spezialisierten HR-Administrationsthemen über all die CoE-Domänen wie etwa Tarifrecht, Gesundheitsmanagement und HRIT-Innovationen bis hin zu konkreten HR-Wertschöpfungsthemen zu schlagen. Denn für einen Spagat benötigt man nicht nur Beweglichkeit, sondern auch Können. Es haben sich daher – dies muss man unterdessen für das HRM zweifelsohne konstatieren – zwei unterschiedliche HR-Welten entwickelt: »Dual career paths for HR that divides transactional and strategic tasks« (Corporate Leadership Council 2003b). In Diskussionen mit HR-Verantwortlichen wird zwar häufig noch das Credo einer einheitlichen und zusammengehörenden Personalfunktion vorgebracht. Aber sämtliche Bemühungen um die Professionalisierung von HR – etwa durch die Selbst-GmbH bzw. die DGFP, die neuen Master-Studiengänge (etwa in Eichstädt-Ingolstadt oder Halle-Wittenberg) – setzen auf eine Differenzierung und Spezialisierung des Wissens. Auch auf den Messen und Kongressen für Personal werden entweder nur Teile des Angebotsspektrums in Anspruch genommen oder gleich die spezialisierten Events besucht.

Einige Kompetenzen, die man unseretwegen durchaus auch als grundlegende Kern-Kompetenzen von HR bezeichnen kann, mögen diese Spreizung noch aushalten. Die Bedeutung der rollenspezifischen Kompetenzen – um die Kompetenzen für den HR-Business-Partner geht es im Folgenden – hat allerdings deutlich zugenommen. Doch nicht nur bezüglich des Stakeholders Mitarbeiter findet diese Spreizung statt. Auch beim Umgang mit dem Kunden werden vom Vertriebssachbearbeiter und dem Custom Relationship Officer durchaus Unterschiedliches erwartet, ebenso wie in der Beziehung zum Eigentümer vom Bilanzbuchhalter im Vergleich mit dem Investor Relationship Manager. Eine Differenzierung von Rollen und dahinterliegenden Kompetenzmodellen ist der Zug der Zeit; die Ära der HR-Generalisten ist vorbei.

Damit wird auch der rasche Wechsel zwischen unterschiedlichen HR-Rollen deutlich schwieriger. Die entsprechende Einstellung, ein substanzielles Basiswissen sowie umfassende Erfahrung werden zur Grundvoraussetzung für Erfolg. Laut einer CLC-Studie (Corporate Leadership Council 2007a) wird die Effektivität des HR-Business-Partners zu zwei Dritteln von dessen bereits vorhandener Kompetenz bestimmt. Zu einem Viertel trägt seine bisherige Erfahrung dazu bei und lediglich zu jeweils fünf Prozent seine Motivation und seine zusätzliche Ausbildung. Dieses Ergebnis bestätigt die Erfahrung aus der unternehmerischen Praxis, dass ein schlechter HR-Business-Partner kaum durch – auch noch so gute Trainings – zu einem guten HR-Business-Partner entwickelt werden kann. Auch der starke Wille, es besonders gut machen zu wollen, erschafft noch lange keinen guten HR-Business-Partner. Daher kommt der Auswahl für diese Rolle eine entscheidende Bedeutung zu. Viele Umsetzungen der HR-Business-Partner-Idee scheitern genau daran, dass schlichtweg die falschen Leute nun plötzlich ein neues Türschild bekommen. Der HR-Business-Partner ist eben kein aufwendig getunter und neu lackierter Personalreferent. Im Grunde muss ein HR-Business-Partner bereits einiges mitbringen: »Kompetenzen können Sie noch antrainieren, bei Haltung und Selbstverständnis wird es schon schwieriger«, fasste einer der Interviewten aus unserer ersten Studie zum Thema seine Erfahrungen zusammen.

Einige können es, andere eben nicht

»Ich glaube, HR-Business-Partner müssen viel mitbringen. Darum sind sie so selten. Es ist nicht einfach sie zu finden.« Im Kern der Diskussionen mit HR-Verantwortlichen führender Unternehmen im Jahr 2005 stand die Frage nach dem Persönlichkeits- und Kompetenzprofil des HR-Business-Partners. Um es gleich vorwegzunehmen: Den Idealtypus gab es schon damals nicht und gibt es heute immer noch nicht. Wie inzwischen üblich hängt es von den Umständen ab: Von dem Unternehmen, von der Situation, von der Befindlichkeit. »Meiner Meinung nach kommt es sehr stark auf die Persönlichkeit an«, meinte einer der Befragten. Ein zweiter gab ihm Recht: »Für mich ist das eine Frage der Grundhaltung und des Hintergrundes. Der HR-Business-Partner setzt eine gewisse Performance, eine bestimmte Denke voraus, um den Geschäftsprozess proaktiv mitzugestalten.« Ein dritter ergänzt aus seiner Erfahrung: »Es ist die persönliche Disposition wichtig und die Kompetenzen, das Verhalten, welches jemand mitbringt.« Denn das ist ein möglicher Denkfehler bei der Einführung des HR-Business-Partners im Unternehmen. Man entwickelt zunächst ein Konzept und sucht dann die Leute dafür (und muss nehmen was man hat). Umgekehrt ist es sinnvoller: Zunächst die wenigen wirklich guten HR-Business-Partner im Hause zu identifizieren, diese wirken zu lassen und dann daraus ein Konzept zu machen. Man mag dies Guerilla-Taktik nennen. Aber sie funktioniert (vgl. 6.2). Nicht bei jeder Implementierung stehen schicke PowerPoint-Charts am Beginn.

Denn der HR-Business-Partner ist ein Typ, der etwas bewegen möchte, für sein Unternehmen, für die Kunden, für die Aktionäre, aber natürlich auch für die Führungskräfte und Mitarbeiter. Er ist hartnäckig, hat Biss. Er ist erfahren, besitzt Kompetenz. Er ist mehrdimensional, zeigt Balance. Dabei bewegt er sich stets auf einem schmalen Grat von Interessen, Anliegen, Meinungen, Erfahrungen, Stimmungen. Er ist ein Rollenmodell für Ambiguitätstoleranz und Selbstwirksamkeit, kann daher mit undurchsichtigen, unscharfen, unsicheren Konstellationen umgehen. Er geht in dieser Unklarheit nicht unter und leidet an ihr auch nicht allzu sehr. Er steht an der Schnittstelle zwischen HR und Linie; weder auf der einen noch auf der anderen Seite. Manchmal schon, wenn es richtig ist. Er denkt an die »bottom line«, manchmal mit kurzfristigem Horizont, ein andermal mit langfristiger Perspektive. Er bringt das Unternehmen nach vorne, mit den Mitarbeitern, durch die Mitarbeiter, für die Mitarbeiter.

Die erfreuliche Nachricht ist: Es gibt ihn wirklich! Wir haben den exzellenten HR-Business-Partner in den vergangenen Jahren immer wieder getroffen, nicht immer in den medial bekannten und gefeierten Unternehmen. Es sind nicht selten die »hidden champions«, die in unserer subjektiven Wahrnehmung am meisten bewegen. Nicht unbedingt mit dem Branding eines bekannten Unternehmens im Hintergrund, selten auch durch Seminare, Gremien, Artikel bekannt; dies lässt er andere machen. Ein Befragter hat hierzu ein fast schon persönliches Bekenntnis angegeben: »Es gibt die Umsetzer an der Basis. Die sind wirklich immer mit Bodenhaftung. Die kennt man nicht so; aber die machen im Unternehmen sehr viel. Wie man bei uns so schön sagt: ›Where the rubber hits the road‹. Da halte ich es für wichtig, dass man dafür Mitarbeiter hat in HR oder HR Manager, die wirklich auch wissen in welche Richtung es geht, die auch Visionen haben, die auf der anderen Seite aber nicht so abgekoppelt sind, dass sie das nicht umsetzen.«

Einer von dreien, eher weniger

Die Weiterentwicklung von verlässlichen Personalsachbearbeitern und bewährten Personalreferenten zum HR-Business-Partner scheint ihre Grenzen zu haben. Gerade diese HR-Rollen werden bei der Restrukturierung des Personalbereichs zu einem modernen HR-Service-Delivery-Modell – insbesondere durch Shared Service Center – von ihren bisherigen transaktionalen und administrationsorientierten Tätigkeiten freigesetzt: Überkapazitäten! Diese Freisetzung geht aus diversen Gründen indes oft nicht (und den Business Case für das SSC verhagelt es).

Also muss man für diese Akteure mit zumindest vordergründig vernünftigen Argumenten andere Rollen in der neuen HR-Welt suchen. Wenn schon die Kosten von HR nicht runtergehen können, so soll zumindest der Nutzen aus der Personalfunktion wachsen. Oft bleibt da nur der HR-Business-Partner als Schlupfloch übrig. Mit den Slogans »Gestalten statt Verwalten« und »Strategie- statt Tagesarbeit« sollen nun Personalsachbearbeiter und Personalreferenten ihre oft jahrzehntelang eingeübten Felder verlassen und sich als Wertschöpfungstreiber für die Unternehmensbereiche etablieren. Viele packen diese Neuausrichtung nicht. Als Faustregel scheint zu gelten, dass allenfalls jeder Dritte dies wirklich dauerhaft meistert. Bei der Umsetzung einer HR-Business-Partner-Konzeption macht man sich bei derartigen Quoten keinen Gefallen, weder für den Personalbereich, noch für die Unternehmensbereiche, ganz zu schweigen von den umgelabelten Darstellern. Die Befragten aus der ersten Studie brachten ihre Erfahrungen auf den Punkt:

- »Ich schätze, dass ein Drittel der Personaler in der Lage ist, dies zu lernen. Aber das ist ein Lernprozess, das geht nicht von einem auf den anderen Tag. Ein ganz großer Teil, ich sage mal über fünfzig Prozent, wird den Sprung wahrscheinlich nicht schaffen.«

- »Daher glaube ich, dass wir nicht alle Personaler in so eine Rolle hineinqualifizieren können. Da gibt es unterschiedliche Level und bei manchen Leuten muss man dann vielleicht auch sagen: Lass uns mal schauen, dass wir in der Firma andere Rollen, ganz andere Rollen für Euch finden außerhalb des HR-Bereichs. Wenn jemand, das ist für mich eine ganz tiefe Erkenntnis, wenn jemand zwanzig Jahre lang eine Aufgabe gemacht hat ist es schwer, ihn weiter zu qualifizieren. Dann zu sagen ›Du wirst jetzt HR-Business-Partner‹ nachdem er zwanzig Jahre etwas anderes gemacht hat, das ist problematisch und das ist, ich will nicht sagen ganz schwierig in HR, aber in HR findet man das relativ häufig.«

- »Von vierzehn Potenzialträgern, die wir im Fokus hatten, von diesen vierzehn, die mit Sicherheit eine gute Arbeit machen, haben vielleicht fünf inzwischen den Anspruch an einen HR-Business-Partner verwirklicht. Also wirklich fünf von vierzehn. Die haben wir dann auch weiterentwickeln können.«

5.1.2 Drei Dimensionen

Erste Dimension: HR-Business-Partner kennt das Business

Wie bereits deutlich geworden ist, sollte sich im Grunde jeder HR-Mitarbeiter als Partner des Business verstehen, angefangen beim Mitarbeiter in der Payroll bis zum Personalvorstand in der Beletage. An dieser Stelle fokussieren wir uns auf den Funktionsträger HR-Business-Partner und werden sein Persönlichkeits- und Kompetenzprofil schärfen. Starten wir doch gleich mit dem namensgebenden Merkmal; nomen est omen. Eigentlich ist es eine Selbstverständlichkeit. Der HR-Business-Partner muss »das Geschäft« kennen und wissen, was seine Gegenüber bewegt, wo sie der Schuh drückt und welche Anforderungen sie an HR haben. Bereits zahlreiche Kommentare aus der 2005er Befragung belegen dieses zentrale Erfordernis; hier einige Ausführungen:

- »Der HR-Business-Partner muss sehr gut das Business kennen; und zwar wirklich in der Tiefe. Dies muss er entwickeln, weil er sonst von vornherein nicht akzeptiert wird. HR-Wissen allein reicht nicht. Deshalb braucht er diese hohe Lernbereitschaft, das Business kennen zu lernen und sich dafür auch zu interessieren.«

- »Ich habe immer darauf geachtet, dass HR-Mitarbeiter einen starken Geschäftsbezug haben. Denn ich hatte festgestellt: Wenn sie HR-Leute auf das Business loslassen, die das Geschäft nicht verstehen, die nicht erkennen, was sich in den nächsten Jahren in dem Geschäftsbereich tut, dann können sie natürlich auch keinen strategischen HR-Dialog mit den Business-Unit-Leitern führen.«

- »Gefragt ist eine möglichst gute Kenntniss vom Geschäft. Wobei ich nicht meine, dass man Experte sein muss. Man muss also nicht selber dort gearbeitet haben. Aber man muss wissen, was wichtig ist. Man muss in groben Zügen die Produkte kennen, man muss in groben Zügen die Märkte kennen, die Probleme, die Vorteile, die Nachteile.«

- »Also ganz klar, dass er die Bedürfnisse seiner Kunden kennt. Je näher er da dran ist, desto besser. Das heißt häufige Meetings; also auch durchaus mal in Meetings sitzen, die vielleicht gar keinen HR Issue haben, sondern ein reines Business Issue. Je näher der HR-Business-Partner also beim Kunden ist und deren Probleme in HR Solutions übersetzt, das ist der Erfolg.«

- »HR-Business-Partner müssen aus HR heraus ein Verständnis dafür entwickeln, wie letztendlich das Unternehmen tickt. Was sind Stellgrößen? Wo können wir daran drehen? Wie ist das Gewollte zu verstärken?«

Bei der Frage nach dem Wissenserwerb über das Business waren unsere damaligen Gesprächspartner unentschieden gewesen. Die einen forderten einen mehrjährigen Aufenthalt in den Geschäftsbereichen, also wirkliches Inhalieren der Anforderung durch ergebnisorientiertes Arbeiten »vor Ort«. Die anderen sahen dies nicht als zwangsläufige Voraussetzung für ein erfolgreiches Agieren an der Schnittstelle zwischen Business und HR, erwarteten zumindest aber den wachen Blick »von der Seite«. Diesbezügliche Einschätzungen sind natürlich auch maßgeblich von der eigenen Biografie geprägt. Es ist aus unserer Sicht in jedem Falle sehr sinnvoll, wenn man sich für einige Zeit in vergleichbaren Verantwortlichkeiten desjenigen befunden hat, den man fürderhin unterstützen soll. Nicht jeder Fußball-Trainer ist früher ein Fußballer gewesen, die meisten dann aber doch.

Wichtig ist die Präsenz vor Ort beim Business. Der HR-Business-Partner ist kein Stubenhocker, sondern Meilensammler. In guten Unternehmen wird er gebetsmühlenartig aufgefordert, den Finger am Puls zu haben. In wirklich guten Unternehmen braucht es diese Aufforderung nicht, das physische Zugegensein im betrieblichen Alltag ist zur Selbstverständlichkeit geworden. Reisegenehmigungen und Spesenabrechnungen sollten dann keine Klippe darstellen. Auch dies zeigte sich in zwei ausgewählten Statements:

- »Der HR-Business-Partner ist jemand, der mitbekommt, was überhaupt abgeht. Viele kriegen das schon gar nicht mit. Dazu gehört auch Information. Also raus aus dem Stall! Jemand der mehr als fünfzig Prozent seiner Arbeitszeit am Arbeitsplatz sitzt, gehört schon mal nicht dazu. Die Leute sind unterwegs. Im Unternehmen, in Abteilungen, an Standorten. Die gehören dann im Regelfall zu den bestinformierten Personen. Sie kriegen sehr viel mit, sie haben viele Infos und sie bekommen viele Informationen, weil Menschen mit Ihnen sprechen und weil sie mit Menschen sprechen. Das heißt, sie haben einen hohen Infostand und – hier kommt das Thema Nützlichkeit ins Spiel – die Menschen wollen mit ihnen sprechen.«

- »Er ist jemand, der in der Lage ist, bestimmte Dinge zu verkaufen. HR-Business-Partner sind letztendlich Verkäufer. Sie verkaufen sich, sie verkaufen ihr Serviceportfolio, sie verkaufen unsere Personalprozesse. Dadurch müssen sie – ähnlich wie der Key-Accounter – genau zuhören: Was will der Kunde? Wie ›matche‹ ich das, was ich in meinem Bauchladen zur Verfügung habe, auf seine Bedarfe?«

Zweite Dimension: HR-Business-Partner beherrscht HR

Das ist die andere Seite der Medaille. Sie scheint offenbar bereits derart selbstredend zu sein, dass diese Anforderung in unseren Gesprächen eine eher zweitrangige Rolle gespielt hatte. Hier mag es jedoch mehr als nur graduelle Unterschiede in der Quantität und Qualität der HR-Expertise geben. HR-Business-Partner kann sich heute jeder Personaler nennen, es gibt keine geschützte Berufsbezeichnung. Die zwischenzeitlich möglichen Seminarzertifikate und Ausbildungsgänge wird der erfahrene CV-Leser noch mit einem Fragezeichen versehen. Aber auch hierfür dokumentieren zwei exemplarische Statements diese Anforderung:

- »Ich habe mich immer wieder bemüht, aus dem Business auch Personaler zu bekommen. Dabei bin ich eigentlich eher enttäuscht worden von Personalern, die aus der Linie gekommen sind. Die Komplexität bzw. das Fach-Know-how, das man sich über die Jahre als Personaler aneignet, wird dann doch unterschätzt.«

- »Der HR-Business-Partner muss jemand sein, der in HR ein erstklassiger Professional ist. Er kann nur dann überzeugen, wenn er die HR-Tools so beherrscht, dass er darüber kompetent reden kann, dass er es besser weiß als derjenige, der im Business sitzt und sich mal irgendwo etwas angelesen hat. Ansonsten ist das Thema HR einer Beliebigkeit anheim gegeben. Er muss wissen, wie funktionieren Pensionssysteme, Entgeltsysteme, Personalentwicklung, sollte sich mit Management Development auseinandergesetzt haben und über aktuelle Diskussionen in der HR-Welt Bescheid wissen, aber sich auch auskennen, welche Elemente ein Arbeitsvertrag enthält. Also ein HR-Generalist. Ich habe natürlich auch meine Spezialisten. Aber ein HR-Generalist, den ich auf das Business loslasse, sollte das beherrschen.«

Im Übrigen: Das Stichwort zur Beliebigkeit von HR zeigt das Dilemma vieler Personal-Themen. Entweder sind sie inhaltlich wenig anspruchsvoll, werden von vielen Führungskräften aus eigener Rollenerfahrung (als Vorgesetzter bzw. als Mitarbeiter) mehr oder weniger beherrscht und sind in der tagtäglichen Gemengelage rationaler, politischer und emotionaler Aspekte einer eineindeutigen Lösung sowieso nicht mehr zugänglich. Oder die Personal-Themen sind anspruchsvolle Sonderthemen, bei denen – meist in Folge rechtlicher oder vertraglicher Regelungen – auch im »Center of Expertise« nur noch Einzelne den vollen Durchblick besitzen und am besten durchgängige Urlaubssperre oder Krankheitsverbot aufweisen. Selbstverständlich sind derartige Themen auch immer mit der Versuchung zur Monopolisierung von Dienstwissen durch ultimative Darlegungen ausgestattet. Argumentationsketten wie »Laut Betriebsverfassungsgesetz in der Auslegung des Bundesarbeitsgerichts (Az.: 7 ABR 12/04 Beschluss vom 10. November 2004) sind gekündigte Arbeitnehmer zum Betriebsrat wählbar« kommen für einen HR-Business-Partner nicht wirklich gut. Sie gehören in die Kategorie »der Kunde will«, »der Datenschutz verlangt«, »die Software erfordert« bzw. »der Vorstand hat mir gesagt dass« und lassen die Diskussionspartner meist mit einem hilflosen Achselzucken im Regen stehen.

Beim Blick in die Unternehmen ist zudem der Eindruck einer augenfälligen Hierarchie zu gewinnen. Der immer breitere Spalt zwischen transaktionaler und transformationaler Personalarbeit wurde bereits an anderer Stelle diskutiert (vgl. 1). Aber selbst in der transformationalen Hemisphäre gibt es eine Rangordnung. Da ist der grundsolide Ausbilder bzw. Weiterbilder; dieser besitzt die Ambition, zum Personalentwickler zu werden. Der Personalentwickler strebt wiederum die Führungskräfte- oder Organisationsentwicklung, vielleicht sogar das Coaching an (»Coaching ist für viele Personaler eh das höchste«). Der Coach steigert seine Ambition über das Level seiner Coachees (»Vorstand ist besser als die Ebene darunter«). Oder er interessiert sich wieder stärker für den konkreten Ergebnisbezug seines Tuns und strebt den HR-Business-Partner an. Der HR-Business-Partner steht bestimmt noch nicht ganz oben in der internen Hierarchie. Aber er ist doch das erstrebenswerte Karriereziel vieler Personaler. Freilich nicht jeder Personalist wird den Anforderungen gerecht.

Der Duden empfiehlt

Laut Duden könne man, um das gehäufte Auftreten der Doppelform »Beamtinnen und Beamte« zu vermeiden, die Ausweichform »Beamtenschaft« gewählt werden. Vergleichbares wird etwa auch für »Bauernschaft« (statt »Bäuerinnen und Bauern«) bzw. »Belegschaft« (statt »Mitarbeiterinnen und Mitarbeiter«) empfohlen. Wir nehmen an dieser Stelle jedoch davon Abstand, von der Personalerschaft oder gar über PersonalerInnen zu sprechen. So verwenden wir weiterhin einfach den Begriff »Personaler«. Wenn wir ein klitzeklein bisschen böse sein wollen, auch den des »Personalisten«. Übrigens: Es ist schon erstaunlich, dass bei vielen eher negativ besetzten Begriffen niemals die weibliche Form Verwendung findet. Oder haben Sie schon einmal etwas von Zeitdiebinnen, Langweilerinnen oder Verschwenderinnen vernommen? Könnte es, rein theoretisch, ja auch geben [das könnt ihr so nicht bringen; die Lektorin].

Dritte Dimension: HR-Business-Partner ist Partner

Neben seiner fachlichen Kenntnisse sollte der HR-Business-Partner auch eine Persönlichkeit mitbringen und mit dem Business auf Augenhöhe agieren. Unterordnung und selbst Einordnung wären die falsche Devise. »Wenn Sie den Anspruch haben, Führungskräfte erfolgreicher machen zu wollen, dann müssen Sie auch ein Stück Standing mitbringen.« Standing lernt man nicht durch Trainings, Standing erbt man nicht durch Zuschreibung, Standing erhält man nicht durch Titel. Standing wird durch Anpacken und die sich daraus ergebenden Ergebnisse erarbeitet, nicht über Nacht sondern in Jahren (»earn the right«). Vergangener Erfolg und dadurch gewachsene Selbstwirksamkeit ist die beste Voraussetzung für zukünftigen Erfolg. Vor diesem Hintergrund war die Einschätzung eines Gesprächspartners zu verstehen: »Mir ist am wichtigsten, dass ein Kandidat in dem Bereich aus dem er kommt erfolgreich ist und auch so angesehen wird. Ganz entscheidend ist, dass er ein gutes Renommee aus seinem eigenen Bereich mitbringt«.

Der HR-Business-Partner lebt deshalb vom Vertrauen in seine Arbeit. Seine Ergebnisse und Einschätzungen – oft ohne große zeitliche Spielräume erstellt – müssen passen. Allzu viele Flops kann er sich nicht erlauben; ansonsten ist er rasch unten durch. Am stärksten zeigt sich dieses Vertrauen, wenn der HR-Business-Partner vom verantwortlichen Manager vor einer Entscheidung gefragt wird, wenn jener auf ihn aktiv zugeht. Dies geschieht oft zu ungewöhnlichen Zeitpunkten. Einige der Befragten berichteten von Anrufen ihrer Vorstände nur wenig vor Mitternacht. Sicherlich sind dies die heutzutage immer noch gültigen Erfolgsgeschichten. Die angeschalteten Kommunikations-Vehikel und eine gewisse 24/7/365-Mentalität (»always on«) gehören aber in jedem Fall dazu. Gerade deswegen muss der HR-Business-Partner, was in den heißen Phasen schwerfällt, auch auf seine Work-Life-Balance achten; ansonsten ist er auch rasch unten durch. Die schwierige Gratwanderung des modernen »Business Man« eben.

Jeden Tag werden in Unternehmen, meist nicht aus bösem Willen, sondern als Folge des hektischen Treibens, ohne tieferes Nachdenken unsinnige Vorschläge entwickelt. Oder die wohlgemeinten Regularien inklusive des Wertekanons zählen wegen des Kennzahlendrucks auf einmal nicht mehr. Oder der Augenaufschlag eines Vorstands wird falsch interpretiert und entwickelt eine arbeitsame Eigendynamik. Ein HR-Business-Partner besitzt in solchen Fällen Rückgrat, muss bei kritischen Themen eine andere Auffassung als die Geschäftsseite auch mit guten Argumenten vertreten können. Diese guten Argumente können aus der offiziellen HR Policy abgeleitet sein oder ganz einfach seinem gesunden Empfinden entspringen. Er sollte das Wort »Nein« nicht aus seinem Sprachschatz gestrichen haben. Natürlich mit guter Begründung, mit überzeugenden Darlegungen, mit glasklaren Fakten und selbstverständlich ohne Schwafeln. Oh, wenn dies doch nur so einfach wäre.

Dieser Spagat zeigt sich bei bestimmten Themen in besonderer Weise. Das beinahe schon klassische Beispiel: Vergütung von Spitzenkräften. Die meisten Unternehmen haben hierfür inzwischen definierte Gehaltsbänder, fixierte Spielregeln, die trotz aller Gestaltungsräume auch eine Deckelung nach oben implizieren. Wenn nun der Vorstand eine bestimmte Person unbedingt rekrutieren möchte, diese jedoch den Gehaltsrahmen sprengen würde, was ist zu tun? Option 1: Unter dem Stichwort Gehaltsgerechtigkeit eine Absage erteilen, der Policy zu ihrem Recht verhelfen und damit den Vorstand vergrätzen und einen guten Mann verlieren? Option 2: Mit dem Stichwort Ausnahmefall ein Auge zudrücken und dafür den vergleichbaren Managern nicht mehr guten Gewissens ins Auge sehen zu können? Diese Fragen können nur individuell und situativ beantwortet werden. Für einen HR-Business-Partner sticht aber nicht automatisch der Ober den Unter. Dazu gehört auch eine Portion Widerspruchsgeist. Der eine Befragte nannte dies »gezielte Renitenz«, ein anderer »bisschen anarchistisch«, ein dritter »Rolle des Hofnarr spielen«. Aber – und dies ist ebenfalls wichtig – »nicht im Sinne von überpowern«. Es ist die Wanderung auf dem schmalen Grat (dies als Metapher für alle Bergsteiger unter den Lesern) bzw. das Segeln hart am Wind (dies als Allegorie für alle Wasserfreunde).

Dieses Ringen um eine gute Lösung hatte einer unserer Gesprächspartner aus der 2005er Studie in seinen Worten treffend beschrieben: »Die Policy ist dazu da, da zu sein und irgendwie eingehalten zu werden. Aber da fängst du an zu spielen. Und spielen tust du mit sozialer Kompetenz und indem die Leute gerne zu dir kommen. Der Traffic bei unseren HR-Business-Partnern ist hierbei total unterschiedlich.« Das ist es wohl. Ein zweiter Gesprächspartner argumentierte ähnlich: »Man muss schon in der Lage sein auf jemanden einzugehen, dabei Bindungen herzustellen, aber auch die Balance halten zu können. Nicht nur zu sagen: ›O.K., ich mache alles was Sie möchten‹. Wie bei einer richtigen Partnerschaft muss ich versuchen dir zu helfen, Lösungen zu finden für deine Probleme. Aber ich muss dir auch ganz klar aufzeigen, wo die Grenzen sind und muss auch Nein sagen können. Oder konkreter: ›Das macht aus dem und dem Grund keinen Sinn und ich unterstütze es deshalb nicht‹.« Zum Rückgrat gehört auch die in diesen Zeiten viel beschworene Nachhaltigkeit: »Dass man auch manchmal sagt: ›O.K. – dafür haben wir uns jetzt entschieden. Jetzt kommen hier viele Probleme auf dem Weg der Umsetzung. Die haben wir aber vorher besprochen. Aber jetzt möchte ich schon daran festhalten, dass wir dies nun auch umsetzen‹.«

Eine Rolle spielt dabei gewiss das Alter. Das folgende Statement ist zwar nicht repräsentativ, betont aber diesen Aspekt in prägnanter Weise: »Personalleute – finde ich – werden ab 40 Jahre meistens besser, nicht schlechter. Als HR-Business-Partner haben sie meistens am Tag mit Bereichsleitern zu tun. Die sind ja auch meistens so um die 40 Jahre. Die haben was drauf, das sind talentierte, kompetente Leute. Wenn man mit denen reden will, muss man viele Informationen haben und man muss eine Meinung haben, um mit denen sprechen zu können. Sonst ist man kein Partner. Die Menschen empfinden das so.« Weniger oder graue Haare, die ersten Fältchen, die typischen Rückenschmerzen beim Sitzen in den Workshops, den HR-Business-Partner sollten sie nicht stören. Nun sind die beiden Autoren inzwischen auch jenseits dieser genannten Schwelle angelangt und werden damit fast automatisch zum Verfechter des Senioritätsprinzips. Aber es stimmt schon: Wir haben durchaus jüngere HR-Business-Partner in den Unternehmen getroffen. Die Wertschätzung dieser Rolle gegenüber wurde aber meist an den etwas älteren Vertretern dieser für HR immer noch neuen Profession festgemacht.

Literatur-Recherche

Wer sucht, der findet. Dank der modernen Suchprozesse im Internet stößt man bei gezielten Recherchen auf ein breitbandiges Angebot, auch zum HR-Business-Partner. Doch nicht alle angebotene Literatur scheint geeignet. Drei Beispiele: (1) Das Werk »Business Partners: The Best Pistol/Ammunition Combinations for Personal Defense« von P.A. Kasler kann allenfalls zum letzten Rettungsanker in einer verzweifelten Lage werden. (2) Die Lektüre von »Sleeping with Your Business Partner: A Communication Toolkit for Couples in Business Together« von B.L. Stewart-Gross und M.J. Gross – die beiden schreiben offenbar aus eigener Erfahrung – kann allenfalls vor zu großer persönlicher Nähe warnen. (3) Das Taschenbuch »Finding Your Perfect Soulmate or Business Partner: Finding That Perfect Someone Through the Science of Numbers« von D.E. Smith zielt in dieselbe Richtung mit der Tendenz zum Ultimativen («perfect soulmate«). Bleiben wir also besser bei Ulrich & Co.

5.1.3 Vorleben und Nachleben

Abstammung des HR-Business-Partners

Ein HR-Business-Partner könne – so die überwiegend vertretene Auffassung der befragten HR-Verantwortlichen in unserer ersten Studie – nicht von außen rekrutiert werden, er müsse ein »Eigengewächs« mit »Stallgeruch« sein. Nur ganz vereinzelt würden entsprechende Positionen von extern (»frisches Blut«) besetzt, so die damalige Mehrheitsmeinung. Dass dem inzwischen nicht mehr ganz so ist und heute durchaus unbedenklich von außen rekrutiert wird, zeigen die zahlreichen Stellenanzeigen; doch dies wird erst nach einer Diskussion zur »Abstammung« des HR-Business-Partners ausgeführt.

Die kontroverse Diskussion drehte sich bei unseren Interviews in 2005/2006 viel eher um die originäre Herkunft aus der Organisation. Ist er ein Personaler, der den Businessbezug hinzugewonnen hat? Oder ist er ein »Business Man«, der die transformationale Personalarbeit als Tätigkeitsfeld für sich entdeckt hat? Es gibt sie beide. Die Vor- und Nachteile liegen auf der Hand. Keiner ist per se dem anderen überlegen. Einer der Befragten hat dies prägnant zusammengefasst: »Da tue ich mich unheimlich schwer zu sagen links oder rechts. Wir haben sowohl

Erfolge auf der HR-Seite als auch auf der Business-Seite gefeiert. Wenn Sie ein klassischer Personaler sind und sich nicht so leicht tun mit dem Business-Verständnis, wird ihnen dieser Veränderungsprozess auf einen HR-Business-Partner schwerer fallen wie für jemanden, der aus dem Business kommt und ›nur‹ die HR-Prozesse, Systeme und Tools kennen lernen muss. In der Regel sind die Leute aus dem Business schneller und flexibler in der Denke, können sich besser auf neue Gegebenheiten anpassen. Aber pauschal ist es unheimlich schwer zu sagen. Hier würde ich – wenn Sie mir einen Fragebogen geben von eins bis fünf – wahrscheinlich genau in der Mitte ankreuzen.« Wir hatten ihm diesen Fragebogen übrigens nicht vorgelegt.

Ein anderer Studienteilnehmer ergänzt aus seinem Empfinden: »Die Frage ist, wie gut HR angesehen ist. Ich denke, wenn HR gut ist und gut gesehen wird, dann können aus HR heraus Talente entwickelt werden, dann kann HR sogar gute Leute aus der Linie anziehen.« Dieser Wenn/Dann-Hinweis dürfte freilich eher hypothetischer Natur sein, wird doch HR nur in wenigen Unternehmen als »gut« angesehen. Ein Wechsel aus dem Business zu HR ist vielerorts noch eine »Seitwärtsbewegung« ohne Rückfahrticket. Insgesamt konnten wir uns des Eindrucks nicht erwehren, dass vielen Personalisten ein HR-Business-Partner aus dem eigenen Stall dann doch lieber sei und allenfalls ein paar wenige (und anpassungsfähige) »Fremdlinge« aus dem Business als Beispiel für die eigene Offenheit durchgehen. Bei ungewohnten »internen Anderen« waren immer wieder Anzeichen des Fremdelns zu verspüren.

Beim Blick auf die formale Ausbildung ist bezüglich des HR-Business-Partners alles zu finden, bis hin zum Theologen oder promovierten Physiker. Die Tendenz vieler Personalressorts zum »Korpsgeist« zeigt sich übrigens erneut: Betriebswirte wollen Betriebswirte, Psychologen lieben Psychologen und Juristen schätzen Juristen. Im Umgang mit dem Business ist eine wirtschaftsnahe Ausbildung und Sozialisation bestimmt nicht von Nachteil, beeinflusst doch der Studiengang das Wissen, Denken und Sprechen. Je geringer die Übersetzungsschwierigkeiten ausfallen, umso besser klappt meistens die Zusammenarbeit. Natürlich gibt es in der Praxis erstklassige Beispiele, die diese Devise widerlegen.

Wieder einmal kommt es also darauf an. Am erfolgreichsten scheinen – im Fazit unserer damaligen Interviews – die permanenten Wandler »zwischen den beiden Welten« zu sein, jemand, der bereits mehrfach die Seiten zwischen Business und Personal gewechselt hat, also die erfahrenen Haudegen, die das Gegenüber schon alleine deshalb verstehen, weil sie selbst bereits in vergleichbaren Rollen tätig gewesen sind oder diesen zumindest nahe waren. Möglicherweise liegt dieser Erfolg aber primär genau an der Erfahrung und dem Lebensalter, die sie dem einen oder anderen Jüngeren voraushaben, dadurch Entwicklungen perzipieren und Einsätze fokussieren können.

Karrierewege nach dem HR-Business-Partner

Der HR-Business-Partner ist nur selten als Rolle auf Lebenszeit angelegt. Bei der Einführung des Konzeptes wird immer wieder mit zeitlich begrenzten Einsätzen einzelner Rollenträger argumentiert. Eine beispielhafte Argumentation:»Die Idee ist, jemanden aus einer Funktion herauszulösen, ihn hier im Personalbereich für eine befristete Zeit zum HR-Business-Partner zu machen. Wir haben angedacht drei Jahre, das ist unser Ziel; ihn dann wieder in seine Linienfunktion zurückzubringen und zwar in eine höhere. Wir haben damit erstens einen permanenten Wechsel, das heißt, es gibt immer wieder neue Impulse. Zweitens, wir haben somit Leute, die bei uns gearbeitet haben und die dann wieder in das Geschäft zurückgehen. Dadurch erhöhen wir das Know-how – auch das Personal-Know-how – in den Geschäftsfeldern. Das gegenseitige Verständnis wird größer.«

Das war die Planung eines unserer Gesprächspartner in 2005. Man kann sich ziemlich genau das damalige PowerPoint-Chart als Element der Konzeptpräsentation vorstellen. Inzwischen – vier Jahre später – sieht es derselbe HR-Vorstand (den wir immer wieder treffen) ziemlich anders:»Von den für die HR-Business-Partner-Rolle ausgewählten Personalern sind nur einige wenige erfolgreich. Und die aus dem Business zu uns gewechselten Akteure haben sich allesamt als ›Auslaufmodelle‹ ohne Impact erwiesen. Im Grunde hätte ich dies auch schon damals wissen müssen.« Die Erfolgreichen möchte er nun so lange wie möglich behalten, einige hat er bereits an das Business verloren,» bedauerlicherweise«.

Eigentlich ist heute keine Rolle im Unternehmen mehr eine Funktion auf Lebenszeit. Die des HR-Business-Partners beschränkt sich – nach den bisherigen Erfahrungswerten – auf übliche Zeiträume von zwei bis fünf Jahren. Danach ist vieles möglich – im Grundsatz gibt es drei Möglichkeiten für die »Karriere danach«: Vertikaler Aufstieg (z.B. vom Junior-HR-Business-Partner zum Senior-HR-Business-Partner mit größerem Verantwortungsbereich). Veränderte Aufgaben im Bereich Human Resources (z.B. als Themenexperte im Center-of-Expertise). Andere Aufgaben in den Unternehmensbereichen (mit oder ohne HR-Bezug). Wir haben die Karrierewege der uns bekannten HR-Business-Partner (und dies sind nicht gerade wenige) nicht systematisch verfolgt, sind wir doch keine Personal- sondern HR-Berater. Die erzählenswerten Karriere-Raketen sind eher Einzelfälle. Die Entwicklung »nach oben« findet eher über spannende Aufgaben mit interessanten Managern in anregenden Settings statt.

Ob die dritte Option (»back to business«) ein Risiko oder eine Chance sei, war nach Ansicht der Gesprächspartner ganz klar zu beantworten.»Dies ist doch keine Gefahr. Das ist das Beste was einem passieren kann als HR-Bereich. Deshalb wird es bei uns sehr stark gefördert. Wenn einige unserer Bereichsvorstände in Fachfunktionen aus dem Personalwesen kommen, mit höchster Akzeptanz, das ist doch das Beste für uns Personalleute. Was noch besser, allerdings seltener ist, wenn solche ›Kapazitäten‹ auch wieder mal zurück in Personalfunktionen kommen und mit der dann eben noch weiter bereicherten Erfahrung den Blickwinkel von HR erweitern. Aber diese Manager passen dann meistens nicht mehr durch die HR-Türen.«

Im Zuge der generellen Auflösung längerfristig planbarer Karrierewege muss der HR-Business-Partner seine berufliche Zukunft jedenfalls in die eigene Hand nehmen. Daran muss er in seinem Handeln zusätzlich denken, allerdings nach unserer Auffassung nicht in erster Linie. Wenn dieser Blick in die Zukunft nämlich dazu führt, es mit niemandem zu verderben, bei keinem Thema anzuecken, Problemzonen zu vermeiden, füllt er seine Rolle bestimmt nicht zufrieden stellend aus. Die richtigen und wichtigen Mentoren im eigenen Hause kann er damit auch nicht von sich überzeugen.

5.2 Wunderwuzzi's wunderbare Wunderwelt

5.2.1 Kompetenzprofil – Anforderungen im Detail

HR-Business-Partner ist Wunderwuzzi

Der Wunderwuzzi ist in Österreich ein Alleskönner und Supermann, ein Überflieger und Tausendsassa. Wenn man einen Blick auf die folgende Aufzählung fast schon maßloser Anforderungen an den HR-Business-Partner wirft, wird man verstehen, weshalb uns dieser Ausdruck eingefallen ist. Die Auflistung von 14 Eigenschaften des »vollkommenen« HR-Business-Partners spannt das mögliche Spektrum von Anforderungen auf (vgl. Abb. 78).

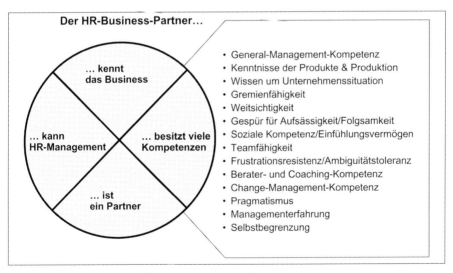

Abb. 78: Kompetenzprofil des HR-Business-Partners

Beim Anblick dieser Maximalliste sollte aber niemand in Ehrfurcht erstarren. Einen solchen Wunderwuzzi mit allen diesen Eigenschaften gibt es in der Realität natürlich nicht, allenfalls Annäherungen an dieses Traumbild. Als Referenzwert für das unternehmensindividuelle Kompetenzmodell zum HR-Business-Partner können diese Eigenschaften in jedem Falle herhalten, selbst wenn einige von ihnen sogar in einem gewissen Spannungsverhältnis zueinander stehen.

Bei dieser Vielfalt an erstrebenswerten Merkmalen ist allerdings der Gedanke nicht mehr fern, dass ein derartiges Multitalent im Unternehmen sicherlich etwas Besseres zu tun hat und sich bald auf einer noch anspruchsvolleren Aufgabe im Unternehmen wiederfindet. Damit wird auch eine der größten Herausforderungen deutlich, die wirklich guten HR-Business-Partner zumindest für eine gewisse Zeit in ihrer Rolle zu halten, bevor sie mit besten Weihen zu neuen Ufern aufbrechen. Wir kennen dies aus dem Fußball: Der Spitzenspieler aus einem Zweitligaverein steht rasch auf der Liste von Talent Scouts und sein Wechsel zu den Bayern oder gar nach England ist dann nur noch ein Frage des Zeitpunkts und der »Rahmenbedingungen«.

- *General-Management-Kompetenz:* Der HR-Business-Partner kann Psychologe, Sinologe oder sonstwas von der Ausbildung her sein. Das ist so lange egal, wie er beim Amtsantritt neben diesen Kenntnissen mehr als nur basales Wissen über betriebswirtschaftliche Zusammenhänge und strategische Konzepte aufweisen kann. Ob er nun wirklich »eine Bilanz lesen können« muss, mag dahingestellt sein. Er sollte sich dieses Wissen durch einen formalen Bildungsabschluss in der Erstausbildung oder berufsbegleitende Weiterbildung – seien es beispielsweise die umfassende unternehmensinterne Qualifizierung, ein solider MBA oder ein diszipliniertes Selbststudium – angeeignet haben. Das einwöchige Seminar »BWL leicht gemacht« wäre sicherlich zu kurz gesprungen. Zu diesen kognitiven Elementen kommen selbstverständlich die aus Stellenanzeigen für Managementaufgaben hinlänglich bekannten Schlüsselqualifikationen wie Analysefähigkeit & Co., und zwar ganz klar »above average«.

- *Kenntnisse der Produkte & Produktion:* Es ist richtig – HR-Themen sind weitaus branchenneutraler als sämtliche anderen Wertschöpfungs-Prozesse und Support-Funktionen im Unternehmen. Jeder Personalist kann mit dem Business ziemlich lange über »seine« Themen sprechen, unabhängig davon, ob es sich um einen Automobilhersteller, Handelsbetrieb oder Finanzdienstleister dreht. Aber ein HR-Business-Partner soll mit seinen Pendants aus dem Business über »deren« Themen sprechen. Dazu gehört das Wissen, was Erfolgsfaktoren sind, wo Ressourcenengpässe lauern, wie Marktentwicklungen aussehen, welche Strategieänderungen anstehen und was die Wettbewerber gerade so machen. Dazu muss man allerdings bei den Produkten und der Produktion recht firm sein. Denn wer substantiell mitreden kann, dem hört man auch zu. Allerdings sollte sich der HR-Business-Partner nicht darin versteigen, sich aus diesem Wissen heraus auch gleich noch für die Entwicklung der Geschäftsstrategie verantwortlich zu fühlen.

- *Wissen um die Unternehmenssituation:* Personalarbeit ist immer auch von der Verfassung und den Aussichten des Unternehmens abhängig; genauer gesagt sogar von den diversen Unternehmensbereichen, die sich in diversifizierten Unternehmen oft in sehr unterschiedlichen Zuständen – vom gefeierten Star bis zum ungeliebten Problemkind – befinden. Das Wissen um diese (im Zeitverlauf nicht stabile und durchaus kurzfristig volatierende) Befindlichkeit und daraus abgeleitete Möglichkeiten und Begrenzungen erfordern eine stete Aufmerksamkeit, ja Wachsamkeit sowie eine Vernetzung in der Gesamtorganisation zum Empfang der schwachen Signale, die nicht immer auf einer rationalen Basis gründen. Es dürfte kein Geheimnis sein, dass Personalbereiche, weil fern der Märkte, das Auf und Ab der Konjunkturverläufe nur mit Verzögerung mitbekommen. Der HR-Business-Partner sollte hingegen so dicht am G'schäft sein, dass ihm dieser Fehler nicht unterläuft. Im Grunde ist diese Kompetenz nicht mehr als schlichtes Handwerk.

- *Gremienfähigkeit:* Im Grunde sind Unternehmen immer auch bürokratische Organisationen, in denen – neben den ebenfalls zahlreichen informellen Interventionen – viele Entscheidungen in Gremien getroffen werden: Vorstandssitzung und Lenkungsausschuss sind die wohl prominentesten. Diese Gremien sind jeweils ein eigener Mikrokosmos mit eigenen Gesetzmäßigkeiten (wir wissen nicht einmal, ob in jedem Gremium überhaupt noch das Newton'sche Gravitationsgesetz gilt). Ganz elementar ist es in einem derartigen Setting, schlüssige Konzepte zu erarbeiten und einem nicht unbedingt wohl gesonnenen und unter der Geschwindigkeit des Alltagsgeschäftes aufstöhnenden Kreis von Entscheidern zu verkaufen. Zu dieser Kompetenz gehört einiges, angefangen von einem analytisch-logischen Sachverstand, über Tool-Expertise bei PowerPoint, Excel und Co. bis hin zu Rhetorik- und Moderationsfähigkeiten sowie dem stimmigen Dresscode. Analyse, Botschaft und Verpackung müssen eben stimmen. Es gilt das gesprochene Wort und nicht die wohlgemeinte Haltung. Das Niveau in der Darstellung hat sich in den vergangenen Jahren ziemlich erhöht. Die Zuhörer und Entscheider sind inzwischen an hohe Standards gewöhnt.

- *Weitsichtigkeit:* Viele HR-Themen von morgen zeichnen sich bereits heute ab und morgen wiederum die von übermorgen. Kausalketten sind manchmal gar nicht schwierig vorherzusagen, wenn sich Denkschärfe, Spürsinn und Urteilskraft vereinen. Die Reaktionen und Erwartungen des Managements korrespondieren mit den konjunkturellen Auf- und Abwärtsbewegungen. Beispiel gefällig? Kampf um Talente während des Booms versus Talent Management in der Krise. Gerade auch der HR-Business-Partner muss das Morgen in den Blick nehmen, um das Heute zu gestalten. Offene Augen und Ohren, der richtige Riecher sind dabei wichtig, genauso wie die Fähigkeit zur Priorisierung und der Verzicht auf Hobbythemen. Eine wichtige Lehre ist es auch, Übertreibungen in die eine oder andere Richtung zu vermeiden. Doch das kann eigentlich nur jener, der mindestens einen Auf & Ab-Zyklus bereits erlebt und aus den Fehlern gelernt hat. Der Zeithorizont mag zwischen den Branchen schwanken, von Woche zu Woche etwa in kurzatmigen Sektoren wie dem Handel und den Medien, von Jahr zu Jahr (manchmal sogar länger) hingegen in anlageintensiven und nachfragekonstanten Sektoren wie den Versorgungsunternehmen.

- *Gespür für Aufsässigkeit/Folgsamkeit:* Im Spannungsfeld von Interessen und Meinungen geht es für den HR-Business-Partner auch um seine eigene Position und das Ausmaß ihrer Verteidigung. Er wird – so ist zu hoffen – bei den kontroversen Diskussionen mit den unterschiedlichsten Zielsetzungen und Argumenten auch seinen Standpunkt und seine Begründung haben, was für das ganze Unternehmen denn am besten sei. Übrigens: Nicht immer wird er dabei richtig liegen. Aus dem Rückspiegel betrachtet (»benefit of hindsight«) wird er sich ab und an täuschen. Das sei auch ihm zugestanden. Doch darum geht es hier nicht. Seine eigene Meinung und Begründung zu haben bedeutet immer auch eine gewisse Exposition. Er wird bestimmt nicht jederzeit für jedermann ein Freund sein, sich sicher auch manchmal gegen die Position von Vorgesetzten und Hierarchen aufstellen. In den Worten eines der befragten HR Manager: »Der HR-Business-Partner muss bis zu einem gewissen Grad auch Risk-Taker sein. Er muss seinen eigenen Standpunkt vertreten und ist dann ziemlich oft alleine dabei. Es geht nicht, dass man immer und allem zustimmt und sagt: Jawohl, sehe ich auch so! Sondern: Er muss eine Position beziehen; das ist mit Risiko verbunden.« Diese Aufsässigkeit darf aber nicht in Übertreibungen wie Renitenz und Trotz münden. Auf der anderen Seite wird man durch permanente Folgsamkeit zum »Weichei ohne Rückgrat«, wie es derselbe Befragte ausdrückte. Die Anzahl der Diskussionen und Gegner sollte in jedem Fall nicht überzogen werden, sonst dient der HR-Business-Partner nicht mehr der Sache. In anderen Worten: Gegenhalten, wenn es richtig und wichtig ist. Zurückstecken, wenn Widerstand nichts mehr bringt. Selbst das schöne Wort Geschmeidigkeit drückt diese Kompetenz nur unzureichend aus, es neigt sich für unseren Geschmack etwas zu sehr der Folgsamkeit zu.

- *Soziale Kompetenz/Einfühlungsvermögen:* Eine Zeit lang schien im Leben überhaupt nichts mehr ohne diese Kompetenz möglich zu sein. Der Blick in Wikipedia erklärt, warum: »Als Empathie bezeichnet man die Fähigkeit eines Menschen, einen anderen Menschen von außen (ohne persönliche Grenzen zu überschreiten) möglichst ganzheitlich zu erfassen, dessen Gefühle zu verstehen, ohne diese jedoch notwendigerweise auch teilen zu müssen, und sich damit über dessen Verstehen und Handeln klar zu werden. Der Begriff wird im deutschen Sprachraum seit dem Ende der 1960er Jahre von Psychologen bzw. Therapeuten, Pädagogen, Seelsorgern, Ärzten, Soziologen und Designern verwendet.« Und natürlich auch im Personalbereich, in dem es von diesen Professionen nur so wimmelt. Die Verwendung des Begriffes hat in den letzten Jahren etwas abgenommen, zu selbstverständlich und unbestritten ist zwischenzeitlich diese Kompetenz als Forderung an alle beziehungsorientierten Rollen im Unternehmen – so auch an den HR-Business-Partner – geworden. Natürlich! Gerade er braucht soziale Kompetenz und Einfühlungsvermögen. Eine gehörige Portion Fingerspitzengefühl, eine Antenne für Situationen und Konstellationen sind wahrscheinlich sogar seine zentralen Erfolgsfaktoren. Oft ist es ganz entscheidend, »Rapport« (Kenton/Yarnell 2005) zu seinem Gegenüber aus dem Business aufzubauen. Aber nicht eine Empathie von jener Sorte, die vor lauter Verständnis für Dritte das Handeln lähmt oder verlangsamt. Immer noch ist Einfühlungsvermögen allzu oft mit Entscheidungsunvermögen gepaart.

- *Teamfähigkeit:* Dieses Erfordernis gehört heutzutage ebenfalls wie selbstverständlich in jedes Kompetenzprofil. Gerade ein HR-Business-Partner steckt tagtäglich in zahlreichen und wechselnden Interaktionsbeziehungen, seien sie hierarchisch nach oben oder unten, links oder rechts oder durch die Matrixorganisation mehr oder weniger vage definiert. Bestimmten Akteuren im Unternehmen begegnet man am Morgen zum einen Thema in anderer Rolle, mit anderen Zielen, mit anderen Koalitionen als am Nachmittag zu einem zweiten Thema. Immer weniger spielen der formelle Bezug zueinander oder gar die formalen Geschäftsverteilungspläne noch eine Rolle. Da sollte der Überblick für die eigenen Argumentationslinien und die fremden Begründungsmuster nicht verloren gehen. Es geht um die fruchtbare Zusammenarbeit und darum, dass sich die Beteiligten ebenso noch morgen in die Augen schauen und konstruktiv miteinander umgehen können. Nachtragen, verargen, anlasten und sich daraus ergebende Revanchefouls würden dies verhindern. »Man hat ja auch im kommenden Jahr erneut miteinander zu tun«, äußerte ein Gesprächspartner. Es geht zudem um, wie er ergänzte, »breit gezogene Lingualität«, mit der die Sprachen von Ingenieuren, Ökonomen, Juristen, Psychologen, Soziologen in eine wechselseitige Übersetzung geführt werden. Es geht schließlich um die »Netzwerkfähigkeit« in der zunehmend komplexen und virtualisierten Organisation. Die Pflege von persönlichen Kontakten sowie die Beachtung des do-ut-des (»ich gebe dir, was du mir gibst«) werden zu elementaren Spielregeln des HR-Business-Partners. Selbstredend basiert dies auf einer gehörigen Portion »Extrovertiertheit«. Sie alleine hilft dem HR-Business-Partner nicht, gibt es doch heute viel zu viele kommunikationsfreudige Schwätzer, die glauben, mit »small talk« die »big points« zu erzielen. Gefragt sind Charaktere, wie sie ein anderer Befragter charakterisiert hatte: »Die eine Eigenmotivation dadurch bekommen, dass sie gerne auf Leute zugehen. Das sind meistens extrovertierte Menschen, ich will es bewusst nicht sagen ›übertrieben extrovertiert‹. Aber es sind definitiv keine introvertierten Menschen.«

- *Frustrationsresistenz/Ambiguitätstoleranz:* Trotz aller Selbstwirksamkeit des HR-Business-Partners wird er nicht nur Erfolge einheimsen. »Sometimes you win – sometimes you lose«, meinte einer der Interviewten. Wobei ein richtig guter HR-Business-Partner am besten gar nicht in den Kategorien Sieg und Niederlage denkt, sondern sich am Nutzen für das Unternehmen ausrichten sollte (wobei dies nun wirklich ein wenig zu uneigennützig klingt). In jedem Fall klappt natürlich nicht alles wie am Schnürchen, wichtige Entscheidungen werden falsch getroffen, anfänglich gute Lösungen erweisen sich im Nachhinein dann doch als ungeeignet. Weitermachen, aufstehen, lernen ist dann angesagt; Trübsal blasen kann anderen überlassen werden. Der HR-Business-Partner lebt außerdem von seiner Ambiguitätstoleranz, denn er ist nur so umzingelt von Dilemmata, Instabilitäten und mehrdeutigen Informationen. Er wird versuchen, mit diesen undurchsichtigen, unscharfen, unsicheren Konstellationen souverän und in positiv-konstruktiver Manier umzugehen. Er geht in dieser Unklarheit nicht unter, zerbricht nicht an den Widersprüchen und leidet dabei persönlich auch nicht allzu sehr. Dies ist natürlich viel leichter gesagt als getan. Ambiguitätstoleranz gehört aber wohl zu den wichtigsten Erfolgsrezepten in modernen Organisationen.

- *Berater- und Coaching-Kompetenz:* Eigentlich nie ist er der Entscheider. Der HR-Business-Partner berät seine Business Manager und nimmt ihnen in vielen Fällen auch Arbeit ab, bereitet vor, wirkt mit, führt durch. Daher muss er die Kompetenzen des »Consultant« – die an vielen anderen Stellen mehr oder weniger freundlich beschrieben wurden – und auch dessen Persönlichkeit – nicht unbedingt im Vordergrund und Rampenlicht stehen zu wollen – aufweisen. Durch den engen und meist auch vertraulichen Kontakt zu oberen Führungsebenen bei sensitiven Themen werden zumindest erfahrene HR-Business-Partner über kurz oder lang zum persönlichen Ratgeber. Die Kompetenzen des Coachs – die mit ihren vielen Facetten ebenfalls andernorts ausführlicher dargestellt worden sind – erfordern einige der bereits genannten und noch folgenden Eigenschaften. Im Grunde geht es bei der Berater- und Coaching-Kompetenz um die individuelle Unterstützung der »Klienten« im Dreiklang von Rationalität, Emotionen und Mikropolitik.

- *Change-Management-Kompetenz:* Bei der Gestaltung von großformatigen Transformationsprozessen kommt dem HR-Business-Partner insbesondere für die Führungskräfte- und Mitarbeiterdimension (»People«) eine erfolgskritische Rolle zu. Denn das Veränderungsmanagement ist einer seiner wesentlichen Aufgabenstellungen (vgl. 4.2.2), weshalb der HR Business Manager sich in seinen Kompetenzen kaum vom Change Manager unterscheidet (vgl. Claßen 2008: 198–205). Ganz wesentlich ist dabei seine Umsetzungsfähigkeit und Ergebnisorientierung. Für den HR-Business-Partner ist es wichtig, Probleme rasch in Lösungen umzusetzen und nicht bei einer exzellenten Problembeschreibung stehenzubleiben. »Also nicht nur schöne Pläne machen, sondern auch den Unternehmensbereichen konkrete Benefits bieten«, forderte einer unserer Interviewpartner. Ein anderer äußerte sich noch etwas pointierter: »Dies genau ist die Schwierigkeit von HR – die Mitarbeiter sind nicht ergebnisorientiert, sie sind meist prozessorientiert. Wenn man immer mal wieder über den Prozess redet – statt über das Ergebnis – und einen Plan hat zu einem Plan und dann zu diesem Plan schon wieder einen Plan, dann verliert man sehr schnell an Glaubwürdigkeit. Der HR-Business-Partner muss ergebnisorientiert sein.« Das Wort Problem ist allerdings inzwischen vielerorts aus dem Sprachschatz gestrichen und durch Weichspüler wie »Opportunity« oder »Room for Improvement« ersetzt. Wo bei einem Problem noch eine Lösung erwartet wurde, kommen somit die Schwierigkeiten lediglich in den Schonwaschgang. Wir halten es da lieber mit dem »Problem«, da weiß man, was man hat – und kann es auch vernünftig lösen.

- *Pragmatismus:* Das heutige Leben ist alles andere als einfach. Wer möchte dieser Plattitüde nicht zustimmen? Wenn dem aber so ist, kann es selbstverständlich auch keine simple Problemlösung geben, denn die hängt von so Vielem ab (»it depends«). Dies ist ebenfalls richtig. An dieser Stelle kommt nun aber Pragmatismus ins Spiel mit seiner Lösung des Dilemmas aus »maximizing« versus »satisfying«: Eine zufriedenstellende Lösung in naher Zukunft oder eine optimale Lösung womöglich erst in weiter Ferne. Der HR-Business-Partner entscheidet sich meist für das Naheliegende, natürlich durchaus mit Überlegung und allfälliger Korrekturmöglichkeit. »Das sind Menschen, die komplexe Sachzusammenhänge gerne bearbeiten, ohne für die Einzellösungen bis ins letzte Detail zuständig zu sein. Das sind auch Menschen, die mehr nach einer 80/20-Regel leben, die den 150-Prozent-Ansatz nicht mögen«, beschrieb es einer der Befragten. Im Einzelfall weiß der HR-Business-Partner aber dann doch, wann er sehr präzise sein muss und Fünfe dann doch ungerade sind: bei bestimmten Themen, für gewisse Akteure, in kritischen Zeiten. Heute nennt man dies »gesunden« Pragmatismus.

- *Managementerfahrung:* In den täglichen Entscheidungswelten einer Führungskraft spielen Führungsthemen eine große Rolle, deswegen heißt sie auch so. Hinzu kommen weitere zentrale Managementaufgaben, zuvorderst die Lieferung der erwarteten Kennzahlen (»KPI«). Mit seiner eigenen Mannschaft und selbst den engeren Vertrauten kann ein Manager wegen deren Betroffenheit diese oft sensitiven und mit Dilemmata behafteten Dinge nicht diskutieren. Der HR-Business-Partner kann hier neutralen Rat bieten, insbesondere dann, wenn ihm Managementthemen nicht nur in der Theorie aus Lehrbüchern und Trainings bekannt, sondern aus eigenem Erleben zumindest bereits in ersten Ansätzen vertraut sind. Es muss an dieser Stelle klar gesagt werden: Ein Hochschulkurs zum Thema »Führung« oder ein Unternehmensseminar mit dem Titel »Meine ersten 100 Tage als Führungskraft« wären zu kurz gesprungen. Die meisten der uns bekannten erfolgreichen HR-Business-Partner kennen die Rolle einer Führungskraft durch eigenes Erleben (aus einer früheren Station ihrer Arbeitsbiografie) und nicht bloß mit fleißigem Erlesen.

- *Selbstbegrenzung:* Nach dieser fast schon mit Ehrfurcht zu betrachtenden Auflistung von wünschenswerten Kompetenzen soll abschließend auf ein zentrales »do not« hingewiesen werden, das »Loslassen-können«. Der HR-Business-Partner besitzt immer eine gehörige Portion an Serviceorientierung. Dies ist gut, sehr gut sogar. Aber es gibt auch die feine Grenze, in der Service zwar nicht gerade in Entmündigung umschlägt (dies würde das Business niemals zulassen), aber immerhin die HR-Entscheidungen so weit vorbereitet, dass damit auch bereits die Entscheidung scheinbar programmiert wird. Das Nachdenken, Mitdenken und Vordenken ist von der Führungskraft nicht an den HR-Business-Partner delegierbar. Vorbereiten, aufbereiten, nachbereiten hingegen durchaus; anstoßen, beleuchten, aufzeigen ebenfalls. In den Worten eines Befragten: »Der HR-Business-Partner macht nicht die Entgeltplanung, er ist weniger stark involviert in die Leistungsbeurteilung. Dies sind Prozesse, die ohnehin die Führungskraft beherrschen müsste, vielleicht nicht immer ganz so gut beherrscht, wie sie dies beherrschen sollte. Deswegen macht der HR-Business-Partner heutzutage noch zu viel von diesen Themen.« Hinzu kommt oftmals die mangelnde Entkopplung der HR-Business-Partner-Rolle von den anderen Aufgaben im HR-Service-Delivery-Modell (vgl. 3.1). Wenn das Shared Service Center oder die Centers-of-Expertise tatsächlich oder vermeintlich ungenügende Resultate produzieren, sieht sich der HR-Business-Partner oftmals in der Verantwortung (oder wird aus dem Business dazu gedrängt), »endlich mal bessere Ergebnisse« bei diesen Basics abzuliefern. Bitte nicht! Die unzureichende Qualität bei der Umsetzung vieler HR-Business-Partner-Konzepte liegt gerade an dieser verwässerten Rollenerledigung. Oder haben Sie schon einmal einen Physiotherapeuten gesehen, der seinem Patienten die Zähne gezogen hat? Der HR-Business-Partner ist zwar Wunderwuzzi, weil er vieles kann oder zumindest könnte, aber nicht, weil er deswegen auch gleich alles selber macht.

5.2.2 Loyalität des HR-Business-Partners

Die Gretchenfrage

An dieser moralischen Stelle sei als Auftakt ein kurzer Exkurs zu Goethes Faust vorgeschaltet: Gott, der an das Gute in Faust glaubt, geht mit dem Teufel Mephisto eine Wette ein. Die beiden möchten herausfinden, welchen Weg Faust letztendlich einschlägt – den des Guten oder den des Bösen. Mephisto setzt all seine Verführungskünste ein, präsentiert Faust schließlich eine fleischliche Versuchung in Form des Gretchen. Faust verliebt sich in das schöne Mädchen, möchte sie unbedingt für sich gewinnen. Doch da ist noch eine wichtige Frage zu klären. Gretchen will von Faust wissen: »Nun sag', wie hast du's mit der Religion?« Faust ist um eine klare Antwort verlegen, windet sich, sucht Ausflüchte, denn er weiß, dass Gretchen gläubig ist und dass von seiner Antwort sein Liebesglück abhängen könnte. Sie wissen ja, wie Faust sich dann entschieden hat.

In Unternehmen geht es zwar im Regelfall weniger spektakulär zu. Es geht nicht um gut oder böse und selbst die fleischlichen Versuchungen haben meist eine andere Natur. Wie jeder Verantwortliche im Unternehmen muss gleichwohl auch der HR-Business-Partner zum ganz schwierigen Thema Loyalität für sich eine persönliche Einstellung entwickeln. Dies mag in klassischen Linienorganisationen noch ziemlich einfach sein. Aber in den trendigen Matrixorganisationen ist Loyalität ein Dauerbrenner für den HR-Business-Partner, an jedem Tag, in jedem Termin, bei jeder Entscheidung.

Sicherlich gibt es auch für einen HR-Business-Partner die klaren Ansagen durch seinen disziplinarischen Vorgesetzten: »Durch Zwang schaffe ich Treue«, meinte einer der Befragten und schlussfolgerte: »Deswegen sind unsere HR-Business-Partner auch Mitarbeiter des Personalressorts. Wer bestimmt denn deren Bonus? Nicht der Geschäftsbereich, sondern ich als Personalvorstand. Wes' Brot ich ess', des' Lied ich sing'. Also das mache ich ganz ungeschminkt. Bevor ich eine Beurteilung mache, spreche ich natürlich mit den Kunden. Aber ich stimme die Zielerreichung nicht mit denen ab. Ich frage die Kunden einfach: Wie ist es gelaufen? Wie seht Ihr den, wie seht Ihr die? Dann höre ich ja eine Stimmung.«

Immerhin weiß der HR-Business-Partner bei einer solchen Konstellation woran er ist. In den meisten der analysierten Unternehmen war die Situation hingegen weniger eindeutig. Der HR-Business-Partner bewegt sich dort auf dem schmalen Grat zwischen HR und Business. Eine stabile Persönlichkeit und Grunddisposition ist dann sicherlich dem täglichen Kopf-über-dem-Wasser-halten nicht abträglich – und eine klare Linie.

Selbstbild/Fremdbild

In kaum einem anderen Metier haben wir es mit einer derartigen Diskrepanz zwischen Selbst- und Fremdbild zu tun wie in den Einschätzungen über Menschen im Unternehmen; allenfalls noch im Bereich der hohen Kultur und feinen Künste. Andernorts – wie etwa im Sport – kann man messen und diese Werte kommen einer Objektivität ziemlich erbarmungslos nahe. Dies kann manchmal ganz schön wehtun.

Im Unternehmen hat das ganze »Performance Management« ein hehres Ziel, Führungskräfte und Mitarbeiter untereinander zu vergleichen bzw. gegen einen definierten Maßstab abzumessen, um zu fairen Aussagen über Leistungsfähigkeit, Zukunftspotenzial und Bonusbemessung zu kommen. Dennoch glaubt beispielsweise Herr Meier, außergewöhnlich gute Ergebnisse abzuliefern, meint Frau Müller, eine besonders gute Führungskraft zu sein, und denkt Herr Schulze, weitaus eloquenter als alle seine Kollegen zu sein.

Es ist für das Individuum auch schwer, sich richtig einzuschätzen, wenn bereits der Blick in den Spiegel ein falsches Abbild liefert: Seitenverkehrt. Was hat sich die Arbeits- und Sozialpsychologie nicht alles einfallen lassen, um solche Selbstbilder zumindest in die Nähe des Fremdbildes zu rücken: Zahlreiche (mehr oder minder valide und reliable) Testverfahren wurden entwickelt und werden eingesetzt. Das 360°-Feedback bietet sogar eine unmittelbare Rückkopplung. Manchmal ganz schön brutal.

Vor über einem halben Jahrhundert bereits wurde dies alles von den amerikanischen Psychologen Joseph Luft und Harry Ingham systematisiert; sie entwickelten das »Johari«-Fenster. Sie sprachen dabei vom »blinden Fleck«, unbewussten Persönlichkeits- und Verhaltensmerkmalen, die der Betroffene selbst nicht kennt, um die seine Umwelt (zumindest Teile davon) aber sehr wohl weiß. Die Psychoanalyse hat daraus – der Betroffene muss ja mit dem, was er nicht weiß, was aber dann doch irgendwie zu sein scheint, umgehen – diverse Bewältigungsstrategien (»coping«) abgeleitet; Festinger hat sogar daraus seine Theorie der kognitiven Dissonanzen entwickelt. Hat man ja alles schon mal irgendwo aufgeschnappt, könnte man auch schnell mal bei Wikipedia nachsehen. Immerhin gestehen Luft und Ingham jedem Menschen auch ein »Geheimnis« zu, also Dinge, die nur der Betroffene kennt und die Dritten nicht zugänglich sind. Ätsch!

Es ließe sich nun lange darüber streiten, ob es ein Ziel sein solle, das Johari-Fenster zu erweitern und damit den Bereich auszuweiten, den ich über mich selbst kenne (Dritte teilen mir ihre mir bisher unbekannten Beobachtungen über mich mit) und die Andere über mich kennen (ich gebe Dritten etwas ihnen bislang Unbekanntes von mir preis). Fenster sind aber nicht nur zum Lüften da. Es ist schon ganz gut, dass Sie, lieber Leser, längst nicht alles über uns, die Autoren, wissen. Wäre ja noch schöner!

Richtig bleibt indessen: Das Phänomen Selbstbild/Fremdbild wird viel zu wenig gewürdigt. In Zeiten, in denen es für alles und jeden einen Gedenktag gibt (z.B. den »Welt-Linkshändertag« am 13. August), könnte doch auch der »Tag des Selbstbildes« eingeführt werden. Er stünde unter dem Motto »Selbsterkenntnis ist der erste Schritt zur Besserung«, und wem dies nicht reicht, könnte kostenlos an gruppendynamischen Sitzungen mit Selbstoffenbarungsdruck zur Erweiterung seines Johari-Fensters teilnehmen. Der 22. März scheint noch frei zu sein. Dies würde auch passen, ist das doch der Geburtstag von Hubert Kah, dem Schöpfer solch unvergesslicher Hits wie »Rosemarie«, »Sternenhimmel« und »Einmal nur mit Erika (... dieser Welt entflieh'n)«. Dies zeigt bereits die grundsätzliche Offenheit, die ein solcher Tag haben müsste.

Wahrscheinlich ist das mit dem Selbstbild/Fremdbild aber alles nur ein riesengroßes Missverständnis. Die darauf begründete Rückkopplungs-Kultur mag zwar ihre Reize haben (»mal sehen wie Huber auf dieses Feedback reagiert, ist er etwa beleidigt, blockiert oder kann er damit etwas anfangen?«). Man sollte allerdings das Ganze nicht übertreiben, den Einzelnen auch mit dem was und wie er denn so sei einfach mal in Ruhe lassen, keine Stellungnahmen abgeben, keine Begründungen ausspeichern, keinen »room for individual improvement« anmahnen. Könnte aus einer derartigen Zurückhaltung auch Wertschätzung entstehen? Die ist heutzutage auch wichtig, unzweifelhaft sehr wichtig, oftmals sogar am wichtigsten. Der Spagat zwischen Wertschätzung und

Rückkopplung gehört mit zum Heikelsten, gerade auch im »Performance Management«, »Talent Management« und »Retention Management«. Soll ich denn nun loben, und damit das Selbstbild verstärken, oder nörgeln, und auf diese Weise das Fremdbild erhellen? Schwierig.

Ans Eingemachte wird das Feedback ohnehin nicht gehen können. Bei aller Wissbegierigkeit und Lernbereitschaft – »learning is the detecting and correcting of errors« (Argyris) – gibt es dann doch Grenzen des Zulässigen, des Hinnehmbaren, des Verschmerzlichen. Natürlich ist heute jeder für konstruktive Kritik offen, insbesondere dann, wenn diese Kritik eigentlich ein verstecktes Lob bedeutet. Aber Nörgeln, Tadeln, Schelten führt zu Reaktanz. Ohne konkrete Beispiele – »bitte erläutern Sie es mir doch nochmal ganz genau« – läuft inzwischen sowieso nichts mehr. Das aber macht es nun wirklich schwierig. Erklären Sie doch einem dieser gut ausgebildeten Worte-Lavierer und Argumente-Jonglierer, er hätte einmal etwas falsch – heute sagt man es positiv: nicht ganz richtig – gemacht.

5.3 Kompetenzmodelle

5.3.1 Ausgangspunkt

Klassische Vorgehensweise

Als wesentliche Basis für die Auswahl dienen Kompetenzmodelle. In einem Kompetenzmodell werden die diversen fachlichen und persönlichen Anforderungen zusammengefasst, die mit der Erfüllung einer bestimmten Rolle verbunden sind. Konzentrieren wir uns zunächst einmal auf die fachlichen Anforderungen, die für den HR-Business-Partner – mit der Bezeichnung wird es bereits ausgedrückt – aus HR und dem Business kommen müssen. Ein guter HR-Experte, der sich in dem von ihm verantworteten Business nicht auskennt, wird auf verlorenem Posten stehen, gleichwohl wie ein Business Manager, der zwar bei Themen rund um die »People«-Dimension wie eigentlich fast jeder mitreden kann, dem allerdings substanzielles HR-Know-how fehlt. Der HR-Business-Partner ist – man muss mit Analogien zwar vorsichtig sein – so etwas wie ein Wirtschafts-Ingenieur: Guter Kenner zweier Welten, ohne jedoch ausgewiesener Experte in einem der beiden Felder zu sein.

Es ist fast müßig darüber zu debattieren, wo ein derartiges Kompetenzmodell nun aufsetzen und um was es dann vervollständigt werden soll. »You have to start from the business: The first thing to figure out is what business skills are most valued and most likely to lead to success in the organization. (…) If you give HR special treatment and start developing singular profiles for them alone, you're already starting on the wrong foot«, werden zwei Manager des CLC (2007b) zitiert. Mit dieser Grundüberlegung wird, abgeleitet von einem übergreifenden »Enterprise Capability Framework«, ein Kompetenzmodell für den HR-Business-Partner abgeleitet (vgl. Abb. 79). Aus den zehn Kompetenzen, die nach sechs Hierarchieebenen differenziert sind, werden immerhin acht als für den HR-Business-Partner relevant angesehen. Diese muss er zwar nicht auf Vorstandsniveau beherrschen (dies wird durch die grauen Balken dargestellt), aber bei den meisten auf dem Niveau von mittleren Führungskräften.

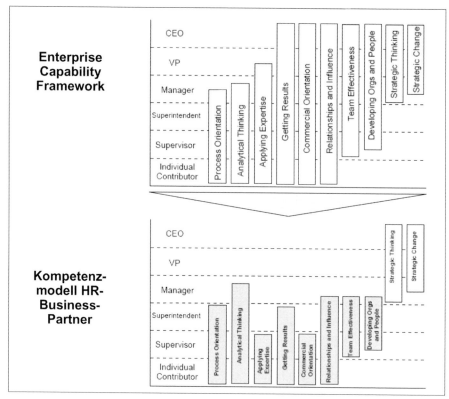

Abb. 79: Im CLC-Kompetenzmodell basieren die rollenspezifischen Kompetenzen auf einem übergreifenden »Enterprise Capability Framework«

Neben diesem Vorgehen empfiehlt das CLC einen zweiten Ansatz (vgl. ebenfalls Abb. 79). Ausgangspunkt sei hierzu kein vorgegebener, übergreifender Kompetenzmodellrahmen, sondern die Erfahrung und Karrierewege seniorer HR Manager, da diese die Erfordernisse am besten abschätzen könnten. In einer moderierten Diskussion mit diesen »HR-Leadern« würden dabei die erfolgskritischen Kompetenzen herausgearbeitet. Ob dies allerdings der Regelfall in mitteleuropäischen Unternehmen sein kann, in denen die obersten Personaler oft einen anderen biographischen Hintergrund und damit auch ein anderes Kompetenzprofil als das des HR-Business-Partners besitzen, mag dahingestellt sein. Die vom CLC genannten Beispiele entstammen dann auch der angloamerikanischen Welt. Wenn der HR-Business-Partner ein Paradigmenwechsel zur Tradition der Arbeitswissenschaftler und Prozessadministratoren, Personaljuristen und Gewerkschaftsfreunde darstellt, muss sich das ihm zugrunde liegende Kompetenzmodell von deren Erfolgsrezepten bewusst loslösen. Auch diese Rollen haben bei uns weiterhin einen gehörigen Stellenwert, aber eben nicht bei transformationalen, sondern bei transaktionalen Aufgabenstellungen.

Ob nun eher das deduktive oder aber das induktive Vorgehen besser sei, bleibt eine Geschmacksfrage. Gut ist sicherlich, wenn beide Quellen, ein »guiding framework« und »leading examples« angezapft werden. Die meisten unternehmensspezifischen Kompetenzmodelle bedienen sich daher auch aus den bei der jeweiligen Entwicklung bekannten Vorbildern. Daher werden in der Folge – weitgehend ohne Wertung – eine Reihe von Kompetenzmodellen für den HR-Business-Partner vorgestellt. Viele der uns bekannten Ausgestaltungen in Unternehmen, meist vertraulich gehandelt, basieren auf diesen oder vergleichbaren Vorbildern. Aus unserer Sicht besteht das Unternehmensspezifische des HR-Business-Partners weniger in den fachlichen und persönlichen Anforderungen des Kompetenzmodells, als in der jeweiligen Aufgabenerledigung. Diese ist jedoch maßgeblich von den handelnden Akteuren abhängig. Die Zeit und Aufmerksamkeit bei der Einführung bzw. Weiterentwicklung des HR-Business-Partner-Konzepts sollte deswegen weniger in ein elaboriertes Kompetenzmodell als in die Auswahl geeigneter Rolleninhaber gesteckt werden.

5.3.2 Beispiele

Exemplarische Kompetenzmodelle aus US/UK

Spezifische Kompetenzprofile für den HR-Business-Partner waren bei unserer ersten Studie noch rar: »Nein, das haben wir nicht«, lautete die häufigste Antwort bei den damaligen Interviews. Fast schon stolz konnten wir im Text bzw. Anhang zwei konkrete Beispiele präsentieren (Claßen/Kern 2006: 59 bzw. 92–95). Statt eines spezifischen Kompetenzprofils wurden allgemein gehaltene Beschreibungen für Führungs- und Fachlaufbahnen auch auf diese neuartige Rolle angewandt.

Inzwischen sind in Theorie und Praxis zahlreiche Beispiele für Kompetenzmodelle zum HR-Business-Partner entstanden. Natürlich unterliegen diese dem jeweiligen Rollenverständnis und Aufgabenspektrum. Elementare Unterschiede sind allerdings kaum zu konstatieren, eher Abweichungen »en détail«. Meist sind Kompetenzmodelle durch Kombination von ausschlaggebenden HR-Kompetenzen mit erfolgskritischen Business-Kompetenzen oder aus Interviews mit erfahrenen »Senior Professionals« entstanden. Die in der Folge dargestellten Beispiele stammen im Wesentlichen aus dem angloamerikanischen Raum und sind deshalb in den illustrierenden Abbildungen nicht übersetzt. Übrigens: Auch die Kompetenzmodelle mitteleuropäischer Unternehmen bedienen sich inzwischen zunehmend der englischen Sprache, um die Anwendbarkeit im internationalen Kontext sicherzustellen.

Kompetenzmodelle sind im Zeitverlauf nicht stabil und entwickeln sich weiter. Dies zeigt beispielsweise der Vergleich der CLC-Modelle (2003a vs. 2007a). Auch die uns bekannten und teilweise mitentwickelten Kompetenzmodelle für den HR-Business-Partner in Unternehmen werden über die Jahre immer wieder modifiziert. So hat sich denn auch das im Anhang unserer ersten Studie vorgestellte Beispiel (Claßen/Kern 2006: 92-95) inzwischen an die neuen Unternehmensrealitäten angepasst. Teilweise stehen derartige Veränderungen auch nur für unterschiedliche mentale Strukturen und verbale Faibles der neu hinzugekommenen HR-Verantwortlichen.

Ein erster Blick gebührt selbstverständlich dem Erfinder des HR-Business-Partner-Konzepts. Ulrich (1997) nennt in seinen Publikationen jedoch lediglich beispielhafte Kompetenzen für strategische Personalarbeit, ohne zwischen den vier Rollen zu differenzieren (vgl. Abb. 80). Auch in einer späteren Darstellung (Ulrich/Brockbank 2005) wird den erforderlichen Kompetenzen wenig explizite Aufmerksamkeit geschenkt (vgl. Abb. 81). Die Konkretisierung von Ulrich erfolgt allerdings über seine Beratung (RBL Group – siehe unten).

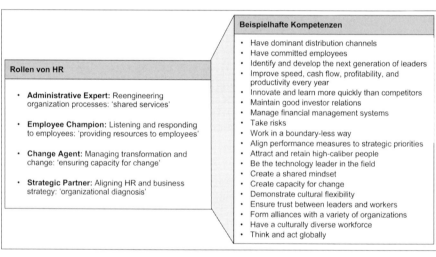

Abb. 80: Kompetenzen für strategische Personalarbeit nach Ulrich (1997)

Weitere Kompetenzmodelle aus der Theorie beschränken sich oft auf Schlagworte, die nicht näher erläutert werden. Ein Beispiel hierfür stammt von Saunders u.a. (2005): optisch durchaus ansprechend, inhaltlich allerdings bescheiden (vgl. Abb. 82).

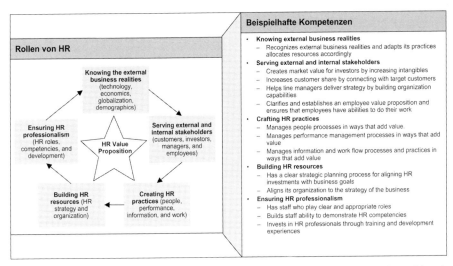

Abb. 81: Kompetenzen für strategische Personalarbeit nach Ulrich/Brockbank (2005)

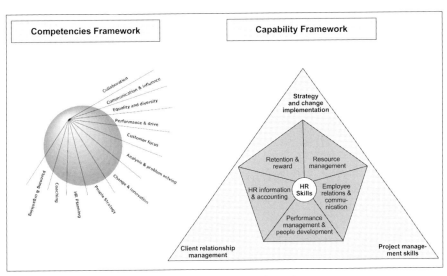

Abb. 82: Kompetenzmodell 1 – Saunders u.a. (2005)

Das CLC (2007a) differenziert für den HR-Business-Partner zwischen vier Basisaufgaben (vgl. Abb. 83).

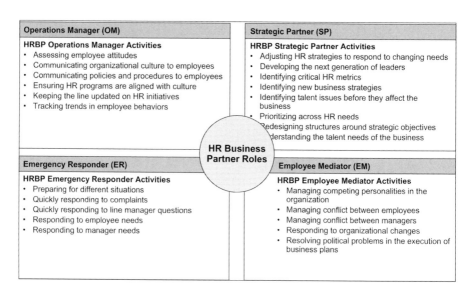

Abb. 83: Kompetenzmodell 2 – Corporate Leadership Council (1/3)

- Als »Operations Manager« checkt er die Einhaltung bestehender HR-Richtlinien und HR-Prozesse, wozu er vor allem die Fähigkeit zur Präsentation benötigt. Mit dieser Rolle ist er den überwiegenden Teil seiner Arbeitszeit beschäftigt (ca. 62 Prozent).

- Als »Emergency Responder« (ca. 14 Prozent der Arbeitszeit) löst er schnellstmöglich akut auftretende Probleme und benötigt dafür in erster Linie die Fähigkeit zur Schlichtung.

- Als »Employee Mediator« (ca. 10 Prozent der Arbeitszeit) entwickelt er nachhaltige Lösungen für individuelle Probleme oder Ansprüche einzelner Führungskräfte bzw. Mitarbeiter, wozu er vorrangig die Fähigkeit zur Konfliktlösung benötigt.

- Als »Strategic Partner« (ca. 14 Prozent der Arbeitszeit) entwickelt und implementiert er unternehmensweite Strategien für drängende Herausforderungen und benötigt dafür vordringlich die Fähigkeit für »Leadership«.

Sicherlich hat ein modern verstandener HR-Business-Partner deutlich weniger vom »Operations Manager« und fühlbar mehr von den drei anderen Rollen. Neben diesen vier rollenspezifischen Kompetenzen braucht der HR-Business-Partner noch vier übergreifende Kompetenzen, die eher handwerklichen Charakter haben und als Know-how aus der transaktionalen Personalarbeit zu verstehen sind. Über allem steht aber seine Fähigkeit zur Innovation und zum klaren Geschäftsbezug (»business acumen«) seiner Aktivitäten (vgl. Abb. 84).

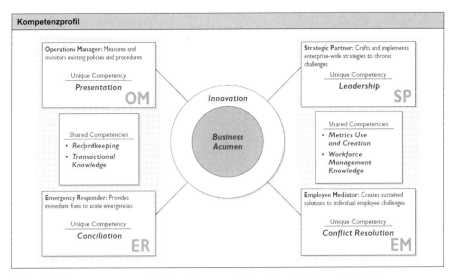

Kompetenzprofil

Operations Manager: Measures and monitors existing policies and procedures

Unique Competency
Presentation
OM

Innovation

Strategic Partner: Crafts and implements enterprise-wide strategies to chronic challenges

Unique Competency
Leadership
SP

Shared Competencies
• *Recordkeeping*
• *Transactional Knowledge*

Business Acumen

Shared Competencies
• *Metrics Use and Creation*
• *Workforce Management Knowledge*

Emergency Responder: Provides immediate fixes to acute emergencies

Unique Competency
Conciliation
ER

Employee Mediator: Creates sustained solutions to individual employee challenges

Unique Competency
Conflict Resolution
EM

Abb. 84: Kompetenzmodell 2 – Corporate Leadership Council (2/3)

Damit dieser Geschäftsbezug entwickelt werden kann, benötigt der HR-Business-Partner insgesamt drei Kompetenzen, die aufeinander aufbauen und daher sukzessive entwickelt werden müssen: Zunächst das allgemeine Grundlagenwissen, dann das spezifische Wissen zum jeweiligen Business und dann das HR-relevante Anwenderwissen (vgl. Abb. 85). Im Grunde geht es darum, die Denke und Sprache des Business zu kennen, besser noch: zu können, und dessen primäre Wertschöpfungsorientierung – bei der den Führungskräften und Mitarbeitern auch eine instrumentelle Funktion zukommt – beizustimmen. Übrigens: Lediglich jeder siebte HR-Business-Partner besitzt einen starken oder sogar sehr starken Geschäftsbezug. 85 Prozent sind diesbezüglich hingegen »sehr schwach« bzw. »ziemlich schwach«. »A large majority of HR staff cannot fully deliver strategic value as a result of underdeveloped business skills« (CLC 2007b).

Die IPMA (International Personnel Management Association – Internet-Recherche) unterscheidet vier Rollen im HRM, wobei der »HR Expert« als Fundament dient. Die drei weiteren Rollen – eine davon ist die des HR-Business-Partners – agieren durchaus im Wechselspiel. Daher wird von der IPMA zwischen rollenspezifischen und übergreifenden Kompetenzen unterschieden (vgl. Abb. 86). Interessant an diesem Kompetenzmodell ist die besonders prägnante und ergebnisorientierte Beschreibung des HR-Business-Partners. So sollte es sein!

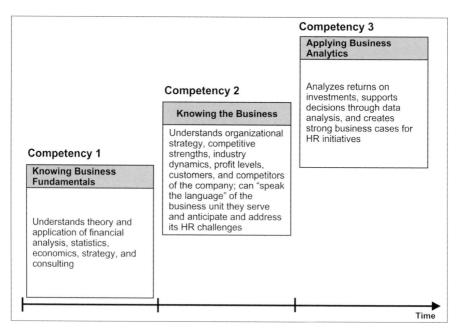

Abb. 85: Kompetenzmodell 2 – Corporate Leadership Council (3/3)

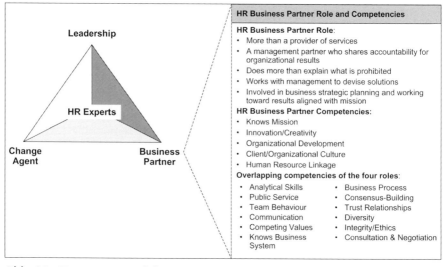

Abb. 86: Kompetenzmodell 3 – International Personnel Management Association

Das OPM (U.S. Office of Personnel Management – Internet-Recherche) sieht – stark von Ulrich geprägt – insgesamt fünf HRM-Rollen; eine davon wird explizit dem HR-Business-Partner zugeschrieben (vgl. Abb. 87 und 88). Im Grundgedanken sind dabei kaum Unterschiede zu den anderen Kompetenzmodellen festzustellen, wohl aber in der Formulierung wie auch in der Akzentuierung.

Human-Resource-Kompetenzmodell			
Role	Competency	Demonstrates	Activity
Strategic Partner	• Organizational awareness • Problem solving • Customer Service • Stress Tolerance • Oral Communication	• Understanding of public service environment • Knowledge of agency's mission • Knowledge of organizational development principles • Understanding on client's organizational culture • Knowledge of business system thinking • Understanding of business process & how to change and • improve efficiency and effectiveness • Innovation & encourages risk-taking	• Interacts with customers in a way that demonstrates customer concerns and problems are heard, builds confidence and trust • Links HR policies and programs to the organization's mission & service outcomes • Applies organizational development principles • Adapts HR services to the client's organizational culture • Designs and/or carries out HR services that incorporate business system applications • Uses HR principles that change business processes to improve its efficiency and effectiveness
Leader	• Decision Making • Planning & Evaluation • Conflict Management • Self-Management • Self-Esteem • Oral Communication	• Analytic, strategic & creative thinking • Knowledge of staff & line roles • Knowledge of business system and information technology	• Acts decisively • Manages resources e.g. human, funds, equipment • Applies conflict resolution methods in organizational situations • Uses consensus & negotiation coalition building skills to improve overall communication
Employee Champion	• Flexibility • Teaching Others • Learning • Interpersonal Skills • Oral Communication	• Develops employee & agency's relationships • Understands, values, & promotes diversity • Balances both agency's & employees' demands & resources	• Develops other's talents to maximize human potential • Mentors individuals to develop talent • Assesses & balances competing values e.g., policies & mission needs • Builds trust relationships

Abb. 87: Kompetenzmodell 4 – Office of Personnel Management (1/2)

Human-Resource-Kompetenzmodell			
Role	Competency	Demonstrates	Activity
Technical Expert	• Technical Competence • Legal, Government, & Jurisprudence • Personnel & Human Resources • Information Management • Arithmetic • Mathematical Reasoning • Customer Service • Writing • Reading • Memory • Attention to Detail • Oral Communication	• Knowledge of human resources law & policies • Knowledge of work-life & organizational plans • Knowledge of information technology	• Applies expertise in the full range of the HR arena to support agency's mission and business needs • Uses surveys and other tools to provide information to help create an effective & efficient work environment • Adapts information technology to HR management
Change Consultant	• Teamwork • Reasoning • Influencing/Negotiating • Integrity/Honesty • Creative Thinking • Oral Communication • Stress Tolerance	• Organizational development principles • Understanding of marketing • Representation of HR products and services • Understanding of team behavior	• Assesses the readiness for change & identifies appropriate change strategies • Designs & implements change processes • Applies organizational development principles • Applies innovative strategies including identifying and recommending solutions to various personnel & HR issues • Uses consensus, consultation & negotiation/consensus building • Influences others to act • Practices & promotes integrity & ethical behavior • Works in teams • Communicates well

Abb. 88: Kompetenzmodell 4 – Office of Personnel Management (2/2)

Das britische Quality Consortium (Internet-Recherche) hat sein Kompetenzmodell für den HR-Business-Partner mittels einer Literatur-Recherche sowie Interviews mit HR-Verantwortlichen und internen Kunden aus dem Business abgeleitet. Als Resultat ergeben sich drei Kompetenzkategorien (vgl. Abb. 89): Basiskompetenzen (»Foundation Competencies«) als Grundlage; Kernkompetenzen (»Core Competencies«) als zentrale Anforderungen für eine exzellente Aufgabenerledigung; Folgekompetenzen (»Consequential Competencies«) als Anforderungen an die konkrete Aufgabenerledigung in einer spezifischen Situation. Hinzu kommen grundlegende Managementkompetenzen wie Problemlösungsfähigkeit. Die Auswahl von HR-Business-Partnern müsse bei den Basis-

und Folgekompetenzen aufsetzen, deren Entwicklung hingegen bei den Kern-kompetenzen.

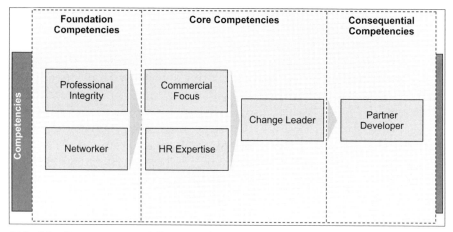

Abb. 89: Kompetenzmodell 5 – Quality Consortium

Der ebenfalls aus UK stammende Civil Service (Internet-Recherche) unterschei-det vier Dimensionen im Kompetenzmodell des HR-Business-Partners (vgl. Abb. 90). Auch dieses Beispiel zeigt wiederum, dass Struktur und Formulierun-gen wenige Überraschungen bieten, im Einzelnen dann bei der Entwicklung aber doch wohl ein Ringen um Akzentuierung stattgefunden haben muss.

Focusing on results	Identifying solutions
• Influence current and emerging HR strategy and policy to achieve organization aims; set interim goals to meet longer-term objectives • Works in partnership with managers to plan and priorities activities and resources in terms of potential impact and contribution to the business • Initiates and manages delivery of major programs and projects of operational and strategic significance to the Department • Leads and champions the implementation of significant change activities supporting the strategic goals of the unit • Takes ownership of work and achieves outcomes on time and to appropriate quality	• Understands strategic framework and business objectives and impact of HR on business performance • Gathers information and utilizes analytical skills to present well-researched proposals • Develops innovative and creative solutions and options for a range of business issues • Proactively uses initiative to identify trends, solve problems, make decisions and manage risks
Leading and developing others	**Communicating and Influencing**
• Sets the direction for the team (direct or matrix), and establishes clear goals and objectives for individuals and groups • Networks effectively internally and externally to keep up-to-date with best practice and establish good working relationships • Shares knowledge, skills and experience with others • Coaching senior managers to achieve best practice and support short and long term development	• Builds relationships with key stakeholders and utilizes networks inside and outside the Department • Communicates persuasively and with confidence to a range of audiences at all levels (internally and externally) • Utilizes a broad range of knowledge and experience to support proposals • Uses influencing and negotiating skills to achieve buy-in and gain commitment to solutions • Speaks with authority on own areas of expertise and builds personalcredibility • Presents information clearly, including strategic plans, to a range of customers, particularly senior managers

Abb. 90: Kompetenzmodell 6 – UK Civil Service

Beispiele aus der Beratungspraxis

Natürlich haben auch einige Beratungsunternehmen entsprechende Konzepte vorgelegt. Exemplarisch sei das der RBL Group genannt (Internet-Recherche), zu deren Gründern übrigens auch Ulrich gehört; laut Eigenwerbung verfügt die RBL Group über die weltgrößte Datenbank an HR-Kompetenzen. Diese Kompetenzen beruhen auf der in Zusammenarbeit mit der University of Michigan regelmäßig durchgeführten »Human Resource Competency Study« (seit 1988/ fünfter Panel in 2007; vgl. Ulrich u.a. 2008). In dieser Auflistung von sechs HR-Rollen (vgl. Abb. 91) – »credible activist«, »cultural and change steward«, »talent manager/organizational designer«, »strategy architect«, »business ally« und »operational executor« – fehlt explizit der HR-Business-Partner. Am nächsten kommt ihm wohl noch der »business ally« und noch mehr der »credible activist«, wobei er Elemente aus fast jeder Rolle, bis auf die des »operational executor«, enthält. Dieser »Verzicht« auf den HR-Business-Partner hat den einen oder die andere bereits bewegt, in einer Ulrich-Exegese die Abkehr von dessen grundlegender Empfehlung zum Business Partnering zu erklären. Dem dürfte allerdings nicht so sein. Etwas (sprachliche) Evolution muss halt dann doch sein, um Entwicklung, ja Fortschritt und damit weiterhin Leser wie Zuhörer sicherzustellen.

Kompetenzbereiche

– **Talent manager and organization designer** masters theory, research, and practice in both talent management and organization design

– **Culture and change steward** appreciates, articulates, and helps shape a company's culture, respect the past culture and also can help to shape a new culture

– **Strategic architect** professional has a vision for how the organization can win in the future and plays an active part in the establishment of the overall strategy to deliver on this vision

– **Operational executor** executes the operational aspects of managing people and organizations

– **Business ally** contribute to the success of a business by knowing the social context or setting in which their business operates

– **Credible activist** is both credible (respected, admired, listened to) and active (offers a point of view, takes a position, challenges assumptions)

Abb. 91: Kompetenzmodell 7 – RBL Group

Kompetenzmodelle aus der Praxis werden oft vertraulich gehandelt und sind deshalb nicht publikationsfähig. Wie bereits dargestellt, ist ein umfassendes – zwischenzeitlich jedoch vom Unternehmen modifiziertes – Beispiel bereits gezeigt worden (Claßen/Kern 2006: 92-95). Zwei weitere, ebenfalls bereits leicht angestaubte Beispiele wurden vom CLC in die Öffentlichkeit gebracht (Corporate Leadership Council 2003a – vgl. Abb. 92 und 93). Nochmals zwei weitere Beispiele aus der DAX30-Welt beruhen auf unserer Projekterfahrung (vgl. Abb. 124–128 im Anhang 2); eines dieser Beispiele ist die Weiterentwicklung des im Anhang unserer ersten Studie vorgestellten Kompetenzmodells. Dargestellt sind die Anforderungen für die »oberste« Stufe des HR-Business-Partners; für drei zusätzliche »Levels« liegen ebenfalls Kompetenzprofile vor. Für weitere Kompetenzmodelle aus unserer Beratung zum Thema in den vergangenen Jahren fehlt uns – dies ist verständlich – die Erlaubnis zur Publikation an dieser Stelle.

Competency Area	Level 1 Administrator/Course Organiser	Level 2 Officer	Level 3 Manager	Level 4 Senior Manager-HR Director
Understanding the Business Understands the essentials of the business in which the firm/business unit operates.	• Displays basic business understanding including awareness of Service Level Agreement, Business Plan, Scorecard, and business performance in own area	• Supports the development of core business processes • Compiles and analyses data and clarifies areas of uncertainty • Engages in discussion on organisational challenges/issues	• Influences organisational and structural changes at business unit level • Makes a significant contribution to business planning and other core processes • Engages business leaders on HR implications of business model changes • Demonstrates commercial awareness	• Understanding is used to inform strategic • HR decisions and interactions with business • Contributing fully to decisions around business performance, strategy and development of key business processes • Uses financial and other measures to inform HR decisions
Demonstrating Process Expertise Illustrates that they are knowledgeable, can communicate best HR practise and utilise their knowledge on specific business Problems.	• Effective implementation and maintenance of established processes • Meeting agreed service delivery standards • Alert to opportunities for process improvements	• Advising improvements to service delivery offering • Seeking and responding to client feedback • Uses basic improvement tools and techniques to improve current processes	• Leading projects to deliver new process innovations and systems implementation • Undertaking benchmarking and other evaluation methods in determining best practice • Ensuring the delivery of a high quality service in own area of expertise	• Re-engineer major process areas at a strategic level • Advising on the strategic implications of organisational changes on key HR processes • Recommending process infrastructures for the business unit • Negotiate with external service providers
Managing Change The combined competencies of change management are knowledge of change processes, skills as change agents, and ability to deliver change.	• Supporting other members of HR in change initiatives • Acquiring familiarity with change management methods and terminology • Basic understanding of the changes taking place in own business area	• Plays an active role in change process and delivering change • Undertakes small scale facilitation in the implementation of change • Contributes to change process design in own business area	• Real expertise in applying organisation diagnostic and analytical tools and techniques • Skilful workshop leader/facilitator • Scoping and leading major change projects in own business area/area of expertise	• Leading a major change effort with a firm wide scope • Regarded as a change agent • Advising Senior Management on necessity for change and how to implement • Outstanding workshop leader/facilitator • Brings thought leadership to change management
Delivering Human Resource Management Expertise Able to identify current and future client needs and to utilise the many resources available to meet those needs.	• Contributing as a provider of basic services to clients • Resolving routine issues/questions without referral • Developing knowledge/skills within own area of expertise	• Coaching junior team members in areas of expertise • Competent delivery across a generalist area or specialism • Proactively identifying issues within the business	• Managing a small team in functional area • Co-developing their area's HR scorecard • Able to integrate various HR service delivery providers • Networked internally & externally in area of expertise • Credible and valued business partner or specialist	• Leading an integrated HR team or managing a key functional area • Acknowledged expert internally and externally in functional specialism or as a business partner by business leaders in the firm • Provides HR advice at highest levels and demonstrates mastery in a wide range of HR
Establishing and Displaying Personal Credibility Demonstrates core behaviours such as accuracy, consistency, reliability & rapport with clients/colleagues.	• Maintains good working relationships through demonstration of appropriate interpersonal and social skills • Helpful and supportive in team and client interactions • Is recognised as providing accurate and timely good quality service	• Sensitive to others' needs • Recognises impact of own behaviour on others and adjusts/flexes style appropriately • Builds strong personal relationships across the business • Is regarded as a team player • Challenges constructively	• Credible in a range of advisory and problem solving situations • Resolves conflict and differences through application of interpersonal skills • Contributes effectively in multi disciplinary teams and unfamiliar environment • Demonstrates personal awareness	• Establishes relationships of trust with senior business leaders • Is insightful/influential in the business • Demonstrates high levels of personal awareness and insight • Challenges and confronts appropriately • Acts as a coach to senior business figures

Abb. 92: Kompetenzmodell 8 – Unternehmensbeispiel nach CLC (2003a)

Job Level	Skills and Experiences	Career Options
Level C Program Assistant	At level C the Program/HR Assistant will provide primary support within the team. Typical duties may include: • Knowledge of HR processes, rules and organization to provide support to team and client in HR administration; SRI and OPE actions, recruitment, etc. • Administrative support duties are likely to be included in the role at level C • Use of IT tools and HR applications; create data bases for monitoring and analytical purposes; research and basic analysis on HR issues	Level C&D staff are highly fungible across HR function and into operations; internal rotations recommended to develop depth and breadth
Level D Program Assistant, HR	• The Level D incumbent will have a high degree of mastery across the breadth of HR support areas and/or skill depth in a sub-specialism • Recognized as the lead ACS staff for the unit/specialism with extensive accountabilities and mentoring role. High degree of autonomy and judgment is expected in the role • Identify and resolve diverse issues and serve as unit and client resource on procedures and policies integral to effective HR service	

Level E HR Analyst	• Analysts have specialist knowledge developed on the job or with training and experience in a discreet and substantive specialist, technical area. Independent work involving analytical interpretation – typically of data or individual client situations with minimal supervision
	• Experience includes:
	  – Specialist knowledge, e.g., recruitment, benefits administration, visa administration, health, expatriation, separation benefits
	  – With minimal guidance; design and implementation of significant data collection and interpretation to provide analysis and recommendations
	  – Interpersonal skills and experience to interface directly with internal/external clients on substantive professional HR issues
	  – Accountability for functional area, e.g., advice to clients in specialist area
		Limited rotation options in HR function due to increased specialization; progression to level F subject to competition and expanded job responsibility

Level F HR Officer	Minimum 5-7 years practice in a professional HR environment including skills in one or more of the following: • Individual staff counseling • Recruitment and Interviewing • Job Grading • Performance Management • Compensation and Benefits • Organisational Development • Employee Relations • Employment Law and Casework Positions require consulting skills and accountability to provide advice based on experience, training and developing awareness of client business and objectives	Rotation encouraged to develop breadth and depth across skill areas; level G progression subject to competition and expanded responsibility
Level G Senior HR Officer	Minimum 8-10 years practice at HR Officer Level. At this level staff have broad experience across most HR skill areas and/or technical depth in one or more of the areas sufficient to: • Provide expert estate of the art of consultancy in an area of technical expertise or complex OD and change management projects • Manage the largest and most diverse client HR needs • Provide mentoring and advice to less experienced HRO's and/or take on a recognized leading role within HR team • High level of accountability, creativity and pro activity to work with minimal guidance • Customize interventions based on good awareness of client business and objectives	Rotation encouraged to develop breadth and depth across skill areas; level H progression subject to competitive managerial selection

Abb. 93: Kompetenzmodell 9 – Unternehmensbeispiel nach CLC (2003a)

DIN-Norm gefällig?

Nach Durchsicht aller dieser Ansätze ist unschwer zu erkennen, dass es noch keine einheitliche Vorstellung über die Kompetenzen des HR-Business-Partners gibt, allenfalls im Grundansatz ähnliche Überlegungen. Doch nicht nur die Inhalte unterscheiden sich, sondern auch die als Basis dienende Kompetenzmodell-Logik. Das Deutsche Institut für Normung (DIN) hat denn auch festgestellt, dass »der Begriff der Kompetenz gerade in der unternehmerischen Praxis der Personalentwicklung ganz unterschiedlich definiert und dabei in der Regel die Vielschichtigkeit und Mehrdimensionalität nicht berücksichtigt und differenziert wird. Diese Vereinfachungen führen zu Inkompatibilitäten und zu Schwierigkeiten in der Diskussion, Bestimmung und im Vergleich von Kompetenzen. Die Entwicklung eines integrativen und mehrdimensionalen Kompetenzmodells inklusive eines generischen Beschreibungsformats für die Analyse, die Anforderungsermittlung und den Vergleich innerhalb von Organisationen und am Arbeitsplatz soll helfen, diesen Mangel zu beseitigen« (Internet-Recherche).

Eine Institution wie das DIN lässt eine solche Unordnung natürlich nicht ruhen. Daher wurden für die Jahre 2007–2009 ein Normierungs-Projekt ausgerufen: »Es soll ein integratives und mehrdimensionales Kompetenzmodell inklusive eines generischen Beschreibungsformats für die Analyse, die Anforderungsermittlung und den Vergleich innerhalbvon Organisationen und am Arbeitsplatz entwickelt und möglichst in Form einer PAS vorgelegt werden. Damit können sowohl Personalverantwortliche als auch die Mitarbeiter selber die benötigten Kompetenzen für Arbeitsplätze, konkrete Projekte und für die individuelle Entwicklung angemessen, differenziert und vor allen Dingen standardisiert bestimmen« (ebd.). Dessen Ergebnisse sind bis zur Drucklegung dieses Buches noch offen. Doch ist gerade für den HR-Business-Partner auch in mittlerer Zukunft kaum eine DIN-Normierung des Kompetenzmodells zu erwarten. Selbst wenn die Anforderungen sich nicht allzu sehr unterscheiden: Die Geschmäcker der HR-Verantwortlichen sowie die gewohnte Praxis sind zu verschieden.

5.3.3 Assessment Center/Development Center

Ebenfalls klassische Vorgehensweise

Kompetenzmodelle stellen zunächst einmal nicht mehr als eine bloße Beschreibung von Anforderungen an eine bestimmte Rolle dar, gegebenenfalls noch differenziert nach verschiedenen Management-Leveln. Ob es nun im Unternehmen (oder auch von außerhalb) Personen gibt, die diese Anforderungen erfüllen bzw. dorthin entwickelt werden können, ist Aufgabe des Assessment Center (AC) bzw. Development Center (DC). An dieser Stelle werden die grundsätzliche Vorgehensweisen, Handlungsoptionen sowie Vor- und Nachteile von AC/DC als bekannt vorausgesetzt und nicht weiter vertieft. Zum AC/DC gehören im Wesentlichen 5 Elemente:

- Ableitung der Schlüsselkriterien HR-Business-Partner aus Anforderungsprofil;
- Erstellung von Fallbeispielen/Rollenspielen (mit Musterlösungen);
- Erarbeitung von Interviewleitfaden und Beobachtungsbogen;
- Differenzierung von Schwierigkeitsstufen (analog den »Leveln«);
- Design von Auswertungs- und Feedbackprozess (Ergebnisübersicht/Gutachtenstruktur/Beobachterkonferenz).

Die Qualität des AC/DC steht und fällt mit der Güte von Fallbeispielen/Rollenspielen sowie dem Interviewleitfaden und Beobachtungsbogen. Die Fallbeispiele/Rollenspiele sollten aus dem Aufgabenkanon des HR-Business-Partners stammen und realitätsnahe Situationen aus dem jeweiligen Unternehmenskontext (»real life examples«) abbilden. In Musterlösungen wird nicht das einzig richtige Vorgehen aufgeführt – dies gibt es im Leben des HR-Business-Partners auch nur selten –, sondern lediglich eine exemplarische Antwort, welche die wesentlichen Elemente eines »sehr guten« Resultats beinhaltet. Es versteht sich von selbst, dass die Anzahl von einsatzfähigen Fallbeispielen/Rollenspielen nicht zu klein sein sollte. Wie immer bei multidimensionalen Aufgabenbereichen besteht auch beim HR-Business-Partner die Gefahr, im AC/DC primär die harten Themen und kognitives Wissen abzuklären. In der Auswertung müssen die Beobachter daher auch zu den »soft facts« Stellung beziehen.

Wichtig ist zudem eine professionelle Organisation, die bei einer zuverlässigen Terminkoordination (Kandidaten und Beobachter) beginnt, eine ausführliche Unterweisung der Beobachter berücksichtigt, eine reibungslose Abwicklung der Interviews/Fallbeispiele/Rollenspiele gewährleistet sowie eine handlungsorientierte Auswertung (Entscheidung und nächste Schritte für die Kandidaten) sicherstellt. Nachlässigkeiten und Unklarheiten lassen bei den Teilnehmern auch Zweifel an der inhaltlichen Substanz des AC/DC aufkommen. Da in jedem AC/DC eine explizite Wertung der Kandidaten vorgesehen ist (Ja/Nein bzw. Ableitung von Entwicklungsmaßnahmen zur Beseitigung von Defiziten) ist diese professionelle Organisation im Sinne von »fair process« ein wichtiger Erfolgsfaktor. Die Begründungen für das Ergebnis – insbesondere solche mit vermeintlich wertendem Charakter – müssen zudem für den Kandidaten nachvollziehbar sein. Eine entscheidende Rolle besitzen dabei die Beobachter: Sie sind die wichtigsten »Mess-Instrumente«; je besser sie geeicht sind, desto besser sind die Ergebnisse.

Schwierig wird es, wenn sich – was oft der Fall ist – bei einem DC die Beobachter aus der Hierarchie einer Organisation zusammensetzen. Die berufsbiografischen Prägungen (wir verwenden bewusst diese vorsichtige Formulierung) von oberen Führungsebenen im HR-Ressort entstammen zumeist einer eher klassischen Vorstellung über die Rolle von HR im Unternehmen. Auch wenn Vergleiche immer hinken, wäre dies in etwa so, als wenn die Deutsche Bischofskonferenz als Jury für Deutschland sucht den Superstar fungiert. Die zumindest zusätzliche externe Perspektive von Assessment-Profis ist deswegen beim AC/DC für den HR-Business-Partner durchaus förderlich.

Ein erstes persönliches Feedback ist unmittelbar als Abschluss zum AC/DC zu geben, zumindest der verbindliche Ausblick über das weitere Vorgehen. Im Falle des DC sollte das Entwicklungsgespräch zeitnah – mit diesem Euphemismus ist »as soon as possible« gemeint – stattfinden. Basis dafür ist das individuelle Gutachten, das sich aus den diversen Ergebnissen und Beobachtungen des AC/DC ergibt. Im Entwicklungsgespräch werden Stärken und Schwächen diskutiert, ein Fazit über die künftige Rolle gezogen und handfeste Entwicklungspläne verabschiedet.

Die uns bekannten AC/DC für den HR-Business-Partner leiten sich direkt aus dem jeweiligen Anforderungsprofil des Unternehmens ab und sind zudem mit realitätsnahen Fallbeispielen/Rollenspielen aus dem jeweiligen unternehmensspezifischen Kontext unterfüttert. Durch dieses »Customizing« eignen sie sich aus Vertraulichkeitsgründen – leider – nicht für eine Veröffentlichung. Generische Fallbeispiele/Rollenspiele mögen im AC-Kontext von den Kandidaten noch akzeptiert werden, für die DC-Konkretisierung sind sie in jedem Fall ungeeignet. Mit dieser Einschränkung wird nun ein generisches AC-Beispiel vorgestellt.

Saunders u.a. (2005) zeigen ein fast schon klassisches AC-Vorgehen, das sie auf den HR-Business-Partner adaptieren (vgl. Abb. 94). Nach einem psychometrischen Test finden zwei persönliche Interviews und eine Präsentation statt; abgeschlossen wird das Assessment Center durch eine Gruppenübung. Das entspricht dem Lehrbuch-Wissen über Auswahlverfahren. Die Qualität wird allerdings von der konkreten Ausführung bestimmt, die immer unternehmensspezifisch und auf den HR-Business-Partner bezogen sein sollte; dies wird von den Autoren allerdings nicht näher ausgeführt.

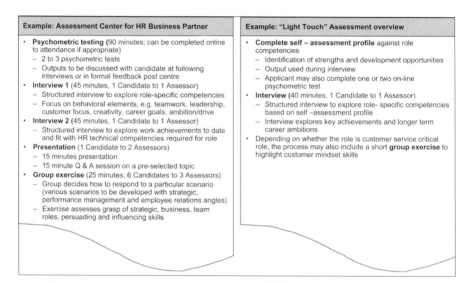

Abb. 94: Assessment Center – Saunders u.a. (2005)

Wie die Fragen an den potenziellen HR-Business-Partner aussehen könnten, wird vom CLC (2007b) an drei Q&A-Beispielen gezeigt (vgl. Abb. 95). Als Fazit dieser wenigen allgemein zugänglichen Beispiele bleibt, dass die Ausgestaltung und Durchführung von AC/DC für den HR-Business-Partner jedesmal eine erhebliche unternehmensindividuelle Anstrengung bedeutet. Da die Qualität der Akteure maßgeblich die Qualität der Ergebnisse bestimmt, ist die Selektion bzw. Entwicklung der HR-Business-Partner freilich ein entscheidender Erfolgsfaktor des Konzeptes, wenn nicht sogar der wichtigste.

Make or Buy?

Ein Assessment Center setzt voraus, dass es mehrere Kandidaten für eine HR-Business-Partner-Position gibt und daher der bestgeeignete Bewerber – ob intern oder extern – ausgewählt werden kann. Immer wieder werden diese Stellen extern ausgeschrieben. Diese Stellenausschreibungen reflektieren dabei das jeweilige Kompetenzmodell, wie fünf Beispiele aus einer der bekannten Jobbörsen (im März 2009) zeigen (vgl. Abb. 96). Die Rekrutierung von HR-Business-Partnern weist – mit Ausnahme des Kompetenzprofils – keinerlei Besonderheiten gegenüber anderen Einstellungen auf. Man sollte lediglich das voraussichtlich tangierte Business bei der Entscheidung hinzuziehen.

Example: Question 1	Example: Question 2	Example: Question 3
Q: How would you characterize the strategic importance of the HR function in an organization? Does this vary by industry? Why/why not? A: Look for an answer that depicts the HR transformation. What do they specifically mention about proving HR business cases, driving strategy through talent management and human capital, etc.? Remember that the company has multiple lines of business, so an HR team that understands the uniqueness of their own client's business, regardless of the industry, would be a common thread in respected HR organizations	Q: What do you think is the difference to the bottom line of the company when there's a strong/strategic HR function? A: Look for an understanding of holistic talent management practices. Make sure they tell you how those factors impact the bottom line – see if they provide specific metrics. More impressive would be an answer that acknowledges that HR should be held accountable for proving actual or forecasted ROI for new services, products and initiatives. Most often HR is perceived as implementing such projects on "instinct" rather than proven metrics. Examples here would be ideal	Q: What's the single most important skill an HR generalist needs to have? Why? A: This may be a matter of preference, but look for an answer that discusses alignment of HR skills with critical business skills and an understanding of the business strategy that they support. You might also hear about consulting, coaching or listening skills; these are all good, but are ultimately of secondary Importance

Abb. 95: Beispielhafte Fragen und Antworten (Q&A) im Assessment Center

Sie haben Ihr Fachhochschul- oder Hochschulstudium erfolgreich abgeschlossen oder verfügen über anderweitig erworbene gleichwertige Kenntnisse mit Schwerpunkt Personalwesen. Sie haben mehrere Jahre relevante Berufserfahrung im operativen und strategischen HR-Bereich und beherrschen alle personalwirtschaftlichen Themen im Tagesgeschäft sicher. Sie begeistern durch herausragende Kommunikations-, Konflikt- und Überzeugungsfähigkeiten sowie Umsetzungsstärke und Verhandlungsgeschick . Sie haben Freude am eigenverantwortlichen Handeln und überzeugen durch Ihre lösungsorientierte Arbeitsweise gepaart mit konsequenter Kunden- und Dienstleistungs-orientierung Sie besuchen mehrmals pro Woche die ver-schiedenen Standorte in der Region und bringen daher ein hohes Maß an Reisebe-reitschaft und Flexibilität mit	University degree or equivalent. Relevant professional experience as HR generalist. Knowledge of the entire portfolio of HR tasks. Fluent English and German. Open minded and experienced in working in an international environment. Ability to build up professional relations across all levels of the business. Work experience within a matrix organization would be beneficial. Good communicator	Nach Abschluss eines relevanten Hochschulstudiums haben Sie bereits mehrere Jahre Erfahrung als HR-Generalist in einem internationalen Unternehmen sammeln können. Dabei waren Ihre Schwerpunkte, neben der operativen Betreuung von Mitarbeitern, die Gestaltung und Umsetzung von Veränderungsprozessen sowie die Optimierung von Geschäftsabläufen. Sie verfügen über fundierte betriebswirtschaftliche Kenntnisse und können komplexe Sachverhalte sowohl quantitativ als auch qualitativ durchdringen. Ergebnisse präsentieren Sie logisch und können dabei Führungskräfte von Ihren Lösungsansätzen überzeugen. Ihre Persönlichkeit ist geprägt von der Fähigkeit, jeden Tag aufs Neue zwischen den verschiedenen Mitarbeitergruppen zu vermitteln. Dabei ermöglichen Ihnen Ihre Kommunikationsfähigkeiten eine erfolgreiche Interaktion mit Ihren Ansprechpartnern auf unterschiedlichen Ebenen. Eine konstruktive und vertrauensvolle Zusammenarbeit mit dem Betriebsrat ist für Sie selbstverständlich. Dabei behalten Sie die Interessen des Unternehmens stets im Blick. Neben Ihrer Kommunikationsstärke und Ihrer Bereitschaft, neue Wege zu identifizieren und Ideen zu präsentieren, gehört auch deren pragmatische Umsetzung zu Ihren persönlichen Stärken. Es macht Ihnen Spaß, in einem internationalen Unterneh-men tätig zu sein. Anfragen und Aufgaben-stellungen in englischer Sprache meistern Sie auf Grund Ihrer guten Englischkennt-nisse sicher.
Erfolgreich abgeschlossenes Studium oder vergleichbare Qualifikation. Mehrjährige Berufserfahrung. Personalwirtschaftliches Fach-Know-how von Vorteil. Bereitschaft zur Einarbeitung in das Business des Kunden. Ausgeprägte Beratungskompetenz . Hohes Maß an Kundenorientierung/ Beziehungsmanagement. Gute analytische und konzeptionelle Fähigkeiten, schnelle Auffassungsgabe. Souveränes und verbindliches Auftreten. Kritik- und Feedbackfähigkeit. Gute Englischkenntnisse wünschenswert.	Abgeschlossenes Hochschulstudium. Mehrjährige Berufserfahrung in ähnlicher Position - gern auch in zweiter Reihe - in einem dynamischen, von stetigem Wachstum geprägten Unternehmen. Proaktivität, Kommunikationsstärke und Durchsetzungsvermögen. Aufgeschlossenes, sicheres und verbindliches Auftreten. Pragmatisches Denken, Ausdauer und sehr gute Belastbarkeit. Reisebereitschaft im In- und Ausland Fließende Deutsch- und Englischkenntnisse in Wort und Schrift Sie sind eine unternehmerisch denkende Persönlichkeit und arbeiten gerne in einem von Dynamik und Wachstum geprägten Unternehmen, das Gestaltungsspielraum und Eigeninitiative zulässt und sich durch flache Hierarchien und schnelle Entscheidungswege auszeichnet.	

Abb. 96: Anforderungen an den HR-Business-Partner in Stellenanzeigen

Mindestens genauso häufig geht es bei der Besetzung von HR-Business-Partner-Positionen nicht um das »buy«, sondern um das »make«. Aus dem vorhandenen »Bestand« an HR-Mitarbeitern sollen bestimmte für diese Rolle entwickelt werden. Dies aber ist nun Aufgabe des Development Center, bei dem – aus der Diskrepanz zwischen vorhandenen und gewünschten Kompetenzen – ein individueller Entwicklungsplan abgeleitet wird. Basis kann hierfür zum einen die Experten- bzw. Vorgesetzteneinschätzung sein oder aber auch die ehrliche Selbsteinschätzung. Dafür hat die Society for Human Resource Management Association (SHRM) ein »self assessment tool« vorgelegt (Internet-Recherche – vgl. Abb. 97). Natürlich kann der HR-Business-Partner grundsätzlich auch aus dem Business stammen – er oder sie müssen keine »HRler von der Provenienz her« sein. Voraussetzung dafür ist in jedem Fall, dass ein Karriereschritt zu HR als Aufwärts- oder zumindest Seitenschritt verstanden wird; das ist nicht in jedem Unternehmen der Fall.

Questionnaire

Personal Leadership	not at all				full
Listening skills	☐	☐	☐	☐	☐
Ability to deal positively with others	☐	☐	☐	☐	☐
Ability to inspire & motivate others	☐	☐	☐	☐	☐

HR business leadership and ability to	not at all				full
Create an overall talent or people mindset	☐	☐	☐	☐	☐
Create HR strategy to align people, processes, systems	☐	☐	☐	☐	☐
Independent to evaluate the CEO's ideas critically	☐	☐	☐	☐	☐
Develop metrics aligned with strategy	☐	☐	☐	☐	☐
Ensure practice of ethical standards	☐	☐	☐	☐	☐
Assess talent	☐	☐	☐	☐	☐

Business Literacy	not at all				full
Corporate finance	☐	☐	☐	☐	☐
Marketing	☐	☐	☐	☐	☐
Accounting	☐	☐	☐	☐	☐
Information technology	☐	☐	☐	☐	☐
General management	☐	☐	☐	☐	☐

Company's business model	not at all				full
Needs of your customers (internal & external)	☐	☐	☐	☐	☐
Constraints that your operating managers face	☐	☐	☐	☐	☐

Functional areas within HR	not at all				full
Recruiting	☐	☐	☐	☐	☐
Staffing	☐	☐	☐	☐	☐
Training & development	☐	☐	☐	☐	☐
Performance management	☐	☐	☐	☐	☐
Benefits	☐	☐	☐	☐	☐
Incentives	☐	☐	☐	☐	☐
Labor & employee relations	☐	☐	☐	☐	☐
Occupational safety & health					

Abb. 97: Instrument zur Selbsteinschätzung – SHRM

Bei allen Hoffnungen auf die Entwicklungsmöglichkeiten von HR-Business-Partnern darf bei diesem Punkt kein allzu großer Optimismus vorherrschen. Bereits in unserer HR-Business-Partner-Studie (Claßen/Kern 2006: 59) wiesen die befragten HR-Verantwortlichen auf das Faktum hin, dass lediglich ein Drittel der Rolleninhaber ihre Aufgabe zufriedenstellend erfüllen. Eine vergleichbare Quote können wir – wenn man offen und ehrlich ist – aus den von uns beratenen Unternehmen berichten. Auch andere Studien weisen auf diese erfolgskritische Tatsache hin. So seien zwei Drittel der Rolleneffektivität des HR-Business-Partners durch On-the-job-Entwicklungsmaßnahmen geprägt (CLC 2007a); nichts Anderes als »learning by doing«. Dafür müssen freilich die Voraussetzungen bereits mitgebracht werden. Andere Entwicklungsmaßnahmen wie Training (21%), Rotation (10%) und Coaching (3%) bringen hingegen wenig bis nichts.

5.3.4 Experten-Audit

Mehr als AC/DC

Bei der Selektion von HR-Business-Partnern sind Assessment/Development Center das Minimum. Eng damit verbunden, aber noch umfassender, wäre ein aus der Management Diagnostik abgeleiter Experten-Audit. Wobei die Grenzen zwischen AC/DC und Experten-Audit fließend sind. Da es sich beim HR-Business-Partner um eine der besonders erfolgskritischen HRM-Rollen handelt, sollte seiner Auswahl lieber mehr als zu wenig Aufmerksamkeit gewidmet werden. In diesem Abschnitt wird daher ein generalisiertes Beispiel (inklusive Begründungszusammenhang) für einen solchen Experten-Audit vorgestellt, das auf einem konkreten Projektbeispiel beruht und über ein klassisches AC/DC hinausgeht.

Es ist in vielen Unternehmen durchaus möglich, dass die für die Rolle HR-Business-Partner bestens geeigneten Kandidaten bereits bekannt sind; die ungeeigneten übrigens auch. In diesem Fall wäre es ein Leichtes, diese Allerbesten in die Ausübung der überaus wichtigen Rolle zu bringen. Als einziger Hinderungsgrund könnten dann noch wichtigere Aufgaben an anderer Stelle ins Feld geführt werden. Doch diese Schwierigkeit müsste schon sehr gewichtig sein, denn wichtigere Aufgaben als Wertschöpfung aus der People-Dimension mag man sich im HRM eigentlich kaum vorstellen. Ab und an gibt es zudem die menschlich verständliche aber fachlich unerklärliche Rücksicht auf alternative Kandidaten, bei denen man glaubt, aus durchaus beachtenswerten Motiven wie Gesichtswahrung, historische Meriten und persönlicher Verbundenheit nicht vorbeigehen zu können, an deren künftigem »Impact« aber berechtigte Zweifel bestehen. Allzu viele dieser HR-Business-Partner kann man sich aber nicht erlauben, die Quote sollte unter zehn Prozent liegen. Am besten liegt sie bei null.

Vorgehensweise

Wie aber könnte nun eine Management-Diagnostik in Bezug auf den HR-Business-Partner aussehen? Im Grundsatz unterscheidet sie sich nicht von dem auch für andere Zwecke etablierten Vorgehen. Die Unterschiede liegen in der konkreten – auf den Zweck HR-Business-Partner bezogenen – Ausgestaltung. In jedem Fall reduziert eine professionelle HR-Business-Partner-Diagnostik das Risiko von Fehlbesetzungen erheblich:

- Sorgfältige Anforderungsanalyse: Definition klarer Aufgabeninhalte, nötiger Kompetenzen und habitueller Anforderungen.

- Gezielte Überprüfung der erforderlichen Kompetenzen und habitueller Anforderungen: Check der Passung von Kandidat mit der HR-Business-Partner-Rolle (»Job/Person Match«).

- Gezielte Überprüfung der Eignung für das Business: Check der Passung von Kandidat mit seinem vorgesehenen Einsatzfeld (»Cultural Fit«).

- Beobachtung der Stressresistenz: Check der »Coolness« in den erwartbaren uneindeutigen Konstellationen (Ambiguitätstoleranz und Lösungsorientierung).

- Vergleich von Kandidaten: Gegenüberstellung mehrerer personeller Alternativen für eine Rolle hinsichtlich Kompetenz, Habitus, Business-Eignung, Lernbedarf und Entwicklungsmöglichkeit.

Durch eine mittels Management-Diagnostik strukturierte und transparente Gestaltung des Selektionsverfahrens wird eine bestmögliche Stellenbesetzung sowie die weitgehende Vermeidung von Fehlentscheidungen sichergestellt. Gleichzeitig wird die Akzeptanz der Besetzung – gerade auch durch Hinzuziehung des Business bei der Auswahl – erhöht. Durch unternehmensweit einheitliche Auswahlstandards können, etwa mit Blick auf Diversity-Aspekte, schließlich auch sachlich und rechtlich wasserdichte Entscheidungen produziert werden. In insgesamt vier Schritten und einem Folgeschritt ermöglicht Management-Diagnostik eine Bestandsaufnahme zu den Kompetenzen und Potenzialen der angedachten HR-Business-Partner (vgl. Abb. 98).

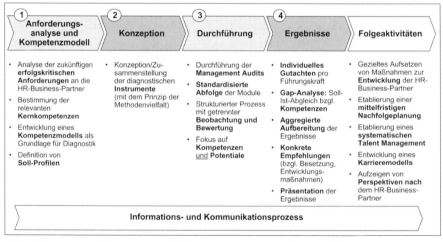

Abb. 98: In vier Schritten ermöglicht Management-Diagnostik eine Bestandsaufnahme zu Kompetenzen/Potenzialen der angedachten HR-Business-Partner

Wichtig erscheint uns – generell in der Management-Diagnostik, aber gerade auch beim Experten-Audit für den HR-Business-Partner – die Einlösung des Prinzips der Methodenvielfalt. Dazu zählen, bereits im Vorfeld, die Werdegang-Analyse, die On-the-job-Performance-Management-Ergebnisse (idealerweise über einen längeren Zeitraum) sowie 360°-Feedbacks (mit möglichst breitem Spektrum). Dies wird ergänzt durch strukturierte Interviews, sowohl mit einer biografischen als auch einer kompetenzbasierten Komponente, Fallstudien, Fallinterviews, Rollenspielen sowie Testverfahren; für das kompetenzbasierte Interview, die Fallstudie sowie das Rollenspiel werden diese Instrumente jeweils durch ein konkretes Projektbeispiel skizziert (vgl. Abb. 129–135 im Anhang 2). Wichtig ist eine ausreichende Anzahl von Fragestellungen, Fallstudien und Rollenspielen, um Lerneffekte späterer Kandidaten zu vermeiden, sowie gegebenenfalls mehrere Schwierigkeitsstufen, um den unterschiedlichen HR-Business-Partner-Leveln gerecht zu werden. Natürlich liegt in dieser Breite und Tiefe ein nicht zu vernachlässigender Aufwand in der Vorbereitung, der oftmals unterschätzt wird.

Ausgangspunkt für die in der Management-Diagnostik eingesetzten Methoden sind immer die Kompetenzprofile des HR-Business-Partners, die meistens noch um einige weitere kognitive, habituelle und formale Aspekte ergänzt werden, wie es in einem weiteren Praxisbeispiel dargestellt ist. Die konkrete Ausgestaltung des Audits muss dann entsprechend geplant und getimed werden, wofür idealerweise mindestens ein ganzer Tag zur Verfügung stehen sollte (vgl. Abb. 129–134 im Anhang 2). Übrigens: Ein mit einem derart breiten Verständnis durchgeführtes AC/DC unterscheidet sich nicht von dem hier beschriebenen Experten Audit.

Konsequente Fortführung

Eine derartig professionelle Management-Diagnostik wird zur Grundlage für zielgerichtete und nachhaltige Folgemaßnahmen. Dazu bedarf es individueller und aggregierter Gutachten. Das individuelle Gutachten für die einzelnen Aspiranten ist eine Zusammenfassung der wesentlichen Ergebnisse des HR-Business-Partner-Audits im Sinne eines Management Summary. Es enthält eine Gegenüberstellung der Stärken und Entwicklungsbedarfe, eine Profildarstellung mit der quantitativen Ausprägung der einzelnen Kompetenzen sowie einem Soll/Ist-Abgleich, konkrete Hinweise zur weiteren Personalentwicklung, am besten in Verbindung mit einem verbindlichen Umsetzungsplan, und selbstverständlich das Fazit in Form einer individuellen Potenzialaussage sowie der klaren Besetzungsempfehlung (Ja/Nein). Dieses Feedback an die auditierten Kandidaten und ihren aktuellen bzw. künftigen Vorgesetzten ist – im Geiste des »fair process« – ein ganz zentrales Element auch für die Glaubwürdigkeit der gesamten Management-Diagnostik (vgl. Abb. 135 – im Anhang 2). Das aggregierte Gutachten gibt den HR-Verantwortlichen einen kompletten Überblick (am besten im Portfolio-Format) der aktuellen Performanz und des zukünftigen Potenzials im HR-Business-Partner-Pool sowie eine Ableitung erfolgskritischer Entwicklungsbedarfe in Verbindung mit grundsätzlichen Maßnahmen zur Personalentwicklung. Sinnvoll ist auch eine Risikoanalyse (z.B. Vakanz- und Retentionsrisiken) sowie die Verknüpfung der Assessment-Ergebnisse mit einer systematischen Nachfolgeplanung als Element des Talent Management in der HR-Funktion.

Natürlich kommt der Professionalität, Authentizität und Seriosität von unternehmensinternen und immer wieder auch externen Beobachtern eine entscheidende Bedeutung zu, sowohl für die Validität der Ergebnisse als auch für die Fairness im Verfahren. Denn diese Beobachter sind die wichtigsten »Messinstrumente« der Management-Diagnostik. Je besser sie geeicht sind, umso besser werden die Resultate sein. Aus diesem Grund durchlaufen die Beobachter im Vorfeld eine umfassende Einweisung. Da es sich bei den internen »Auditoren« von HR-Business-Partnern im Regelfall um Mitglieder aus dem Senior Management des Unternehmens handelt, ist deren Zeit und Aufmerksamkeit das wahrscheinlich kostbarste Gut bei der Durchführung von Management-Diagnostik. Ihre Konzentration auf den Abgleich von Profil und Kandidat, ihre »challenging fairness« während der gesamten Beobachtungzeit und ihre Bereitschaft zum Mitwirken an einem vorurteilsfreien Gesamteindruck im Sinne einer gemeinsamen Bewertung des Kandidaten sind wichtige Erfolgsvoraussetzungen. Dies muss von den Management-Diagnostik-Experten durch ein entsprechendes Briefing und Coaching sichergestellt werden.

Übrigens: Es gibt keinen professionellen Management-Diagnostiker, der in den Medien die Qualität von Führungskräften oder HR-Business-Partnern zwischen Unternehmen vergleichen würde; etwa im Sinne von »die Senior Executives bei ABC sind deutlich besser als jene von XYZ«. Dazu sind solche Urteile und Einschätzungen viel zu sensitiv. So etwas erfährt man allenfalls im vertraulichen Non-Gespräch. Eines aber sagen diese Experten aber dann doch offen: Die Qualität des Personals steigt proportional zur Intensität, Systematik und Professionalität der Evaluation (am Beginn und in regelmäßigen Abständen) sowie von permanenten Entwicklungsmaßnahmen. Das sind keine Argumente zur Ankurbelung des eigenen Geschäfts. Der Blick auf entsprechende Programme kann daher als gutes Indiz für die Qualität der Führungskräfte-Riege und auch von Spezialrollen wie dem HR-Business-Partner dienen. Dazu kommt die Güte der Nachfolgeplanung. Wer über Alternativen beim Einsatz von Humanressourcen verfügt, dem geht so schnell die Luft nicht aus. Dies zeigt sich etwa im Fußball, bei dem die Spitzenmannschaften über eine komplette zweite Garde verfügen, die beinahe mühelos in der obersten Liga mithalten könnte. Dass so etwas nicht kostenlos zu haben ist und im Alltag außerdem das Austarieren von Diven-Verhalten durch einen akzeptierten Trainer verlangt, weiß man ebenfalls aus dieser Sportart.

5.3.5 Trainingskonzepte

Notwendiges Training für den HR-Business-Partner

Nimmt man Funktionsbeschreibungen aus der Praxis oder die in den theoretischen Modellen grundgelegten Qualifikationsanforderungen an die Rolle HR-Business-Partner für bare Münze, kann einem fast ein wenig blümerant werden. Gerade wenn man sich als Personaler oder (HR-)Berater fragt, ob diese Kompetenzen vollumfänglich und ausnahmslos bei einem selbst vorhanden sind. Auch nach dem Abdiskontieren von Wunsch zu Wirklichkeit bleiben Ansprüche in den Dimensionen Sach-, Fach- und Methodenkompetenz realiter bestehen, die weder trivial noch einfach aufzubauen sind. Von den prinzipiell kaum klassisch trainierbaren Persönlichkeitsmerkmalen wie Ambiguitätstoleranz, Frustrationsresistenz oder Kommunikationsfreudigkeit als grundlegender Vorraussetzung, um in fachlichen Kompetenzbereichen reüssieren zu können, ganz zu schweigen. Frauen und Männer mit derlei Begabungen und Eigenschaften wachsen nun weder auf Bäumen noch stellt das deutsche Bildungs- und Hochschulwesen diese HR-Business-Partner-Typen auf Vorrat oder Bestellung her. Und im Unternehmen finden sich ebenfalls recht selten komplette und »fertige« HR-Business-Partner. Letztlich sind es drei wesentliche Gründe, die ein Training für die HR-Business-Partner-Rolle nahezu zwingend notwendig machen.

Personal ist nicht »sexy«

Als Erstes ist die eingeschränkte Attraktivität der akademischen Ausbildung zu nennen. Die hiesige akademische Landschaft für HRM ist personell und in Folge auch inhaltlich derzeit noch sehr dünn besiedelt – auch nach Bekunden manches renommierten Vertreters der forschenden und lehrenden HR-Zunft. Personalwirtschaft ist zudem in den Augen vieler Studenten anscheinend nicht »sexy«. Wer als Betriebswirtschaftsstudent etwas auf sich hält, beschäftigt sich dann doch lieber mit Unternehmensplanung, Strategie, Marketing oder wenigstens internationalem Management. Hier werden die besseren Karrierechancen und Nähe zur Entscheiderebene gewittert und vermutet. Wer den Einstieg in die Unternehmensberatung, die Konzernzentrale eines DAX30-Unternehmens oder bei einem renommierten Mittelständler oder Familienunternehmen plant, hält sich deshalb besser gleich gar nicht mit Personalwirtschaft auf. Karrieren sind freilich erst einmal Produkte von Unternehmen und nicht die von Individuen. Die Laufbahnen von heute sind komplexer als in den siebziger Jahren und das heißt eben auch: weniger planbar (Mayerhofer 2005: 277). Aus der Soziologie weiß man zudem, wie sich Eliten reproduzieren. Dabei wirkt soziales Kapital, Differenzierung und Distinktion sowie eine über Habitus und Ähnlichkeitsprinzip gesteuerte Selektion wahrscheinlich deutlich stärker auf den Karrierefortschritt ein als Studienerfolg und -inhalte (Hartmann 2002). Solche, die subjektiv empfundene Selbstwirksamkeit kränkenden, Erkenntnisse gehen freilich und zum Glück unter in einer Flut aus Karriereratgebern und angenehm zu lesenden Karrierestories in Hochglanzwirtschaftsmagazinen. Motto: »Geplante Karriere und individuell zurechenbarer Erfolg ist möglich!« Martialisch-passionierte Bekenntnisse von Harvard-Absolventen, die das Personalwesen als »attraktivsten Kriegsschauplatz der Wirtschaft« feiern (Breitfelder/Dowling 2008: 90-96), bleiben auf Sicht wohl eine Ausnahme, die den prinzipiellen Betrieb von mitteleuropäischen, aber auch global renommierten Hochschulen genauso wenig irritieren wie sie die generellen wirtschaftskulturellen Normierungen aufzuheben vermögen.

Kompetenzen außerhalb des Hörsaals

Zweitens sind viele der HR-Business-Partner-Kompetenzen auch gar nicht für eine Vermittlung in einem Hörsaal, einer Universitätsbibliothek oder am PC geeignet. Das heißt: Selbst wenn schon früh eine Leidenschaft für das Personalwesen entdeckt und im universitären Umfeld nachgegangen wird, braucht es eine Vielzahl additiver Erfahrungen, um sich dem Profil eines HR-Business-Partners zu nähern. Neu aufgelegte Programme wie der Executive Master of Leadership in Human Resource Management der Eichstätt School of Management versuchen an der Schnittstelle von Theorie und Praxis diese inhaltliche und didaktische Lücke zumindest teilweise zu schließen. Allerdings richtet sich das Programm »an Führungskräfte sowie herausragende Nachwuchskräfte im Personalwesen« und nicht an Studenten (vgl. www.wfi-management.de). Von der universitären oder universitätsnahen Bildung kann jedoch nicht erwartet werden, dass sie sofort einsetzbare, praxisschockresistente HR-Business-Partner produziert. Die simple Übergangsmöglichkeit vom Bildungs- in das Beschäftigungssystem ist ja schon seit den siebziger Jahren selbst als theoretische Annahme nicht mehr valide. Eine akademische berufspädagogische Debatte kreist übrigens um die theoretische Deutungshoheit, wie dieser Übergang besser verstehbar und damit organisierbar ist. Mit »Kompetenz« versus »Qualifikation« werden dabei zwei Begriffe an der Demarkationslinie einer Diskussion in Stellung gebracht, die in der Sache eigentlich überflüssig ist (Lindner 2004: 162). Flexibilität als Prämisse, die positive Bedeutung von Schlüsselqualifikationen und die Abkehr vom pädagogischen Modell des Nürnberger Trichters als Übergangsvorrausetzungen ist nämlich beiden Konzepten gemein (ebd.: 121–148).

Ein dritter und letzter Grund für die Unvermeidbarkeit von HR-Business-Partner-Trainings liegt im Anforderungsprofil selbst. Die fachlichen Anforderungen an ihn streuen breit über profundes personalwirtschaftliches Fachwissen, Methoden-Know-how, betriebswirtschaftliches und unternehmensspezifisches Business-Know-how (vgl. 5.2). Typischerweise hapert es nun selbst nach einigen Berufsjahren und jeder Menge Training »on the« Job immer noch in einer der Dimensionen. Denn ärgerlicherweise muss man ja heute selbst trotz des allgemein akzeptierten Diktums vom lebenslangen Lernen zwischendurch ab und an etwas arbeiten. Entweder es fehlt am soliden HR-Fachwissen – meist bei HR-Business-Partner-Aspiranten, die aus dem Business kommen – oder eben am Businessverständnis – bei Mitarbeitern, die in der Personalfunktion aufgewachsen sind. Komplette HR-Business-Partner sind deshalb im Unternehmen selten zu finden. Und wenn sie dann einmal gefunden wurden und sichtbar sind, lassen sich gerade diese Personen sehr gerne noch einmal von Headhuntern im Auftrag der Konkurrenz noch einmal finden.

Als Konsequenz resultiert im deutschsprachigen Raum eine augenfällige Trainingserfordernis: 43 Prozent der deutschen Personaler sehen die Notwendigkeit, ihre HR-Business-Partner zu qualifizieren (Claßen/Kern 2009: 23). Dem Bedarf nach Personal, welches hohen qualitativen Ansprüchen genügt, steht de facto ein nicht ausreichend qualifiziertes Angebot gegenüber. Dieses Faktum ist nun kein HR-exklusives Problem. In der Konsequenz unternehmen HR-Bereiche das gleiche wie auch andere Funktionen in derlei Problemstellungen: Sie trainieren Mitarbeiter und Führungskräfte mit Blick auf identifizierte Notwendigkeiten. Trainingsinhalte variieren dabei entlang des Lebenszyklus eines (HR-)Mitarbeiters und lassen sich beispielsweise in einem an Karrierestufen ausgerichteten HR-Business-Partner-Trainingsprogramm abbilden (Cohen 2005: 68).

Training – »make or buy«

Für die Realisierung eines HR-Business-Partner-Trainings sind die beiden prinzipiellen Optionen »make« oder »buy« denkbar. Auf dem Seminar-Markt werden zunehmend zahlreiche Trainings für den HR-Business-Partner angeboten. Es herrscht ein munteres Kommen und Gehen von Seminaren, Trainings und Konferenzen. Auf eine umfassende Aufstellung haben wir verzichtet. Diese wäre auch zum Zeitpunkt des Erscheinens dieses Buches bereits überholt. Beispielhaft hier einige repräsentative »buy«-Angebote: etwa von The Hard and Soft Company (der Name des Anbieters hat uns einfach so gut gefallen). Hier wird mit dem Eröffnungsbeitrag von einem Referenten aus dem Business (also nicht HR) mit dem Fokus auf den Business Case eine deutliche Richtung vorgegeben (vgl. Abb. 99).

Time	Agenda
10.00	Introduction and overview
10:15	Speaker 1: Business leader [typically from Finance] speaks on the role of the HR Business Partner in developing a business case and 'how it works here'
10.45	Personal introductions and statement on development areas
11:15	**Coffee break**
11.30	Team Activity: Why have a business case?
12.15	Group Discussion: The format of the business case and template distribution
13:00	**Lunch**
13:45	Presentation: Key financial factors, for e.g. opportunity cost, net present value [NPV], internal rate of return [IRR]. Add relevant elements to the delegate's draft business case
14.15	Group Exercise & Presentation: Useful HR external benchmarks and their rational, for e.g. the cost of recruitment, resignation, absenteeism, and the value of retention and increased motivation. Delegate's business case reviewed & additions made
14.45	**Coffee break**
15.00	Presentation: Some successful business cases including a new HR Database, running a training event, creating a service centre and outsourcing payroll; Learning points added to the delegate's business case
16:00	Group Discussion: The process for development and approval, including the concept exploration, feasibility study, strategic alignment, project planning, stakeholder mapping, gating points, roll out, review committee and sponsorship. Issues anticipated in delegate business case and additions made
16.45	**Recap learning, next steps and closure**

Objectives

- To enable HR Business Partners to write successful business cases from small strategic initiatives to multi-national change programs
- HR Business Partners will have developed a draft business case by the end of the program

Quelle: The Hard and Soft Company, 2008

Abb. 99: Beispiel 1: HR Business Partner Development Program

Hingegen legt ein zweiter Anbieter (ABR) seinen Schwerpunkt auf das Beziehungsmanagement (vgl. Abb. 100). Einen viertägigen Mini-HR-Executive-MBA mit den vier Modulen »Mastering Strategy and Strategic HR Thinking«, »Strategic Finance and Commercial Skills for HR«, »Strategic Marketing of HR Services in the Organisation« und »Strategic Change Management and HR as a Business Partner« gibt es ebenfalls bereits im Markt (www.falconbury.co.uk). Die Liste an Trainingsangeboten – insbesondere aus dem angloamerikanischen Qualifizierungsmarkt, zunehmend jedoch auch mit deutschsprachigen Offerten – ließe sich weiter fortsetzen. Wo ein neues »buzz word« am Horizont auftaucht, gehören die Trainings- bzw. Veranstaltungs-Dienstleister meist zu den »early adaptors«. Im Zeitraum zwischen unserem Schreiben und Ihrem Lesen dieser Zeilen sind sicherlich weitere Angebote hinzugekommen. Bereits die Übersicht und vielmehr die Auswahl geeigneter Trainings fallen nicht leicht. Es kann nur der grundsätzliche Ratschlag gegeben werden, die auch bei anderen Themen erforderliche Sorgfalt bei der Selektion von externen Trainings auch bei der Qualifizierung von HR-Business-Partnern anzulegen (vgl. Stiefel 1996). Im Markt tummelt sich viel mit wenig Werthaltigkeit. Inzwischen haben sich als Gegenbewegung bereits erste Zertifizierungen zum HR-Business-Partner im Markt etablieren können. Im internationalen Kontext etwa vom Human Resource Certification Institute, der Society of Human Resource Management (für den US-amerikanischen Raum) oder dem Chartert Institut of Personnel and Development (in erster Line für das Vereinigte Königreich). Vergleichbares für den deutschsprachigen Raum ist den Autoren bisher nicht bekannt, wird aber sicher bald seinen Marktauftritt haben.

Day 1: Core Competencies	Day 2: Expert Methods
• A conscious approach to relationship creation • Communicating soft value in hard financial terms • Multiple perspectives and their importance • Level 1 active listening patterns that communicate respect and value • Rapport building skills • Body language • Influencing tools • Method acting • Language patterns that expand conversation • Inquiry techniques that uncover key needs	• Skilful communication to manage the meaning of events • Counselling methods to empower others to action • Problem solving to help people find solutions • Coaching to lead people to accept and act on change • Successful motivation of others • Defusing emotional upsets • 10-step process for mediatingdifferent viewpoints and developing collaborative agendas • Effective feedback for performance management
Skills necessary for building rapport and conducting low friction inquiry to understand and support the agendas of a broad range of internal clients	Improve your ability to manage conflicts, motivate others, coach managers, counsel employees, and manage and control the meaning of events

Quelle: Advanced Business Resources (ABR)

Abb. 100: Beispiel 2: Relationship Management Training für HR-Business-Partner

Dabei ist es natürlich mit Trainings von der Stange wie mit Anzügen oder Kostümen. Auch wer in dem Vielen der Standardangebote viel sucht, findet nicht immer das Richtige, das zum eigenen Unternehmen Passende. Die »make«-Option, die Entwicklung und Lieferung eines eigenen, »taylormade« Programms, ist dann die richtige Ausweichbewegung. Das Design des entsprechenden Trainings-Curriculums unterscheidet sich dabei in keiner Weise vom Trainings-Design bei anderen Personalentwicklungsmaßnahmen. Zunächst werden – im Rahmen einer Kompetenzanalyse – die Lücken zwischen dem Soll und dem Ist festgestellt. Daraus können in einem nächsten Schritt die Trainingsplanung abgeleitet werden, an die sich die konkrete Trainingsdurchführung anschließt. Dieses klassische Vorgehen wurde beispielsweise durch das CLC (2007b und 2003a) illustriert (vgl. Abb. 101). Da dies aber keine methodischen Besonderheiten aufweist, muss es hier nicht weiter vertieft werden.

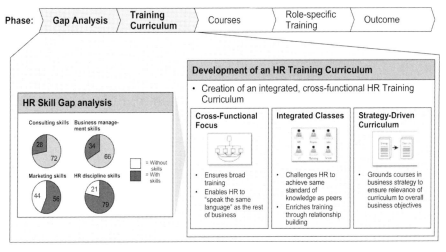

Quelle: Corporate Leadership Council (CLC) (2007): Improving the Business Skills of HR Staff, Fact Brief

Abb. 101: HR Business Partner Training Design

Die inhaltlichen Darstellungen für HR-Business-Partner-Trainings aus amerikanischen Unternehmen beschränken sich mit Blick auf die für dieses Buch zugrunde gelegte Literatur meist auf einen groben Überblick. Für General Motors haben dies beispielsweise Barclay und Thivierge getan (2005: 57–62). Auch das HR-Business-Partner-Handbuch von Kenton/Yarnall begnügt sich mit eher knappen Hinweisen auf die Trainings von beispielweise Shell oder der Royal Bank of Scotland (Kenton/Yardall 2005: 56–58). Hunter bietet dagegen in seinem »practical guide« für HR-Business-Partner ein generisches – und damit eben nicht untenehmensspezifisches – Curriculum mit den Modulen »Introduction«, »Impact and Influence«, »Strategy and Business Planning«, »Coaching for Performance« »Project Management« und »Leading Change« an (Hunter: 138).

Beispielhafte »make«-Lösung

Die Ergebnisse von guten »make«-Lösungen brauchen jedoch keinesfalls den Vergleich mit Marktangeboten zu scheuen. Im Gegenteil, gleichen sie doch die Nachteile des in der Regel höheren pro Kopf Investments und der längeren Rüstzeiten durch Passgenauigkeit, folglich erleichterten Wissenstransfer und damit einem höheren »Return on Training« in der Regel wieder aus. Am Beispiel der HR-Business-Partner-Qualifizierung eines DAX30-Unternehmens kann dies veranschaulicht werden. Ziel des Programms ist die Professionalisierung der HR-Business-Partner über die Stellhebel »Consistency« (einheitliche Sprache und Methodik), »Identity« (einheitliches Verständnis der HR-Business-Partner-Rolle) und »Impact« (durch ausgeprägte Beraterfähigkeiten) (vgl. Abb. 102).

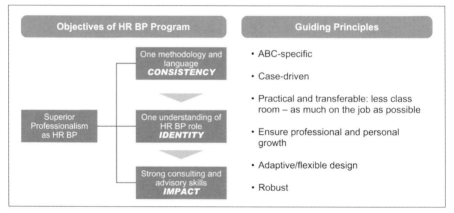

Abb. 102: HR Business Partner Training – Beispiel DAX30-Unternehmen: Ziele und Charakteristik

Mit dem »Blended Learning«-Ansatz werden die methodischen und inhaltlichen Prinzipien Flexibilität, unternehmensspezifische Fallbearbeitung und praktischer Bezug erfüllt. Das Programm startet mit einem Selbststudium zu »Business Basics«, also Business- und HR-Strategie des Unternehmens. Im Modul 2 »Prepare/Equip«) werden die Teilnehmer mit dem basalen inhaltlichen und methodischen Rüstzeug ausgestattet. Dabei werden immer wieder bereits erfolgreich umgesetzte »Cases« aus dem eigenen Unternehmen zur Illustration herangezogen (vgl. Abb. 103). Entlang der für das Unternehmen entwickelten HR-Business-Partner-Blaupause – dem idealtypischen Ablauf des Business Partnering Process – werden Fallbeispiele bearbeitet und Methoden eingeübt (vgl. Anhang 2). Individuelle, auf die vom jeweiligen Teilnehmer betreute Business Unit abstellende Aktionspläne werden über die beiden Tage der ersten Präsenzeinheit generiert und finden in der sechs bis achtwöchigen »Trial/On the job«-Phase Anwendung. Diese Praxis-Phase wird durch kollegiale Beratung in »Learning Trios« und ein fachlich-prozessuales Coaching flankiert.

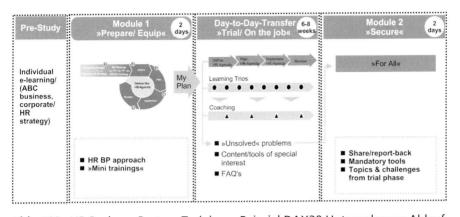

Abb. 103: HR Business Partner Training – Beispiel DAX30-Unternehmen: Ablauf

Im Modul 2 werden Themen, die in der Praxisphase Probleme bereitet haben, aufgegriffen und bearbeitet (vgl. Abb. 104). Über dieses »halboffene« Trainingsdesign werden zum einen Standards vermittelt als auch individuelle Themenstellungen bearbeitbar. Auf fachliche und intensive Persönlichkeitstrainings wurde in diesem Programm bewusst verzichtet. Über einen Lernplan – abgeleitet aus Selbsteinschätzung und einer HR Business Partner Learning Map – wird diesem weitergehenden persönlichen Schulungsbedarf Rechnung getragen.

	Module 1	Module 2

Content	Role HR BP@ABC
	HR BP approach, blueprint & toolbox
	Setting up a strategic HR Agenda
	  • Based on individual As-Is situation
	  • Illustration through real SAP cases
	  • Involvement of consulting tools
		Report back of Learning Trios (trial phase)
		  • Exchange of key learnings
		  • Seizing of actual problems/ barriers
		  • Solution finding
		Training of further topics/tools identified by the coaches and pilot participants

Flow	Conduction of team & self assessment
	Linkage to individual learning portfolio
	Drill-down of HR BP Blueprint
	  1. Derive HR BU Strategy
	  2. Define HR Agenda
	  3. Plan HR Agenda
	  4. Design & Implement HR Agenda
	  5. Review & Adapt HR Agenda
	Practicing consulting & influencing tools
		Report back from Learning Trios (trial phase)
		Managing Problem Solving/Team Building
		Training of mandatory tools
		  • Stakeholder management
		  • Project/ initiative charter
		  • Organizational design & development
		Integration of coaches' "wish list" (trial phase)
		Ensuring sustainability
		Mastering professional feedback

Abb. 104: HR Business Partner Training – Beispiel DAX30-Unternehmen: Inhalte Modul 1 und 2

Die HR-Organisation ist kein Omnibus

Mit diesem Beispiel möchten wir das oben Gesagte nochmals unterstreichen: Die Anforderungen und entsprechenden Trainings sind umfangreich und mehrdimensional. Mit einer Zweitagesveranstaltung allein wird man kein veritabler HR-Business-Partner. Aus unserer Erfahrung veranschaulicht dieses Beispiel darüberhinaus recht gut, mit welchen Inhalten man sich bei der Erstellung eines HR-Business-Partner-Curriculums auseinandersetzen sollte. Es sind weniger die spezialisierten HR-Fachthemen (dafür gibt es im HR-Service-Delivery-Modell die Centers of Expertise) denn ein solides und robustes methodisches Rüstzeug, Beratungskapabilitäten sowie Know- und Do-how für Organisationsdesign und -entwicklung. Letzteres kann man in Teilen als Change Management verstehen und ist an anderer Stelle in diesem Buch bereits in seiner Bedeutung für HR-Business-Partner beschrieben (vgl. 4.2.4).

Natürliche Grenzen und Beschränkungen von Trainings sollen an dieser Stelle nicht ausgeblendet werden. Den Ergebnissen aus dem HR Barometer 2009 darf getrost unterstellt werden, dass die Personaler eine Trainierbarkeit zum Besseren bei ihren Mitarbeitern voraussetzen. Das ist auch gut und richtig so. Jedoch sollten sich Personalvorstände der Limitationen im Personalkörper ihrer HR-Funktion bewusst sein. Aus unserer Erfahrung mit HR-Transformationen glauben wir behaupten zu können: Nicht alle Personaler »aus der alten Welt« sind auch mit umfangreichem Training in der Lage, die Business-Partner-Funktion ausreichend auszufüllen. Und auf die Transformation der HR-Funktion lässt sich übertragen, was Jim Collins über Unternehmen, die eine Transformation von »good to great« schaffen, gesagt hat: »The main point is to *first* get the right people on the bus (and the wrong people off the bus) and then figured out where to drive it. The second key point is the degree of *sheer rigor* needed in people decisions in order to take a company from good to great«(Collins 2001: 44). Nun ist die HR-Organisation kein Omnibus, der Personalvorstand nicht der Busfahrer und die Stoßrichtung einer HR-Transformation im Prinzip klar (und keine Spazierfahrt mit dem ÖPNV). Aber es ist eben ebenfalls klar, dass nicht alle Personaler einen Platz als Business-Partner erhalten können. Viele wollen dies außerdem gar nicht, sondern fühlen sich ja mit einer Expertenrolle in einem Center of Excellence, im operativen Bereich eines HR Shared Service Center oder ganz woanders deutlich wohler.

6 Einführung und Umsetzung HR-Business-Partner-Konzept

6.1 Empirische Ergebnisse

6.1.1 Umsetzungsschwierigkeiten

Typische Umsetzungsprobleme im Human Resources Management

Die Analysen können noch so brillant sein, die aus ihnen abgeleitete Strategie »genial« und die für deren Vermarktung eingesetzten PowerPoints ein wahres Kommunikationsfeuerwerk. Mit der Umsetzung kann es dennoch hapern – ziemlich heftig sogar. Die Einführung und Umsetzung des HR-Business-Partners ist kein Königsweg oder gar eine Kaiserallee. Denn auf dem langen Weg von der wohlüberlegten und ausgeklügelten Idee zur sieghaften Tat lauern sie, die gefräßigen Raubtiere: Löwen, Tiger, Bären, Schwärme von Piranhas, der weiße Hai, kleine, fiese Moskitos. Was sie noch übriglassen wird zum Fraß der Hyänen und Geier. Keine schönen Aussichten sind das. Aber eigentlich weiß man es schon vorher. Raubtieren und anderen gefährlichen Spezies kann man aus dem Weg gehen. Und wenn die bösen Bestien einem dann doch begegnen, ist es durchaus möglich sich zu schützen oder zu wehren. Selber Schuld, wenn es einen dann doch erwischt, könnte man nun als Parole ausgeben. Naivität, Leichtsinn, Blauäugigkeit sind auch im Wirtschaftsleben niemals ganz auszurotten.

In unseren jährlichen Studien (HR Barometer 2002, 2004, 2007, 2009 sowie Change Management 2003, 2005, 2008) haben wir bislang stets die Frage nach Hindernissen bei der Realisierung von Strategien bzw. »Business Transformations« gestellt. Aus einer Liste von sechzehn Problemfeldern, basierend auf unserer Projekterfahrung und den Hinweisen der Literatur, konnten von den Befragten die fünf wichtigsten Hindernisse bei der Umsetzung angegeben werden. An den Hauptschwierigkeiten hat sich wenig geändert; es gab lediglich marginale Verschiebungen in den Rangplätzen (vgl. Abb. 105). Daher haben wir diesen Aspekt inzwischen aus dem Fragebogen herausgenommen. Denn die wesentlichen Implementierungsbarrieren sind bekannt und es kann etwas dagegen unternommen werden. Man muss nicht jede Erfahrung selbst machen wollen, kann vom Lernen Anderer profitieren. Nach wie vor sind es in erster Linie handwerkliche Defizite und interne Dissonanzen, die als Begründung von Umsetzungsschwierigkeiten herhalten müssen. Das wirklich Gute daran ist: An diesen Dingen kann man arbeiten, selbst wenn Komplexität und Tempo des betrieblichen Alltags dies einem nicht ganz einfach machen.

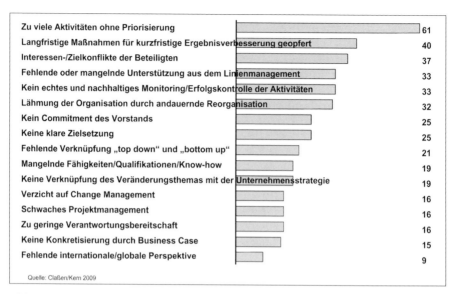

Abb. 105:   Die Umsetzung von HRM-Themen wird vor allem durch die fehlende Priorisierung und den Fokus auf kurzfristige Ergebnisse erschwert

Problemfeld Nummer eins sind Mängel in der Projektsteuerung, also handwerkliche Defizite. Die Schwierigkeit »zu viel auf einmal« scheint nicht auszurotten zu sein. Fehlende Priorisierung bleibt weiterhin mit großem Abstand der Spitzenreiter bei den Umsetzungsschwierigkeiten (61 Prozent). Dies heißt aber auch, dass in drei von fünf Unternehmen nicht so richtig zwischen »sehr Wichtigem« und »nicht ganz so Wichtigem« unterschieden werden kann und damit am besten alles auf einmal und dies auch noch »subito« zu erledigen ist. Der altbekannte Spruch »weniger ist mehr« bekommt nun wieder einen wahren Kern. Heute nur an heute und nicht bereits an morgen oder gar an übermorgen zu denken steht ebenfalls ganz weit oben auf der Problemliste. Besonders im Falle von Krisen, bei denen man mit Sorge das Handeln vieler Manager beobachtet, es dieses Morgen gar nicht mehr zu geben scheint, nur noch das Überleben bis zum Abend zählt und es Ängste vor der nächsten Nacht gibt. Langfristige Maßnahmen werden eben noch allzu oft für kurzfristige Ergebnisverbesserung geopfert (40 Prozent). Manchmal geht es nicht anders, aber ob denn wirklich alles immer so stakkatomäßig getaktet sein muss? Man sieht dies auch daran, wie die Ziele »on time and in budget« mit unschöner Regelmäßigkeit verletzt werden oder – falls diese Ziele formell erreicht sind – deutliche Abstriche beim inhaltlichen Ziel eingeräumt werden mussten und allenfalls eine Art Beta-Release zustande gekommen ist. Als eine der großen Lehren aus der Finanzmarktkrise wurde die Abkehr von diesem Kurzfristdenken im Wirtschaftsleben identifiziert; man darf gespannt sein.

Ziemlich häufig wird auch ein echtes und nachhaltiges Monitoring bzw. die Erfolgskontrolle der Aktivitäten versäumt (33 Prozent). Dass dies wichtig ist, steht sogar in Kapitel 1 der Projektmanagementbücher am Flughafenkiosk. Bei immerhin jeder vierten Transformation fehlt schließlich offenbar eine klare Zielsetzung (25 Prozent). Dies ist aber ein Kardinalfehler, nicht richtig zu wissen und abzustimmen, was man eigentlich will. Übrigens: Eine stärkere Professionalisierung und Routine bei Veränderungsprojekten ist in den vergangenen Jahren nicht zu erkennen gewesen; die Ergebnisse unserer Studien zeigen im Längsschnitt kaum Veränderungen. Dies könnte daran liegen, dass erfolgreiche Projektmanager zu scheinbar höherwertigen Managementaufgaben in der Linie berufen werden, man bei neuen Projekten dann wieder »Rookies« ranlässt, die die typischen Anfängerfehler begehen. Wenn die Linienrollen im Unternehmen allerdings stetig abnehmen und Management mehr und mehr ein Projekt nach dem anderen und manchmal sogar überlappend bedeutet, dann müssen diese vier handwerklichen »lessons learned« tief in jeden Projektantrag eingeritzt werden.

Schwierigkeit Nummer zwei sind interne Dissonanzen. Dass es in Unternehmen gerade in den anstrengenden Zeiten von Implementierungen mit dem ohnehin bereits stressigen Grundrauschen des »normalen« Alltagsgeschäfts menschelt und kriselt, dürfte weitaus schwieriger grundsätzlich eliminierbar sein. Menschen in Organisationen sind nun einmal nicht per se gegen Disharmonie geimpft. Auch in der Zukunft ist vielerorts kein »wir sitzen in einem Boot und haben uns alle lieb« zu erwarten. Doch ein kluges Transformationsdesign und ein gekonntes Transformationsmanagement mit den passenden dramaturgischen Elementen, basierend auf einem ehrlichen Stakeholder-Management, können diesbezüglich viele mögliche Probleme von vornherein gleich gar nicht aufkommen lassen. Interessen- und Zielkonflikte stellen in jedem Fall einen Dauerbrenner dar, dem es zu begegnen gilt (37 Prozent). Nicht selten fehlt oder mangelt es an der Unterstützung aus dem Linienmanagement (33 Prozent), das Commitment des Vorstands konnte nicht sichergestellt werden (25 Prozent) – etwas, das ohnehin der Tod jedes Projektes ist – oder es gibt keine Verknüpfung von oben und unten (21 Prozent). Schließlich behindert die Seuche andauernder Reorganisationen den Umsetzungserfolg (32 Prozent), indem die Veränderung auf die alte Struktur vorbereitet wird, die jedoch zwischenzeitlich von einer neuen Struktur abgelöst wurde. Dies schlägt auch auf das Verhalten bei Projekten mit Langfristcharakter durch. Manchen dieser Langläufer wird insgeheim mit der folgenden Prämisse begegnet: »Wenn die nächste Reorganisation oder ein anderer Manager kommen, ist das Ganze ohnehin hinfällig.«

Weitere mögliche Problemfelder in der Verantwortung von Implementierungs-Verantwortlichen sind mangelnde Fähigkeiten/Qualifikationen/Know-how (19 Prozent), also fehlendes Wissen, die fehlende Verknüpfung des Veränderungsthemas mit der Unternehmensstrategie (19 Prozent), der Verzicht auf Change Management (16 Prozent), ein schwaches Projektmanagement (16 Prozent), eine zu geringe Verantwortungsbereitschaft (16 Prozent), die fehlende Konkretisierung durch einen Business Case (15 Prozent) sowie eine fehlende internationale/globale Perspektive (9 Prozent). Auch bei diesen potenziellen Problemfeldern wird deutlich, dass Implementierung – gerade bei Veränderungen in und mit der HR-Funktion – in erster Linie souveränes Handwerk und die Reduktion von Konflikten erfordert.

Umsetzungsschwierigkeiten beim HR-Business-Partner

Fokussieren wir den Blick vom HRM auf den HR-Business-Partner (vgl. Abb. 106). An der Motivation der Verantwortlichen liegen dessen Umsetzungsschwierigkeiten nicht: »Wollen tun wir ja, eigentlich. Am Können und unserer eigenen Organisation hapert's noch. Die Linie ist uns nicht gerade wohlgesonnen. Aber vor allem haben wir keine Zeit und viel zu viel mit unserem Alltagsgeschäft zu tun.« Ein typischer Kommentar aus unseren Interviews. Nur ein Prozent der Befragten in unserem HR Barometer (Claßen/Kern 2009: 21-23) antwortet mit »mangelnder Motivation« auf die Frage »Welche Schwierigkeiten/Hürden bei der Umsetzung des HR-Business-Partner-Konzepts kennen Sie aus eigener Erfahrung?« Also wollen wie sie sollen tun offensichtlich nahezu alle Personaler, die mit der Rolle des HR-Business-Partners befasst sind; daran liegt es also nicht. Weil das grundsätzliche Commitment und entsprechende Projekte für die Einführung des Konzepts faktisch aber doch nur »halbherzig« sind (16 Prozent), dürfte dies die grundsätzliche vorhandene Motivation der HR-Business-Partner nach unten ziehen. Und wenn noch nicht einmal der gegebenenfalls erzielte Erfolg gemessen wird (23 Prozent), läuft die Implementierung ins Leere.

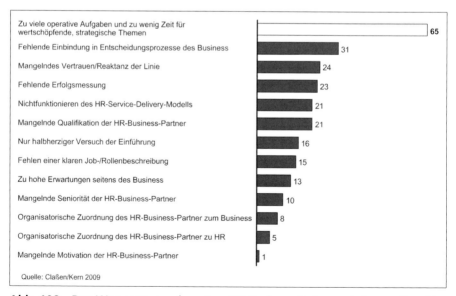

Abb. 106: Der Weg zum anerkannten HR-Business-Partner wird vor allen Dingen durch die zu große Zahl an operativen Aufgaben behindert

Jedes zehnte Unternehmen besitzt zudem zu juniore HR-Business-Partner als Counterparts für gestandene Business Manager, keine Augenhöhe also. HR-Fachwissen sowie analytische und konzeptionelle Kompetenzen reichen nicht aus. Die Erfahrungen aus einer langjährigen und kräftezehrenden »Corporate Career« sollten sich doch bitteschön als Spuren im Antlitz und Habitus materialisieren; auch wenige oder zumindest graue Haare kommen gut. Trotzdem soll der HR-Business-Partner – wie übrigens auch wir als Berater – selbstredend sogar nach Nachtschichten zur Nachbereitung von Workshops oder zur Vorbereitung von Lenkungsausschüssen immer taufrisch, strahlend, tatkräftig, wie aus dem Ei gepellt aussehen. Und selbstredend locker, lässig, flockig, also einfach »cool« rüberkommen. Alles andere wäre ja nun wirklich sachlich kontraproduktiv, gerade wenn man den Entscheidern ein Work-Life-Balance-Konzept zur Verabschiedung vorlegt.

»Fehlende Qualifikation der HR-Business-Partner« ist sogar für jedes fünfte Unternehmen ein Grund für Umsetzungsprobleme. Da hilft dann alles Wollen und noch so große Motivation nicht. An der Qualifizierung kann immerhin gearbeitet werden. Immerhin 15 Prozent haben als Hürde einen handwerklichen Fehler, der gerade im eigenen Beritt des Personalwesens nicht auftauchen sollte: Das Fehlen einer klaren Funktionsbeschreibung für den HR-Business-Partner. Auch dies sollte kein unlösbares Problem darstellen.

Für das Einlösen des HR-Business-Partner-Anspruchs braucht es zudem eine HR-Organisation, die funktioniert. Klingt banal – ist es aber in der Praxis oft nicht so. Die organisatorische Aufhängung der HR-Business-Partner – entweder im Business- oder im HR-Bereich – ist in Summe für 13 Prozent der Unternehmen problematisch. Und für jedes fünfte Unternehmen ist das Nicht-Funktionieren des HR-Service-Delivery-Modells eine zu hohe Hürde. Gerade dies bleibt nach unserer Erfahrung in vielen HR-Bereichen ein signifikantes Dauerproblem (vgl. 3.1). Die Gründe dafür, warum die Linie zu hohe Erwartungen aufweist (13 Prozent) oder – dies wiegt gravierender – mit erheblicher Reaktanz oder mangelndem Vertrauen reagiert (24 Prozent) beziehungsweise HR grundsätzlich nicht in Entscheidungsprozesse einbindet (31 Prozent), variieren von Unternehmen zu Unternehmen. Im Ergebnis behindert dies alles die Einführung einer modernen Personalarbeit erheblich und erfordert ein »fix the basics«.

Unser aus der Außensicht gewonnenes und eigentlich banales Lieblingsproblem hat es tatsächlich auf den ersten Platz geschafft: »Zu viele operative Aufgaben und zu wenig Zeit für wertschöpfende, strategische Themen« (65 Prozent) ist mit riesigem Abstand der Hauptgrund, warum sich die HR-Funktion heute immer noch so schwer mit der Einführung des Drei-Säulen-Modells macht. De facto ist dies eine Situation, die wir in ganz vielen Unternehmen erleben. Der einfache Ratschlag á la »erstmal innehalten, die Axt mit der man die Bäume fällt schärfen, anstatt mit stumpfem Werkzeug und mit Verbrauch von immer mehr Energie auf hartes Holz einzudreschen und womöglich noch den falschen Baum ausgewählt zu haben« funktioniert vielleicht noch in Vorträgen auf Kongressen, bei denen aus Anstandsgründen niemand dem Referenten coram publico ins Wort fällt. Aber erzählen Sie das einmal »live on stage« in einem Projekt-Workshop zum HR-Service-Delivery-Modell mit HR-Vertretern eines DAX30-Unternehmens. Dies wirkt wie ein echter »Energizer«. Und die missmutigen Reaktionen sind ja nachvollziehbar. Denn in Unternehmen gibt es buchstäblich kein Innehalten. Eine Diagnose von Schwierigkeiten ist einfach. Rezepte, wie auf dem Weg zum HR-Business-Partner schwächelnde HR-Bereiche kuriert werden können, sind allerdings nicht standardisierbar. Es bedarf unternehmensindividueller Lösungen.

Ansätze zur Überwindung

Was kann nun zur Beherrschung dieser Schwierigkeiten unternommen werden? Diese Frage (»Welche Gegenmaßnahmen haben Sie ergriffen oder werden Sie in absehbarer Zeit ergreifen?«) hatten wir im HR Barometer 2009 ebenso zum ersten Mal gestellt (vgl. Abb. 107). Die Radikallösung »Abkehr vom HR-Business-Partner-Konzept« will niemand. Für Personaler nicht untypisch landet »Qualifizierung der HR-Business-Partner« auf Platz eins (43 Prozent) der Aktionsliste. Hier trauen die Befragten offensichtlich den eigenen Mitarbeitern – wenn nur richtig geschult – noch einiges zu. So sehen denn mit nur zehn Prozent deutlich weniger HR-Verantwortliche den »Austausch von HR-Business-Partnern durch externe Rekrutierung« als eine erfolgversprechende Maßnahme an.

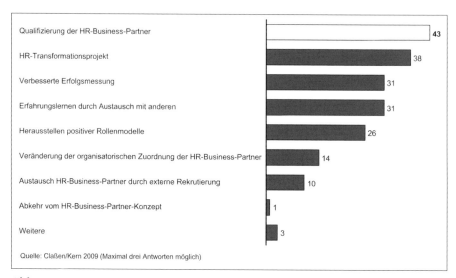

Abb. 107: Den Umsetzungsschwierigkeiten wird mit zahlreichen Maßnahmen begegnet; insbesondere mit der Qualifizierung der HR-Business-Partner

Für zwei von fünf Befragten (38 Prozent) ist das Aufsetzen einer grundlegenden Transformation des HR-Bereichs die zweitwichtigste Gegenmaßnahme. Deren Ziel ist mittlerweile klar – es geht um den Weg dorthin. Es kommt darauf an, wie die Veränderung des traditionellen HR-Bereichs hin zum dreisäuligen HR-Service-Delivery-Modell realisiert wird (vgl. 3.1). Die Erfolgsmessung (31 Prozent) ist hierbei eine wichtige, aber eben auch nur eine erfolgskritische Facette. »Erfahrungslernen durch Austausch mit anderen« hält ebenfalls fast jedes dritte der befragten Unternehmen für eine adäquate Aktivität (31 Prozent). Die guten HR-Business-Partner und deren Erfolge vermarkten (»Herausstellen positiver Rollenmodelle« – 26 Prozent) dürfte für die Betroffenen schmeichelhaft sein. Dies kann dessen ungeachtet nur als additive Maßnahme eingesetzt werden, denn Anerkennung und Vermarktung allein verändern noch keine HR-Organisation.

Eine Veränderung der organisatorischen Zuordnung von HR-Business-Partnern (14 Prozent) kann aus politischen und implementierungstaktischen Gründen Sinn machen: HR-Business-Partner beim Business oder in HR aufzuhängen; oder eben bewusst einen Wechsel durchzuführen (vgl. 3.2). Wer HR-Prozesse und Policies standardisieren möchte, der ist gut beraten, HR-Business-Partner von der HR-Organisation aus mit »strong line« zu führen und das Business allenfalls mit »dotted line« einzubinden. Wenn der Personaler jedoch um Akzeptanz beim Business für Wertschöpfung aus der People-Dimension buhlt (und zudem etwas Headcount verstecken möchte), dann verlagert er die HR-Business-Partner wohl mit »strong line« in die Business Units und verankert sich selbst mit »dotted line«. Eine endgültige Lösung von Implementierungsschwierigkeiten ist durch organisatorisches Paktieren und Taktieren allerdings nicht zu erreichen.

Bleibt überhaupt noch Zeit, diese oder weitere Gegenmaßnahmen einzuleiten? Oder droht aus der Wahrnehmung des Nichtvorankommens blitzschnell das Fazit vom Scheitern des HR-Business-Partner-Konzepts, besonders in konjunkturell happigen Zeiten? Erste Kritiker – selbst aus der Personaler-Zunft – trauen sich bereits aus der Deckung und fordern ein »back to the roots«, die sie in den administrativen und hoheitlichen Aufgabenfeldern der Personalwirtschaft vermuten. Wir vertreten bei dieser Diskussion – daher unser Buch – dediziert eine andere Position, pro HR-Business-Partner. Die Gefahr der weiteren Marginalisierung einer transaktionalisierten und regelungswütigen HR-Funktion durch Zersplittern des Personalbereichs in SSC- und CoE-Silos und allfällige Aufgabenübernahme durch interne und externe Spezialisten ist real. Noch bleibt vielerorts ein klein wenig Zeit, für die Reise zum HR-Business-Partner einzuchecken. Das Gate ist noch nicht geschlossen, doch die Aufrufe werden bestimmter und die Tonalität fordernder. Für manches Unternehmen ertönt bereits der »last call«. Kostspielige First Class Tickets können jedenfalls nicht mehr gelöst werden, und auch das Gepäcklimit ist beschränkt. Es gilt nun mit einem Economy Ticket möglichst unbeschadet durch die sich abzeichnenden Turbulenzen zu fliegen. Ein Upgrade zum HR-Business-Partner wird nur der erhalten, der sich auf holprigen Reisen die vom Business ihren HR-Business-Partnern vergebenen Status- und Anerkennungsmeilen verdient. In der Pilotenkanzel sitzt jedenfalls der Business Manager.

Übrigens: Die Implementierung des HR-Business-Partners geschieht selten isoliert (»stand alone«), sondern meist in Verbindung mit einer grundlegenden Renovation des HR-Service-Delivery-Modells. Die größte Konzentration erfolgt dann auf die Standardisierung, Zentralisierung und Automatisierung der transaktionalen HR-Prozesse, also das Shared Service Center. Dies ist etwas, das bereits für genügend Reibungsflächen und Entscheidungsdruck im Unternehmen sorgt, womit der HR-Business-Partner bei derartigen Gesamtmodellierungen immer wieder als zu vernachlässigendes Nebenthema betrachtet wird und hintenrunterfällt (»nice to have«). Wenn das Kostenthema HR SSC das Qualitätsthema HR-Business-Partner dominiert, mag dies zwar ein Indiz für den aktuellen Problemdruck der Personalbereiche sein. Die wichtige Rolle als Wertschöpfungspartner für die Linie wird dann – leider – auf der Zeitachse nach hinten geschoben.

6.1.2   Handlungsfelder

Vier Auslöser für den HR-Business-Partner

In unserer ersten Studie hat auch die Frage interessiert, weshalb das Thema HR-Business-Partner überhaupt angegangen wurde. Ein HR-Vorstand antwortete damals: »Was die Reise zum HR-Business-Partner ausgelöst hat? Ich glaube das generelle Gefühl, dass HR keinen Wert mehr generiert. Dass HR eigentlich nur administrative Kosten verursacht und man HR eigentlich outsourcen könnte. Im Grunde genommen ist das HR-Business-Partner-Konzept so ein bisschen ein Überlebenskonzept; die etwas verzweifelte Suche von HR nach Sinn.« Repräsentativ war und ist dieses Zitat nicht, gerade auch wegen seiner Offenheit. Doch es macht aufmerksam auf eine Einschätzung, die man durchaus auch im Kontext anderer Interviews herauslesen kann: »Der Anlass war, dass wir uns sehr deutlich gefragt haben: Sind wir denn nur Kosten – um nicht zu sagen Unkosten? Wir müssen als HR aus dieser Ecke rauskommen, dass man uns immer nur als Kostenfaktor betrachtet.« Was sind aber nun die konkret benannten Anlässe, die den Aufbruch zum HR-Business-Partner auslösen? Insgesamt lassen sich vier Begründungsmuster finden; längst nicht alle haben ihren Ursprung in der HR-Funktion selbst. Es sind eher die »exogenen« Anlässe, die als Initialzündung auf dem Weg zum HR-Business-Partner anzusehen sind (vgl. Abb. 108).

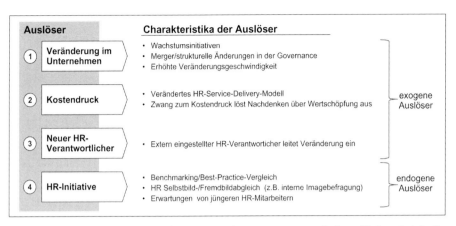

Abb. 108: Die Umsetzung des HR-Business-Partners wird auffallend häufig durch HR-externe Auslöser angestoßen

Anlass Nummer eins – Veränderung im Unternehmen: Im Rahmen einer Unternehmensentwicklung verändert sich meist auch, in deren Gefolge und mit einer gewissen Verzögerung, die HR-Funktion. Bei gut einem Drittel der Befragten geht die Initiative zum Umbau der Personalabteilung in Richtung HR-Business-Partner auf einen grundlegenden Wandel im Unternehmen zurück. So konstatiert der Vertreter eines stetig wachsenden Unternehmens: »Die Firma verändert sich, und dadurch müssen wir uns zwangsläufig im Personalwesen verändern.« Oder ein Beispiel, in dem ein Unternehmenszusammenschluss sowie die Internationalisierung zum Auslöser wurden: »Vier Länder wachsen zusammen, und wenn sie irgendwo als Manager sitzen, haben sie von HR völlig unterschiedliche Antworten bekommen – per Zufall, wo sie gesessen haben. Und wenn sie sich vorstellen, sie sind ein internationaler Manager, der Leute in Frankreich und Deutschland sitzen hat: Da haben sie von HR unterschiedliche Antworten bekommen. Das war für uns einer der Treiber und eine der Voraussetzungen, wo wir gesagt haben – das müssen wir erst einmal in den Griff bekommen. Ich sage, wenn wir HR-Business-Partner sein wollen, brauchen wir erst einmal eine entsprechende Plattform, auf der wir aufsetzen.« Der kontinuierliche Wandel in den Unternehmen wirft die Fragen nach der Rolle von HR auf: »Die Unternehmen haben sich stark verändert, die Veränderungsgeschwindigkeit hat zugenommen und HR muss sich anpassen. Und die Frage ist auch bezogen auf die Rolle von HR in den Veränderungsprozessen. Wie positioniert sich HR da?« Change Management ist bekanntlich eine der zentralen HR-Business-Partner-Aufgaben (vgl. 4.2.4). Deshalb adressiert eine Veränderung im Unternehmen die Personalbereiche gleich in doppelter Weise: Einerseits als vom Wandel selbst Betroffene, andererseits als Begleiter der vom Wandel Betroffenen hinsichtlich der People-Dimension.

Anlass Nummer zwei – Kostendruck: Für gut die Hälfte der befragten Entscheider sind Effizienzgesichtspunkte, zumindest zum wesentlichen Teil, der Treiber für eine Veränderung hin zum HR-Business-Partner. Unschön bleibt sicherlich, wenn die auslösende Ansage aus dem benachbarten Finanzbereich kommt: »Bei uns war der Auslöser eine klare Vorgabe vom CFO, also Kostendruck.« Bemerkenswert, da das Konzept HR-Business-Partner für sich genommen erst einmal nicht kosteninduziert ist, sondern überwiegend auf qualitative Verbesserung in der People-Dimension abstellt. Unsere Beratungsprojekte zeigen jedoch, dass heute typischerweise beide Anforderungen erfüllt werden müssen. Es gilt die Formel: Kosten senken (in jedem Fall) plus Qualität erhöhen (wenn irgendwie auch noch zusätzlich). Dies finden wir in unseren Interviews bestätigt: »Zusätzlich zum Kostenthema kam dann natürlich auch der Professionalisierungsdruck.« Um beiden Ansprüchen gerecht zu werden, ist ein verändertes HR-Service-Delivery-Modell der zwischenzeitlich gängige Lösungsansatz. Diejenigen, die sich ohne vordergründigen Kostendruck in Richtung HR-Business-Partner bewegt haben, wissen, dass es immer besser ist der Treiber zu sein (»sitting in driver seat«) als zum Getriebenen zu werden (»loss of control«): »Es ist bei uns kein kostengetriebenes Thema. Aber sehr wohl haben wir gesagt, dass wir das Thema bringen wollen, solange wir noch nicht getrieben werden«, begründet ein HR-Vorstand sein Vorgehen.

Anlass Nummer drei – neuer HR-Verantwortlicher: In einigen Fällen hat ein personeller Wechsel an der Spitze der HR-Organisation den Umbau hin zum HR-Business-Partner hervorgerufen. Dies ist dann üblicherweise kein evolutionärer Generationswechsel innerhalb der HR-Funktion, bei der ein jüngerer Nachfolger mit frischen Ideen einen altgedienten Personalisten ablöst. Zumeist wird aus der Unternehmensführung mit einem neuen HR-Verantwortlichen – durchaus mit revolutionären Hintergedanken – auch eine grundsätzliche Neuausrichtung der HR-Funktion verbunden: »Naja, unsere Reise zum HR-Business-Partner hat eigentlich damit begonnen, dass ich auf diesem Stuhl hier Platz genommen habe«, meinte einer der befragten Personalverantwortlichen. Manche Unternehmen versuchen, durch Rekrutierung von anerkannten externen HR-Experten frischen Wind in ihren Personalbereich zu bringen. Hierbei kann die angestrebte Neuausrichtung des HR-Bereichs schon am Lebenslauf des frisch eingekauften Chefs abgelesen werden. Zielt man eher auf qualitative Veränderung, fällt die Wahl auf einen durch vorherige Karrierestationen in modernen Unternehmen wirkliche Innovation versprechenden Kandidaten. »Corporate wollte eine Veränderung im deutschen Personalbereich. Sie haben sich dann sehr um mich bemüht«, so ein Interviewter, der auf erfolgreiche Tätigkeiten bei Top-Adressen und einen guten »track record« im HR-Bereich zurückblicken kann. Steht Kostensenkung im Vordergrund, ist die Einstellung eines Personalers aus einer kostensensitiven Branche für ein Unternehmen, dem die nächste Kostensenkungswelle noch bevorsteht, sinnvoll. Ein Beispiel: »Seinerzeit hatte die Geschäftsführung bewusst jemanden aus einer Branche mit Kostendruck gesucht. Ich war vorher in der Consumer-Products-Industrie.« Eine, wenn nicht die Kernbotschaft dieses Buches lautet, dass abseits von Konzept und möglicher Personalentwicklung die Persönlichkeit von HR-Business-Partnern zum entscheidenden Erfolgsgarant wird. Konsequenterweise ist dann auch ein neuer HR Head oftmals die Initialzündung auf dem Weg zu einem wertschöpfungsorientierten HR-Service-Delivery-Modell. Manche der tradierten Strukturen lassen sich eben nur durch personelle Wechsel an der Spitze aufbrechen.

Anlass Nummer vier – HR-Initiative: Gemein ist diesen Auslösern eine Personalbereich-interne, quasi intrinsische bzw. endogene Motivation. Die Initiative zur Veränderung geht von einer HR-Standortbestimmung oder, wenn man so will, einer Selbstreflexion zum Status quo aus. Defizite werden also bereits selbst empfunden. Dieses Nachdenken als erster Schritt zur Veränderung ist nur durch ein vergleichendes Unterscheiden zu haben: Durch Benchmarking oder Best-Practice-Suche. Immer wieder werden Consultants um ihre Einschätzung gefragt, wobei man sich deren Antworten eigentlich denken kann. Aber auch ein aufmerksames Beobachten anderer HR-Bereiche durch systematisches Vergleichen mit dem eigenen fällt in dieses Cluster: »Wir haben nach Best Practices geschaut: Was machen andere Unternehmen? Warum sind da Personalabteilungen erfolgreicher?« Oder: »Wie stehen wir da in der Aktualität im Vergleich zu anderen Unternehmen?« Inzwischen trifft man bei diesem Blick über den Zaun unweigerlich auf das altbekannte HR-Service-Delivery-Modell mit dem HR-Business-Partner. Neben dem Blick auf Andere zum Zwecke der Standortbestimmung ist das Einholen eines Fremdbildes im eigenen Hause, sprich das strukturierte Befragen der HR-Kunden, ein weiterer Auslöser auf dem Weg zum HR-Business-Partner: »Wir haben in einer Mitarbeiterumfrage festgestellt, dass wir zu wenig wissen, was die Geschäftsbereiche tatsächlich selber tun und vorhaben, um das adäquat zu unterstützen.« Manchmal ist es aber dann doch nicht so ganz endogen: Die in der Regel sehr selbstbewussten Kunden von HR haben oftmals die lästige Eigenschaft, von sich aus ihre Meinungen zu und Erwartungen an HR kundzutun, nicht immer nur wohlwollend. Es ist davon auszugehen, dass auch ohne strukturierte Befragung einigen Personalabteilungen ein heftiger Anforderungswind aus den Geschäftsbereichen entgegenweht. Dann gilt es nicht sofort umzufallen oder die Fahne nach dem Wind zu hängen. Sturmerprobte HR-Kapitäne sind intelligente Segler, die einen solchen »Wind of Change« für sich nutzen, um ihr HR-Boot trotz steifer Brise flott zu machen und in See zu stechen. »Auf zu neuen Ufern«, lautet ihr Wahlspruch, auch wenn es derzeit und bis auf Weiteres kaum Aussicht auf ruhige Häfen geben mag. Ein auf HR Business Partnering abzielendes Veränderungsprojekt trug denn auch den Namen »Columbus« – was könnte passender sein? Übrigens: Inzwischen kommt der Veränderungsdruck in Richtung HR-Business-Partner auch von den jüngeren HR-Mitarbeitern, bei denen das dreisäulige HR-Service-Delivery-Modell inzwischen als Selbstverständlichkeit gilt.

Immerhin ein Versuch

Dieser vierte Anlass für den HR-Business-Partner, die HR-Initiative, bleibt aber manchmal nur halbherzig. Das Studieren einschlägiger Literatur sowie der Besuch von Konferenzen mit Erfahrungsberichten zum HR-Business-Partner – bis hin zum »ich war selber bei Ulrich in Michigan und konnte mit ihm sprechen« – zeigen den aufmerksamen Lesern und Zuhörern die neue HRM-Welt. Es mag sogar ein klein wenig Druck aus den Unternehmensbereichen vorhanden sein wie der unablässige Warnruf nach »besserer Personalarbeit« sowie der beharrliche Lockruf nach »mehr Wertschöpfung aus Personal«. Mit diesen Hintergrundgeräuschen setzen sich die HR-Verantwortlichen dann gerne im kleinen Kreis zusammen und fangen an, über ihre eigene Zukunft und die ihres Bereiches nachzudenken (manchmal auch in der umgekehrten Reihenfolge). Man konzipiert und implementiert dann: Das SSC, die CoE sowie den HR-Business-Partner, gerne auch mit externer Unterstützung, weil dies gegenwärtig eben der »state of the art« sei.

Allerdings sind nicht alle Ergebnisse derartiger Anläufe als Rollenmodell für ein modernes HR-Service-Delivery-Modell zu bezeichnen. Das ist aber nun wirklich etwas zu vorsichtig ausgedrückt, deswegen nun nochmal konkreter: Die transaktionalen HR-Prozesse sind zwar offiziell »geschert«, hinterher oftmals komplexer und kostspieliger als zuvor, bei einer eher gesunkenen Qualität (und viel zerbrochenem Porzellan auf dem langen Weg zur Zentralisierung). Die CoE sehen sich in ihrem Existenzgrund manifestiert und pflegen eigenbrötlerisch diese »single issue«-Penetranz (sehr zum Leidwesen bis hin zur Belästigung der restlichen Organisation). Die HR-Business-Partner besitzen zwar neue Schilder an ihren Bürotüren, hinter denen sie jedoch niemand aufsucht, und ihre frisch gedruckten Visitenkarten werden sie auch nur beim kurzen und zuvor mehrfach verschobenen Vorstellungstermin bei ihrem Business los. Das entsprechende »HR Innovation«-Projekt kann immerhin Vollzug melden und der zuständige HR-Vorstand berichtet auf Vorträgen und in Artikeln über seine »me too«-Erfolge. Vermutlich wird es auch in 2020 noch Unternehmen geben, die stolz von ihrer gerade erfolgten Einführung des HR-Business-Partner berichten. Umsetzung auf PowerPoint ist oftmals etwas anderes als Umsetzung im wahren Leben. Ist das von uns nun böse überzeichnet? Nicht in jedem Fall. Sie, lieber Leser, verstehen vermutlich, dass wir über die uns bekannten derartigen Fälle besser schweigen als sie der Anonymität zu entreißen, was ja an dieser Stelle niemandem hilft. Aber es gibt sie natürlich und dies nicht zu knapp. Kein Wunder ist dann aber auch, dass überall die »SSC 2.0«-, »one HR«-, »Personal 2015«- bzw. »next generation HRM«-Projekte lanciert werden und die Defizite ihrer Vorgänger zumindest ausmerzen, wenn nicht sogar tatsächliche Verbesserungen erzielen sollen.

Agieren oder reagieren?

Die Selbstveränderungskräfte der Personalbereiche sind – das überrascht bei unserer Befragung aus 2005, in der fast ausschließlich führende Unternehmen interviewt wurden –, vergleichsweise schwach ausgeprägt. Fast alle der genannten Auslöser kommen von außerhalb der HR-Organisation, besitzen aber signifikanten Einfluss auf diese. In nicht allen Fällen hatten wir zudem den Eindruck aus unseren Gesprächen, dass die befragten HR-Bereiche auf die – oftmals unangenehmen – Impulse von außen optimal vorbereitet gewesen sind. Man mag zur Relativierung dieser Einschätzung dagegenhalten, dass Veränderungen im HR-System als »Back Office« letztlich immer auf deren Umwelt zurückzuführen seien. Doch dies greift zu kurz. Allenfalls den ruhelosen Beobachtern, begeisterten Benchmarkern, hingebungsvollen Netzwerkern und leidenschaftlichen Erfahrungsaustauschlern kann eine professionale und passionierte Offenheit für Trends unterstellt werden.

Fasst man die Personal-Funktion zumindest als eine Art internes Business auf, was viele der befragten HR-Vorstände übrigens im Grundsatz tun, dann wäre doch der Beweis für ein funktionierendes HR Business Partnering zunächst einmal im eigenen Beritt zu erbringen (»walk the talk«). Die Proaktivität, die von den HR-Business-Partnern in Bezug auf ihre Kunden – das »Business Business« – gefordert wird, würde man sich doch auch für die eigene Organisation – das »HR Business« – wünschen: Also den proaktiven HR-Business-Partner für den Personalbereich. Dieser erkennt die Themen der HR-Funktion rechtzeitig, leitet Konsequenzen für deren Organisationsentwicklung ab und begleitet die Umsetzung. Immer nach dem Motto: Vorbereitet sein, um zu gestalten, anstatt erst dann zu handeln, wenn man von Dritten dazu getrieben wird. Doch da mag es den HR-Bereichen wie den meisten Beratern gehen: Sich selbst zu reflektieren war noch immer ein schwieriges Unterfangen.

»Locker zehn Jahre«

An diesem Punkt ist auch die Frage des Umsetzungs-Zeitraums berührt. Wie lange braucht es eigentlich vom ersten Impuls bis zur tatsächlichen Implementierung des HR-Business-Partners? Die Antworten der Praktiker hierauf sind nicht unerwartet unterschiedlich. In den Interviews aus 2005 wurden Zeitspannen von drei bis fünf Jahren genannt, manchmal auch etwas mehr oder weniger. In heutigen Gesprächen ist sogar eher von »einer Dekade plus« die Rede. Von »quick shots« bei der Verwirklichung des HR-Business-Partners spricht inzwischen niemand mehr, eher von der »never ending story« im Sinne einer immerwährenden Herausforderung und der allmählichen Annäherung an ein Ideal, mit gelegentlichen Rückschlägen. Etwas von Sisyphus ist eben auch dabei. Daher sollte man sich bei der Festschreibung einer HR-Business-Partner-Umsetzung in der individuellen Zielvereinbarung vor allzu kurzen Zeitspannen und harten Maßstäben wohlweislich hüten. Letztlich beeinflussen Parameter wie Druck zur

Veränderung (»burning platform«), Reichweite des Unterfangens (»scope«), Größe der Organisation (»scale«), deren Entwicklungsstand (»delta as is/to be«) sowie die Passung des verfügbaren Personals (»attitudes«) die Dauer und Schwierigkeiten des Projektes entscheidend. Natürlich kann man dieses auch in Abschnitte unterteilen (»time boxing«) und sich peu á peu vorwärtsarbeiten.

Keine Frage! Die Einführung und Umsetzung der HR-Business-Partner-Idee (mitsamt des HR-Service-Delivery-Modells) ist eine Transformation des HR-Bereichs mit Ausstrahlungseffekten in die gesamte Organisation hinein. Bei ihnen gelten die bekannten Erfolgsfaktoren und Implementierungsbarrieren von Veränderungsprozessen (vgl. Claßen 2008: 67-110). Lediglich einen Aspekt möchten wir an dieser Stelle herausgreifen: Für den HR-Business-Partner braucht es beides, eine »weg von«-Motivation (Antriebskräfte für den Aufbruch) und eine »hin zu«-Motivation (Anziehungskräfte für das Ankommen). Nur weil es gegenwärtig schick, modisch und fast schon zeitlos modern zu sein scheint, sollte die Wertschöpfungs-Dimension in der HR-Arena nicht angegangen werden. Der bisherige Zustand darf nicht mehr zufrieden stellen und der künftige Status muss nachhaltige Reize aufweisen (»attractive vision«). Ansonsten lässt man besser alles beim Alten.

Dies sind aber nun wirklich sehr allgemeine Ratschläge. Denkt man in Transformationsschritten für die HR-Funktion, erscheint es uns fast weniger wichtig, bestimmte theoretische Phasen – die es in Reinform sowieso in keinem Unternehmen geben wird – zwingend zu durchlaufen. Wichtiger ist es, auf die jeweiligen Konstellationen im eigenen Haus adäquat zu reagieren und die grundsätzliche Denkweise, die hinter dem faszinierenden Theoriemodell HR-Business-Partner steckt, zu akzeptieren und in den Selbstanspruch der HR-Verantwortlichen einzubauen. Am überzeugendsten scheinen uns die Umsetzungen in jenen Unternehmen gelungen, bei denen die ziemlich maßlose Grundidee zum Treiber der Veränderung geworden ist, nach den ersten vorzeigbaren Wirkungen im Business nicht bereits die Saturiertheit zum Nachlassen bei dieser unablässigen Herausforderung zur Wertschöpfung aus der People-Dimension geführt hat und – natürlich – die am besten geeigneten Personen für das »Front End« selektiert und permanent weiterqualifiziert werden. Gut möglich, dass Sie nur diesen letzten Satz verinnerlichen müssen, um unsere Intention mit diesem Buch zu verstehen.

Männer weinen nicht

Laut einer Befragung von 5.000 Menschen aus 30 Ländern weint eine durchschnittliche Frau einmal pro Woche; durchschnittliche Männer lassen demnach nur einmal im Monat die Tränen fließen (Süddeutsche Zeitung 25.09.2009). Offenbar gibt es solche durchschnittlichen Männer aber überhaupt nicht. Alle von uns mit diesem Ergebnis konfrontierten Mannsbilder bestreiten den monatlichen Tränenfluss und meinen, dass sie demnach zwölfmal Weinen im Jahr auf andere Männer übertragen könnten. Zudem scheint keiner von ihnen solche maskuline Heulsusen persönlich zu kennen.

Wir aber möchten uns hier nun ganz offiziell outen. Wir vergießen gerne Tränen, Freudentränen. Wenn dieses Buch mal wieder verkauft wird. Am liebsten weinen wird dann sogar auch öfter als einmal im Monat – Freudentränen eben.

6.2 Vorgehensmodell

Allgemeine Transformations-Roadmap

Wie aber könnte nun – trotz mancher der eben genannten Relativierungen und dem Erfordernis zur unternehmensspezifischen Ausfaltung – der Transformationspfad hin zum HR-Business-Partner aussehen? Die von uns immer wieder gerne benutzte »Roadmap« (vgl. Abb. 109) kann erste Anhaltspunkte geben. Bei konkreten Projekten ist diese Ausgangsbasis dann stets im Sinne einer situativen Anpassung, teilweise sogar erheblich, modifiziert und weiter spezifiziert worden.

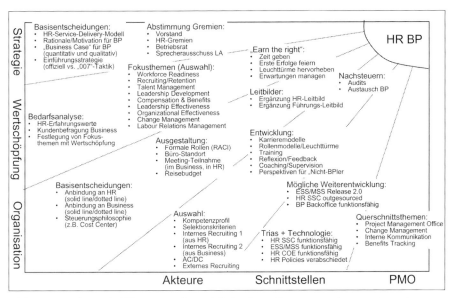

Abb. 109: Die Einführung des HR-Business-Partners ist unternehmensindividuell, könnte sich aber an dieser »Roadmap« orientieren

Da ist zunächst die Handlungsdimension Strategie, zu der die wesentlichen Basisentscheidungen und ihre Abstimmung mit den Gremien gehören. Auf die in der Abbildung erwähnte 007-Taktik kommen wir etwas später in diesem Kapitel zu sprechen. Als zweites Element ist die Handlungsdimension Wertschöpfung zu berücksichtigen mit der Bedarfsanalyse, den auszuwählenden Fokusthemen und einem Aspekt, den wir »earn the right« nennen, womit wir die allmähliche Akzeptanz durch das Business meinen. Dies ist nämlich bestimmt nicht etwas, das wie Manna vom Himmel fällt, kommt auch nicht mit der Zeit, sondern erst mit den Erfolgen über die Wertschöpfung aus der People-Dimension. Die dritte Handlungsdimension heißt Organisation, ebenfalls mit den entsprechenden Basisentscheidungen, deren konkreter Ausgestaltung sowie der häufig erforderlichen Anpassung von Leitbildern. Als viertes Element fungiert die Handlungsdimension Akteure mit den drei Aspekten Auswahl, Entwicklung und Nachsteuern. Wobei wir auf diesen dritten Aspekt – den allfälligen Austausch von HR-Business-Partnern – weiter unten zu sprechen kommen; denn der erste Wurf gelingt nicht immer. Mit dem fünften Element wird die enge Verknüpfung des HR-Service-Delivery-Modells offenkundig (»Trias plus Technologie«), denn ohne die Funktionsfähigkeit und – genauer gesagt – die vollumfängliche Qualität und permanente Weiterentwicklung von SSC, CoE sowie HR IT steht der HR-Business-Partner auf verlorenem Posten. Schließlich ist die sechste Handlungsdimension – im Sinne einer Projektsteuerung zumindest für die Einführungsphase – das PMO (Projekt Management Office) zu nennen.

Eins, zwei, Dreiklang

Bevor sich der Blick von dieser allgemeinen Transformations-Roadmap auf die unternehmensspezifische Konkretisierung wendet, soll nochmals die enge Verknüpfung des HR-Service-Delivery-Modells – die fünfte Handlungsdimension – betont werden. Der HR-Business-Partner agiert nicht in einer Enklave. Denn für die Führungskraft im Business zeigt sich die HR-Funktion inzwischen in dreierlei Gestalt (vgl. Abb. 110):

- *HR-Business-Partner*
  mit seiner Wertschöpfung aus der People-Dimension,
  also eine beratende Rolle,
  mit stetem Kontakt zu den Führungskräften im Business;

- *Shared Service Center*
  mit seiner Erledigung von transaktionalen HRM-Prozessen,
  also einer liefernden Rolle (»Service Provider«), oftmals mit Kontrahierungszwang,
  mit permanentem Optimierungsdruck;

- *Center-of-Expertise*
  mit seinen fast hoheitlichen Aufgaben bis hin zum gesetzlichen Auftrag,
  also einer bewachenden Rolle (»Law Guardian«) und dem Setzen von Standards,
  mit legalem Weisungsrecht oder fachlicher Richtlinienkompetenz.

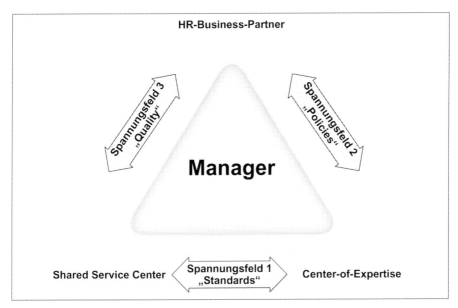

HR-Business-Partner

Manager

Spannungsfeld 3 „Quality"

Spannungsfeld 2 „Policies"

Shared Service Center   Spannungsfeld 1 „Standards"   Center-of-Expertise

Abb. 110: Der Manager braucht Orientierung im Spannungsfeld der drei Rollen des HR-Service-Delivery-Modells und keine Konflikte

Zwischen diesen drei nur scheinbar eigenständigen Domänen des Personalbereichs ergeben sich nicht selten Konflikte, die dann auch noch oftmals auf dem Rücken der Führungskräfte im Business ausgetragen werden. So entsteht etwa zwischen dem Shared Service Center und dem Center-of-Expertise das Spannungsfeld 1: »Standards«. Dem einen geht es um möglichst einfache und dem anderen um möglichst perfekte Prozesse. Der HR-Business-Partner reibt sich in anderen Konfliktbereichen. Mit dem Center-of-Expertise entsteht das Spannungsfeld 2: »Policies«. Dem HR-Business-Partner geht es um eine möglichst einfache und stimmige Umsetzung für seinen Bereich, dem CoE um das Hüten der Ordnung. Mit dem Shared Service Center entsteht das Spannungsfeld 3: »Quality«. Dem HR-Business-Partner geht es um möglichst reibungslose und hilfreiche Prozesse für seine internen Kunden, dem SSC um die Erfüllung von »Service Level Agreements« bei ständig zu optimierenden »Key Performance Indicators«.

In der Wahrnehmung von Führungskräften im Business sollten – im Idealfall – die sicherlich kaum jemals ganz zu vermeidenden Binnenkonflikte der HR-Funktion nicht augenfällig werden, keine Rivalitäten aufleuchten oder sogar offene Konflikte entstehen, also ein stimmiger Dreiklang ertönen. Dazu müssen zwischen den drei Säulen die Aufgaben und Schnittstellen verbindlich geregelt und bei Zweifeln möglichst geräuschlos geklärt werden. Ansonsten leidet insbesondere die Akzeptanz des HR-Business-Partners, kann er doch nicht mehr eindeutig agieren oder gerät in unangenehme Zielkonflikte.

Unternehmensspezifische Konkretisierung

Wie an vielen Stellen in diesem Buch erwähnt, erfolgt nahezu jede der uns bekannten Implementierungen des HR-Business-Partner-Konzepts ziemlich unternehmensindividuell, wofür die allgemeine Transformations-Roadmap erste Anhaltspunkte liefert, aber auch nicht mehr (vgl. Ulrich u.a. 2009). Die rationalen, politischen und emotionalen Aspekte im Unternehmen müssen erkannt, abgewogen und in eine situativ passende Lösung überführt werden. Die konkrete Umsetzung ist dann zumeist das Ergebnis umfassender und umfänglicher interner Diskussionen. Ein Beispiel – aus einem DAX30-Unternehmen – zeigt dies. Ausgehend von einem fünfstufigen Phasenkonzept (vgl. Abb. 111) sind dort die einzelnen Phasen weiter detailliert worden im Sinne eines »drill downs« (vgl. Abb. 136–140 im Anhang 2). Analog zum bekannten Plan/Do/Review-Zyklus lauten die fünf Phasen:

- HR Business Unit Strategy
- Define
- Plan
- Design & Implement
- Review & Adapt

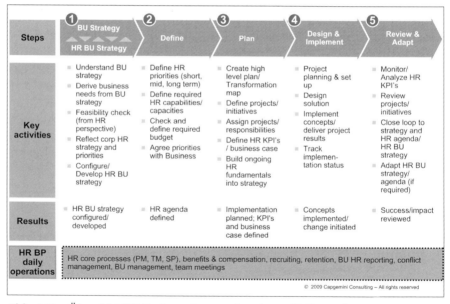

Abb. 111:   Übersicht HR Business Partner Roadmap (5 Phasen)

Im vorgestellten beispielhaften Projekt wurden im Sinne eines Brainstormings (ex ante) sowie einer »Lessons Learned«-Reflexion (ex post) für jede dieser fünf Phasen die möglichen Hürden sowie denkbare Auswege identifiziert (vgl. Abb. 141–145 im Anhang 2). Sie dienen nun im jährlichen Rhythmus zur Reflexion und Optimierung der bisherigen Aktivitäten. Übrigens: Dass die Quantität und Qualität der Barrieren sowie Lösungsmöglichkeiten in den hinteren Phasen deutlich »dünner« werden, ist kein Spezifikum des ausgewählten Projektes, sondern viel eher ein grundsätzliches Phänomen. Je näher man zur Umsetzung und deren Erfolgsmessung kommt, desto dürftiger werden oftmals Reflexion und Resultate. Aber daran kann man ja auch weiter arbeiten und immer besser werden, im Sinne eines kontinuierlichen Verbesserungsprozesses.

Die in den insgesamt elf Abbildungen beschriebenen Aktivitäten und »Learnings« sprechen weitgehend für sich selbst und sollen hier nicht weiter vertieft werden. Sie bringen aber auch ein wenig die nicht zu unterschätzende Gefahr zur Sprache, die Einführung des HR-Business-Partners als eine primär mechanistische Anstrengung aufzufassen und diese dann zu technischer Perfektion zu treiben (»over engineering«). Von der Wertschöpfung aus der People-Dimension, dem eigentlichen Ziel, kann man sich auch mit der ausgefeiltesten, aber ungeeigneten HR-Business-Partner-Roadmap ein großes Stück vorbeibewegen. Da bringt es dann wenig, wenn das entsprechende Projekt im formellen Sinne Vollzug vermelden kann und der HR-Business-Partner offiziell eingeführt ist. Er wird die Wertschöpfung dann nicht bringen.

In einem weiteren (anonymisierten) Beispiel wurde ein anderer Ansatz bei der Einführung gewählt. Ausgangspunkt war die Entwicklung eines gemeinsamen Verständnisses für den Nutzen des HR-Business-Partners; dies wurde in einer Präambel formuliert: »Vor dem Hintergrund eines sich stets verändernden Umfeldes mit wachsenden Anforderungen muss auch die Personalarbeit permanent gestaltet und an modernen Maßstäben gemessen werden. Mit der angestrebten Positionierung der HR Community als Business-Partner soll die HR-Perspektive frühzeitig in ›Business-Entscheidungen‹ der betreuten Bereiche sowohl auf strategischer als auch auf operativer Ebene einfließen. Dies setzt ein tiefgehendes Verständnis des jeweiligen Geschäftsfeldes aber auch der bereichsspezifischen Besonderheiten voraus. Zur Gewährleistung eines ganzheitlichen Personalmanagements muss sich die jeweilige Personalarbeit zwingend im Rahmen einer einheitlichen Personalpolitik bewegen. Die Optimierung und Standardisierung der Personalprozesse und -leistungen sowie zukünftige Abstützung auf das SSC für die Mitarbeiterbetreuung sind zentrale Bestandteile des aktuellen Veränderungsprozesses. Hierbei bewegt sich die Personalarbeit zwischen permanentem Kostendruck und Effizienzsteigerungen einerseits und einer kundenorientierten Ausrichtung andererseits. Die bereichsspezifischen Anforderungen an die Personalarbeit erfordern zwar die räumliche und organisatorische Nähe vor Ort, bedingen aber hinsichtlich der erforderlichen Ganzheitlichkeit auch eine enge und permanente Vernetzung innerhalb der HR Community. Die Empfehlung zur Aufstellung der dezentralen Personalfunktionen antizipiert die zukünftigen Anforderungen und orientiert sich am Leitbild HR-Business-Partner. Hierbei werden die Dimensionen ›Qualifikation‹, ›Organisation‹ und ›Kapazitäten‹ detailliert.« Qualifikation ist dabei der Anspruch an das Anforderungsprofil des HR-

Business-Partners mit allfälligen Trainingserfordernissen, Organisation seine disziplinarische Zuordnung und Kapazität die personelle Ausstattung.

Als wesentliche Aufgaben des HR-Business-Partners wurden in diesem Fall zunächst fünf Aktivitäten gesehen: Einbringen der HR-Perspektive in die Bereichsstrategie; Umsetzung und Gewährleistung einer einheitlichen Personalarbeit; Beratung der Bereichsleitung und des Führungsteams als strategischer Partner und Veränderungsmanager; Beratung der Führungskräfte in operativen Personalfragen; Gewährleistung der Konsistenz von Personalzahlen und -kennziffern. Der Problemdruck bestand also nicht nur im strategischen sondern auch im operativen Bereich bis hin zum Personal-Controlling. Man sah den HR-Business-Partner in einer Doppelrolle: Strategischer Partner für die Unternehmensführung und alle Bereiche, aber auch Dienstleister in Administration und ganzheitlicher Mitarbeiterbetreuung. Als zwingende Voraussetzung für die Umsetzung des Geschäftsmodells wurden optimierte und belastbare Schnittstellen zu den zentralen HR-Funktionen (CoE, SSC, Intranet) gesehen. In der Summe wurden acht Prämissen erarbeitet, die als zwingende Voraussetzungen für den HR-Business-Partner angesehen wurden. Übrigens: Seit der hier beschriebenen Einführung des HR-Business-Partners hat sich das Konzept und die Praxis in diesem Unternehmen nicht unerheblich weiterentwickelt.

»007«-Taktik

Eine durchaus sinnvolle Alternative zum großangelegten Design eines HR-Business-Partner-Konzepts mit anschließendem breitflächigen Rollout könnte eine »undercover agent«-Strategie á la James Bond sein, mit HR-Agenten im zunächst geheimen Auftrag ihrer Majestät des Personalverantwortlichen sowie der Lizenz zur Wertschöpfung. Anstatt zunächst ein umfassend durchdachtes und mehrdimensional abgestimmtes Konzept zu entwickeln, dafür dann im Anschluss vermeintlich geeignete Akteure zu suchen (oder die qua bisheriger Rolle unvermeidlichen Kandidaten umzulabeln) und schließlich – hoffentlich – Wirkung zu entfalten, könnte die Implementierung auch in umgekehrter Logik erfolgen. Zunächst die potenziellen HR-Business-Partner in einer eher minimalistischen Selektion identifizieren, am allerbesten die allerbesten Personen aus dem HR-Bereich (die ohnehin bekannt sein sollten). Diese dann einfach mal beim Business machen und wirken lassen und schließlich das Ganze, nachdem das Business bei sich überrascht den Unterschied zum Bisherigen bemerkt hat, als sinnvolles Konzept verkaufen. Denn mit konkreten Ergebnissen in der Wertschöpfung aus der People-Dimension kann viel besser als auf einhundert PowerPoint-Folien gezeigt werden, was mit dem HR-Business-Partner eigentlich intendiert wird und möglich ist (vgl. Abb. 112).

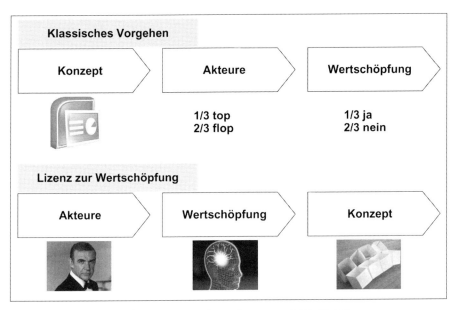

Abb. 112: Implementierung HR-Business-Partner: »007«-Taktik

Zugegeben, ein derartiges Vorgehen mag ein klein wenig unkonventionell weil unkonzeptionell erscheinen. Und die ganzen Extrawürste, Starallüren und Seitensprünge des echten James Bond sind in jedem Fall zu unterbinden. Aber wir haben diese Implementierungs-Strategie bereits mehrfach sowohl von der Seite beobachten als auch schon mittendrin im Geschehen begleiten können. Beim HR-Business-Partner sind es nicht in erster Linie die großartig angelegten Entwürfe, die sorgfältig vorgetragenen Verlockungen, die mühsam austarierten Entscheidungen, sondern die konkreten Ergebnisse bei der Wertschöpfung rund um die People-Dimension, die den Unterschied zur Vergangenheit bringen. Dafür braucht es primär die richtigen Akteure. Diese müssen gefunden und von anderen Aufgaben freigeschaufelt werden, damit sie sich entfalten können. Das Meiste der übrigen Konzeption gehört in die Kategorie des Bewusstmachens, auch dies ist in vielen Personalabteilungen natürlich eine ganz wichtige Sache.

Fortsetzung nach der Umsetzung

Vielerorts gibt es inzwischen offiziell den HR-Business-Partner. Die Umsetzung des Konzepts wäre damit also an diesen Orten sozusagen final abgeschlossen. Folglich könnte man sich – wer auch immer dieser »man« ist – nun der weiteren Perfektionierung oder ganz anderen Aufgabenstellungen zuwenden. Etwas richtig Neues ist aber gar nicht in Sicht (vgl. 4.1.2). Zudem liegt oft noch manches, auch Essenzielles, im Argen: Die HR-Business-Partner bringen keine oder zu wenig Wertschöpfung aus der People-Dimension; sie sind von einer »Augenhöhe« mit ihren Pendants im Management mindestens noch einen Kopf entfernt; ihre

Ablenkungen durch administrative Tätigkeiten bei transaktionalen Prozessen sind zu groß, weil der Dreiklang im HR-Service-Delivery-Modell mit SSC und CoE nicht funktioniert. Weil, weil, weil – es gibt diverse Gründe für die Umsetzungsschwierigkeiten.

Vor dieser Situation steht inzwischen so manches Unternehmen: Den HR-Business-Partner formal als Rolle zu besitzen, ohne jedoch seine Grundidee so richtig ans Laufen gebracht zu haben; vom »Impact« ganz zu schweigen. Dies ist durchaus mit der Situation in vielen SSC vergleichbar, bei denen nach der Einführung die Kosten keineswegs verringert sind, die Qualität ganz und gar nicht verbessert ist und inzwischen der Ruf nach einem SSC 2.0 – wie auch immer dies aussehen könnte (das ist kein Thema in diesem Buch) – laut geworden ist. Allmählich fängt man hier und dort an, von einem HR-Business-Partner 2.0 zu sprechen, mit dem – möglichst unauffällig – die offenkundigen Defizite aus dem ersten Anlauf beseitigt werden sollen. Natürlich können dabei auch nicht die »erfolgreichen« Projektverantwortlichen aus der ursprünglichen Konzeptphase bloßgestellt werden.

Die Ursachen für mögliche Schwierigkeiten sind mannigfaltig. Doch werden sie mehr und mehr nicht am Konzept, das ist beim HR-Business-Partner nicht ganz so bedeutsam, sondern an der Performanz der handelnden Akteure festgemacht. Die beiden Stellschrauben, um an dieser Performanz weiter zu drehen, liegen in einer zusätzlichen Qualifizierung (vgl. 5.3) oder aber in einem offenen und ehrlichen Prozess zum Austausch von zumindest einem erheblichen Teil der in einem ersten Schwung identifizierten HR-Business-Partner. Wenn, wie uns die Praktiker sagen und auch unsere eigene Projekterfahrung immer wieder bestätigt, die oftmals aus politischen und emotionalen Erwägungen begründete Erstauswahl in zwei von drei Fällen eine falsche Selektion gewesen ist, dann müssen in diesen zwei von drei Fällen entsprechende Korrekturen durchgeführt werden. So schwierig dies auch, gerade im Nachhinein und aus Sicht der Betroffenen, sein kann. Oder es werden, wenn nicht genügend bessere Ersatzkandidaten zur Verfügung stehen, die Anzahl der HR-Business-Partner und damit die Wirkmöglichkeiten für Wertschöpfung signifikant reduziert. Der HR-Business-Partner 2.0 ist in erster Linie kein besseres Konzept. Dieses passt grundsätzlich meistens schon mit einigen kleineren Korrekturen, denn rund um die Idee der Wertschöpfung aus der People-Dimension kann man an Grundsätzlichem nicht allzu vieles falsch konzipieren. Der nächste »Release« basiert vielmehr auf durch passgenaue Management-Diagnostik veredelte Selektion und Rekrutierung. Oder in klaren Worten: auf besseren HR-Business-Partnern.

Lieber wenige, aber richtig wichtige Themen

An vielen Stellen in diesem Buch ist deutlich geworden, wie wichtig die Person des HR-Business-Partners für die Wertschöpfung aus der People-Dimension ist. Aber selbst der allerbeste Kandidat wird mit den falschen oder zu vielen Themenstellungen keinen Mehrwert bringen. HR-Business-Partner und Wertschöpfungsthemen verhalten sich zueinander wie der Schlüssel zu einer Tür (vgl. Abb. 113). Der Schlüssel muss nicht nur in das Schlüsselloch passen. Es muss auch die richtige Tür gefunden werden, sonst landet man im falschen Raum. Zudem sollten nicht zu viele Türen gleichzeitig geöffnet werden, ansonsten gibt es starken Durchzug. Für die Themenwahl geht es also darum, lieber wenige, dafür aber die richtig wichtigen Themen zu identifizieren (vgl. 4.1). Selektion und Fokus lautet das entsprechende Gebot. Das bedeutet aber auch den bewussten Verzicht.

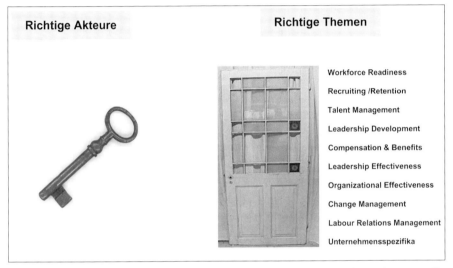

Abb. 113: Für den Erfolg der HR-Business-Partnering-Idee brauchte es die richtigen Akteure und die richtigen Themen

In der Ökonomie gibt es zahlreiche Methoden zur Priorisierung (z.B. Scheuss 2008). Wir möchten an dieser Stelle eine sinnvolle Vorgehensweise zur Fokussierung von Aktivitäten vorstellen: AIM – die Activity/Investment-Matrix (mit einem realen, aber anonymisierten Beispiel – vgl. Abb. 114). Bei ihr wird, abgeleitet vom Lebenszyklusgedanken bei HRM-Themen, nach dem Handlungsmodus (»Activity«: Start/Continue) und dem Ausmaß des Engagements (»Investment«: Heavy/Moderate) unterschieden. Wie bei jeder aus der Beraterwelt kommenden Vierfelder-Matrix ergeben sich daraus dann auch vier Handlungsempfehlungen:

- »Investigate«: Mit moderatem Aufwand analysieren, ob dies künftig ein Wertschöpfungsthema für das eigene Unternehmen werden könnte.

- »Bet«: Darauf setzen, dass dieses Thema künftig Wertschöpfung bringt und entsprechend kräftig investieren.

- »Promise«: Sichere Wertschöpfungsthemen mit hohem Engagement genauso sicher liefern.

327

- »Maintain«: Mit ausreichendem Engagement sicherstellen, dass es bei anerkannten Themen zu keiner Minderung in der Wertschöpfung führt.

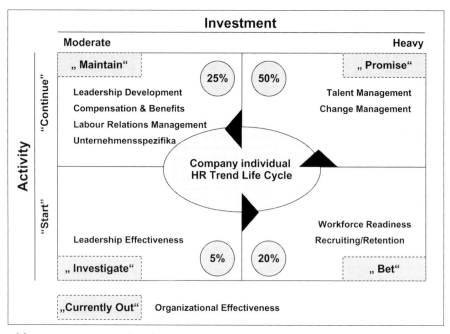

Abb. 114: AIM – Activity/Investment Matrix (beispielhafte Illustration mit HR-Business-Partner-Themen)

Eine ungefähre zeitliche Verteilung der Arbeitskapazität eines HR-Business-Partners ist durch die entsprechenden Prozentwerte angezeigt. Selbstverständlich ist auch jede andere Form der Selektion erlaubt, die den klassischen Fehler vermeidet, zu vieles auf einmal angehen zu wollen. Und genau hiermit rundet sich dieses Kapitel zur Einführung und Umsetzung des HR-Business-Partner-Konzepts ab. Denn genau diese fehlende Priorisierung von Themen hat sich – siehe den Beginn des Kapitels – als der klare Spitzenreiter bei den Umsetzungsschwierigkeiten im HRM herauskristallisiert.

7 Ausblicke

7.1 Sanfter Weg in die Zukunft

Gefangen im »blöden Cost-Center-Denken«

Kapital wird nach wie vor in solchen Bereichen investiert, die eine attraktive Verzinsung versprechen (auch wenn im Zuge der Finanzmarktkrise die Messlatte ein klein wenig heruntergenommen und die Spielregeln ein bisschen hinaufgesetzt wurden) (vgl. Sinn 2009). In diesem Wettbewerb haben die Querschnittsfunktionen eines Unternehmens, unter ihnen das HRM, nicht die besten Karten. Der »Business Case« ist eher qualitativ als quantitativ, der »Return on Investment« liegt meist unter der geforderten Marge im deutlich zweistelligen Bereich, die »Payback Period« bemisst sich in Jahren statt Monaten. Für den Vorstand ist dies oft zu weich, zu wenig, zu lange.

Ohnehin werden die transaktionalen HR-Prozesse primär unter Kostengesichtspunkten wahrgenommen. Man sei bei ihnen, wie es ein Befragter in unserer ersten HR-Business-Partner-Studie für sein Unternehmen anmerkte, »gefangen im blöden Cost-Center-Denken« des Managements. Wenn Kosten der maßgebliche Aspekt zur Beurteilung sind und diese unzweifelhaft den Gewinn des Unternehmens schmälern, dann sind Kosten selbstverständlich zu reduzieren. Immer ein bisschen mehr, jahraus und jahrein. Dies wird 2020 auch noch so sein. Der flotte Spruch aus dem Business und von den Beratern – »zwanzig Prozent geht immer!« – feiert in regelmäßigen Abständen fröhliche Urständ. Da ist es manchmal schon gut, dass die HR-Funktion mit maximal zwei Prozent der Kosten (gemessen am Umsatz) ab und an unter die Wahrnehmungsschwelle fällt. Denn selbst ein Minus von zwanzig Prozent bezogen auf zwei Prozent bringt für das gesamte Unternehmen keine signifikante Erleichterung, für die HR-Funktion hingegen spürbare Belastungen.

Teils aus der Offensive, teils aus der Defensive wollen die Supportbereiche daher Wertschöpfung für ihre internen Kunden abliefern. Der »Finance-Business-Partner« soll aufschlussreiche und sinnvolle Controlling-Systeme liefern, nicht in unbändiger Zahlengläubigkeit verharren und dies selbstredend zu geringen Kosten. Der »IT-Business-Partner« soll moderne und reibungslose Informationstechnologien liefern, keine eigenwillige Technikverliebtheit zeigen und dies natürlich zu geringen Kosten. Der »Einkauf-Business-Partner« soll günstige und einfache Beschaffungswege öffnen, keine prozessualen Hindernisse aufbauen und dies selbstverständlich zu geringen Kosten. Unser HR-Business-Partner soll leistungsfähige und bescheidene Mitarbeiter liefern (und manch anderes mehr), nicht in Sozialträumereien versinken und dies bitteschön zu geringen Kosten. Bei alledem lassen sich am ehesten noch die Kosten bestimmen (was bereits nicht immer einfach ist). Beim Nutzen – es geht hier um Output aus der Kategorie »Performance« und Motivation, »Retention« und Loyalität – werden einem oft bereits die unterstellten Annahmen verrissen.

Dem leidigen Fluch aus Kosten und Wertschöpfung ist »irgendwie« nicht zu entkommen. Oder gibt es dann doch, irgendwann und irgendwo das Paradies einer wertschätzenden Business-Welt, in der man im HRM das machen kann, was aus eigener Überzeugung heraus gemacht werden muss, ohne Gegenfragen, ohne Zahlendreher, ohne Erklärungsnöte? Ist möglicherweise sogar der HR-Business-Partner so eine Art irdischer Prüfstein, nach dem, wenn man ihn schließlich in seiner vollen Güte erreicht hat, der Garten Eden wartet? Gibt es eine »Zeit nach dem HR-Business-Partner«, in der das HRM in vollkommen neue Sphären aufsteigen kann, ohne sich mit profanen Dimensionen wie Kosten oder Wertschöpfung abmühen zu müssen? Hinter dem Horizont geht es bestimmt weiter.

Es gibt Kinderspiele, da kann man beim Vorwärtsziehen unter gewissen Voraussetzungen (Glück oder Geschick) einzelne Felder auslassen; sie werden übersprungen. Könnte so etwas auch für die HR-Funktion möglich sein: Fortschritt erzielen und dabei den HR-Business-Partner mit seiner ach so mühsamen und täglich fordernden Grundidee ganz einfach überspringen? Also gleich das Übermorgen mit seinen künftigen Anforderungen in den Blick nehmen. Oder weniger forsch: Wird aus dem Hinterherrennen schwer erfüllbarer – teilweise wahrscheinlich sogar prinzipiell unerfüllbarer – Forderungen, ähnlich der Fabel vom Hasen und Igel, irgendwie, irgendwann, irgendwo einmal ein Zustand der Zufriedenheit mit dem HR-Ressort und seinen handelnden Akteuren erreicht werden? Womöglich sogar durch exzellente Wertschöpfung der HR-Business-Partner – und was kommt dann?

Bei derartigen Fragen zeigt sich eine gewisse Sehnsucht auf die »Zeit nach dem HR-Business-Partner«. Diese Sehnsucht mag beim einen stärker und bei einem anderen schwächer ausgeprägt sein, ganz verleugnen kann sie niemand. Kann aber das Konzept und vielmehr noch seine Umsetzung – Tag für Tag – in absehbarer Zukunft als erledigt abgehakt werden? Was wird dann die kommende Entwicklungsstufe sein? Ist heute bereits die nächste S-Kurve für die Personal-Funktion absehbar, selbst wenn sich die Unternehmen derzeit noch am Beginn der gegenwärtigen »Blockbuster« HR-Service-Delivery-Modell und HR-Business-Partner befinden?

In unserer ersten Studie zum Thema hatten wir unsere Gesprächspartner genau dies gefragt (Claßen/Kern 2006: 74). Immerhin waren dies die HR-Verantwortlichen von führenden Unternehmen. Wenn nicht sie, wer sonst aus der Praxis sollte es wissen? Es waren Fragen wie: An welchen konkreten Weiterentwicklungen von HR arbeiten sie gerade? Wo sehen Sie HR in Ihrem Unternehmen in fünf Jahren? Welche Unternehmen sind für Sie die Vorbilder hinsichtlich der HR-Arbeit? Und überhaupt: Was ist Ihre Idealvorstellung von HR Arbeit? Herausgekommen war in 2005 im Wesentlichen ein »Weiter so!«. Auch die Antworten auf die entsprechende Frage in der aktuellen Praktiker-Befragung (»Was kommt für Sie denn ›nach dem HR-Business-Partner‹, sagen wir mal so ab 2015/2020, oder bleibt dies eine Aufgabe auf Sicht?«) hat keine neuen und bislang unbekannten

Entwicklungslinien aufgespürt. Selbst der von uns inzwischen institutionalisierte Austausch mit den amerikanischen Kollegen und das regelmäßige Screening von Literatur und Studien zeigt, dass von dort derzeit keine Innovationssignale mehr kommen, außer vielleicht im »Wording«. Der seit langem als uneinholbar erscheinende Vorsprung von US/UK scheint inzwischen aufgebraucht zu sein.

Wer dieses Kapitel also in der Erwartung liest, den HR-Business-Partner einfach auslassen und bereits auf das nächste Rennen setzen zu können, wird enttäuscht werden. An der tagtäglichen Wertschöpfung des HR-Business-Partners führt wohl auf absehbare Zeit kein Weg vorbei. Mit dem HR-Business-Partner hat die Personal-Funktion ihre wohl wichtigste Rolle und damit endlich ihren Platz im Unternehmen gefunden.

Den HR-Business-Partner einfach auslassen: Geht nicht!

Wer heute ein Mikrofon vor die Nase gehalten oder einen Survey auf den Tisch gelegt bekommt, muss fast schon eine klare Antwort produzieren. »Weiß nicht« ist eine kaum mehr akzeptable Alternative. Erfreulicherweise ist dies in persönlichen Gesprächen anders. Die meisten unserer Befragten – in 2005 und auch jetzt in 2009 – bekannten sich zu ihrer Unkenntnis über die zukünftige Entwicklung. Anbei eine nicht mal komplette Liste der »Weiß nicht«-Antworten aus 2005 auf die Frage nach der Folgeentwicklung auf den HR-Business-Partner:

- »Also ich weiß es auch nicht.«

- »Das haben wir uns in der Tat noch nicht überlegt. Also ich mir jedenfalls nicht.«

- »Also ich muss Ihnen ehrlich sagen: Weit darüber hinaus denken möchte ich schon deshalb nicht, weil der HR-Business-Partner noch weit weg ist.«

- »Ich sehe im Moment nicht unbedingt, dass das Konzept des HR-Business-Partners verändert wird. Ich kann mir derzeit gar nicht vorstellen, wohin sich das noch entwickeln sollte. Ich glaube, dass dies einfach auch noch die nächste Zeit so bleiben wird.«

- »Wir sind auf diesem Wege. Aber das wird sicherlich noch einige Zeit dauern, bis man das erreicht hat. Was nach dem HR-Business-Partner kommt, dies kann ich ihnen heute noch nicht sagen.«

- »Wir sind erst am Anfang, da werden wir noch brauchen. Es ist noch zu früh, bereits jetzt zum Übermorgen etwas zu spekulieren.«

- »Wir werden auf jeden Fall am Grundkonzept des HR-Business-Partners festhalten, weil wir davon überzeugt sind.«

- »Wenn wir das umsetzen, wie ich es mir vorstelle. Dann wäre ich schon sehr zufrieden.«

Es ist also wohl noch ein gutes Stück Weg, das uns die Idee vom HR-Business-Partner und seine konkrete Umsetzung beschäftigen wird. Ein Gesprächspartner meinte dazu: »Ich bin hochskeptisch wenn Personalleiter sagen: ›Ja, wir sind als HR-Business-Partner akzeptiert.‹ Ich neige eher dazu das selbstkritisch zu sehen, auch HR-kritisch zu sehen. Andere sind meines Erachtens zu euphorisch und haben noch lange nicht das erreicht, was sie vielleicht geglaubt haben zu erreichen. Also für mich ist letztlich die größte Herausforderung sich den schnell wandelnden Anforderungen der Zukunft immer wieder neu zu stellen.« Ein zweiter ergänzte: »Man könnte ja mal die provokante Frage stellen: Ist dieses Profil eines HR-Business-Partners überhaupt erfüllbar?« In Gänze und auf Dauer vermutlich wirklich nicht, aber beim Streben danach kann durchaus zwischen besser und schlechter – gemessen an der nicht immer exakt messbaren Wertschöpfung – unterschieden werden.

Keiner will »Best-in-Class« sein

Für eine vorstellbare andersartige Zukunft fehlen auch die Vorzeige-Modelle. Es ist ein erstaunliches Phänomen in der mitteleuropäischen Personaler-Zunft, dass sich nahezu niemand als Vorbild, Marktführer, Trendsetter bei HRM-Themen versteht. Wenn dann aber doch einer herausragt, sind bei vielen anderen die ganz normalen menschlichen Regungen zu verspüren. Natürlich gibt es inzwischen alle möglichen Ranglisten, angefangen vom »Great Place to Work«. (Übrigens: Wer in Google unter »Ranglisten Personal« sucht, findet ganz weit vorne das »beste Thekenpersonal in Köln«). Es gibt jedoch lediglich wenige Personen und Unternehmen, die etwas Derartiges selbstbewusst von sich behaupten oder dies »vom Markt« zugeschrieben bekommen. In den meisten Fällen basiert diese Eigen- bzw. Fremdwahrnehmung bei genauerem Hinsehen auf dem Erfolg des Unternehmens insgesamt, einem eloquenten CEO und insbesondere dem Image seiner Produkte, und nicht auf den Leistungen des HR-Ressorts im Speziellen. Mancher personalwirtschaftliche Dauerredner und Vielschreiber hat überdies seine innovative Phase inzwischen bereits hinter sich. Dies ist an sich nicht schlimm, wirkliche Innovationen sind dann nicht mehr zu erwarten.

Im Personalwesen ist vielmehr das ausgeprägte Gefühl von signifikanten Verbesserungsmöglichkeiten im eigenen Beritt verbreitet. Daher ist es für Externe, seien es Professoren, Beratungen oder Trainer meist recht einfach, durch Defizitargumente und den mehr oder weniger konkretisierten Hinweis auf Verbesserungsmöglichkeiten rasch eine erhebliche Aufmerksamkeit zu erhalten. Zudem ist es immer wieder erstaunlich, dass man bei einem Termin in Branche A unwidersprochen die Behauptung aufstellen kann, Branche B sei in Personaladministration und Personalentwicklung dann doch deutlich weiter, und am folgenden Tag im Termin mit Branche B die Branche A ohne Einspruch als Vorbild herausstellen kann. In der Personaler-Szene scheint derzeit fast völlig der Überblick, der Vergleich, der Maßstab verloren gegangen zu sein, was nun wirklich »state-of-the-art« ist und wer dies nun tatsächlich aufweist. Mal gelten die Unternehmen mit engen Margen – aufgrund des permanenten Drucks – als führend; mal stehen die Unternehmen mit großen Margen – infolge ihrer finanziellen Spielräume – als wegweisend da. Mal sind es die Mega-Konzerne, die – als Konsequenz der Größe – zum Leuchtturm werden; mal spricht alles für kleine Organisationen, die – durch den Vorteil der Nähe – die wahre Avantgarde darstellen. Mal hört man auf Angloamerikaner, die – wegen des grundsätzlichen und in Stein gemeißelten Vorsprungs – als Vorbilder gelten; mal redet jeder über »Hidden Champions« aus dem Schwarzwald, die – wegen ihres technologischen Vorteils – zur Messlatte werden. Mal wird auf die börsennotierten Firmen – durch ihre Präsenz in den Medien – geschaut; mal betrachtet man die Familienunternehmen – als Konsequenz ihrer Langfristorientierung und eines charismatischen Unternehmensführers – als nachahmenswert.

Wer aber wurde uns in der ersten HR-Business-Partner-Studie nun konkret als Vorbild genannt? Es sind die üblichen Verdächtigen, die immer wieder als »leading edge« herangezogen werden (vgl. Claßen/Kern 2006: 75). Die meisten von ihnen haben wir damals analysiert; zudem sind sie auch jetzt wieder mit persönlichen Statements in den Interviews vertreten. Als Ausweichreaktion zum Abkupfern vom Vorbild (»copy/paste«) bleibt dann nur noch das »Customizing«. Dies ist auch nicht das Schlechteste. In den Worten eines HR-Verantwortlichen: »Ich schaue meistens nicht auf bestimmte Unternehmen. Ich glaube, man kann kein Unternehmen kopieren. Sondern man muss die Dinge wirklich verstehen, um sie in seinem Unternehmen implementieren zu können« (ebd.). Der Business-Partner bleibt wohl auch in Zukunft die Domäne eines »best fit«-Vorgehens und lässt eher geringen Raum für »best practice«-Konzepte.

7.2 Bleibt alles anders

Vollbremsung nach der Beschleunigung

Für die ersten Jahre des Jahrtausends kann man eine bleierne Zeit des HRM diagnostizieren. In der Zeit nach dem Platzen der Internet-Blase war entweder Stillstand oder allenfalls ein ganz allmähliches Aufholen der Praxis zum Rollenmodell zu konstatieren. In den Jahren 2005 bis 2008 wehte dann im Zuge der Talent-Management-Euphorie wieder frischer Wind in die Personalbereiche: »Wir sind Engpass!« Endlich war man wieder wer. Denn man sah sich an den wichtigen Stellhebeln zur Beseitigung des von den Entscheidungsträgern im Unternehmen maßgeblich empfundenen Flaschenhalses für »profitable growth«. Und die demografische Zeitbombe tickte unaufhaltsam, unerbittlich, unerschütterlich. Oft hatte man zwar seitens der HR-Funktion noch keine guten Lösungen, aber immerhin schon einmal ein ernsthaftes Problem. Probleme sind zum Lösen da, durch Manager, in diesem Falle sogar HR-Manager.

Kurze Rückblende – Anfang September 2008: Beim größten europäischen Sze-
netreff von Personalern, der Messe »Zukunft Personal« in Köln, war von einer
Krise noch keinerlei Rede. Wirtschaftliche »Roll-backs« kommen im Personalmanagement eben etwas verzögert an und hören dafür auch erst deutlich später
auf. Der Wettlauf um die Besten, das Talent Management wurde zum Hype. So
hieß es an jedem Stand, tönte es auf jedem Vortrag, klang es bei jedem Gespräch.
Viele Anbieter erkoren Talent Management aus Marketinggründen zum Überbau ihres Produkt-Portfolios rund um das gesamte HRM. Nein, nicht mehr die
kleinmütige Fingerübung aus Zeiten der Internet-Blase. Talent Management 2.0
wurde ausgerufen. Die nächste Generation von »Tools« war gefragt, zeichneten
sich als Folge demografischer Entwicklungen ganz deutliche Engpässe für die
seinerzeit noch ungetrübten Wachstums-Ambitionen der Wirtschaft ab. Eine
Wiederbelebung des Personalwesens schien keine Frage mehr zu sein – Selbstbewusstsein pur (vgl. Breitfelder/Dowling 2008). Man war endlich wieder wer,
man war Engpass und Zukunft in einem. Was will man im Unternehmen noch
mehr sein?

Doch wenige Wochen später war die nächste Blase geplatzt: Allenthalben Ein-
stellungs-Stopp, Urlaubs-Management, keine schicken Seminare und Reisen
mehr. Weitere Einschränkungen wurden urplötzlich als legitime Handlungsop-
tion des Unternehmens zunächst diskutiert und dann rasch auch implementiert.
Beim Übergang von 2008 auf 2009 wurde für viele die Adventszeit zur ersten ohne betriebliches Weihnachtsevent und das Jahresgespräch das erste ohne beträchtlichen Zusatzbonus. Ja sogar die Drohgebärden Restrukturierung, Kurzar-
beit und betriebsbedingte Kündigung machten die Runde und verschreckten
alle, bis hin zu den vermeintlichen Talenten und selbstbewussten Stars. Vieles
davon ist inzwischen Realität geworden. Selbst die noch mit vollen Auftragsbü-
chern versehenen Unternehmen traten auf die Vorsichts-Bremse. Fast über
Nacht schien das verheißungsvolle Talent Management 2.0 auf ein unvollendetes
Talent Management 0.8 zurückgedreht, dem Kalenderjahr '08 entsprechend,
man nannte es nun einfach »Talent Management in der Krise«. Viele Betroffene
spüren wieder, dass die scheinbar stabilen Versprechen von Unternehmensseite
doch mal wieder bloß Lippenbekenntnisse bleiben. Über weiter abnehmende
Loyalität und stetiges Denken in Alternativ-Szenarien (auf beiden Seiten) muss
sich niemand wundern (vgl. Scholz 2003).

Die »Zukunft Personal« im Jahr 2009 ist deutlich bescheidener und beschauli-
cher ausgefallen. Bis zur nächsten Renaissance der People-Dimension, so nicht
nur Schwarzseher, mögen einige Jahre vergehen. Hat ja niemand geahnt, dass wir
nicht nur »eine« Krise, sondern sogar »die« Krise erleben mussten. Den Personalbereichen stehen wieder harte Zeiten bevor. Viele Personaler treibt die Sorge
um, dass die gerade abgelaufene Dekade im Rückblick künftiger Generationen
als »die verlorene« bezeichnet werden wird.

Erneuter Fokus auf Kosten ...

Ein bereits eingeübter Mechanismus aus den vorangegangenen Krisen – von Theoretikern sowie aus der Beraterzunft routiniert vorgetragen – hat auch in der derzeitig schwierigen Zeit wieder fröhliche Urstände gefeiert: Mit einer Defizitbehauptung (»Andere sind besser!«), einer Drohgebärde (»Es geht um alles!«) oder einem Aufbruchappell (»Jetzt erst recht!«) ist die Aufmerksamkeit der Personalverantwortlichen garantiert. »HRM wieder stärken!« ist erneut zur Sehnsucht und Parole von HR-Verantwortlichen geworden. Das Konzept des HR-Business-Partners bleibt weiterhin der wohl stärkste Ansatzpunkt für die Berücksichtigung der People-Dimension und ein größeres Gewicht bei Entscheidungen im Unternehmen. Gerade die Gewährleistung eines stärkeren Nutzens der Personalfunktion für die Unternehmensbereiche besitzt für dieses Ressort eine strategische Positionierungsrelevanz. Denn Personalarbeit ist mehr als Kostensenkung.

Es wird von einem allenfalls gering interessierten Business zwar als »nett« empfunden, wenn die Personaladministration in einem SSC effizient funktioniert. Als noch »netter« gilt es, wenn dies transnational standardisiert, automatisiert, zentralisiert erfolgt. Für manche Unternehmen ist es inzwischen »am nettesten«, seine »HR Admin« an einen externen Dienstleister outzusourcen. Am besten fällt die Personaladministration gar nicht mehr auf, außer durch jährliche Kostensenkungen im zweistelligen Prozentbereich sowie der gelegentlichen Möglichkeit, sich über »die Personaler« zu empören, wenn mal wieder etwas nicht wie gewünscht klappt. Der wirkliche Mehrwert einer HR-Funktion zeigt sich demgegenüber in kompetenten und unkomplizierten Antworten auf knifflige Spezialistenfragen (Centers of Expertise) oder – unseres Erachtens noch deutlich stärker – bei den tagtäglichen Themenstellungen rund um die People-Dimension, durch permanentes Agieren im Sinne eines nachhaltigen Unternehmenswertes, eben als HR-Business-Partner mit Wertschöpfung.

Übrigens: Die Rolle von HR unter dem Vorzeichen der Krise wird maßgeblich von den in guten Zeiten erarbeiteten Freiheitsgraden bestimmt. Diese Freiheitsgrade wurden aber mancherorts fälschlicherweise dazu genutzt, sich endlich mal exquisit und mondän auszustaffieren. Wenn erst in der Krise der eigene Bereich in Ordnung gebracht werden muss, wird für HR auf dem Terrain des Gesamtunternehmens wenig möglich sein. In aktuellen Analysen (z.B. Claßen/Kern 2009) hat sich erneut gezeigt, dass viele Personalbereiche – genau gesagt zwei Drittel – beim Blick auf die Effizienz ihres eigenen Tuns nicht optimal aufgestellt sind. Alle diese Personalbereiche fallen in der Krise als Gestalter des Wandels aus. Denn sie müssen sich entweder mit den von anderen vorgegebenen Optimierungszielen auseinandersetzen oder sie verzetteln sich in den Mühen einer Abwehr ungerechtfertigter Forderungen. Dies mag zwar ab und an gelingen; die Gestaltungskraft wird dabei jedoch verwirkt. Der Freischwimmerschein wird im ruhigen Wasser erworben. Bei starkem Wellengang das Schwimmen zu lernen gerät meistens zum Crashkurs mit Ertrinkengefahr.

Sämtliche Hinweise für HRM in der Krise – meist aus der Feder von Beratern – lassen sich daher im Wesentlichen auf den simplen Nenner bringen: Hausaufgaben machen (»fix the basics«). Ergänzt wird dies teilweise noch durch den Verweis auf die irgendwann wieder eintretende Besserung (»don't forget your future«) (vgl. Lesser 2008, Sheik/DiRomualdo 2008, Claßen 2009, Strack u.a. 2009, Zach 2009) (siehe z.B. vgl. Abb. 115 und 116). Manche dieser Ratschläge (z.B. »37 Ways to Take Action« von Sheik/DiRomualdo 2008) lesen sich aber etwas simplifizierend wie die Fingerzeige aus anderen Lebensbereichen. So empfahl etwa Paul Simon in seinem 1975er-Hit »50 Ways To Leave Your Lover«: »The problem is all inside your head, she said to me. The answer is easy if you take it logically. I'd like to help you in your struggle. To be free, there must be fifty ways to leave your lover.«

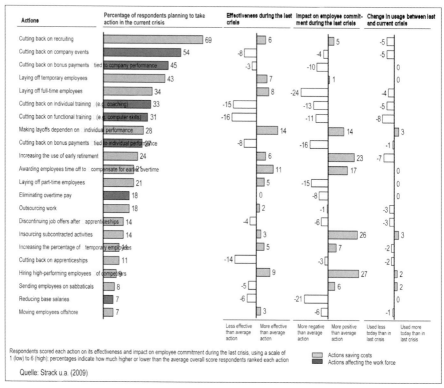

Abb. 115: HR-Management in der Krise (1/2)

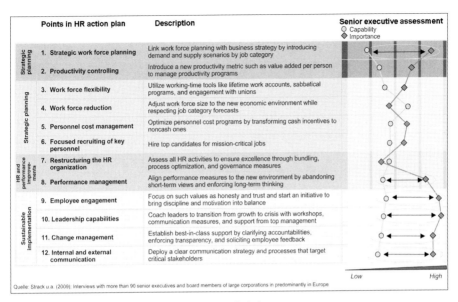

Abb. 116: HR-Management in der Krise (2/2)

… aber weiterhin auch auf Talente

Mit reinem »Downsizing«, »Rightsizing«, »Smartsizing« steht ein Unternehmen, wie etwa Schütte (2009) und besonders auch Gandolfi (2008) in seiner Meta-Analyse zahlreicher Studien zeigt, hinterher allerdings meist schlechter da als zuvor: »Unequivocally, the overall picture of the reported financial effects of downsizing is bleak. While a few firms have reported some financial improvements, the majority of surveyed firms have been unable to report improved levels of efficiency, effectiveness, productivity, and profitability. (…) Overwhelmingly negative picture of the financial consequences following downsizing. (…) Non-downsized firms financially outperform downsized firms in the short-, medium-, and long-run« (ebd.: 5). Hinzu kommen Nachteile für die verbleibenden Mitarbeiter (»survivor«) im Vergleich mit den meisten Entlassenen (»victims«), wenn diese nicht in eine Dauerarbeitslosigkeit entgleiten: »Surviving downsizing is difficult given the high levels of stress experienced by survivors compared to the victims. The argument partly rests on the disparity in resources available to victims compared to those available to survivors. Victims commonly receive transition packages and outplacement services, while survivors tend to receive very little if any resources and support. (…) Victims who found employment post-downsizing reported considerably more positive outcomes than did employees who remained in the downsized environment. The victims felt lower levels of stress on the job, reported higher levels of perceived job control, and experienced fewer negative effects than the survivors« (ebd.: 11). Aber sagen Sie dies alles mal einem CEO/CFO, der gerade um das Überleben seines Unternehmens kämpft; der wird Ihnen was husten.

Immerhin fehlt bei vielen Empfehlungen zum HRM »in der Krise« inzwischen nicht – zusätzlich zur Welt der Personalfaktorkosten (»bringt viel«) und Personalfunktionskosten (»bringt etwas«) – der Ratschlag, natürlich deutlich fokussierter als in den guten Jahren, das Talent Management bzw. das Strategic Workforce Management nicht komplett zu streichen. Denn derzeit begangene Fehler würden sich beim nächsten Aufschwung rächen. Drei beispielhafte Zitate für diese inzwischen zum Allgemeingut aufgestiegene These: »There are dangers for companies that cut their work force too hastily. While people may appear to be in great supply today, the demographic tide will soon return« (Strack u.a. 2009: 2). Planning for the future: The velocity of this recession has optimistic observers predicting a rapid upstick, plus firms are relatively lean as compared to the dot-com bust. This means that critical talent needs to be identified and retained if possible – and if not, quickly replaced when the economy bounces back« (Zach 2009: 2). »In previous economic downswings, strategic workforce issues have often been displaced by the short-term demands for quickly reducing headcount and other variable costs. However, in many industries, previous downturns and subsequent layoffs have already ›trimmed the fat‹ and have left companies operating with fewer employees with greater responsibilities. These difficult times require organizations to take a closer look at the current composition and capabilities of their workforce, determine their short- and long-term workforce needs and make more informed decisions about the talent they need to survive and, eventually, thrive« (Lesser 2008: 1). Genau die aus dieser These resultierenden Aufgabenstellungen gehören zum zentralen Themenkanon des HR-Business-Partners (vgl. 4.1.2). Stärker als bisher muss daher, nicht nur »in der Krise«, ein differenzierendes Portfolio-Management auch für die Talente (sowie den Rest der Belegschaft) betrieben werden (Becker u.a. 2009).

7.3   Kein Ende der Geschichte

Sechs Entwicklungslinien

Der Begriff des amerikanischen Politikwissenschaftlers Fukuyama aus dem Jahre 1992 vom »End of History« reflektierte die Epochenwende nach dem Fall von Mauer & Co. und adressierte ungewisse Zukunftserwartungen beim damaligen Blick auf den Jahrtausendwechsel. Seine These basierte auf Hegels Geschichtsphilosophie mit dem Grundgedanken von einem Abschluss sämtlicher Entwicklungen im Sinne einer allerletzten Synthese, bei der sämtliche Widersprüche aufgehoben sind. Einige Stufen tiefer, aber fast genauso apodiktisch wird gegenwärtig der HR-Business-Partner gehandelt. Als finaler Zustand eines wertschöpfenden Personalbereichs und Krönung des bestmöglichen HR-Service-Delivery-Modells. Ein Buch von Huntington über den »Clash of Civilizations« nur vier Jahre nach Fukuyama sowie die Zeitgeschichte seither haben jedoch gezeigt, dass das Weltgeschehen nicht stehen bleibt. Ebenso wenig wird der HR-Business-

Partner – auch wenn eine starke Vorstellung von einem »Danach« gegenwärtig noch komplett fehlt – eine dauernde Stabilität von Rollen und Aufgaben der Personaler bedeuten.

Die Geschichte geht halt ihren Gang. Nun haben wir lange nach einem Zitat gesucht, das diese Offenheit der kommenden Zeit möglichst treffend beschreibt (sie mögen diesen Herrn zwar nicht kennen, aber er soll dies so gesagt haben): »Die Zukunft kommt in Raten, das ist das Erträgliche an ihr« (Alfred Polgar). Das HRM wird weiter in Bewegung bleiben, aber dann doch eher gemächlich. Wenn die Zukunft nicht transparent ist, bleibt es eine erprobte Strategie, auf die Verlängerung der Gegenwart mit allenfalls leichten Variationen zu setzen. Im Regelfall ist damit ein geringes Risiko verbunden. Wirkliche Strukturbrüche und Paradigmenwechsel geschehen nicht so häufig. Bis sich eine neue Welt in voller Breite entfaltet, bleibt zudem meist genügend Zeit für eine rechtzeitige Reaktion. Gegenwärtig gleicht die Aussicht in die Zukunft von HRM allerdings noch dem Blick in eine Kristallkugel. Dies wird auch aus den Antworten auf unsere Frage nach der Zukunft »nach« dem HR-Business-Partner deutlich.

Es werden – in unserer mit Sicherheit nicht umfassenden Wahrnehmung – derzeit sechs Entwicklungslinien für das künftige HRM diskutiert (vgl. Abb. 117). Wenn wir an dieser Stelle die HRM-Zukunft mit der des HR-Business-Partners gleichsetzen, ist dies lediglich eine kleine sprachliche Nachlässigkeit. Die künftigen Ansprüche an die transaktionale Hemisphäre der People-Dimension – die administrative Personalverwaltung – dürften inzwischen hinlänglich bekannt und unter dem Stichwort »Fabrik« prägnant beschrieben sein. Die »Power« der People-Dimension steckt – gerade auch in den Differenzierungsmöglichkeiten des Unternehmens auf den Produkt-, Arbeits- und Finanzmärkten – in der transformationalen Hemisphäre und damit in der Wertschöpfung für das Unternehmen und damit wiederum in der Güte seiner HR-Business-Partner (vgl. Jessl/Claßen 2009).

Mit Blick auf die künftige Relevanz des HR-Business-Partners muss einem daher nicht bange werden. Unsere bestimmt nicht allzu mutige Prognose vor einer halben Dekade ist gewesen, dass das Thema HR-Business-Partner noch mindestens bis 2010 ganz heiß sein wird, bevor wesentliche Strukturbrüche und andersartige Herausforderungen völlig neuartige Themenstellungen auf das Tableau bringen (Claßen/Kern 2006: 76). Wenn unseren Interviewpartnern, allesamt HR Professionals am Puls der Zeit, damals in 2005 und jetzt in 2009 kein »Danach« in den Sinn kommt. Wenn die Beratungsunternehmen kein neuartiges Konzept aus dem Köcher ziehen und mit gespanntem Bogen auf die Jagd gehen. Wenn selbst die HR-Gurus aus der publizistischen Leitnation auf der anderen Seite des Atlantiks die Phantasie einer nächsten Generation derzeit noch abgeht. Ja dann ist es richtig, auch noch in 2010 ein Buch zum Thema HR-Business-Partner zu publizieren, selbst wenn die Grundidee bereits im pubertierenden Alter ist.

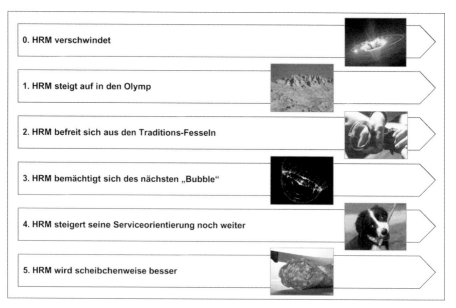

Abb. 117: Mögliche Entwicklungslinien des zukünftigen HR-Managements

Zum Nullten: HRM verschwindet

»Natürlich sollen wir HR abschaffen«, schreibt Ulrich in der Einleitung seines 97er-Buches. Aber nur,»wenn es keinen Mehrwert schafft und Leistung verhindert«. Eine derartige Entwicklungslinie – die HR-Funktion verschwindet – können wir hier ziemlich kurz halten, weil sie eigentlich gar keine ist. Selbst wenn die HR-Funktion als solche aufgehört hätte zu existieren, würde jemand ihre Themen rund um die People-Dimension bedienen müssen. Falls die Funktion wie ein überladenes Boot versinken sollte, würden viele ihrer Aufgabenstellungen in den Rettungsboten überleben und als »Schiffbrüchige« auf anderen Booten aufgenommen werden.

In unserer ersten HR-Business-Partner-Studie meinte zwar ein befragter HR-Vorstand:»Die Personalabteilungen der Zukunft sind kleiner als heute. Da werden weniger Leute sein, die aber mehr Kompetenz und Seniorität haben werden als heute. Die Admin wird tendenziell rausgehen oder kleiner werden. Die Zahl der Projekte und Themen wird weniger werden. Personaler werden sich viel mehr begrenzen. Sie werden weniger Dinge tun, aber die dafür umso konsequenter lösen.« Kleiner und feiner, womöglich ja, aber komplett verschwinden, mit Sicherheit nicht. Ein zweiter Personalvorstand meinte damals sogar:»Eigentlich wäre die Marschrichtung HR obsolet zu machen. Ich arbeite daran, überflüssig zu werden.« Aber bereits er selbst erwies sich diesbezüglich als skeptisch:»Ob HR als Funktion da hinkommt ist fraglich. Es geht HR wohl wie den Lehrern: Es kommen immer wieder welche nach, die betreut werden müssen, die entwickelt werden müssen.«

Auch wir glauben nicht an diese Entwicklungslinie: Weil die Arbeit niemals ausgeht, bleibt uns auch die Arbeit zur Arbeit. Es kann auch nicht noch mehr an HRM-Aufgaben von der HR-Funktion auf die bereits jetzt oftmals überforderten Führungskräfte zurückdelegiert oder aufoktroyiert werden. Die HR-Funktion bleibt gerade mit ihrem wertschöpfenden Element – dem HR-Business-Partner – durchaus am Leben. Morgen wahrscheinlich sogar vitaler als heute. Gut möglich allerdings, dass sie sich vielerorts entlang der transformationalen/transaktionalen Grenze auseinanderlebt und in zwei Hemisphären teilt (vgl. Jessl/Claßen 2009).

Abwrackprämie

Statt an ein »abzuschaffen« könnte man beim HRM auch an ein »völlig neu erschaffen« denken. Dies wäre dann ganz im Sinne eines »Grüne Wiese«-Ansatzes. Vielleicht erweitert die deutsche Bundesregierung ihre Abwrackprämie für Autos sogar auf die Personalabteilungen und man bekäme eine neue unter der Voraussetzung, dass die alte auf dem Schrottplatz entsorgt wird. Natürlich könnte auch ganz schlicht die Frage gestellt werden: Was würden wir eigentlich heutzutage im HRM machen, wenn wir bislang gar keine HR-Abteilung gehabt hätten und ohne Altlasten wären? Was würden wir wegen der Belegschaft unternehmen, was für sie und – auch diese Frage kann man stellen – was gegen sie? Als erste Antwort fällt einem die »Payroll« ein; aber die kann gegebenenfalls auch outgesourct werden. Bereits die zweite Antwort zieht sich wohl entlang des Lebenszyklus eines Mitarbeiters; denn immer wieder werden welche gebraucht, nicht mehr gebraucht oder anders gebraucht. Das sind dann schon Themen mit ziemlicher Nähe zum HR-Business-Partner. Die dritte Antwort basiert womöglich auf den individuellen Präferenzen: Einer würde für das Labour Relationship Management plädieren (»ganz wichtiger Stakeholder«). Ein Zweiter setzt sich für das Talent Management ein (»Sicherung unserer Zukunft«). Ein Dritter schlägt das Change Management vor (»alles bleibt im Fluss«). Ein Vierter rät das Performance Management an (»wir brauchen Differenzierung«). Ein Fünfter kämpft, man konnte dies unlängst aus nicht wenigen Unternehmen vernehmen, für eine verstärkte Überwachung von Führungskräften und Mitarbeitern (»Missstände beseitigen«). Mit Sicherheit würde jemand, weil dies immer gut kommt, für deutlich mehr Kunden- und Ergebnisorientierung eintreten. So würde die neu geschaffene HR-Abteilung – je nach eigenem Gusto – mal so und mal anders konstituiert. Da ist es schon besser, wenn vor derart priorisierten Überlegungen die zentrale Managementaufgabe HRM in regelmäßigen Abständen grundsätzlich durchdacht und hinterfragt wird. Denn eigentlich möchte das Business doch nur bessere Akteure, bessere Strukturen, bessere Entscheidungen, bessere Prozesse, bessere Produkte; also das Drei-Liter-Auto im Porsche-Look.

Zum Ersten: HRM steigt auf in den Olymp

In einer empirischen Studie über die Veränderungen der HR-Funktion in US-amerikanischen Unternehmen im Zeitraum 1995-2001 haben Lawler/Mohrman (2003) die damalige Entwicklung von Personalbereichen beschrieben. So gab es in diesen sechs Jahren beispielsweise zwar mehr, aber nicht bessere HR-Business-Partner. Insgesamt zeigten sich die beiden Autoren vom geringen Ausmaß an Wandel in der Betrachtungsperiode überrascht. Was sind aber auch schon sechs Jahre in der Entwicklung des HRM, mag man ihnen als Realist entgegenhalten. Übrigens: Im jüngsten Update dieser Längsschnittanalyse (Lawler/Boudreau 2009) hat sich diese eher behäbige Evolution bestätigt.

Wichtiger als die retrospektive Perspektive ist jedoch ihr äußerst optimistischer Blick in die Zukunft von HR mit dem Sprung vom Business-Partner hin zum Strategischen Partner, den Lawler/Mohrman als nächste Generation prognostiziert haben. HR bekäme nicht nur überhaupt ein Plätzchen an jenem Tisch, an dem die wichtigsten Management-Entscheidungen eines Unternehmens getroffen würden. Vielmehr würde HR sogar den bedeutendsten Platz am Kopfende dieses Tisches einnehmen. Ihr Beitrag ist damit eines jener Beispiele für die – primär aus den Engpassargumenten des Talent Management getriebenen – Durchmarschphantasien mancher Personalverantwortlicher. Doch das ist genauso vermessen, als würde der SC Freiburg (beim Schreiben dieser Zeilen gerade Aufsteiger in die erste Fußball-Bundesliga) sogleich vom Sieg der Champions League träumen. Ein derartiger Entwicklungsschritt, nach dem HR ein kräftiger Beeinflusser wenn nicht gar maßgeblicher Treiber der Geschäftsstrategie sein soll, ist allerdings wenig wahrscheinlich, ist außerdem etwas anmaßend, ist schließlich ziemlich übertrieben. Daher halten wir diese Entwicklungslinie hier ebenfalls kurz. Vom ungeliebten Mauerblümchen zum begehrten Schmuckstück, vom Stuhl am Katzentisch gleich zum Chefsessel mag zwar eine Traumkarriere für jeden Personaler sein. Dieses Märchen überlassen wir freilich lieber der Mythos-Maschine Hollywood oder werfen wieder einen Blick in unsere Briefmarkensammlung, dieses Mal jedoch entwertet (vgl. Abb. 118).

Es ist allerdings nicht uninteressant, welche Reaktion man erntet, wenn dieses Chart von Lawler/Mohrman (vgl. Abb. 119) mitteleuropäischen Personalvorständen vorgelegt wird. Nur wenige sehen sich noch auf der ersten Stufe des HR-Managements. Viele verorten sich bereits auf der zweiten Stufe des Business-Partners (oder zumindest kurz davor). Vereinzelt wähnt man sich bereits auf der dritten Stufe des Strategischen Partners. Natürlich sind solche Fragen gemein gestellt und geben mehr eine Antwort auf das Selbstbewusstsein bzw. die Selbstwirksamkeit des Gegenübers als auf dessen tatsächliche Situation. Werden andererseits die Vorstandskollegen nach deren Einschätzung des HR-Ressorts befragt, kommt als Response meist der Hinweis, es müsse für eine treffende Beschreibung noch eine Stufe unter dem HR-Management eingeführt werden, um der Realität in ihrem Unternehmen Rechnung zu tragen.

Abb. 118: Ambitionen in Richtung Management müssen im Zaum gehalten werden

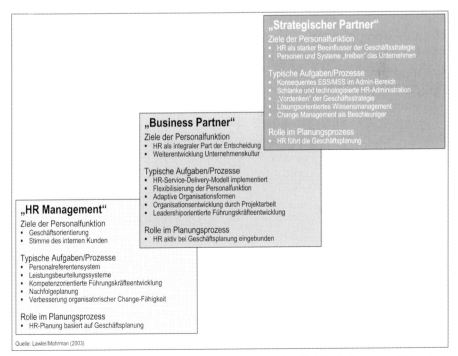

Abb. 119: Der Weg zum »Strategischen Partner« ist für HR äußerst ambitioniert

Denn viele HRM-Aufgaben haben weiterhin einen primär operativen Charakter. Auch für den HR-Business-Partner sind neben Mitreden, Chartdesign und Konzeptentwicklung immer wieder ganz gewöhnliche Kärnerarbeit und gelegentliche Ausflüge ins Transaktionale, Administrative, Bürokratische angesagt. Er kann sich nicht ausschließlich in großen Entwürfen, starken Formulierungen und brillanten Diskussionen verlieren und damit von Lenkungsausschuss zu Lenkungsausschuss, Vorstandscoaching zu Vorstandscoaching, Budgetplanung zu Budgetplanung hangeln. Business Partnering ist mehr als schicke Power-Points und kluge Statements. »Es ist ja nicht alles strategisch«, bemerkte einer unserer befragten Personalvorstände in der 2005er-Befragung. Da kann man ihm nun wirklich nicht widersprechen.

Zum Zweiten: HRM befreit sich aus den Traditions-Fesseln

Es gab immer wieder Versuche (und wird es auch weiterhin geben), sich aus den von Ulrich angelegten Fesseln der HRM-Rollen, Themen und Strukturen zu lösen (vgl. 1.2). Die neben ihm ebenfalls einflussreichen HRM-Vordenker Boudreau/Ramstad (2005) versuchen sich an einem transfunktionalen Lerntransfer. Ein Unternehmen besitzt viele Stakeholder, drei von ihnen sind besonders wichtig: Der Kunde, der Eigentümer und der Mitarbeiter. Für jeden hat sich daher auch eine eigene Perspektive herausgebildet. Vertriebsbereich und »Marketing« für die Kunden, Rechnungswesen und »Finance« für die Eigentümer, Personalwirtschaft und – ja was eigentlich? – für die Führungskräfte und Mitarbeiter. An dieser Stelle packen sie ihre Zielgruppe bei der Ehre: »HR spends a lot of time showing the value of HR programs. Yet, in finance and marketing (…) we judge their value through results: How much they help our leaders make better decisions about those resources to drive organizational effectiveness« (ebd.: 18). Dabei dürfe man aber nicht dem Trugschluss unterliegen, Fortschritt für HRM sei vorzugsweise mittels besserer Zahlen (»metrics, facts and figures«) zu erzielen. Vor diesem Irrtum verbeugt sich auch in Deutschland mancher Theoretiker und Praktiker mit »Business Case«-Ausrichtung, Mathematik/Statistik-Ausbildung und Excel-Anwenderwissen. Dem sei nicht so. Alternativ wird eine stärkere Außenorientierung (»outside-in perspective«) eingefordert. Aber auch die bringe wenig, wenn man sich darauf verlasse, die internen Kunden nach deren Bedarfen zu fragen: »That is fundamentally limited, because it assumes that clients know what they need« (ebd.). Kundenorientierung bewegt sich nämlich bei HRM auf dem schmalen Grat zwischen Verständnis und Verstehen, fernab von Anbiederung oder Bemutterung.

Vielmehr müsse man – wie bei Finance und Marketing nunmehr üblich – zwischen der betrieblichen Praxis (»professional practice«), wie Unternehmen im Alltag funktionieren, und der Entscheidungsunterstützung (»decision science«), wie knappe Ressourcen optimal eingesetzt werden, unterscheiden. Diese Entscheidungsunterstützung basiert auf einem logischen, stabilen und konsistenten

Theorierahmen, der als Fundament für die Entscheidungen im Unternehmen über die Engpassfaktoren diene. Rechnungswesen, Vertriebsbereich und Personalwirtschaft kümmern sich um die betriebliche Praxis. Finance und Marketing mit jeweils einem »shared point of view, common language and structure for decision« (ebd.: 21) um die Entscheidungsunterstützung. Für das HRM habe sich diese »decision science« noch nicht herausgebildet: »Today, HR seldom has a teachable point of view, so HR processes often feel controlling and dogmatic to line managers« (ebd.: 20). In jedem Fall müsse es beim HRM um »Talent Management«, dem erfolgskritischen Engpassfaktor seitens der People-Dimension gehen: »Such a talent decision science is a source of competitive advantage« (ebd.: 19). HRM müsse damit auch seine Ambition ändern: weg von der bloßen Umsetzung und hin zur Verbesserung von Entscheidungen. Übrigens: Auch hier klingt natürlich ein wenig des »weg vom Katzentisch« durch.

Dabei dürfe man natürlich nicht übersehen, dass viele falsche Entscheidungen rund um die Talente nicht vom HR-Bereich, sondern vom Business gemacht werden. Dies aber oft nur deshalb, weil den Linienmanagern die Auswirkungen ihrer Entscheidungen nicht bewusst seien. Für dieses Bewusstsein müsse aber HR die Grundlagen legen, nicht aber durch »Controlling«, vielmehr durch »Enabling« des Business. Dabei dürfen HR-Verantwortliche aber nicht selber die eigenen Spielregeln aushebeln, selbst wenn dies verlockend scheint: »HR managers are often perceived to be effective business partners only when they help business leaders work around the HR control systems« (ebd.: 21).

Die beiden Autoren bleiben nicht nur bei ihrer Forderung zur Entscheidungsunterstützung, sondern liefern auch gleich ein Konzept dafür mit: »HC Bridge Decision Framework« (ebd.: 22–25). Da sich dessen drei wesentliche Elemente – »Impact«, »Effectiveness« und »Efficiency« – nicht ganz trivial übersetzen lassen, belassen wir es an dieser Stelle bei den Anglizismen. »Impact« bezieht sich auf eine erste Wirkungsdimension im Sinne von Auswirkungen der Talententscheidungen auf den strategischen Erfolg des Unternehmens. »Effectiveness« adressiert als zweite Wirkungsdimension den Einfluss von HRM auf das Wollen, Können und Handeln der Talente. »Efficiency« nimmt als dritte Wirkungsdimension die ökonomische Kosten/Nutzen-Relation in den Blick.

Ist dies nun der seit langem erwartete Durchbruch zur nächsten S-Kurve des HRM? Mit ihrer Ambition und dem programmatischen Titel ihres Buches (»Beyond HR«) haben Boudreau/Ramstad (2007) sicherlich die richtigen Töne angeschlagen. Der von ihnen vorgeschlagene konzeptionelle Rahmen und die vorgestellten praktischen Beispiele weisen freilich nur ansatzweise in diese Richtung; zu viel ist noch Gegenwart bzw. Absichtserklärung und zu wenig Zukunft. Sie sind noch ein gutes Stück davon entfernt, auch für HRM eine Entscheidungsunterstützung á la Finance oder Marketing zu bieten, selbst wenn anschließende Versuche zur Präzisierung (Cascio/Boudreau 2008) nochmals einen kleinen Fortschritt bringen. Aber die Entwicklung dieser beiden Disziplinen zur »Decision Science« ist auch ein längerer Prozess gewesen, der – siehe die Finanzmarkt-krise sowie die Innovationsdefizite – ebenfalls nicht immer vor Fehlentschei-dungen und -entwicklungen bewahrt.

Schnellschüsse und Lähmungen

Bei all dieser Forderung nach »Decision Science« darf dem Praktiker sein Pragmatismus nicht abhanden kommen. Denken und Handeln sind zwar keine grundsätzlichen Widersprüche. Aber zu schnell handeln ohne zu denken oder aber zu viel denken ohne zu handeln kann durchaus proble-matische Konsequenzen haben: Schnellschüsse und Lähmungen. Natür-lich sind die Selbstbilder der Personaler in diesem Punkt gespalten. Einer hat uns im 2005er-Interview erzählt: »Zu mir hat mal jemand gesagt: Du denkst zu viel. Die Personaler denken einfach zu viel und handeln zu we-nig. Zu wenig praktisch.« Der Königsweg liegt für den HR-Business-Part-ner ziemlich genau in der Mitte: Denken und Handeln, um dem Manager bei dessen Entscheidungen zu helfen.

Ein Stufe bescheidener, aber immer noch ambitioniert, argumentiert Kates (2006). Sie strebt zwar nicht gleich zu »Beyond HR«, aber dann doch auch zu so etwas wie »Beyond Ulrich«, was derzeit ziemlich couragiert wirkt. Sie propagiert anstatt des HR-Business-Partners ein »Solution Center«. »Beyond Business Part-nering« lautet ihre Devise und sie ist damit quasi eine Variation der zweiten Ent-wicklungsrichtung: »The business partner model can be seen as a successful transitional design. (…) For many organizations, the business partner model has not lived up to its promise, and is beginning to outlive its usefulness« (ebd.: 26). Dabei handelt es sich bei ihrem Konzept lediglich um eine smarte Variation der bekannten Grundlogik. Ausgangspunkt von Kates' Überlegungen ist die (fal-sche) Feststellung, es gäbe praktische Probleme mit dem HR-Business-Partner, weil dieser die komplette Kundenschnittstelle besetze (»owns the client«) und die restliche HR-Funktion (»back end«) vom Business abschotte. Als »front end« verhielte er sich wie eine Art SPOC (»single point of contact«), ohne aber eigene Wertschöpfung zu generieren.

Dies könne nur dadurch verbessert werden, indem zwischen das »back end« (die Centers of Expertise) und einem »light front end« (die HR-Business-Partner) ei-ne starke Mannschaft von HR-Themenspezialisten im Sinne einer »delivery en-gine« geschaltet würde. Dabei würde das »front end« – also der bisherige, nun-mehr jedoch verschlankte HR-Business-Partner – zur primären, aber nicht ein-zigen Kundenschnittstelle im Sinne des aus dem Vertrieb bekannten »Customer Relationship Manager« bzw. »Account Manager«: »It is solely an integrative role (…) to manage the client relationship, diagnose issues, configure specialist teams, and coordinate (but not manage) projects. (…) He has no longer direct control over enough staff to deliver it directly« (ebd.: 26–27) (vgl. Abb. 120).

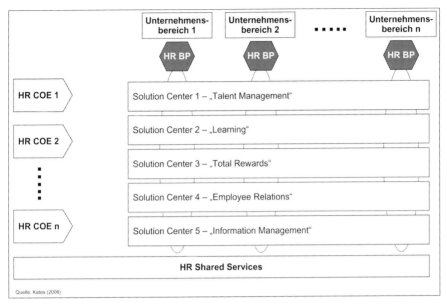

Abb. 120: »Solution Center« als »schlanke« HR-Business-Partner-Organisation

Damit ist der Vorschlag von Kates eine Umwandlung des aus dem Vertrieb geläufigen Kernproblems von »Sales« (wer verkauft beim Kunden?), »Delivery« (wer beliefert den Kunden?) und »Products« (was wird dem Kunden angeboten?) mit den jeweils bekannten Vor- und Nachteilen sowie Voraussetzungen der diversen organisatorischen Kombinationsmöglichkeiten. Als Variationen zur Lösung dieses Konflikts sind die schlanken versus fetten Verkaufseinheiten jeweils in Abstimmung mit Produktmanagern bekannt (fett ist hier im Sinne eigener Lieferfähigkeit gemeint). Das Konzept des Solution Center ist damit nicht mehr, aber auch nicht weniger als das Plädoyer für eine schlanke Kundenschnittstelle (zur Koordination) mit unternehmensbereichsübergreifenden sowie auf HR-Aufgabenbereiche spezialisierte Liefereinheiten (zur Leistungserbringung) sowie CoE im Sinne von Produktmanagern. Dies kann in bestimmten Unternehmenssituationen durchaus Sinn machen. Ob ein solches Modell aber nun, wie von Kates postuliert, eine Weiterentwicklung des HR-Business-Partners oder lediglich eine organisatorische Variante darstellt, ist unseres Erachtens eine Geschmacksfrage.

Die Publikationen mit dem Tenor »Beyond Ulrich« bzw. »Beyond Business Partnering« werden in den kommenden Jahren noch deutlich zunehmen. Wenn ein Konzept in dieser schnelllebigen Zeit bereits mehr als eine Dekade maßgeblich ist, damit in die Jahre zu kommen scheint und einfach auch die Lust auf Neuentdeckung, Abwechslung und Befreiung anwächst, dann ist mit Alternativ-Angeboten zum »Mainstream« und neuen Moden zu rechnen. In gewisser Weise ist unser »Hexagon« (vgl. 1.3) auch ein Anlauf in diese Richtung. Man muss aber jeweils genau hinsehen, was nun wirklich an neuem Konzept geboten wird und was lediglich andere Worte sind. Das Meiste wird dann doch den Charakter des »me too« aufweisen.

Zum Dritten: HRM bemächtigt sich des nächsten »Bubble«

In der Vergangenheit haben sich Fortschritte der Personalwirtschaft entweder in der sinnvollen Organisation oder bei den bearbeiteten Themen gezeigt. Falls sich keine neuen HRM-Modelle durchsetzen, so werden sich die kommenden Entwicklungen der People-Dimension womöglich unter dieser strukturellen Oberfläche – also bei den Themen des HR-Business-Partners – abzeichnen. So etwas ist ohnehin besser, denn »structure follows strategy« (der Verfasser dieses Glaubensbekenntnisses kannte allerdings nicht die Entscheidungsrhythmen mitteleuropäischer Konzerne).

Ein erster Ansatzpunkt für die nächste Welle wäre es, endlich einmal die Lösung auf die vielfältigen Schwierigkeiten der Moderne zu finden. Wenn wir, was inzwischen umfassend bekannt sein dürfte, weil es in der Einleitung jeder Diplomarbeit steht, in einer globalen, komplexen, virtuellen, dynamischen, ambiguen und mit weiteren Adjektiven des Schwierigen gekennzeichneten Welt leben, dann könnte eine ganz wesentliche Aufgabe des HRM darin bestehen, diese Unübersichtlichkeit wieder halbwegs handhabbar zu machen. Denn das Agieren in zunehmend offenen und damit immer unübersichtlicheren Organisationsformen wird von vielen Führungskräften und Mitarbeitern als Last und nicht als Lust empfunden. Die beinahe schon klassischen Stichworte zum »Erträglichmachen« sind Separierung/Isolation und Priorisierung/Fokus sowie Homogenisierung/Standards und Formalisierung/Regeln. Diese methodischen Kunstgriffe (gerade aus unserer Beraterzunft) möchten wir hier aber nicht weiter vertiefen. Wenn der Blick sich wieder von den Kosten zum Nutzen der »Workforce« dreht, dann wird sich noch stärker zeigen, dass HRM nicht nur in einem Unternehmen, sondern auch an dessen zunehmend ausfransenden Rändern stattfindet (z.B. Swart u.a. 2007 bzw. Marchington u.a. 2009). Sogar Spitzenkräfte werden dann nicht mehr nur an einen Arbeitgeber gebunden sein und über eine Personalstammdatennummer verwaltet und entwickelt werden; sie werden in wechselnden und teilweise sogar konfliktierenden Konstellationen ihre Leistungen abliefern. HRM und auch der HR-Business-Partner können sich dann nicht mehr auf die zunehmend schrumpfende Kernbelegschaft beschränken.

Ein zweiter Ansatzpunkt könnte sein, zukünftige Engpässe bereits heute aufzuspüren und bis morgen »proaktiv« aufzuheben. Der mit den Schlagworten »Talent Management«, »Demographic Challenge« und »Strategic Workforce Management« charakterisierte quantitative/qualitative Flaschenhals für den »profitable growth« ist inzwischen hinlänglich bekannt und eines der dominanten Arbeitsfelder des HR-Business-Partners (vgl. 4.1.1). Doch selbst wenn dieser Engpass bekannt und beseitigt worden ist, indem genügend kompetente und motivierte, engagierte und loyale Führungskräfte und Mitarbeiter ans Unternehmen gebunden worden sind, kann eine weitere Schwierigkeit den künftigen Unternehmenserfolg behindern: »Leadership Effectiveness«. Selbst wenn man sich die Besten gesichert hat, ist die Gefahr noch nicht gebannt, dass sich selbst diese an den immer weiter zunehmenden Schwierigkeiten des modernen Managements verheben: Zu viele, zu schnelle, zu schwierige, zu vernetzte, zu unscharfe Aufgabenstellungen. Die nächste Blase – die »Leadership Bubble« – steht bereits vor der Tür. Auch dies ist bereits teilweise ein Arbeitsfeld des HR-Business-Partners. Wahrscheinlich noch früher – nämlich jetzt – wird die damit eng verbundene »Organizational Effectiveness« angegangen werden müssen, um zu einer »Business Simplificity« zu gelangen.

Wenn dann auch noch diese Engpässe ausgemerzt würden, was wohl nicht so schnell der Fall sein dürfte, werden entlang der People-Dimension im Unternehmen mit ziemlicher Sicherheit weitere Hindernisse mit Flaschenhals-Charakter auftauchen. Oder die scheinbar gelösten Probleme der Vergangenheit fangen wieder an zu knarzen. Und es wird Theoretiker und Praktiker geben, die diese Engpässe begrifflich und konzeptionell besetzen (und wahrscheinlich noch weitaus mehr, die Altbekanntes in der Mikrowelle aufwärmen). Sei es drum. Die Engpässe von morgen sind dann die Probleme von morgen und müssen heute nicht gelöst werden. Man denke an das englische Sprichwort: »Cross the bridge when we get to it.« Zumal die Herausforderungen von heute an vielen Stellen weiterhin ihrer Enträtselung harren. Warum in die Ferne schweifen? Sieh, das Gute liegt noch immer nicht nah!

Übrigens: Der Blick in eine weitere Zukunft des HRM hatte unlängst für einige Zeit Konjunktur. Recht prominent dabei ist die auf das Jahr 2015 blickende globale Querschnitts-Studie »Creating People Advantage« (Strack u.a. 2008). Aus ursprünglich 40 Themen wurden 17 destilliert und bei HR-Entscheidungsträgern abgefragt. Für Deutschland stellten sich »Managing Demographics« und »Managing Talents« als wichtigste Themen heraus; für Österreich dieselben Themen plus »Improving Performance Management and Rewards«, »Managing Work-Life-Balance« und »Becoming a Learning Organization«; für die Schweiz dieselben Themen plus »Improving Leadership Development«. Wahrscheinlich wird diese mittelfristige Prognose sogar weitgehend stimmen, denn nach einer Kostensenkungswelle mit dem Dekadenwechsel wird zur Mitte des kommenden Jahrzehnts vermutlich der nächste Wachstumszyklus – in Kombination mit verschärften Demografieeffekten und gesteigertem Entscheidungsdruck bei zunehmenden Ergebniserwartungen – seinen Tribut zollen. Die Flut aus weiteren HRM-Prognosen, gerade auch aus der Feder von Beratern, lehnt sich sprachlich teilweise an die Meteorologie an. So gab es neben einer HR-Perspektivstudie etwa einen HR-Klimaindex sowie von uns selbst in der vierten Auflage den HR Barometer (Claßen/Kern 2009). Genauso wie bei der Vorhersage des Wetters verhält es sich auch mit der Vorhersage von HRM-Themen. Für kurze Zeiträume ist die Trefferquote hoch. Bei einem weiteren Blick verwischen die Phasen unterschiedlichen Luftdrucks immer mehr. Immerhin ist ziemlich sicher, was denn solche Hochs und Tiefs für das HRM bedeuten: Das Wechselspiel zwischen Engpassbeseitigung durch Wachstumswünsche aus dem Business und Refokussierung durch dessen Kostendruck. Nicht überraschend wurden die Mutmaßungen über das HRM von morgen mit der gerade aktuellen Krise auf einen Schlag weniger. Statt der Zukunftsbilder hat mit einem Mal die Gegenwartsbewältigung wieder die Oberhand gewonnen; so ist das halt.

Eher inhaltsanalytischen Charakter besitzt unsere eigene Prognose (vgl. Claßen/ Kern 2007). Dazu wurden die HRM-relevanten Medien und Quellen globaler Provenienz durchforstet und 120 HRM-Themen mit Zukunftspotenzial (»HRM 2020«) herausgefiltert. Basierend auf anschließenden Expertendialogen konnten daraus zwölf Top-Themen mit Zukunftspotenzial identifiziert werden. Diese Themen bewegen sich entlang der Output-Dimension (Humankapital des Unternehmens) und der Input-Dimension (HR-Funktion des Unternehmens) jeweils mit ihrer Nutzen- und Kostenseite. Dabei bedienen diese Themen meistens beides, Nutzen und Kosten (immerhin überwiegt meistens einer der beiden Aspekte). Selbstverständlich ist der HR-Business-Partner eines dieser Zukunftsthemen. Aus der Sorge, irgendeine Entwicklung übersehen zu haben, ist diese HRM-2020-Analyse jedes Jahr seit 2007 erneut durchgeführt worden. Es hätte ja ein neues Thema auftauchen können, ist aber nicht. Allerdings haben wir inzwischen die Darstellung und teilweise den Themenfokus etwas verändert (vgl. Abb. 121).

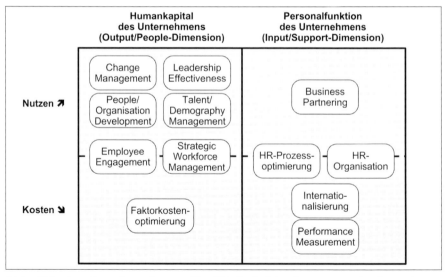

Abb. 121: Im Grunde geht es für HR lediglich darum, zwei Dimensionen besonders gut zu managen, das »Humankapital« und sich selbst

Selbst wenn ein nicht absehbares Ereignis oder eine kaum erwartbare Trendumkehrung eine neue, ganz andere HRM-Wirklichkeit kreieren könnten: Die HRM-Themen werden sich auch in Zukunft entlang der beiden Input- und Output-Dimensionen des Personalmanagements bewegen. Alles dreht sich um Kosten und Nutzen des Personalfaktors im Unternehmen (»People«-Dimension) bzw. der Personalfunktion im Unternehmen (»Support«-Dimension). Dabei mögen sich einzelne Positionen des Zwölfer-Kanons verschieben. Es wird zudem das übliche Auf und Ab von Themen korrespondierend zur wirtschaftlichen Situation geben. Ein gänzlich neues Tableau anderer Themen erscheint zumindest aus heutiger Sicht sehr unwahrscheinlich. Die zwischenzeitige Aufregung um das nebulöse HRM der Zukunft wird sich wieder legen. Das Morgen ist für den Personalbereich – in der Theorie – keinesfalls die große Unbekannte. Die Zukunft bleibt trotz aller Ungewissheit die Verlängerung der Gegenwart aus der Vergangenheit heraus: keine Strukturbrüche, keine Überraschungen, keine Neuentdeckungen. In der Praxis aber häufig schon: Der Zwölfer-Kanon umfasst teilweise völlig andere Themen als diejenigen, die von manchen Personalbereichen heute noch schwerpunktmäßig beackert werden.

Sofern man die vergangenen Jahre bis hin zur Gegenwart Revue passieren lässt, dazu noch Ausblicke für die Zukunft wagt, dann wird einem leicht ums Herz. Denn eigentlich liegt die kommende Zeit des HRM klar auf der Hand. Neue bahnbrechende Themen sind für den Personalbereich nicht absehbar. Wer als HR-Verantwortlicher das Programm der kommenden Jahre für sein Unternehmen schneidern möchte, kann sich dabei auf die ursprünglichen Ziele einer Unterstützungsfunktion, wie es der Personalbereich nun einmal ist, besinnen. Dies kann entlang von zwei Dimensionen erfolgen: Zum einen die Output-Dimension, der Nutzen und die Kosten der betrieblichen »Human«-Ressourcen, für die HR (mit-)verantwortlich ist. Zum zweiten die Input-Dimension, der Nutzen und die Kosten der eigenen Funktion und damit von sich selbst. Überraschende Brüche zum Treiben in der Vergangenheit wird es somit nicht geben. Falls, ja falls man bislang alle Entwicklungslinien nicht nur bemerkt und verstanden, sondern auch bejaht und verarbeitet hat. Wenn, erst wenn man seine transaktionale HR effizient und exzellent umgestaltet hat und für seine transformationale HR den Wertschöpfungs-Kick für das Business entdeckt hat. Beides ist schwer. Dann aber wird es einfach, zumindest im Grundsatz. Die allmorgendliche Frage am Schreibtisch (beim Hochfahren des Rechners) oder beim Workshop (bevor die ersten Teilnehmer eintrudeln) bleibt in jedem Fall unverzichtbar: Was kann heute – aus der People-Dimension heraus – denn Richtiges für das Unternehmen unternommen werden. Es sei denn, man stellt sich die Frage bereits am Abend zuvor und besitzt am Morgen bereits (s)eine Antwort.

Zum Vierten: HRM steigert seine Serviceorientierung noch weiter

Da viele HRM-Themen als konkrete Ausprägung einer »Support«-Funktion verstanden werden, ist immer wieder der Ruf nach einer noch stärkeren Dienstleistungsorientierung gerade auch des HR-Business-Partners zu vernehmen. Dieser müsse, als Service für das Business, zu dessen Diener werden, also im Sinne vom

Kunden als König. Ganz bestimmt nicht. Ein guter HR-Business-Partner bzw. (wie er immer wieder auch genannt wird) der »HR Manager« agieren auf Augenhöhe (»seat and voice at the table«) und nicht mit service-lächelndem Blick von unten nach oben. Ziemlich viele Business-Manager erwarten gerade dies vom Business-Partner und sind so etwas auch durch den vorauseilenden Gehorsam ihrer sonstigen Entourage oder die stets freundlichen Hinweise aus dem Navigationsgerät ihres Dienstfahrzeugs gewohnt. Der HR-Business-Partner muss jedoch auch »Nein!« sagen können (mit Ausrufezeichen), muss – wenn erforderlich – mit guten Argumenten gegenhalten, muss nicht für unsinnige Anfragen oder Aufträge aus dem Business parat stehen oder sich gar für dessen Bequemlichkeit und Problemdelegieren ausnützen lassen. Auch Grenzwertiges aus dem Bereich der Regeln, Normen und Werte (von Unternehmen im Besonderen und Menschheit im Allgemeinen) gehört keineswegs zu den Tabuthemen im Dialog. Eine derartige Entwicklungslinie des HRM wäre eine entschiedene Fehlentwicklung. Sicher kann ein HR-Business-Partner nicht alles immer und offen sagen; das richtige »Argueing«, »Timing« und »Pacing« gehören schon dazu. Mit dem Kommunikations-Einmaleins sollte sich der HR-Business-Partner auskennen (vgl. 5.2.1).

Eine besonders prägnantes Bild hierzu hat einer unserer Gesprächspartner, der Konzernvorstand HR eines Weltkonzerns, in den aktuellen Interviews geliefert: Viele Personaler agieren für ihn wie treue Hunde und das Business sei dann das »Herrchen«. Dieses werfe beim Spaziergang wieder und wieder den Stock in die Weite. Der Hund blicke auf diesen Stock, schieße dann los, rapportiere so schnell wie möglich und wedele dann zufrieden mit dem Schwanz. Bis der Stock erneut wegfliegt, wieder und wieder. Am Ende bekäme der erschöpfte Hund einen freundlichen Klaps oder sogar ein Leckerli. So ginge das Spiel jedesmal. Tagaus – tagein. Der Hund renne und renne, dorthin, wo das Herrchen möchte, hechele am Ende ermattet, sei aber dann doch nicht unzufrieden. Denn immerhin hätte das Herrchen ja mit ihm gespielt und er selber hat sich ordentlich bewegt.

»Der macht nix, bestimmt!«

Die beiden Verfasser sind eifrige Jogger und lassen sich von der Devise leiten, in einem gesunden Körper wohne ein gesunder Geist. Einer von ihnen leidet jedoch unter der Kynophobie, einer Angst vor Hunden, die bislang weder therapeutisch (z.B. www.hundeangst.de bzw. www.kynophobie.de) noch anderweitig angegangen wurde. Die Phobie ist auch nicht völlig grundlos, wurde er doch bereits regelmäßig angebellt, häufiger angefallen und mehrfach sogar gebissen. Autsch! Nun begegnen einem auf den städtischen Promenaden und selbst auf abgelegenen Schwarzwald-Wegen beim Joggen regelmäßig unangeleinte Hunde. Doch vermeintliche Entwarnung erfolgt sofort: »Der macht nix, bestimmt!«, durch einen gemütlich, im handlungsunfähigen Abstand hinterhertrottenden Hundebesitzer, mit der Leine locker in der linken Hand. Hier soll es jetzt aber

---

nicht um die möglicherweise aufflackernde Diskussion zwischen Hunde-
freund und Hundefeind gehen; dies wäre einer der modernen Klassiker
unterschiedlicher und unvereinbarer Weltanschauungen. Weit von der
neunten Stufe der Kynophobie-Therapie (»den Hund aus der Hand füt-
tern«) entfernt, entsteht in einer solchen Situation beim Hundefeind
Angst. Hunde, so hat man uns Kynophoben erzählt, würden diese Angst
riechen und umso mutiger und angriffslustiger werden.

Auch in so manchem Personalbereich kann man Mitarbeitern begegnen,
über die andere, meist aber nur hinter vorgehaltener Hand, flüstern: »Der
macht nix, bestimmt!« Diese Mitarbeiter können übrigens auch bellen
und beißen. Den, lieber Leser, an den Sie gerade denken, meinen wir übrigens nicht, da wir ihn gar nicht kennen; aber auch für ihn wird diese
Aussage sicherlich nicht aus der Luft gegriffen sein. Doch wer bekommt es
im geschilderten Fall mit der Angst zu tun? Etwa dieser »umbraticulus«
(lateinisch für Faulenzer), in Sorge davor, entdeckt und mal wieder aufge-
scheucht zu werden? Oder der Beschwerdeführer über die unerträgliche
Langsamkeit, Bequemlichkeit, Antriebslosigkeit des Faulenzers, aus seiner Erfahrung heraus, dass Schimpfen gar nichts bringt und allenfalls die
ohnehin dürftigen Ergebnisse noch mehr darunter leiden? Meistens kläfft
nämlich der tatsächlich oder vermeintlich Angefeindete, denn Angriff ist
die beste Verteidigung, lehrt die langjährige Erfahrung in vielen Personalbereichen. Bellen und sogar gelegentliches Beißen schadet dann auch
nicht. Vielleicht sind deswegen manche Personalbereiche auf den Hund
gekommen.

Aber was wäre dieses Buch ohne einen Tipp zum Handeln, diesmal aus der
Zeitschrift »Ein Herz für Tiere«: Hunde reagieren anscheinend besonders
gut auf Begriffe, die ein »i« enthalten wie »prima« oder »fein« – ganz im
Gegensatz etwa zu »lauf« oder »holen«. Dieses Motivations-Einmaleins
kennt man doch irgendwoher.

Zum Fünften: HRM wird scheibchenweise besser

Am wahrscheinlichsten erscheint uns diese fünfte und letzte Entwicklungslinie:
Inkrementelle Verbesserungen in der Wertschöpfungs-Dimension des HRM:
Durch besseren Input – also immer leistungsfähigere HR-Business-Partner –
und besseren Output – also deren Ergebnisperformanz. Auch dieser Bereich ist
ein Markt, bei dem sich rasch die Spreu vom Weizen unterscheidet und unterschiedlich bepreist. Der Auswahlprozess hat längst begonnen, bei der internen
Besetzung, bei der externen Rekrutierung und – unabhängig vom »Sourcing«
des HR-Business-Partners – bei dessen Aufnahme durch das Business bis hin zur
Absorption. Die inkrementellen Verbesserungen basieren neben den konkreten
Inhalten immer auch auf der grundsätzlichen Haltung. Nicht alles Mögliche ist
auch richtig. Vor jeder konkreten Aktivität müssen daher fünf Filter angelegt
werden (vgl. Abb. 122).

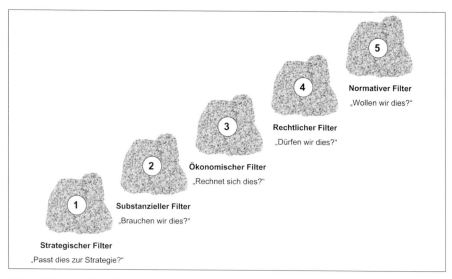

Abb. 122: Fünf Prüfsteine für den HR-Business-Partner

Strategischer Filter (»passt dies in unsere Strategie?«): Einigkeit herrscht bei der Überzeugung, dass wesentliche Eckpunkte aus der Unternehmensstrategie in die HR-Strategie und damit auch in das Treiben des HR-Business-Partners übersetzt werden müssen. HR-Aktivitäten müssen im Korridor der Unternehmensstrategie liegen. Diese Übersetzungsarbeit ist – wegen der Unschärfen vieler Unternehmensstrategien – nicht gerade einfach. Zudem wird der HR-Business-Partner ab und an ganz bewusst über die aktuelle Unternehmensstrategie hinaus denken. Schließlich mag es Konstellationen geben, etwa in einer Krise, wenn die wachstumsorientierte Unternehmensstrategie noch offiziell steht aber längst von den kosteninduzierten Managemententscheidungen abgelöst wurde, in denen eine Unternehmensstrategie nur noch bedingt als Richtschnur dienen kann. Dennoch dient die Unternehmensstrategie als erster Prüfstein für die Aktivitäten einer Support-Funktion wie HR.

Substanzieller Filter (»brauchen wir das Ganze überhaupt?«): Jede HRM-Idee muss – auch unter der Oberfläche einer Unternehmensstrategie – ernstlich auf ihre Sinnhaftigkeit für das eigene Unternehmen überprüft werden. Es geschieht viel Unnötiges, nur weil es gerade en vogue ist, als opportun erscheint oder von »den Besten« auch so gemacht wird. Hinter allen, vom Grundsatz her richtigen »state-of-the-art«-Konzepten wie etwa »Talent Management«, »Workforce Readiness«, »Performance Management«, »Leadership Effectiveness« und »Change Management« steckt immer auch die Gefahr zur Übersteuerung, zur Überdrehung, zur Überfrachtung. Nicht jedes Unternehmen braucht immer alles, auf dem letzten Stand der Technik und in der ganzen Fülle des Möglichen. Auch wenn es für den HR-Business-Partner, gerade in scheinbar günstigen »windows of opportunity«, immer die Versuchung zu einem Mehr gibt, sollte er sich eher von der Devise des Weniger leiten lassen. Dies wäre dann keine Bescheidenheit, dies ist vielmehr Mäßigung. Die klassische Frage an sich selbst lautet: Würde ich dies auch dann machen, wenn es meine Firma wäre?

Ökonomischer Filter (»rechnet sich das Ganze überhaupt?«): Sieht man einmal von Shared-Service-Centern oder einigen wenigen weiteren HRM-Themen ab (meist im transaktionalen Bereich), kann der Business Case für viele HRM-Initiativen sehr schnell zu einem Damoklesschwert werden. Daher sollte der HR-Business-Partner zur Rechenschaft seiner transformationalen Aktivitäten das Bestmögliche an quantitativen und qualitativen Argumenten anführen, was es gibt, und falls dies zur Argumentation nicht ausreicht, von seinen Überlegungen auch wieder ablassen. Wenn sein Ziel die Wertschöpfung ist, dann muss er begründen, worin diese besteht und welche Kosten bzw. Investitionen dadurch gerechtfertigt werden können.

Rechtlicher Filter (»dürfen wir das Ganze überhaupt?«): Im Doppelpass zwischen Personalressort und Betriebsrat nach Zuspiel durch den Datenschutz oder andere »single issue«-Bedenkenträger und mit dem Vollstrecker Arbeitsgericht können in Deutschland ziemlich viele HRM-Innovationen gestoppt werden. Stopp: Wenn man es wirklich will und überzeugende Argumente besitzt ist für den HR-Business-Partner viel mehr erlaubt und rechtlich möglich, als landläufig angenommen wird. Es geht nicht darum, Fünfe gerade sein zu lassen und definierte Normen bis weit über die legalen Limits hinaus auszureizen. Die Grenzen der Gesetze beruhen aber oft nur auf den Grenzen des (Be)Denkens.

Normativer Filter (»passt dies zu unseren Werten?«): Nun kommt er also doch noch, der moralisch-ethische Gegencheck. In jedem Fall! Zwar lesen sich die meisten Unternehmenswerte wie die ebenfalls unverbindliche UN-Menschenrechtscharta (und helfen daher nicht). In Zeiten einer Krise scheinen die ganzen »Company Value«-, »Corporate Social Responsibility«- sowie »Employee Value Proposition«-Konzepte aus den Schönwetterzeiten ohnehin in einen abgelegenen Abstellraum verbannt und der Bezug auf sie verpönt; falls sich überhaupt noch jemand traut darauf zu verweisen. Die Frage nach der von allen ökonomischen Zwängen losgelösten menschlichen Anständigkeit muss trotz Wertschöpfungs-Orientierung vom HR-Business-Partner stets gestellt werden (an sich und an andere). Die Antworten hierauf dürfen nicht untergehen. Auch das ist seine Rolle; nicht nur aber auch wegen der eigenen »Psycho-Hygiene« und dem Blick in den Spiegel.

Die schrittweise Verbesserung kommt nicht nur durch das Erkennen von wertschöpfenden Themen und das Einhalten von gegenwärtigen Leitplanken. Ganz entscheidend für den Wertbeitrag aus der People-Dimension ist auch die Exzellenz der HR-Business-Partner. Mit Mittelmäßigkeit sollte man sich nicht begnügen. Jeder Kompromiss bei der initialen Selektion und jede Askese bei der permanenten Qualifikation führt zu verschenkten Möglichkeiten in der Wertschöpfung für das Business. Für die Bearbeitung der People-Dimension braucht es erstklassige »People People« (vgl. 5.2).

Ein bisschen von Sisyphus ist natürlich auch dabei. An jedem Morgen, bei jedem ad hoc geäußerten Bedarf aus dem Business und bei jedem künftig absehbaren HRM-Thema des Managements gilt es für den HR-Business-Partner wieder und wieder sich zu bewähren. Lorbeeren verwelken dann doch irgendwann, meistens schneller als man denkt. Eine wesentliche Devise gegen dieses Eintrocknen ist – natürlich neben exzellenter »Delivery« – die Verbesserung der Klientenbeziehung (Kenton/Yarnall 2005). Hierfür kann der HR-Business-Partner genügend Anschauungsmaterial aus anderen Professionen ziehen. Er ist dann zwar immer noch nicht gegen das in regelmäßigen Abständen aufflackernde Schimpfen und Lästern über »unsere Personaler« gefeit. Viele Manager aus dem Business brauchen offenbar diese Reibungsfläche, um ihren eigenen Alltag bewältigen zu können, der eine mehr und die andere weniger. Allerdings sollte sich der HR-Business-Partner – ohne die selbstkritische Reflexionsfähigkeit dabei zu verlieren – gegen diese Überheblichkeit aus dem Business immunisieren. Impfungen gibt es dagegen aber noch nicht; denn sie hätten allzu große Nebenwirkungen.

Jeder Tag wird – so anspruchsvoll dies auch sein mag – zu einer Bewährungsprobe für den HR-Business-Partner. Das sind ja auch die besten Ratschläge aus anderen Lebensbereichen: Für eine gute Partnerschaft, für dies und gegen jenes. Carpe diem! Diese Lebensregel (vgl. Abb. 123) wird in durchaus unterschiedlicher Weise verstanden. Als »Genieße den Augenblick!« aber auch als »Nutze den Tag!«. Wenn Sie, lieber Leser, uns vom Beginn dieses Buches bis zum Ende gefolgt sind, dann wissen Sie sicherlich, welcher der beiden Bedeutungen wir beim Blick auf den HR-Business-Partner zuneigen. Dies soll aber nicht heißen, dass es in einem anderen Moment und in einem anderen Leben nicht auch eine andere Interpretation geben kann.

Abb. 123: Jeder Tag wird – so anspruchsvoll dies auch sein mag – zu einer Bewährungsprobe für den HR-Business-Partner

8 Experteneinschätzungen rund um den HR-Business-Partner

8.1 Interview-Runden 2005 und 2009

Erste Runde 2005

Bereits in 2005 haben wir eine explorative Studie rund um den HR-Business-Partner durchgeführt, die dann ein Jahr später veröffentlicht wurde (Claßen/Kern 2006). Insgesamt konnten wir 18 Unternehmen für eine Teilnahme gewinnen: ABB, Airbus, Altana, BMW, BP, Commerzbank, CreditSuisse, Deutsche Bank, EON, Ford, GlaxoSmithKline, Heraeus, ING-DiBa, Lufthansa, Microsoft, SAP, Syngenta und Vodafone. Dies bedeutete eine Response-Quote von vierzig Prozent. In diesen Unternehmen kontaktierten wir den obersten HR-Verantwortlichen. Unsere Intention war ein persönlicher Termin für ein ausgiebiges Interview. Wir waren der Überzeugung – und sind dies nach Abschluss der Gespräche umso mehr gewesen –, dass ein unscharfes Thema wie das des HR-Business-Partners nicht durch eine standardisierte schriftliche Erhebung vertieft werden kann. Mit einem Fragebogen kratzt man allenfalls an der Oberfläche eines schwer zu greifenden Konzeptes. Das persönliche Gespräch, der individuelle Dialog, die unmittelbare Diskussion bieten wesentlich stärker die Chance, zum Kern des Themas und den grundsätzlichen Sichtweisen vorzustoßen.

Gesprächspartner waren entweder der »oberste Personaler« (Personalverstand, Arbeitsdirektor, Personalleiter, Global Head HR) oder ein seniorer HR-Business-Partner. Sämtliche Befragten konnten auf eine längere Erfahrung mit ihrem Unternehmen zurückblicken. Dies war wichtig, um die Qualität der Ergebnisse sicherzustellen. Als Grundlage der persönlichen Interviews diente ein Gesprächsleitfaden. Diese Fragen dienten im Interview aber lediglich als Orientierungshilfe. Kein Gespräch glich dem anderen, bei jedem Interview wurden bestimmte Gesichtspunkte vertieft und nachgefasst sowie die in der konkreten Situation nachrangigen Aspekte ausgeblendet. Mittels eines Diktiergerätes wurden die jeweils ein- bis anderthalbstündigen Gespräche komplett aufgezeichnet und im Anschluss transkribiert, ein mühevolles Unterfangen in Folge der Vielfalt und Dichte an Informationen. In einem weiteren Schritt folgte die qualitative Inhaltsanalyse der Gespräche.

Zur Sicherstellung einer offenen Gesprächsatmosphäre hatten wir unseren damaligen Gesprächspartnern Vertraulichkeit zugesagt, weshalb wir konkrete Statements lediglich anonymisiert wiedergaben. Durch die Lebendigkeit und Aufrichtigkeit in den Aussagen der meisten Befragten wurden in dieser ersten explorativen Studie zahlreiche wörtliche Zitate eingeflochten, die in markanter Weise Sichtweisen zum Business-Partner illustrierten. Viele dieser Aussagen finden sich auch in diesem Buch wieder, da sie nach wie vor nichts an ihrer Relevanz verloren haben.

Zweite Runde 2009

Was wäre ein Buch über den HR-Business-Partner ohne die Einschätzungen von gestandenen HR-Verantwortlichen, die in ihrem Unternehmen inzwischen über noch mehr Jahre konkrete Erfahrungen sammeln konnten. Dazu haben wir eine sehr kleine Gruppe von HR-Verantwortlichen in führenden Unternehmen angesprochen. Die Resonanz war mit einer Response-Quote von über 80 Prozent überaus erfreulich.

Ihnen legten wir diesmal acht identische Fragen zum HR-Business-Partner vor, die entweder im persönlichen Gespräch, telefonischen Interview oder durch E-Mail-Korrespondenz beantwortet wurden. Die Antworten sind diesmal nicht anonym und werden in diesem Kapitel vollständig wiedergegeben; dies erfolgt unkommentiert und unzensiert. Damit können Sie sich, lieber Leser, ein eigenes Bild davon machen, wie Sie das Konzept des HR-Business-Partners für Ihr Unternehmen entwickeln oder aber – falls dieser Schritt bereits abgehakt sein sollte – wie Sie seine Rolle im Sinne der vielbeschworenen Wertschöpfung aus der People-Dimension konkret ausgestalten. Ein Interview wurde bereits 2008 durchgeführt, die anderen im Jahresverlauf 2009.

8.2   Management Summary der Ergebnisse

Exzellente HR-Business-Partner sind noch eher selten

Unsere erste Frage fokussierte auf die »Charakterisierung des idealen HR BP«. Dieser arbeite – so die oft geäußerte Sicht – »bei den People-Themen auf Augenhöhe mit dem Management«. Zudem sei er inhaltlich ein »Generalist für die Wertschöpfung aus HR«, der auf »der vollen Klaviatur« spielen könne, und »definitiv kein Spezialist für einzelne Themenbereiche«. Dazu müsse er von transaktionalen/administrativen Aufgabenstellungen »weitgehend entbunden werden, was insbesondere natürlich ein exzellentes und effizientes HR SSC« voraussetze. Hinsichtlich der sogenannten Schlüsselkompetenzen müsse er – dies auch die einhellige Meinung – »fast schon magische Kräfte besitzen« und viele der auch von Top-Managern gefragten Kapabilitäten aufweisen. Natürlich, »da spreche man bei einem HR BP schon fast nicht mehr darüber«, sei die »Nähe zum Business und die Kenntnis vom Business eine condition qua non«. Dann würde er auch frühzeitig in die strategischen Fragestellungen eingebunden und könne bei deren Lösung aus der People-Dimension heraus mitwirken. Am besten »erkennt er sogar vorausschauend den entsprechenden Unterstützungsbedarf«. Übrigens: In den besonders mitbestimmten Unternehmen besitzt er auch eine erfolgskritische Rolle im Rahmen des Labour Relationship Management, etwas, an das Ulrich ursprünglich mit Sicherheit nicht gedacht hat.

Die zweite Frage ging dann »back to reality« und erkundete bei den HR-Verantwortlichen, ob es diesen idealen HR BP denn in ihrem Unternehmen überhaupt schon gäbe. Die Antworten waren so etwas wie das Märchen vom Froschkönig, bei dem aus einem Frosch der Prinzensohn wurde: »Kompetenzen sind grundsätzlich vorhanden, aber sie müssen noch geweckt werden.« Und überhaupt: »Ideale Verhältnisse wird es dauerhaft nicht geben«, denn »die Nähe zu diesem Idealbild schwankt von Fall zu Fall in Abhängigkeit von den Skills des HR BP, der Erfahrung wie den Erwartungen des Kunden, sowie den jeweiligen Anforderungen aus den gerade anstehenden Themen«. Damit wird es doppelt schwierig: sowohl eine »differing foundation« als auch ein »moving target«. Als besonders störend auf dem Weg zum idealen HR BP wird die vielerorts noch dauerhafte »Belastung mit Admin-Prozessen« empfunden. Dies deckt sich mit den Ergebnissen des HR Barometers. Mit 65 Prozent sind die »zu vielen operativen Aufgaben« der Hauptgrund für Umsetzungsschwierigkeiten des HR-BP-Konzepts.

Natürlich können vorhandene individuelle Grundlagen durch Personalentwicklung erkannt, verstärkt und verbessert werden. Darauf zielte die dritte Frage: »Sind Ihre HR BP Naturtalente oder haben sie eine systematische Auswahl und Ausbildung?« Von null auf hundert scheint kaum möglich zu sein, denn sämtliche Antworten adressieren den gezielten Entwicklungsaspekt (»Trainings«, »individuelle Vorbereitung«, »Förderung on-the-job«, »Mentoring/Coaching/Supervising«), selbst wenn es »natürlich eine passende persönliche DNA« bzw. »grundsätzliche Charakterzüge und Talent« brauche. Bereits die Identifikation und Selektion wird aber oft zum entscheidenden Hebel bei der Umsetzung eines HR-Business-Partner-Konzepts. Spezialisierte Angebote der Management-Diagnostik zum »HR Business Partner Screening« sind aber im Markt bislang noch rar; die diesbezüglichen internen Audits weisen zumeist einen Alibi-Charakter auf. »Vom Personalreferent zum HR-Business-Partner ist ein weiter, oft ein zu weiter Weg«, resümierte ein Personalvorstand. Dies bestätigte unsere Ergebnisse aus der 2006er-Studie, nach der allenfalls ein Drittel der für die Rolle vorgesehenen Akteure in dieser dann wirklich erfolgreich sind. In so manchem Unternehmen findet deshalb zwei bis drei Jahre nach Initiierung des Konzepts die erste große Rochade statt.

Im Blick des HR-Business-Partners: Wertschöpfung

Neben den Typen sind natürlich auch die Themen der neuen Rolle von Interesse. Wir stellten unseren Gesprächspartnern eine vierte Frage: »Welche Aufgabenstellungen lösen denn die HR BP typischerweise in Ihrem Unternehmen und welche HR-Themen erledigen sie mit Sicherheit nicht?« Die inhaltliche Bandbreite der Antworten ist groß. HR-Business-Partner-Themen kreisen freilich alle um die eine zentrale Zielsetzung: Wertschöpfung für das Unternehmen. Da geht es bei einem Unternehmen »um die Beratung des Business und der Führungskräfte bei People-Themen sowie als aktiver Begleiter bei Veränderungsprozessen«. In einem zweiten stehen »die Personalplanung, die Betreuung und Entwicklung von Schlüsselkräften im Vordergrund« sowie spezifische »Mehrwertthemen«, so etwa Maßnahmen zur Mitarbeiterbindung. In einem dritten fokussiert der HR-Business-Partner auf »alle mit dem Thema Personalfaktorkosten zusammenhängenden Aufgabenstellungen, wie Tarifverhandlungen und das gesamte Sozialpartnermanagement«, denn da liege der größte Hebel. Einer der Gesprächspartner fasste dies prägnant zusammen: »HR-Business-Partner halten den Fachbereichen hinsichtlich der HR-Themen den Rücken frei und weisen bereits im Vorfeld von Entscheidungen auf HR-relevante Aspekte hin.« Vereinzelt wurde der HR-Business-Partner als »Account Manager« charakterisiert, der HR-Produkte ins Business hineinverkauft und umgekehrt dessen Bedürfnisse in die HR-Funktion zur Leistungsverbesserung zurückspielt. Eine derartig verkürzte Vertriebsrolle ist allerdings unseres Erachtens kritisch zu werten, steht sie doch dem Verständnis vom Wertschöpfungs-Partner entgegen. Als Nicht-Themen des HR-Business-Partner werden meist die Personaladministration bis hin zum SSC/HR IT, Spezialthemen wie etwa Arbeitsrecht, Altersvorsorge, Auslandsentsendung und weitere Sondergebiete genannt.

Wir wollten es genauer wissen und fragten nach den Erfolgs-Stories: »Beschreiben Sie eine Situation, nach der das Business zu seinem Partner aus HR gesagt hat: ›Wow – das war wirklich gut!‹« Interessanterweise erhielten wir aus einer Handvoll der Unternehmen eine Antwort im Sinne von »nicht geschimpft ist auch gelobt« oder aber »bei uns gibt es für eine Querschnittsfunktion wie Personal keine Wow-Kultur«. Falls dann aber doch, erntet der HR-Business-Partner eine besondere Wertschätzung, wenn bei einem konkreten Anlass seine Leistungen die Erwartungen des Business an seine Personaler (über)treffen (so ist dies halt im Berufsleben): Aufbau eines neuartigen Unternehmensbereichs, Eingemeindung eines erworbenen Tochterunternehmens, Betreuung einer politischen Organisationsentwicklung, Verbesserung einer altbackenen Personalentwicklung, Besetzung einer überfälligen Schlüsselposition oder Abschluss eines günstigen Tarifvertrags.

Doch längst ist noch nicht alles Gold was glänzt. Konsequenterweise fragten wir: »Gibt es denn etwas in Ihrem Unternehmen, das rund um den HR- Business-Partner noch besser werden könnte?« Auch dazu gab es von unseren Gesprächspartnern ziemlich viel zu nennen. Die beiden Überschriften in den Antworten lauteten: »Mehr strategische Wertschöpfung« und »weniger administrative Basisarbeit«. Einer der HR-Vorstände fasste dies zusammen: »Beratung statt Schreibtisch!« Auch die Friktionen innerhalb der eigenen Funktion, also zwischen HR-Business-Partner und CoE/SSC wurden immer wieder bemängelt. Schließlich hapere es sowohl bei den Resultaten (»Darbietung«) als auch bei der Kommunikation (»Darstellung«) des HR-Business-Partners. Es gibt also noch viel zu tun, selbst in den von uns befragten fortschrittlichen Unternehmen, war das einhellige Fazit: Man sei hinsichtlich des HR BP noch lange nicht da, wo man eigentlich stehen möchte. Aber als erfolgskritische Rolle – für das Unternehmen und für die Personal-Funktion – wird der HR BP nicht mehr in Frage gestellt.

Kein Paradigmenwechsel in Sicht

Da wir bislang weder aus unserer Beratungspraxis heraus noch in der Literatur die nächste Welle im HRM finden konnten, dachten wir, es könne nicht schaden, dazu auch die HR-Verantwortlichen aus führenden Unternehmen zu fragen. Hätte ja sein können, hier die zündende Idee für Fortschritt aus dem Personalbereich zu finden – war aber ebenfalls nicht. »Was kommt für Sie denn ›nach dem HR-Business-Partner‹, sagen wir mal so ab 2015/2020, oder bleibt dies eine Aufgabe auf Sicht?« Die meisten Antworten bewegen sich im Tenor sehr nahe am folgenden beispielhaften Zitat: »Die prinzipielle Bedeutung des HR-Business-Partners wird sicherlich auch in fünf oder zehn Jahren ihre Gültigkeit haben.« Mancher HR-Vorstand vertrat sogar die Auffassung, dass es eine Zeit nach dem HR-Business-Partner aus der heutigen Perspektive heraus gar nicht geben werde. Zumal die »bloße Etablierung des HR-Business-Partner-Konzepts in allen Bereichen noch viele Jahre dauern wird«. Es wird allenfalls – dies auch eher vereinzelt – eine Themenverschiebung vermutet, etwa hin zum »Kultivator« im Sinne des Veränderers der Unternehmenskultur. Die Personalverantwortlichen treibt eher eine andere Sorge um als die, dass der HR-Business-Partner in absehbarer Zeit einmal obsolet werden könnte: Dass er organisatorisch vom Business aufgesogen werde und damit dem eigenen Ressort entfleuche oder dass »bessere Manager von morgen« sich in der People-Dimension weitgehend auf eigenen Beinen bewegen könnten.

Wir haben schließlich – quasi zur Abrundung – unseren Gesprächspartners eine achte Frage gestellt: »Was würde in Ihrem Unternehmen passieren, wenn man dem Business seinen HR-Business-Partner wegnehmen würde?« Fast alle HR-Vorstände sind sich einig, dass es grundsätzlich auch ohne HR-Business-Partner funktionieren könnte – die People-Dimension würde jedoch deutlich leiden: Es gäbe eine »Situation, in der die Führungskräfte und Mitarbeiter, nach einer kurzen Phase des Strauchelns, überlebensfähig wären«, jedoch nicht ohne »Schaden für die Unternehmens- und Führungskultur«. Ein anderer HR-Gesamtverantwortlicher meinte: »Es würde funktionieren – wenn auch sub-optimal, ›hemdsärmeliger‹ und mit viel weniger Expertise.« Zudem würde der Druck auf das Business und seine Führungskräfte weiter zunehmen. Daher wäre mit den erwartbaren Ausweichreaktionen zu rechnen: Wichtige Dinge – im Bereich der Führungsverantwortung (oder auch bei anderen zentralen Aufgabenstellungen) – nicht mehr zu bedienen. Oder aber »eine Ausweichbewegung zu externen Anbietern dieser Dienstleistungen«, denn dem Business bliebe nichts anderes übrig »als sich selbst mit HR-Sachverstand auszustatten«.

Als wichtigstes Fazit aus den Antworten lässt sich festhalten: Die Aussagen der HR-Professionals stehen immer wieder im Widerspruch untereinander und zur einen oder anderen Sichtweise von uns. Damit wird deutlich, dass die Umsetzung des HR-Business-Partner-Konzepts – eigentlich ist es kaum mehr als eine inspirierende Grundidee – immer eine starke unternehmensindividuelle Komponente enthält. Den einzigen Königsweg gibt es nicht. Denn die Umsetzung muss sich immer an den Ergebnissen – der Wertschöpfung aus der »People«-Dimension für das Business – messen lassen. Diese Resultate sind in ganz entscheidender Weise von den handelnden Akteuren abhängig, ihrem Gespür für die Notwendigkeiten aus der People-Dimension und der Unterstützung aus dem Business-Management; nicht aber von einem glänzenden Konzept auf schönen PowerPoints.

Anhang 1: Statements zum HR-Business-Partner im Detail

Übersicht:

Unternehmen	Name	Funktion
ABB	Gary Steel	Konzernvorstand/Head HR
BASF	Hartmut Lang	Leiter HR Strategy
Brose	Esther Loidl	Leiterin Personal
CISCO	Guido Wallraff	Director HR
Credit Suisse	Christian Machate	Head HR
Deutsche Bank	Hilger Pothmann	Personalleiter Region Nord
DP DHL	Walter Scheurle	Konzernvorstand/Arbeitsdirektor
EON	Frank Aigner	Mitglied der Geschäftsführung/Leiter Personal
Hilti	Philip Janssen	Bereichsleiter HR
IBM	Christoph Grandpierre	Geschäftsführer Personal/Arbeitsdirektor
ING-DiBa	Matthias Robke	Leiter Personal
LBBW	Peter Uehlin	Leiter Personal
Lufthansa	Dr. Martin Schmitt	Leiter Personalpolitik
Microsoft	Brigitte Hirl-Höfer	Mitglied der Geschäftsführung/Director HR
Novartis	Jürgen Brokatzky-Geiger	Head HR
SAP	Stefan Ries	Global Head of CoEs
Shell	Henning Patzke	HR Manager Mergers & Acquisitions
Sick	Rudolf Kast	Head HR
Syngenta	Dr. Walter Ritter	Head Global HR Services
Unilever	Dr. Angelika Dammann	Vice President HR/Arbeitsdirektorin
Vodafone	Thomas Neumann	Mitglied der Geschäftsführung/Director HR

Interview Gary Steel (ABB) – nicht übersetzt

1) Charakterisieren Sie doch mal bitte den idealen HR-Business-Partner?

With »One simple ABB« we have created a twofold HR structure – with equal weights and equal status: 1. HR centers covering all transactional processes plus processes like recruiting, talent management, learning & development and reward & remuneration. 2. HR Business Partners. A management career within HR builds on both tracks. I want HR Business Partners to have a history in the HR centers along their career path, and I don't want them to look down on our HR admin staff. I would also like to raise self confidence of the HR function. This is only possible in a one tier system, not a two class system. As such, the experience of HR Business Partners would include the capabilities required in an HR center (and vice versa). They would also be knowledgeable in HR transactional processes. In terms of personality, HR Business Partners should be strong characters, very centered in themselves, and with a high level of integrity. They should still be curious – I would even say investigative. Since HR Business Partners support the business, they have to demonstrate a keen interest in how the business works to establish creditability. However, HR Business Partners also need to be able to stand up to for our HR principles and say »no« whenever necessary.

2) Gibt es den bereits in ihrem Unternehmen? Und wie oft?

Yes. We have a comprehensive competency framework and a clear career structure in place. HR Business Partners are graded according to their level: Starting with the business partner, followed by a senior HR Business Partner, and then the team leader. All of them are part of our HR organization with a strong solid line and a performance management executed by HR – not the business. I wouldn't want to see HR as merely implementing business wishes. We have an ABB people strategy defining the guiding principles.

3) Sind dies Naturtalente oder haben sie eine systematische Auswahl und Ausbildung?

Our philosophy is to realign our own people and not to recruit HR Business Partners externally. Many of the characteristics are not the natural attributes, a person is born with. However, it may be difficult to make a weak character strong. Some core aspects come with birth or shortly after.

4) Welche Aufgabenstellungen lösen denn die HR-Business-Partner typischerweise in Ihrem Unternehmen? Und welche HR-Themen erledigen sie mit Sicherheit nicht?

Let me give you an example of what they do: In a major restructuring the HR Business Partner is offering advice on the major HR implications. The HR Business Partner represents the HR function and not the business. Two possible action points: communication strategy and resourcing planning. In our annual cycles HR Business Partners address the people requirements (i.e. competencies, ethnics/gender, pay and market value) plus all our talent management activities. But there are also clear no-go areas: 1. Not all tasks requested by managers, e.g.

conducting the performance management (say »no«). 2. Not being the bearer of bad news, not doing the »dirty work« of a manager. The HR Business Partners are not just there to make the line manager happy per se.

5) Beschreiben Sie eine Situation, nach der das Business zu seinem Partner aus HR gesagt hat: »Wow – das war wirklich gut!«

Example 1: In our automation business a young HR Business Partner (new in her role) delivered in such a way that the responsible line manager told me about her high level of contribution. She has changed his perception of the role and potential contribution of HR. Plus: our corporate talent management processes are implemented now in this business line – by conviction. Example 2: In one of our corporate functions the responsible HR Business Partner has professionalized all our people processes. This resulted in the same degree of satisfaction by the business as in the first example.

6) Gibt es denn etwas in Ihrem Unternehmen, das rund um den HR-Business-Partner noch besser werden könnte?

Yes, the role of the global competency framework. We continue to see old behavior patterns in some of our HR Business Partners. They focus too much on what the business wants instead of what it needs. Some of our traditional »HR managers« have not adapted to the new »HR business partner« role. We have to educate people even more in how to fulfill the role, and be more persuasive.

7) Was kommt für Sie denn »nach dem HR-Business-Partner«, sagen wir mal so ab 2015/2020, oder bleibt dies eine Aufgabe auf Sicht?

It always will be – perhaps with a different labeling over time. HR business partnering will be more naturally accepted, and people issues will become more important. I would say we will have a much higher degree of pervasiveness. For that it is crucial to select the right HR Business Partners. In addition, I very much anticipate a change process in terms of how HR people view themselves and the business. It needs both, a higher self-esteem and a better line orientation (to understand products, numbers, and Dollars). Then we can take HRM to new levels of success.

8) Was würde in Ihrem Unternehmen passieren, wenn man dem Business seinen HR-Business-Partner wegnehmen würde?

It would run – but sub-optimally from a people perspective. From a corporate perspective we would lose the ability to move talents around in the company. We would be fragmented again into re-established silos. In addition, the business would spend more money than today on people development, pay/incentives, and other things. Nobody would care about possible synergies and scaling effects. Finally, HR Business Partners take less superficial and more sustainable decisions. Although I strongly believe that line managers fundamentally intent to develop their teams, a good HR Business Partner helps to leverage and streamline this desire.

Interview Hartmut Lang (BASF)

1) Charakterisieren Sie doch mal bitte den idealen HR-Business-Partner?

Das Ideal ist, dass es keinen idealen HR-Business-Partner gibt, denn die konkreten Anforderungen an den HR-Business-Partner leiten sich aus den Anforderungen des Geschäfts ab und die sind z.B. für ein Start-up-Unternehmen in der Biotechnologie völlig anders als für einen mittelständischen Automobilzulieferer oder ein Commodity-Geschäft eines globalen Chemiekonzerns. Entsprechend unterschiedlich sind die konkreten Kompetenzen, die Erfahrungen und Konzepte, die ein Business-Partner mitbringen sollte. Wenn man vom konkreten Fall abstrahiert, lassen sich natürlich Anforderungen formulieren, die jeder Business-Partner erfüllen sollte. Dazu zählen für diese Funktion an der Nahtstelle zwischen Business und HRM vor allem gute Kenntnisse sowohl der zentralen Geschäfts- als auch der HR-Prozesse, verbunden mit der Fähigkeit, zwischen beiden Welten zu übersetzen. Ein weiterer Punkt sollte für alle HR-Business-Partner zutreffen: Ihr Beitrag ist gefragt und sie sind eingebunden, wenn im Business Grundlegendes ansteht. Wer an den strategischen Entscheidungsprozessen seines Geschäfts nicht beteiligt ist, ist kein strategischer Business-Partner. Wer nur im Nachgang über Entscheidungen informiert wird, kann die Personalarbeit nicht vorausschauend gestalten.

2) Gibt es den bereits in ihrem Unternehmen? Und wie oft?

Kein Unternehmen sollte es dem Zufall überlassen, ob die HR-Business-Partner eine aktive Rolle spielen. Dafür ist das Management der Ressource Personal – der Umgang mit Menschen im Unternehmen – zu wichtig für den Unternehmenserfolg. Die strategische Rolle von HR ist deshalb bei BASF auch strukturell verankert. Erstens berichten die HR-Business-Partner direkt an den Leiter des Geschäfts und nehmen an den Management-Meetings teil. Zweitens ist HR integrierter Bestandteil des strategischen Planungsprozesses und aller größeren Projekte wie z.B. Akquisitionen, Devestitionen oder Restrukturierungen. Und drittens werden die Business-Partner durch die zentrale Personalfunktion in ihren strategischen Aufgaben unterstützt. Damit wird die Lieferfähigkeit des HR-Managements gegenüber dem Business insgesamt sichergestellt.

3) Sind dies Naturtalente oder haben sie eine systematische Auswahl und Ausbildung?

Niemand wird als Personaler geboren, schon gar nicht als strategischer Business-Partner. Insofern sind Auswahl und kontinuierliche Personalentwicklung natürlich zentral. Systematische Personalarbeit hilft auch Personalern. Bei BASF wird insbesondere Wert darauf gelegt, dass ein personeller Austausch zwischen den unterschiedlichen HR-Rollen erfolgt und ein Business-Partner z.B. auch einmal in der zentralen Personalfunktion gearbeitet hat und umgekehrt. Das fördert das gegenseitige Verständnis in der HR Community, vor allem beim immer wieder notwendigen Ausgleich der Einzelinteressen der Geschäftseinheiten und dem Gesamtinteresse des Unternehmens. Daneben gibt es aber auch Qualifizierungsmaßnahmen für Business-Partner als Teil unserer HR Academy. Hier werden zum Beispiel Seminare zu HR als integriertem Teil des Strategieprozesses der Geschäftseinheiten angeboten.

4) Welche Aufgabenstellungen lösen denn die HR-Business-Partner typischerweise in Ihrem Unternehmen? Und welche HR-Themen erledigen sie mit Sicherheit nicht?

Der strategische Business-Partner, vor allem der Leiter der dezentralen Personalfunktion eines Geschäftsbereichs, entwickelt und implementiert globale und regionale HR-Programme zur Umsetzung der Geschäftsstrategie. Dazu gehören z.B. das HR-Management einer Akquisition mit eventuell einhergehenden Restrukturierungen ebenso wie der Aufbau eines neuen Entwicklungszentrums oder einer geschäftsspezifischen Weiterbildungsakademie, wo sich Mitarbeiter und teilweise auch Kunden gemeinsam fortbilden. Zugleich sind die Business-Partner immer auch »verlängerter Arm« der zentralen Personalfunktionen und beraten die Führungskräfte bei der Durchführung aller HR-Standardprozesse, z.B. bei der jährlichen Entgeltrunde, bei den Leistungsbeurteilungs- und den Personalentwicklungsgesprächen.

5) Beschreiben Sie eine Situation, nach der das Business zu seinem Partner aus HR gesagt hat: »Wow – das war wirklich gut!«

Das Ansehen von HR bei den Geschäftseinheiten ist immer dann sehr positiv, wenn der Beitrag der HR-Aktivitäten zum Geschäftserfolg unmittelbar sichtbar wird. Das ist zum Beispiel bei der schnellen und unbürokratischen Umsetzung von Personalmaßnahmen bei Umstrukturierungen der Fall. Hier gibt es regelmäßig sehr gute Rückmeldungen aus dem Business, sowohl bei kleineren Maßnahmen, die nur wenige Mitarbeiter betreffen, als auch bei größeren Effizienzprogrammen oder im Rahmen von Akquisitionen.

6) *Gibt es denn etwas in Ihrem Unternehmen, das rund um den HR-Business-Partner noch besser werden könnte?*

Sicher gibt es das. Dazu gehört zum Beispiel die globale Dimension der Rolle des Business-Partners. Führungskräfte mit globaler Verantwortung erwarten von ihrem HR-Partner globale Unterstützung. Unsere grundsätzlich regional organisierte Personalfunktion ist darauf nicht optimal vorbereitet. Es dauert häufig noch zu lange, bis der Ausgleich der unterschiedlichen Perspektiven und Interessen zu praktikablen Lösungen für das Business führt. Das Problem ist erkannt, wir arbeiten daran, aber es wird noch einige Zeit dauern, bis unsere HR-Business-Partner die globalen Anforderungen ihres Geschäfts in reibungsarmen Prozessen zügig abarbeiten können.

7) *Was kommt für Sie denn »nach dem HR-Business-Partner«, sagen wir mal so ab 2015/2020, oder bleibt dies eine Aufgabe auf Sicht?*

Nach meiner Einschätzung bleibt die Bedeutung der Aufgabe und nimmt sogar noch zu. Der Stellenwert des Personalmanagements für das erfolgreiche Management eines Geschäfts wird größer. Der Bedarf an strategischer Beratung und kompetenter operativer Umsetzung im internationalen Umfeld wird deutlich wachsen. Damit ist auch der HR-Business-Partner ein zukunftsfähiges Geschäftsmodell, wenn es gelingt, die steigenden Kundenanforderungen abzudecken.

8) *Was würde in Ihrem Unternehmen passieren, wenn man dem Business seinen HR-Business-Partner wegnehmen würde?*

Da die Aufgabe der Business-Partner bleibt, müssten andere sie erledigen. Der strategische Teil der Aufgaben würde vermutlich vom Executive Management selbst übernommen, fallweise unterstützt durch externe Berater. Für die eher operativen Teile, vor allem die Beratung bei der Umsetzung von Personalprozessen wie zum Beispiel Entgelt, gibt es zwei Möglichkeiten: Sie würden entweder zurück in die Linie delegiert, so dass dort viele nebenberufliche HR-Manager entstehen, oder sie würden von den entsprechenden zentralen Personalfunktionen und Shared-Service-Centern übernommen und dort zum Aufbau zusätzlicher Ressourcen führen. In beiden Fällen würde die Zahl der Schnittstellen zwischen Geschäft und HR explodieren, und deshalb haben die Führungskräfte das größte Interesse daran, dass diese Situation nicht eintritt.

Interview Esther Loidl (Brose)

1) Charakterisieren Sie doch mal bitte den idealen HR-Business-Partner?

Den idealen HR-Business-Partner zeichnet neben fachlicher Kompetenz eine gute Kenntnis des Geschäfts und dessen Entwicklung aus. Erst auf dieser Grundlage kann er meiner Meinung nach entscheidende Beiträge zur Wertschöpfung des Unternehmens und zum Geschäftserfolg leisten. Dazu setzt er die HR-Strategie in seinem Verantwortungsbereich um und erkennt vorausschauend Unterstützungsbedarf für aktuelle strategische Schwerpunktthemen – von der Personalbeschaffung über Maßnahmen zur Umsetzung von Change-Management-Prozessen bis hin zu Förder- und Mitarbeiterbindungsprogrammen oder der Umsetzung einer einheitlichen Unternehmenskultur.

2) Gibt es den bereits in ihrem Unternehmen? Und wie oft?

Wir sind davon überzeugt, mit der Matrixorganisation in unserem Familienunternehmen am effizientesten der zunehmenden Dimension und Komplexität unserer Geschäfte sowie den internationalen Wettbewerbsbedingungen Rechnung tragen zu können. Strategische und konzeptionelle Aufgaben des Personalwesens sind zentralisiert, ebenso unterstützende Aufgaben wie Personalentwicklung und -beschaffung, die Abrechnung oder das Arbeitsrecht. Unmittelbar den Geschäftsbereichen und Werken zugeordnet sind unsere Personalbetreuer – die »HR-Business-Partner«. Sie stehen Führungskräften und Mitarbeitern in sämtlichen das Arbeitsverhältnis betreffenden Fragen als Ansprechpartner zur Verfügung und greifen im Bedarfsfall auf zentrale Dienste zurück.

3) Sind dies Naturtalente oder haben sie eine systematische Auswahl und Ausbildung?

In unserem Unternehmen sind Pragmatiker gefragt, die etwas bewegen wollen, unternehmerisch denken und handeln, kommunikativ sind und über eine ausgeprägte Kundenorientierung verfügen. Nach diesen Kriterien wählen wir unsere Mitarbeiter aus. Sie verfügen über umfangreiches Fachwissen, üblicherweise haben sie dies durch eine entsprechende Hochschul-Ausbildung erworben. Aber auch Quereinsteiger können sich in dieser Funktion entwickeln. Wir legen Wert darauf, dass jeder neue HR-Business-Partner in der Zentrale intensiv eingearbeitet wird und ihn ein erfahrener Kollege als Mentor begleitet. Um den sich ständig ändernden Anforderungen begegnen zu können, werden unsere Mitarbeiter zudem regelmäßig durch ergänzende Schulungen fit gemacht.

4) Welche Aufgabenstellungen lösen denn die HR-Business-Partner typischerweise in Ihrem Unternehmen? Und welche HR-Themen erledigen sie mit Sicherheit nicht?

Zu den Aufgabenschwerpunkten unserer Business-Partner zählen Personalplanung, Betreuung, Entwicklung, Umsetzung der HR-Strategie im jeweiligen Verantwortungsbereich, Change Management, Betriebsratsarbeit und Maßnahmen zur Mitarbeiterbindung. Hingegen befassen sie sich nicht mit Strategie-, Corporate-Governance- und Richtlinienthemen sowie Aufgaben, die im Shared-Service- und Kompetenz-Center bearbeitet werden wie IT-Lösungen, Personalcontrolling, Arbeitsrecht, Abrechnung, Recruiting, Marketing und Entsendungsmanagement.

5) Beschreiben Sie eine Situation, nach der das Business zu seinem Partner aus HR gesagt hat: »Wow – das war wirklich gut!«

Positives Feedback erhielten wir auf verschiedene Initiativen zur Personalkostenreduzierung, die Integration von Mitarbeitern aus neu akquirierten Geschäftsbereichen in unsere Unternehmensgruppe sowie für die Konzipierung unterschiedlicher Personalentwicklungs-Maßnahmen.

6) Gibt es denn etwas in Ihrem Unternehmen, das rund um den HR-Business-Partner noch besser werden könnte?

Das Managen der komplexer werdenden internationalen Matrix-Organisation ist natürlich für unsere Personaler eine Herausforderung. Hier kommt einer klaren Aufgabenabgrenzung zwischen lokalen Business-Partnern, regionalen Kompetenz- und Shared-Service-Funktionen sowie der Zentrale eine immer größere Bedeutung zu.

7) Was kommt für Sie denn »nach dem HR-Business-Partner«, sagen wir mal so ab 2015/2020, oder bleibt dies eine Aufgabe auf Sicht?

Die prinzipielle Bedeutung des HR-Business-Partners wird sicherlich auch in fünf oder zehn Jahren ihre Gültigkeit haben. Aufgabeninhalte werden sich zwischen den drei Säulen »Business-Partner«, »Shared-Service-« und »Kompetenz-Center« verschieben. Zugleich wird die regionale Dimension wieder an Bedeutung gewinnen; gleichwohl werden wechselhafte Tendenzen zu mehr oder weniger Zentralisierung bestehen bleiben.

8) Was würde in Ihrem Unternehmen passieren, wenn man dem Business seinen HR-Business-Partner wegnehmen würde?

Wir hätten sicherlich keine kompetente Arbeit geleistet, würde ein solcher Fall eintreten. Die Business-Partner im Unternehmen müssen davon überzeugt sein, dass unsere Personalarbeit sie in ihrer ergebnis- und zielorientierten Arbeit voranbringt. Nach meiner Einschätzung wäre der Wegfall eines »HR-Business-Partners« in einem international agierenden Unternehmen wie Brose problematisch und würde die Geschäftsentwicklung beeinträchtigen. Wer sonst sollte beispielsweise Mitarbeiter-Entwicklungs- und -Bindungsprogramme initiieren, die zur Reduzierung von Beschaffungs- und Einarbeitungskosten führen; oder Gesundheitsprogramme durchführen, die den Krankenstand senken; wer sollte durch Trainings das Methoden-Repertoire der Mitarbeiter vereinheitlichen, was zu einer Verbesserung der Zusammenarbeit über Ländergrenzen hinaus führt. Das Personalwesen bei Brose ist Mitgestalter einer erfolgreichen Zukunft des Unternehmens. Unter dem Stichwort »Employability« erarbeiten unsere Business-Partner permanent Lösungen, die Antworten geben auf wesentliche unternehmerische Herausforderungen wie technischer Fortschritt, Globalisierung oder profitables Wachstum – nicht zuletzt auch Verbesserung des Arbeitgeberimages.

Interview Guido Wallraff (Cisco)

1) Charakterisieren Sie doch mal bitte den idealen HR-Business-Partner?

Basierend auf dem Gedankengebäude eines Dave Ulrich ist der Aufgabenbereich des idealen HR-Business-Partners heute sehr umfassend. Es geht nicht darum, dass der »Personaler« sich auf den Weg begibt, um sich vom Administrative Expert über den Employee Champion bis hin zum Change Agent und Strategic Partner zu entwickeln, sondern darum, dass er die gesamte Klaviatur beherrscht. Das Entwicklungsstadium einer Organisation, der Reifegrad deren Führungsmannschaft mag bestimmen, welche Aspekte in bestimmten Phasen verstärkt benötigt und welche Skills dementsprechend abgerufen werden müssen. Zentrale Basisanforderung an den idealen HR-Business-Partner ist dabei neben der Fähigkeit, Vertrauen und Netzwerke aufzubauen, ein weitreichendes Businessverständnis, um People-Themen und Business-Themen zu vernetzen bzw. den Business Leader bei dieser Vernetzung zu unterstützen. Dieses hat mit Fokus auf den langfristigen Unternehmenserfolg zu geschehen. Gerade im internationalen Konzern, der häufig als Matrixorganisation strukturiert ist, bietet dieses Businessverständnis die Plattform für bereichsübergreifende Kollaboration. Daneben kann die besondere Beziehung zur beratenen Führungskraft idealerweise in größtmöglicher Unabhängigkeit von einer Berichtslinie die Möglichkeit eines Alleinstellungsmerkmals als intelligentes Sounding Board zu vielfältigen Themen der Unternehmenslenkung offerieren. Eine Position, in der diese noch am ehesten mit dem externen HR-Berater konkurriert, dem jedoch per Definition der interne Blickwinkel und die Nähe zur Organisation fehlen wird.

2) Gibt es den bereits in ihrem Unternehmen? Und wie oft?

Idealiter existiert ein ähnliches Profil bereits zumindest auf Beratungsebene der Geschäftsführung. Generell schwankt die Nähe zum Idealbild im Einzelfall, sowohl in Abhängigkeit von Skills als auch Bedarf und Seniorität des Kunden. Zudem können im Alltag überlappende Anforderungen oder auch Qualitätsmängel in Basisprozessen dazu führen, dass der Raum, dieses Ideal zu leben, verengt wird. »Getting the basics right« ist sicherlich auch für eine anspruchsvolle HR-Funktion mit gut qualifizierten Individuen eine Eingangsvoraussetzung, um ihre Qualitäten auch ausspielen zu können.

3) Sind dies Naturtalente oder haben sie eine systematische Auswahl und Ausbildung?

Talent und Erfahrung spielen eine entscheidende Rolle. Unter dem Aspekt Erfahrung sicherlich auch das Unternehmensumfeld, das – häufig im Wege des »learning on the job« – zulassen, ja wünschen muss, dass der HR-Partner Verantwortungsfelder jenseits der klassischen Administration besetzt. Wie auch in allen anderen Feldern des lebenslangen Lernens sind begleitende theoretische Ausbildungen unterstützend hilfreich, jedoch nur als flankierende Maßnahmen. Herausfordernde Aufgaben zu erhalten und einen Manager oder ggf. Mentor zu haben, der daraus resultierende Risiken überschaut und im Krisenfall managed, prägt persönliches Wachstum am intensivsten.

4) Welche Aufgabenstellungen lösen denn die HR-Business-Partner typischerweise in Ihrem Unternehmen? Und welche HR-Themen erledigen sie mit Sicherheit nicht?

Herzstücke der Business-Partner-Funktion sind Entwicklung und Fortschreibung der People-Strategie, die die generelle Unternehmensstrategie prägt und unterstützt. Im Alltag zudem die Unterstützung der Umsetzung derselben, sowohl durch Bereitstellung klassischer HR-Instrumente – Compensationprogramme, Assessments als Beispiele – als auch der Begleitung von Veränderungsprozessen – Szenarioplanungen, Kommunikationspläne als Beispiele. Erforderlich, um Luft für derartige HR-Arbeit zu haben, sind funktionierende Basisprozesse – automatisierte Self-Service-Mechanismen in der HRIT-Infrastruktur oder HR Shared Service Center für sich wiederholende, einfache Transaktionen im Mitarbeiterumfeld.

5) Beschreiben Sie eine Situation, nach der das Business zu seinem Partner aus HR gesagt hat: »Wow – das war wirklich gut!«

Im klassischen Arbeitsbereich kommen mir hier Planungen für Organisationsveränderungen in den Sinn, die ganzheitlich bis hin zu qualitativen Kommunikationsplänen durch den HR-Partner begleitet werden. Außerdem beispielhaft sicherlich auch Themen, die »out of the box«-Denken und ganzheitliche Verantwortung für das Unternehmen, seinen Erfolg und das Engagement der Mitarbeiter dokumentieren. Übernahme von Verantwortung im Corporate-Social-Responsibility-Umfeld kann hier genauso ein Thema sein wie die Gründung kollaborativer Führungsgremien in einer Matrixorganisation, um bereichsübergreifende Entscheidungsprozesse zu vereinfachen. Nicht zuletzt Themen, die messbar – durch interne Mitarbeiterbefragungen oder externe Wettbewerbe zur Qualität des Arbeitsplatzes – zum Unternehmenserfolg beitragen. Beispiele sind hier nicht allgemeingültig, sondern zeigen gerade ihre Stärke in der flexiblen, zielgenauen Reaktion auf Anforderungen der Organisation. Denken Sie an mögliche Befragungsergebnisse, die Unzufriedenheit mit den Sozialleistungen eines Unternehmens ausdrücken. Eine Antwort darauf könnte eine Kommunikations- und Transparenzoffensive hinsichtlich bestehender Leistungen sein.

6) Gibt es denn etwas in Ihrem Unternehmen, das rund um den HR-Business-Partner noch besser werden könnte?

Selbstverständlich sind Lernprozesse des HR-Partners gleichsam wie die Evolution der Organisationen niemals abgeschlossen. Mittelfristig wären qualitätssteigernde Maßnahmen insbesondere die immer wieder zu wiederholende Notwendigkeit einer klaren Fokussierung auf die strategisch wichtigen Themen, verbunden mit dem Mut zu einem »Nein« zu dieser Fokussierung widersprechenden Anforderungen und Bedarfen. Gleichzeitig die saubere Strukturierung und Businessintegration der gesamten HR-Funktion in das Unternehmen, die sicherstellt, dass Basisprozesse in aller Selbstverständlichkeit verlässlich funktionieren. Die anfangs genannte Kernanforderung eines umfassenden Businessverständnisses bringt zudem – insbesondere in sich schnell bewegenden Märkten und Produktfeldern – die Anforderung eines beständigen Weiterentwickelns der eigenen Fähigkeiten mit sich.

7) Was kommt für Sie denn »nach dem HR-Business-Partner«, sagen wir mal so ab 2015/2020, oder bleibt dies eine Aufgabe auf Sicht?

Sicherlich die Frage nach dem Blick in die Kristallkugel, und mittelfristig ist die Etablierung des HR-Business-Partners und die Notwendigkeit, diesem Entfaltungsraum durch sauber funktionierende, idealerweise weitgehend automatisierte Basisprozesse zu verschaffen, durchaus noch eine anspruchsvolle Aufgabe. Langfristig kann die Evolution der Rolle durchaus dazu führen, dass ein tiefes Businessverständnis den HR-Anteil subsidiär werden lässt und integriert, so dass der HR-Business-Partner zum Business Leader mit People-Fokus mutiert. Im Alltag wird dies vereinzelt schon heute augenscheinlich durch Aufgaben jenseits des klassischen Personalbereichs, häufig in Gebieten wie Unternehmenskommunikation, Corporate Social Responsibility oder Ähnlichem. Ein Augenblick, in dem klassische Grenzen verschwimmen und damit auch die Sollbruchstelle zu der provokativen Frage, ob in einer idealen Welt jeder Business Leader, der immer auch ein People Leader sein wird, selbst diesen People-Fokus als seine Kernverantwortung in einem innovativen Unternehmen wahrnehmen sollte. Ein

Moment, in dem die klassische HR-Funktion in Theorie sogar obsolet sein und in ihrem verbleibenden Teil wieder auf automatisierte oder durch Shared Services Center wahrgenommene Basisaufgaben zurückgeworfen werden könnte. Ein Moment allerdings, der im ständigen Veränderungsfluss und der ständigen Evolution von Organisationen voraussichtlich nie umfassend erreicht werden wird.

8) Was würde in Ihrem Unternehmen passieren, wenn man dem Business seinen HR-Business-Partner wegnehmen würde?

Vor dem Hintergrund des Gedankens unter der vorigen Frage sind richtungsweisend zwei Szenarien denkbar: Der negative Trend wäre der, dass die Organisation ihren People-Fokus schwächt, im Extremfall verliert, weil die personifizierten Advokaten dieses Themas verschwunden sind. Der positive Trend wäre der, dass in Ermangelung personifizierter Leader mit People-Fokus dieses Vakuum durch die Business Leader selbst gefüllt wird und die Entwicklung in Richtung des Szenarios, jeder Business Leader selbst umfasst die vom HR-Business-Partner wahrgenommene Rolle in Personalunion. Die Wahrscheinlichkeit ließe in der Realität einen Mix erwarten, der in Abhängigkeit von der Evolutionsstufe der Organisation und auch ihrer einzelnen Protagonisten in Führungsrollen abhängen.

Interview Christian Machate (Credit Suisse)

1) Charakterisieren Sie doch mal bitte den idealen HR-Business-Partner?

Eigenschaften des »idealen HR-Business-Partners«:

- Seniorität (= auf »Augenhöhe« mit dem betreuten Linienmanagement),
- besitzt sicheres Auftreten, Eloquenz und Stil,
- beherrscht die im Unternehmen angewandten Human-Capital-Tools sowie Best-Practice-Modelle anderer Firmen/Industrien,
- Kennt die »Basis-HR-Prozesse« (idealerweise aus eigener Erfahrung früherer Positionen – beispielsweise als Recruiting Manager),
- kennt das Geschäftsmodell seiner Kunden und das vorherrschende Marktumfeld,
- besitzt sehr gute analytische Fähigkeiten,
- hat Change-Management- sowie nachgewiesene Coaching-Erfahrung.

2) Gibt es den bereits in ihrem Unternehmen? Und wie oft?

Die Credit Suisse lebt das HR-Business-Partner-Modell bereits seit 2002 und hat ihre HR-Organisation konsequent darauf ausgerichtet. Mit der HR-Transformation, welche die Credit Suisse momentan durchläuft, wird die Rolle des HR-Business-Partners weiter verfeinert – mit noch stärkerem Fokus des HR-Business-Partners auf die strategische Beratung der Line Manager. Nach der Aufteilung der heutigen HR-Business-Partner in HR Business Partner und HR Advisor wird die eigentliche Anzahl HR-Business-Partner signifikant reduziert werden und beschreibt fortan die kleine Gruppe von HR-Experten, welche das Linienmanagement der Ebenen n bis n-2 betreut.

3) Sind dies Naturtalente oder haben sie eine systematische Auswahl und Ausbildung?

Damit der HR-Business-Partner seine beratenden und strategischen Aufgaben wahrnehmen kann, muss er über eine langjährige Berufserfahrung im HR und damit über umfassende Kenntnisse der HR-Prozesse & Policies verfügen. Unabdingbar sind aber auch »Seniorität«, Erfahrung im Umgang mit Menschen sowie eine Begabung zur beratenden, coachenden Tätigkeit und Affinität zu »menschlichen« Themen. Fazit: Der HR-Business-Partner braucht ein Talent, mit Menschen umgehen zu können und diese zu beraten, aber auch eine grundsolide HR-Ausbildung. Beide Faktoren werden in der systematischen Auswahl der HR-Business-Partner stark gewichtet. Selbstverständlich ist auch die stetige Weiterentwicklung der HR-Business-Partner von großer Bedeutung.

4) Welche Aufgabenstellungen lösen denn die HR-Business-Partner typischerweise in Ihrem Unternehmen? Und welche HR-Themen erledigen sie mit Sicherheit nicht?

Aufgaben des HR-Business-Partners:

- selbständiges Beraten von Line Managern in Human-Resources-Management-Fragen sowie bei der strategischen Steuerung des Human Capital,
- Steuern bzw. Implementieren von HR-Management-Prozessen und -Instrumenten,
- Wahrnehmen von Change-Management-Aufgaben bei Restrukturierungen und Reorganisationen,
- Begleiten von Rekrutierungen auf höchsten Management-Stufen,
- proaktives Erkennen von Problemstellungen im Führungsbereich und Vorschlagen von entsprechenden Lösungen,
- in ausgesuchten Fällen Projektarbeiten (HR und Linie),
- Analyse von Kennzahlen und Ableiten von Maßnahmen (Engagement-, Onboarding- und Exit-Survey, Turnover Rates etc.).

Keine HR-Business-Partner-Aufgaben: Die Rolle des HR-Business-Partners wird laufend auf die oben genannten Aufgaben ausgerichtet. Das heißt auch, dass insbesondere die (administrative) Abwicklung der HR-Kernprozesse nach und nach aus dem Portfolio des HR-Business-Partners verschwinden wird

5) Beschreiben Sie eine Situation, nach der das Business zu seinem Partner aus HR gesagt hat: »Wow – das war wirklich gut!«

Aktuelle Beispiele:

- HR-Support bei der Umsetzung der Client-Centricity-Initiative für PB EMEA,
- Unterstützung der Strategie für PB APAC,
- Vorbereitung und Umsetzung von »Tenero« in der Schweiz,
- Vorbereitung und Umsetzung von »Best People Roadmap«.

6) Gibt es denn etwas in Ihrem Unternehmen, das rund um den HR-Business-Partner noch besser werden könnte?

Im HR der Credit Suisse sind wir laufend daran, die Zuständigkeiten der einzelnen HR-Bereiche noch besser zu definieren sowie die standardisierten Prozesse noch weiter zu automatisieren und intuitiv zu gestalten. Um so dem HR-Business-Partner die Möglichkeit zu geben, sich noch weiter weg von administrativer Abwicklung hin zur strategischen Beratung zu bewegen mit dem Ziel, dem Top-Management erheblichen Mehrwert bieten zu können.

7) Was kommt für Sie denn »nach dem HR-Business-Partner«, sagen wir mal so ab 2015/2020, oder bleibt dies eine Aufgabe auf Sicht?

Der HR-Business-Partner hat für die strategische Ausrichtung des Human Capital auf die Unternehmensbedürfnisse eine zentrale Bedeutung. Dies wird voraussichtlich für die nächsten Jahre auch so bleiben. Selbstverständlich ist auch die Rolle des HR-Business-Partners eine dynamische Rolle, welche bei Bedarf den veränderten Unternehmensanforderungen angepasst werden kann und auch muss – so wie dies für andere Jobs außerhalb des HR auch gilt (z.B. Compliance respektive des immer komplexer werdenden regulatorischen Umfeldes). Die Rolle des HR-Business-Partners hängt nicht zuletzt auch von grundsätzlichen strategischen Entscheidungen betreffend der HR-Organisation selbst ab:

Wie wird beispielsweise die Bedeutung der einzelnen HR-Funktionen in einer Unternehmung wie der Credit Suisse eingeschätzt und welche Auswirkungen hat dies auf deren Ausrichtung (z.B. Standardisierung der Dienstleistungen vs. kundenspezifischer Service, Kostenfokus vs. Qualität etc.)? Welche Entscheidungen trifft das Unternehmen bzgl. Offshoring, Outsourcing der HR-Funktionen? Das Human Capital Management und entsprechend das strategische Workforce Planning werden weiter an Bedeutung gewinnen und die zukünftige Rolle des HR-Business-Partners prägen.

8) Was würde in Ihrem Unternehmen passieren, wenn man dem Business seinen HR-Business-Partner wegnehmen würde?

Das Business würde rasch mit dem Aufbau von entsprechenden »Schattenorganisationen« beginnen, welche Teile der HR-Business-Partner-Aufgaben übernehmen würden. Das HR würde sich wieder weg von der strategischen Beratung hin zur reinen Abwicklung entwickeln.

Interview Hilger Pothmann (Deutsche Bank)

1) Charakterisieren Sie doch mal bitte den idealen HR-Business-Partner?

Solide praktische HR-Erfahrung in verschiedenen Bereichen und Ländern/Kulturen, beraterische und strategische Ausbildung, persönliche Gravitas, Projekt- und Prozesserfahrung im globalen Umfeld, hohe emotionale Kompetenz und Durchsetzungfähigkeit, sehr gutes internes und gutes externes Netzwerk, verhandlungssicher in Englisch, hohe Affinität zum Geschäftsmodell des Unternehmens.

2) Gibt es den bereits in ihrem Unternehmen? Und wie oft?

Ja, für jeden Geschäftsbereich und Infrastruktureinheit je einen globalen und in den Regionen jeweils kleine Business-Partner-Teams.

3) Sind dies Naturtalente oder haben sie eine systematische Auswahl und Ausbildung?

Man braucht schon eine passende persönliche DNA, um interne Klienten konzeptionell und strategisch beraten zu wollen. Diese persönliche Dimension wird in der Regel ergänzt durch angemessene operative Erfahrung als Personalbetreuer verschiedener Bereiche, national und/oder international, sowie das Absolvieren entsprechender Entwicklungsmaßnahmen des HR-Curriculums. Die in Frage kommenden Kollegen werden überwiegend im Rahmen unserer jährlich stattfindenden HR Talent Reviews identifiziert und individuell vorbereitet bzw. begleitet.

4) Welche Aufgabenstellungen lösen denn die HR-Business-Partner typischerweise in Ihrem Unternehmen? Und welche HR-Themen erledigen sie mit Sicherheit nicht?

Sie beraten schwerpunktmäßig die internen Klienten in konzeptionellen und strategischen Fragestellungen, die dem Erreichen geschäftlicher Ziele dienen, und sie vernetzen dabei die relevanten internen HR-Partnerbereiche (Personalbetreuung, Spezialisten aus Solutions, Compensation & Benefits, Labor Relations, Development, Recruiting, Legal). Abgesehen vom Senior Management sind sie nicht in die operative Arbeit involviert.

5) Beschreiben Sie eine Situation, nach der das Business zu seinem Partner aus HR gesagt hat:»Wow – das war wirklich gut!«

Zu Beginn einer anstehenden Restrukturierung hat das Senior Management eines Bereiches mit den Business-Partnern überlegt, wie man diese trotz der Einschränkungen durch rechtliche Parameter möglichst im Interesse aller Stakeholder (Bank, Mitarbeiter, Gesellschaft, Shareholder) zeitnah umsetzen könnte. Auf Initiative der Business-Partner wurde parallel zu den laufenden Verhandlungen mit den Arbeitnehmergremien ein Change-Management-Konzept entwickelt und ein flächendeckendes Employability- und Veränderungstraining für alle Führungskräfte bzw. Mitarbeiter der betroffenen Geschäftseinheit durchgeführt. Dies hat dazu geführt, dass die Ziele der Restrukturierung inhaltlich und zeitlich bei weitem übertroffen wurden und dieser Bereich u.a. an internationalem Profil gewonnen hat.

6) Gibt es denn etwas in Ihrem Unternehmen, das rund um den HR-Business-Partner noch besser werden könnte?

Die beraterische Erfahrung/Qualifikation und strategische Positionierung der Business-Partner ist in einigen Fällen noch ausbaufähig.

7) Was kommt für Sie denn »nach dem HR-Business-Partner«, sagen wir mal so ab 2015/2020, oder bleibt dies eine Aufgabe auf Sicht?

Aus meiner Sicht werden wir als HR in den kommenden Jahren einen Großteil der in den letzten 20 Jahren überdurchschnittlich gestiegenen Gewichtung von »Intangibles« in »Tangibles« überführen und das Thema Human-Potenzial bewertbar, zumindest aber vergleichbar machen, um sowohl für die Unternehmensführung als auch Finanzintermediäre (Rating Advisory wegen Risikobetrachtung, Fond Management etc. wegen Marktwertentwicklung) zuverlässige Indikatoren für nachhaltiges Wachstum zu erhalten. Dies wird einen substanziellen Einfluss auf das HR-Modell in vielen Unternehmen haben und den Ruf nach echten HR-Business-Partnern verstärken. Ob es soweit gehen wird, dass sich die Unternehmen wegen fortschreitender Komplexität der Märkte und Spezialisierungsgraden Geschäft und Peoplemanagement teilen, kann ich nicht abschätzen – mir aber grundsätzlich vorstellen. Wir werden gerade in Deutschland, Stichwort Demografie, die besten Geschäftsleute und Produktentwickler mit guten People Skills und die besten People Manager mit guter geschäftlicher DNA brauchen. Nur selten wir man das Beste von beidem in einer Person vorfinden.

8) Was würde in Ihrem Unternehmen passieren, wenn man dem Business seinen HR-Business-Partner wegnehmen würde?

Der geschäftspolitische Impact guter globaler HR-Arbeit würde über Zeit verwässern, d.h. die Bereiche würden zunehmend kostspielige Fehlentscheidungen treffen und in der Bewertung ihres Human-Potenzials am externen Markt abfallen.

Interview Walter Scheurle (DP DHL)

1) Charakterisieren Sie doch mal bitte den idealen HR-Business-Partner?

Der ideale HR-Business-Partner garantiert ein konstruktives Miteinander. Der regelmäßige Austausch aller relevanten Informationen und der detaillierten Anforderungen des Business an den HR-Partner sind unverzichtbar. Den jeweiligen konkreten Verhältnissen muss Rechnung getragen werden. Mit den Sozialpartnern ist ein dauerhaftes, positives Verhältnis sicherzustellen. Wechselseitiges Verständnis ist erforderlich. Bei komplexen Verhältnissen muss eine intakte Arbeitsorganisation bestehen.

2) Gibt es den bereits in ihrem Unternehmen? Und wie oft?

Ideale Verhältnisse wird es kaum dauerhaft geben. Der HR-Business-Partner muss sich jedoch am Ideal orientieren. Eine eingeübte Zusammenarbeitskultur ist wichtig.

3) Sind dies Naturtalente oder haben sie eine systematische Auswahl und Ausbildung?

Besondere Fähigkeiten wie das Aufeinanderzugehen und Sensibilität, um Lösungswege zu finden, sind sehr wichtig. Gezielte Anleitung und Ausbildung steigern den Erfolg.

4) Welche Aufgabenstellungen lösen denn die HR-Business-Partner typischerweise in Ihrem Unternehmen? Und welche HR-Themen erledigen sie mit Sicherheit nicht?

Personalfaktorkosten haben für ein personalintensives Unternehmen große Bedeutung, deshalb sind alle damit zusammenhängenden Aufgabenstellungen herausragende Aufgaben für den HR-Business-Partner. Hierzu gehören Tarifverhandlungen und das gesamte Sozialpartnermanagement. Administrative HR-Aufgaben werden im Shared Service Center oder in den Betriebsstellen direkt wahrgenommen.

5) *Beschreiben Sie eine Situation, nach der das Business zu seinem Partner aus HR gesagt hat: »Wow – das war wirklich gut!«*

Hier könnte es sich z.b. um einen Tarifabschluss handeln, der geringere Kosten verursacht, als es vorher zu erwarten war. Oder es wird die Zustimmung des Sozialpartners zur Einführung eines neuen Arbeitsverfahrens erteilt, wenn vorher erhebliche Einwände vorgetragen wurden.

6) *Gibt es denn etwas in Ihrem Unternehmen, das rund um den HR-Business-Partner noch besser werden könnte?*

Die Zusammenarbeit innerhalb des HR-Ressorts und mit dem Business ist sicher noch zu verbessern.

7) *Was kommt für Sie denn »nach dem HR-Business-Partner«, sagen wir mal so ab 2015/2020, oder bleibt dies eine Aufgabe auf Sicht?*

Die personellen Ressourcen werden kostenintensiv und damit knapp bleiben, daraus ergibt sich weiterhin eine herausragende HR-Aufgabe, für die ein HR-Business-Partner erforderlich wird. Nachhaltigkeit und Wertekanon werden zunehmend an Bedeutung gewinnen, so dass hier eine weitere wichtige HR-Aufgabe bleibt.

8) *Was würde in Ihrem Unternehmen passieren, wenn man dem Business seinen HR-Business-Partner wegnehmen würde?*

Das Business würde sich selbst mit HR-Sachverstand ausstatten. Da dann aber eine Vermittlungsfunktion außerhalb des Business fehlt, werden an vielen Stellen Probleme auftreten.

Interview Frank Aigner (E.ON)

1) *Charakterisieren Sie doch mal bitte den idealen HR-Business-Partner?*

Er hat nichts mit HR-Prozessen und HR-Systemen zu tun. Vielmehr ist er People-Manager. Kenntnisse der transaktionalen HR-Arbeit können das Fundament sein (als ausgebildeter Personaler), doch bei seinen Aufgaben muss er dies überwinden. Er muss sich dem Business, den Führungskräften, den Mitarbeitern zuwenden. Damit ist er deutlich mehr als ein Personalbetreuer, sondern auf gewisser Augenhöhe mit den Managern. Ein Vollblut-Personaler klassischer Prägung wird dies kaum können.

2) *Gibt es den bereits in ihrem Unternehmen? Und wie oft?*

Diese Kompetenz, so glaube ich, ist bei den Mitarbeitern grundsätzlich ausreichend vorhanden. Sie muss aber häufig noch geweckt werden. Ja, es gibt bei uns einige wenige richtig gute HR-Business-Partner, die diesem idealen Typus entsprechen. Teilweise haben wir die von innen entwickelt und teilweise von außen rekrutiert.

3) Sind dies Naturtalente oder haben sie eine systematische Auswahl und Ausbildung?

Dies ist nicht ganz einfach zu beantworten. Es ist schon grundsätzlich Talent erforderlich, um Wertschöpfung zu gestalten, aber dies ist für viele Mitarbeiter in HR durchaus erlernbar und entwickelbar. Wir haben bei E.ON wirklich gute Lernangebote. Diese werden aber bislang zu wenig nachgefragt. Wahrscheinlich haben wir unsere Instrumente diesbezüglich noch nicht erstklassig ausgefeilt.

4) Welche Aufgabenstellungen lösen denn die HR-Business-Partner typischerweise in Ihrem Unternehmen? Und welche HR-Themen erledigen sie mit Sicherheit nicht?

Er soll das Business und die Führungskräfte bei People-Themen beraten, damit diese erfolgreich ihr Business betreiben können. Dazu braucht er aber auch Erfolgserlebnisse: Angefangen damit, dass das Business ihm überhaupt Zugang gewährt und dann – bei guten Ergebnissen – auch Lob und Bestätigung zurückgibt. Keinesfalls sollte er sich weiter um die direkte Personalbetreuung kümmern. Dies wird oft als Verlust empfunden. Daher muss er auch loslassen können.

5) Beschreiben Sie eine Situation, nach der das Business zu seinem Partner aus HR gesagt hat: »Wow – das war wirklich gut!«

Bei uns gab es in der E.ON Energie AG kürzlich eine Reorganisation, bei der die Steuerung der Auslandsaktivitäten neu geordnet wurde. Der dafür zuständige HR-Business-Partner – wir nennen diese Rolle übrigens »Personalmanager« – hat maßgeblich zur Entwicklung des neuen Bereiches beigetragen. Angefangen beim Team Building, aber auch beim »Sourcing« und beim »Sizing«. Zudem hat er für eine gemeinsame Agenda und die Kommunikations-Roadmap gesorgt. Für die Führungskräfte ging dies deutlich über die klassisch erwarteten Leistungen von Personal hinaus. Es war Organisationsentwicklung und Aufbauarbeit in einem.

6) Gibt es denn etwas in Ihrem Unternehmen, das rund um den HR-Business-Partner noch besser werden könnte?

Ja, manches. Es geht um die Ausfüllung der Rolle in zwei Dimensionen. Zum einen von uns aus Personal: Die HR-Angebote an das Business können bestimmt noch besser werden. Genauso wesentlich ist es freilich auch, dass die von uns angebotenen Leistungen vom Business dann auch tatsächlich in Anspruch genommen werden. Auch unsere eigene Kommunikation kann sich noch verbessern, durch eine bessere Darstellung erfolgreicher Projekte, Marketing eben. Aber auch der Erfahrungen, was lief gut und was wäre beim nächsten Male besser zu machen. In jedem Fall sollten wir unsere »Success Stories« für kommende Herausforderungen erlebbar machen.

7) Was kommt für Sie denn »nach dem HR-Business-Partner«, sagen wir mal so ab 2015/2020, oder bleibt dies eine Aufgabe auf Sicht?

Die Trennung des Administrativen vom Wertschöpfenden ist wichtig; es muss eine offizielle Schnittstelle geben. Der HR-Business-Partner muss auch nicht mehr unbedingt im Personal-Ressort angesiedelt sein. Er kann durchaus eine organisatorisch losgelöste Organisationsberatung innerhalb des Unternehmens sein; von dort wäre es dann auch nicht mehr weit bis zum Outsourcing. Dies ist aber nicht meine Wunschvorstellung. Meines Erachtens muss HR insgesamt – als wichtiges Element des Human Resources Management – zum »Kultivator« und damit zum Kulturveränderer werden; viel stärker als bisher jedenfalls. Dies gilt gerade bei den aktuellen Veränderungsprojekten. Wir brauchen in vielen Unternehmen eine Veränderung der Kultur mit den beiden Aspekten Unternehmenskultur und Beschäftigungskultur. Der HR-Business-Partner hat eine zentrale Rolle dabei.

8) Was würde in Ihrem Unternehmen passieren, wenn man dem Business seinen HR-Business-Partner wegnehmen würde?

Dies ergäbe eine Situation, in der die Führungskräfte und Mitarbeiter – nach einer kurzen Phase des Strauchelns – überlebensfähig wären. Die administrativen Prozesse würden ja aufrechterhalten, das Personal würde schon erhalten und vergütet. Die Wertschöpfung seitens HR würde dann halt wegfallen. Dies würde wiederum den Druck auf die Führungskräfte erhöhen, die dann auf Autopiloten schalten. Eine erhebliche Herausforderung. Der Verlust würde vom Business schon empfunden und mittel- bis langfristig zu einer Ausweichbewegung zu externen Anbietern dieser Dienstleistungen führen. Zudem gäbe es natürlich auch einen Verlust an Identität des Unternehmens.

Interview Philip Janssen (Hilti)

1) Charakterisieren Sie doch mal bitte den idealen HR-Business-Partner?

Der ideale HR-Business-Partner oder HR-Business-Partnerin wird von seinen/ihren Geschäftspartnern als kompetenter Partner auf Augenhöhe in allen HR- und organisationsrelevanten Fragen wahrgenommen, um den Geschäftsbereich möglichst optimal zu unterstützen. Hierbei ist wichtig, dass die HR-Business-

Partner über die typischen HR-Themen hinaus ein sehr gutes Verständnis der Unternehmensstrategie, des Geschäftsumfelds und den Kernprozessen haben, da sie nur durch diesen »Geschäftsblick« in der Lage sind, die Bereiche im Sinne des Geschäfts zu unterstützen.

2) Gibt es den bereits in ihrem Unternehmen? Und wie oft?

Wir haben bei der Hilti Deutschland 4 Senior HR-Business-Partner, welche ihre Geschäftsbereiche in allen HR- und organisationsrelevanten Fragen aktiv unterstützen und direkt an den Head of HR (Mitglied der Geschäftsleitung) berichten und z.T. noch inhaltliche Verantwortung für Spezialthemen haben (z.B. Personalmarketing oder Grundsatzfragen).

3) Sind dies Naturtalente oder haben sie eine systematische Auswahl und Ausbildung?

Bei der Besetzung dieser strategisch sehr wichtigen Funktionen achten wir sehr stark darauf, dass wir hier einen guten Mix an HR-Profis mit Business-Hintergrund und hohem Interesse für den Direktvertrieb und Business-Profis mit Führungserfahrung aus der Linie mit einer starken Affinität und ersten Erfahrungen zu/mit HR-Themen haben. Dadurch können wir sicherstellen, dass sich diese Personen gegenseitig durch ihre Ausrichtungen in den einzelnen Themen unterstützen und somit den Kompetenzaufbau weiter voranbringen können.

4) Welche Aufgabenstellungen lösen denn die HR-Business-Partner typischerweise in Ihrem Unternehmen? Und welche HR-Themen erledigen sie mit Sicherheit nicht?

Typische Aufgaben: Unterstützen und Coachen des Managements bei allen personalstrategischen Fragen und Entscheidungen (Einstellungen, Versetzungen, Beförderungen, disziplinarische Maßnahmen, Gehaltsfestsetzungen sowie Betriebsratsverhandlungen auf regionaler Ebene). Mit Sicherheit nicht: Gehaltsabrechnungen, Bewerberkorrespondenz etc.

5) Beschreiben Sie eine Situation, nach der das Business zu seinem Partner aus HR gesagt hat: »Wow – das war wirklich gut!«

Unser Bereichsleiter im Marketing hatte mehrere Positionen für Nachwuchskräfte im Produktmanagement zu besetzen. Der zuständige HR-Business-Partner konnte dem Bereichsleiter Marketing nach Rücksprache mit den Bereichsleitern aus dem Vertrieb und deren zuständigen HR-Business-Partnern innerhalb weniger Tage mehrere geeignete interne Kandidaten vorstellen, so dass diese wichtigen Funktionen, die extern aufgrund des sehr spezifischen Anforderungsprofils sehr schwer zu besetzen wären, optimal besetzt werden konnten. Der Bereichsleiter aus dem Marketing war sehr froh über diese zeitnahe und sehr hochwertige Besetzung seiner offenen Stellen. Und die Bereichsleiter aus dem Vertrieb haben sich darüber gefreut, dass sie einige ihrer hoffnungsvollsten Nachwuchskräfte intern weiterentwickeln konnten.

6) Gibt es denn etwas in Ihrem Unternehmen, das rund um den HR-Business-Partner noch besser werden könnte?

Sicherlich gibt es immer wieder kleinere Abstimmungsthemen, die verbessert werden könnten, aber grundsätzlich stimmt es bei uns.

7) Was kommt für Sie denn »nach dem HR-Business-Partner«, sagen wir mal so ab 2015/2020, oder bleibt dies eine Aufgabe auf Sicht?

Die Notwendigkeit, dass die handelnden Personen im HR-Bereich sich mit dem Business ihres Unternehmens intensiv beschäftigen und identifizieren, wird meinem Erachten nach in Zukunft noch eher zu- als abnehmen. Darüber hinaus gehe ich davon aus, dass der moderne HR-Manager in Zukunft noch stärker anhand einer HR-Zukunftsvision lenkend auf Unternehmensentscheidungen Einfluss nehmen wird. Dieses ist umso wichtiger, da wir u.a. aufgrund der demografischen Entwicklung wissen, dass es in den kommenden Jahren zu einer deutlichen Verschärfung des Angebotes an qualifiziertem Personal kommen wird und gute zufriedene Mitarbeiter einer *der* entscheidenden Wettbewerbsfaktoren auf dem Weg zum Erfolg ist.

8) Was würde in Ihrem Unternehmen passieren, wenn man dem Business seinen HR-Business-Partner wegnehmen würde?

Wir hätten definitiv bereits nach kurzer Zeit Probleme, unsere Wachstumsziele in der gewohnten Art und Weise zu erreichen, da wir zum Einen weder das Niveau und die Geschwindigkeit bei der Zuführung neuer geeigneter Mitarbeiter halten könnten, noch zum Anderen die strategische Entwicklung unserer Potenzialträger innerhalb des Unternehmens (auch international) optimal gewährleisten könnten.

Interview Christoph Grandpierre (IBM)

1) Charakterisieren Sie doch mal bitte den idealen HR-Business-Partner?

Der ideale HR-Business-Partner agiert als strategischer Partner des Managements. Um mit diesem als akzeptierter Partner auf Augenhöhe zusammenarbeiten zu können, muss er drei wesentliche Voraussetzungen mitbringen: Erstens muss er das Geschäft des Unternehmensbereiches, den er betreut, verstehen – wir sagen bei uns, er muss »business insight« haben. Zweitens braucht der HR-Business-Partner eine stark ausgeprägte soziale Kompetenz, um sich auf ganz verschiedene Persönlichkeiten einstellen zu können. Drittens ist Erfahrung unabdingbar – und damit meine ich drei Arten von Erfahrungen: Erfahrungen als Personaler, Erfahrungen aus dem Business und Erfahrungen als Führungskraft.

2) Gibt es den bereits in ihrem Unternehmen? Und wie oft?

Ja, natürlich gibt es bei IBM als innovatives, global integriertes Unternehmen den HR-Business-Partner! Wir haben ihn etwa seit 1996. Dabei ist es so, dass bei uns jede Business Unit und jede Konzerngesellschaft einen »eigenen« HR-Business-Partner hat. In einigen Fällen betreut ein HR-Business-Partner auch mehrere kleine Business Units. Der HR-Business-Partner ist Teil des Leadershipteams und kann sich voll und ganz auf den ihm zugeordneten Bereich mit seinen Besonderheiten konzentrieren.

3) Sind dies Naturtalente oder haben sie eine systematische Auswahl und Ausbildung?

Als fertiger HR-Business-Partner ist bisher niemand geboren worden – wie oben schon erwähnt, legen wir sehr viel Wert auf einen reichen Erfahrungsschatz bei der Ausübung dieser wichtigen Aufgabe. Neben der Personal-, Führungs- und Unternehmenserfahrung außerhalb des Personalbereiches spielt natürlich auch die Persönlichkeit eine wichtige Rolle. Der HR-Business-Partner muss dazu in der Lage sein, mit sehr verschiedenen Führungspersönlichkeiten zusammenzuarbeiten, er braucht ein ausgeprägtes Kommunikationstalent und sollte belastbar sein. Doch auch während des Jobs als HR-Business-Partner geht das Lernen weiter! In einem global integrierten Unternehmen wie IBM gehört ein ständiger Wandel zum Alltag: Hier ist der HR-Business-Partner gefordert, mit den kontinuierlichen Veränderungen der Personalprogramme und den Veränderungen im Business Schritt zu halten, immer »up to date« zu sein und Veränderungen gemeinsam mit dem Management zu gestalten.

4) Welche Aufgabenstellungen lösen denn die HR-Business-Partner typischerweise in Ihrem Unternehmen? Und welche HR-Themen erledigen sie mit Sicherheit nicht?

Unsere HR-Business-Partner stellen die Umsetzung der HR-Strategie in der Business Unit sicher, der sie zugeordnet sind. Sie agieren als strategischer Partner des Managements und sind daher in verschiedensten wichtigen Personalthemen eingebunden: Es geht um Personalplanung und -entwicklung, dazu gehören zum Beispiel die strategische Führungskräfteentwicklung und die rechtzeitige Identifizierung von Talenten und deren Förderung. Außerdem geht es um die Umsetzung unserer Personalprogramme – natürlich immer unter Berücksichtigung der Mitbestimmung. Welche Themen unsere HR-Business-Partner nicht erledigen? Sie sind ganz sicher nicht für die administrative Unterstützung der

Führungskräfte verantwortlich. Die Standardprozesse werden bei IBM über spezielle Service Center abgewickelt.

5) Beschreiben Sie eine Situation, nach der das Business zu seinem Partner aus HR gesagt hat: »*Wow – das war wirklich gut!*«

Ein neu ernannter Manager steht zu Beginn vor einer riesigen Herausforderung. Wenn er dann merkt, wie professionell der HR-Business-Partner ihm bei seinen strategischen Planungen helfen kann, dann denkt er das erste Mal: »Wow!« Dieses erste »Wow« wird von zahlreichen weiteren gefolgt, zum Beispiel, wenn Manager und HR-Business-Partner gemeinsam unser Führungskräfte-Nachwuchs-Konzept umsetzen – von der Auswahl über die Förderung der zukünftigen Führungskräfte bis zu ihrer Ernennung. Mir ist im Zusammenhang mit den »Wow«-Effekten noch wichtig zu betonen, dass wir nicht versuchen, kurzfristige »Wows« zu generieren, sondern dass es uns darum geht, eine nachhaltige, vertrauensvolle Beziehung zwischen Manager und HR-Business-Partner aufzubauen, die die Basis für eine gelungene strategische Zusammenarbeit ist.

6) Gibt es denn etwas in Ihrem Unternehmen, das rund um den HR-Business-Partner noch besser werden könnte?

Selbstverständlich gibt es immer Dinge, die man verbessern kann! Das ist auch Teil der IBM-Kultur – wir sind offen für neue Ansätze und sind stetig dabei, unsere Prozesse zu optimieren. In Bezug auf das Betreuungs-System im Personalbereich steht im Augenblick das immer stärkere Zusammenwachsen unserer globalen Organisation im Mittelpunkt. Weltweite HR-Prozesse und administrative Tätigkeiten werden verstärkt gebündelt und in unsere professionellen Service Center gegeben, die einen weltweiten Service liefern. An dieser Stelle können wir sicher noch besser werden, indem wir noch stärker international zusammenarbeiten und die weltweiten Netzwerke noch mehr ausbauen.

7) Was kommt für Sie denn »nach dem HR-Business-Partner«, sagen wir mal so ab 2015/2020, oder bleibt dies eine Aufgabe auf Sicht?

Die Aufgabe des strategischen HR-Business-Partners wird bestehen bleiben, auch wenn wir uns – wie ich eben schon beschrieben habe – global ausrichten. Für den HR-Business-Partner bedeutet das, dass die internationale Zusammenarbeit eine immer wichtigere Rolle spielen wird.

8) Was würde in Ihrem Unternehmen passieren, wenn man dem Business seinen HR-Business-Partner wegnehmen würde?

Wenn wir unsere HR-Business-Partner nicht mehr hätten, dann könnten wir nicht mehr gewährleisten, dass die HR-Strategie einheitlich in allen Business

Units umgesetzt wird. Die Folge wäre, dass unsere Prozesse nicht mehr effektiv gesteuert werden könnten, da keine kontinuierliche und zentrale Abstimmung mehr zwischen HR und den Business Units stattfinden würde. Ideen-Austausch und das Weitergeben von Erfahrungen würden der Vergangenheit angehören und die Synergieeffekte, die durch den Austausch der HR-Business-Partner untereinander erzielt werden, würden wegfallen. Der Personalbereich wäre viel zu weit weg von den Bedürfnissen des Business und könnte keine optimale Unterstützung und Beratung mehr leisten. Sie sehen – ohne den HR-Business-Partner geht es nicht.

Interview Matthias Robke (ING-DiBa)

1) Charakterisieren Sie doch mal bitte den idealen HR-Business-Partner?

Ein idealer HR-Business-Partner denkt gleichermaßen und mit ehrlichem Interesse an Geschäft, an Kunden und die Mitarbeiter. Die meisten Personaler sind eher Service-Partner.

2) Gibt es den bereits in ihrem Unternehmen? Und wie oft?

Ja, drei von allen Personalern, eine kleine Zahl: Einer ist geborener Kommunikationsexperte, der zweite Organisationsentwickler in der Bank und die dritte Strategin und Gremien-Organisatorin (Aufsichtsrat, Gewerkschaft, Betriebsräte etc.) Alle anderen Mitarbeiter der Personalabteilung sind sehr gute Service-Partner, aber keine Business-Partner. Ich vermute, das ist in anderen Unternehmen vergleichbar.

3) Sind dies Naturtalente oder haben sie eine systematische Auswahl und Ausbildung?

Ja, systematische Ausbildung dafür ist m.E. nicht möglich, sie haben alle eine besondere und akzeptierte Kernkompetenz, die bei der Personalabteilung gut tut, aber kein klassischer Personaljob ist.

4) Welche Aufgabenstellungen lösen denn die HR-Business-Partner typischerweise in Ihrem Unternehmen? Und welche HR-Themen erledigen sie mit Sicherheit nicht?

Im Prinzip: Wie halten wir ein ehrliches und verantwortliches Miteinander in der Bank? Was leisten sie nicht? Guten, praktischen, am Einzelfall orientierten Personalservice (der übrigens sehr wichtig ist, muss aber von den »Service-Partnern« gemacht werden).

5) *Beschreiben Sie eine Situation, nach der das Business zu seinem Partner aus HR gesagt hat:* »*Wow – das war wirklich gut!*«

Beispiel: Es gab in einem Bereich in der Bank (500 Mitarbeiter) bei der Mitarbeiterbefragung schlechte Zufriedenheitswerte. Es wurden Workshops und ein gemeinsames Projekt von Bereichsleitung und Personal aufgesetzt. Am Ende war jedoch der gesamte Bereich komplett neu organisiert, die Arbeitssteuerung, die Ausbildung aller Mitarbeiter, die Rollen, die Einsatzplanung, Transparenz und Flexibilität der Workflows war auf viel höherem Niveau und – wichtig – als Nebenprodukt waren Gesamteffizienz, die Zufriedenheit und Motivation der Mitarbeiter signifikant besser, weil sie viel mehr Verantwortung und Klarheit bekamen.

6) *Gibt es denn etwas in Ihrem Unternehmen, das rund um den HR-Business-Partner noch besser werden könnte?*

Was bedeutet »was rund um den HR-Business-Partner besser gemacht werden könnte«? Nichts. Aus meiner Sicht sind solche Fähigkeiten Geschenke, die das Personalmanagement bekommt. Personaler müssen ihre weitreichende Rolle dann erkämpfen und ständig verteidigen. Denn sie ist absolut notwendig für das Gesamtunternehmen. Ohne Top-Mitarbeiter und Kultur wird keine Firma langfristig die Zukunft bestehen.

7) *Was kommt für Sie denn* »*nach dem HR-Business-Partner*«, *sagen wir mal so ab 2015/2020, oder bleibt dies eine Aufgabe auf Sicht?*

HR-Business-Partner bleibt wichtig, die Rolle und Anforderungen werden eindeutig noch zunehmen.

8) *Was würde in Ihrem Unternehmen passieren, wenn man dem Business seinen HR-Business-Partner wegnehmen würde?*

Gute Frage, das müssten andere beantworten. Aber ich glaube im Ernst, dass auf Dauer kein Unternehmen ohne eine gute gemeinsame Linie bezüglich Kultur, gute Kommunikation und Führung bestehen wird. Wer muss letztlich dafür sorgen, wenn nicht ein unbequemer und hochfähiger Business-Partner Personaler?

Interview Peter Uehlin (LBBW)

1) *Charakterisieren Sie doch mal bitte den idealen HR-Business-Partner?*

- Detaillierte Kenntnisse über die wichtigsten Personalinstrumente,
- Kenntnisse im Arbeitsrecht und BetrVG,
- fachliche Kenntnisse über die betreuten Bereiche,
- durchsetzungsstark,

- tritt »auf Augenhöhe« auf,
- gute interne Vernetzung,
- Seniorität,
- Managementerfahrung,
- generalistische HR-/Rechts- und betriebswirtschaftliche Ausbildung bzw. Erfahrung.

2) Gibt es den bereits in ihrem Unternehmen? Und wie oft?

Ja, in Personal Key Accounts, ca. 10 Mitarbeiterinnen und Mitarbeiter, teilweise noch in Einarbeitung.

3) Sind dies Naturtalente oder haben sie eine systematische Auswahl und Ausbildung?

Systematische Auswahl und Ausbildung, teilweise langjährige Erfahrung als Personalreferent oder Vorläuferfunktion des Personal Key Account Manager.

4) Welche Aufgabenstellungen lösen denn die HR-Business-Partner typischerweise in Ihrem Unternehmen? Und welche HR-Themen erledigen sie mit Sicherheit nicht?

HR-Themen, die der HR-Business-Partner erledigt:
- Begleitung der Bereiche in allen personalwirtschaftlichen, strategischen Themen,
- Begleitung der Bereiche bei strategischen Projekten in personalwirtschaftlichen Themen,
- Auswahl, Besetzung und Betreuung der Abteilungsleiter in den zugeordneten Bereichen,
- zentraler Ansprechpartner für Führungskräfte aus den Fachbereichen,
- Veränderungsmanagement,
- Konfliktmanagement,
- Kulturwandel,
- Führungskräfteberatung.

HR-Themen, die der HR-Business-Partner nicht erledigt:
- Operatives Personalgeschäft,
- Betreuung von Funktionen unterhalb der Abteilungsleiterebene.

5) Beschreiben Sie eine Situation, nach der das Business zu seinem Partner aus HR gesagt hat: »Wow – das war wirklich gut!«

In einem Unternehmen mit schwäbischer Tradition kommen solche Begeisterungsrufe traditionell eher selten vor! Erfolgreicher Abschluss eines Projekts oder wichtigen Milestones. Erfolgreiche Besetzung einer strategisch wichtigen Abteilungsleiter-Stelle. Erfolgreiche Beendigung einer schwierigen Verhandlung mit dem Betriebs-/Personalrat.

6) Gibt es denn etwas in Ihrem Unternehmen, das rund um den HR-Business-Partner noch besser werden könnte?

- Bessere Abstimmung mit nachgelagerten Funktionen in HR,
- schnellere (unverzügliche) Einbindung in strategische Überlegungen der Bereiche,
- nachhaltiges Verfolgen von strategischen Zielen/Konsequenz in der Umsetzung,
- Dinge ganzheitlich »von Anfang bis Ende« durchzudenken.

7) Was kommt für Sie denn »nach dem HR-Business-Partner«, sagen wir mal so ab 2015/2020, oder bleibt dies eine Aufgabe auf Sicht?

Deutliche Verlagerung der heutigen operativen Personalarbeit auf EDV-Systeme bzw. Self-Service-Systeme. Stärkung der Key-Account-Funktion und noch engere Einbindung in die Bereiche, ggf. mit organisatorischer Anbindung. Ansonsten ist die weitere Entwicklung schwer zu prognostizieren.

8) Was würde in Ihrem Unternehmen passieren, wenn man dem Business seinen HR-Business-Partner wegnehmen würde?

HR-Aspekte würden vernachlässigt bzw. zu spät bedacht. HR-Planungsthemen würden zu spät vorgenommen. Projekte würden verlangsamt, da Betriebs-/Personalvertretung zu wenig eingebunden wären. Operatives Risiko durch zu wenig Beachtung arbeitsrechtlicher Aspekte bei organisatorischen Veränderungen. HR würde sich zu reinem Sachverwalter zurückentwickeln. Der »Blick fürs Ganze« würde fehlen.

Interview Dr. Martin Schmitt (Lufthansa)

1) Charakterisieren Sie doch mal bitte den idealen HR-Business-Partner?

Der HR-Business-Partner ist ein in Personalthemen umfassend ausgebildeter und über das Business des betreuten Fachbereichs unterrichteter Berater für alle Fragen, die mit Beschäftigten des Unternehmens zu tun haben. Er wird bei Veränderungen frühzeitig mit einbezogen und kann so proaktiv bei der Umsetzung der Unternehmensstrategie mitwirken. Dazu gehört auch die Ausrichtung der Personalmaßnahmen und Instrumente im Hinblick auf die Unternehmensstrategie. Über die Beratungsfunktion hinaus stellt er/sie gegenüber dem Fachbereich das Funktionieren aller dieser die Beschäftigten betreffenden HR-Prozesse sicher. HR-Business-Partner gibt es auf Referenten- und Führungsebenen. Den Begriff selbst sollte man nicht so wichtig nehmen, er könnte in einer nächsten Definitionswelle durch einen anderen ersetzt werden. Tatsächlich geht es immer um die Frage, wie und durch wen die in den Unternehmen arbeitenden Menschen (und damit nicht digitale Funktion, sondern personales Verhalten) in die betrieblichen Prozesse einbezogen werden.

2) Gibt es den bereits in ihrem Unternehmen? Und wie oft?

Noch immer stellen sich Management und HR-Bereiche in Teilbereichen unterschiedliches unter dem Begriff »HR-Business-Partner« vor. Das ist auch gar nichts ungewöhnliches, schließlich kann man die Begriffe »HR«, »Business« und »Partner« auch isoliert völlig unterschiedlich auffassen. Dementsprechend gibt es Bereiche im Unternehmen, wo HR-Business-Partner noch gesucht werden und solche, wo sich eine Business-Partnerschaft im Unternehmensalltag auf der Basis eines gemeinsamen Verständnisses längst etabliert hat. Übrigens häufig auch ohne gleichnamige Betitelung auf der Visitenkarte, sondern durch Akzeptanz im professionellen Handeln im Geschäftsalltag.

3) Sind dies Naturtalente oder haben sie eine systematische Auswahl und Ausbildung?

Da neben Begabung und fachlichen Fähigkeiten, Erfahrung und spezifische Schulungen für HR-Business-Partner erforderlich sind, ist zunächst eine systematische Auswahl zwingend. Sie wird in unserem Unternehmen durch eine generell überarbeitete Stellen- und Vergütungs-Struktur unterstützt, hat aber noch eine erhebliche Wegstrecke zu gehen. Wichtig ist, dass der HR-Business-Partner einen eigenen Standpunkt einnimmt und sein Wissen in Handeln umsetzt. Ein Schwerpunkt dabei ist ein generell höherer Qualifikationsanspruch, der aus klassischen Sachbearbeiterpositionen verstärkt Referentenstellen macht und von einer Verschlankung der Führungsebenen begleitet wird. Ein weiterer Schwerpunkt ist (im Rahmen der Schulung) das Kennenlernen des Business durch den HR-Business-Partner. Beide Schwerpunkte stehen im Spannungsverhältnis mit dem allgegenwärtigen Kostendruck besonders für Supportfunktionen.

4) Welche Aufgabenstellungen lösen denn die HR-Business-Partner typischerweise in Ihrem Unternehmen? Und welche HR-Themen erledigen sie mit Sicherheit nicht?

HR-Business-Partner halten den Fachbereichen hinsichtlich der HR-Prozesse den Rücken frei, weisen aber bereits im Vorfeld von Entscheidungen auf HR-relevante Prozessbestandteile hin und steuern bzw. unterstützen die Prozesse zu Personalgewinnung, -entwicklung und -einsatz optimal. Standardisierte HR-Prozesse, die in unsere Shared Service Center ausgelagert sind, erledigen sie mit

Sicherheit nicht, stellen aber sicher, dass sie erledigt werden. Der HR-Business-Partner steht zwar im Spannungsfeld zwischen unternehmerischen/betriebswirtschaftlichen Zielen einerseits und Interessengruppen auf tariflicher und betrieblicher Ebene andererseits. Aber gerade in dieser Rolle liegt für den HR-Business-Partner mit seiner fachlichen Expertise eine enorme Chance, einen signifikanten Wertbeitrag zu leisten.

5) Beschreiben Sie eine Situation, nach der das Business zu seinem Partner aus HR gesagt hat: »Wow – das war wirklich gut!«

Wir haben keine »Wow-Kultur«.

6) Gibt es denn etwas in Ihrem Unternehmen, das rund um den HR-Business-Partner noch besser werden könnte?

Das HR-Business-Partner-Konzept ist noch nicht überall wirklich eingeführt und in einer dem Modell entsprechenden Erfolgsroutine. Es gibt daher noch viele Verbesserungspotenziale. Aufgrund der bisherigen Struktur wird der Übergang auch noch einige Zeit in Anspruch nehmen, denn nicht aus jedem klassischen Sachbearbeiter kann ein HR-Business-Partner werden.

7) Was kommt für Sie denn »nach dem HR-Business-Partner«, sagen wir mal so ab 2015/2020, oder bleibt dies eine Aufgabe auf Sicht?

So weit in die Zukunft blicken kann ich nicht. Die Antwort auf die gestellte Frage hängt entscheidend von der Entwicklung im allgemeinen Management und der dahinter stehenden Führungskultur ab. Dabei dürfte es in Zukunft unterschiedliche Lösungen geben. In sehr stark Human Capital orientierten Unternehmen könnte es sein, dass man den Business-Partner im leitenden Bereich gar nicht mehr braucht, weil seine Kerndienste allgemeiner Bestandteil der Managementaufgaben geworden sind und die sach- sowie fachliche Zuarbeit von Competence-Centern und Shared-Service-Funktionen geleistet werden kann. Das muss sich aber nicht so entwickeln, es könnte auch zu einer verstärkten Rolle spezieller HR-Verantwortlicher kommen, wenn sich das Personal noch stärker zum USP, aber auch Risiko (demografische Effekte, Sozialpartnerschaftsprobleme usw.) entwickelt. In stark produktionsgeprägten Bereichen, mit eher einfachen Tätigkeiten, dürfte es noch viele Jahre dauern, um überhaupt das HR-Business-Partner-Konzept zu etablieren.

8) Was würde in Ihrem Unternehmen passieren, wenn man dem Business seinen HR-Business-Partner wegnehmen würde?

Das Business würde sich selbst mit HR-Sachverstand ausstatten. Da dann aber eine Vermittlungsfunktion außerhalb des Business fehlt, werden an vielen Stellen Probleme auftreten.

Interview Brigitte Hirl-Höfer (Microsoft)

1) Charakterisieren Sie doch mal bitte den idealen HR-Business-Partner?

Der ideale Business-Partner arbeitet sehr eng mit dem jeweiligen Geschäftslei-tungsmitglied zusammen und definiert die entsprechende People-Agenda. Der Business-Partner ist sehr gut vertraut mit dem Geschäft des zu betreuenden Be-reiches und hat mit seiner Arbeit einen unmittelbaren Einfluss auf das Ge-schäftsergebnis. Darüber hinaus kennt er die gesamte Unternehmenssituation sehr gut und ist in der Lage, Probleme schnell in Lösungen umzusetzen. Bei wichtigen Entscheidungen sitzt er mit am Tisch und bringt seine Perspektive ein.

2) Gibt es den bereits in ihrem Unternehmen? Und wie oft?

Ja, wir haben die Rolle des Business-Partners bereits seit mehreren Jahren. Im Laufe der Zeit wurde sie entsprechend weiterentwickelt und geschärft. So haben wir zum Beispiel ein internes Shared Services Center aufgebaut, um dem Busi-ness-Partner operative Themen abzunehmen und er sich noch stärker auf stra-tegische Themen konzentrieren kann. Im HR-Bereich haben wir z.B. alle 6 Busi-ness-Partner in einem Team zusammengefasst, um die Arbeit noch mehr zu fo-kussieren und die kontinuierliche Weiterentwicklung der Rolle noch besser si-cherstellen können.

3) Sind dies Naturtalente oder haben sie eine systematische Auswahl und Aus-bildung?

Wir achten darauf, welches Profil wir für den Business-Partner von extern ein-stellen oder wen wir intern in diese Rolle entwickeln. Der Business-Partner braucht neben einer soliden betriebswirtschaftlichen Ausbildung eine starke Persönlichkeit, ein hohes Verständnis von Geschäftsabläufen und Prozessen und er muss Einfluss ausüben können auf das Business, mit dem er eng zusammen-arbeitet. Er ist Coach, Umsetzer und aktiver Berater zugleich und muss in der Lage sein, größere Transformationsprozesse zu gestalten.

4) Welche Aufgabenstellungen lösen denn die HR-Business-Partner typischer-weise in Ihrem Unternehmen? Und welche HR-Themen erledigen sie mit Sicherheit nicht?

Die HR-Business-Partner sind Mitglied des Management-Teams und moderie-ren und gestalten alle People-Themen in ihrem Geschäftsbereich. Das geht von der strategischen Personalplanung bis hin zur Nachfolgeplanung des Manage-ment-Teams. Gerade in Zeiten der Krise ist er ein wichtiger Berater bei Verände-rungsprozessen. Der Business-Partner arbeitet nicht an administrativen und im Idealfall auch nur an sehr wenigen operativen Themen.

5) Beschreiben Sie eine Situation, nach der das Business zu seinem Partner aus HR gesagt hat: »Wow – das war wirklich gut!«

So ein Feedback bekommt man immer dann, wenn man sehr lösungsorientiert etwas erreicht hat, was einen unmittelbaren Einfluss auf das Business hat oder haben wird und dabei aber immer im Auge behält, wie sich das auf die Entwicklung des Geschäftsbereiches auswirken wird.

6) Gibt es denn etwas in Ihrem Unternehmen, das rund um den HR-Business-Partner noch besser werden könnte?

Es ist uns wichtig, dass jeder Business-Partner ein ähnliches Portfolio an Kompetenzen hat, daher arbeiten wir kontinuierlich an der Weiterentwicklung. So hat zum Beispiel jeder Business-Partner in einem Training erlernt, wie man einen Business-Plan erarbeitet.

7) Was kommt für Sie denn »nach dem HR-Business-Partner«, sagen wir mal so ab 2015/2020, oder bleibt dies eine Aufgabe auf Sicht?

Ich bin mir sicher, dass die Rolle des HR-Business-Partners existieren bleibt und eher die alternativen Rollen im HR-Team ihre Bedeutung verlieren werden bzw. durch weiteres Outsourcing und erweiterte Shared-Services-Funktionen verschwinden werden. Aber diese wichtige 1:1-Betreuung wird erhalten bleiben und ich wünsche mir, dass wir in Zukunft diese Funktion aus dem Business selbst rekrutieren werden. Denn in dieser Rolle hat man Einfluss und man sitzt am Tisch der Geschäftsleitung!

8) Was würde in Ihrem Unternehmen passieren, wenn man dem Business seinen HR-Business-Partner wegnehmen würde?

Der vor allem langfristige Ansatz und Fokus auf die People-Themen würde wegfallen. Es gäbe keinen mehr, der seine spezielle Personalkompetenz und -perspektive einbringt. Die Qualität der Personalthemen würde drastisch abfallen und letztendlich wird sich das dann mittelfristig auch auf die Ergebnisse des Unternehmens auswirken.

Interview Jürgen Brokatzky-Geiger (Novartis)

1) Charakterisieren Sie doch mal bitte den idealen HR-Business-Partner?

Ein idealer HR-Business-Partner versteht das Geschäft, in dem er/sie tätig ist. Dies beinhaltet ein Verständnis der Industrie und des Geschäftsbereichs im weiteren Sinne, weltweite und lokale Trends, sowie ein Verständnis des engeren Arbeitsumfeldes. Der HR-Business-Partner unterstützt es in allen HR-relevanten Aspekten, inklusive Organisationsentwicklung und dem Entwickeln und Prägen einer geeigneten Geschäftskultur. Dies geschieht durch ausgezeichnete konzeptionelle Fähigkeiten und einem ausgeprägten Implementierungsdrang und der Fähigkeit, in beratender Funktion zu agieren.

2) Gibt es den bereits in ihrem Unternehmen? Und wie oft?

Ich denke, dass vor allem die globalen Unternehmen der Schweiz und vieler anderer Länder diesem Idealbild sehr nahe kommen auf globaler, regionaler und lokaler Ebene. Und ja, den idealen Business-Partner gibt es bereits auf globaler, regionaler und lokaler Ebene bei Novartis.

3) Sind dies Naturtalente oder haben sie eine systematische Auswahl und Ausbildung?

Novartis hat diese Talente in den vergangenen Jahren gezielt rekrutiert, aber wir haben auch viel in die eigene Ausbildung investiert.

4) Welche Aufgabenstellungen lösen denn die HR-Business-Partner typischerweise in Ihrem Unternehmen? Und welche HR-Themen erledigen sie mit Sicherheit nicht?

Die HR-Business-Partner unterstützen die Geschäftsführer in den Ländern oder die Leiter der Funktionen bei vielen wichtigen Aufgaben. Zu nennen wären (a) Analyse der Qualität des Personalbestandes, der Nachfolgeplanung, der zukünftig zu bewältigenden Aufgaben und daraus abgeleitet den Trainings-, Entwicklungs- und Rekrutierungsbedarf, (b) das Auffinden der besten Arbeitsprozesse und der damit verbundenen Organisationsstruktur und die aktive Unterstützung von Veränderungen. Mit Sicherheit nicht: Die Übernahme der jeweiligen Linienverantwortung zum Beispiel für Mitarbeitergespräche allgemein, persönliche Leistungsbeurteilungsgespräche, persönliche Weiterentwicklungsgespräche im Besonderen. Natürlich auch nicht das »Abtippen« oder »ins Reine schreiben« eventueller Handnotizen in Personalformulare oder Datenbanken.

5) Beschreiben Sie eine Situation, nach der das Business zu seinem Partner aus HR gesagt hat: »Wow – das war wirklich gut!«

Ein effizienter Rekrutierungsplan sorgt für eine Beschleunigung von Projekten. Eine gute Analyse mit gut implementierten Maßnahmen senkt den Mitarbeiter-»turnover«. Das zur Verfügung stellen von ausgezeichneten Trainingsprogrammen fördert die Talententwicklung und hilft dem Business, sich besser auf die Zukunft auszurichten. Die Expertise von Organisationsentwicklungsspezialisten hilft, den optimalen Arbeitsprozess und die beste Organisationsform zu finden und zu implementieren.

6) Gibt es denn etwas in Ihrem Unternehmen, das rund um den HR-Business-Partner noch besser werden könnte?

Wir sollten in einigen Bereichen mehr personelle Stabilität dadurch erreichen, dass HR-Mitarbeiterinnen und -Mitarbeiter länger in ihren Positionen bleiben. HR-Personal sollte besser ausgebildet werden in Projektmanagement. In einigen Bereichen würde ich mir eine bessere Implementierungsdisziplin und mehr Kommunikation und Gedankenaustausch wünschen. Das würde helfen, Doppelspurigkeiten zu vermeiden. Manchmal wäre mehr Pragmatismus der bessere Weg.

7) Was kommt für Sie denn »nach dem HR-Business-Partner«, sagen wir mal so ab 2015/2020, oder bleibt dies eine Aufgabe auf Sicht?

Ich denke nicht, dass sich dieses sehr anspruchsvolle Berufsbild noch groß verändern wird. Verändern wird sich die Optimierung der Automation von Standardprozessen.

8) Was würde in Ihrem Unternehmen passieren, wenn man dem Business seinen HR-Business-Partner wegnehmen würde?

Niemand ist unersetzlich; sicherlich würden die Firmen auch ohne HR-Business-Partner funktionieren. Die Linienvorgesetzten würden wieder mehr gefordert, würden mehr Aufgaben übernehmen müssen, die heute von HR oder Konsulenten geleistet werden. Ich selbst hatte in meiner Linienzeit nie einen HR-Business-Partner des heutigen Kalibers. Es war aufwendiger, wir hatten viel weniger Expertise auf gewissen Gebieten, es war »hemdsärmeliger«, es gab viel »Hausgemachtes«, aber wir haben gut überlebt. Trotzdem wäre es ein großer Rückschritt in eine vergangene Zeit. HR kann sehr stark zum Erfolg eines Geschäftes beitragen. Ich möchte die Uhr nicht zurückgedreht wissen.

Interview Stefan Ries (SAP)

1) Charakterisieren Sie doch mal bitte den idealen HR-Business-Partner?

Der »ideale« HR-Business-Partner zeichnet sich durch folgende Eigenschaften in Bezug auf Erfahrung und Persönlichkeit aus:

- Umfangreiche Erfahrung in den verschiedensten HR-Themen als »Generalist« (sozusagen von »A bis Z«) in der täglichen Personalarbeit von Fragen und Problemstellungen in Bezug auf Einstellungen, Vergütung, Personalentwicklung und Umgang mit den Sozialpartnern.

- Idealerweise hat ein HR-Business-Partner »out of the box« gearbeitet – d.h. in einem Geschäftsbereich Erfahrung außerhalb von HR sammeln können. Dadurch ist das Geschäftsverständnis (business acumen) deutlich geschärft und die Person spricht die gleiche Sprache wie die internen Kunden.

- Ausgeprägte Fähigkeiten, schwierige und komplexe Themen rasch zu verstehen, in pragmatische Lösungsvorschläge umzuwandeln und dann – ganz wichtig – diese auch zügig umsetzen.
- Deutlich überdurchschnittliche Fähigkeiten für den Blick auf »das Ganze« (Generalist), jedoch verbunden mit der Fähigkeit und dem starken Willen, Themen aufzunehmen und zu lösen (»get things done mentality«).
- In der Umsetzung einer Lösung zu einem bestimmten Problem keinesfalls ausschließlich selbstständig arbeitend, sondern sehr stark einbindend in Bezug auf HR-Spezialisten (CoEs) und HR Operations.
- Deutlich überdurchschnittlich ausgeprägte Fähigkeiten in Bezug auf Kommunikations- und Präsentationsskills.

2) Gibt es den bereits in ihrem Unternehmen? Und wie oft?

Ja, meiner Meinung nach zu 80% von der HR-Business-Partner-Gesamtpopulation.

3) Sind dies Naturtalente oder haben sie eine systematische Auswahl und Ausbildung?

Diese Antwort ist sicherlich sehr schwer zu beantworten. Einerseits legen wir viel Wert bei Neueinstellungen darauf, dass die Fähigkeiten und Erfahrungen als Grundlage vorhanden oder schon stark ausgeprägt sind (ja nach Positionsanforderung bzw. erforderliche »Seniorität«), andererseits haben wir in den letzten Jahren versucht, über den »70-20-10 Ansatz« viele Ausbildungen »on the job« mit 70% zu unterstützen und zu fördern. Dabei stehen sicherlich insbesondere Change Management und Reorganisationsthemen im Vordergrund, da diese sich ausgezeichnet eignen, die HR-Business-Partner-Fähigkeiten zu schulen und die Erfahrungen damit auszubauen.

4) Welche Aufgabenstellungen lösen denn die HR-Business-Partner typischerweise in Ihrem Unternehmen? Und welche HR-Themen erledigen sie mit Sicherheit nicht?

Typischerweise arbeiten die HR-Business-Partner an Change-Management- und Organisationsthemen. Dabei agieren sie hauptsächlich in einer globalen LOB und übernehmen auch Eskalationsaufgaben, die sie dann »dispatchen« – zum Beispiel in die CoE- und HR-Operations-Bereiche. Selten beschäftigen sie sich mit transaktionalen HR-Themen (Payroll, Zeugnisse etc.).

5) Beschreiben Sie eine Situation, nach der das Business zu seinem Partner aus HR gesagt hat: »Wow – das war wirklich gut!«

Ein Beispiel ist die proaktive Unterstützung bereits in der Vorphase einer möglichen Organisationsveränderung. Dabei konnten wir – mittels einer Change-

und Organisationsdesignberatung – frühzeitig Alternativen, einen vernünftigen Zeitplan und letztendlich auch einen Weg für die möglichst einfache und zügige Umsetzung dieser Veränderung aufzeigen. Nach Abschluss dieser Reorganisation kam der »Wow-Effekt«.

6) *Gibt es denn etwas in Ihrem Unternehmen, das rund um den HR-Business-Partner noch besser werden könnte?*

Ja, die spezielle Ausbildung und Erfahrung durch gezielte Maßnahmen von Trainees/Berufsakademiestudenten/innen intensivieren und auf die Aufgabe eines HR-Business-Partners vorzubereiten.

7) *Was kommt für Sie denn »nach dem HR-Business-Partner«, sagen wir mal so ab 2015/2020, oder bleibt dies eine Aufgabe auf Sicht?*

Nach der Umsetzung der nachhaltigen Ausrichtung auf ein HR-Business-Partner-Konzept wird m.E. ein evolutionärer Schritt in Bezug auf die Personalarbeit eingeläutet. Was meine ich damit? Viele Unternehmen werden dann nach Einführung der drei tragenden HR-Säulen (HR-Business-Partner, CoEs und HR Operations) versuchen, wieder zusammen an der Optimierung der Prozesse, Tools und letztendlich der Kundenzufriedenheit zu arbeiten. Derzeit ist eine klare Tendenz zu erkennen, dass sich die Säulen zuerst einmal bilden und dann innerhalb ihrer Disziplin optimieren, bevor dies übergreifend passiert.

8) *Was würde in Ihrem Unternehmen passieren, wenn man dem Business seinen HR-Business-Partner wegnehmen würde?*

Dies ist sicherlich schwer zu beurteilen – jedoch denke ich, dass wir damit den proaktiven Beitrag von HR zum Geschäftserfolg sehr stark in den Hintergrund stellen würden und zurückfallen würden in die Personalarbeit, die sich am besten umschreibt mit »polite und police« anstatt »partner und player«.

Interview Henning Patzke (Shell)

1) *Charakterisieren Sie doch mal bitte den idealen HR-Business-Partner?*

Im Prinzip stellen wir uns hier wohl den »allwissenden Alleskönner« vor, also jemanden, der nicht nur der professionelle HR-Generalist ist, der alle HR-Aufgaben auf der operativen und taktischen Ebene erledigen (lassen) kann, sondern insbesondere auch strategische Impulse für das Business und die HR-Arbeit gibt und gleichzeitig der Chef-Personalentwickler des Bereichs ist. Ideal-Profile werden sehr stark variieren und insbesondere von der Unternehmensgröße und -Struktur (z.B. lokale versus regionale/globale Aktivitäten) abhängen, Multi-Länder-HR-Betreuung erfordert eben andere Kompetenzen als rein lokale HR-Aktivitäten. Die Ideal-Positionierung des HR-Business-Partners ist m.E. im globalen Senior-Managementteam des jeweiligen Geschäftsbereichs. Der HR-Business-Partner von Managementteams auf den unteren (eher lokalen) Ebenen dieser Bereichs-Hierarchie entsprechen momentan noch nicht dem oben dargestellten Idealprofil; die Arbeit ist dort meist stärker auf Implementierung ausgerichtet und beinhaltet deutlich weniger Strategieelemente, die zumeist auf der globalen Topebene oder den »Centers of Excellence« definiert werden.

2) Gibt es den bereits in ihrem Unternehmen? Und wie oft?

Bei Shell gibt es schon seit langem eine stark ausgeprägte HR-Business-Partner-Philosophie; jedem Geschäftsbereich/Funktionsbereich sind HR-Business-Partner auf den verschiedenen Hierarchiestufen zugeordnet, die in enger Kooperation mit ihrer Linie agieren. Mit der Globalisierung der Shell-Organisation (in 2005) sind viele HR-Business-Partner in globale Verantwortung gekommen und haben seitdem eine steile Lernkurve durchlaufen, um dieser multinationalen Verantwortung im Sinne eines Business-Partners gerecht zu werden und ihren Bereich HR-strategisch zu betreuen. Ich würde behaupten, dass diese zum heutigen Zeitpunkt den vielfältigen Herausforderungen in fast allen Aspekten entsprechen und durchaus als HR-Business-Partner bezeichnet werden können. Die Anzahl dieser globalen HR-Business-Partner liegt bei Shell im zweistelligen Bereich. Sicherlich entwickelt sich die gesamte HR-Betreuungsorganisation auch auf den unteren Hierarchiestufen immer stärker auf ein HR-Business-Partner-Modell zu; wir nutzen dort den Begriff HR Account Manager bzw. HR Advisor. Auf diesen Stufen dominieren meistens die sehr zeitaufwendigen, operativen oder taktischen HR-Aufgaben und lassen wenig Zeit für strategischere Aktivitäten. Erst durch die momentan stattfindende, globale Standardisierung und Automatisierung sowie die Verlagerung von prozessualen HR-Aufgaben in Shared Service Center wird sich über die Zeit für diese HR-Hierarchiestufen eine Wandlung hin zu den mehr strategischen »value add«-Aktivitäten ergeben.

3) Sind dies Naturtalente oder haben sie eine systematische Auswahl und Ausbildung?

Professionelle HR-Generalisten, die auch in globalen Managementteams agieren können, entstehen nicht durch Zufall. Im Wesentlichen setzen wir auf interne Ausbildung und haben durch ein internes HR-Kompetenzmodell (»HR Functional Excellence«) mit den entsprechenden Trainings-Maßnahmen einen Rahmen gebildet, in dem die Ausbildung für diese Rollen systematisch unterstützt wird. Es gibt sogar spezielle »HR Strategic Business Partner«-Kurse für unterschiedliche HR-Hierarchieebenen. Die wichtigsten Ausbildungsschritte erfolgen aber on-the-job und werden durch regelmäßige Jobrotationen über viele Jahre hinaus systematisch vollzogen. Ob jemand dann auch noch die weiterreichenden strategischen Kompetenzen und die notwendigen Führungsqualitäten für eine derartige globale Verantwortung als HR-Business-Partner mitbringt, setzt sicherlich auch eine gewisse Portion Naturtalent voraus – und auch Business-Partner in der Linie und eigene HR-Vorgesetzte, die das notwendige Coaching geben, um in diese Rollen hineinzuwachsen. Persönlichkeit ist sicherlich auch hilfreich, um z.B. Hierarchieeffekten entgegenzuwirken, denn der HR-Business-Partner muss auch in der Lage sein, nach »oben« coachen und agieren zu können.

4) Welche Aufgabenstellungen lösen denn die HR-Business-Partner typischerweise in Ihrem Unternehmen? Und welche HR-Themen erledigen sie mit Sicherheit nicht?

Der HR-Business-Partner (»HR Operations«) ist nicht nur der professionelle HR-Generalist, sondern versteht auch den zu betreuenden Geschäftszweig/Funktionsbereich inhaltlich, arbeitet an der Vision, der Strategie und den Geschäftsplänen mit. Er gibt diesen idealerweise sogar wesentliche Impulse – zumindest aber definiert er die passende HR-Strategie – diskutiert auf Augenhöhe mit den Linienmanagern seines Managementteams über »das gemeinsame Business« und bringt den Bereich in den wesentlichen strategischen Personalthemen (Organisationsentwicklung, Talent Management und Nachfolgeplanung, Personalentwicklung, Change Management) voran. Gleichzeitig ist er der Sparringspartner und Coach für das Senior Management, dies insbesondere für die Leitung des Geschäftszweiges/Funktionsbereiches. Natürlich gehören zu den Aufgaben auch die eher taktischen Aufgaben des HR-Generalisten, z.B. die Steuerung des jährlichen Performance-Management-Prozesses, inkl. der darauf basierenden Gehaltsrunde, und auch die Koordination von Resourcing und lokalen Recruitment-Aufgaben. Der HR-Business-Partner bei Shell ist nicht für die Definition von globalen HR-Grundsätzen, Gehaltsstrategien oder die Ausgestaltung von Shell-weiten Personalprozessen (Recruitment, Performance und Potential Management, Senior Management Entwicklung, Mitarbeiterbefragung etc.) zuständig, dies erfolgt in den »HR Centers of Excellence«. Ferner ist er auch nicht zuständig für rein prozessuale Aufgaben wie Gehaltsabwicklung oder Beratung von lokalen Mitarbeitern bezüglich der vertraglichen Standardbenefits, ebenso wenig für die Beratung und Betreuung von Expatriates, diese Aufgaben erledigen die » HR Shared Service Centers«.

5) Beschreiben Sie eine Situation, nach der das Business zu seinem Partner aus HR gesagt hat: »Wow – das war wirklich gut!«

Ein gutes Beispiel aus 2008 war bei Shell das erfolgreiche Outsourcing der IT-Infrastrukturbereiche, rund 3.000 Mitarbeiter und Kontraktoren weltweit, an drei externe Partner. Ein sehr komplexes Projekt, welches ein sehr enges Zusammenspiel zwischen dem IT-Bereich und HR erforderte und global zu koordinieren war. Sicherlich war der erfolgreiche Abschluss des Projektes nicht nur ein Verdienst der HR-Business-Partner des IT-Bereichs, sondern auch der Verdienst der anderen HR-Funktionen (Centers of Excellence und Shared Service Center).

Richtig gut sind HR-Business-Partner nur dann, wenn die anderen HR-Funktionen reibungslos funktionieren und die Zusammenarbeit aller drei gut koordiniert wird.

6) Gibt es denn etwas in Ihrem Unternehmen, das rund um den HR-Business-Partner noch besser werden könnte?

Einen wesentlichen Punkt in der zukünftigen Entwicklung dieser Rollen bei Shell sehe ich in der weiteren Befreiung von administrativen, operativen und taktischen HR-Aufgaben. Die Etablierung globaler Centers of Excellence und von HR Shared Service Center ist noch im Aufbau begriffen, so dass diese momentane Übergangsphase oft eine doppelte Beanspruchung der HR-Business-Partner mit sich bringt. Erst wenn auch genügend Zeit für strategische Aufgaben gegeben ist, kann man diese Rolle auch inhaltlich ernsthaft gegenüber der Linie wahrnehmen. Eine noch intensivere Ausbildung zum »Business-Generalisten«, z.B. in Geschäftsmodellen und Strategien, Finanzen, Marketing sowie in vertiefter Marktkenntnis wird ferner erforderlich sein, um der Linie gegenüber inhaltlich selbstbewusst genug auftreten zu können und somit auch in strategischen Angelegenheiten mitreden zu können. Insbesondere ein zeitweiliger Export von HR-Generalisten in die Linie wäre hilfreich, um das Business zukünftig noch besser zu verstehen und beraten zu können. Positive Beispiele aus den letzten Jahren, auch auf globaler Ebene im Shell Senior Management, könnten helfen, HR'ler dazu zu bewegen, diesen Schritt »zu wagen« und die Linie dazu zu bewegen, dieses den HR'lern auch zuzutrauen. Ob wir hierfür schon die richtigen Talente in genügender Zahl an Bord haben, bleibt abzuwarten.

7) Was kommt für Sie denn »nach dem HR-Business-Partner«, sagen wir mal so ab 2015/2020, oder bleibt dies eine Aufgabe auf Sicht?

Ich denke schon, dass die Rolle des HR-Business-Partners auch langfristig bestehen bleibt, sich aber stärker auf strategischere Fragen konzentrieren sollte. Eine drastische Option könnte sein, dass die Rolle in Zukunft so weitreichend von operativen und taktischen Elementen befreit werden kann bzw. sollte, dass sie ggf. mit anderen Rollen im Senior Management des Bereichs verbunden werden kann, z.B. mit Strategie & Planung oder einem der (kleineren) operativen Linien-Bereiche, allerdings mit der (erneuten) Gefahr der »Entprofessionalisierung« der HR-Komponente. Als wahrscheinlichere Entwicklung ist m.E. aber davon auszugehen, dass die Linie auch weiterhin den umfassenden HR-Service aus einer Hand erwartet und den HR-Business-Partner mit Abdeckung des gesamten Spektrums von operativen bis zu strategischen Aufgaben einfordert. Die zunehmende Globalisierung, die höhere Bedeutung von Talent Management und die dauerhafte Herausforderung des Change Management werden wohl langfristig den HR-Business-Partner mehr als ausreichend auslasten.

8) Was würde in Ihrem Unternehmen passieren, wenn man dem Business seinen HR-Business-Partner wegnehmen würde?

Zuerst einmal vermeintlich wenig! Die Linie würde in einigen Teilbereichen ggf. sogar hoffen, schneller agieren zu können und einige u.U. als hinderlich empfundene HR-Interventionen nicht beachten zu müssen. Langsam aber sicher würden sich die »Personalbeziehungen« im Unternehmen deutlich verschlechtern, da die »Ausgleichsfunktion« HR nicht mehr pro-aktiv intervenieren würde. Das Business und die Mitarbeiter würden merken, dass der professionelle HR-Input zu Dingen wie Organisations- und Personalentwicklung, Nachfolgeplanung, Change Management und Mitarbeiterkommunikation nicht mehr vorab erfolgt und somit wesentliche qualitative Elemente fehlen. Fazit: kurzfristig vermeintlich kein Problem für das Business, mittel- bis langfristig ein Riesenproblem.

Interview Rudolf Kast (Sick)

1) Charakterisieren Sie doch mal bitte den idealen HR-Business-Partner?

In der obersten Leitungsebene nehme ich als Mitglied der Geschäftsführung selber diese Rolle wahr. Von Beginn an bin ich in die strategische Unternehmensentwicklung, Organisationsveränderungen, Mergers & Acquisitions und anderes eingebunden und aufgefordert, die HR-Spezifika einzubringen. Unsere »HR Consultants« besitzen als HR-Business-Partner eine vergleichbare Rolle in ihren jeweiligen Bereichen, also eine Ebene darunter. Sie sind bei sämtlichen strategischen Themen in der Unit von vornherein einbezogen und stellen eine Berücksichtigung HR-spezifischer Themen vor der Entscheidung sicher. Viele administrative Themen – so etwa die Payroll, Vergütung, Altersversorgung, Arbeitsrecht, Betriebsratsangelegenheiten – haben wir zumindest in Deutschland inzwischen in einem Shared Service Center zusammengeführt.

2) Gibt es den bereits in ihrem Unternehmen? Und wie oft?

Ja, dies ist bei uns langjährige Praxis. Sowohl ich selber als Head HR als auch die sieben HR-Business-Partner für die Bereiche haben bereits in der Vergangenheit aktiv bei den geschäftlichen Veränderungen mitgewirkt, eben aus der HR-Perspektive. Derzeit sind wir allerdings gerade bei der Umsetzung einer internen HR-Reorganisation. Aus den »HR Consultants« (bisher) sollen »HR Business Partner« (künftig) werden. Dies bedeutet veränderte Rollenbeschreibungen und Kompetenzprofile. Auch die sieben HR Consultants müssen sich auf diese neue Stellen der HR-Business-Partner intern bewerben.

3) Sind dies Naturtalente oder haben sie eine systematische Auswahl und Ausbildung?

Teils – teils. Daher haben wir ein systematisches Ausbildungsprogramm für diese »Key Accounter« zur weiteren Verbesserung der Kundenorientierung. Sie sollen einen Produktüberblick zu den wichtigsten Leistungen des HR-Bereichs erhalten: Personalentwicklung, Organisationsentwicklung, HR-Marketing, Vergütung, Altersvorsorge, Gesundheitsmanagement und in die Rolle als Berater der Organisationsbereiche hineinwachsen.

4) Welche Aufgabenstellungen lösen denn die HR-Business-Partner typischerweise in Ihrem Unternehmen? Und welche HR-Themen erledigen sie mit Sicherheit nicht?

Sie sollen – als »frühzeitiger Aktivator« – die Veränderungen im Unternehmen aktiv begleiten. Ihr Thema sind die Auswirkungen auf die Organisation und das Personal. Deshalb haben sie auch als Pflichtveranstaltungen Seminare zu Change Management und interner Kommunikation besucht. Zudem haben wir einmal im Jahr für jeden Bereich Planungs-Workshops, in dem die HR-Business-Partner mit den HR-Experten die Themen für die jeweilige Unit vorbereiten. Was sollen sie nicht machen? Keineswegs aktiv in die Kerngeschäftsprozesse eingreifen, aber auch keine HR-Spezialthemen wie etwa Ausbildung oder Altersvorsorge selbst lösen. Die Bearbeitung dieser Themen im Detail ist nicht ihr Job, dafür haben wir in HR unsere Spezialisten.

5) Beschreiben Sie eine Situation, nach der das Business zu seinem Partner aus HR gesagt hat: »Wow – das war wirklich gut!«

In 2008 haben wir bei »Great Place to Work« nicht mehr ganz so gut wie in den Vorjahren abgeschnitten. Wir haben daraufhin unmittelbar SOUL (Sick Organisations- und Unternehmens-Leitbild) ins Leben gerufen, ein Projekt mit Mitarbeitern und Führungskräften als Botschafter aus allen Bereichen. Dies ergab einen neuen Blick auf unsere Führungs-Grundsätze, gerade auch in der internationalen Abstimmung. Ergebnis sind jetzt die »Leitlinien zur Führung und Zusammenarbeit«. In diesen Prozess waren die HR-Business-Partner maßgeblich eingebunden.

6) Gibt es denn etwas in Ihrem Unternehmen, das rund um den HR-Business-Partner noch besser werden könnte?

Unsere HR-Business-Partner stammen alle aus der Personalfunktion. Daher muss sich ihr Geschäftsverständnis für den jeweiligen Bereich weiter verbessern: Kenntnisse über Produkte und Lösungen, strategische Stärken/Schwächen sowie Entwicklungsmöglichkeiten. Sie müssen sich noch stärker in die Business-Themen einarbeiten und deswegen sollen sie sich noch stärker in den Bereichen aufhalten. Mir machen sie zu viel vom Schreibtisch aus oder verlegen sich zu sehr auf klassische Personalarbeit wie etwa Recruiting.

7) Was kommt für Sie denn »nach dem HR-Business-Partner«, sagen wir mal so ab 2015/2020, oder bleibt dies eine Aufgabe auf Sicht?

Das bleibt eine Aufgabe auch für die kommenden Jahre. Es ist bereits ein Thema seit 15 bis 20 Jahren und wurde vielerorts noch nicht richtig geschafft; lediglich in einigen wenigen Vorzeigeunternehmen. HR muss sich noch stärker an die Unternehmensstrategie anlehnen. Dies geschieht zum einen durch die Personalstrategie, verlinkt mit Unternehmensstrategie und Leitbild, und zum anderen eben durch die HR-Business-Partner. Eine zweite wichtige Entwicklungsrichtung sehe ich in einer deutlich stärkeren quantitativen Orientierung der Personalfunktion. Ziele und deren Messung über Kennzahlen – also Zahlen, Daten, Fakten – werden auch in Zukunft weiter an Bedeutung gewinnen. Da müssen wir den Worten endlich die Fakten folgen lassen.

8) Was würde in Ihrem Unternehmen passieren, wenn man dem Business seinen HR-Business-Partner wegnehmen würde?

Interessante Frage. Dies würde zu einem Schaden für die Unternehmens- und Führungskultur führen, denn es gäbe weniger Hilfestellungen für die Führungskräfte und ein insgesamt »gröberes« Vorgehen im Unternehmen. HR ist schon ein Hüter der Unternehmens- und Führungskultur. Zudem muss es – gerade jetzt in der Krise – proaktive Lösungen seitens HR für das Unternehmen geben. Da sind die HR-Business-Partner in einer unmittelbaren Lieferverantwortung.

Interview Dr. Walter Ritter (Syngenta)

1) Charakterisieren Sie doch mal bitte den idealen HR-Business-Partner?

Charakteristikum des idealen Business-Partners ist, dass er vom Business akzeptiert wird. Damit er dies erreicht, muss er das Business sehr gut kennen und idealerweise zum HR-Know-how auch einen betriebswirtschaftlichen Background haben. Er kennt sich gut mit Organisationsentwicklung aus und ist zudem eine starke Persönlichkeit, die wahrgenommen wird. Darüber hinaus kann er sich mit der Linie kommunikativ vernetzen. Grundsätzlich muss der HR-Business-Partner ein adäquater Gesprächspartner für seinen Business Counterpart sein. Das heißt, er muss die Sprache und die Hintergründe verstehen. Er muss dem Business etwas geben. Etwas, an das das Business selbst gar nicht gedacht hat.

2) Gibt es den bereits in ihrem Unternehmen? Und wie oft?

Das Konzept gibt es schon seit einiger Zeit, aber es wurde unterschiedlich gelebt. Zurzeit haben wir die Organisation stark auf die Business-Partner ausgerichtet und für jeden Business-Bereich einen HR-Business-Partner definiert. Es gibt globale Business-Partner und Business-Partner auf regionaler Ebene.

3) Sind dies Naturtalente oder haben sie eine systematische Auswahl und Ausbildung?

Bei Syngenta haben wir noch keine systematische Ausbildung. Hier leiden wir darunter, dass es in vielen europäischen Ländern, aber auch weltweit, sehr wenig an systematischen Schulungen, Trainings und Ausbildung von HR-Leuten gibt. Die Wege, wie Personen in das HR-Management kommen und nachher zum Business-Partner werden, sind relativ verschlungen und zufällig. Wenn man Business-Partner rekrutieren möchte, bereitet dies Schwierigkeiten. Sie sind relativ dünn gesät – vor allem in einem globalen Umfeld. Dies liegt unter anderem daran, dass in einem globalen Umfeld sehr gute Englischkenntnisse sowie kulturelle Kompetenz gefordert sind. Wir werden demnächst eine Ausbildung aufbauen, die die Business-Partner an ihre Rolle heranführt. Die Ausbildung wird fachbezogene sowie methodische Kompetenzen und Business-Inhalte vermitteln. Es muss dabei vor allem um sehr konkrete Fragen gehen. Zum Beispiel: »Wie nehme ich meine Aufgaben wahr, was ist Strategic Workforce Planning, wie gehe ich in einen Dialog mit der Linie, wie mache ich HR-Projekte, wie kommuniziere ich die jeweiligen Vorhaben?«

4) Welche Aufgabenstellungen lösen denn die HR-Business-Partner typischerweise in Ihrem Unternehmen? Und welche HR-Themen erledigen sie mit Sicherheit nicht?

Eine zentrale Aufgabe ist das Strategic Workforce Planning. Ein weiterer Bestandteil des Aufgabenspektrums ist das Talent Management. Das heißt, erfassen der Talent-Pipeline, Analyse der Gaps und dann – auch im Hinblick auf die Zukunft – bestimmen, in welchen Bereichen und wie die Pipeline entwickelt werden muss. Ein dritter Bestandteil ist die Begleitung von organisatorischen Veränderungen, wie zum Beispiel Restrukturierungen. Der vierte Bestandteil ist der Bereich Performance Management. Ein weiteres Aufgabengebiet ist die strategische Rekrutierung – also für Top-Management-Positionen. Bei Akquisitionen ist das Integrieren von neuen Geschäften auch eine typische Business-Partner-Aufgabe. Im Bereich Compensation und Benefits geht es vor allem um die Moderation. Zusammenfassen kann man die Aufgaben des Business-Partners unter die zwei Oberbegriffe Organisationsentwicklung und Change Management. Ich glaube aber, in diesen Bereichen müssen wir noch stärker werden. Das systemische Denken ist in den HR-Bereichen, die ich bislang gesehen habe, noch nicht stark entwickelt. In diesen Bereichen mangelt es noch an der Akzeptanz der Business-Partner. All die Dinge, die administrativer Natur sind, wie zum Beispiel Payroll, machen die Business-Partner nicht. Das hängt natürlich sehr stark damit zusammen, inwieweit die technologische Unterstützung die Business-Partner von diesen Dingen befreien kann. Meiner Meinung nach ist eine Schwierigkeit in Bezug auf das Business-Partner-Konzept, dass es eine reine Business-Partner-Rolle heute fast nicht gibt. Je mehr sich aber die Technik entwickelt und je mehr die Service-Center sich entwickeln, umso mehr werden sich die Inhalte der Business-Partner-Rolle verändern.

5) Beschreiben Sie eine Situation, nach der das Business zu seinem Partner aus HR gesagt hat: »Wow – das war wirklich gut!«

Da wir eine Wachstumsstrategie verfolgen sind Business-Partner häufig mit der Integration von Zukäufen betraut. Wenn hier über all die vielfältigen Aufgaben hinweg eine gute Leistung erbracht wird und der richtige Ton mit dem Management gefunden wird, dann ist man als Business-Partner akzeptiert. Dann wird die Leistung gesehen und auch anerkannt. Auch die Einführung eines neuen Salär-Systems ergibt häufig ein gutes Feedback. Gutes Feedback erhält man für die Rekrutierung von Schlüsselleuten. Aus jedem Bereich des Aufgabenspektrums könnte man praktisch ein Wow-Ereignis hinausziehen, aber das wäre so nicht richtig. Positives Feedback basiert also meist nicht auf einem einzigen singulären Ereignis.

6) Gibt es denn etwas in Ihrem Unternehmen, das rund um den HR-Business-Partner noch besser werden könnte?

Wenn man ein globales Unternehmen ist, hat man immer eine Matrixorganisation. Es gibt einen globalen Setup im Business, es gibt die Regionen und die Länder. Deshalb ist eine regionale Koordination, aber auch globale Steuerung zwingend notwendig. Wir haben uns in den Three Pillars (HR Operations, Center of Expertise, Business Partner) organisiert. Eine der Fragen, die uns beschäftigt, ist die nach dem Zusammenspiel von globalen und lokalen Business-Partnern. Man kann den Schwierigkeiten hierbei begegnen, wenn HR als Team operiert und keine Silos aufbaut. Letztlich geht es um die Frage: »Wie gut können wir HR kulturell zusammenhalten und inwieweit gehen wir im HR alle in die gleiche Richtung?«

7) Was kommt für Sie denn »nach dem HR-Business-Partner«, sagen wir mal so ab 2015/2020, oder bleibt dies eine Aufgabe auf Sicht?

Die Frage könnte man auch anders zuspitzen: »Braucht es überhaupt HR-Business-Partner oder kann man alles über die Shared Service Center abdecken?« Meiner Meinung braucht es HR-Business-Partner, da es in den Management-Teams strategisch denkende Personen, die sich verstärkt mit dem People-Aspekt der Unternehmen beschäftigen, benötigt werden. Das Personalwesen ist nicht nur Administration und Transaktion, auch wenn dies ein großer Teil von HR ist. Aber zum Beispiel im Bereich Organisationsentwicklung sollte nicht nur die

Führungskraft alleine agieren. Meiner Meinung bleibt die Aufgabe HR-Business-Partner folglich bestehen. Ich bin aber nicht sicher, ob dieses Konzept schon eingelöst ist. Mit Blick auf 2015/2020 braucht es ganz sicher noch die HR-Business-Partner. Ob sie in Zukunft dann noch HR-Business-Partner heißen oder es einen anderen Job-Titel wie Change Manager oder Organisationsentwickler gibt, ist eine andere Frage. Unter Umständen ist das aber genau der Punkt. Der HR-Business-Partner ist vom Titel, von der Bezeichnung her eigentlich ein bisschen schwach, wenn man das im Hinblick auf die mit der Rolle verbundenen Aufgaben betrachtet. Eine völlige Entkopplung der drei Säulen ist auch schwer vorstellbar. Unser Shared Service Center ist mit Finanzen, IS, Procurement und HR cross-funktional aufgestellt. Die HR-Organisation hingegen beinhaltet die Center of Expertise sowie die HR-Business-Partner. Wenn sich die Prozesse verändern, dann braucht das Shared Service Center eine klare Weisung, wie dies umzusetzen ist. Die Dokumentation der Veränderung und auch die Prozessintegration beim Kauf eines anderen Unternehmens betreffen ebenfalls das Shared Service Center. Es ist somit auch Bestandteil des Veränderungsprozesses, so dass die Vernetzung zwischen den drei Säulen notwendig ist. Ein völliges Loskoppeln wäre undenkbar.

8) Was würde in Ihrem Unternehmen passieren, wenn man dem Business seinen HR-Business-Partner wegnehmen würde?

Meines Erachtens würde das Business eine Quervernetzung zwischen den verschiedenen Bereichen versäumen. Meiner Meinung nach ist es auch Aufgabe von HR zu verhindern, dass das Business sich einseitig entwickelt. Man muss die ganze Organisation betrachtet und einbeziehen. In diesem Zusammenhang spielen die Business-Partner eine enorm wichtige Rolle. Hinzu kommen die strategischen Analysen, die HR als Funktion übernehmen muss, um das Business für die Zukunft vorzubereiten. Hier spielt das ganze HR eine Rolle und insbesondere die HR-Business-Partner, die an der Front arbeiten.

Interview Dr. Angelika Dammann (Unilever)

1) Charakterisieren Sie doch mal bitte den idealen HR-Business-Partner?

Der HR-Business-Partner kennt und lebt die Geschäftsstrategie und Vision. Der HR-Business-Partner ist ein »Top HR Professional«, d.h. er weiß bei HR-Themen, wovon er spricht. Der HR-Business-Partner versteht nicht nur HR, sondern auch Change Management und er kennt auch die finanziellen Aspekte des Geschäfts. Darüber hinaus ist er ein sehr guter »Stakeholder-Beeinflusser«. Dafür braucht er die »strategic influencing skills«. Er erwirbt sich das Vertrauen der Linie und ist ein guter Kommunikator. HR-Business-Partner haben internationale Erfahrung, kennen verschiedene Kulturen und können mit und in diesen arbeiten. Sie sind erfolgreich im Netzwerken. Zudem stellt er sicher, dass Dinge operationell umgesetzt werden, auch wenn er nicht viele direkte Mitarbeiter hat und/oder mit externen Service-Providern kooperiert.

2) Gibt es den bereits in ihrem Unternehmen? Und wie oft?

Ich denke, dass es den HR-Business-Partner in unserem Unternehmen in vielen Länderorganisationen und eben auch in der DACH-Region gibt. Entwicklungsbedarf sehe ich noch bei der Ausprägung einer stärkeren internationalen Erfahrung, insbesondere in jungen Jahren.

3) Sind dies Naturtalente oder haben sie eine systematische Auswahl und Ausbildung?

Wir haben eine systematische Auswahl und Ausbildung. Wir haben ein auf HR-Themen spezialisiertes Trainee-Programm, in dem zugleich auch übergreifende und internationale Elemente integriert sind. Wir achten darauf, dass unserer HR-Business-Partner sehr früh Verantwortung, z.B. bei der Betreuung eines Geschäftsbereiches, übertragen bekommen und übernehmen. »HR Foundation Courses« stellen das Kennen und Einhalten von internationalen HR-Standards sicher, sorgen für eine einheitliche Wissensbasis und liefern zudem eine Plattform für das internationale Networking innerhalb von HR.

4) Welche Aufgabenstellungen lösen denn die HR-Business-Partner typischerweise in Ihrem Unternehmen? Und welche HR-Themen erledigen sie mit Sicherheit nicht?

Erstens: Unsere HR-Business-Partner unterstützen die Veränderungen im Business wie z.B. bei Mergers & Acquisitions und Cross-Boarder-Working, aber auch bei Restrukturierungen. Sie machen also das, was man als »value add«-Themen bezeichnen würde. Diese Dinge tun die HR-Business-Partner immer mit Blick auf die Frage: Wohin will sich der jeweilige Bereich entwickeln? Dazu gehören ebenso Themen wie Diversity oder Work-Life-Balance. Wichtig für den HR-Business-Partner ist, bei all diesen Themen der Sparrings-Partner für das Business zu sein und in Möglichkeiten zu denken. Zweitens: Talent und Ressource Management. Dazu gehört die Stärkung unseres Images als Arbeitgeber und die strukturierte Nachfolgeplanung – nicht nur für die High Potentials, sondern auch für geschäftskritische Schlüsselstellen. Aber auch die Weiterentwicklung aller Mitarbeiter mit dem Ziel der Stärkung ihrer Employability. Drittens: Change Management. Der HR-Business-Partner nimmt – über die Führungskräfte – letztlich Einfluss auf alle Mitarbeiter. Da ist dann zum einen die Aufgabe unseren »new ways of working« (Eigenverantwortung stärken, Employability) voranzutreiben. Zum anderen geht es um die Kulturarbeit: sowohl eine Performance Culture, wie eine Feedback Culture und nicht zuletzt eine Vitality Culture – für die wir als Unternehmen Unilever ja stehen – zu fördern. Viertens: Stärkung der

HR Service Delivery, die wir gemeinsam mit unserem Outsourcing-Partner erbringen. Hier reibungslose und exzellent funktionierende Prozesse und die Qualität in den Mitarbeiterdaten sicherzustellen fällt auch in den Tätigkeitsbereich des HR-Business-Partners. Der HR-Business-Partner übernimmt bei uns definitiv nicht die Aufgaben der Linie. Dazu gehört inzwischen beispielsweise das Rekrutieren von Mitarbeitern. Dies wird im Zusammenspiel aus Linie und Outsourcing-Partner erledigt. Viele transaktionalen Services gehören bereits heute nicht mehr zum Aufgabengebiet des HR-Business-Partners. Weitere dieser transaktionalen Services werden folgen.

5) Beschreiben Sie eine Situation, nach der das Business zu seinem Partner aus HR gesagt hat: »Wow – das war wirklich gut!«

So etwas haben wir gerade heute wieder vom Vorstand zurückgemeldet bekommen. Die Unterstützung des Business, unsere Zielzahlen für dieses Jahr zu erreichen, unsere Anstrengungen, die richtigen Mitarbeiter an die richtigen Jobs zu bekommen, die Art und Weise, wie wir Geschäftsbereiche betreuen, um professionell Lösungen zu finden, die gut sind für das Geschäft und die Mitarbeiter – das hat unverhohlene Anerkennung gebracht.

6) Gibt es denn etwas in Ihrem Unternehmen, das rund um den HR-Business-Partner noch besser werden könnte?

Ja. In Punkto Internationalität. Jüngere HR-Business-Partner sollten mehr und schneller Auslandserfahrung machen oder eine internationale Funktion übernehmen. Da sind wir zwar schon ganz gut, aber eben noch nicht ganz da, wie ich es mir vorstelle.

7) Was kommt für Sie denn »nach dem HR-Business-Partner«, sagen wir mal so ab 2015/2020, oder bleibt dies eine Aufgabe auf Sicht?

An dem Wort HR-Business-Partner streiten sich ja die Geister. Mir gefällt der Begriff nicht. Wenn ich im Board bei Unilever sitze, habe ich nicht nur die Aufgabe, etwas für HR zu sagen. Da muss ich als Geschäftsführerin für mehrere Gesellschaften auch über Supply-Chain-Themen diskutieren können, genauso wie ich über Finanzthemen Bescheid wissen und mitreden können muss. Ich glaube, in Zukunft wird es für HR darum gehen zu helfen, die Qualität von geschäftlichen und organisatorischen Entscheidungen zu verbessern. Damit ist auch gesagt, dass die Unterscheidung zwischen den einzelnen Funktionen im Unternehmen fließender wird. Und damit geht einher, dass der HR-Business-Partner sich nicht nur auf HR beschränken sollte. Mit fällt hier noch kein anderer oder neuer Begriff ein – aber diese neue HR-Rolle ist ein Mit-Entscheidungsnehmer und -träger. Dies setzt natürlich voraus, dass ich was von Finanzen und Business verstehe. Und selbstbewusst bin.

8) *Was würde in Ihrem Unternehmen passieren, wenn man dem Business seinen HR-Business-Partner wegnehmen würde?*

Da würde nicht mehr viel funktionieren. Eigentlich wäre das ja sogar am Ende eine Katastrophe. Der HR-Business-Partner ist zentrales Bindeglied zwischen Betriebsrat/Gewerkschaften, Mitarbeitern und der Linie. Mit all dem dahinterliegenden notwendigen Fachwissen. Ich kann mir deshalb nicht vorstellen, wie es ohne die HR-Business-Partner laufen würde, insbesondere im Kontext des deutschen Mitbestimmungsrechtes und der Sozialpartnerschaft, sowie der Notwendigkeit zur ständigen Anpassung der Organisation. Wahrscheinlich könnte man das Geschäft eine Zeitlang über Wasser halten. Aber dann würde dies ohne den HR-Business-Partner ziemlich unkoordiniert werden und an seine Grenzen stoßen, auch wenn die Linie noch mehr Verantwortung übernehmen würde.

Interview Thomas Neumann (Vodafone)

1) *Charakterisieren Sie doch mal bitte den idealen HR-Business-Partner?*

Der ideale Business-Partner ist ein HR-Generalist, der aufgrund seiner Persönlichkeit, seines Standings, seines Businessverständnisses und seiner (HR-)Lösungskompetenz mit seinen Kollegen auf Augenhöhe arbeitet und nachvollziehbar (in der Perzeption seiner Kunden) Mehrwert generiert.

2) *Gibt es den bereits in ihrem Unternehmen? Und wie oft?*

Vodafone Deutschland inkl. Arcor – z.Zt. also ca. 12.000 Mitarbeiter – hat 4 Senior Business Partners, die jeweils den Geschäftsführern und deren Management-Teams zugeordnet sind. Diesen Senior-Business-Partnern sind Teams von HR Consultants/Key Accounter zugeordnet. Dazu kommen regionale Business-Partner mit Teammitgliedern.

3) *Sind dies Naturtalente oder haben sie eine systematische Auswahl und Ausbildung?*

Als Business Partners wurden aus der bestehenden Mannschaft die Kandidaten ausgewählt, die dem Profil aus Frage 1 am besten entsprachen. Meine Erwartung ist, dass Business-Partner 80% der Kundenanfragen selbst beantworten/bearbeiten können. Die zusätzliche Ausbildung, die diese Generalisten erhalten haben, waren schwerpunktmäßig die Entwicklungsthemen, nämlich Management Development, Organizational Development, Talent Development sowie Strategie-, Technologie-, Produkttraining. Der wirkliche »added value« des Business-Partners kommt zukünftig stärker aus den Entwicklungsthemen als aus der Mitwirkung bei Recruitment oder der Kenntnis der HR-Adminstration.

4) Welche Aufgabenstellungen lösen denn die HR-Business-Partner typischerweise in Ihrem Unternehmen? Und welche HR-Themen erledigen sie mit Sicherheit nicht?

Die Mission des HR-Business-Partners besteht in der Nahtstellenfunktion zwischen Linienmanagement (Business) und der HR-Organisation. Er ist Account Manager, der das Kundenfeedback, die Kundenbedürfnisse in den HR-Bereich zurückspielt und ihn damit unterstützt, die Produkte und Dienstleistungen zu entwickeln und zu liefern, die der Kunde braucht. Andererseits ist er in den Rolloutprozess der HR-Produkte und -prozesse involviert. Von der Grundhaltung her vertritt er die HR-Interessen in der Linie und sorgt für Kundenorientierung des HR-Bereiches. Typische Aufgabenstellungen liegen in der Beratung der Führungskräfte (angefangen beim Geschäftsführer/Vorstand) als »trusted advisor« für Themen wie: (1) Entwicklung und Veränderung des Unternehmensbereiches/Funktionsbereiches (Begleitung der Veränderungsprozesse/Change Management im Projektmanagement; Organizational Development/Organizational Design; Auswirkungen auf Human Resources wie Recruitingprofile, Qualifizierung, Umsetzung/Freisetzung, Entlohnung). (2) Betriebsratshandling zusammen mit CoE Employee Relations in o.g Aufgaben. (3) Mitwirkung bei finalen Auswahlentscheidungen im Recruiting oder Promotions. (4) Facilitation von Teammeetings/Bereichsmeetings (Performance Management/Talent Management). (5) »Any kind of«-Beratung der Führungskräfte .... Was er (nicht immer, aber immer öfter) nicht tut, sind administrative Aufgaben, Recruiting und Assistentenaufgaben für den Geschäftsführer/Management-Team der Linie.

5) Beschreiben Sie eine Situation, nach der das Business zu seinem Partner aus HR gesagt hat: »Wow – das war wirklich gut!«

Das Wow gibt es am häufigsten, wenn die Führung/Begleitung des Business-Partners bei wichtigen Veränderungsprozessen zum Erfolg geführt hat. Das bezieht sich auf das Prozessmanagement, die interne Kommunikation, das Betriebsrats-Handling und wenn personelle Probleme/Konflikte gut gelöst worden sind. Wenn der Business-Partner in seiner Rolle als »Hofnarr« blinde Flecken belichtet hat, will sagen, durch die richtigen Fragen und Feedbacks in die Entscheidungsfindung richtungsweisend eingreift.

6) Gibt es denn etwas in Ihrem Unternehmen, das rund um den HR-Business-Partner noch besser werden könnte?

Das besser werden bezieht sich in erster Linie auf die bessere Umsetzung des Business-Partner-Konzepts. Und das setzt voraus, dass das Gesamtkonzept HR erfolgreich umgesetzt wird. Ein Business-Partner kann seine Rolle nur spielen, wenn er die Freiräume hat (z.B. aufgrund eines gut funktionierenden Self Services/Service Centers von Admin-Aufgaben unbehelligt zu bleiben) und die Kompetenz.

7) Was kommt für Sie denn »nach dem HR-Business-Partner«, sagen wir mal so ab 2015/2020, oder bleibt dies eine Aufgabe auf Sicht?

Dies bleibt eine Aufgabe auf Sicht. Dennoch habe ich die Hoffnung nicht aufgegeben, dass die Qualifizierung und Kompetenzentwicklung der Führungskräfte, wie auch ihr Aufgaben-, Rollenverständnis, dazu führt, dass HR sich noch weiter entwickelt vom Reparaturbetrieb zu vorbeugender Wartung. Das hätte Auswirkungen auf den Business-Partner in Richtung weiterer Spezialisierung.

8) Was würde in Ihrem Unternehmen passieren, wenn man dem Business seinen HR-Business-Partner wegnehmen würde?

Wenn HR keinen Business-Partner mehr zur Verfügung stellen würde, gäbe es ein schlechteres People-Management, mehr Probleme mit den Betriebsräten, eine Personalpolitik, die disconnected vom Business verläuft. Reaktiv, nicht antizipierend, das Business nicht unterstützen kann. Nach den Erfahrungen mit den Business-Partnern würden die Geschäftsführungsbereiche sich eigene HR-Ressourcen aufbauen und so kompensieren.

Anhang 2: Ergänzende Abbildungen

		Beschreibung	Schnittstellen	Häufigkeit
Selbstverständnis	Partner des Business	· Übersetzung von Geschäftsproblemen in HR-Strategie und -Lösungen · Mitglied des BU-Management-Teams/Teilnahme an den Management-Team-Meetings	Führungskräfte Mitarbeiter Betriebsrat	Hoch Mittel Mittel
	Partner für Veränderungsprozesse	· Initiiert, treibt, unterstützt und führt Veränderungsprozesse durch · Verantwortet die HR-Kernprozesse	SSC Centres of Expertise Business-Partner-Kollegen Externe (3rd parties)	Mittel Hoch Gering Gering

		Skala
		1 2 3 4 5 6

Kernaufgaben:
· Analyse bereichsspezifischer Business- und Personaldaten zur Bewertung der Bereichssituation und -entwicklung
· Entwicklung bereichsspezifischer Personalstrategien und -maßnahmen
· Beratung des Senior Management hinsichtlich bereichsspezifischer HR-Lösungen
· Coaching und Beratung von Führungskräften hinsichtlich Mitarbeiterführung und -entwicklung
· Sicherstellung der Einhaltung von HR Policies, Prozessen und arbeitsrechtlichen Bestimmungen im Unternehmensbereich
· Verbesserung der Leistungsfähigkeit der Mitarbeiter
· Steuerung der Mitarbeiter- und Führungskräfteentwicklung
· Aktive Unterstützung und Durchführung von Change-Management-Projekten/Organisationsentwicklung
· Interaktion mit dem Betriebsrat bei Individualfällen
· Strategische qualitative und quantitative Personalbedarfsplanung und Stellenplanung

Kernkompetenzen		Beschreibung	Skala 1 2 3 4 5 6
	Strategisches Management	Wissen um Geschäftssituation und -prozesse	Versteht die Produkte, Geschäfts- und Produktionsprozesse, die Marktentwicklung und KPI's	
		Strategieentwicklung	Übersetzt das Geschäftsmodell und die Bereichsstrategie in eine Personalstrategie	
		Change Management	Berät und begleitet Führungskräfte bei Change- und Organisationsentwicklungsprozessen	
		Coaching	Unterstützt und begleitet Führungskräfte bei den Personalentwicklungsprozessen	
	Fachwissen	Personalrecht (Arbeitsrecht, Betriebsverfassung)		
		Talentmanagement (Recruiting, Personalentwicklung)		
		Personaladministration		
		Payroll		
		Performance Management		
		Planung (Kapazitäten, Nachfolgeplanung)		
		Projektmanagement	Fähigkeit, Projekte aufzusetzen, zu steuern und zu leiten, er kennt Projektmanagement-Tools	
	Soziale Kompetenz	Teamwork	Fähigkeit, Lösungen gemeinsam mit anderen Kollegen zu erarbeiten	
		Kooperationsfähigkeit	Versucht für alle Beteiligten die beste Lösung zu finden	
		Integrität	Sagt klar seine Meinung, versucht Kollegen nicht gegeneinander auszuspielen	
	Basis-Kompetenzen	Kommunikation	Hat eine gute verbale und schriftliche Ausdrucksweise, kann sich und seinen Bereich gut präsentieren	
		Umsetzungsfähigkeit	Ist in der Lage, Ideen umzusetzen und Projekte in Gang zu bringen	
		Hartnäckigkeit/Standing	Hat eine klare Meinung entwickelt, vertritt sie offen, lässt sich von Rückschlägen nicht zurückwerfen, lässt sich aber von besseren Argumenten überzeugen	
		Problemlösefähigkeiten	Kann Probleme strukturieren, arbeitet lösungsorientiert, kann verschiedene Lösungsalternativen entwickeln	

Kompetenz-Level: 1 = Keine Kompetenz, 2 = Geringe Kompetenz, 3 = Mittlere Kompetenz, 4 = Gute Kompetenz, 5 = Sehr gute Kompetenz, 6 = Expertenwissen

Abb. 124: Kompetenzmodell 10 – Unternehmensbeispiel (anonymisiert)

HR Role / Job Profile Name / Job Code	HR BP – L1 According to Global Job Catalog e.g. T2		
Owner of Job Profile	NN	Approval Date:	February 2007
		Version:	Nr. 1

Job Mission

[Please state in about 3 sentences the jobs overall scope and purpose from an organisational point of view. This statement should clearly distinguish this job from the manager's job and other jobs at the same level in the department]

Scope

- In support of a board level executive, the L1 HRBPS provide broad strategic vision in all aspects of human resources. L1 HRBPS act as trusted advisors and strategic business partners to the board areas. L1 HRBPs evangelises a business and customer oriented HR strategy and environment. Sponsors the development of strategies to attract, retain and motivate talented employees. Sponsors programs to promote an engaged and productive workforce through effective strategies, programs and processes that enable and support the business plan. Is the owner of HR alignment of products and services as well as the negotiation of service level agreements with HR Operations to meet the needs of business

Differentiators

- L1 HRBPs support board level executives
- L2 HRBPs support mainly MMOs – global, region, multi board areas
- L3 HRBPs, support mainly MMMs
- L4 HRBPs support MMTs

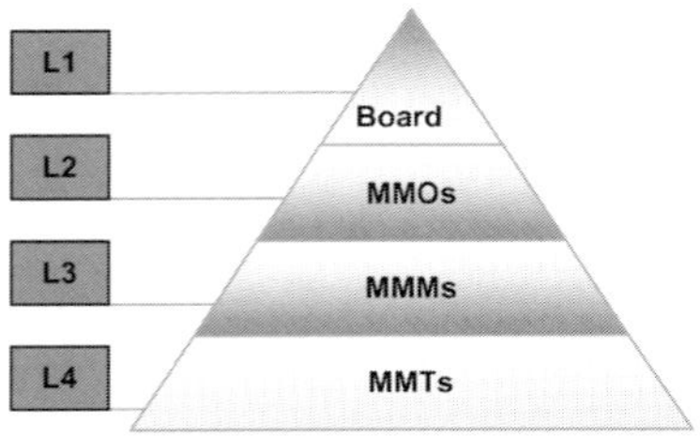

Board — L1
MMOs — L2
MMMs — L3
MMTs — L4

Abb. 125: Kompetenzmodell 11 – Unternehmensbeispiel (anonymisiert) (1/4)

Key responsibilities & tasks according to strategic business plan [List the key responsibilities and tasks for this job. Indicate the % of time the employee should spend on each task. Ideally the top 3 tasks should be listed and these tasks should account for at least 80% of the employee's time]	
Key areas of responsibility	**This responsibility includes the following tasks**
Area 1: Strategic Advisor	• Conduct organisational assessments to identify and analyse board area's strategic challenges, objectives and potential remove roadblocks related specifically to human capital within the org. unit. Translate the found key business challenges into HR service demands • Design Human Capital Plans based on client business objectives and priorities (i.e., strategic workforce planning, demand planning, retention strategies, talent pipeline, etc.) for the board area • Anticipate new market trends to identify implications to human capital performance • Act as trusted advisor of board level executive. Understand their priorities, strategic objectives and related HR needs. This should occur through individual communications and through participation in department meetings • Collaborate with HR Services Management and own Service Level agreements with HR Operations • Negotiate clients to global HR solutions with additional configuration to meet their needs, rather than creating net new HR solutions unique to one board area
Area 2: Ensure Business Impact	• Create Business Cases around revenue generation, profitability and customer satisfaction • Analyse talent and business metrics and propose potential solutions to achieve business objectives • Work with board member on the global design of their organisation and ensure execution • Consult and supervise the design of organisational development activities that impact the entire board area • Provide input in to the design of HR Strategy with HR Leadership Team and ensure global alignment from their board area • Brand HR by increasing the visibility and transparency of the HR organisation and service portfolio • Resolve escalation through SLAs and in collaboration with HR Operations or clients • Address unmet client requirements at a tactical level until that process is more fully defined through the SLAs • Align HRBP resources to fit the future model and cost structure of HR globally

Abb. 126: Kompetenzmodell 11 – Unternehmensbeispiel (anonymisiert) (2/4)

Key responsibilities & tasks according to strategic business plan [List the key responsibilities and tasks for this job. Indicate the % of time the employee should spend on each task. Ideally the top 3 tasks should be listed and these tasks should account for at least 80% of the employee's time]	
Key areas of responsibility	**This responsibility includes the following tasks**
Area 3: Change Agent	• Collaborate with the leadership team to effectively design communicate and implement new organisation initiatives and change / transformation strategy • Provide client's business perspective as input to the design of global HR strategy • Own Service-level agreements and sponsor partnerships with HR Operations • Ensure the effective implementation of HR strategies, processes, policies, systems and metrics that contribute to the overall success of the business • Set management transformation expectation into HR activities with MMO support • Sponsor large HR programs that impact either their board area or employees across all board areas
Area 4: People Responsibility	• Attract, develop and retain own HRBP team • Lead a virtual team • Ensure legal compliance

Abb. 127: Kompetenzmodell 11 – Unternehmensbeispiel (anonymisiert) (3/4)

KEY PERFORMANCE INDICATORS (KPIs) – to be reflected in Performance Management & Bonus Plan
[List the expected objectives and results as well as how these are evaluated. This includes qualitative and quantitative goals. KPIs should be result oriented, specific and measurable]

1. Accomplishments of the business plan objectives Board Area / HR
2. Customer Satisfaction (Employee Survey, Best Run)
3. Managing performance (of own team)
   - Talent Management
   - Succession Planning
   - Development Plans
   - ME²

4. Successful implementation of HR processes
5. Budget (Headcount / Costs)

Qualifications & experience
[In this section, please list the core requirements for this position. Next to each, please list the level of proficiency desired for this role]

Experience

Working Experience	L1	L2	L3	L4
Overall Working Experience	+10 years	+ 8 years	+6 years	2-7 years
Management Experience	8 years	5 years	Preferred	-
Functional HR Experience	+5 years in HR management position and experience in different areas of HR	+2 years in HR management position and experience in different areas of HR	+4 years experience in at least two different areas of HR	+2 years in at least one functional area of HR
Business Experience outside HR	Min. 2 years in project leading or management function	Preferred	-	-

Education

Graduate degree required, degree in HR or business related field preferred

Abb. 128: Kompetenzmodell 11 – Unternehmensbeispiel (anonymisiert) (4/4)

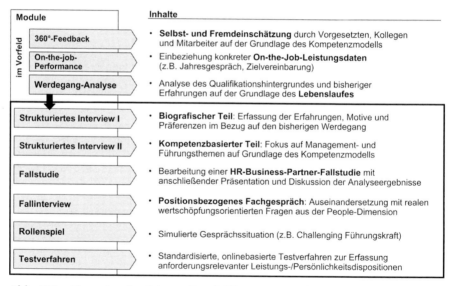

Abb. 129: Eine standardisierte Durchführung von diagnostischen Verfahren ermöglicht die Vergleichbarkeit von Ergebnissen zwischen Kandidaten

Kurzbeschreibung der Methode

•Ermittlung von Fragen zu den typischen Aufgaben
des HR-Business-Partners
•Erstellung eines Fragenkatalogs (mit 2-4 Schwierigkeitsstufen)
•Einzelergebnisse werden zusammengeführt und eingeordnet

Ablauf

• Dauer des Interviews 60 Minuten
• 2 Interviewer und 2 Beobachter

Beispiel

Auszug aus dem Fragenkatalog:
• „Nennen Sie die strategischen
Prioritäten für Ihr Business?"
• „Welche Change-Management-
Methoden kennen Sie? Haben
Sie diese angewandt und wo?"
• „Welche Corporate Values sind
für Ihre Arbeit als HR-Business-
Partner besonders wichtig?"

Ergebnisse

• Erstellung eines Ist-Profils
• Abgleich des Ist-Profils mit dem Soll-
Profil
• Stärken-/Schwächenanalyse

• „Wie können Sie Ihres Erachtens
als HR-Business-Partner in Ihrem
Business echten Mehrwert schaffen?"
• ...

Abb. 130: Management-Diagnostik – Methoden-Beispiel 1: Kompetenz-
basiertes Interview

Kurzbeschreibung der Methode

•Bearbeitung von realen, komplexen Fällen, die den Alltag des
HR-Business-Partners widerspiegeln
•Musterlösungen, um das Ergebnis zu bewerten und um
Kandidaten miteinander zu vergleichen
•Erstellung von 6-8 Fallbeispielen (mit 2-4 Schwierigkeitsstufen)

Ablauf

• 30 min. Vorbereitungszeit
• 30 min. Präsentation und Diskussion vor
fiktivem Management-Team (2-3
Beobachter mit „good guy"- bzw. „bad
guy"-Verhalten

Beispiel

Thema: Einführung eines Performance-Management (PM)-Systems
• „Ihr Geschäftsbereich möchte das PM-System verbessern, das die
Leistungen der Mitarbeiter erfassen soll, um optimale Informationen über
die Performance einzelner Personen (insb. Talente und „Bad Performer")
sowie über deren Entwicklungspotenziale zu erhalten."
Aufgabe

Ergebnisse

• Bewertung des Kandidaten in einer
realen Situation
• Anwendung von HR-Wissen,
Business Sense, Ergebnisorientierung,
Projektmanagement
• Kommunikationsfähigkeiten,
Konfliktlösung

• Welche Gestaltungsdimensionen gilt es bei der Optimierung eines
Performance-Management-Systems zu berücksichtigen?
• Bitte erstellen Sie einen Projektplan
• Welche ersten Lösungsansätze sehen Sie? Was sind potenzielle Risiken
bei der Einführung?
• Was sollten Sie als HR-Business-Partner machen und was definitiv nicht,
weil es Aufgabe der Führungskräfte ist?

Abb. 131: Management-Diagnostik – Methoden-Beispiel 2: Fallstudie

Abb. 132: Management-Diagnostik – Methoden-Beispiel 3: Rollenspiel

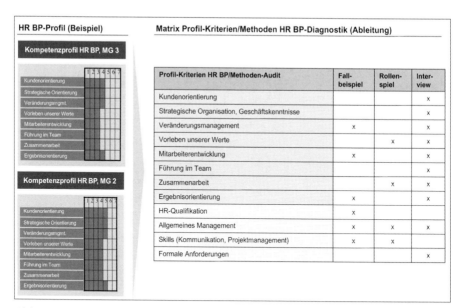

Abb. 133: Ausgangspunkt für die in der Management-Diagnostik eingesetzten Methoden sind immer die Kompetenzprofile des HR-Business-Partners

Zeit	Methode	Beschreibung	Teilnehmer	Back Office
15 min.	Einführung	Begrüßung & Einleitung	Alle Kandidaten, interne und externe Beobachter, HR BP-Verantwortlicher	
30 min.	Fallstudie	Vorbereitung Case Study	Kandidat	Einweisung der Beobachter (parallel)
30 min.		Präsentation Case Study	Kandidat, interne und externe Beobachter	Dokumentation der Beobachtungen/ Ergebnisse (parallel)
20 min.	Rollenspiel	Vorbereitung Rollenspiel	Kandidat	
5 min.		Durchführung Rollenspiel	Kandidat, interne und externe Beobachter	Dokumentation der Beobachtungen/ Ergebnisse (parallel)
15 min.	Pause			
60 min.	Kompetenzbasiertes Interview	Durchführung	Kandidat, 2 Interviewer, interne und externe Beobachter	Dokumentation der Beobachtungen/ Ergebnisse (parallel)
Nachbereitung (direkt im Anschluss)				
40 min.	Beobachter-konferenz	Diskussion der Ergebnisse	Alle internen und externen Beobachter	Ableitung von ersten Handlungs-/ Entwicklungsempfehlungen
20 min.	Feedback	Feedback an Kandidaten	Kandidat, ggfs. Vorgesetzter, ausgewählte Beobachter	
Nachbereitung (ca. 1 Woche später)				
60 min.	Gutachten	Feedback-/Entwicklungs-gespräch	Kandidat, Vorgesetzter, ausgewählte Beobachter	Individuelles Gutachten

Abb. 134: Steht für die Management-Diagnostik ein ganzer Tag zur Verfügung, können mehrere Methoden nacheinander eingesetzt werden

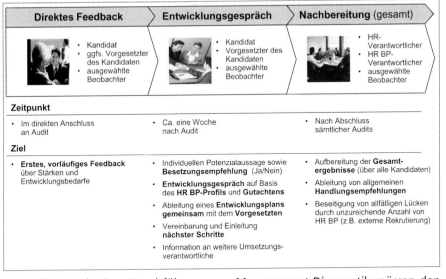

Abb. 135: Nach einer Durchführung von Management-Diagnostik müssen den auditierten Kandidaten ihre Ergebnisse umfassend vorgestellt werden

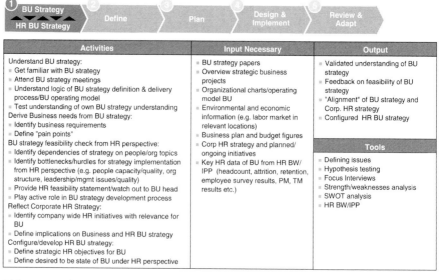

Abb. 136: Phase 1: »BU Strategy – HR BU Strategy«

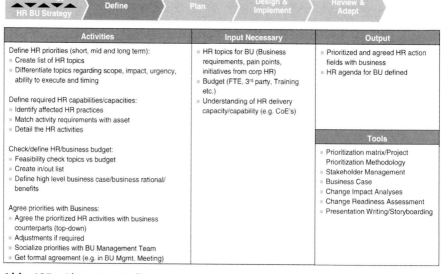

Abb. 137: Phase 2: »Define«

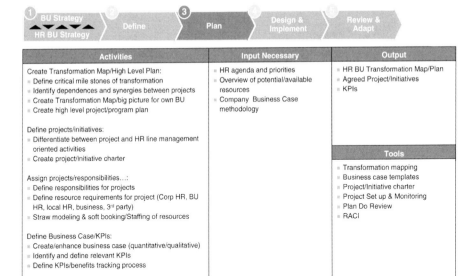

Abb. 138: Phase 3: »Plan«

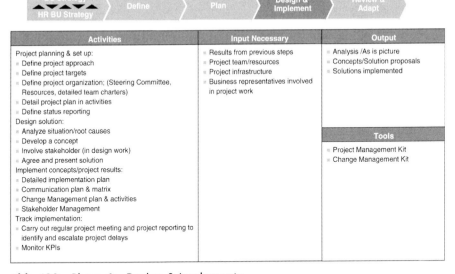

Abb. 139: Phase 4: »Design & Implement«

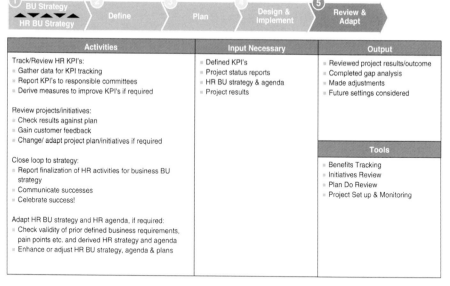

Abb. 140: Phase 5: »Review & Adapt«

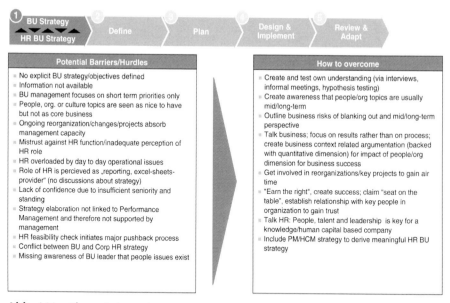

Abb. 141: Phase 1: Learnings

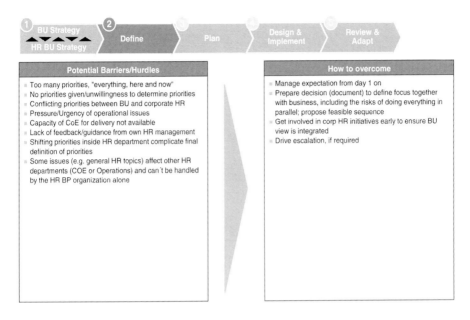

Abb. 142: Phase 2: Learnings

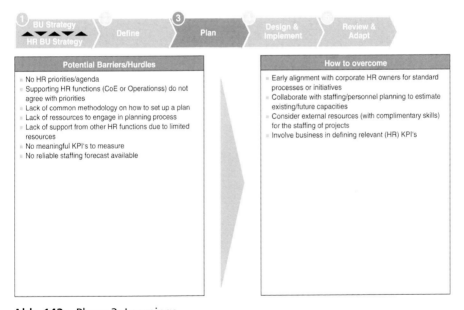

Abb. 143: Phase 3: Learnings

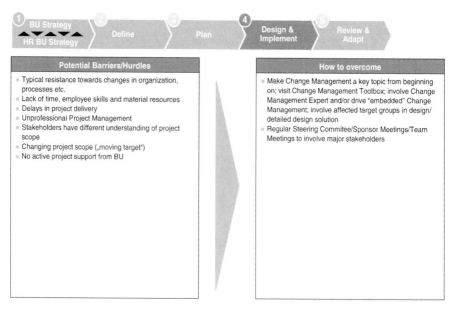

Abb. 144: Phase 4: Learnings

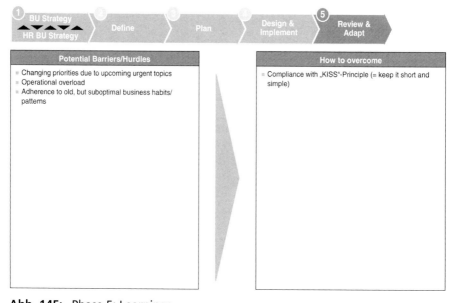

Abb. 145: Phase 5: Learnings

Literatur

Argyris, C., »Increasing Leadership Effectiveness«, Hoboken, 1976

Argyris, C., »Knowledge for Action«, San Francisco, 1993

Baecker, D., »Organisation und Management«, Frankfurt, 2003

Baker, T., »The new employee-employer relationship model«, in: Organization Development Journal 01/2009: 27–38

Bass, B.M., »Leadership and Performance Beyond Expectations«, New York, 1985

Beck, C. (Hrsg.), »Personalmarketing 2.0: Vom Employer Branding zum Recruiting«, Köln, 2008

Beck, C., Schubert, A. und Sparr, J.L., »HR Image 2009 – Die Personalarbeit im Spiegel ihrer Zielgruppen« (Forschungsbericht), Koblenz, 2009

Becker, B.E., Huselid, M.A. und Beatty, R.W., »The Differentiated Workforce: Transforming Talent into Strategic Impact«, New York, 2009

Becker, B.E., Huselid, M. und Ulrich, D., »The HR Scorecard: Linking People, Strategy and Performance«, Boston, 2001

Becker, M., »Messung und Bewertung von Humanressourcen«, Stuttgart, 2008

Becker, M. und Labucay, I., »Nach Maß geschneidert oder von der Stange gekauft?«, in: »Betriebswirtschaftliche Diskussionsbeiträge« (Forschungsbericht), Halle-Wittenberg, 2008

Bennebroek Gravenhorst, K.M., Werkman, R. und Boonstra, J., »The Change Capacity of Organisations: General Assessment and Five Configurations«, in: Applied Psychology An International Review, 2003, 52/1: 83–105

Blake, R.R. und Mouton, J.S. (1976), »Consultation«, in: Stiefel, R.Th., MAO 02/2009: 15–18

Böhm, H., Leicht, S. und Strack, R., »Fünf zentrale Herausforderungen für das HR-Management«, in: Personalführung 09/2007: 68–72

Böning, U. und Fritschle, B., »Veränderungsmanagement auf dem Prüfstand: Eine Zwischenbilanz aus der Unternehmenspraxis«, Freiburg, 1997

Boudreau, J.W. und Ramstad, P.M., »Talentship and the New Paradigm for Human Resource Management«, in: Human Resource Planning 28/2, 2005: 17–26

Boudreau, J.W. und Ramstad, P.M., »Beyond HR: The New Science of Human Capital«, Boston, 2007

Breitfelder, M.D. und Dowling, D.W., »Warum in aller Welt Personalwesen?«, in: Harvard Business Manager 08/2008

Breuer, K., Kampkötter, P. und Sliwka, D., »Humankapital bewerten«, in: Personalmagazin 05/2009: 18–21

Brown, S.L. und Eisenhardt, K.L., »The art of continuous change: Linking complexity theory and time-paced evolution in relentlessly shifting organizations«, in: Administrative Science Quarterly, 1997, 42: 1–34

Bruch, H. und Ghoshal, S., »Unleashing Organizational Energy«, in: MIT Sloan Management Review, 2003, 45/1: 45–51

Bruckmann, G., »Langfristige Prognosen«, Würzburg, 1978

Buckingham, M. und Coffman, C., »Erfolgreiche Führung gegen alle Regeln. Wie sie wertvolle Mitarbeiter gewinnen, halten und fördern«, Frankfurt, 2001 (2. Auflage)

Butler, A. von und Tretow, L., »Dem Klima des Misstrauens keine Chance geben: Arbeitsrecht in Veränderungsprozessen am Beispiel der Betriebsänderung«, in: Organisationsentwicklung 02/2009: 64–71

Büttner, M., »Capgemini Consulting's Business Transformation Framework«, erschienen als Capgemini Consulting Broschüre, Berlin, 2007

Capelli, P., »Talent on Demand: Managing Talent in an Age of Uncertainty«, Boston, 2008

Carter, L., Goldsmith, M. und Ulrich, D. (Hrsg.), »Best Practices in Leadership Development and Organization Change: How the Best Companies Ensure Meaningful Change and Sustainable Leadership«, New York, 2005

Cascio, W.F. und Boudreau, J.W., »Investing in People: Financial Impact of Human Resource Initiatives«, New Jersey, 2008

Claßen, M. und Kern, D., »Human Resources Management 2002/05. Bedeutung, Strategien, Trends«, erschienen als Capgemini Ernst & Young Studien-Broschüre, Berlin, 2002

Claßen, M. und Kern, D., »Studie HR Business Partner«, erschienen als Capgemini Consulting Studien-Broschüre, Berlin, 2006

Claßen, M. und Kern, D., »Was das HR Management aus Zukunfts- und Trendstudien lernen kann«, in: Personalführung 12/2007

Claßen, M. und Kern, D., »HR Barometer 2009: Bedeutung, Strategien, Trends in der Personalarbeit«, erschienen als Capgemini Consulting Studien-Broschüre, Berlin, 2009

Claßen, M. und Kyaw F. von, »Warum der Wandel meist misslingt«, in: Harvard Business Manager 12/2009

Claßen, M., und Kyaw, F. von, »Change Management 2010: Bedeutung, Strategien, Trends«, erschienen als Capgemini Consulting Studien-Broschüre, Berlin, 2010

Claßen, M. und Timm, E., »Talent Management – die Kunst liegt in der Umsetzung«, in: Ritz, A. und Thom, N. (Hrsg.). »Talent Management: Talente identifizieren, Kompetenzen entwickeln, Leistungsträger erhalten«, Wiesbaden, 2010: 97–110

Claßen, M., »Die Weichen rechtzeitig stellen«, in: Harvard Business Manager 02/2005: 71–78

Claßen, M., »Change Management aktiv gestalten«, Köln, 2008

Claßen, M., »Vom Nutzen des Nützlichen«, in: Personalwirtschaft 06/2009: 50–52

Clausen, T., »Rationalität und ökonomische Methode«, Paderborn, 2009

Cohen, D., »Human Ressource Education: A Career-Long Commitment«; in: Losey M. u.a. (siehe dort), 2005: 63–70

Collins, J., »Good to Great«, New York, 2001

Corporate Leadership Council (CLC), »Developing HR Professionals for Strategic Partnership«, Washington/London, 2003a

Corporate Leadership Council (CLC), »Upskilling HR for Strategic Partnership«,Washington/London, 2003b

Corporate Leadership Council (CLC), »Attracting and Retaining Critical Talent Segments – Identifying Drivers of Attraction and Commitment in the Global Labor Market«, Washington/London, 2006a

Corporate Leadership Council (CLC), »Processes for Workforce Planning«, Washington/London, 2006b

Corporate Leadership Council (CLC), »Improving HR Business Partner Effectiveness: A Comprehensive Look at Competencies and Development Strategies«,Washington/London, 2007a

Corporate Leadership Council (CLC), »Improving the Business Skills of HR Staff«, Washington/London, 2007b

Craig, M., Sparrow, P., Hird, M., Balain, S. und Hesketh, A., »Integrated Organisation Design: The New Strategic Priority for HR Directors«, CPHR White Paper 09/01, Lancester, 2009

Dawidowicz, S. und Süßmuth, B., »Demographische Trends: Analyse und Handlungsempfehlungen zum Demographischen Wandel in deutschen Unternehmen«, erschienen als Capgemini Consulting Studien-Broschüre, Berlin, 2007

DGFP (Hrsg.), »Organisation des Personalmangements«, Ergebnisse einer Tendenzbefragung, Düsseldorf, 2006

Dohmen, D., »Bildung entscheidet über die Zukunft des Standortes Deutschland«, in: Personalführung 09/2007: 24–31

Donnenberg, O. (Hrsg.), »Action Learning: Ein Handuch«, Stuttgart, 1999

Doppler, K., »Über Helden und Weise: Von heldenhafter Führung im System zu weiser Führung am System«, in: Organisationsentwicklung 02/2009: 4–13

Dowling, M. und Breitfelder, D., »Warum in aller Welt Personalwesen«, in: Harvard Business Manager 08/2008: 90–96

Doz, Y. und Kosonen, M., »Fast Strategy: How strategic agility will help you stay ahead oft he game«, Harlow, 2008

Drost, U., Kieser, A. und Reiher, K., »Vom Verschwinden der Organisationsabteilungen und von den möglichen Konsequenzen«, in: Zeitschrift für Organisation, 05/2009: 217–222

Driver, M., »New and Useless: A Psychoanalytic Perspective on Organizational Creativity«, in: Journal of Management Inquiry, 02/2008: 187–198

Drucker, P.F., »Was ist Management? Das Beste aus 50 Jahren«, Berlin, 2005 (4. Auflage)

Erickson, T.J., Gratton, L. und Huselid, M.A., »Harvard Business Review on Talent Management«, Boston, 2008

Fiedler, F.E., »Theory of Leadership Effectiveness«, Columbus, 1967

Finkelstein, S. und Hambrick, D., »Strategic Leadership: Top Executives and Their Efforts on Organizations«, St. Paul, 1996

Fitz-enz, J., »The ROI of Human Capital: Measuring the economic value of employee performance«, New York, 2009

Foster, R. und Kaplan, S., »Creative Destruction: Why companies that are built to last underperform the market and how to sucessfully transform them«, New York, 2001

Francis, H. und Keegan, A., »The changing face of HRM: In search of balance«, in: Human Resource Management Journal 03/16, 2006: 231–249

Freimuth, J., Hauck, O. und Trebesch, K., »They (n)ever come back: Orientierungsweisen und -waisen im mittleren Management«, in: Organisationsentwicklung 01/2003: 24–35

Gallup, »Gallup Engagement Index«, Berlin, 2009

Gandolfi, F., »Learning from the Past – Downsizing Lessons for Managers«, in: Journal of Management Research 01/2008: 3–17

Gilmore, S. und Williams, S. (Hrsg.), »Human Resource Management«, Oxford, 2009

Gomez, P. und Probst, G.J.B., »Die Praxis des ganzheitlichen Problemlösens«, Bern, 1999 (3. Auflage)

Gouillart, F.J. und Kelly, J.N., »Transforming the Organization«, New York, 1995

Graen, G.B. und Cashman, J.F., »A Role Making Model of Leadership in Formal Organizations: A Developmental Approach«, in: Hunt, J.G. und Larson, L.L. (Hrsg.), »Leadership Frontiers«, Kent (OH) 1975: 143–165

Graen, G.B., Scandura, T. und Graen, M.R. (1986), »A field experimental test of the moderating effects of growth need strength on productivity«, Journal of Applied Psychology 1986/71: 484–491

Gutenberg, E., »Grundlagen der Betriebswirtschaftslehre – Band 1: Die Produktion«, Berlin, 1951

Haas, W., »Der Brenner und der liebe Gott«, Hamburg, 2009

Habisch, A., Schmidpeter, R. und Neureiter, M., »Handbuch Corporate Citizenship: Corporate Social Responsibility für Manager«, Berlin, 2007

Häfele, W., »OE-Prozesse initiieren und gestalten«, Bern, 2007

Hamel, G., »Leading the Revolution«, Boston, 2000

Hartmann, M., »Der Mythos von den Leistungseliten: Spitzenkarrieren und soziale Herkunft in Wirtschaft, Politik, Justiz und Wissenschaft«, Frankfurt, 2002

Heise, D. und Stegen, K.-P., »Strategien im Umgang mit dem Betriebsrat«, Freiburg, 2006

Helfat, C.E. u.a., »Dynamic Capabilities – Understanding Strategic Change In Organizations«, Oxford, 2007

Hendrik, H. und Larsen, H. (Hrsg.), »Managing Human Resources in Europe«, New York, 2006

Hersey, P. und Blanchard K.H., »Management of Organizational Behaviour: Utilizing human resources«, Englewood Cliffs, 1987

Hirth, R., Sattelberger, T. und Stiefel, R. T., »Life-Styling – das Leben neu gewinnen«, Landsberg/Lech, 1981

Hoedemaekers, C., »Performance, pinned down. A Lacanian analysis of subjectivity at work«, Habilitation, Rotterdam, 2007

Hoss, L., »Die Personalabteilung als Business Partner«, in: Schwuchow, K.-H. und Gutmann, J., »Jahrbuch Personalentwicklung 2008«, Köln, 2008, Seite 14–23

Hunter, I., Saunders, J., Boroughs, A. und Constance, S., »HR Business Partners«, Aldershot, 2006

Huselid, M.A., Becker, B.E. und Beatty, R.W., »The Workforce Scorecard: Managing Human Capital to Execute Strategy«, Columbus, 2005

Jäger, W. und Lukasczyk, A. (Hrsg.), »Talentmanagement: Mitarbeiter erfolgreich finden und binden«, Köln, 2009

Jamrog, J. und Overholt, M., »Building a Strategic HR Function: Continuing the Evolution«, in: Human Resource Planning 03/2004: 51–62

Jessl, R. und Claßen, M., »Reorganisation HR: Effizienz versus Potenzial«, in: Personalmagazin 07/2009: 14–15

Jessl, R., »Mythos Business Partner«, in: Personalmagazin 06/2009: 18

Johansen, B., »Get there early – Sensing the future to compete in the present«, San Francisco, 2007

Karp, T., »Transforming organizations for organic growth: The DNA of Change Leadership«, in: Journal of Change Management, 2006, 6/1: 3–20

Kaplan, R.S. und Norton, D.P., »The Balanced Scorecard – Measures that Drive Performance«, in: Harvard Business Review 01/1992: 71–79

Kates, A., »(Re)Designing the HR Organization«, in: Human Resource Planning, 2006, 29/2: 22–30

Kates, A. und Galbraith, J., »Designing Your Organization: Using the STAR Model to Solve 5 Critical Design Challenges«, San Francisco, 2007

Kehoe, D.F., »Management in Action: Improving Leadership Effectiveness«, Columbus, 2007

Kenton, B. und Yarnall, J., »HR – The Business Partner«, Oxford/Woburn, 2005

Kern, U., »Akrobaten im Spannungsfeld hoher Anforderungen«, in: Personalführung 01/2009: 42–46

Kersting, M., »Kosten und Nutzen beruflicher Eignungsbeurteilungen«, in: Hornke, L.F. und Winterfeld, U., (Hrsg.), »Eignungsbeurteilungen auf dem Prüfstand«, Heidelberg, 2004: 55–77

Kern, D. und Ries, S., »Strategic Workforce Management als Grundlage für Talent Management«, in: Schwuchow/Gutmann (2009) (siehe dort): 215–224

Kieser, A., »Wissenschaftler, Unternehmensberater und Praktiker – ein glückliches Dreiecksverhältnis?«, in: Revue für postheroisches Management, Heft 2, 03/2008: 98–109

Kieser, A. und Ebers, M., »Organisationstheorien«, Stuttgart, 2006 (6. Auflage)

Kieser, A. und Walgenbach, M., »Organisation«, Stuttgart, 2007 (5. Auflage)

Kirchgässner, G., »Homo oeconomicus: Das ökonomische Modell individuellen Verhaltens und seine Anwendung in den Wirtschafts- und Sozialwissenschaften«, Tübingen, 1991

Köcher, R., »Schleichende Veränderung«, in: FAZ vom 20.08.08: 5

Königswieser, R., Sonuc, E., Gebhardt, J. und Hillebrand, M., »Komplementärberatung. Das Zusammenspiel von Fach- und Prozeß-Know-how«, Stuttgart, 2006

Königswieser, R. und Lang, E., »Wenn 1 plus 1 mehr als 2 macht«, in: Organisationsentwicklung 02/2008: 28–39

Königswieser, R., Lang, E. und Wimmer, R., »Komplementärberatung: Quantensprung oder Übergangsphänomen«, in: Organisationsentwicklung 01/2009: 46–53

Königswieser, R. und Königswieser, U., »Gegensätze verschmelzen«, in: managerSeminare 132, 03/2009: 18–24

Laufer, H., »Vertrauen und Führung: Vertrauen als Schlüssel zum Führungserfolg«, Offenbach, 2007

Lawler, E.E. und Mohrman, S., »Creating a Strategic Human Resources Organization«, Stanford, 2003

Lawler, E.E., »From Human Resource Management to Organizational Effectiveness«, in: Human Resource Management, Vol. 44, 02/2005: 165–169

Lawler, E.E., »Talent: Making People Your Competitive Advantage«, San Francisco, 2008

Lawler, E.E. und Boudreau, J.W., »Achieving Excellence in Human Resources Management«, Stanford, 2009

Lawson, B. und Samson, D., »Developing Innovation Capability in Organisations: A Dynamic Capability Approach«, in: International Journal of Innovation Management, 2001, 5/3: 377–400

Leitl, M., »Die Stunde der Personalmanager«, in: Harvard Business Manager 06/2009: 42–48

Lesser, E., »The new economic environment: A strategic workforce perspective«, erschienen als IBM Institute for Business Value Broschüre, o.O., 2008

Lewin, K., »Field Theory in Social Science«, New York, 1951

Lindner, J., »Paradigmata: Über die fragwürdige Verwendung eines Begriffs in der Erwachsenbildung«, Würzburg, 2004

Löffler, M. und Claßen, M., »Zweite Welle der Veränderung«, in: Personalwirtschaft 09/2008 (Beilage): 22–25

Losey, M., Meisinger, S. und Ulrich, D., »The Future of Human Resource Management«, Boston, 2005

Low, J. und Kalafut, P.H., »Invisible Advantage: How Intangibles are Driving Business Performance«, New York, 2002

Luhmann, N., »Die Wirtschaft der Gesellschaft«, Frankfurt, 1988

Mager, B. und Gais, M., »Service Design«, Stuttgart, 2009

Maier, N., »Erfolgreiche Personalgewinnung und Personalauswahl«, Zürich, 2008

Malik, F., »Führen, Leisten, Leben: Wirksames Management für eine neue Zeit«, Frankfurt, 2006

Mannheim, K., »Wissenssoziologie«, Köln, 1928/1970

Marchington, M., Carroll, M., Pass, S., Grimshaw, D., und Rubery, J., »Managing People in Networked Organisations«, London, 2009

Marsh, C., Sparrow, P., Hird, M., Balain, S. und Hesketh A., »Integrated Organisation Design: The New Strategic Priority for HR Directors«, erschienen als Center for Performance-led HR/Lancaster University Arbeitspapier (2009)

Mayerhofer, W., Meyer, M. und Steyrer, J. (Hrsg.), »Macht? Erfolg? Reich? Glücklich? Einflussfaktoren auf Karrieren«, Wien, 2005

McCall, M.W., Lombardo, M.M. und Morrison, A.M., »Erfolg aus Erfahrung: Effiziente Lernstrategien für Manager«, Stuttgart, 1995

McGarvie, B., »Fit In, Stand Out: Mastering the FISO Factor: The Key to Leadership Effectiveness in Business and Life«, Columbus, 2005

McGregor, D., »The Human Side of Enterprise«, New York, 1960

McKenzie, R.B. und Tullock, G., »Homo Oeconomicus«, Frankfurt, 1984

Mezirow J. und Associates, »Fostering Critical Reflection in Adulthood: A Guide to Transformative and Emancipatory Learning«, San Francisco, 1990

Michaels, E., Handfield-Jones, H. und Axelrod, B., »The War for Talent«, New York, 2001

Mintzberg, H., »The Nature of Managerial Work«, London, 1980

Mintzberg, H., »Structure in Fives: Designing Effective Organizations«, New Jersey, 1992

Mintzberg, H., »Strategy Safari«, Wien, 1999

Mintzberg, H., »Managers Not MBA's: A Hard Look at the Soft Practice of Managing and Management Development«, San Francisco, 2004

Mohrman, S.A., »Organisation Design for growth: The human resource contribution«, erschienen als Center for Effective Organizations/University of Southern California Arbeitspapier 07/2009

Morgan, N., »How to overcome change fatigue«, Boston, 2005

Müller, M., »Die Institution Betriebsrat aus personalwirtschaftlicher Sicht«, Mering, 2005

Nadler, D., Tushman M. und Nadler, M., »Competing by Design: The Power of Organizational Architecture«, Oxford, 1997

Neuberger, O., »Führen und führen lassen: Ansätze, Ergebnisse und Kritik der Führungsforschung«, Stuttgart, 2002 (6. Auflage)

Nicolai, A.T., »Versteckte Kreisgänge in der Managementliteratur«, in: zfo, 2003, 75/5: 272-278

North, D., »Institutionen, Institutioneller Wandel und Wirtschaftsleistung«, Tübingen, 1992

Olfert, K. und Steinbuch, P., »Personalwirtschaft«, Ludwigshafen, 1998 (7. Auflage)

Organisationsentwicklung, »Perspektiven – Komplementärberatung: Quantensprung oder Übergangsphänomen«, in: Organisationsentwicklung 02/2009: 92–100

Ortmann, G., Sydow, J. und Windeler, A., »Organisation als reflexive Strukturation«, in: Ortmann, G, Sydow, J. und Türk, K., »Theorien der Organisation. Die Rückkehr der Gesellschaft«, Wiesbaden, 1997: 315–354

Ortmann, G., »Organisation und Welterschließung. Dekonstruktionen«, Wiesbaden, 2003

Peters, T.J. und Waterman, R.H., »In search of excellence: Lessons from America's best-run companies«, New York, 1982

Pfeffer, J. und Sutton, R., »The Knowing-Doing Gap: How Smart Companies Turn Knowledge into Action«, Boston, 1999

Pfläging, N., »Die 12 neuen Gesetze der Führung. Der Kodex: Warum Management verzichtbar ist«, Frankfurt, 2009

Philippeit, T., »Stuck in the Middle: Anforderungen an das mittlere Management in Veränderungsprozessen«, in: Organisationsentwicklung 02/2009: 21–31

Pöyhönen, A., »Modelling and Measuring Organizational Renewal Capability«, Lappeenranta University of Technology, 2004

Remer, A., »Personal und Management im Wandel der Strategien«, in: Klimecki, R. und Remer, A. (Hrsg.), »Personal als Strategie«, Köln, 1997: 399–417

Remer, A., »Management: System und Konzepte«, Bayreuth, 2004 (2. Auflage)

Remer, A. und Lux, S., »Schwarmintelligenz: Überleben durch Beweglichkeit«, in: Organisationsentwicklung 04/2009: 68–72

Remer, A. und Wunderer, R., »Personalarbeit und Personalleiter in Großunternehmen«, Berlin, 1979

Rettenmeier, J., »Die Kosten der Matrixorganisation – eine explorative Untersuchung«, Bayreuth, 2006 (unveröffentlicht)

Revans, R.W., »Origins and Growth of Action Learning«, Boston, 1982

Riley, M.W., »Aging and Cohort Succession: Interpretations and Misinterpretations«, in: Public Opinion Quarterly 37/1973: 35–49

Rinke, W.J., »Don't Oil the Squeaky Wheel: And 19 Other Contrarian Ways to Improve Your Leadership Effectiveness«, Columbus, 2004

Roehling, M. u.a., »The Future of HR Management: Research Needs and Directions« in: Human Resource Management, Vol. 44, 02/2005: 207–216

Roghé, F., Strack, R., Petrova, V., Grün, O., Krüger, W. und Sulzberger, M., »Organisation 2015. Wie werden die organisatorischen Herausforderungen während der derzeitigen Krise und in der Zukunft bewältigt?«, in: Zeitschrift für Organisation 05/2009: 201–208

Rosenstiel, L. von, Regnet, E. und Domsch, M., »Führung von Mitarbeitern: Handbuch für erfolgreiches Personalmanagement«, Stuttgart, 1993 (2. Auflage)

Roth, D., »Empirische Wahlforschung: Ursprung, Theorien, Instrumente und Methoden«, Wiesbaden, 2008

Ruona, W.E.A. und Gibson, S.K., »The Making of 21st Century HR: An Analysis of the Convergence of HRM, HRD, and OD«, in: Human Resource Management 01/2004: 49–66

Saffo, P., »Six Rules for effective Forecasting«, in: Harvard Business Review 04/2007: 122–131

Sattelberger, T. und Strack, R., »Strategische Personalplanung«, in: Personalmagazin 06/2009: 54–56

Sattelberger, T. und Weckmüller, H., »Es geht auch einfacher«, in: Personalwirtschaft 05/2008: 24–26

Saunders, J., Boroughs, A, Constance, S. und Hunter, I., »HR Business Partners«, Farnham, 2005

Schein, E.H., »Organizational Culture and Leadership«, San Francisco, 2004 (3. Auflage)

Scherer, A., »Kritik der Organisation oder Organisation der Kritik? – Wissenschaftstheoretische Bemerkungen zum kritischen Umgang mit Organisationstheorien«, in: Kieser, A. und Ebers, M., (Hrsg.) »Organisationstheorien«, Stuttgart, 2006 (6. Auflage)

Scherm, E., »Personalabteilung als Wertschöpfungs Center: Ein realistischen Leitbild?«, in: Personalführung 12/1992: 1034–1037

Scheuss, R., »Handbuch der Strategien: 220 Konzepte der weltbesten Vordenker«, Frankfurt, 2008

Schiemann, W.A., »Reinventing Talent Management: How to Maximize Performance in the New Marketplace«, San Francisco, 2009

Scholz, C., (Hrsg.), »Innovative Personalorganisation«, Neuwied, 1999

Scholz, C., »Spieler ohne Stammplatzgarantie: Darwiportunismus in der neuen Arbeitswelt«, Weinheim, 2003

Scholz, C., »Ein Denkmodell für das Jahr 2000? Die Virtuelle Personalabteilung«, in: Personalführung 05/1995: 398–403

Scholz, C. »Die Virtuelle Personalabteilung. Ein Jahr später«, in: Personalführung 12/1996: 1080–1086

Scholz, C. und Böhm, H. (Hrsg.), »Human Resource Management in Europe: Comparative and contextual understanding«, New York, 2008

Scholz, C. und Böhm, H., »Human Ressource Management in Europe: Comparative Analysis and Contextual Understanding«, London, 2008

Scholz, C., Stein, V. und Bechtel, R., »Human Capital Management: Wege aus der Unverbindlichkeit«, München, 2004

Schreyögg, G. und Kliesch, M., »Zur Dynamisierung organisationaler Kompetenzen – ›Dynamic Capabilities‹ als Lösungsansatz?«, in: zfbf 06/2006: 455–476

Schulze, G., »Die Beste aller Welten«, München, 2003

Schütte, M., »Kosten sparen durch Personalabbau? Realistisch kalkulieren, Know-how-Verlust vermeiden«, in: Personalführung 09/2009: 20–29

Schwuchow, K.-H. und Gutmann, J., »Jahrbuch Personalentwicklung 2008«, Köln, 2008

Schwuchow, K.-H. und Gutmann, J., »Jahrbuch Personalentwicklung 2009«, Köln, 2009

Sheik, G. und DiRomualdo, T., »Human Resources: 37 Ways to Take Action and Respond to Recessionary Conditions«, erschienen als Hackett Group HR Executive Insight Broschüre, 2008

Simon, F.B., »Einführung in die systemische Organisationstheorie«, Heidelberg, 2007

Sinn, H.-W., »Kasinokapitalismus: Wie es zur Finanzkrise kam, und was jetzt zu tun ist«, Berlin, 2009

Spinnen, B., »Gut aufgestellt«, Freiburg, 2008

Spinnen, B. und Posner, E.: »Klarsichthüllen«, München, 2005

Sprenger, R.K., »Gut aufgestellt«, Frankfurt, 2008

Statistisches Bundesamt, »Bevölkerungsentwicklung Deutschlands bis 2050 – 11. koordinierte Bevölkerungsvorausberechnung«, Pressebroschüre, Wiesbaden, 2006

Stiefel, R.Th., »Lektionen für die Chefetage«, Stuttgart, 1996

Stiefel, R.Th., »Management Andragogik und Organisationsentwicklung (MAO)«, St. Gallen, vierteljährlicher Informationsbrief, 2010 (im 32. Jahrgang)

Stiefel, R. Th., »Life Styling-Handbuch«, St. Gallen, 2001

Stiefel, R.Th,. »Rezensionen«, in: MAO 04/2008

Stock-Homburg, R. und Bauer, E.-M., »Die Work-Life-Balance erfolgreich managen: Eine Herausforderung für das Topmanagement«, in: Arbeitspapiere zur Marktorientierten Unternehmensführung 02/2007

Stock-Homburg, R. und Bauer, E.-M., »Abschalten. Unmöglich?«, in: Harvard Business Manager 07/2008: 10–15

Stöger, R., »Balanced Scorecard – eine Bilanz«, in: Organisationsentwicklung 04/2007

Strack, R., »Workonomics: Wertorientierte Steuerung des Humankapitals«, in: Klinkhammer, H. (Hrsg.), »Personalstrategie, Personalmanagement als Business Partner«, Neuwied, 2002: 71–90

Strack, R., Francouer, F, u.a., »Creating People Advantage: How to address HR challenges worldwide through 2015«, in: BCG/WFPMA Paper 04/2008

Strack, R., Caye, J.M., Thurner, R. und Haen, P., »Creating People Advantage in Times of Crisis«, in: BCG/EAPM Paper 03/2009

Süßmair, A. und Rowold, J., »Kosten-Nutzen-Analyse und Human Resources«, Basel, 2007

Swart, J., Kinnie, N. und Rabinowitz, J., »Managing across Boundaries: Human resource management beyond the firm«, London, 2007

Teece, D.J., »Explicating Dynamic Capabilities: The Nature and Microfoundations of (Long Run) Enterprise Performance« in: Strategic Management Journal, 2007, 4: 1–28

Ulrich, D., »Human Resource Champions«, Boston 1997

Ulrich, D., »HR muss beides leisten«, in: Personalwirtschaft 05/2008: 22–23

Ulrich, D. und Brockbank, W., »The HR Value Proposition«, Boston, 2005

Ulrich, D. und Brockbank, W., »The Business Partner Model: Past & Future perspectives«, The RBL Group, Ross School of Business at the University of Michigan, 2008

Ulrich, D., Brockbank, W., Johnson, D., Sandholtz, K. und Younger, J., »HR Competencies: Mastery at the Intersection of People and Business«, Boston, 2008

Ulrich, D. und Smallwood, N., »Leadership Brand: Developing Customer-Focused Leaders to Drive Performance and Build Lasting Value«, Boston, 2007

Ulrich, D., Smallwood N. und Sweetman, K., »The Leadership Code: Five Rules to Lead By«, Boston, 2008

Ulrich, D., Brockbank, W., Younger, J., Nyman, M. und Allen, J., »HR Transformation: Building Human Resources from the Outside in«, Boston, 2009

Vaihinger, H., »Die Philosophie des Als-ob«, Aalen, 1927

Vaill, P.B., »Learning as a Way of Being: Strategies for Survival in a World of Permanent White Water«, San Francisco, 1996

Vaupel, M., »Leadership Asset Approach: Von den Herausforderungen der Führung zur Steuerung der Führungsperformance«, Wiesbaden, 2008

Völker, A., »Das Phänomen Betriebsrat. Vom gewinnbringenden Umgang mit der Belegschaftsvertretung«, Duderstadt, 2004

Weick, C., »Executive Search: Auf der Suche nach Erfolg«, Neustadt, 2008

Wieneke, S. und Müller, N., »Personaldienstleistungen steuern: Vendor Management«, in: Personalmagazin 05/2009: 48–52

Wimmer, R., »Eins plus Eins ist weniger als zwei«, in: managerSeminare 120, 03/2008: 18–19

Wimmer, R., »Kraftakt radikaler Umbau: Change Management zur Krisenbewältigung«, in: Organisationsentwicklung 03/2009: 4–11

Wright, P., McMahan, G., Snell, S. und Gerhart, B., »Comparing Line and HR Executives' Perceptions of HR Effectiveness: Services, Roles and Contributions«, in: Human Resource Management, Vol. 40, 02/2001: 111–123

Wucknitz, U.D., »Handbuch Personalbewertung«, Stuttgart, 2002

Wunderer, R., »Von der Personaladministration zum Wertschöpfungs-Center«, in: Die Betriebswirtschaft 02/1992: 210–215

Wunderer, R., »Führung und Zusammenarbeit: Eine unternehmerische Führungslehre«, Köln, 2009 (8. Auflage)

Wunderer, R. und Arx, S. von, »Personalmanagement als Wertschöpfungscenter«, Wiesbaden, 2002

Wunderer, R. und Jaritz, A., »Unternehmerisches Personalcontrolling«, Köln, 2007 (4. Auflage)

Young, M., »Strategic Workforce Planning: Forecasting Human Capital Needs to Execute Business Strategy«, The Conference Board, New York, 2006

Young, M., »Implementing Strategic Workforce Planning. Forecasting Human Capital Needs to Execute Business Strategy«, The Conference Board, New York, 2009

Zach, T., »HR's Critical Role in Economic Downturns«, erschienen als Forrester-Arbeitspapier (17.02.2009)

Stichwortverzeichnis